Leben wir in einer immer komplexer werdenden Welt?

Guido Strunk

Leben wir in einer immer komplexer werdenden Welt?

Methoden der Komplexitätsmessung für die Wirtschaftswissenschaft

Complexity-Research, Forschung & Lehre, Verlag

Guido Strunk
Technische Universität Dortmund, Deutschland
Complexity-Research Wien, Österreich
FH Campus Wien, Österreich

Leben wir in einer immer komplexer werdenden Welt?
Methoden der Komplexitätsmessung für die Wirtschaftswissenschaft

ISBN 978-3-903291-00-3
© 2019, Complexity-Research, Forschung & Lehre, Verlag, Wien

Das Werk einschließlich aller seiner Teile ist urheberrechtlich geschützt. Jede Verwertung außerhalb der Bestimmungen des Urheberrechtsgesetzes ist ohne schriftliche Zustimmung des Verlags unzulässig und strafbar. Dies gilt insbesondere für Vervielfältigungen, Übersetzungen, Mikroverfilmungen und die Einspeicherung und Verarbeitung in elektronischen Systemen.

Die Wiedergabe von Gebrauchsnamen, Handelsnamen, Warenbezeichnungen usw. in diesem Werk berechtigt auch ohne besondere Kennzeichnung nicht zu der Annahme, dass solche Namen im Sinne der Warenzeichen- und Markenschutz-Gesetzgebung als frei zu betrachten wären und daher von jedermann benutzt werden dürften.

Das vorliegende Buch wurde sorgfältig erarbeitet. Dennoch erfolgen alle Angaben ohne Gewähr. Weder Autor noch Verlag können für eventuelle Nachteile oder Schäden, die aus den im Buch vorliegenden Informationen resultieren, eine Haftung übernehmen.

Umschlaggestaltung: Sofie Strunk

Inhalt

1	**Einleitung** 9	
2	**Was ist Komplexität?** 19	
	2.1 Nicht-triviale Maschinen 24	
	2.2 Emergenz – ein anderer Begriff für Komplexität 26	
	2.3 Konstruktivismus und Komplexität 31	
	2.4 Komplexität und Naturwissenschaft 35	
	2.5 Komplex heißt eine Dynamik dann, wenn 38	
	2.6 Ein klassisches Beispiel für ein komplexes System 44	
	2.6.1 Das Verhulst-System 44	
	2.6.2 Eigenschaften komplexer Systeme 46	
	2.7 Zusammenfassung der Grundlagen der Komplexitätsforschung 58	
3	**Komplexitätsforschung in der Wirtschaftswissenschaft** 65	
	3.1 Viele nichtlineare Wirtschaftsmodelle sind chaosfähig 65	
	3.2 In Finanzdaten ist Chaos nur selten sicher nachweisbar 72	
	3.3 Wie organisiert, lenkt und führt man in einer komplexen Welt? 87	
	3.4 Defizite in der Empirie 99	
4	**Forschungsdesigns der Komplexitätsforschung** 101	
	4.1 Stationäre Analyse 101	
	4.2 Nichtstationäre Analysen 107	
	4.3 (Quasi)experimentelle Studiendesigns 111	
	4.4 Surrogatdatentestung 119	
	4.4.1 *Random*-Surrogate 120	
	4.4.2 Surrogate der Fourier-Transformation 120	
	4.4.3 Exkurs: Spektralanalyse, Fourier-Transformation und Autokorrelation 123	
	4.5 Vorbereitung von Daten für eine anschließende Analyse 130	
	4.5.1 Transformation in Veränderungsmaße 130	
	4.5.2 Rauschfilter 132	
	4.5.3 Fehlende Daten 135	
5	**Methodenübersicht** 143	
6	**Phasenraumdarstellung** 153	
	6.1 Grundlagen: Rekonstruktion mittels Zeitverzögerungskoordinaten 162	
	6.2 Algorithmus: Bestimmung des *Time-Lag* über die Autokorrelationsfunktion 167	
	6.2.1 Datenqualität, Voraussetzungen 169	
	6.2.2 Praktische Durchführung 171	
	6.2.3 Beispielanalyse: Ist der DAX linear vorhersagbar? 173	

	6.3	Algorithmus: Bestimmung des *Time-Lag* über die *Mutual Information*	175
		6.3.1 Datenqualität, Voraussetzungen	178
		6.3.2 Praktische Durchführung	179
		6.3.3 Beispielanalyse: Die Mutual-Information-Funktion des DAX	182
	6.4	Algorithmus: Bestimmung des *Time-Lag* über das generalisierte Korrelationsintegral	183
		6.4.1 Datenqualität, Voraussetzungen	184
		6.4.2 Praktische Durchführung	185
		6.4.3 Beispielanalyse: Das generalisierte Korrelationsintegral des DAX	188
	6.5	Algorithmus: Phasenraumeinbettung – Grafische Darstellung	190
		6.5.1 Rotation der Phasenraumdarstellung	192
		6.5.2 Projektion der Darstellung	193
		6.5.3 Datenqualität, Voraussetzungen	195
		6.5.4 Praktische Durchführung	196
		6.5.5 Beispieldarstellung: Phasenraum des DAX	200
		6.5.6 Beispieldarstellung: Phasenräume für den Euro-Referenzkurs der EZB gegenüber dem US-Dollar	202
7	**Fraktale Dimension**		**205**
	7.1	Grundlagen: Fraktale Geometrie	208
	7.2	Algorithmus: Korrelationsintegral – D2	221
		7.2.1 Datenqualität, Voraussetzungen	227
		7.2.2 Praktische Durchführung	232
		7.2.3 Beispielanalyse: D2 der log-Returns des DAX	238
		7.2.4 Beispielanalyse: D2 der log-Returns des Euro-Referenzkurses der EZB zum US-Dollar	243
	7.3	Algorithmus: Erweiterung für große Stichproben, aber kurze Zeitreihen	245
		7.3.1 Dynamik vs. Struktur – Erweiterung der Einsatzmöglichkeiten	245
		7.3.2 Beispielanalyse: Die Komplexitätshypothese der Karriereforschung	247
	7.4	Algorithmus: PD2 – Zeitpunktbezogene Dimensionalität	255
		7.4.1 Datenqualität, Voraussetzungen	260
		7.4.2 Praktische Durchführung	261
		7.4.3 Beispielanalyse: Komplexitätssprünge in den log-Returns des DAX – PD2-Analyse	267
	7.5	Algorithmus: Zusammenfassen von Fokuspunkten	272
		7.5.1 Datenqualität, Voraussetzungen	274
		7.5.2 Praktische Durchführung	274
		7.5.3 Beispielanalyse: Komplexitätssprünge in den log-Returns des DAX – PD2 für zusammengefasste Fokuspunkte	278

		7.5.4	Beispielanalyse: Sich ändernde fraktale Strukturen in den log-Returns des Euro-Referenzkurses der EZB zum US-Dollar	281
		7.5.5	Beispielanalyse: Phasenübergang und Hysterese bei Entscheidungen zur Marktprognose	285
	7.6	Testen der Nullhypothese: BDS-Test		294

8 Chaos, *Lyapunov*-Exponent ... 299

	8.1	Grundlagen: Exponentielle Divergenz im deterministischen Chaos		304
	8.2	Algorithmus: Wolfs LLE		310
		8.2.1	Datenqualität, Voraussetzungen	312
		8.2.2	Praktische Durchführung	313
		8.2.3	Beispielanalyse: Positiver LLE in den log-Returns des DAX – Wolf-Algorithmus	318
	8.3	Algorithmus: Rosensteins LLE		321
		8.3.1	Datenqualität, Voraussetzungen	325
		8.3.2	Praktische Durchführung	327
		8.3.3	Beispielanalyse: Positiver LLE in den log-Returns des DAX – Rosenstein-Algorithmus	331
	8.4	Algorithmus: Kantzs LLE		333
		8.4.1	Datenqualität, Voraussetzungen	333
		8.4.2	Praktische Durchführung	334
		8.4.3	Beispielanalyse: Positiver LLE in den log-Returns des DAX – Kantz-Algorithmus	339
	8.5	Algorithmus: *Lyapunov*-Exponenten für nichtstationäre Zeitreihen		341
		8.5.1	Datenqualität, Voraussetzungen	344
		8.5.2	Praktische Durchführung	345
		8.5.3	Beispielanalyse: Veränderung der Chaotizität des DAX	348
	8.6	Algorithmus: Kolmogorov-Sinai-Entropie		352
		8.6.1	Datenqualität, Voraussetzungen	360
		8.6.2	Praktische Durchführung	360
		8.6.3	Beispielanalyse: K2 der log-Returns des DAX	364
	8.7	Algorithmus: PK2		367
		8.7.1	Datenqualität, Voraussetzungen	369
		8.7.2	Praktische Durchführung	369
		8.7.3	Beispielanalyse: Kurzfristig maximale Entropie im DAX	372

9 Beinahe gleich ... *Recurrence Plots* ... 375

	9.1	Grundlagen: Muster in Wiederholungen kennzeichnen die Systemdynamik		375
	9.2	Algorithmus: *Recurrence Plots*		383
		9.2.1	Datenqualität, Voraussetzungen	387
		9.2.2	Praktische Durchführung	388
		9.2.3	Beispielanalyse: Der DAX wiederholt sich	391

10 Wie komplex ist dieser Satz? – Komplexität von Symbolfolgen 397

10.1 Grundlagen: Qualitativ-symbolische Dynamik 397
10.2 Algorithmus: Klassische Informationstheorie 402
    10.2.1 Wie man sich an den eigenen Haaren aus dem Sumpf zieht 407
    10.2.2 Datenqualität, Voraussetzungen 411
    10.2.3 Praktische Durchführung 412
    10.2.4 Beispielanalyse: Fehlende Differenzierungsfähigkeit bei Karrieredaten 415
10.3 Algorithmen: *Symbolic Dynamics* 421
    10.3.1 Datenqualität, Voraussetzungen 423
    10.3.2 Praktische Durchführung 425
    10.3.3 Beispielanalyse: Symbolabfolgen zeigen Unterschiede in der Komplexität von Karrieren 428
10.4 Algorithmus: Permutationsentropie und die Gruppe der GEntropien 430
    10.4.1 Permutationsentropie 430
    10.4.2 Die Gruppe der GEntropien 434
    10.4.3 Datenqualität, Voraussetzungen 439
    10.4.4 Praktische Durchführung 440
    10.4.5 Beispielanalyse: Sind Change-Prozesse Phasenübergänge? 443
    10.4.6 Beispielanalyse: Event-Studie über den Wechsel des Vorstandsvorsitzenden bei börsennotierten Unternehmen 448
    10.4.7 Beispielanwendung: Identifikation von Geldwäsche und Terrorismusbekämpfung 455
10.5 Algorithmus: *Grammar Complexity* 461
    10.5.1 Datenqualität, Voraussetzungen 465
    10.5.2 Praktische Durchführung 466
    10.5.3 Beispielanalyse: optimale Komplexität in Verhandlungen 470

11 Schlussbetrachtung 473

12 Literatur 477

13 Index 513

1 Einleitung

Im Herbst 2017 findet sich die Behauptung, dass wir es in verschiedenen Lebensbereichen mit einer zunehmenden Komplexität zu tun haben, über 76.600 Mal im deutschsprachigen Internet. Die englische Übersetzung der wortexakten Suche nach „zunehmend komplexer" („*increasingly complex*") liefert sogar 4.350.000 Treffer (wortexakte Suche über google.com). Die Gesamtzahl der Treffer hat sich in den letzten Jahren immer wieder vervielfacht und der Komplexitätsbegriff scheint eines der zentralen Modeworte der letzten Jahre zu sein. Gleichzeitig wird eine zunehmend steigende Komplexität konstatiert und werden daraus weitreichende Schlussfolgerungen für zahlreiche Bereiche des menschlichen Lebens abgeleitet. Komplexität wird im alltäglichen Sprachgebrauch, in politischen Reden und in wirtschaftswissenschaftlichen Fachartikeln (z. B. Thiétart & Forgues 1995, Lissack 1999, Bird et al. 2002) mal als treibende Kraft und mal als Folge des Zeitgeistes interpretiert.

Die „zunehmende Komplexität" (vgl. Furnham 2009, S. 5 ff.), so heißt es etwa bei Gooderham et al. (2004, S. 15), mache organisationale Planung und Steuerung immer schwerer (siehe dazu auch Levy 1994). Bei Turnheim (1991, S. 11) wird eine „klare Organisationsstruktur" als gestrig abgetan und ihr ein „Organismus-Modell" mit „flexiblen Strukturen" für das „Heute & Morgen" gegenübergestellt. An die Stelle langfristiger strategischer Planungssysteme hätten flexible Unternehmensstrukturen (z. B. Volberda 1998) und sich beständig schneller drehende Lernzyklen zu treten, die eine kontinuierliche Anpassung ermöglichen würden (vgl. Brown & Eisenhardt 1997).

Eine zunehmende Komplexität hat Folgen für Individuen, Organisationen, Wirtschaft und Gesellschaft

Zurückgeführt wird die wachsende Komplexität z. B. auf eine zunehmende Verflechtung der Weltwirtschaft (z. B. Picot et al. 1996, Dore 2003), globale Informations- und Kommunikationssysteme (z. B. Freeman et al. 1993) oder technische Innovationen (vgl. auch die Argumente bei Furnham 2009). Dabei werden Folgen diskutiert u. a. für:

- Individuen (z. B. Unklarheit von Lebensentwürfen: vgl. dazu z. B. Gergen & Thatchenkery 1996, Unsicherheiten in der Karriereplanung: Hall 1996b, Patchworkfamilie und -identität: Keupp 1988, der Imperativ von Flexibilität und Mobilität: z. B. Victor & Stephens 1994, Hermann & Mayrhofer 2005),
- Organisationen (z. B. Innovationsdruck: Wienert 2007, Flexibilisierungsimperativ: z. B. Ferlie & Pettigrew 1998, S. 219 f., Drumm 1996, Zenger & Hesterly 1997, beständiger Wandel: Brown & Eisenhardt 1997),
- Wirtschaft (z. B. zunehmende Globalisierung: z. B. Picot et al. 1996, Stahl et al. 2005, Krisenanfälligkeit: Mandelbrot & Hudson 2004),
- Gesellschaft (z. B. Postmodernität: Clegg 1990, Gergen & Thatchenkery 1996, Wertewandel und Wertepluralität: Oesterdiekhoff & Jegelka 2001, Individualisierung der Gesellschaft: Beck 1986).

Der Komplexitätsbegriff bleibt nebulös

Trotz der zentralen Bedeutung des Komplexitätsbegriffes bleibt eine Definition – auch in wissenschaftlichen Aufsätzen – häufig nebulös oder wird gar nicht angeboten (vgl. die Übersicht in Anderson 1999, Noell 2007). In einigen Aufsätzen wird Komplexität über die Zahl der Variablen des Systems definiert (z. B. Carroll & Burton 2000, aber auch bereits Simon 1962). In dieser knappen, aber leicht operationalisierbaren Definition wird jedoch die Dynamik der betrachteten Systeme vernachlässigt (Ancona et al. 2001); auch die Struktur des Systems und der Charakter seiner Wechselwirkungsbeziehungen spielen dort keine wesentliche Rolle. Wenn man sich vor Augen führt, wie im Fußballstadion 30.000 Fans beim Siegestreffer ihrer Mannschaft alle zugleich in Jubel ausbrechen und dabei jede Individualität vermissen lassen, kommen schnell Zweifel, ob die Komplexität eines Systems nur von seiner Größe, also der Zahl der beteiligten Elemente abhängt. Mitunter scheint jedenfalls auch das Gegenteil der Fall zu sein (Willke 1983).

Aus einer wissenschaftlichen Perspektive stellen sich in Bezug auf den Komplexitätsbegriff mindestens drei zentrale Fragen:

> **Zentrale Forschungsfragen**

1. **Was ist Komplexität?**
   Wie kann sie definiert und theoretisch begründet werden? Wie lässt sich ihr Entstehen theoretisch erklären? Wie lässt sie sich messen?
2. **Welche Ursachen und Gründe gibt es für Komplexität?**
   Welche unabhängigen Variablen sind für ihr Zustandekommen verantwortlich?
3. **Wie wirkt sich Komplexität aus?**
   Welche abhängigen Variablen werden durch Komplexität beeinflusst?

> **Verschiedene mathematische Systemtheorien geben Antworten auf die drei Fragen**

Antworten auf die genannten Fragen werden im Folgenden aus der Perspektive der Theorien Nichtlinearer Dynamischer Systeme gegeben. Diese auch als Theorien Komplexer Systeme bezeichnete Familie theoretischer Ansätze (vgl. Liening 1998) hat tragfähige und empirisch belastbare Erklärungen für ein Verständnis von Komplexität formuliert. Zu ihnen gehören die aus der Mathematik stammende fraktale Geometrie (Mandelbrot 1977, 1987, Mandelbrot & Hudson 2004), die mit dem Chemienobelpreis ausgezeichnete Theorie Dissipativer Systeme (Prigogine 1955, Prigogine & Stengers 1984, Prigogine & Stengers 1986, Prigogine 1987, Prigogine & Stengers 1993, Prigogine 1995), die auf der Lasertheorie (Haken 1970) aufbauende Synergetik (Haken 1977, 1985) und die Chaostheorie (Poincaré 1904, 1908, Lorenz 1963, 1972). Dabei betonen die verschiedenen theoretischen Strömungen nicht selten unterschiedliche Detailaspekte von Komplexität, sodass die Definition und Abgrenzung je nach Autor anders ausfällt. Das bedeutet jedoch nicht, dass keine Einigkeit über den Komplexitätsbegriff besteht, wie Horgan (1995) behauptet. Es scheint vielmehr so zu sein, dass Komplexität verschiedene Eigenschaften besitzt, die – je nach Erkenntnisinteresse – auch einzeln für sich betrachtet werden können.

> **Drei Forschungstraditionen der Wirtschaftswissenschaft beschäftigen sich mit Komplexität**

Tatsächlich gib es in der Wirtschaftswissenschaft auch durchaus Arbeiten, die sich unter Bezug auf die Theorien Nichtlinearer Dynamischer Systeme mit der Chaosforschung und den Eigenschaften komplexer Systeme auseinandersetzen (z. B. Liening 1998, 2017, für einen frühen Überblick z. B. Day 1992, Day 1994). Insbesondere drei Forschungstraditionen haben sich ausführlich mit solchen Fragestellungen beschäftigt:

1. **Modellbildung.** Modelle für wirtschaftliche Phänomene sind bei Berücksichtigung nichtlinearer Wechselwirkungen in der Regel mit deterministischem Chaos hochgradig kompatibel (z. B. Day 1992, Liening 1998, 2017).

2. **Analyse von Finanzdaten bzw. ökonomischen Zeitreihen.** Zeitreihenanalytische Untersuchungen werden seit den 1990er-Jahren mit dem Ziel durchgeführt, komplexe chaotische Prozesse in Finanz- und Wirtschaftsdaten zu identifizieren. Die Befunde sind nicht eindeutig (vgl. z. B. für die Anwendung auf Aktienkurse: Hsieh 1991, Bonilla et al. 2011, Wechselkurse: Serletis & Gogas 1997, Shintani & Linton 2003, makro- und mikroökonomische Größen: Barnett et al. 1995, Fernández-Rodríguez et al. 2005).

3. **Anwendungsbezogene Managementforschung.** Fragen über die Möglichkeiten und Grenzen gezielter Steuerungseingriffe in komplexe Systeme spielen in der anwendungsbezogenen Managementforschung eine wichtige Rolle und werden z. B. vor dem Hintergrund einer komplexen organisationalen Umwelt immer wieder neu diskutiert (z. B. Peters 1987, Turnheim 1991, Stacey 1992, Warnecke 1993, Stacey 1995, 1996, Stacey et al. 2000, Malik 2014).

Bei Durchsicht der Publikationen aus den drei Forschungsrichtungen im Hinblick auf die eingangs gestellten Forschungsfragen fällt auf, dass empirische Studien weitgehend fehlen (siehe ausführlicher unten, S. 99 ff.). Allein die Analyse von Finanzdaten bzw. ökonomischen Zeitreihen ist empirisch orientiert, berührt aber die angesprochenen Fragestellungen nur am Rande.

Empirische Arbeiten sind selten oder inhaltlich stark eingeschränkt

Das Fehlen empirischer Arbeiten kann auf eine Reihe von – vor allem methodischen – Problemen zurückgeführt werden: In den oben genannten Forschungsfragen geht es um die Veränderung von Komplexität in Abhängigkeit von vermuteten Komplexitätstreibern und um die Auswirkungen einer sich verändernden Komplexität auf verschiedene abhängige Variablen. Die dazu passenden empirischen Designs sind experimenteller bzw. quasiexperimenteller Natur. Klassische Methoden der Chaosforschung (D2: Grassberger & Procaccia 1983a, 1983c, LLE: Wolf et al. 1985, K2: Grassberger & Procaccia 1983a, 1983c, Frank et al. 1993) erlauben es kaum, solche Forschungsdesigns zu verwirklichen. Die Anforderungen an die Datenqualität sind so hoch, dass Veränderungsmessungen kaum möglich erscheinen (vgl. etwa die Anforderungen, die in den Tabellen 21, S. 231, 32, S. 313 und 37, S. 361 genannt werden). So kommen bei der oben angesprochenen Analyse von Finanzdaten bzw. ökonomischen Zeitreihen nahezu ausschließlich Algorithmen zum Einsatz, die in den Naturwissenschaften für die Untersuchung rauscharmer und stationärer Systeme, für die beliebig viele Daten leicht produziert werden können, entwickelt wurden (etwa chaotische elektronische Schwingkreise: Kennedy 1992).

Auf der anderen Seite sind aus anderen Disziplinen seit einiger Zeit neuere Methoden bekannt, die erfolgreich auch in der Wirtschaftswissenschaft eingesetzt werden könnten (etwa die Permutationsentropie: Bandt & Pompe 2002). Insgesamt hat sich die empirische Komplexitätsforschung in den letzten Jahren rasant weiterentwickelt. Das Angebot an Algorithmen umfasst inzwischen Methoden, die mit ordinal skalierten Datensätzen ebenso umgehen können wie mit kurzen, verrauschten Symbolabfolgen. Auch die klassischen Methoden, die noch in den 1990er-Jahren zur Analyse von Finanzdaten eingesetzt wurden, sind inzwischen verbessert und umfassend erweitert worden. Dadurch werden zunehmend auch nichtstationäre Analysen möglich. Diese können zeigen, wie sich die Komplexität im Zeitverlauf verändert. Damit kann Komplexität sowohl als abhängige als auch als unabhängige Größe quantifiziert und direkt im Verlauf eines Wirtschaftsprozesses abgebildet werden. Unzählige Hypothesen z. B. über die zunehmende Komplexität der Weltwirtschaft, individueller Berufskarrieren oder von Geld- und Informationsflüssen lassen sich damit erstmals empirisch untersuchen.

Tatsächlich sind diese neuen Methodenentwicklungen in der Wirtschaftswissenschaft kaum oder gar nicht diskutiert worden. Das liegt zum Teil daran, dass selbst die seit Jahren bekannten klassischen Verfahren der Komplexitätsforschung in Lehrbüchern kaum stattfinden und nicht in herkömmlichen Softwarepaketen zur Datenanalyse implementiert sind. Für neuere Verfahren fehlen sowohl Analysetools und Methodenbeschreibungen als auch Anwendungsbeispiele aus der Wirtschaftswissenschaft. Es ist daher das Ziel des vorliegenden Handbuches, diese Lücken zu schließen.

Zum Stand der Komplexitätsforschung in der Wirtschaftswissenschaft vgl. ab S. 65

Nach einer knappen Einführung in die theoretischen Grundlagen erfolgt eine Diskussion zum Stand der Komplexitätsforschung in der Wirtschaftswissenschaft. Im Zentrum des vorliegenden Handbuches stehen die empirischen Forschungsmethoden, die eine Abschätzung des Ausmaßes oder die Prüfung des Vorliegens von Komplexität erlauben. Die Darstellung dieser Methoden erfolgt entlang einer einheitlichen Struktur: Nach einer möglichst anschaulichen Beschreibung der zentralen Grundideen hinter den Verfahren werden zunächst theoretische Basisannahmen vorgestellt und dann erst formale Definitionen und mathematische Grundlagen diskutiert. Ziel ist es, zunächst ein Verständnis für die jeweilige Methodik unabhängig von mathematischen Formalismen zu vermitteln. Erst darauf aufbauend werden Gleichungen und Algorithmen Schritt für Schritt eingeführt.

Auf der Grundlage der vorliegenden Arbeit wurde eine Analysesoftware entwickelt

Auf die Theorie folgt jeweils ein Praxisblock, der auf Voraussetzungen für die Durchführung der Methodik eingeht, die konkreten Berechnungsschritte in Form eines Flussdiagramms vorstellt und schließlich auf die Berechnungsdurchführung mithilfe der Analysesoftware GChaos (www.complexity-research.com) verweist.

Anwendungsbeispiele für die Verfahren in der Wirtschaftswissenschaft

Für jedes wichtige Verfahren wird abschließend ein illustratives Berechnungsbeispiel für Daten aus der Wirtschaftswissenschaft präsentiert. Diesen Beispielen kommt vor allem exemplarischer Charakter zu. Es geht darum zu demonstrieren, welche Ergebnisse die jeweilige Methode unter welchen Voraussetzungen erbringen kann. Die Illustration der Methode steht dabei im Vordergrund. Ein solches Beispielkapitel sollte daher nicht mit einer umfassenden empirischen Untersuchung verwechselt werden. Denn diese macht in der Regel noch weitere Analyseschritte nötig und erfordert zudem eine weitaus tiefergehende theoretische Auseinandersetzung. Es geht hier also mehr um die Demonstration der Methode an typischen Beispieldaten und nicht so sehr um die abschließende und zweifelsfreie Beantwortung der dabei aufgeworfenen Fragestellungen.

Wo es möglich ist, folgt das Vorgehen den aus der wirtschaftswissenschaftlichen Literatur bekannten Berechnungsschritten. Dabei werden aus didaktischen Gründen auch Beispielanalysen durchgeführt, die in der Vergangenheit erfolgreich z. B. bei der Analyse von Aktienkursen eingesetzt wurden, aber inzwischen durch verlässlichere Algorithmen ersetzt worden sind. In späteren Kapiteln werden dann auch die neueren Methoden angewendet. Folgende Beispielanalysen werden im Rahmen des vorliegenden Handbuches vorgestellt:

Der DAX als Beispielzeitreihe

1. **Analyse des Deutschen Aktienindex (DAX) mit den klassischen Methoden der Komplexitäts- und Chaosforschung.** Zahlreiche Methoden der Komplexitäts- und Chaosforschung wurden gleich nach ihrer Publikation in den Naturwissenschaften für die Analyse von Aktienzeitreihen erprobt. Diese frühen Verfahren erfordern vor allem lange Zeitreihen, die in diesem Forschungsgebiet leichter verfügbar sind als in anderen Gebieten der Wirtschaftswissenschaft. Je nach Komplexität der Daten können selbst 1.000 bis 10.000 Messzeitpunkte für eine Analyse zu wenig sein. Die gute Verfügbarkeit langer Datenreihen hat dazu geführt, dass die empirische Chaosforschung sich in der Wirtschaftswissenschaft weitgehend auf die Analyse von Finanzdaten bzw. ökonomischen Zeitreihen beschränkt. Die im Rahmen der folgenden Kapitel vorgestellten Beispielanalysen folgen diesem klassischen Vorgehen. Die Beispielanalysen finden sich in den Kapiteln:

    6.2.3   Beispielanalyse: Ist der DAX linear vorhersagbar? (S. 173)

    6.3.3   Beispielanalyse: Die Mutual-Information-Funktion des DAX (S. 182)

    6.4.3   Beispielanalyse: Das generalisierte Korrelationsintegral des DAX (S. 188)

    6.5.5   Beispieldarstellung: Phasenraum des DAX (S. 200)

    7.2.3   Beispielanalyse: D2 der log-Returns des DAX (S. 238)

    Tabelle 31: BDS-Test für die logarithmierten Returns des DAX (S. 298)

    8.2.3   Beispielanalyse: Positiver LLE in den log-Returns des DAX – Wolf-Algorithmus (S. 318)

    8.3.3   Beispielanalyse: Positiver LLE in den log-Returns des DAX – Rosenstein-Algorithmus (S. 331)

    8.4.3   Beispielanalyse: Positiver LLE in den log-Returns des DAX – Kantz-Algorithmus (S. 339)

    8.6.3   Beispielanalyse: K2 der log-Returns des DAX (S. 364)

Metaanalyse und Literaturreview

2. **Gibt es Chaos in ökonomischen Zeitreihen?** Zahlreiche empirisch beobachtbare ökonomische Zeitreihen wie z. B. Aktienkursverläufe, Wechselkurse oder

Schwankungen des BIP zeigen Irregularitäten, die möglicherweise zumindest zum Teil Ausdruck chaotischer Prozesse sein könnten. Seit den späten 1980er-Jahren wird in ökonomischen Zeitreihen nach Chaos gesucht und nicht selten ist diese Suche verbunden mit dem Ziel, gewinnbringende Handelsstrategien zu identifizieren. Um es klar zu sagen, eine solche „Goldsuche" ist wenig erfolgversprechend und beruht auf einem Missverständnis über die Steuerfähigkeit chaotischer Prozesse. Die deterministische Grundlage des Chaos impliziert zwar selbstorganisiert auftretende Ordnungsstrukturen, aber dennoch keine beliebige Vorhersagbarkeit. Dennoch werden einige der in der vorliegenden Arbeit vorgestellten Methoden nach wie vor auch dazu eingesetzt, verborgene Ordnungsmuster in ökonomischen Daten zu identifizieren. Gibt es Chaos in ökonomischen Zeitreihen? Einige hochrangig publizierte Arbeiten sprechen dafür, andere dagegen. Eine umfassende Sichtung der Befunde, die seit den späten 1980er-Jahren publiziert wurden, fehlt bisher. Daher wurde im Jahr 2005 in Zusammenarbeit mit Michele Griessmair ein Projekt zur Katalogisierung aller publizierten empirischen Studien über Chaos in ökonomischen Zeitreihen gestartet. Inzwischen wurden für den Zeitraum von 1988 bis 2011 insgesamt 92 Publikationen in namhaften Journals mit 682 untersuchten ökonomischen Zeitreihen identifiziert, katalogisiert und zusammenfassend im Rahmen einer Metaanalyse bzw. eines Review zur aufgeworfenen Fragestellung ausgewertet. Die Ergebnisse finden sich in folgenden Tabellen sowie den dazugehörigen Kapiteln:

Tabelle 4:   *Review* über Studien zum Nachweis von Chaos in ökonomischen Zeitreihen (S. 78)

Tabelle 5:   Übersicht über die untersuchten ökonomischen Zeitreihen (S. 80)

Tabelle 23: *Review* über Studien, die ein D2 einsetzten (S. 242)

Tabelle 33: *Review* der Studienergebnisse zur Analyse größter *Lyapunov-Exponenten* (S. 319)

Tabelle 39: *Review* über Studien, die ein K2 einsetzten (S. 366)

Nichtstationäre Analysen sind neu

3. **Erweiterung der klassischen Komplexitätsanalyse zur nichtstationären Eventstudie am Beispiel des DAX.** Weiterentwicklungen der klassischen komplexitätswissenschaftlichen Methoden erlauben eine retrospektive zeitpunktbezogene Analyse von Zeitreihendaten. Im Idealfall können Komplexitätsschwankungen tagesgenau bestimmt werden. Da diese Erweiterungen auf den klassischen Algorithmen beruhen sind auch hier sehr lange Zeitreihen erforderlich, sodass diese Verfahren wahrscheinlich auch in Zukunft der Analyse von Finanzdaten bzw. feinaufgelösten ökonomischen Zeitreihendaten vorbehalten bleiben werden. Die Beispielanalysen finden sich in den Kapiteln:

7.4.3   Beispielanalyse: Komplexitätssprünge in den log-Returns des DAX (S. 267)

7.5.3   Beispielanalyse: Komplexitätssprünge in den log-Returns des DAX (S. 278)

8.5.3   Beispielanalyse: Veränderung der Chaotizität des DAX (S. 348)

Einleitung

8.7.3 Beispielanalyse: Kurzfristig maximale Entropie im DAX (S. 372)

9.2.3 Beispielanalyse: Der DAX wiederholt sich (S. 391)

Analyse des Euro-Referenzkurses

4. **Einfache hypothesengeleitete Untersuchungen zur Stabilität des Euro-Referenzkurses der EZB gegenüber dem US-Dollar.** Der Perspektivenwechsel – weg von der sehr eingeschränkten Frage über das Vorliegen von Chaos in ökonomischen Zeitreihen hin zur Analyse relativer Veränderungen – soll an einem makroökonomischen Datensatz diskutiert werden. Im Rahmen dieser Beispielanalyse wird die Komplexität der Einführungsphase des Euro im Vergleich zur Etablierungsphase und der Krisenphase seit 2008 anhand des Euro-Referenzkurses der EZB gegenüber dem US-Dollar untersucht. Die jeweils aufeinander aufbauenden Beispielanalysen finden sich in den folgenden Kapiteln:

   6.5.6 Beispieldarstellung: Phasenräume für den Euro-Referenzkurs der EZB gegenüber dem US-Dollar (S. 202)

   7.2.4 Beispielanalyse: D2 der log-Returns des Euro-Referenzkurses der EZB zum US-Dollar (S. 243)

   7.5.4 Beispielanalyse: Sich ändernde fraktale Strukturen in den log-Returns des Euro-Referenzkurses der EZB zum US-Dollar (S. 281)

Werden Karrieren komplexer?

5. **Die Analyse von Managementkarrieren.** Berufskarrieren als Abfolge beruflicher Erfahrungen im Verlauf der Zeit stehen prototypisch für die Datenqualität vieler wirtschaftswissenschaftlicher Fragestellungen. Neben „harten" Daten wie Gehalt und Führungsspannen sind häufig auch „weiche" Daten wie z. B. die Karrierezufriedenheit von Bedeutung. Die in der Karriereforschung übliche Erhebungsfrequenz von ca. einem Jahr liefert in der Regel nur wenige Messzeitpunkte. Eine Analyse mit den klassischen nichtlinearen zeitreihenanalytischen Verfahren kann daher nicht erfolgen. Zahlreiche methodische Neuentwicklungen lassen sich hier jedoch erfolgreich einsetzen (Teile der diskutierten Beispielanalysen sind zudem ausführlich publiziert in: Strunk et al. 2003, Strunk 2009a, 2009b):

   7.3.2 Beispielanalyse: Die Komplexitätshypothese der Karriereforschung (S. 247)

   10.2.4 Beispielanalyse: Fehlende Differenzierungsfähigkeit bei Karrieredaten (S. 415)

   10.3.3 Beispielanalyse: Symbolabfolgen zeigen Unterschiede in der Komplexität von Karrieren (S. 428)

Phasenübergänge bei Marktentscheidungen

6. **Fehler bei der Beurteilung von Marktsituationen sichtbar machen.** Ein klassisches Experiment der von Hermann Haken Ender der 1960er-Jahre begründeten Synergetik zeigt, wie Versuchspersonen bei einmal getroffenen Entscheidungen, Wahrnehmungen oder Problemlösestrategien bleiben, obwohl sich die Situation inzwischen grundlegend geändert hat (Haken 1990b). Viele Systeme zeigen ein solches als Hysterese bezeichnetes Beharrungsvermögen und weichen nur ungerne vom einmal eingeschlagenen Verhaltensmuster ab. Rose

(2012) demonstriert, dass solche Effekte auch bei der Beurteilung eines Marktes mit dem Ziel einer Preisprognose experimentell erzeugt werden können. Die Beispielanalyse zeigt, wie die Veränderung der Komplexität der Herzrate einer Versuchsperson mit der Markteinschätzung korreliert (Teile der Beispielanalyse sind publiziert in Strunk et al. 2015):

> 7.5.5 Beispielanalyse: Phasenübergang und Hysterese bei Entscheidungen zur Marktprognose (S. 285)

Der Organisation beim Lernen über die Schulter schauen

7. **Ein Beitrag zur Diskussion um das Wesen des organisationalen Lernens.** Viele wirtschaftswissenschaftliche Fragestellungen beschäftigen sich – ebenso wie die Komplexitäts- und Chaosforschung – mit Prozessen, also zeitlichen Entwicklungen und Veränderungen (vgl. Ancona et al. 2001). Dies gilt insbesondere in Bezug auf das organisationale Lernen. Die Balance zwischen Stabilität und Wandel (vgl. dazu bereits March & Simon 1958, S. 4) und die damit verbundene Frage über das Gelingen und Misslingen von *Change*-Prozessen sind Thema zahlreicher wirtschaftswissenschaftlicher Publikationen (vgl. z. B. die Diskussion über die Frage, ob organisationale Veränderungen kontinuierlich verlaufen March 1981, Weick 1984, Brown & Eisenhardt 1997, Weick & Quinn 1999, Tsoukas & Chia 2002 oder in diskontinuierlichen Sprüngen: Greiner 1972, Mintzberg & Waters 1985, Gersick 1991, Gresov et al. 1993, Romanelli & Tushman 1994, Tushman & Romanelli 1995). Die Beispielanalyse zu diesem Themenkomplex basiert auf mehreren Unternehmensplanspielen und nutzt Verhaltensdaten, die von den Spielerinnen und Spielern im Verlauf des Planspiels durch die Interaktion mit der Simulationssoftware erzeugt werden. Das Beispiel (publiziert in: Liening et al. 2011, Mittelstädt et al. 2011) zeigt, wie Komplexitätsanalysen helfen können, *Change*-Prozesse zu interpretieren und wie die ohnehin in jeder Organisation anfallenden Zeitreihendaten zur Analyse von organisationalen Veränderungen eingesetzt werden können:

> 10.4.5 Beispielanalyse: Sind *Change-Prozesse* Phasenübergänge? (S. 443)

Komplexität als zentrale Variable von *Event*-Studien

8. *Event*-**Studie – Auswirkung von Vorstandswechseln auf die Komplexität von Aktienzeitreihen.** *Event*-Studien fokussieren auf ein bestimmtes, in der Regel eng umschriebenes Ereignis (zur Methode: MacKinlay 1997). Klassische Analysen untersuchen etwa das Auftreten von *Abnormal Returns* während eines Wechsels im Top-Management von börsennotierten Unternehmen (z. B. Warner et al. 1988). Die Befundlage ist nicht immer einheitlich und Übersichtsarbeiten (z. B. McWilliams & Siegel 1997) tendieren in der Regel dazu, solche Effekte als gering einzuschätzen. Aus einer theoretischen Perspektive ist die mit *Event*-Studien aufgeworfene Fragestellung von großer Bedeutung für die Hypothese effizienter Märkte (Fama 1970). Ein effizienter Markt reagiert sehr schnell auf marktrelevante Veränderungen und erlaubt daher keine Vorhersage zukünftiger Preisentwicklungen. Im Umfeld von klar definierten *Events* kann diese 2013 mit dem Nobelpreis ausgezeichnete Hypothese konkret geprüft werden. In einer Review zum Stand der Forschung kommt Fama 1991 zu dem Schluss: „*The typical result in event studies on daily data is that on average, stock prices*

seem to adjust within a day" (S. 1601). Unterstützung erfährt das Interesse an der Analyse spezifischer *Events* in neuerer Zeit durch die *Behavioral Finance* (z. B. könnte das Modell der Überreaktion bzw. des Ausbleibens einer Reaktion nach Daniel et al. 1998 hier eine Rolle spielen). Diese zweifelt die Gültigkeit der Hypothese effizienter Märkte grundsätzlich an (vgl. Shiller 2003) und es ist bezeichnend, dass sowohl Eugene Fama als auch Robert Shiller 2013 gemeinsam den Nobelpreis erhalten, der eine für seine Hypothese effizienter Märkte, der andere für die Kritik daran. Die Diskussion um die Effizienz von Märkten, etwa im Umfeld von *Events*, kann aus einer komplexitätswissenschaftlichen Perspektive bereichert werden: Die Komplexität einer Zeitreihe ist unabhängig von deren Trend, sodass *Abnormal Returns* nicht vorliegen müssen, damit sich eventgetriggerte Veränderungen des Marktverhaltens ergeben. Steigt im Umfeld eines *Events* die Komplexität stark an oder mehren sich die Hinweise auf Zufallsprozesse, dann kann vermutet werden, dass das *Event* überraschend und unerwartet kam und zu einer entsprechenden Unsicherheit auf den Märkten führte. Sinkt die Komplexität im Umfeld eines *Events*, so kann das ein Hinweis auf eine Markt-Anomalie sein. Solche Veränderungen der Komplexität sind vor dem Hintergrund der von Hermann Haken (1977) begründeten Theorie der Selbstorganisation, der Synergetik, für bedeutsame *Events* sogar zu erwarten. Die Beispielanalyse stellt Befunde über die Veränderung der Komplexität von Aktienkursen während des Wechsels des Vorstandsvorsitzenden von DAX-Unternehmen vor (die Beispielanalyse beruht auf Strunk 2009c, 2010 sowie Feigl 2011):

10.4.6 Beispielanalyse: *Event-Studie* über den Wechsel des Vorstandsvorsitzenden bei börsennotierten Unternehmen (S. 448)

Geldwäsche- und Terrorismusbekämpfung mit Methoden der Komplexitätsforschung

9. **Identifikation von Geldwäsche und Terrorismusbekämpfung.** Geldinstitute sind dazu verpflichtet, geeignete Maßnahmen zur Identifikation von Geldwäsche und zur Terrorismusbekämpfung zu setzen. Dazu werden üblicherweise regelbasierte Algorithmen eingesetzt, die z. B. auf bestimmte Transaktionshöhen ansprechen. Solche regelbasierten Systeme lassen sich jedoch leicht umgehen, wenn die Regel bekannt wird. Methoden der Komplexitätsforschung sind viel eher in der Lage, Muster und Strukturen in Daten zu identifizieren und zu quantifizieren, wobei sie mehr nach prototypischen Mustern und weniger nach exakten, vorher feststehenden Wertefolgen suchen. Die folgende Beispielanwendung berichtet von einem Projekt, bei dem Methoden der Komplexitätsforschung zur Identifikation von Geldwäsche und zur Terrorismusbekämpfung eingesetzt wurden:

10.4.7 Beispielanwendung: Identifikation von Geldwäsche und Terrorismusbekämpfung (S. 458)

Erfolgreiche Verhandlungen sind optimal komplex

10. **Der passende Komplexitätslevel für eine erfolgreiche Verhandlungsführung.** „Manager tun ja nichts, die reden doch nur" lautet ein provokanter Titel einer Analyse typischen Managementverhaltens. Mayrhofer (1999) zeigt darin

die große Bedeutung der Kommunikation für das Management und die Konstitution einer Organisation (sensu Luhmann 1984). Die Bedeutung der Kommunikation für das Gelingen unternehmerischen Handelns spitzt sich dort noch einmal zu, wo es inhaltlich um Verhandlungen, z. B. über Löhne, Leistungsvereinbarungen, Wirtschaftsbeziehungen oder allgemein um Verträge geht. Die Messung der Komplexität von Verhandlungen bzw. der Kommunikation in Organisationen erfordert Verfahren, die symbolisch-qualitative Daten auf Komplexität und Ordnungsstrukturen prüfen können. Tatsächlich liegen auch dafür Verfahren der Komplexitätsanalyse vor. Aus einer theoretischen Perspektive ist zu erwarten, dass sowohl eine zu triviale als auch eine zu komplexe Verhandlungsführung den Erfolg der Verhandlungen gefährden kann. Die Beispielanalyse (ausführlich publiziert in: Griessmair et al. 2008, Griessmair et al. 2011a) findet sich im folgenden Kapitel:

10.5.3   Beispielanalyse: optimale Komplexität in Verhandlungen (S. 470)

Oben wurde bereits dargestellt, dass ein Hinweis auf eine zunehmende Komplexität im Internet weit verbreitet ist. Wenn Millionen von Webseiten eine zunehmende Komplexität in nahezu jedem Lebensbereich behaupten, stellt sich die Frage, was mit „Komplexität" eigentlich gemeint ist. Das folgende Kapitel geht dieser Frage nach und kommt zu dem Schluss, dass sich Komplexität klar definieren und daher auch empirisch feststellen lässt.

2 Was ist Komplexität?

Die wissenschaftlich fundierte Definition des Komplexitätsbegriffes[1] ist eng mit systemtheoretischen Ansätzen verknüpft und wird dort weniger als strukturloses „Tohuwabohu", sondern mehr als das Ergebnis von Selbstorganisationsprozessen autonomer Systeme interpretiert. Konsequenterweise spricht Wilke (1989) in diesem Zusammenhang von *organisierter* Komplexität und betont damit das hochgradig unwahrscheinliche Phänomen der eigenständigen Herausbildung organisierter, strukturierter raum-zeitlicher Muster aus einem ursprünglich unstrukturierten und mit unzähligen Freiheitsgraden ausgestatteten Möglichkeitsraum (vgl. Schiepek & Strunk 1994, S. 15). Solche Selbstorganisationsphänomene sind daher Thema so unterschiedlicher Systemtheorien wie der Theorie Selbstreferenzieller Systeme (z. B. Maturana 1982, Luhmann 1984, Maturana & Varela 1987) oder der Theorien Nichtlinearer Dynamischer Systeme, zu denen die Synergetik (z. B. Haken 1985, 1990b, Haken & Wunderlin 1991), die fraktale Geometrie (Mandelbrot 1977, 1987, Mandelbrot & Hudson 2004) und die Theorie Dissipativer Systeme (Prigogine 1955, Prigogine & Stengers 1984, Prigogine & Stengers 1986, Prigogine 1987, Prigogine & Stengers 1993, Prigogine 1995) gehören.

Wie aber passen Komplexität und Selbstorganisation zusammen? Kann etwas, das Merkmale von Organisation und Struktur trägt, überhaupt als komplex bezeichnet werden? Um diesen Fragen nachzugehen, soll der Komplexitätsbegriff genauer untersucht werden, indem zunächst eine vorläufige und grobe Begriffsbestimmung erarbeitet wird. Diese wird dann anschließend aus der Perspektive systemwissenschaftlicher Ansätze diskutiert und weiter konkretisiert.

Der Komplexitätsbegriff ist in den letzten Jahren sehr in Mode gekommen. Daher ist es wenig überraschend, dass es keine allgemein akzeptierte Definition für diesen selbst hochkomplexen „Komplexitätsbegriff" zu geben scheint (vgl. Rosser 1999). Unter dem ernüchternden Titel *„From Complexity to Perplexity"* zitiert Horgan (1995) den Versuch von Seth Lloyd vom MIT, den Komplexitätsbegriff näher zu bestimmen – er kommt auf über 45 verschiedene Definitionen[2]. Viele davon sind physikalisch-mathematischer Natur. Sie zielen z. B. auf die Berechenbarkeit des Verhaltens eines Systems ab oder beruhen auf informationstheoretischen Konzepten (im Kern unter Bezug auf Shannon 1948, vgl. S. 397 ff.). So könnte man die Komplexität z. B. einer Zahlenreihe nach der Dauer bemessen, die ein Computer benötigt, um diese Zahlenreihe zu generieren (z. B. die Berechnung vieler Nachkommastellen für die Wurzel aus zwei) oder nach der Information, die ein Computerprogramm mindestens enthalten muss, um die Zahlenreihe zu erzeugen. Ist das Computerprogramm kurz (nur wenig Information konstituiert die gesamte Zahlenfolge), so ist die Zahlenreihe wenig komplex.

---

[1] Die Frage nach dem Wesen der Komplexität ist ein zentrales Anliegen einiger bereits anderswo publizierter Arbeiten (Strunk 2006, Strunk & Schiepek 2006, Strunk 2009a). Die Darstellung in Kapitel 2 ist eine umfassende Erweiterung dieser früheren Publikationen.

[2] In Horgan (1995) ist zunächst von 31 Definitionen die Rede. Die Liste, die John Horgan von Seth Lloyd übersendet bekommt, enthält aber 45 Definitionen (Horgan 1997, Kapitel 8, Fußnote 11).

Versuch einer ersten, noch unscharfen Umschreibung von Komplexität

> Anschaulich gesprochen ist das, was sich leicht vorherberechnen oder mit einfachen Mitteln (aufgrund weniger Vorannahmen und mit wenigen Operationen) nachvollziehen lässt nur wenig komplex. Wird es hingegen sehr schwer, ein Phänomen vorherzusagen bzw. nachzuvollziehen oder lässt es sich nur mit sehr aufwendigen Mitteln (aufgrund umfangreicher und zahlreicher Vorannahmen und nur mithilfe aufwendiger Operationen) vorhersagen bzw. nachvollziehen, so kann man davon ausgehen, es mit einem komplexen Phänomen zu tun zu haben. (Strunk 2009a, S. 148)

Vor dem Hintergrund dieser noch recht unscharfen Umschreibung ergeben sich einige Folgerungen:

- **Maximal komplex.** Wissenschaftliche Modelle vereinfachen die Phänomene, die sie beschreiben, indem sie von ihnen abstrahieren. Ziel ist es, sie auf einfache – oder doch zumindest handhabbare – Grundprinzipien zurückzuführen (vgl. etwa die Diskussion dazu bei Foley 1987 sowie Breuer 1989). Albert Einstein (1879 bis 1955) wird die Aussage zugeschrieben, dass eine Theorie so einfach sein soll wie möglich, nur nicht einfacher. Ein Stadtplan im Maßstab 1:1 enthielte zwar alle nur denkbaren Details, würde aber keine Vereinfachung darstellen und wäre damit auch nicht übersichtlicher als die Stadt selbst. In Analogie gilt, dass ein Erklärungsmodell, das ebenso komplex ist (oder im ungünstigsten Falle noch komplexer) wie das Phänomen, welches es beschreibt, nicht geeignet ist, eine nützliche Vereinfachung anzubieten. Es trägt dann zur besseren Handhabbarkeit und zum besseren Verständnis des Phänomens nicht bei. Wenn das Modell zudem das beste denkbare Modell für das Phänomen darstellt, kann man daraus schlussfolgern, dass sich das fragliche Phänomen nicht vereinfachen lässt. In einem solchen Fall ist es so komplex, dass es nur mit Mechanismen beschrieben werden kann, die selbst auch nicht einfacher sind. Man kann daher sagen, dass ein Phänomen, das sich nicht vereinfachen lässt, maximal komplex ist.

- Zufall ist nicht Komplexität. Immer dann, wenn ein Phänomen auf Zufall beruht, kann weder eine Vorhersage getroffen noch ein nachträgliches Nachvollziehen erreicht werden. Entsprechend der vorgeschlagenen Umschreibung von Komplexität läge dann ein maximal komplexes Phänomen vor (vgl. auch den vorhergehenden Absatz). Das ist aber inhaltlich offensichtlich unbefriedigend. Denn wenn man davon spricht, dass ein Musikstück, ein Buch oder ein Bild, ein wissenschaftliches Problem oder eine wirtschaftliche Entwicklung sehr komplex sei, meint man damit ja nicht, dass es sich um vollkommen wahllosen Zufall handelt. Es ist daher sinnvoll, Zufall aufgrund des Fehlens jeglicher Ordnung nicht als Komplexität zu bezeichnen (vgl. Abbildung 3, S. 40). Auch lässt sich Komplexität – wie sich noch zeigen wird – theoretisch als Eigenschaft von Systemen verstehen. Zufall zeigt diese systemische Eigenschaft nicht und sollte daher auch aus theoretischen Gründen von Komplexität unterschieden werden. Beispielsweise ist eine Serie von Münzwürfen als eine Folge unabhängiger Ereignisse anzusehen. Da die Ereignisse aufeinander keinen Einfluss nehmen – zwischen ihnen also keine Wechselwirkungsbeziehungen bestehen – gehören sie nicht einem gemeinsamen System an. Denn Systeme sind gekennzeichnet durch Elemente, die miteinander in Wechselwirkung stehen. Das Verhalten von Elementen, die untereinander in keiner Weise korreliert sind, bezeichnet man gemeinhin als Zufall. Komplexität ist hingegen eine Form von Ordnung, die aus Systemen selbstorganisiert durch die Beziehungen zwischen den Systemelementen hervorgeht.

- **Berechenbarkeit ist eine Frage der Mittel.** Der Versuch, die Prozesse im menschlichen Gehirn mit einem Rechenschieber vorherzuberechnen, ist so aussichtslos wie der Versuch einer Eintagsfliege, die vier Jahreszeiten zu verstehen. Wird Komplexität durch die Berechenbarkeit (Vorhersage oder Nachvollziehbarkeit) eines Phänomens definiert, dann ist die so definierte Komplexität abhängig von den zur Berechnung zur Verfügung stehenden Methoden. Daher ist es möglich, dass ein Phänomen, welches heute noch als komplex erscheint, morgen als trivial oder allenfalls als kompliziert eingestuft wird. Auch eine solche Methodenabhängigkeit der Definition von Komplexität ist unbefriedigend. Es stellt sich die Frage, ob es Phänomene gibt, die unabhängig von der eingesetzten Methode als komplex gelten können. Dies wäre dann der Fall, wenn vollständig und lückenlos gezeigt wäre, dass die beobachtete Komplexität nicht nur aufgrund der aktuell unzureichenden Beschreibungsmittel so erscheint. Es wird sich unten zeigen, dass dies für bestimmte mathematische Systeme tatsächlich der Fall ist (vgl. Kapitel 2.6., S. 44). Diese als nichtlinear und dynamisch bezeichneten Systeme bilden folglich die zentrale theoretische Grundlage der Komplexitätsforschung.

Die vorgestellten Überlegungen führen in eine Paradoxie. Schließt man Zufall als nicht zum Phänomen der Komplexität gehörend aus, so bleiben nur solche Phänomene übrig, die im weitesten Sinne „berechenbar" sein sollten, also wahrscheinlich auch auf Gesetzmäßigkeiten zurückgeführt werden können. Wenn dies aber möglich ist, sollte es auch möglich sein, ein entsprechendes Erklärungsmodell zu formulieren. Insgesamt betrachtet ist es dann aber nicht sehr wahrscheinlich, dass ein so erklärtes Phänomen noch der Komplexitätsdefinition entspricht.

Kann eine gesetzmäßig funktionierende Welt komplex sein?

Man kann den Widerspruch auch anders formulieren: Wenn die Welt gesetzmäßig durch Ursache-Wirkungs-Beziehungen beschrieben werden kann, scheint Komplexität, so wie sie hier vorläufig definiert wurde, doch recht unwahrscheinlich zu sein. Wie kann ein System, von dem alles bekannt ist – also sämtliche Variablen und jede Gesetzmäßigkeit, mit denen die Variablen verknüpft sind – sich schwer vorhersagbar verhalten? Umgekehrt liegt es auf der Hand, dass das Verhalten eines Systems, dessen Gesetzmäßigkeiten im Dunkeln liegen, gar nicht oder nur schwer vorhergesagt werden kann. Bestehen gar keine Gesetzmäßigkeiten zwischen den Variablen, die man als relevant für ein Phänomen ansieht, dann ist es unmöglich, aus diesen Variablen das Verhalten vorherzusagen. Das Phänomen erscheint in diesem Fall als zufällig. Versucht man z. B. aus der Schuhgröße die Intelligenz von Menschen vorherzusagen, so wird dies wahrscheinlich nicht gelingen. Trifft die Vorhersage bei einigen Personen dennoch zu, so spricht das für ein *zufälliges Zusammentreffen* von Intelligenz und großen Füßen bei diesen Personen.

Der Laplacesche Dämon beschwört den Determinismus

Die präsentierten Überlegungen lassen an der Existenz echter Komplexität zweifeln. Ist nicht letztlich jedes Phänomen berechenbar, wenn das zugrunde liegende

System bekannt ist? Funktioniert die Welt nach Gesetzen, so kommt alles in ihr gesetzmäßig zustande und Komplexität wäre nur ein Zeichen von vorläufiger Unwissenheit, die aber mit etwas Mühe überwunden werden könnte. Der große französische Mathematiker Pierre Simon de Laplace (1749 bis 1827) fasst dieses Weltbild alternativlos zusammen:

> Wir müssen also den gegenwärtigen Zustand des Weltalls als die Wirkung eines früheren und als die Ursache des folgenden Zustands betrachten. Eine Intelligenz, welche für den gegebenen Augenblick alle in der Natur wirkenden Kräfte sowie die gegenseitige Lage der sie zusammensetzenden Elemente kennte, und überdies umfassend genug wäre, um diese gegebenen Größen der Analysis zu unterwerfen, würde in derselben Formel die Bewegungen der größten Weltkörper wie des leichtesten Atoms umschließen; nichts würde ihr ungewiss sein und Zukunft wie Vergangenheit würde ihr offen vor Augen liegen. (de Laplace 1996/1814, S. 1 f.)

Der Laplacesche Dämon beschwört einen weltumspannenden Determinismus, in dem „echte" Komplexität keinen Platz hat. Er nährt zudem die Hoffnung, sich durch zunehmende wissenschaftliche Erkenntnis nach und nach dem Ideal der vorhersagbaren Zukunft anzunähern. Demgegenüber stehen verschiedene – vor allem systemtheoretisch begründete – Vorstellungen, die Grenzen in der deterministischen Mechanik des Laplaceschen Dämon aufzeigen. Aber auch jenseits systemtheoretischer Konzeptionen gibt es grundlegende Einwände, wie sie z. B. aus der Quantenmechanik und der Heisenbergschen Unschärferelation (Heisenberg 1927, 1955, Werner Heisenberg: 1901 bis 1967) folgen. Eine größere Bedeutung für die Wirtschaftswissenschaft haben jedoch die folgenden Konzepte:

- **Nicht-triviale Maschinen.** Die Idee der nicht-trivialen Maschine geht auf Heinz von Foerster (1911 bis 2002) zurück (von Foerster 1970, 1985) und wird z. B. in der Managementforschung als Grundlage für die Komplexität lebender Systeme angesehen (vgl. z. B. Kasper & Mühlbacher 2002, S. 137).

- **Emergenz.** Im Zuge systemwissenschaftlicher Interpretationen von Management, Führung und Organisation wurde in der Wirtschaftswissenschaft auch der Begriff der Emergenz aufgegriffen und als zentrales Merkmal komplexer Systeme benannt (z. B. Crutchfield 1994, Lichtenstein 2001, Gunz et al. 2002b, Chiles et al. 2004, Bouchard 2005).

- **Systemisch-konstruktivistische Interpretation menschlichen Verhaltens.** Ursprünglich aus der Biologie (Maturana & Varela 1987, Maturana & Varela 1992), der Soziologie (Luhmann 1984) und der Psychotherapie (z. B. Ludewig 1992, von Schlippe & Schweitzer 1996, Ludewig 2002) kommend, werden systemisch-konstruktivistische Perspektiven zunehmend auch im Zusammenhang mit organisationstheoretischen Konzepten diskutiert (z. B. Meyer 1994, Kasper et al. 1998, 1999) und in der Beratungspraxis oder dem Coaching angewendet (Lippmann 2009, Radatz 2009). Organisationen erscheinen vor diesem Hintergrund als operational geschlossene selbstreferenzielle Systeme, von denen dann angenommen wird, dass sie sich aufgrund ihrer Autonomie nicht mehr gezielt steuern lassen (Willke 1994).

- **Theorien Nichtlinearer Dynamischer Systeme.** Das bekannteste Verhalten nichtlinearer dynamischer Systeme ist das deterministische Chaos (Poincaré 1904, 1908, Lorenz 1963, 1972). Chaotische Systeme sind – trotz perfekter Kenntnis der Mechanismen des Systems – nicht im Detail über längere Zeiträume hinweg prognostizierbar. Die dahinterstehende Mathematik und die Eigenschaften dieser Systeme bilden die Grundlage für die weiter unten dargestellten empirischen Methoden zur Messung von Komplexität.

Auf die genannten Ansätze wird im Folgenden ausführlicher eingegangen.

2.1 Nicht-triviale Maschinen

Das Konzept der nicht-trivialen Maschine beschreibt einen Mechanismus, der in ein grundlegendes Berechenbarkeitsproblem führt. Heinz von Foerster (1970, 1985) hat diesen Mechanismus als Gegenargument zur *Black-Box*-Prämisse des klassischen Behaviorismus (Watson 1913) ins Feld geführt. Aus Sicht des klassischen Behaviorismus spielen innerpsychische Prozesse für das Verständnis menschlichen Verhaltens keine Rolle. Menschliches Verhalten könne hingegen aus der Kenntnis äußerer Stimuli und relevanter Verstärkungsmechanismen nach dem Modell des klassischen und operanten Konditionierens verstanden werden, ohne dass auf so unsichere und nebulöse Aspekte wie Kognitionen, Emotionen und Wahrnehmung eingegangen werden müsse (vgl. auch die Darstellung in Miller et al. 1960). Der Mensch wird hier als triviale, d. h. als nicht komplexe Maschine verstanden.

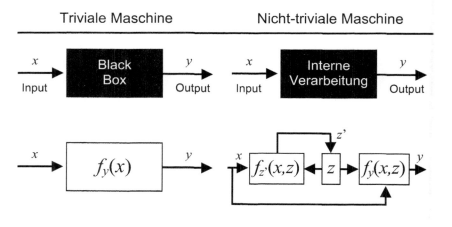

Abbildung 1: **Vergleich von trivialer und nicht-trivialer Maschine**
Die *Black-Box*-Prämisse geht davon aus, dass Input und Output streng mechanistisch miteinander verknüpft sind. Ist das tatsächlich der Fall, so handelt es sich um eine triviale Maschine. Nicht-triviale Maschinen können auf verschiedene Art konstruiert sein. Die Abbildung zeigt dafür eine einfache Möglichkeit. Sobald Input und Output auch von internen Zuständen bestimmt werden, die auf vergangenen Erfahrungen beruhen, ist der Output aus dem Input nicht mehr vorhersagbar, solange die internen Zustände unbekannt bleiben und sich durch Lernerfahrungen verändern. (Vgl. auch die Darstellung in von Foerster 1985, S. 179)

Eine nicht-triviale Maschine ist hingegen, obwohl explizit als Maschine bezeichnet, komplex, d. h., es ist bei Kenntnis des Inputs nicht vorhersagbar, mit welchem Output die Maschine antworten wird und ob sie überhaupt antworten wird. So gesehen ist das Konzept auf den ersten Blick kompatibel zur oben gegebenen vorläufigen

Komplexitätsdefinition. Offen bleibt aber zunächst, wie die Maschine es anstellt, sich nicht-trivial zu verhalten. Was zeichnet diese Maschine gegenüber trivialen Maschinen aus? Ist es vielleicht doch nur der graduelle Unterschied des noch nicht genug Wissens oder besteht da ein grundlegender Unterschied? Für Heinz von Foerster (1970, 1985) sind lernfähige Systeme wie der Mensch zur Nicht-Trivialität fähig, worunter er die fehlende Vorhersagbarkeit des Verhaltens (Output) aus Kenntnis des Inputs (externe *Stimuli*) versteht. Denn ihre Wirkfunktionen, die Input und Output verknüpfen, bilden nur einen Teil der relevanten Prozesse ab. Ein anderer Teil des Systems widmet sich seinen eigenen Zuständen und kann diese verändern. Das System lernt und verändert dabei beständig die Input-Output-Beziehungen. So wie man niemals zweimal in den gleichen Fluss steigen kann, ist ein solches System niemals mit sich selbst identisch und reagiert daher auf ähnliche Umweltreize in nicht-trivialer Weise unterschiedlich. Von Foerster betont, dass das Verhalten einer nicht-trivialen Maschine erst bei Kenntnis beider Wirkmechanismen, der inneren und der äußeren, verstanden werden kann. Die Behauptung des Behaviorismus, dass die inneren Zustände vernachlässigt werden können, hält er für eine unzulässige Vereinfachung (vgl. Abbildung 1).

Nicht-triviale Maschinen sind nicht „wirklich" komplex

Da der Aspekt der Nicht-Trivialität durchaus auch im Sinne einer „echten" Komplexität missverstanden werden kann (z. B. Kasper & Mühlbacher 2002, S. 97 und S. 137 ff.), sollen seine Grundprinzipien noch einmal zusammengefasst werden: Von Foerster (1970, 1985) versucht eine Maschine zu beschreiben, die, obwohl sie vollständig mechanistisch und kausal funktioniert, dennoch auf einen Input in unvorhersehbarer Weise reagiert. Er zeigt, dass es kein Problem ist, sich diese Maschine zu denken, wenn sie (a) lernt und (b) dieses Lernen nicht direkt sichtbar ist, also nicht gewusst werden kann, was die Maschine gelernt hat. Wäre ihr Innenleben bekannt, wäre auch ihr Verhalten vollständig vorhersagbar. Nicht-triviale Maschinen sind also nicht wirklich komplex, sondern nur „undurchschaubar", solange die inneren Zustände der Maschine nicht mitberücksichtigt werden. Da nun der Behaviorismus genau dies fordert (Ausblenden der inneren Prozesse), kann er nicht in der Lage sein, menschliches Verhalten adäquat abzubilden. Ob es darüber hinaus grundsätzlich unmöglich sein könnte, menschliches Verhalten vorherzusagen, wird durch das Konzept der nicht-trivialen Maschine nicht thematisiert. Im Gegenteil, der Ansatz, so wie er von Heinz von Foerster (1970, 1985) publiziert wurde, war gedacht als Aufforderung, menschliches Verhalten durch die Untersuchung interner – in der *Black Box* verorteter Prozesse – zu erschließen. Nicht-triviale Systeme sind daher nicht im eigentlichen Sinne, d. h. aus sich selbst heraus „komplex", sondern erscheinen so, sobald die *Black Box* vernachlässigt wird.

2.2 Emergenz – ein anderer Begriff für Komplexität

Komplexität wird in zahlreichen wissenschaftlichen Arbeiten unter Bezug auf den Emergenzbegriff definiert (z. B. Crutchfield 1994, Lichtenstein 2001, Gunz et al. 2002b, Chiles et al. 2004, Bouchard 2005). Aber auch der Begriff der Emergenz enthält für sich gesehen noch keine Erklärung für Komplexität oder Nicht-Trivialität. Oder, um es anders zu sagen: „*"Naming something", said Alice to the Red Queen, "isn't the same as explaining it"* " (zitiert nach Meyer et al. 1993, S. 1180, Meyer et al. schreiben das Zitat Lewis Caroll's *Alice's Adventures in Wonderland* zu, wo ich es trotz intensiver Suche nicht finden konnte).

Unter Emergenz versteht man das eigentlich nicht verstehbare, hochgradig überraschende Auftreten eines Systemverhaltens, welches auf Grundlage der Kenntnis der einzelnen Systemelemente und Beziehungen eigentlich nicht zu erwarten gewesen wäre. Der Emergenzbegriff ist die moderne Bezeichnung für die auf Aristoteles (384 v. Chr. bis 322 v. Chr.) zurückgehende und von den Gestaltpsychologen ausführlich untersuchte Behauptung „Das Ganze ist mehr als die Summe seiner Einzelteile". Willke (2004) verweist in diesem Zusammenhang explizit auf einen Kern des systemischen Denkens und bestätigt hier von einer anderen Seite kommend, dass es sich bei dem Komplexitätsproblem um ein zentrales, wenn nicht um *das* zentrale Thema der Systemtheorie handelt:

> Der Kern des Systemischen ist Emergenz. Emergent soll eine Ordnung oder eine Eigenschaft heißen, wenn sie aus der bloßen Aggregation von Teilen oder aus den summierten Eigenschaften der Teile nicht mehr erklärbar ist. (Willke 2004, S. 12)

Auch andere Autorinnen und Autoren definieren Komplexität im oben bereits angesprochenen Sinn unter direktem Bezug auf den Emergenzbegriff (vgl. z. B. Morel & Ramanujam 1999, Gunz et al. 2002b).

Bedingungen für Emergenz

Stephan (2001) verweist zu Recht auf Unklarheiten bei der Nutzung des Emergenzbegriffs. Ohne hier zu sehr ins Detail gehen zu wollen, sollen doch einige Aspekte genauer untersucht werden (vgl. Stephan 2001):

- **Physischer Monismus.** Der Emergenzbegriff beschreibt nur dann ein „überraschendes" Phänomen, wenn für das „unerklärbare" Auftreten einer Eigenschaft oder einer Ordnung nicht eine irgendwie geartete mystische Kraft verantwortlich gemacht wird. Moderne Emergenz-Forscherinnen und -Forscher gehen also davon aus, dass Systeme, aus denen emergente Phänomene hervorgehen, ganz und gar als materielle Entitäten oder aus ihnen zusammengesetzt zu betrachten sind. In diesem Sinne werden Phänomene, wie z. B. das Streben eines Marktes auf einen Gleichgewichtspreis, nicht durch eine göttliche Fügung im Sinne einer von Adam Smith (1723 bis 1790) beschworenen „unsichtbaren Hand" erklärt (Smith 2004/1759, 2005/1776). Es war Smith durchaus bewusst, dass hier keine höhere Macht die Hand im Spiel hat, aber er benutzte diese „Metapher wegen ihrer lebendigen Wirkung" (Raphael 1991, S. 86) und bediente damit den zu seiner Zeit vorherrschenden Dualismus, der die Entstehung von (emergenter) Ordnung einem göttlichen Ordner zuschreibt. Ein anderes Beispiel ist die menschliche Bewusstseinsfähigkeit, die im Sinne eines physischen Monismus nicht über eine besonders beseelte oder vitalisierte Materie zu erklären versucht wird. Es ist eben das Wesen der Emergenz, dass die Materie, aus der auch der Mensch besteht, als solche, also als reine Materie, keine Bewusstseins-Eigenschaften aufweist, die eben nur im Menschen emergent entstehen. Man beachte, wie schwer es ist, Bewusstsein oder Willensfreiheit (ohne die menschliche Verantwortung nicht möglich und denkbar wäre) zu verstehen, wenn als Erklärung nur mehr „kalte Materie" zur Verfügung steht. René Descartes (1578 bis 1657) begründet mit diesem Problem die Behauptung, dass der Mensch im Gegensatz zum Tier eine Seele besitze (Descartes 2001/1637) und Kant (1724 bis 1804) weist die Vorstellungen seiner Zeit, dass nämlich der Mensch als Maschine zu verstehen sei, scharf zurück (Kant 1786), da so moralischem Verhalten und der menschlichen Willensfreiheit jeder Boden entzogen würde (vgl. Mainzer 1995, S. 106, vgl. auch Strunk & Schiepek 2006, S. 13 ff.).

- **Systemische Eigenschaften.** Im Rahmen der Frage nach der Emergenz echter Komplexität kommt dem Konzept der sogenannten Systemischen Eigenschaft, wie sie im Rahmen der Emergenzforschung beschrieben wird, eine wichtige Stellung zu: Emergente Eigenschaften werden dann als systemische Eigenschaften bezeichnet, wenn sie aus einem System von Elementen hervorgehen, von denen kein Einzelelement diese spezielle Eigenschaft besitzt. In diesem Sinne besitzt keine Nervenzelle die Eigenschaft „Bewusstsein" und hat keine Marktteilnehmerin einen Gleichgewichtspreis vor Augen, den sie anstrebt. In einem ähnlichen Sinne ist auch die Aussage vom Ganzen, das mehr ist als die Summe seiner Einzelteile, zu verstehen. Ein solches „Ganzes" ist z. B. eine Melodie, die ja aus einzelnen Tönen besteht, von denen keiner für sich genommen die Qualität einer Melodie aufweist; oder ein mehrstimmiger Gesang, der eben auch erst aus dem Zusammenklang einzelner Gesänge entsteht und von einer Person alleine nicht hervorgebracht werden kann. Wichtig ist in Bezug auf den Aspekt der systemischen Eigenschaft, dass es immer ein System, also ein Zusammenwirken der Elemente ist, welches das emergente Phänomen hervorbringt.

- **Irreduzibilität.** Eines der wichtigsten Merkmale eines anspruchsvollen Emergenzbegriffs stellt die Nichtreduzierbarkeit des Systemverhaltens dar. Vereinfacht gesprochen bedeutet die Nichtreduzierbarkeit, dass das Systemverhalten prinzipiell nicht aus dem Verhalten der Einzelteile gefolgert werden kann. Das Ticken einer Uhr ist relativ leicht auf das Verhalten der Einzelteile der Uhr rückführbar. Für eine Uhrmacherin, einen Uhrmacher reicht ein Blick in die Konstruktionszeichnung, um das Verhalten der Uhr zu erkennen, auch wenn es sich nur um die Planungsskizzen handelt und die Uhr noch gar nicht gebaut ist. Aber auch wenn der Aufbau des Gehirns bis ins Kleinste bekannt wäre, wüsste immer noch niemand, was ein anderer Mensch gerade denkt, oder ließe sich doch nicht beweisen, dass alle Menschen, wenn sie einen blauen Himmel sehen, die gleiche „Blau-Empfindung" haben (vgl. zu diesem sogenannten Qualia-Problem Roth et al.

1998). Irreduzibilität liegt hier nur dann vor, wenn sie prinzipiell gilt, also nicht durch ein Mehr an Detailwissen irgendwann einmal aufgehoben werden könnte (auf die Darstellung der zweiten Reduzibilitätsbedingung soll hier der Einfachheit halber verzichtet werden, vgl. dazu Stephan 2001, S. 130 ff.).

- **Neuartigkeit.** Ein anderes wichtiges Merkmal eines anspruchsvollen Emergenzbegriffs zielt auf den Aspekt der Neuartigkeit ab, womit gemeint ist, dass Emergenz die Ausbildung genuin neuartiger Eigenschaften oder Strukturen bedeutet. Es geht damit um die prinzipielle Unvorhersagbarkeit dieser Eigenschaften und Strukturen, die eben als tatsächlich neuartig und vor dem Hintergrund des bisher Bekannten vollkommen unwahrscheinlich und daher nicht erwartbar sind, sich aber dennoch ausbilden, wie z. B. das Entstehen von Leben auf der Erde.

Die genannten Emergenzbedingungen sind kompatibel zur oben vorgestellten vorläufigen Komplexitätsdefinition. Diese unterscheidet zwischen trivial und nicht-trivial vorhersehbaren bzw. nachvollziehbaren Systemverhalten und findet ihre Entsprechung in den Emergenzbedingungen der Systemischen Eigenschaft und der Neuartigkeit. Liegt beides vor, so wird auch eine triviale Berechenbarkeit nicht gegeben sein. Diese erfordert nämlich in der Regel die Summativität der Einzeleigenschaften. Wenn aus der zusammenfassenden Verrechnung aller Ursache-Wirkungs-Beziehungen eines Systems die Vorhersage des Systemverhaltens nicht möglich ist, entspricht das der Bedingung der Neuartigkeit. Gleichzeitig entsteht dann diese neuartige und auf der Ebene der Einzelbeziehungen nicht verstehbare Dynamik aus dem Zusammenwirken der Variablen und stellt damit eine systemische Eigenschaft dar. Der Emergenzbegriff definiert also ein Verhalten, welches nach der oben vorgestellten Umschreibung als komplex bezeichnet werden kann.

Die Beziehung zwischen Emergenz und mathematisch verstandener Komplexität

Damit stellt sich die Frage, inwieweit die beiden Phänomene übereinstimmen. Unterschiede zeigen sich bei genauer Betrachtung in Bezug auf die Nähe zu einer empirisch-quantitativen Operationalisierung. Während die in der Komplexitätsdefinition angesprochenen Aspekte der Berechenbarkeit und Vorhersagbarkeit eine empirische Prüfung nahelegen, bleiben die genannten Emergenzbedingungen empirisch unbestimmt. Die oben als Beispiel angeführte Unterscheidung zwischen Bewusstsein als emergente Eigenschaft und den Neuronen, die jeweils für sich gesehen diese Eigenschaft nicht aufweisen, bezieht sich auf eine qualitative Differenz und nicht auf eine quantitative. Der Emergenzbegriff ist der offenere und weitere Begriff, da die genannten Emergenzbedingungen auch für komplexe Phänomene gelten. Komplexität ist oben aber konkreter, d. h. mit einem eher mathematischen und quantitativen Bezug eingeführt worden. In diesem Sinne stellt der vorgestellte Komplexitätsbegriff eine Konkretisierung des Emergenzbegriffs dar. Es mag aber nicht die einzige mögliche Konkretisierung sein.

Insgesamt ergeben sich folgende Schlussfolgerungen aus dem Vergleich der beiden Begriffe:

- **Emergenz ist der breitere Begriff.** Der Emergenzbegriff ist nicht eingeschränkt auf Berechenbarkeitsprobleme und damit offener angelegt als der oben vorgestellte Komplexitätsbegriff.

- **Der Emergenzbegriff legt keine empirischen Prüfregeln nahe.** Die dargestellten Emergenzbedingungen lassen offen, ob und wie die dort angesprochenen Voraussetzungen für Emergenz empirisch geprüft werden können. Es handelt sich vielmehr um Aspekte, die eine logische und argumentative Prüfung nahelegen.
- **Komplexität ist der konkretere Begriff.** Die oben vorgeschlagene vorläufige Definition des Komplexitätsbegriffes bezieht sich auf das Verhalten eines Systems und nimmt dabei eine Position ein, die gekennzeichnet ist von einer dynamischen Perspektive (es geht um das Verhalten des Systems, also um die in ihm auftretenden Prozesse) und einer Möglichkeit zur Vorhersage des Systemverhaltens. Mit Letzterer ist eine prinzipielle Berechenbarkeit bzw. die Möglichkeit des Nachvollziehens der Dynamik mit mathematischen Mitteln gemeint. In diesem Sinne bezieht sich der Komplexitätsbegriff auf mathematische Modelle und die Grenzen ihrer Prognose.
- **Der Komplexitätsbegriff legt eine quantitativ empirische Prüfung nahe.** Anders als beim Emergenzbegriff lässt sich das im Komplexitätsbegriff angelegte Kriterium empirisch testen. Ob die präzise Vorhersage des Systemverhaltens aus den Einzelbeziehungen der Systemvariablen heraus möglich ist, ist empirisch prüfbar und quantifizierbar.
- **Der Komplexitätsbegriff erbt die Emergenzbedingungen.** Der Komplexitätsbegriff wird über die dargestellten Emergenzbedingungen anschaulich beschrieben. Er stellt eine konkrete Übertragung dieser Bedingungen auf eine quantitativ orientierte Prüfung der Berechenbarkeit eines Systemverhaltens dar. Ein komplexes System ist daher auch ein emergentes System. Umgekehrt mag es aber emergente Systeme geben, die nicht überprüfbar komplex erscheinen, z. B. wenn sie nicht entsprechend mathematisch formalisiert werden können.
- **Beide Begriffe bezeichnen ein Verhalten, das hochgradig unwahrscheinlich erscheint.** Wird ein physischer Monismus vorausgesetzt, dann erscheint die Existenz echter emergenter Eigenschaften hochgradig unwahrscheinlich. Dies gilt auch und besonders für ein mathematisch formalisiertes System. Wie soll ein Systemverhalten möglich sein, welches auf den Gesetzmäßigkeiten der Systemelemente beruht und daher auch vollständig mathematisch formalisiert werden kann, aber dennoch nicht aus der Kenntnis dieser Formalisierung prognostiziert werden kann?
- **Keiner der beiden Begriffe erklärt die Möglichkeit seiner Existenz.** Es fällt nicht schwer, Beispiele für möglicherweise emergente Phänomene zu benennen. Es ist aber damit allein weder geklärt, wie Emergenz entsteht noch ob sie überhaupt möglich ist. So lässt sich trefflich darüber streiten, ob die angeführten Beispiele „Bewusstsein", „Bewusstseinsqualitäten" (sogenannte „Qualia"), die Entstehung von Leben, die *invisible hand* der Marktkräfte oder Ähnliches als Beispiele für „echte Emergenz" gelten können oder nicht (Stephan 2001). Der Emergenzbegriff gewinnt seine Beispiele vor allem dort, wo man früher auf einen Dualismus (Leib-Seele-Problem) verwiesen hätte. Er wird daher mitunter als „Mogelpackung" abgetan, in der der Seelenbegriff nur durch den der Emergenz ersetzt wird. Es mag unbestritten Phänomene geben, die entweder einen Dualis-

mus oder eine emergente Eigenschaft nahelegen (so ist das Erleben eines freien Willens eine eindrückliche und privat höchst bedeutsame Wahrnehmung, die kaum mit einem klassisch mechanistischen Weltbild vereinbar scheint). Solange aber ein empirischer Beleg entweder für einen „göttlichen Funken", eine emergente Eigenschaft oder für eine komplizierte deterministische Maschinerie fehlt, muss es sich dabei um Hypothesen oder Glaubensbekenntnisse handeln. Der empirisch gesehen konkretere Komplexitätsbegriff legt nicht einmal typische Beispiele nahe. Er beschreibt schlicht ein Phänomen, welches einer klassischen (mechanistischen) Mathematik zu widersprechen scheint. Insgesamt enthalten beide Begriffsbestimmungen keinen Hinweis dafür, dass es die beschriebenen Phänomene auch tatsächlich gibt.

Die Begründung für Emergenz fällt schwer

Obwohl sowohl der Emergenzbegriff als auch der geeignete Umgang mit Komplexität in zahlreichen Publikationen angesprochen wird, fällt die Begründung für das tatsächliche Auftreten von Komplexität und Emergenz nicht selten nebulös aus. Willke (2004) schreibt in einem Buch über systemisches Wissensmanagement z. B. von der „Überlistung thermodynamischer Grundgesetze" (S. 12), ohne zu sagen, was damit gemeint ist:

> Die Frage, durch welche Mechanismen und nach welchen Gesetzen neue, emergente Eigenschaften entstehen, ist überaus schwierig zu beantworten und führt an die Grenzen des naturwissenschaftlichen und des sozialwissenschaftlichen Wissens: Es ist die Frage nach der Möglichkeit und der Entstehung selbstreproduktiver Systeme und die Frage nach der Entstehung und Reproduktion von Sozialsystemen. Immerhin lässt sich feststellen, dass die Existenz selbstreproduktiver Systeme auf einer Überlistung der thermodynamischen Grundgesetze beruht, also auf irgendeiner Form der Erzeugung von Ordnung. (Willke 2004, S. 12)

Die Möglichkeit, das Entstehen von Komplexität bzw. das Auftreten von Emergenz zu verstehen, eröffnet sich durch eine systemtheoretische Betrachtung (vgl. dazu ausführlicher Strunk & Schiepek 2006). Dabei beziehen sich eher qualitativ beschreibende Erklärungsansätze auf systemisch-konstruktivistische Positionen und eher quantitative auf die Theorien Nichtlinearer Dynamischer Systeme. Auf beide wird im Folgenden etwas ausführlicher eingegangen.

2.3 Konstruktivismus und Komplexität

Das Adjektiv „systemisch" ist in den letzten Jahren zu einem vielgebrauchten Modewort geworden. Strunk und Schiepek (2006, S. 1) listen in ihrer „Systemischen Psychologie" zahlreiche Themen auf, die durch eine „systemische Perspektive" versuchen an Popularität zu gewinnen, darunter die Systemische Beratung, Systemische Supervision und Coaching, Systemisches Management, Systemisches Denken und Systemische Aufstellungsarbeit, Systemische Organisationsberatung und -entwicklung, Systemisches Arbeiten, Systemisches Entwickeln, Systemische Phänomenologie, Systemisch-strukturgeleitetes Lernen, Systemisch-organisationsdynamisches Coaching, Systemisches Konfliktmanagement, Systemischer Bezugsrahmen, Systemische Selbstevaluation, Systemische Mediation, Systemische Forschung, Systemisches Führen, Systemisches Training, Systemisches *Knowledge* Management usw.

Auch im *Consulting* ist systemisch ein wichtiges Adjektiv

Damit ist der Begriff auch in der Praxis der Organisationsberatung, dem Management und der Diskussion um Führungsverhalten etc. allgegenwärtig. „Systemisch" wird dabei nicht selten als Hinweis auf die Komplexität der jeweiligen Praxis gebraucht. Eine Systemische Beratung berücksichtigt – so das Versprechen – die komplexe, systemische Verfasstheit organisationaler Problemlagen (Königswieser & Hillebrand 2004, S. 31). Auch die angewandten Werkzeuge schmücken sich nicht selten mit einem vorangestellten „systemisch", z. B. Systemische Fragetechniken (Tomm 1988, 1989), Systemische Aufstellungsarbeit in (Familien-)Unternehmen (Horn & Brick 2001, Wandl & Habenicht 2011) etc. Tatsächlich macht die systemisch orientierte Beratung Anleihen bei einer Therapieform, die als Systemische Therapie bzw. als Systemische Familientherapie zu den anerkannten psychotherapeutischen Schulen gehört (Grundlagen finden sich z. B. bei Ludewig 1987, 1992, 1996, von Schlippe & Schweitzer 1996, Ludewig 2002, vgl. auch den Antrag von Strunk 1998, der zur Anerkennung der Systemischen Therapie für den Erwerb des Zertifikats „Klinische/r Psychologe/in Psychotherapeut/in BDP" beim Berufsverband Deutscher Psychologinnen und Psychologen führte). Vor allem mit Bezug auf konstruktivistische systemtheoretische Perspektiven wurden hier Grundhaltungen (Systemisches Denken, Ludewig 1987, 1992) und Methoden (für einen Überblick von Schlippe & Schweitzer 1996) entwickelt, die auch außerhalb der therapeutischen Arbeit, also der Organisations-, Personalberatung, dem Coaching der Wirtschaftsmediation etc. erfolgreich eingesetzt werden (vgl. für die Organisationsberatung Königswieser & Hillebrand 2004). Im Zentrum steht auch hier ein geeigneter Umgang mit Komplexität. Kurt Ludewig verweist in seinen „Leitmotiven systemischer Therapie" (2002, S 17) darauf, dass es „ein erklärtes Ziel systemwissenschaftlichen Denkens ist, mit komplexen Phänomenen gegenstandsgerecht umzugehen. Systemtheorien handeln ja im Wesentlichen von ‚organisierter Komplexität'". Explizit verweist er darauf, dass es sich bei der Systemtheorie um eine „Wissenschaft der Komplexität" (2002, S. 17) handelt. Und Ruf (2005) schreibt z. B. über die theoretischen Grundlagen einer „Systemischen Psychiatrie":

> Die systemische Theorie befasst sich mit *Systemen*. Die Systemtheorie (Luhmann 1984) geht davon aus, dass psychische und soziale Prozesse

durch vielfältige Rückkopplungen verflochten sind und man ihnen dabei keine einfachen Ursache-Wirkungs-Relationen zuschreiben kann. (Ruf 2005, S. 18, Hervorhebung im Original)

Interessanterweise verwendet der Autor den Singular, wenn es um die systemtheoretischen Grundlagen geht, ein durchaus nicht untypisches Vorgehen. Auch der Schwerpunkt des „Systemischen Denkens" bei Ludewig (2002) liegt – trotz des Verweises auf naturwissenschaftliche Systemtheorien – auf der Abhängigkeit jeglicher Beschreibung der Welt von dem die Beschreibung vornehmenden Subjekt, womit zum einen auf die biologischen Grundlagen des Erkennens (mit Bezug auf Maturana 1982, Maturana & Varela 1987) und zum anderen auf die sozialen Bezüge, in denen eine Beobachterin, ein Beobachter Erkenntnisse produziert (mit Bezug auf z. B. Luhmann 1984), verwiesen wird. Der Kern beider Ansätze sind die sogenannte Selbstreferenzialität und die mit ihr verbundenen Schlussfolgerungen über die Möglichkeit objektiver Erkenntnis.

Die operationale Schließung betont die Autonomie und Unbeeinflussbarkeit von Systemen

Die soziologische Systemtheorie *sensu* Luhmann (z. B. 1984) versteht soziale Systeme als operational geschlossene kommunikative Strukturen. Luhmann (1984) nimmt dabei eine fast schon radikal anmutende Eingrenzung vor, indem er soziale Systeme als allein aus Kommunikationen bestehend definiert. Menschen mit ihren biologischen und psychischen Bezügen werden zu Umwelten sozialer Systeme. Gleichzeitig kennzeichnet er die Systemstruktur sozialer Systeme als selbstreferenziell und operational geschlossen. Willke (2004, S. 11) sieht gerade darin einen wesentlichen Aspekt des Systemischen Denkens, da es jedes soziale „System zu einem eigenen Universum erhebt". Die von Luhmann (1984) hervorgehobene Autonomie sozialer Systeme beschreibt er mit dem Begriff der *Autopoiese* (Prozess der sich selbst erzeugt), welcher von Maturana und Varela (1946 bis 2001) zur Kennzeichnung biologischer Systeme entwickelt wurde (z. B. Maturana 1982, Maturana & Varela 1987). Ohne die Einschränkung auf soziale Prozesse der Kommunikation, betonen auch Maturana und Varela Aspekte der Selbstreferenzialität und der operationalen Schließung (z. B. Maturana 1982, Maturana & Varela 1987), die vereinfacht gesprochen zu der Schlussfolgerung führen, dass biologische Systeme – wie z. B. auch das menschliche Gehirn – ihre Prozesse selbsttätig und aus sich selbst heraus hervorbringen. Sie sprechen daher von *autopoietischen* (sich selbsterzeugenden) Systemen. Mit den Begriffen „Selbstreferenzialität", „operationaler Schließung" und „Strukturdeterminiertheit" sind Eigenschaften von Systemen gemeint, die deren Autonomie hervorheben. Diese Autonomie folgt bereits aus der Definition eines Systems als Einheit, die aus Elementen und Wechselwirkungen zwischen diesen Elementen besteht und so abgegrenzt ist, dass alle Elemente die als relevante Einflussgrößen gelten können in ihr enthalten sind (vgl. dazu ausführlicher Strunk & Schiepek 2006, S. 5 ff.). Wenn aber alle relevanten Einflussgrößen innerhalb des Systems verortet werden, so folgt daraus die Autonomie des Systems. Dies gilt allgemein und nicht nur für die von Maturana, Varela und Luhmann als autopoietisch bezeichneten Systeme. Die angesprochene Autonomie ist aber bei autopoietischen Systemen darum besonders augenfällig, weil sie, wie es z. B. lebende Zellen tun, ihre Bestandteile selbst erzeugen und sich damit permanent selber konstituieren. Da die innersystemische Operationslogik bereits aufgrund ihrer definitorischen Geschlossenheit überwiegt, bezieht sie sich in ihrem Verhalten immer nur auf eigene Prozesse und wird daher als selbstreferenziell bezeichnet. Da alle Operationen des Systems innersystemisch stattfinden, spricht man auch von einer operationalen Schließung. Letztlich ist es die Struktur des Systems, die sein Verhalten hervorbringt und nicht die Struktur der Systemumwelt. Ein System verhält sich also strukturdeterminiert.

Selbstreferenzialität führt zu einer privaten Logik

Die Schlussfolgerungen aus Selbstreferenzialität, operationaler Schließung und Strukturdeterminiertheit sind schlüssige Begründungen für die ihrem Wesen nach immer nur privaten und subjektiven Erfahrungen von Menschen. Menschen, menschliche Erkenntnis und menschliches Verhalten erscheinen als in sich geschlossene Prozesse, die es prinzipiell unmöglich machen, jemandem – im wahrsten Sinne des Wortes – in den Kopf zu schauen. Eine der vielen Implikationen aus dieser Grundüberlegung betrifft ethische Aspekte, wie sie z. B. im Beratungskontext oder dem Coaching von Führungskräften eine Rolle spielen. Systemisches Denken übt gegenüber der operationalen Geschlossenheit des Gegenübers Respekt, z. B. im Rahmen eines „professionellen Nichtwissens" über das, was im anderen vorgeht. Jede Behauptung, „*die Wahrheit zu kennen*" über dieses oder jenes im Verhalten dieses oder jenes Menschen wird aus dieser Perspektive als eine Anmaßung und eine potenziell unzulässige Grenzüberschreitung betrachtet.

Die konstruktivistische Perspektive ist aus sich selbst heraus nicht beweisbar

Obwohl die erkenntnistheoretische Folgerung aus den Theorien Selbstreferenzieller Systeme, nämlich die – wie auch immer im Detail geartete – konstruktivistische Perspektive, mit ihrer Betonung der Vorläufigkeit allen Wissens, der Subjektivität aller Erkenntnis und der Modellhaftigkeit jeder Naturbeschreibung, sowohl biologisch (Maturana 1982, Maturana & Varela 1987) als auch soziologisch (Luhmann 1984) einer gut nachvollziehbaren Deduktionslogik folgt und in sich widerspruchsfrei bleibt, stellt sie dennoch selbst ebenfalls „nur" ein Gedankengebäude dar und ist letztlich eine nicht prüfbare Arbeitshypothese, ebenso wie auch eine materialistische Weltauffassung oder der Positivismus „Glaubensbekenntnisse" darstellen. Folgerichtig beginnt Luhmann (1984) seine „Theorie sozialer Systeme" mit der Annahme, dass es soziale Systeme gibt. Ohne diese Vorannahme, die eben nicht aus der Theorie selbst folgen kann, wäre der Ansatz nicht begründbar.

Nun ist aber die Feststellung, dass wir nicht wissen können, ob die Realität, so wie wir sie wahrnehmen, tatsächlich existiert, ein Totschlag-Argument. Eine Möglichkeit damit umzugehen besteht darin, sie zu ignorieren: Schon im 6. Jahrhundert vor Christus sahen sich die milesischen Philosophen (Thales: 624 v. Chr. bis 546 v. Chr., Anaximander: 610 v. Chr. bis 547 v. Chr., Anaximenes: 585 v. Chr. bis 528 – 524 v. Chr.) genötigt zu behaupten, dass die Natur verstanden werden könne (Schrödinger 1989/1958, S. 57). Lässt man also – dieser Empfehlung folgend – außer Acht, dass Naturgesetze von Menschen formulierte Modelle und damit subjektive Beobachtungen einer nicht objektivierbaren „Wirklichkeit" sind, so stellt sich eben erneut die Frage, wie auf der Grundlage solcher Naturgesetze etwas anderes als „Ordnung" möglich sein kann. Funktioniert die Welt nach Gesetzen, so kommt alles in ihr gesetzmäßig zustande und Komplexität wäre – wie bereits dargestellt – nur ein Zeichen von Unwissenheit, die aber mit etwas Mühe überwunden werden könnte.

Autonomie erfordert Respekt, ist aber keine Begründung für Komplexität

Bei näherer Betrachtung scheint es so, als ob die Behauptung, dass Systemtheorien Komplexität erklären können, für die Theorien Selbstreferenzieller Systeme nicht zutrifft, zumindest dann nicht, wenn unter Komplexität ein emergentes Verhalten verstanden wird. Emergenz folgt nämlich keinesfalls aus den Bestimmungsstücken oder der erkenntnistheoretischen Grundposition der Selbstreferenzialität. Strunk und Schiepek (2006) gehen auf einige Grundmerkmale der Autopoiese-Theorie ein, wobei im Zusammenhang mit der Komplexität des Systemverhaltens vor allem die Aspekte der „operationalen Schließung", der „Strukturdeterminiertheit" und der „Autonomie" von Bedeutung sind. Operationale Geschlossenheit bedeutet nun jedoch nicht auch gleichzeitig, dass die infrage stehenden Operationen ein emergentes und komplexes Verhalten hervorbringen, sie bedeutet nur, dass ein Außenbezug zur Umwelt in Hinblick auf die Operationen des Systems fehlt. Strukturdeterminiertheit enthält den Begriff „Determiniertheit" und sagt zunächst einmal nicht, wie ein deterministisches System sich emergent, also im gewissen Sinne nicht deterministisch verhalten kann. Auch die Autonomie eines Systems bedeutet nicht, dass es sich nicht auch trivial verhalten kann und es folgt aus dem Begriff auch nicht, dass es die Nichttrivialität der Trivialität vorzieht.

Auf der anderen Seite liefert die Theorie Autopoietischer Systeme Argumente, die die autonome Geschlossenheit dieser Systeme verstehen helfen und nachvollziehbar machen. Dass biologische Systeme, angefangen bei einfachen Zellen bis hin zum Gehirn, biologisch geschlossene Strukturen darstellen und daher selbstreferenziell operieren, scheint gut begründbar (Maturana & Varela 1987). Dies mag mit Bezug auf die zwischenmenschliche Kommunikation auch für soziale Systeme gelten (vgl. Luhmann 1984; dem widerspricht Maturana 1987, der Kommunikation zwischen autopoietisch geschlossenen Systemen über die sogenannten strukturelle Kopplung erklärt). Damit unterstützt die Theorie den Grundgedanken der oben beschriebenen nicht-trivialen Maschine, die ihre Nicht-Trivialität eben aus der Unmöglichkeit, das Innere der Maschine zu kennen, bezieht. Aber hier wie dort gilt gleichermaßen, dass es kein Argument dafür gibt, dass die Abbildung dieser im System liegenden Prozesse nicht möglich sein könnte. Warum sollten die Vorgänge in einer Nervenzelle – sei sie auch noch so sehr autopoietisch geschlossen – nicht aus den Kenntnissen der Zellbiologie und Biochemie hinreichend vollständig beschreibbar sein?

2.4 Komplexität und Naturwissenschaft

Es mag paradox erscheinen, aber der Beweis für die Nichtvorhersehbarkeit eines gesetzmäßig ablaufenden Systemverhaltens – das Auftreten emergenten Verhaltens – ist eine Folgerung der Mathematik und der Naturwissenschaften. Während die Geisteswissenschaften gerne für sich in Anspruch nehmen, es mit einem hochgradig komplexen und der Erforschung nicht entgegenkommenden Gegenstandsbereich zu tun zu haben (vgl. die Diskussion bei Dürr 1990, S. 74 f.), gelingt ihnen der Beweis dieser Komplexität nicht wirklich. Was aber geisteswissenschaftlich nur vermutet werden kann, nämlich die Existenz der Emergenz, kann mathematisch schlüssig bewiesen werden. Einen solchen Beweis für die Möglichkeit emergenten Verhaltens, also für die Unvorhersagbarkeit einer Dynamik, liefern mathematische Systemtheorien, die sich am besten unter dem Sammelbegriff „Theorien Nichtlinearer Dynamischer Systeme" zusammenfassen lassen. Die alltagswissenschaftlich bekannteste Einzeltheorie aus dieser Sammlung von Ansätzen und Konzepten ist wohl die sogenannte Chaostheorie (vgl. etwa Lorenz 1963, 1972, Schuster 1989a). Diese kann zeigen, dass ein System, auch dann, wenn es klein und überschaubar ist und alle Regeln, nach denen es funktioniert, bekannt sind, dennoch nicht im Detail in seinem Verhalten vorhergesagt werden kann.

Chaotische Systeme zeigen Merkmale von Emergenz

Chaotische Systeme verletzen das Gesetz der starken Kausalität (ähnliche Ursachen führen in chaotischen Systemen nicht zu ähnlichen Wirkungen, Strunk & Schiepek 2006, vgl. Abbildung 2) und verweisen den Laplaceschen Dämon in seine Grenzen. Das alles gelingt ganz ohne naive Argumente (Unüberschaubarkeit des Systems, *Black Box*, Mobile etc.). Es genügt, dass in einem System mindestens drei Variablen (sogenanntes Poincaré-Bendixon-Theorem, Strunk & Schiepek 2006, S. 85, Schuster 1989a, S. 105) miteinander interagieren und wenigstens eine der Beziehungen zwischen den Variablen sich nicht mehr über eine einfache lineare Gleichung beschreiben lässt – schon kann ein System chaotisch werden. Chaos beruht daher auf einem vollkommenen Determinismus und äußert sich in einer dramatischen Verstärkung kleinster Verstörungen (Schmetterlingseffekt). Es ist unerheblich, wie viel man von einem chaotischen System weiß, immer vorhandene mikroskopische Störungen und Erschütterungen werden in ihm dramatisch verstärkt und führen dazu, dass die Prognose des Systemverhaltens nur über einen kleinen Zeitraum hinweg möglich ist. Chaotische Systeme sind mit einem gigantischen Verstärker vergleichbar, der ein leises Flüstern so stark verstärkt, dass die Erde bebt. Der Verstärkungsmechanismus ist eine mathematische Eigenschaft des Systems und daher gut verstehbar. Chaos ist also keine esoterische Überlistung der Naturgesetze. Im Gegenteil es ist die Folge ihrer Gültigkeit. Verstärkt wird dabei jede Art von „Flüstern", also jede noch so kleine externe oder interne Fluktuation. Da diese in realen Systemen immer vorhanden sind, können chaotische Systeme nicht dauerhaft prognostiziert werden.

Der Mathematiker Uwe an der Heiden (1996) gibt dazu ein einfaches Beispiel: Obwohl die Regeln, nach denen die Zahl PI zustande kommt, vollständig bekannt sind, ist in der Abfolge der einzelnen Ziffern in PI bis in alle Unendlichkeit hinein keinerlei Ordnung erkennbar. Unordnung kann auf Ordnung beruhen. Auch der ansonsten der Existenz echter Emergenzphänomene gegenüber eher skeptisch eingestellte Stephan (2001) gesteht chaotischen Prozessen eine emergente Dynamik zu. Ausführlicher und anhand eines Rechenbeispiels wird dieses Phänomen in Kapitel 2.6 ab Seite 44 besprochen.

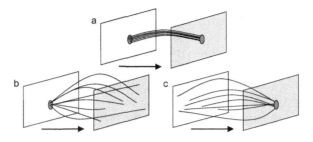

Abbildung 2: **Verletzung des Prinzips der starken Kausalität in chaotischen Systemen**
(a) Das Prinzip der starken Kausalität: Ähnliche Ursachen haben ähnliche Wirkung. (b) Divergenz (ähnliche Ursachen haben unterschiedliche Wirkungen) und (c) Konvergenz (unterschiedliche Ursachen haben ähnliche Wirkungen) wirken in chaotischen Systemen zusammen. (Abbildung und Abbildungsunterschrift nach: Schiepek & Strunk 1994, S. 17)

Nichtlineare dynamische Systeme sind in mehr als nur einer Hinsicht komplex

Gleichzeitig zeigen komplexe nichtlineare dynamische Systeme auch Phänomene spontaner Ordnungsbildung (Selbstorganisation) und beeindrucken durch einen unbeschreiblich vielfältigen Reichtum an Prozessdynamiken. Die grafische Darstellung dieser Prozesse erscheint dabei zugleich ästhetisch und verwirrend. Während klassische lineare Systemmodelle summativ operieren und dabei nur in der Lage sind, ein einziges, weitgehend triviales Verhalten zu zeigen, können nichtlineare dynamische Systeme einen ganzen Zoo nebeneinander möglicher dynamischer Strukturen aufweisen, die sich zudem jeweils grundlegend, d. h. qualitativ voneinander unterscheiden. Auch diese Verhaltensvielfalt mathematisch einfacher Systeme beeindruckt als emergente Eigenschaft. Selbst dann, wenn es sich dabei nicht um chaotische Prozesse handelt, gewinnt ein System beim Durchlaufen von Bifurkationskaskaden eine nicht-triviale Zeitlichkeit (vgl. dazu auch Strunk & Schiepek 2006, S. 108 f., Nicolis & Prigogine 1987, S. 108 ff.) und weist in Bifurkationspunkten eine dramatische mathematische Unbestimmtheit auf (Zufallsprozesse gewinnen hier einen Einfluss auf das System), die eine Vorhersage der danach einsetzenden Selbstorganisationsprozesse verhindert. Nichtlineare dynamische Systeme sind damit in mehr als nur einer Hinsicht komplex. Detailliert wird darauf weiter unten eingegangen (vgl. S. 46 ff.).

Zudem erscheint es wichtig darauf hinzuweisen, dass die Theorien Nichtlinearer Dynamischer Systeme in keinem Gegensatz zu den oben angesprochenen konstruktivistischen Grundpositionen stehen. Sie sind damit ebenso kompatibel wie jeder Ansatz, der anerkennt, nur Modelle für Phänomene zu liefern (modellistische Systemauffassung, vgl. Stachowiak 1973). Auch gehen sie in ihren systemtheoretischen Grundlagen von operational geschlossenen, strukturdeterminierten und autonomen Systemen aus, sind also mit dem Ansatz der Theorien Selbstreferenzieller

Systeme hochgradig kompatibel. Auf der anderen Seite gehen die Theorien Nichtlinearer Dynamischer Systeme aber über diesen Ansatz hinaus, indem sie Komplexität nicht nur erklären, sondern zudem auch einer empirischen Forschung zugänglich machen.

2.5 Komplex heißt eine Dynamik dann, wenn ...

In den vorangegangenen Kapiteln wurde eine Präzisierung des Komplexitätsbegriffes angestrebt. Da deterministisches Chaos das Gesetz der starken Kausalität verletzt, also durch den Schmetterlingseffekt eine Prognose des Systemverhaltens auch dann nicht möglich ist, wenn alle Systemelemente und Wechselwirkungen detailliert bekannt sind, scheint das Phänomen des deterministischen Chaos geeignet, eine solche Präzisierung vorzunehmen. Vor diesem Hintergrund soll im Folgenden die oben formulierte vorläufige Begriffsbestimmung für Komplexität entsprechend ergänzt werden. Dazu wird diese hier zunächst noch einmal angeführt und vor dem Hintergrund der bisherigen Darstellung diskutiert. Anschließend wird die in der Begriffsbestimmung anklingende Restkategorie mit dem Chaosbegriff gefüllt.

Oben wurde Komplexität zunächst wie folgt umschrieben (vgl. oben S. 20):

> Anschaulich gesprochen ist das, was sich leicht vorherberechnen oder mit einfachen Mitteln (aufgrund weniger Vorannahmen und mit wenigen Operationen) nachvollziehen lässt nur wenig komplex. Wird es hingegen sehr schwer, ein Phänomen vorherzusagen bzw. nachzuvollziehen oder lässt es sich nur mit sehr aufwendigen Mitteln (aufgrund umfangreicher und zahlreicher Vorannahmen und nur mithilfe aufwendiger Operationen) vorhersagen bzw. nachvollziehen, so kann man davon ausgehen, es mit einem komplexen Phänomen zu tun zu haben. (Strunk 2009a, S. 148)

Komplexität als Restkategorie verweist auf Chaos und Zufall

Ein so beschriebener Komplexitätsbegriff ist zunächst nicht viel mehr als eine Restkategorie, die das als komplex bezeichnet, was eben nicht (oder nur sehr schwer) vorhergesagt werden kann bzw. sich nicht mehr nachvollziehen lässt. Was aber zählt zu dieser Restkategorie und wie groß ist sie? Ist der Unterschied zwischen komplex und nicht komplex gradueller oder qualitativer Natur? In der Literatur wird – je nach theoretischer Position – mal dieses und mal jenes Phänomen als komplex bezeichnet. Einige Fälle wurden in den vorangegangenen Kapiteln ausführlich diskutiert. Es mag zudem noch andere Möglichkeiten für Komplexität geben, die für die Wirtschaftswissenschaft aber weniger von Interesse sind, da sie zum Beispiel sehr spezielle Eigenschaften der Materie betreffen und sich daher nicht leicht auf ökonomische Problemstellungen übertragen lassen. Dies gilt etwa für die Heisenbergsche Unschärferelation (Heisenberg 1927, 1955), die auf dem Welle-Teilchen-Dualismus von Licht und anderen subatomaren Strukturen beruht. Auch klassische Emergenz-Phänomene, wie sie z. B. im Leib-Seele-Problem zum Ausdruck kommen, sind aufgrund ihrer schlechten empirischen Zugänglichkeit für die empirische Wirtschaftswissenschaft wahrscheinlich von geringer Relevanz.

Weitaus interessanter für die empirische Wirtschaftswissenschaft sind hingegen zwei Phänomene: der blinde Zufall, wie er z. B. aus der Hypothese effizienter Märkte folgt (Fama 1970) und das deterministische Chaos, das zwar auf deterministischen Beziehungen zwischen Variablen beruht, aber den Zufall täuschend echt imitiert (Stewart 2002).

Es wurde bereits darauf hingewiesen, dass es Gründe dafür gibt, zufälliges Verhalten nicht zum Phänomenbereich des Komplexen zu zählen. Diese Einschränkung ist zum einen ästhetischer Natur: Da sich Zufallsprozesse mit den zur Verfügung stehenden Methoden nicht weiter verstehen lassen, sind sie als *Erklärung* für ein beobachtbares Phänomen wenig nützlich. Zum anderen ist Zufall oben als ein Verhalten beschrieben worden, welches nicht aus einem System hervorgeht. Zufall ist der Versuch, ein Verhalten mit nicht adäquaten Mitteln vorherzusagen, also mit Variablen, die am Zustandekommen der Dynamik gar nicht beteiligt sind und damit per definitionem keine Vorhersage des Systemverhaltens erlauben können. Die Abgrenzung zwischen Komplexität und Zufall kann damit auch theoretisch begründete werden. Sie ist empirisch aber nicht immer leicht zu prüfen.

Die Unterscheidung zwischen Zufall und deterministischem Chaos bzw. Komplexität ist für einige wirtschaftswissenschaftliche Fragestellungen sehr bedeutsam. Daher soll hier kurz anhand der Hypothese effizienter Märkte verdeutlicht werden, was mit dieser Unterscheidung gemeint ist. Die Hypothese effizienter Märkte (Fama 1970) geht davon aus, dass es im Interesse der Marktteilnehmerinnen und -teilnehmer ist, alle relevanten Informationen möglichst vor allen anderen zu erhalten und ihren Marktentscheidungen zugrunde zu legen. Sobald neue marktrelevante Informationen auftauchen, gilt es unverzüglich zu handeln. Wer zu spät reagiert, kann arge Verluste erfahren. Dies führt dazu, dass Märkte sehr an Informationen interessiert sind und dazu tendieren, jedes noch so gut gehütete Geheimnis aufzudecken. Wenn aber alle möglichen aktuell verfügbaren Informationen bekannt sind, dann haben die Marktteilnehmerinnen und -teilnehmer an diesen Informationen ihre Marktentscheidungen bereits ausgerichtet. Wer das nicht tut, muss mit Verlusten rechnen. Ein effizienter Markt berücksichtigt also alle verfügbaren Informationen und lässt diese in seine Marktentscheidungen einfließen. Ein aktueller Marktpreis auf einem effizienten Markt reflektiert also alle im Moment verfügbaren Informationen. Kommen neue Informationen hinzu, dann kann sich der Marktpreis verändern. Da aber die neuen Informationen aktuell noch unbekannt sind, sind in der Zukunft liegende Marktpreise ebenfalls unbekannt. Die Hypothese effizienter Märkte beschreibt ein Szenario, in dem die Zukunft von der Gegenwart entkoppelt ist. Denn alles, was man in der Gegenwart über die Zukunft weiß, ist bereits berücksichtigt; was man nicht weiß, kann man nicht berücksichtigen. Eine solche Entkoppelung von Ereignissen wurde oben schon als Zufall bezeichnet. Die Hypothese effizienter Märkte geht davon aus, dass zukünftige Preise nicht aus aktuellen oder vergangenen Preisinformationen vorhergesagt werden können, sie also voneinander stochastisch unabhängig sind. Im Gegensatz dazu geht das deterministische Chaos von gekoppelten Systemen aus, in denen die Elemente des Systems miteinander in Wechselwirkung stehen. Chaotische Prozesse können dabei ein Verhalten zeigen, das dem Zufall recht ähnlich sieht. So kann auch hier – wie beim effizienten Markt – eine lineare Korrelation zwischen aufeinanderfolgenden Datenpunkten fehlen. Dennoch könnten nichtlineare Korrelationen vorhanden sein, die aber eine ganz andere Nachweismethodik erfordern würden. Chaos kann auf den ersten Blick wie Zufall aussehen, unterscheidet sich aber grundlegend davon. Diese Unterscheidung ist für zahlreiche Fragestellungen relevant – etwa für die Beschreibung der Märkte – und sollte bei der Definition des Komplexitätsbegriffes nicht vernachlässigt werden.

Wenn nur Chaos komplex ist – wie lässt sich Chaos nachweisen?

Vom Zufall befreit umfasst der Komplexitätsbegriff nur mehr das deterministisch chaotische Verhalten nichtlinearer dynamischer Systeme. Diese können in Abhängigkeit von relevanten Kontrollparametern sowie Rand- und Rahmenbedingungen (vgl. Haken 1977) einen hochgradig überraschenden Reichtum an Prozessgestalten hervorbringen, von denen das eindrucksvollste das deterministische Chaos ist. Insbesondere für deterministisches Chaos kann mathematisch gezeigt werden, dass es sich dabei um eine systemische Eigenschaft handelt (Chaos geht aus den mathematischen Eigenschaften des Systems direkt hervor), das Verhalten nicht im Detail vorhersagbar ist und dennoch keinen Zufallsprozess darstellt. Chaos ist damit ein perfektes Beispiel für Emergenz und zugleich der Nachweis, dass es die oben umschriebene Form von Komplexität tatsächlich gibt.

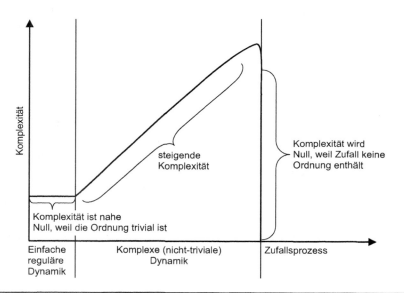

Abbildung 3: **Komplexität als Funktion zwischen Ordnung und Zufall**
Ein ideales Komplexitätsmaß unterscheidet zwischen einer einfachen regulären Dynamik, für die es nahezu null sein sollte und einem Zufallsprozess, bei dem es erneut auf null geht. Dazwischen sollte es zwischen Ordnung und Zufall monoton steigen. (Abbildung und Abbildungsunterschrift nach: Strunk 2009a, S. 203)

Das Verhalten nichtlinearer dynamischer Systeme entspricht dabei auch den Kriterien, die oben für nicht-triviale Maschinen dargestellt wurden. Im Gegensatz zu diesen gewinnt es seine Nicht-Trivialität nicht aus der Unkenntnis bestimmter Systemstrukturen (wie sie z. B. durch die Theorie Autopoietischer Systeme auch für Hirn- und Wahrnehmungsprozesse nahegelegt werden, Maturana 1982, Maturana & Varela 1987), sondern entsteht auch bei voller Kenntnis aller am System beteiligten Variablen und Gesetzmäßigkeiten.

Die Messung von Komplexität kann auf verschiedenen Wegen erfolgen

Aus dieser Perspektive können drei Verhaltensweisen unterschieden werden, ein triviales Systemverhalten, welches aus der Struktur des Systems beliebig genau abgeleitet werden kann, ein nicht-triviales chaotisches Verhalten, das trotz perfekter Kenntnis des Systems nicht vollständig vorhersagbar ist, und ein zufälliges Verhalten, welches aufgrund der Unkenntnis der Systemstruktur vollkommen offen bleiben muss (vgl. Abbildung 3). Empirische Prüfmethoden oder Quantifizierungen für Komplexität gehen von dieser Dreiteilung aus. Ein direkter Nachweis beruht dann konkret auf den Eigenschaften, die komplexe Systeme auszeichnen, also z. B. auf dem Nachweis von deterministischem Chaos. Andere Verfahren schließen das Vorliegen einer trivialen Ordnung oder von Zufall aus oder weisen gerade diese nach. Je nach Ergebnis dieser Tests auf Ordnung und Zufall kann Komplexität auch im Ausschlussverfahren „eingekreist" werden.

Methodisch besteht also die Herausforderung darin, entweder sowohl die triviale Ordnung als auch den „blinden" Zufall auszuschließen oder aber Chaos direkt nachzuweisen. Zudem sollte ein Messinstrument für Komplexität in der Lage sein anzugeben, wie weit das fragliche Systemverhalten von den beiden Polen (triviale Ordnung vs. blinder Zufall) entfernt ist. Was als Zufall angesehen werden muss und was als triviale Ordnung, hängt sowohl vom theoretischen Zugang ab als auch von den zur Verfügung stehenden Daten. Der theoretische Zugang zu Ordnung und Zufall sollte sich am Ideal des deterministischen Chaos orientieren und damit im Einklang stehen. Da aber Chaos über mehrere recht unterschiedliche Eigenschaften (z. B. Schmetterlingseffekt, Fraktalität, Nichtperiodik) verfügt, wird sich in den folgenden Kapiteln zeigen, dass quantitative Definitionen für Ordnung, Zufall und Komplexität je nach berücksichtigter Eigenschaft unterschiedlich ausfallen können und daher mit unterschiedlichen Anforderungen an die Datenqualität verbunden sein können. So sind z. B. Verfahren vorgeschlagen worden, die bereits in nominalen Datenfolgen Strukturen organisierter Komplexität nachweisen können. Andere Algorithmen erfordern hingegen hoch aufgelöste intervallskalierte Daten.

Abschließend soll der Komplexitätsbegriff wie folgt präzisiert werden:

Arbeitsdefinition für Komplexität

Komplex heißt eine Dynamik dann, wenn sie sich (a) entweder deterministisch chaotisch verhält oder sich (b) weder trivial verhält, also sich nicht beliebig exakt vorhersagen lässt, (c) noch als zufällig angesehen werden kann.

Diese Präzisierung konkretisiert die oben vorgestellte vorläufige Umschreibung von Komplexität unter Verwendung der drei genannten Verhaltensweisen. Diese stehen für die oben benutzte Formulierung „vorherberechnen oder nachvollziehen" und bieten für diese konkrete Alternativen an.

Damit grenzt sich die hier vorgeschlagene Präzisierung des Komplexitätsbegriffes vom alltagssprachlichen Gebrauch ab. Dieser bezeichnet häufig auch solche Systeme als komplex, die *nur* über zahlreiche Variablen verfügen, aber prinzipiell vorhersagbar wären. Tatsächlich kann es aufwendiger sein, das Verhalten eines aus vielen Variablen zusammengesetzten Systems zu prognostizieren als das Verhalten eines kleinen Systems. Handelt es sich in beiden Fällen nicht um chaotische Systeme, so ist die Prognose hier wie dort mit gleicher Präzision grundsätzlich möglich, wenn auch unterschiedlich aufwendig. Es kann daher Sinn machen, die Gruppe der prinzipiell vorhersagbaren Systeme in einfache und komplizierte Systeme zu unterteilen. Komplizierte Systeme, Verhaltensdynamiken oder Problemkonstellationen sind in diesem Sinne jedoch nicht mit komplexen Systemen zu verwechseln. Die folgende Abbildung zeigt die hier getroffenen Unterscheidungen im Rahmen einer Gegenüberstellung von Systemdynamik und der Zahl der beteiligten Variablen (vgl. dazu auch die Diskussion in Strunk & Schiepek 2014). Dabei zeigt sich, dass die Zahl der beteiligten Variablen nicht geeignet ist, um zwischen den Verhaltensweisen zu unterscheiden. Damit weicht die hier vorgestellte Abbildung stark von einer Darstellung ab, die sich bei Ulrich und Probst (1988) findet. Dort ist die Zahl der Variablen relevant für die Einschätzung der Kompliziertheit und Komplexität der Dynamik.

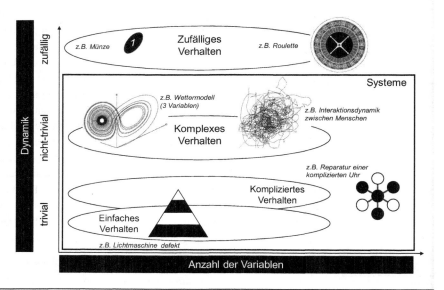

Abbildung 4: **Einfach, kompliziert, komplex und zufällig**

Die Abbildung zeigt im dunkel umrahmten Bereich das Verhalten von Systemen. Dieses kann entweder trivial und wenig turbulent ausfallen oder nicht-trivial (deterministisch chaotisch). Je nach Aufwand bei der Systembeschreibung oder Steuerung kann man auf der Ebene trivialer Systeme einfaches und kompliziertes Verhalten unterscheiden. Zufälliges Verhalten tritt in Systemen nicht auf, sondern beruht auf einer Entkopplung der betrachteten Verhaltensweisen. Da der Wurf einer Münze nichts mit dem folgenden Wurf zu tun hat, sind die Münzwürfe aufeinander bezogen zufällig. (Vgl. auch die Darstellung in Ulrich & Probst 1988, S. 61 sowie die Diskussion in Strunk & Schiepek, 2014)

Es kann aber logisch-mathematisch und empirisch gezeigt werden, dass zufälliges Verhalten in Systemen mit wenig Freiheitsgraden (oder Variablen) ebenso vorkommen kann wie in Systemen mit vielen Freiheitsgraden (oder Variablen). Auch Chaos kann in stetigen Systemen bereits ab nur drei Freiheitsgraden (Variablen) auftreten. Diskrete Systeme können noch kleiner und dennoch zu Chaos fähig sein. Auch die Unterscheidung zwischen „einfach" und „kompliziert" kann besser über den Aufwand erschlossen werden, dessen die Vorhersage eines solchen Systems bedarf, als über die Zahl der Variablen. Etwa kann sich auch ein aus vielen Teilen bestehendes System recht einfach darstellen, wenn jedes Teil des Systems gleichartig ist und sich gleich verhält. Aber auch recht übersichtliche Gleichungen – wie die berühmte Gleichung: $E = mc^2$ – können sich als hochgradig komplizierter Zusammenhang herausstellen. Insgesamt kommen Strunk und Schiepek (2014) daher zu der Feststellung, dass die Zahl der beteiligten Variablen bei der Klassifikation von Systemen keine Rolle spielen sollte.

Komplexität wurde in den vorangegangenen Kapiteln als hochgradig unwahrscheinliches Phänomen beschrieben. Trotz Kenntnis aller relevanten Systemelemente und aller relevanten Gesetzmäßigkeiten sollen komplexe Systeme nicht beliebig präzise prognostizierbar sein. Ein solchermaßen komplexes Verhalten widerspräche dem Laplaceschen Dämon. Tatsächlich handelt es sich beim deterministischen Chaos genau um so eine Art von Komplexität; sie verletzt den Laplaceschen Dämon und ist dennoch ein gesetzmäßig auftretendes Phänomen.

Wie es deterministischen Systemen gelingt, den Laplaceschen Dämon zu überlisten, kann am besten anhand eines mathematischen Beispiels demonstriert werden. Das geschieht im folgenden Kapitel.

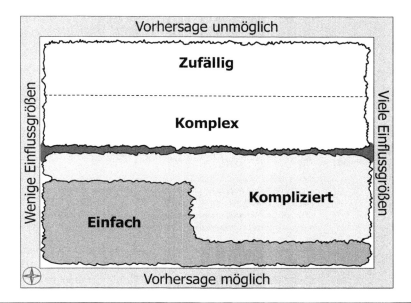

Abbildung 5: Landkarte zur Positionierung von einfach, kompliziert, komplex und zufällig

Die Abbildung zeigt eine „Landkarte", die in der Mitte durch einen „Fluss" getrennt wird. Oberhalb dieser Trennlinie wird die Vorhersage des Verhaltens zunehmend schwerer. Komplexes Verhalten ist jedoch nicht mit Zufall zu verwechseln. Für die Definition von Komplexität spielt die Zahl der Einflussgrößen keine wesentliche Rolle. Die Landkarte wird in Managementschulungen eingesetzt, um verschiedene Managementaufgaben in Hinblick auf ihre Komplexität einzuschätzen. (Abbildung und Abbildungsunterschrift nach: Strunk & Schiepek, 2014, S. 10)

2.6 Ein klassisches Beispiel für ein komplexes System

Die bekannteste und wahrscheinlich einfachste Gleichung zur Demonstration einer chaotischen Dynamik stammt aus der Ökologie und wurde bereits um 1844 von Pierre François Verhulst (1804 bis 1849) vorgeschlagen. Zwei ausführliche Untersuchungen erschienen in den *Mémoires de l'Académie Royale de Belgique* in den Jahren 1844 und 1847 (Anmerkung nach Peitgen et al. 1992, S. 54; die folgende Einführung in das bizarre Verhalten des Verhulst-Systems stellt eine Erweiterung von Strunk 2004, Strunk & Schiepek 2006, Strunk 2009a dar). Auch in der sogenannten *Population Ecology of Organizations* (Hannan & Freeman 1977, Hannan & Freeman 1989) wird gerne auf die Verhulst-Gleichung oder verwandte Gleichungssysteme zurückgegriffen, um Markteintritte und -austritte oder die Kooperation und Konkurrenz zwischen Organisationen nach einem ökologischen Modell zu beschreiben.

2.6.1 Das Verhulst-System

Es handelt sich beim sogenannten Verhulst-System um ein Gleichungssystem, das die Populationsentwicklung einer Spezies in einem Lebensraum von einem auf das nächste Jahr angibt. In der *Population Ecology of Organizations* wird dies als Markteintritts- bzw. -austrittsverhalten interpretiert (Carroll & Hannan 1989). Mathematisch handelt es sich um ein iteratives Gleichungssystem, welches jeweils von einem Jahr auf das nächste die Entwicklung der betrachteten Population ermittelt. Die Verhulst-Gleichung, die auch „diskrete logistische Gleichung" bzw. vereinfacht „logistische Gleichung" genannt wird, lautet (z. B. Briggs & Peat 1990, Schiepek & Strunk 1994, mathematisch anspruchsvoller vgl. Peitgen et al. 1992):

Gleichung 1: Verhulst-Gleichung

$$x_{n+1} = rx_n(1-x_n) \text{ bzw. } x_{n+1} = rx_n - rx_n^2$$

mit $0 \leq x \leq 1$

x ist die Größe der Population (z. B. Anzahl der Unternehmen bezogen auf die maximale Kapazität des Marktes)
r sind die Lebensbedingungen im Ökosystem (z. B. Marktchancen/Risiken)
n bezeichnet als Laufvariable die Iterationsschritte (z. B. Jahre)

Aus der Größe der Population x für das Jahr n kann die Populationsgröße für das nächste Jahr x_{n+1} mithilfe der angeführten – nicht sonderlich komplizierten – Gleichung berechnet werden. Für die Größe der Population sind Werte zwischen null und eins zulässig, wobei eins inhaltlich einer 100%igen Auslastung des Ökosystems bzw. des Marktes entspricht. Damit ist die Grenze gegeben, bei der das Ökosystem oder der Markt erstmals überlastet wäre. Mehr als 100 % verträgt der Lebensraum nicht, da eine 100%ige Auslastung dazu führt, dass sämtliche Ressourcen aufgebraucht und vernichtet werden. Die Auflösung der Klammer zeigt, dass die Populationsgröße des Folgejahres proportional mit der des Vorjahres wächst (Geburtenrate, Markteintritte) und mit dem Quadrat der Vorjahrespopulation sinkt (Sterberate, Marktaustritte). Als Proportionalitätskonstante bestimmt r (auch als Lebensbedingungen bzw. Marktbedingungen interpretierbar) über die Stärke des Energiedurchflusses im System (sog. Kontrollparameter, siehe dazu auch weiter unten, S. 51f.).

Der Parameter für die Lebensbedingungen verändert das Verhalten

Die Tabelle 1 zeigt für verschiedene Parametereinstellungen die Populationsgröße x im Verlauf von 15 Jahren. (Die Zahlenwerte wurden mit 12 Stellen nach dem Komma berechnet. Die in der Tabelle wiedergegebenen Werte wurden jedoch zur besseren Lesbarkeit auf zwei Nachkommastellen gerundet.) Die Einteilung in „schlechte", „mittelmäßige" und „sehr gute" Lebens- bzw. Marktbedingungen gilt dabei als ungefähre und nicht allzu wörtlich zu nehmende Umschreibung (vgl. Strunk 1999).

	Lebens- bzw. Marktbedingungen		
	schlecht ($r = 2{,}7$)	mittelmäßig ($r = 3{,}1$)	sehr gut ($r = 3{,}9$)
Startwert	0,60	0,60	0,60
1. Jahr	0,65	0,74	0,94
2. Jahr	0,62	0,59	0,23
3. Jahr	0,64	0,75	0,70
4. Jahr	0,62	0,58	0,82
5. Jahr	0,63	0,75	0,57
6. Jahr	0,63	0,57	0,96
7. Jahr	0,63	0,76	0,17
8. Jahr	0,63	0,57	0,54
9. Jahr	0,63	0,76	0,97
10. Jahr	0,63	0,57	0,12
11. Jahr	0,63	0,76	0,42
12. Jahr	0,63	0,56	0,95
13. Jahr	0,63	0,76	0,20
14. Jahr	0,63	0,56	0,60
15. Jahr	0,63	0,76	0,93
	ab dem 5. Jahr stabil	ab dem 11. Jahr periodisch	kein Muster erkennbar

Tabelle 1: Verschiedene Entwicklungsszenarien für die Verhulst-Gleichung

Die Tabelle zeigt die Entwicklung von Populationen, wie sie aus der Verhulst-Gleichung für verschiedene Lebens- bzw. Marktbedingungen folgt. Die Berechnung wurde mit 12 Stellen nach dem Komma durchgeführt und wird hier gerundet wiedergegeben. Bei schlechten Marktbedingungen pendelt sich das System bis in das 4. Jahr hinein ein. Diese Einschwingphase reicht bei mittelmäßigen Marktbedingungen bis ins 10. Jahr. (Tabelle und Tabellenunterschrift nach: Strunk 1999, S. 223)

Gestartet wird die Berechnung jeweils mit 0,60 (entspricht 60 %). Der Wert, der sich als Ergebnis der Gleichung für das folgende Jahr ergibt, wird dann für die Berechnung des übernächsten Jahres als Ausgangswert herangezogen und so weiter.

Ein erstes wichtiges Ergebnis betrifft den Umstand, dass sich das Verhalten des Systems je nach Parametereinstellung grundsätzlich, d. h. qualitativ unterscheidet. Ist bei kleinem r ein Regelkreisverhalten beobachtbar, so kommt es bei mittleren Parameterwerten zu einer Schwingung und ist bei „sehr guten" Marktbedingungen gar kein Muster mehr erkennbar. Trotz der augenfälligen Trivialität der Gleichung zeigen sich doch alle Eigenschaften tatsächlich komplexer Systeme im Sinne der oben gegebenen Definition für Komplexität.

2.6.2 Eigenschaften komplexer Systeme

Bei „sehr guten" Lebensbedingungen tritt Chaos auf

Bei „sehr guten" Lebensbedingungen geht anscheinend jedes Muster verloren, sodass zunächst keine Regelmäßigkeit mehr identifiziert werden kann. Die mathematische Gleichung wird für diesen Parameterwert chaotisch (z. B. Schuster 1989a, Liening 1998; vgl. auch S. 304 ff.) und schwankt hier hochkomplex und ohne dass sich die Zahlenfolgen jemals wiederholen würden. In der Verhulst-Dynamik zeigen sich die wesentlichen Merkmale chaotischer Systeme, auf die im Folgenden ausführlicher eingegangen werden soll:

- Fehlende Periodizität.
- Ordnung im Attraktor.
- Fraktale Strukturen.
- Schmetterlingseffekt.
- Phasenübergang.

- **Fehlende Periodizität.** Für „sehr gute" Lebensbedingungen geht der Wertefolge jede Periodizität verloren (vgl. Abbildung 6), d. h. das System generiert Zahlenfolgen, bei denen sich niemals eine Zahl wiederholt, auch dann nicht, wenn man bis in alle Ewigkeit rechnet. Dabei lässt sich der Aspekt der fehlenden Periodizität vor allem mathematisch zeigen; er ist empirisch aber nicht leicht nachweisbar, da Computerprogramme in der Regel nur mit einer begrenzten Anzahl an Nachkommastellen rechnen. Durch diese eingeschränkte Möglichkeit für die Darstellung und Verarbeitung von Gleitkommazahlen ergibt sich für Computeralgorithmen – im Gegensatz zum idealen mathematischem Modell – die Chance, dass Wiederholungen in der Dynamik auftreten können, die bei mathematisch exakter Berechnung nicht möglich wären.

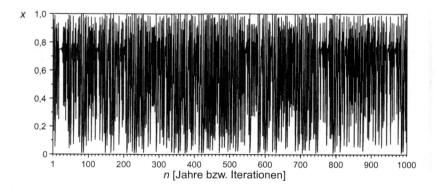

Abbildung 6: Zeitreihe des Verhulst-Systems über 1.000 Iterationen
Ein Merkmal von Chaos ist seine fehlende Periodizität. Die Abbildung zeigt, wie sich die Dynamik des Verhulst-Systems (die Gleichung ist in GChaos implementiert unter „File / Create Time Series ...") über 1.000 Iterationen entwickelt, ohne sich dabei exakt zu wiederholen. (Abbildung aus: Strunk 2009a, S. 183, erstellt mit GChaos)

Was ist Komplexität?

- **Ordnung im Attraktor.** Obwohl also ein chaotisches Systemverhalten kein wiederkehrendes Muster erkennen lässt, ist für mathematische Systeme ihr Berechnungsmodus genauestens bekannt. Jeder Folgewert ist im Verhulst-System durch seinen Vorgänger und die gegebene Funktionsgleichung eindeutig determiniert. Also muss auch Chaos eine Ordnung besitzen. Da bei dem hier vorgestellten Verhulst-System jeder Wert genau durch seinen Vorgänger definiert ist, ist es sinnvoll, ein sogenanntes Phasenraumdiagramm (vgl. auch ausführlicher zur Bedeutung von Phasenraumdarstellungen, S. 153 ff.) derart zu erzeugen, dass jeder Wert der chaotischen Zeitreihe gegen seinen Nachfolger aufgetragen wird (vgl. Abbildung 7).

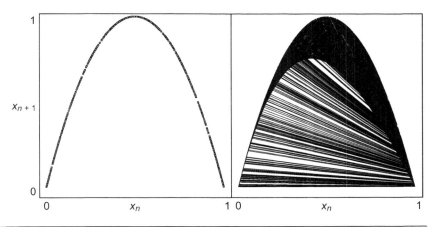

Abbildung 7: **Attraktor der Verhulst-Gleichung**
Für die Dynamik der Verhulst-Gleichung kann ein Phasenraum konstruiert werden, indem jeweils die Werte von x zum Zeitpunkt n gegenüber dem jeweils nachfolgenden Zeitpunkt aufgetragen werden. Links zeigt sich die Ordnung im Chaos: Der Attraktor der Verhulst-Gleichung ist eine umgekehrte Parabel. Aufeinanderfolgende Werte liegen immer auf dieser Parabel. Untersucht man die Abfolge mehrerer Zeitpunkte und verbindet diese, so zeigt sich ein Auseinanderdriften ursprünglich benachbarter Trajektorien, der Schmetterlingseffekt des Chaos (rechts). (Abbildung und Abbildungsunterschrift nach: Strunk 2004, S. 114, erstellt mit GChaos)

Der Phasenraum einer chaotischen Dynamik zeigt sich hoch geordnet

Die links in der Abbildung 7 wiedergegebene Darstellung der Verhulst-Dynamik zeigt die hoch geordnete und relativ einfache Struktur einer umgekehrten Parabel. Löst man die Klammer in der oben angegebenen Gleichung 1 auf, so werden zwei einander widerstrebende „Kräfte" sichtbar:

$$x_{n+1} = rx_n - rx_n^2$$

Der Term rx_n wird als Geburtenrate bezeichnet und beschreibt die Vermehrung der Population bzw. die Markteintritte von Organisationen im Rahmen der *Population Ecology of Organizations* (z. B. Carroll & Hannan 1989). Der rechte Teil der Gleichung wird als Sterberate bezeichnet und gibt an, wie sich die Population von Jahr zu Jahr aufgrund begrenzter Ressourcen verringert (Marktaustritte). Dieser Teil der Gleichung sorgt für die umgekehrte Parabel-Form. Unabhängig von r (also den Lebensbedingungen) ergibt sich für $x = 0{,}5$ jeweils ein maximales Ergebnis[3] für den folgenden Iterationsschritt, nämlich $0{,}5 - 0{,}5^2 = 0{,}25$. Die Parabel besitzt also ihr Maximum bei $x = 0{,}5$. Die konkrete Höhe des Maximums wird durch den Parameter r bestimmt. Ist dieses 4,0, so ergibt sich $4{,}0 \cdot 0{,}25 = 1{,}0$ und erreicht damit die Grenze des Wertebereiches der Gleichung, während sie für kleinere Parameterwerte flacher verläuft. Daher verändert sich die Form der Parabel bei unterschiedlichen Lebensbedingungen nicht wesentlich (die Phasenraumdarstellung zeigt für das Verhulst-System immer eine Parabel). Es ist die Höhe der Parabel, die sich verändert. Die Form und Struktur der Phasenraumdarstellung des Verhulst-Systems ist also vollständig durch die Gleichung vorgegeben. Auch eine chaotische Dynamik besitzt damit eine hoch geordnete Struktur.

Insbesondere die Synergetik (Haken 1977, 1985) beschäftigt sich mit der Frage, wie stabil eine solche dynamische Struktur ist. Im Rahmen von Störungsrechnungen werden externe Einflüsse simuliert und deren Einfluss auf die Systemdynamik untersucht. Im vorliegenden Beispiel könnte man sich fragen, ob die Parabel die Gleiche bleibt, wenn man im Verlauf der Dynamik kurzfristig x verändert und dann das System sich wieder überlässt, also z. B. die Simulation mit $x_0 = 0{,}6$ startet (wie in Tabelle 1), dann 100 Iterationsschritte berechnet und bei x_{100} die Populationsgröße z. B. auf 0,01 setzt und danach weitere 100 Iterationsschritte berechnet. Es lässt sich für alle Lebensbedingungen r zeigen, dass solche kurzfristigen Störungen das Verhalten des Systems nicht langfristig in seinem typischen Grundmuster verändern. Immer findet es zurück in das qualitative Muster, welches es auch ohne Störung gezeigt hätte. Dies gilt auch im chaotischen Bereich der Gleichung: Auch hier ändert sich die grundlegende Struktur der Phasenraumdarstellung nach einer Verstörung nicht. Die Phasenraumdarstellung wird daher als Attraktor bezeichnet; metaphorisch gesprochen ist sie so attraktiv für das System, dass es sie auch nach einer Verstörung wieder aufsucht. Der Attraktor steckt also den Rahmen ab, in dem sich das System üblicherweise bewegt. Im Detail können sich zwar unterschiedliche Populationsgrößen z. B. je nach Verstörung ergeben, aber auch bei im Detail unterschiedlichen Populationsgrößen bleibt das Verhaltensrepertoire des Systems auf den Attraktor, hier die Parabel, beschränkt.

Damit besitzt auch Chaos Attraktoreigenschaften und bleibt in seinem Verhalten auf den Attraktor beschränkt. Beliebige andere Punkte im Phasenraum – außerhalb des Attraktors – werden nicht eingenommen. Hier offenbart sich die klare und häufig einfache Ordnung des Chaos. Dennoch zeigt es – wie schon gesehen – in der Abfolge der Werte keine Periodik und kann daher z. B. nicht tabelliert werden. Vereinfacht gesprochen springen die Werte im chaotischen Fall wild auf dem Attraktor hin und her (dieses „Springen" ergibt sich aus der iterativen, diskreten Struktur der Verhulst-Gleichung. Bei stetigen Systemen „driften" die Trajektorien exponentiell auseinander, dazu siehe ausführlicher unten).

---

[3] Es ist direkt einsichtig, dass das Maximum bei $x_n = 0{,}5$ liegt. Analytisch kann es aber auch über das Nullsetzen der ersten Ableitung der Verhulst-Gleichung gefunden werden: $x_n' = 0 = 1 - 2x_n$. Die Gleichung wird null wenn $x_n = 0{,}5$.

Fraktale Strukturen zeigen geometrische Komplexität

- **Fraktale Strukturen.** Die Verhulst-Gleichung zeigt bei bestimmten Parametereinstellungen chaotisches Verhalten, welches u. a. gekennzeichnet ist von einer unendlichen Abfolge immer anderer Zahlenwerte. Obwohl kein Wert zweimal vorkommt, ist die Verteilung der Werte dennoch nicht gleichmäßig über den gesamten Wertebereich verteilt. Vielmehr gibt es sowohl Häufungen um bestimmte Wertebereiche als auch kleine Lücken im Umfeld nur selten besuchter Regionen. Das Verhalten des Systems ist daher nicht mit einem Zufallszahlengenerator vergleichbar, der ja keinem Wertebereich einen Vorzug gibt. Stellt man das Verhalten des Systems im Phasenraum dar, so erscheint die Parabel an einigen Stellen etwas löchrig und an anderen häufig besucht. Aber auch das Auftreten von kleinen Lücken und Häufungsbereichen in der Parabel folgt den mathematischen Regeln der Gleichung, die eben keine gleichmäßige Verteilung der Werte vorsieht. Die geometrische Struktur, die entsteht, erscheint zwar auf den ersten Blick eine einfache auf den Kopf gestellte Parabel zu sein, zeigt aber bei genauerem Hinschauen viel mehr an Struktur. Diese Strukturen sind geometrisch schwer auf einen einfachen Nenner zu bringen, enthalten aber dennoch Regelmäßigkeiten. Solche gebrochenen Strukturen, die sich bei genauer Untersuchung nicht durch eine klassische Euklidische Geometrie beschreiben lassen, heißen nach dem Mathematiker Benoît B. Mandelbrot (1924 bis 2010) Fraktale (Mandelbrot 1977, 1987, Mandelbrot & Hudson 2004). Darunter versteht er nicht zufällige, aber komplex gebrochene geometrische Strukturen. Diese zeigen sich im Verhulst-System gleich mehrfach: Nicht nur die Phasenraumdarstellung für einen festen Parameterwert, sondern auch die Aneinanderreihung vieler Parametereinstellungen zeigt sehr eindrücklich geordnete, aber dennoch gebrochene Strukturen (vgl. ausführlicher S. 205 ff.). Eine solche Darstellung für eine Serie aufsteigender Parameterwerte wird nach dem Mathematiker Mitschel Feigenbaum als Feigenbaum-Diagramm bezeichnet und ist in Abbildung 9 zu sehen (S. 54, vgl. Feigenbaum 1978). Es wird darauf unten noch genauer eingegangen. Zusammenfassend kann man festhalten, dass chaotische Systeme bei geeigneter Darstellung einen hochkomplexen Formenreichtum zeigen, der auf Grundlage der dahinter liegenden einfachen generierenden Mechanismen nicht vermutet worden wäre (Emergenz) und der so gebrochen erscheint, dass er mit einer klassischen Euklidischen Geometrie nicht mehr beschrieben werden kann. Stattdessen wird hier eine fraktale Geometrie benötigt. Umgekehrt gelten fraktale Strukturen als Merkmal für Komplexität und finden sich regelmäßig in chaotischen Systemen (vgl. dazu auch Kapitel 7, S. 205).

Chaos bedeutet, dass ein Schmetterlingseffekt vorliegt

- **Schmetterlingseffekt.** Neben der fehlenden Periodik in der Verhulst-Dynamik für „sehr gute" Lebensbedingungen ergeben sich aus der iterativen Gleichung jeweils dramatisch andere Ergebnisse, wenn der Startwert der Berechnungen nur ganz geringfügig geändert wird, das heißt, dass sich das System in einem Zustand befindet, in dem es höchst sensibel auf kleine Verstörungen reagiert und sich abhängig von den Ausgangsbedingungen höchst unterschiedlich entwickeln kann. Diese Sensibilität des Systems für bereits mikroskopische Schwankungen ist neben der fehlenden Periodik das wichtigste Merkmal einer chaotischen Prozessdynamik. Diese von Lorenz als Schmetterlingseffekt bezeichnete Eigenschaft wurde erstmals von Henri Poincaré (1854 bis 1912; vgl. z. B. Poincaré 1904, 1908) beschrieben (auf einer Konferenz, auf der Edward Lorenz spricht, ist jedoch zunächst nicht von einem Schmetterling, sondern von einer Möwe die Rede: „*one flap of a sea gull's wings would forever change the future course of the weather*", zitiert nach Steward 2011, S. 4712).

Die ganze Dramatik des Schmetterlingseffektes wird erkennbar, wenn – etwa in einer Tabellenkalkulation – die Berechnungsergebnisse der folgenden beiden Gleichungen gegenübergestellt werden:

$$x_{n+1} = rx_n(1-x_n) \text{ vs. } x_{n+1} = rx_n - rx_n^2$$

Es ist verblüffend, wenn man dann zum ersten Mal sieht, wie aus beiden Gleichungen zunächst ganz allmählich, aber dann schnell anwachsend ganz unterschiedliche Ergebnisse folgen (vgl. Abbildung 8). Dabei sind beide Gleichungen mathematisch gesehen identisch.

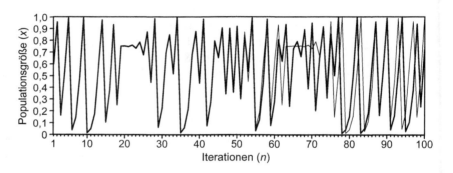

Abbildung 8: Schmetterlingseffekt bei Lösungen der Verhulst-Gleichung im chaotischen Bereich
Mathematisch exakt übereinstimmende Gleichungen führen zu unterschiedlichen Ergebnissen. Minimale Rundungsunterschiede wirken sich bei chaotischen Systemen dramatisch aus. Die Ergebnisse stimmen in der Abbildung nach ca. 60 Iterationen nicht mehr überein. Die eine Berechnung wurde mit $x_n = r x_n(1 - x_n)$ und die andere mit $x_n = r x_n - r x_n^2$ durchgeführt. (Abbildung erstellt mit GChaos)

Für die Unterschiede, die bis zu 100 % des Skalenbereiches ausmachen können, ist eine unterschiedliche Reihenfolge in der Berechnung und Rundung der Zwischenergebnisse verantwortlich. Dieses Beispiel mag verdeutlichen, wie gravierend sich solche – normalerweise nicht beachteten – minimalen Differenzen auswirken können. Der Berechnungsunterschied wächst exponentiell und damit so stark, dass eine beliebige Verbesserung der Berechnungsgenauigkeit beinahe sofort wieder erschöpft ist und nur zu einer geringen Ausweitung des Vorhersagehorizontes beitragen kann. In jedem Fall wird jede Verlängerung des Vorhersagehorizontes, also der Zeit, während der der Fehler noch im Rahmen bleibt, durch einen unproportional höheren Aufwand erkauft. Es ist diese exponentielle Divergenz ursprünglich nahe beieinanderliegender Startbedingungen, die Chaos so komplex erscheinen lässt. Obwohl das System in seiner Struktur vollständig bekannt sein kann (die Gleichungen sind im hier diskutierten Beispiel ja gegeben), kann sein Verhalten nicht beliebig detailliert vorhergesagt werden. Schnell verstärken sich kleine Unterschiede und eine Prognose wird völlig unbrauchbar. Hier handelt es sich im Sinne der oben vorgestellten Definition (vgl. Kapitel 2, S. 19) um das Paradebeispiel für Komplexität. Chaos verletzt durch dieses Verhalten die Prinzipien eines starken Kausalitätsbegriffes (vgl. Abbildung 2, S. 36), indem ähnliche Ursachen in chaotischen Systemen eben nicht mehr zu ähnlichen Wirkungen führen. Das Ausmaß der Komplexität kann aber beziffert werden, indem die Stärke der exponentiellen Divergenz bestimmt wird. Diese wird als *Lyapunov*-Exponent bezeichnet und ist damit das zentrale Maß für Chaos. Ist der größte *Lyapunov*-Exponent positiv (mehrdimensionale Systeme können in jeder Raumrichtung einen anderen *Lyapunov*-Exponenten aufweisen; es wird daher der jeweils größte betrachtet), so liegt Chaos vor und benachbarte Trajektorien divergieren exponentiell in dem durch den *Lyapunov*-Exponenten angezeigten Ausmaß. Ist er hingegen negativ, dann laufen selbst weit entfernt voneinander startende Systemzustände auf den gleichen Endzustand hin (das ist für die anderen beiden Verhaltensweisen der Tabelle 1 der Fall). Hier verhält sich das System nicht chaotisch, sondern trivial geordnet.

- **Phasenübergang.** Interessanterweise verhält sich das Verhulst-System bei verschiedenen Parameterwerten für r ganz unterschiedlich. Es wurde bereits darauf eingegangen, dass es sich bei den beobachtbaren Verhaltensmustern um Attraktoren, also um gegen äußere Verstörungen stabile Verhaltensweisen handelt. Die drei bisher betrachteten Parametereinstellungen führen zu Verhaltensweisen, die sich nicht nur quantitativ (z. B. eine Vergrößerung der jährlichen Populationsgröße) sondern auch qualitativ, d. h. grundlegend unterscheiden. Aus einem Fixpunktverhalten (Fixpunkt-Attraktor) bei $r = 2,8$ wird bei $r = 3,1$ eine stabile Schwingung (Grenzzyklus-Attraktor), die sich bei $r = 3,9$ in Chaos (fraktaler, seltsamer oder chaotischer Attraktor) wandelt. Tatsächlich wurde aber bisher nur ein begrenzter Ausschnitt aus dem Systemverhalten der Verhulst-Gleichung diskutiert. So sind ja noch weitere andere Einstellungen der Lebensbedingungen möglich als die drei, die in Tabelle 1 vorgestellt werden. Die Veränderung der Dynamik des Verhulst-Systems in Abhängigkeit von den Lebensbedingungen kann grafisch im Feigenbaum-Szenario (Feigenbaum 1978) dargestellt werden (siehe Abbildung 9). Aufgrund der besonderen Bedeutung des Parameters r für die Dynamik des Systems wird er in der Terminologie der von Hermann Haken (1977, 1985) begründeten Synergetik als Kontrollparameter bezeichnet. Dieser bestimmt den Energiedurchfluss durch ein System und kontrolliert damit spezifisch unspezifisch (Schiepek & Strunk 1994, S. 28) das Systemverhalten. Spezifisch wirkt der Kontrollparameter, weil Systeme nicht für jede Art von Energiedurchfluss sensibel sind, sondern jedes System ganz spezifisch auf bestimmte Energiearten reagiert. Im Falle des ökologischen Verhulst-Systems sind es Umwelteinflüsse, die die Lebensbedingungen der Population betreffen (Pestizideinsatz, Wetter etc.). Aus der Perspektive der *Population Ecology of Organizations* sind es hingegen Marktvariablen (Eintrittsbarrieren, Gewinnerwartungen etc.), die den Markteintritt anregen oder bremsen können (vgl. dazu auch Carroll & Hannan

1989). Unspezifisch wirken Kontrollparameter, weil die Energie zwar als Anregung bedeutsam ist, aber das Systemverhalten nicht determiniert. Die Energie ist die Bedingung für die Möglichkeit des Systems sich selbstorganisiert zu verhalten, gibt das Verhalten aber nicht vor.

Mit der Auslenkung aus dem thermodynamischen Gleichgewicht kann Selbstorganisation einsetzen

Es kann leicht aus der Gleichung für das Verhulst-System abgelesen werden, dass die Population für Parameterwerte kleiner 1,0 ausstirbt. Die Energieversorgung des Systems ist zu gering, als dass die Zahl der Geburten dauerhaft die Sterberate übersteigen würde. Selbstorganisierte Strukturbildung, wie sie z. B. im chaotischen Attraktor sichtbar wird, setzt eine ständige Energieversorgung voraus, die eine gewisse Grenze überschreiten muss, um dauerhaft wirksam zu sein. Wenn die Energieversorgung gänzlich fehlt, spricht man vom Zustand des thermodynamischen Gleichgewichtes. Wird der Energiedurchfluss erhöht, so erfährt das System eine Auslenkung aus diesem Gleichgewichtszustand. Ist diese Auslenkung groß genug, treten fernab vom thermodynamischen Gleichgewicht plötzlich selbstorganisierte Attraktoreigenschaften auf (dies ist die grundlegende Erkenntnis der Theorie dissipativer Systeme, z. B. Prigogine 1955, Prigogine & Stengers 1984, Prigogine & Stengers 1986, Prigogine 1987, Prigogine & Stengers 1993, Prigogine 1995). Beim Verhulst-System genügen Parameterwerte größer eins.

Bei Werten größer 4,0 wächst die Population so stark, dass auch hier kein dauerhaftes Überleben möglich ist. Die Größe der Population nimmt dabei Werte größer 1,0 an und überschreitet dabei den zulässigen Wertebereich. Inhaltlich bedeutet das eine plötzliche Überlastung und ein anschließendes „Kippen" des Ökosystems. Für ökonomische Beispiele ist hier an ein plötzliches Zusammenbrechen des Marktes zu denken, etwa durch eine Hyperinflation. Damit ergibt sich ein begrenzter Parameterbereich ($1,0 < r < 4,0$), in dem das Überleben des Systems möglich ist. Auf der Abszisse des Feigenbaum-Szenarios in Abbildung 9 ist die Ausprägung des Parameters r im Intervall von 2,8 bis 4,0 aufgetragen. Auf der Ordinate sind jeweils die dazugehörigen Populationsgrößen für 300 aufeinanderfolgende Jahre eingezeichnet. Es kann leicht ersehen werden, dass für einen bestimmten Wertebereich von r ($2,8 \leq r < 3,0$) für die gesamten 300 Jahre immer nur eine Populationsgröße realisiert wird (vgl. Tabelle 1; „schlechte Lebensbedingungen"). Das System verhält sich in diesem bereiten Parameterbereich wie ein homöostatischer Regelkreis. Wird r allmählich erhöht, so treten zunächst noch relativ selten, dann aber in immer kürzeren Abständen sogenannte Bifurkationspunkte auf, an denen sich das Systemverhalten verzweigt und ein neues, qualitativ anderes Muster entsteht. Zwischen dem ersten (bei $r = 3,0$) und dem zweiten Bifurkationspunkt (bei $r = 3,449490...$, genaue Zahlenwerte finden sich z. B. bei Liening 1998, S. 98) wechselt das System periodisch zwischen zwei Populationsgrößen. Im Verhulst-System lassen sich bei Erhöhung von r Kaskaden von Bifurkationen in immer schnellerer Folge beobachten. Die Dynamik schwankt zunächst periodisch zwischen 2, dann 4, dann 8, dann 16, 32, 64, 128 usw. möglichen Werten. Bei jeder Bifurkation verdoppelt sich die Periode. Zudem folgen die Bifurkationspunkte in immer kürzeren Abständen aufeinander.

Mit r_∞ ($r_\infty > 3{,}569946\ldots$ vgl. Schuster 1999, S. 20) wird der Parameterwert bezeichnet, ab dem chaotisches Verhalten auftreten kann. Der Index ∞ verdeutlicht, dass die Periodenlänge nun den Wert „unendlich" erreicht hat und dass vor dieser kritischen Grenze eine theoretisch unendliche Kaskade von Periodenverdopplungen liegt. In der Feigenbaum-Abbildung werden, wie schon erwähnt, nur 300 Jahre dargestellt. Im chaotischen Bereich könnten jedoch prinzipiell unendlich viele Jahre berechnet werden, ohne dass ein Jahr dem anderen exakt gleicht (dafür müssten jedoch auch unendlich viele Nachkommastellen bestimmt werden können). Oben wurde schon dargestellt, dass Chaos mathematisch gesehen keine Periodik aufweist oder, anders formuliert, eine Periodenlänge von unendlich vielen Iterationsschritten besitzt.

Die Veränderung des Systemverhaltens im Bifurkationspunkt ist als ein grundlegender, qualitativer Wandel im Verhaltensmuster des Systems anzusehen. In physikalischen Publikationen (z. B. der Synergetik) spricht man hier auch von Phasenübergängen, worunter in der Physik z. B. auch der im Gefrierpunkt beobachtbare Übergang von Wasser zu Eis gemeint ist. Wichtig für das Verständnis komplexer Systeme ist dabei der Umstand, dass an dem Punkt, in dem der Parameter r den Bifurkationspunkt überschreitet, nicht aus der Systemgleichung gefolgert werden kann, mit welcher der jeweils möglichen Populationsgrößen das System sein neues Verhaltensmuster beginnen wird. Im Bifurkationspunkt befindet sich das System in einem vollständig unbestimmten Schwebezustand, der mit einer Kugel verglichen werden kann, die auf einer Bergspitze balanciert, bevor sie in eines von mehreren möglichen Tälern rollt (vgl. auch Abbildung 10).

Die zeitliche Dauer, die ein System transient nach einer Auslenkung zurück in den Attraktor benötigt, wird also bestimmt von der Nähe zum Bifurkationspunkt und damit von der Eindeutigkeit des Systemzustandes (vgl. Haken 1977, S. 105). Befindet sich das System in unmittelbarer Nähe zu einem Bifurkationspunkt, so führen bereits kleine Verstörungen zu einer großen Auslenkung aus dem Attraktor. Es kommt zum sogenannten kritischen Langsamerwerden (es dauert nach einer Auslenkung länger, bis das System zurück in den Attraktor findet, Haken 1977, S. 110, Haken 1990a, S. 9) und zu einem verstärkten Einfluss sogenannter kritischer Fluktuationen (der Einfluss äußerer Verstörungen auf das Systemverhalten nimmt zu, ebenso wie der Versuch des Systems eine neue Ordnung zu kreieren, Haken 1990a, S. 9).

Fenster der Ordnung: Periode Drei bedeutet Chaos

Erstaunlicherweise finden sich aber auch „Fenster der Ordnung" (sogenannte Intermittenzen) im chaotischen Wertebereich von r, in denen das Chaos unvermittelt abbricht. Für das größte „Fenster der Ordnung" wird erkennbar, wie das System dort drei (nicht zwei und nicht vier) Werte realisiert (Li & Yorke 1975). Während sich rechts davon, bei wachsenden Parameterwerten, die Bifurkationskaskaden wiederholen, sodass der Eindruck entsteht, als ob sich hier im Kleinen noch einmal das ganze Szenario wiederholen würde (sogenannte Selbstähnlichkeit, eine Eigenschaft, die für Fraktale typisch ist; siehe auch S. 213f.), treten aber auch unvermittelt neue Systemzustände als kleine Punkte auf – das System geht erneut ins Chaos über.

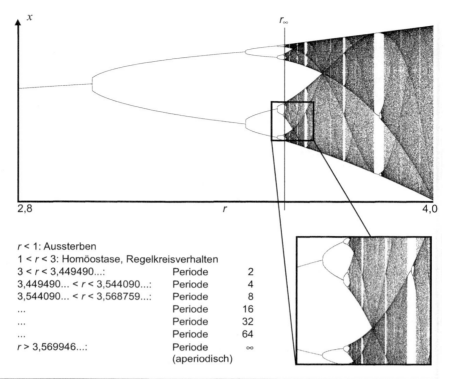

Abbildung 9:	**Feigenbaum-Szenario der Verhulst-Gleichung**
	Auf der Abszisse der oberen Abbildung ist die Ausprägung des Parameters r aufgetragen, auf der Ordinate die jeweils dazugehörigen Ergebnisse der Gleichung für 300 aufeinanderfolgende Iterationsschritte. Es kann abgelesen werden, welche Wertebereiche x bei der jeweiligen Parametereinstellung einnimmt. r_∞ bezeichnet den Parameterwert, ab dem chaotisches Verhalten auftritt. Der Index ∞ erklärt sich dadurch, dass vor diesem Punkt eine theoretisch unendliche Kaskade von immer kürzeren Periodenverdopplungen liegt. Man beachte die „Fenster der Ordnung" (Intermittenzen) im chaotischen Wertebereich von r. (Abbildung und Abbildungsunterschrift aus: Strunk 2004, S. 111)

Mit der Veränderung des Systemverhaltens bei wachsendem Kontrollparameter r ändert sich auch der *Lyapunov*-Exponent. Es wurde bereits gezeigt, dass der *Lyapunov*-Exponent im Falle von Chaos den Schmetterlingseffekt beziffert, also angibt, wie schnell sich nahe benachbarte Systemzustände voneinander entfernen. Ist der größte *Lyapunov*-Exponent positiv, liegt Chaos vor. Ist er hingegen negativ, dann laufen alle Trajektorien auf ein trivial geordnetes Muster zu. Nimmt er den Zahlenwert null an, so gibt es weder trivial ordnende noch chaotisch durchmischende Kräfte im System. Bei einem *Lyapunov*-Exponenten von null findet gar keine Selbstorganisation im System statt.[4] Der *Lyapunov*-Exponent verläuft daher im nicht chaotischen Bereich der Verhulst-Dynamik negativ

---

[4] Fehlen in einem System die Selbstorganisationskräfte, so gewinnen externe Einflüsse die Oberhand. Diese können die Berechnung des *Lyapunov*-Exponenten verfälschen oder unmöglich machen. Ein *Lyapunov*-Exponent von null zeigt daher vor allem bei Simulationsmodellen, bei denen äußere Einflüsse keine Rolle spielen, das Fehlen von Selbstorganisationskräften an.

und steigt nur in der Nähe von Bifurkationspunkten auf null an. Erst im Chaos zeigt sich ein mit *r* beständig steigender *Lyapunov*-Exponent, der in den Fenstern der Ordnung immer wieder abrupt in den negativen Bereich umschlägt (vgl. Abbildung 11). Am Null-Durchgang lässt sich jeweils der Phasenübergang des Systems ablesen. Damit sind *Lyapunov*-Exponenten nicht nur in der Lage Chaos zu identifizieren, sondern liefern zudem Hinweise auf Phasenübergänge.

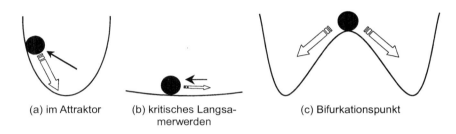

(a) im Attraktor (b) kritisches Langsamerwerden (c) Bifurkationspunkt

Abbildung 10:	Veränderung der Potenziallandschaft bei einer Bifurkation
	Die Abbildung stellt in drei Phasen dar, wie sich die sogenannte Potenziallandschaft bei einer Bifurkation verändert. Die Metapher der Potenziallandschaft kennzeichnet attraktive Systemzustände als tiefe Täler und unattraktive als hohe Berge oder steile Wände. Im Attraktor (a) sind die steilen Wände und das Tal klar ausgeprägt, die Kugel, die das Systemverhalten repräsentiert, rollt nach einer Auslenkung schnell zurück in den Attraktor. Das Einzugsgebiet des Attraktors wird in der Nähe zum Bifurkationspunkt zunächst flacher (b) und geht im Bifurkationspunkt in einen Potenzialhügel (sogenannter Repellor) über (c). (Abbildung und Abbildungsunterschrift aus: Strunk 2004, S. 170)

Das Verhulst-System gilt als das einfachste chaosfähige System. Viele Grundprinzipien der chaotischen Dynamik können mithilfe dieser – mathematisch nicht besonders anspruchsvollen – Gleichung verdeutlicht werden. Dabei ist es wichtig, einige Besonderheiten zu berücksichtigen: Das Verhulst-System ist ein diskretes System. Die Simulation sagt die Populationsdynamik immer nur in Jahresschritten voraus und erlaubt keine Analyse für Zeitpunkte zwischen den Jahren. Damit unterscheidet sie sich grundlegend von anderen chaotischen Beispielsystemen, wie z. B. dem Lorenz-System, an dem der Schmetterlingseffekt entdeckt wurde. Dieses System wird aus drei stetigen Gleichungen gebildet, die als Ableitungen über die Zeit die Simulation beliebig fein abgestufter Zeitintervalle erlauben (vgl. Abbildung 12, S. 57).

Ein stetiges System muss über mindestens drei Variablen verfügen, um chaosfähig zu sein

Für eine stetige Dynamik ist in einer 2-dimensionalen Darstellung keine Trajektorie denkbar, die stabil auf einen Attraktor beschränkt bleibt und gleichzeitig nicht zu einer Überschneidung führt. Mit anderen Worten: Die Trajektorien 2-dimensionaler stetiger Systeme überschneiden sich zwangsläufig irgendwann und sind somit immer periodisch. Im Schnittpunkt findet sich das System zum wiederholten Male in exakt dem gleichen Zustand und da das Systemverhalten durch die mathematischen Gleichungen exakt determiniert wird, folgt dann auch exakt die gleiche Entwicklung wie beim ersten Durchlaufen des Zustandes. Chaos ist in 2-dimensionalen stetigen Systemen nicht möglich. Mindestens drei Dimensionen sind erforderlich, damit Chaos in stetigen Systemen auftreten kann (sog. Poincaré-Bendixon-Theorem, vgl. auch Steward 2011).

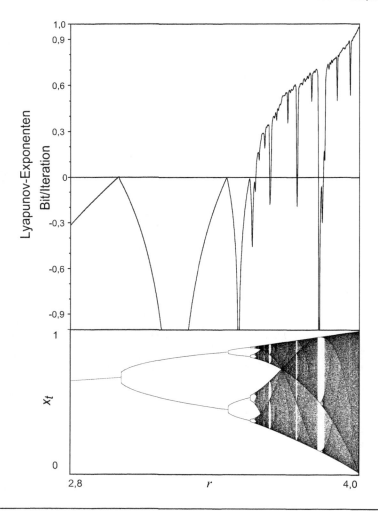

Abbildung 11: *Lyapunov*-**Exponenten der Verhulst-Dynamik**
Deutlich zeigt sich im Verlauf der *Lyapunov*-Exponenten der Verhulst-Dynamik ein Absinken in den Fenstern der Ordnung. (Abbildung aus: Strunk 2009a, S. 192)

Auch der Attraktor im Phasenraum besitzt bei einem stetigen System eine gänzlich andere Struktur als bei einem diskreten. Während der Attraktor des Verhulst-Systems aus Punkten besteht, auf denen das System von Jahr zu Jahr springt, sind die Trajektorien stetiger Systeme Kurven, die den gesamten Zeitverlauf in beliebig feiner Auflösung darstellen (vgl. Abbildung 12).

Die exponentielle Divergenz ursprünglich nahe benachbarter Trajektorien ist damit bei stetigen Systemen im Phasenraum viel anschaulicher sichtbar als beim diskreten Verhulst-System, bei dem die zeitliche Entwicklung als wildes Springen zwischen weit entfernten Werten erscheinen muss (vgl. Abbildung 7, S. 47).

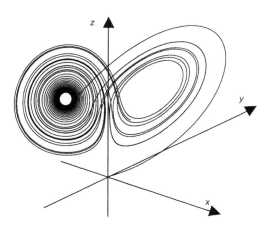

Abbildung 12:	**Der Lorenz-Attraktor**
	Die Abbildung zeigt die Phasenraumdarstellung des von Lorenz (1963) benutzten Wettermodells. Die drei Gleichungen lauten (sie sind in GChaos implementiert unter „*File / Create Time Series* ..."): $\dot{x} = -\sigma x + \sigma y$, $\dot{y} = -xz + rx - y$, $\dot{z} = xy - bz$. Die dargestellte Trajektorie beruht auf Berechnungen mit $r = 28$, $s = 10$, $b = 8/3$. Hinsichtlich ihrer physikalischen Bedeutung beschreiben die Gleichungen Konvektionsströme. Die wärmeren Luftmassen strömen dabei nach oben, kühlen dort ab und fallen wieder herab. Dabei entstehen raumzeitliche Muster in den Luftströmungen. Solche Strömungsmuster können auch in erhitzten Flüssigkeiten beobachtet werden (sogenannte Bénard-Konvektion). Hier entstehen auffällige, wabenartige Strukturen. Nach Lorenz ist x der Stärke konvektiver Bewegung proportional, z ist ein Maß der Abweichung vom linearen vertikalen Temperaturprofil und y ist proportional zur Temperaturdifferenz zwischen aufsteigenden und abfallenden Strömungen. Für nicht zu große r sollen die Gleichungen ein realistisches Modell konvektiver Prozesse darstellen (Kazantsev 1998). (Abbildung und Abbildungsunterschrift aus: Strunk & Schiepek 2006, S. 61, erstellt mit GChaos)

2.7 Zusammenfassung der Grundlagen der Komplexitätsforschung

In den vorangegangenen Kapiteln wurde deutlich, dass Komplexität sowohl im alltagssprachlichen Gebrauch als auch in wirtschaftswissenschaftlichen Fachpublikationen als zentrale Erklärungsgröße eine wesentliche Rolle spielt. Vielfältige empirische Fragestellungen lassen sich an den Komplexitätsbegriff knüpfen, wobei dieser einmal als abhängige und ein anderes Mal als unabhängige Größe angesehen werden kann. Damit aber ein empirischer Zugang gelingt, ist es zunächst notwendig, Komplexität zu operationalisieren und sauber zu definieren.

Mit diesem Ziel wurden oben verschiedene Zugänge zum Komplexitätsbegriff diskutiert und eine Definition mit klaren Bezügen zu den Theorien Nichtlinearer Dynamischer Systeme vorgestellt. Komplexität wird dabei weder als Unübersichtlichkeit eines eigentlich deterministischen Mechanismus noch als reiner Zufallsprozess angesehen. Es handelt sich vielmehr um ein – der empirischen und theoretischen Analyse durchaus zugängliches – Verhalten nichtlinearer dynamischer Systeme. Als solches weist es – auch im Zustand des deterministischen Chaos – sowohl klar definierte geometrische Strukturen als auch ordnungsbildende Attraktoreigenschaften auf. Gleichzeitig sind Prognosen des chaotischen Systemverhaltens grundsätzlich eingeschränkt und werden unzuverlässiger, je weiter sie in die Zukunft reichen. Der Prognosefehler wächst exponentiell und tritt auch in mathematisch exakt formalisierten Systemen auf. So reicht beim Verhulst-System bereits das Umstellen der Gleichungen, um nach wenigen Berechnungsschritten extreme Abweichungen zu erhalten. Die Prognose des Systemverhaltens ist vor diesem Hintergrund grundsätzlich unmöglich und gelingt allenfalls für sehr kleine Vorhersagezeiträume.

Chaosforschung als Modeströmung

Die Chaosforschung avancierte in den 1990er-Jahren schnell zu einer populären Modeströmung (vgl. etwa die Sonderhefte der Zeitschrift „Geo Wissen" von 1993 und des Magazins „Spektrum der Wissenschaft" von 1989, aber auch Filme wie Jurassic Park und The Butterfly Effect). Das liegt zum Teil am peppigen Namen und zum anderen an der überraschend einfachen Nachvollziehbarkeit simpler chaotischer Systeme. Die im vorhergehenden Kapitel dargestellte Verhulst-Gleichung bleibt auf eine einfache Schulmathematik beschränkt und zeigt dennoch auf dramatische Weise sowohl eine ästhetische Form- und Strukturvielfalt als auch eine prinzipielle Verletzung für sicher gehaltener Glaubenssätze. Eine Übertragung in fast alle Bereiche menschlichen Lebens lag damit nahe. Überall dort, wo Komplexität vermutet wurde (und wo wird die nicht vermutet) wurde die Chaosforschung als neue, bessere, gegenstandsangemessenere Zugangsweise angepriesen (etwa Dürr 1990, S. 74 f.). Mitunter gerieten die Erwartungen etwas überschwänglich, etwa dort, wo von einer Revolution der Wissenschaft oder einer gänzlich neuen Form der Wissenschaft die Rede war (z. B. bei Capra 1992, Wheatley 1992, Stumpf 1995, Gunaratne 2004) Widerspruch blieb nicht aus (z. B. Sokal & Bricmont 1998, Sokal 1999, Baruch 2002) und dessen grundlegendes Argument bleibt bis heute die Einforderung empirischer Belege. Denn so einfach auch die Demonstration von Chaos in simplen Gleichungssystemen gelingt, so schwer ist doch der saubere Nachweis für Chaos in empirischen Datensätzen. Historisch frühe empirische Verfahren der Chaosforschung (z. B. das D2: Grassberger & Procaccia 1983a, 1983c oder der Wolf-Algorithmus zur Bestimmung des größten *Lyapunov*-Exponenten: Wolf et al. 1985) erforderten so hohe Datenmengen, dass sie eigentlich nur dort verfügbar waren, wo sie künstlich erzeugt werden konnten. In zahlreichen Laborstudien der Physik und Chemie kann bei Konstanthalten äußerer Einflüsse deterministisches Chaos auch in realen Systemen eindrucksvoll demonstriert werden (z. B. Kennedy 1992). Aber dort, wo man immer schon davon ausgegangen war, es mit komplexen Prozessen zu tun zu haben, etwa bei der Beschreibung menschlicher Entscheidungsprozesse, stellten die Datenanforderungen so hohe Ansprüche, dass schon bald wieder eine Ernüchterung einsetzte (vgl. die Darstellung in Strunk & Schiepek 2006 zur Euphorie und anschließenden Ernüchterung beim Nachweis von Chaos in neuronalen Prozessen). Neuere Entwicklungen einfacherer methodischer Zugänge wurden dann in vielen Forschungsgebieten nicht mehr wahrgenommen, wohingegen in den naturwissenschaftlichen Fächern das Instrumentarium der Chaosforschung inzwischen zum Standard gehört.

Chaosforschung ist keine Esoterik, sondern die Messung des Komplexen

Die Euphorie der ersten Jahre und die teilweise überzogenen Erwartungen an die versprochene wissenschaftliche Revolution haben dem Ansehen der Chaos- und Komplexitätsforschung außerhalb der Naturwissenschaften nicht gut getan. Daher kann es hilfreich sein, die Chaosforschung mehr als nüchterne Methodik und weniger als latent esoterische Weltsicht zu betrachten. Tatsächlich kann man bei Durchsicht der neueren Literatur feststellen, dass es inzwischen zahlreiche elaborierte Methoden gibt, die Komplexität vor dem Hintergrund gut begründeter theoretischer Ansätze (eben der Theorien Nichtlinearer Dynamischer Systeme) messen und quantifizieren können (für einen Überblick Hegger et al. 1999, Schreiber 1999). Aus dieser Perspektive handelt es sich bei den Methoden der Komplexitätsforschung um nichts anderes als um statistische Werkzeuge, wie es auch Mittelwert oder Standardabweichung sind, nur dass bei der Messung von Komplexität eben grundsätzlich andere Merkmale im Vordergrund stehen als bei der Anwendung klassischer statistischer Kennwerte. So ist Komplexität eben nicht mit einer Standardabweichung oder der Häufigkeitsverteilung von Messwerten abbildbar. In diesem Sinne bietet die Komplexitätsforschung tatsächlich etwas Neues an.

Wie groß ist aber der Bedarf für diese Methoden? Kann die Wirtschaftswissenschaft nicht darauf verzichten, so sperrige Algorithmen wie die zur Bemessung von *Lyapunov*-Exponenten einzusetzen? Die eingangs zitierten Alltagsbeobachtungen und wissenschaftlich begründeten Hypothesen über eine insgesamt zunehmende Komplexität lassen es lohnend erscheinen, Methoden der Komplexitätsforschung für die empirische Prüfung dieser Vermutungen einzusetzen. Gleichzeitig zeigen theoretische Analysen chaotischer Systeme, dass die Voraussetzungen für Chaos in realen Systemen wohl in der Regel erfüllt sein dürften. Gibt es tatsächlich Chaos in Wirtschaftsprozessen, dann kann man auf entsprechend gegenstandsangemessene Methoden erst recht nicht verzichten.

	klassische Mechanik	Kybernetik	Theorien Nichtlinearer Dynamischer Systeme	
			Systeme mit wenigen Freiheitsgraden	Vielteilchen-Systeme mit vielen Freiheitsgraden
protoypische Systemstruktur	lineale Kette	Regelkreis *negative Rückkopplung*	dynamische (iterative bzw. Differential-) Gleichungssysteme	
Feedback	kein Feedback	negatives Feedback (nichtlineal)	gemischtes Feedback (nichtlineal)	
System-Umwelt-Verhältnis 2. Hauptsatz	Der 2. Hauptsatz der Thermodynamik wird idealisierend außer Acht gelassen bzw. spielt keine wesentliche Rolle.	Es handelt sich um idealisierte Systemstrukturen, die sich in verschiedenen Anwendungsfeldern identifizieren lassen. Die Energieversorgung des Systems spielt bei dieser Idealisierung keine besondere Beachtung.	Komplex selbstorganisierte dynamische Strukturen sind an Dissipation gebunden, d.h. an eine beständige Energieversorgung und Entropieabfuhr, die das System über eine längere Zeit fernab vom thermodynamischen Gleichgewicht hält.	
Energie	Da idealisierend keine Entropieerzeugung beachtet wird, gilt der Energieerhaltungssatz ohne Einschränkungen. Findet der 2. Hauptsatz jedoch Beachtung, bedeutet die rasche Entropiezunahme einen schnellen Systemtod.			
Verstörung	Völlige Offenheit gegenüber der Umwelt. Keine operative Schließung, keine Systemgrenzen. Gegenüber Verstörungen durch die Umwelt ist das System „hilflos".	Operative Schließung gegenüber der Umwelt. Verstörungen aus der Umwelt begegnet ein Regelkreis mit negativem Feedback, indem er sich beständig selbst „beobachtet" und entsprechend reagiert.	Operative Schließung gegenüber der Umwelt. Verstörungen aus der Umwelt begegnet ein nichtlineares dynamisches System nach Maßgabe seiner eigenen Prozesslogik. In der Regel behält es dynamische Ordnungsmuster (Attraktoren) bei.	
Zeit und Ewigkeit	Alle Prozesse sind reversibel (Uhrwerkuniversum, Ewigkeitsvorstellung). Keine ausgezeichneten Anfangs- und Endzustände. Kein gerichteter Zeitpfeil.	Die Funktionsweise eines kybernetischen Regelkreises erklärt zeitliche Konstanz bei sich ändernder interner und externer Umwelt (Homöostase).	Durch Bifurkationen und im Falle von Chaos generieren nichtlineare dynamische Systeme irreversible Prozesse. Der Zeitpfeil erhält dadurch eine Richtung. Das System gewinnt eine ihm eigene Geschichte.	
Determinismus und Kausalität	Es liegen strikt kausal determinierte Prozesse vor. Einzige Ausnahme war der Schöpfungsakt.	Triviale, kausal determinierte Prozesse. Zirkuläre Kausalität, die jedoch trivial prognostizierbar bleibt.	Im Fall von Chaos verhalten sich nichtlineare dynamische Systeme deterministisch bei gleichzeitiger Verletzung des Prinzips der starken Kausalität.	

Was ist Komplexität?

	klassische Mechanik	Kybernetik	Theorien Nichtlinearer Dynamischer Systeme	
			Systeme mit wenigen Freiheitsgraden	Vielteilchen-Systeme mit vielen Freiheitsgraden
Teile und Ganzes	Kein qualitativer Unterschied zwischen komplexen und einfachen Systemen. Das Ganze ist die Summe seiner Teile.	Ein Regelkreis kann nur in seiner Gesamtheit verstanden werden.	Das Ganze ist mehr als die Summe seiner Teile.	Das Ganze ist weniger als die Summe seiner Teile.
Entstehung komplexer Ordnung	Organisierte Ordnung existiert bereits. Ihre Entstehung bedarf keiner Klärung bzw. kann nicht erklärt werden.	Organisierte Ordnung in Form von Homöostase besteht bereits und soll weiterhin aufrechterhalten werden.	Selbstorganisierte emergente Ordnungsbildung. In Abhängigkeit von Kontrollparametern können qualitativ unterschiedliche Ordnungsstrukturen ausgebildet werden.	
Beispiele Naturwissenschaften	Mensch-Maschine-Metapher	Thermostat, Fliehkraftpendel	Verhulst-System, Lorenz-System	Laser, Belusov-Zhabotinsky-Reaktion
Beispiele Psychologie	Behaviorismus	TOTE-Konzept Emotionsregulation, Wahrnehmung, Kognition	Gedächtnis, Entscheidung, Motorik soziale Prozesse, Einstellungsbildung	
Beispiele Wirtschaftswissenschaft	*Scientific Management*, Fordismus, Taylorismus, Organisation als Maschine	Adam Smith (Unsichtbare Hand), Gleichgewichtsmodelle (IS-LM-Modell)	*Population Ecology of Organisations*, Nichtlineare Ökonomische Gleichungsmodelle	

Tabelle 2: Vergleich systemtheoretischer Ansätze
Die Tabelle gibt einen knappen Überblick über drei systemtheoretische Ansätze. Die Darstellung beschränkt sich auf wichtige Unterscheidungsmerkmale, ohne den Anspruch eines vollständigen Vergleiches. (Tabelle und Tabellenunterschrift nach: Strunk 2004, S. 180, Strunk & Schiepek 2006, S. 117)

Die Voraussetzungen für Chaos sind:

- **Nichtlinealität.** Eine triviale mechanistische Vorhersagbarkeit gewinnen Systeme, indem sie als Ursache-Wirkungs-Ketten dargestellt werden. Feedbackprozesse durchbrechen diese Logik, indem der System-Output zurück in den Input gelenkt wird. Bereits einfache Feedbacksysteme, wie z. B. kybernetische Regelkreise, verhalten sich selbstorganisiert und bilden Fixpunkt-Attraktoren aus. Feedback ist damit einer der Schlüssel zur Komplexität. Mit dem Begriff der Linealität bzw. der Nichtlinealität wird die Struktur des Systems als ohne Feedback (Linealität) bzw. als Feedback enthaltend (Nichtlinealität) gekennzeichnet. Feedbackprozesse sind eine wesentliche Voraussetzung für Chaos. Insgesamt kann man mit Richter (1989) feststellen, dass mit dem Denken in Feedbackprozessen eine neue, höhere Form menschlichen Denkens verbunden ist.

- **Gemischtes Feedback.** Positives Feedback ist als Teufelskreis schon seit der Antike bekannt und führt zu einer exponentiellen Verstärkung der initial auftretenden Prozesse (Aristoteles, im Band II seiner *Analytica Priora*, meint damit jedoch keine Systemdynamik, sondern einen logischen Fehlschluss, bei dem das, was bewiesen werden soll, bereits als Prämisse vorausgesetzt wird). Wirtschaftswissenschaftlich sind solche Prozesse z. B. in Deflationsspiralen (vgl. etwa Blanchard & Illing 2004, Kapitel 22) oder der Schuldenfalle (vgl. etwa Blanchard & Illing 2004, Kapitel 26.1) beschrieben. Demgegenüber kennzeichnet negatives Feedback den aus der Kybernetik bekannten Regelkreis (Wiener 1948). Regelkreise als autonome Steuereinheiten werden als Grundbausteine in verschiedenen wissenschaftlichen Modellen unterschiedlicher Fachrichtungen verwendet: So spielen sie eine Rolle bei der Erklärung psychischer Prozesse (vgl. etwa die Diskussion um neuronale Regelkreise bei Zwangspatientinnen bzw. -patienten in Schiepek et al. 2007), der menschlichen Handlungsregulation (Miller et al. 1960, 1973) sowie dem Verständnis verschiedener Marktmechanismen (vgl. bereits Adam Smith 2004/1759, 2005/1776 oder zu den Gleichgewichten des IS-LM-Modells z. B. Blanchard & Illing 2004). Mit positivem und negativem Feedback sind die grundlegenden Verhaltensweisen von Systemen vollständig beschrieben. Vor diesem Hintergrund erscheint es durchaus überraschend (Emergenz), dass die Kombination von negativem und positivem Feedback deterministisches Chaos ermöglicht (an der Heiden & Mackey 1987). Diese Kombination wird auch als gemischtes Feedback bezeichnet. Strunk (2004) beschreibt die Theorien Nichtlinearer Dynamischer Systeme daher als konsequente Weiterentwicklung klassischer Vorläufer, wie der klassischen Mechanik (die auf lineale Ursache-Wirkungs-Beziehungen beschränkt bleibt) und der Kybernetik (die negatives Feedback ins Zentrum der Betrachtung rückt). Die Theorien Nichtlinearer Dynamischer Systeme öffnen die Systemstrukturen für gemischtes Feedback und erweitern damit gleichzeitig die Verhaltensmöglichkeiten der betrachteten Systeme. Diese schrittweise Erweiterung wird vor dem Hintergrund von sechs Kriterien ausführlich untersucht und zusammenfassend in Tabelle 2 dargestellt (eine detaillierte Diskussion findet sich auch in Strunk & Schiepek 2006).

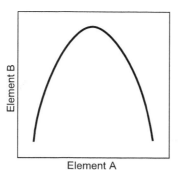
Optimumkurve
z.B. Auslastung der Produktion (A) und
Qualität des Produktes (B)

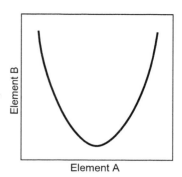
U-Kurve
z.B. Produktionsmenge (A) und
langfristige Durchschnittskosten (B)

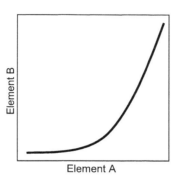
Exponentialfunktion
z.B. Zeit (A) und Zinseszinseffekte

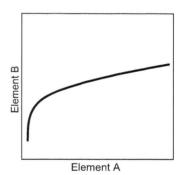
Logarithmusfunktion
z.B. Investition ins Marketing (A) und
Bekanntheit eines Produktes (B)

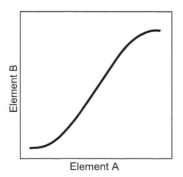
S-Kurve
z.B. Anreiz (A) und Leistung (B)

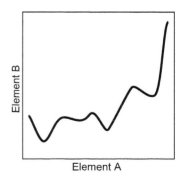
Sonstige nichtlineare Funktion
Linearität ist eine Ausnahme und wer weiß,
vielleicht sieht ein Zusammenhang zwischen
A und B ja so aus wie in dieser Abbildung.

Abbildung 13: **Prototypische nichtlineare Kurvenverläufe**
Die Grundbausteine realer Systeme sind nur selten als saubere lineare Beziehungen beschreibbar. Die Abbildung zeigt beispielhaft verschiedene prototypische nichtlineare Kurvenverläufe. (Abbildung aus Strunk & Schiepek, 2014, S. 31)

- **Nichtlinearität.** Lineare Systeme besitzen zahlreiche mathematische Eigenschaften, die eine einfache Analyse erlauben. Sie verhalten sich additiv und die Bausteine solcher Systeme lassen sich jeweils einzeln analysieren und danach additiv zu einem Ganzen zusammenfügen. Auch Integrier- sowie Differenzierbarkeit sind typischerweise gegeben, was den Analyseprozess insgesamt sehr vereinfacht. Ohne Computerunterstützung waren solche Systeme in der Vergangenheit die einzigen, die sich „von Hand" lösen und praktikabel untersuchen ließen. Dabei war es einigen Forscherinnen und Forschern durchaus bewusst, dass hier Vereinfachungen vorgenommen wurden (vgl. Day 1992). So sind die Grundbausteine empirischer Systeme nur selten als saubere lineare Beziehungen beschreibbar (vgl. Abbildung 13). Lässt man Nichtlinearitäten zu, zeigen sich plötzlich ungeahnte Eigenschaften und eine mitunter unermesslich scheinende Komplexität. Die Entdeckung des Chaos ist daher mit der Nutzung und Weiterentwicklung der Computertechnologie eng verknüpft. Die Theorien Nichtlinearer Dynamischer Systeme beziehen ihren Namen aus der Bedeutung der Nichtlinearität für die Komplexität der behandelten Systeme.

- **Ferne zum thermodynamischen Gleichgewicht.** Systeme benötigen zur Ausbildung selbstorganisierter Prozessdynamiken eine Energieversorgung. Fehlt diese, so streben sie schnell dem „Systemtod", also dem thermodynamischen Gleichgewicht zu. Erst wenn der Energiedurchfluss ein gewisses Ausmaß übersteigt, kann die Selbstorganisation einsetzen. In dem oben vorgestellten Verhulst-System wurde dieser Energiedurchfluss durch den als Marktbedingungen bezeichneten Kontrollparameter geleistet. In Wirtschaftssystemen ist in diesem Zusammenhang an den Fluss von Waren, Gütern und Geld zu denken. Zudem sind die handelnden Personen als bio-psycho-soziale Systeme von verschiedenen anderen Kontrollparametern wie Nahrung, Motivationen und sozialen Beziehungen beeinflusst (vgl. dazu ausführlicher Strunk & Schiepek 2014).

Chaosfähigkeit ist in realen Systemen wahrscheinlich eher die Regel als die Ausnahme

Obwohl die genannten Voraussetzungen in realen Systemen (im Gegensatz zu von Menschen geschaffenen, künstlich mechanistischen Systemen) wahrscheinlich immer gegeben sind (vgl. dazu den Fragebogen in Strunk & Schiepek 2014), sind chaosfähige Systeme nicht unter allen Umständen chaotisch. So bedarf es in der Regel bestimmter, klar umgrenzter Rand- und Rahmenbedingungen sowie passender Kontrollparametereinstellungen, damit Chaos auch auftritt.

3 Komplexitätsforschung in der Wirtschaftswissenschaft

In der Wirtschaftswissenschaft wurden die Ideen der Chaosforschung zunächst mit einem ähnlichen Enthusiasmus aufgenommen wie in vielen anderen Fächern auch. Insbesondere drei Forschungstraditionen haben sich ausführlich mit entsprechenden Fragestellungen beschäftigt:

1. **Modellbildung.** Die formal mathematische Modellbildung für wirtschaftliche Phänomene zeigt bei Berücksichtigung „natürlicher Nichtlinearitäten" (Day 1992, S. 20) die Chaosfähigkeit der modellierten Systeme.[5]
2. **Zeitreihenanalyse.** Die zeitreihenanalytische Suche nach Chaos in Finanzdaten bzw. ökonomischen Zeitreihen liefert empirische Hinweise für Chaos, fällt aber insgesamt uneinheitlich aus.
3. **Komplexitätsmanagement.** Schließlich hat die anwendungsbezogene Managementforschung das Thema aufgegriffen und vor dem Hintergrund der Steuerbarkeit komplexer Systeme diskutiert.

Die folgenden Kapitel gehen ausführlicher auf diese drei Forschungstraditionen ein.

3.1 Viele nichtlineare Wirtschaftsmodelle sind chaosfähig

Seit den 1990er-Jahren mehren sich die Arbeiten, die in mathematischen Modellen zur Beschreibung von Wirtschaftsprozessen nach Chaos suchen. Allein im *Journal of Economic Behavior & Organization* sind zwischen 1990 und 2011 über 50 Artikel zu diesem Themenkomplex erschienen. Liening zeigt bereits 1998 eine Sammlung von über einem Dutzend chaosfähiger Modelle für Phänomene aus dem Bereich der Wirtschaftswissenschaft. Zahlreiche Übersichtsarbeiten geben einen umfassenden Überblick über historische Entwicklungen (Baumol & Benhabib 1989, Keen 1997), chaosfähige Modelle in der Ökonomie (Day 1992, Day 1994, Liening 1998, 2017), spezielle Modelltypen, etwa die auf Goodwin (1967/1982) beruhenden Wachstumsmodelle (Mullineux & Peng 1993, kritisch dazu Sordi 1999) und *Cob-Web*-Modelle mit nichtlinearen monoton steigenden Angebotskurven (Gouel 2010). Day kommt dabei bereits 1992 zu der Feststellung (S. 20):

> Consequently, it is quite appropriate to conclude that chaos occurs generically in theory, both because of its robustness in given models, and because it arises in virtually any dynamic economic model when natural nonlinearities are included.
>
> Moreover, these results are obtained using standard functional forms ... and for models ... that have a 'classic' origin which predates the advent of 'chaos theory'.

---

[5] Day (1992) versteht unter „natürlichen" Nichtlinearitäten solche nichtlinearen Zusammenhänge, die aufgrund ihrer Plausibilität immer schon den linearen gegenüber vorgezogen worden wären, wenn man nur die Möglichkeiten gehabt hätte, die so formulierten Gleichungssysteme auch zu lösen. Dies wurde erst in neuerer Zeit durch den Einsatz von Computern möglich und führte dann zur Entdeckung des Chaos.

Die Verhulst-Gleichung als Grundmodell für unzählige Phänomene ist wenig glaubwürdig

Day (1992) begegnet hier einem Vorwurf, der immer wieder gegen die Anwendung der Chaosforschung in der Ökonomie vorgebracht wird. Es ist durchaus nicht schwer, sich für bereits analysierte und bekanntermaßen chaotische mathematische Gleichungssysteme eine „*Coverstory*" auszudenken, die wirtschaftswissenschaftlich gut klingt. So ist es keineswegs erstaunlich, wie häufig das Verhulst-System – das ja ursprünglich in der Ökologie zur Beschreibung von Populationsprozessen Anwendung fand – auf ganz andere Phänomenbereiche übertragen wurde, ohne dass dafür auch nur die geringste Veränderung der Gleichungen nötig war (Mouck 1998 zeigt in einer Literaturübersicht, dass die Verhulst-Gleichung eine Bedeutung für verschiedene Gebiete der Wirtschaftswissenschaft aufweist, so für die Ökonomie: Baumol & Benhabib 1989, *Finance*: Hsieh 1991, *Accounting*: Etheridge & Sriram 1993). Day (1992) verweist demgegenüber auf die lange Tradition wirtschaftswissenschaftlicher Modellbildung, der auch nichtlineare Zusammenhänge nicht fremd gewesen seien. Allerdings erfordert die Analyse nichtlinearer Gleichungssysteme ungleich mehr Rechenaufwand, der vor der Einführung von Computersystemen nicht immer hätte bewältigt werden können.

Tatsächlich ist der modellbildende Zugang unter Verwendung mathematischer Gleichungssysteme in der Wirtschaftswissenschaft nicht neu. Dennoch blieben diese Modelle zumeist auf lineare Zusammenhangshypothesen beschränkt (vgl. Liening 1998, S. 38 ff.). Auf der anderen Seite scheinen sich reale Wirtschaftsprozesse äußerst selten an die linearisierten Modelle zu halten. Stattdessen neigen sie zu erratischen und kaum vorhersagbaren Prozessen, sodass es nicht verwundert, wenn Baumol und Behabib (1989) betonen, dass lange vor der Chaosforschung die Unzulänglichkeit der linearen Modellannahmen bekannt war (vgl. dazu auch Strunk 2009a; an dieser Quelle orientiert sich auch die folgende Darstellung).

Erste mathematische Modelle werden seit den 1930er-Jahren eingesetzt

Historisch betrachtet war es zunächst das Ziel, der beobachtbaren Komplexität Ordnung und Struktur abzuringen. Vor den 1930er-Jahren wurden solche Bemühungen in der Regel in verbaler Form mithilfe deskriptiver Modelle unternommen. Die theoretische und empirische Fundierung dieser Beschreibungen war vage und nur schwer prüfbar. Dies hat sich dramatisch verändert, als in den 1930er-Jahren erste mathematisch formalisierte Ansätze vorgeschlagen wurden (vgl. Baumol & Benhabib 1989, S. 78). Dabei kamen erstmals lineare Differenzen- oder Differenzialgleichungen (oder Mischungen aus beiden) zum Einsatz. Bahnbrechend waren die Arbeiten von Frisch (1933), der sich ambitionierte Ziele steckte. Es ging ihm darum, ein vollständig deterministisches makroökonomisches Modell zu entwickeln, welches er „*Tableau Économique*" nannte (vgl. Keen 1997, S. 152). Aus den Interkorrelationen des Modells sollte es möglich werden „*to explain the movements, cyclical or otherwise, of the system*" (Frisch 1933, S. 174, zitiert in Keen 1997, S. 152). Aber entgegen seiner ursprünglichen Zielvorstellung gelingt ihm zunächst nur die Formulierung eines vereinfachten Gleichungssystems. Mit seiner Herangehensweise an ökonomische Problemstellungen begründet er jedoch ein Vorgehen, welches heute als „Simulationstechnik" bezeichnet werden würde und in seiner modernen Form, der Computersimulation, eine Vielzahl an Variablen umfassen kann.

Unterscheidung zwischen endogener Dynamik und Umwelteinflüssen

Das von Frisch (1933) vorgeschlagene mathematische Modell unterscheidet zwischen der endogenen Dynamik des Systems und der Reaktion des Modells auf einen externen Schock. Das Verhalten des Gleichungssystems ist als ein stark mit negativem Feedback ausgestatteter Regelkreis fixpunktstabil (vgl. zur Begrifflichkeit auch Strunk & Schiepek 2006, S. 84) und reagiert auf externe Schocks mit einem zyklischen Verhalten bei abnehmender Amplitude, sodass nach einiger Zeit erneut der Fixpunkt eingenommen wird. Insgesamt folgt das Modell zudem einem linearen Trend entlang des wirtschaftlichen Wachstums, der aber nicht im Gleichungssystem modelliert wird (Frisch 1933). Damit ist es in seiner Konzeption grundsätzlich nicht dazu geeignet, Wirtschaftswachstum aus sich heraus zu erklären.

Tatsächlich existieren nur wenige Modelle, die realistische ökonomische Prozessdynamiken allein aus der Logik des Gleichungssystems heraus erklären können (vgl. Baumol & Benhabib 1989, S. 79). Bald nach der Einführung mathematisch formalisierter Systeme in der Ökonomie in den 1930er-Jahren (z. B. Frisch 1933, Lundberg 1937, Samuelson 1939) zeigte sich, dass beliebig komplizierte lineare Gleichungen qualitativ betrachtet nur vier verschiedene Verhaltensweisen generieren können: (1) Einschwingen auf einen Fixpunkt, (2) oszillierende Explosion, (3) stabile Oszillation, (4) Explosion ohne Oszillation. Damit können insgesamt gesehen kaum reale ökonomische Prozesse abgebildet werden. Diese verhalten sich in der Regel weitaus erratischer und zeigen nur selten explosives Wachstum oder einen stabilen Fixpunkt-Attraktor.

Erst nichtlineare Modelle führen zu realistischen Dynamiken

Realistisch scheint aus heutiger Sicht in vielen Fällen ein nichtlineares dynamisches System zu sein (vgl. die Diskussion in Strunk & Schiepek 2006, S. 121 ff.). Pionierarbeit leistete in diesem Zusammenhang Richard Goodwin (1913 bis 1996). Er entwickelte nacheinander eine große Anzahl ökonomischer nichtlinearer dynamischer Modelle. In einer mittlerweile klassischen Arbeit hat Goodwin (1967/1982) ein ökonomisches Räuber-Beute-Modell vorgestellt (vgl. zur Herleitung des klassischen Räuber-Beute-Modelles von Lotka 1925 und Volterra 1931 die Darstellung in Schiepek & Strunk 1994, S. 133 ff.), in dem „Kapitalisten" die Rolle der „Räuber" und die „Arbeiter" die Rolle der „Beute" spielen.

Die Struktur des Modells geht davon aus (vgl. Keen 1997, S. 154 ff.), dass Lohnforderungen von der Beschäftigungsrate abhängen. Der Output der Produktion wird vom Kapitalstock positiv beeinflusst und dieser ist zudem auch selbst vom Output abhängig. Aus diesem folgt aber auch die Beschäftigungsrate, sodass sich ein gekoppeltes 2-dimensionales System ergibt (Keen 1997, S. 156). Das Modell führt zu einem insgesamt wachsenden Output, verbunden mit ähnlich zyklischen Prozessen, wie sie auch für das klassische Räuber-Beute-System der Ökologie, das nach ihren Entdeckern benannte Lotka-Volterra-Modell (Alfred James Lotka: 1880 bis 1949, Vito Volterra: 1860 bis 1940), bekannt sind (z. B. Schiepek & Strunk 1994, S. 136).

Die Logik hinter dem zyklischen Verlauf lässt sich wie folgt beschreiben (Keen 1997, S. 156): Beginnt man die Betrachtung auf einem hohen Level der Beschäftigung, so sind auch die Lohnforderungen hoch, was zu einem reduzierten Profit führt. Ein reduzierter Profit bewirkt, dass Investitionen zurückgehen, der Kapitalstock sich verringert und das Wirtschaftswachstum hinter dem Bevölkerungswachstum zurückbleibt. In der Folge fällt die Beschäftigungsrate, was aber auch geringere Lohnforderungen nach sich zieht und mit der Zeit den Profit wieder ansteigen lässt, sodass dann auch das Interesse an Investitionen wieder wächst. Insgesamt zeigt sich, wie Wirtschaftswachstum als Ergebnis des Modells erklärt werden kann – wobei solche Standardmodelle eher hilfreich für ein allgemeines Verständnis der zugrunde liegenden Mechanismen sind, aber nur sehr selten in dieser einfachen Form genutzt werden können, um reale Prozesse detailgetreu abzubilden (vgl. die Diskussion in Strunk & Schiepek 2006, S. 158 f.).

Es ist hier nicht der Raum, ausführlich auf weitere Modelle zur Simulation ökonomischer Zusammenhänge einzugehen (vgl. hierzu z. B. Liening 1998, S. 150 ff.). Es soll daher mit diesem knappen historischen Abriss genügend gezeigt sein, dass der grundlegende Ansatz der Theorien Nichtlinearer Dynamischer Systeme hochgradig kompatibel zu Forschungsparadigmen in der Wirtschaftswissenschaft ist.

Die typische Argumentationsstruktur erklärt Chaos in Wirtschaftsprozessen

Neuere Arbeiten zeigen seit den 1990er-Jahren ein zunehmendes Interesse an Nichtlinearen Modellen und möglichen chaotischen Eigenschaften. Typischerweise folgen entsprechende wissenschaftliche Arbeiten der folgenden Argumentationsstruktur (vgl. z. B. Day 1982, 1992, Szpiro 1994, Saskura 1995, Gallas & Nusse 1996, Liening 1998, Gouel 2010, Kaizoji 2010, Stockman 2011 und viele andere mehr; zahlreiche Arbeiten sind z. B. im *Journal of Economic Behavior & Organization* erschienen):

1. **Theoretische Fundierung.** Theoretische Ansätze dienen vor allem der Herleitung eines mathematischen Gleichungssystems. Alternative Modellvarianten werden gegeneinander abgewogen und einer Plausibilitätsbetrachtung unterzogen. Ziel ist es, das Gleichungsmodell theoretisch zu begründen.
2. **Methodik.** Methodisch kommen Bifurkationsdiagramme, numerische Simulationen, die Bestimmung von *Lyapunov*-Exponenten usw. zur Anwendung.
3. **Ergebnisse.** In der Regel zeigt sich die Chaosfähigkeit des Modells für bestimmte Parameterwerte.
4. **Schlussfolgerungen.** Die Schlussfolgerungen beschränken sich häufig auf die Feststellung der Chaosfähigkeit und die Kritik früherer linearer Erklärungsansätze.

Mit Bezug auf die oben genannten drei Forschungsfragen (S. 10) kann festgestellt werden, dass sich die – hier stark vereinfacht dargestellten – Arbeiten zentral mit der Frage nach den Gründen für chaotische Prozesse in ökonomischen Systemen auseinandersetzen. Theoretische Überlegungen führen zu einer mathematischen Formalisierung, die danach auf ihre Chaosfähigkeit untersucht wird. Damit steht die folgende Forschungsfrage im Vordergrund: Folgen aus den gegebenen Modellannahmen und den gegebenen Antezedenzien chaotische Prozessmerkmale? Der Typ der Forschungsfrage ist daher der einer Erklärung (vgl. zur Typologie von Forschungsfragen Nienhüser & Magnus 2003, S. 4, Karmasin & Ribing 2006, S. 23).

Da sich die Arbeiten direkt auf die Chaosforschung beziehen, wird die Definition von Komplexität bzw. Chaos von dort übernommen (so zitieren z. B. Gallas & Nusse 1996, Kaizoji 2010, Stockman 2011 die klassische Arbeit von Li & Yorke 1975). Die Erarbeitung einer eigenständigen Definition für Komplexität oder die Erweiterung des Verständnisses komplexer Systeme an sich ist nicht das Ziel dieser Studien. Obwohl die formulierten Modelle zahlreiche empirische Fragestellungen aufwerfen, werden diese nicht direkt untersucht (vgl. die Übersicht in Tabelle 3).

Forschungsfrage	Umgang mit der Forschungsfrage
Was ist Komplexität?	kein Thema
	Bezug zu den Theorien Nichtlinearer Dynamischer Systeme wird hergestellt
Gründe für Komplexität?	Erklärung: Führen diese oder jene Modellannahmen bei diesen oder jenen Antezedenzien zu Chaos?
Auswirkung von Komplexität?	kein Thema
Empirie	keine

Tabelle 3: Untersuchte Forschungsfragen – Modellierung wirtschaftlicher Phänomene
Fragen nach der Natur und den Auswirkungen von Komplexität werden im Rahmen der Modellierung wirtschaftlicher Phänomene kaum behandelt. Auch empirische Prüfungen fehlen in der Regel. Die grundlegende Forschungsfrage ist vom Typ einer Erklärung, die danach fragt, unter welchen Modellannahmen und bei welchen Rand- und Rahmenbedingungen Chaos auftritt.

Der Rückbezug zum empirischen System erfordert ein eigenes Forschungsmodell

Tatsächlich ist die Ableitung empirischer Fragestellungen aus nichtlinearen dynamischen Systemen nicht ganz trivial. Insbesondere sind die Modellannahmen trotz Berücksichtigung nichtlinearer Zusammenhänge nicht selten zu einfach, um auf konkrete empirische Systeme direkt angewendet werden zu können. Auch erschwert das Auftreten chaotischer Prozesse den Vergleich empirischer und modellgenerierter Zeitsignale (vgl. Strunk 2004, Strunk & Schiepek 2006). Trotz eingeschränkter Prognose der konkreten Dynamik in chaotischen Systemen sind dennoch prüfbare Hypothesen ableitbar, etwa über zu erwartende Phasenübergänge, Verlaufsgestalten (Attraktorstrukturen) und Prognosen über die Grenzen von Prognosen (Strunk & Schiepek 2006, S. 140 ff.). Schiepek und Strunk (1994) diskutieren die Vergleichsmöglichkeiten von empirischen und modellierten Systemen ausführlich und leiten daraus ein systemwissenschaftliches Forschungsmodell ab, in dem *Top-down-* und *Bottom-up*-Zugänge zur nichtlinearen Dynamik konsequent aufeinander bezogen werden können (vgl. Abbildung 14).

Systemtheoretische Beschreibungen nichtlinearer dynamischer Systeme im Bereich der wirtschafts- und sozialwissenschaftlichen Forschung können grundsätzlich über zwei entgegengesetzt verlaufende Wege vorgenommen werden. Schiepek und Strunk (1994) tragen dieser Tatsache Rechnung, indem das von ihnen vorgeschlagene systemwissenschaftliche Forschungsmodell beide Wege, *Top-down-* und *Bottom-up*-Analysen, als einander ergänzend aufeinander bezieht.

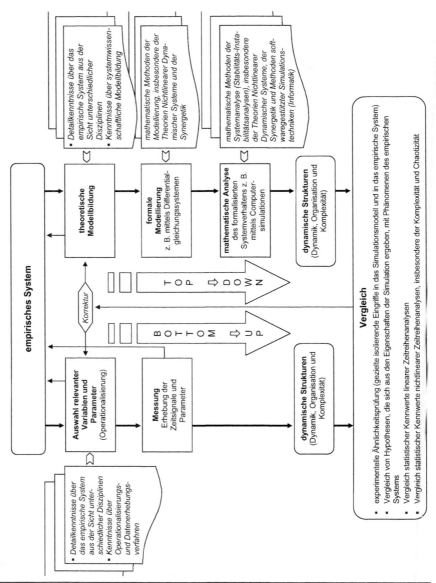

Abbildung 14:	Grundstruktur einer systemwissenschaftlichen Methodologie
	Eine systemwissenschaftliche Methodologie verfolgt als gemeinsames Ziel zweier unabhängiger, aber parallel geführter Forschungszugänge die Dynamik empirischer Zeitreihen (*Bottom-up*) und künstlich im Rahmen von Computersimulationen gewonnener Zeitreihendaten (*Top-down*) aufeinander zu beziehen und miteinander zu vergleichen. (vgl. Schiepek & Strunk 1994, S. 95 f.; Abbildung und Abbildungsunterschrift nach: Strunk 2004, S. 274, Strunk & Schiepek 2006, S. 174)

Das Ziel einer systemwissenschaftlichen Forschungsmethodologie liegt damit in einer Parallelführung von Modellierung auf der einen und empirischer Erhebung komplexer Dynamiken auf der anderen Seite. Der gemeinsame Fokus und der übereinstimmende Zielpunkt beider Analysemethoden liegt in der Identifikation dynamischer Strukturen und der Beschreibung der für ihr Zustandekommen relevanten Mechanismen und Randbedingungen. Die Abbildung 14 berücksichtigt diesen Aspekt, indem sowohl *Bottom-up-* als auch *Top-down*-Analysen so dargestellt werden, dass beide auf ein gemeinsames Ziel ausgerichtet sind, nämlich auf die Identifikation und den Vergleich dynamischer Strukturen. Die Verfahren zur Kennzeichnung dieser dynamischen Strukturen werden weiter unten, ab Kapitel 6 (S. 153), ausführlich diskutiert. Die im vorangegangenen Kapitel dargestellte Forschungstradition der Modellierung von Wirtschaftsprozessen bleibt in der Regel auf den modellierenden Top-down-Zugang beschränkt.

3.2 In Finanzdaten ist Chaos nur selten sicher nachweisbar

Als Mitte der 1980er-Jahre erstmals methodische Ansätze der sogenannten Chaosforschung verfügbar wurden (z. B. Grassberger & Procaccia 1983a, 1983c), erfreuten sich die neuen Verfahren recht schnell und in verschiedenen Forschungsbereichen einer wachsenden Beliebtheit. Auch in der Ökonomie schien es zunächst verlockend, der Dynamik von z. B. Aktienkursen ein wenig mehr an deterministischer Struktur abzuringen, als aufgrund der Martingale-Hypothese (vgl. Barnett & Serletis 2000), der Hypothese effizienter Märkte (Fama 1970) oder der *Random-Walk*-Hypothese (vgl. Campbell et al. 1997, die drei Typen des *Random-Walk* unterscheiden) zu vermuten wäre (vgl. Barnett & Serletis 2000, eine umfassende Übersicht über Methoden und den Stand der Forschung liefert Lim & Brooks 2010). Wenn Chaos in der Lage ist, das Verhalten stochastischer Prozesse täuschend echt nachzuahmen, ohne dabei selbst stochastischer Natur zu sein, könnte die Dynamik der Märkte eventuell doch mehr vorhersagbare Prozessanteile enthalten, als dies bisher vermutet wurde (vgl. z. B. Chwee 1998, S. 150, Cecen & Erkal 1996, Kyrtsou et al. 2004).

Anfangs atheoretische „Goldgräberstimmung"

Die theoretische Begründung für die Suche nach Chaos war in vielen Fällen dünn und wurde mitunter getragen von einer Art „Goldgräberstimmung", bei der es um die rein explorative Suche nach nichtlinearer Vorhersagbarkeit ging. Blake LeBaron (1994) rügt diesen Umstand, indem er feststellt:

> Much early work has been atheoretic with few connections from empirical results to underlying economic theories. This can be a plus or a minus at times, but in terms of chaotic dynamics the connections drawn from theories to data have been far too rare. (S. 402)

Tatsächlich widerspricht das Vorliegen von Chaos der Martingale- bzw. *Random-Walk*-Hypothese und stellt damit die Effizienz des untersuchten Marktes infrage. Aus der Perspektive der Chaosforschung fassen Barnett und Serletis (2000) diese Widersprüche und zentralen Grundannahmen übersichtlich zusammen, sodass sich die folgende Darstellung weitgehend darauf bezieht.

Martingale-Modell

Üblicherweise geht das Standardmodell des *Capital-Asset-Pricing* im Kern von einem Martingale-Modell aus, aus dem sich ableiten lässt, dass die Erwartungen für die Preise der nächsten Periode, z. B. des nächsten Tages, denen der aktuellen Periode entsprechen. Formalisiert dargestellt, ist ein stochastischer Prozess x_t dann ein Martingale, wenn für den Erwartungswert gilt: $E(x_{t+1}|I_t) = x_t$. Dabei stellt I_t die zum Zeitpunkt t verfügbaren Informationen dar, womit auch das Wissen um x zum Zeitpunkt t gemeint ist. Es liegt dann ein Martingale vor, wenn angesichts der gegebenen Informationen keine andere Voraussage für die nächste Periode möglich ist als eben der Wert für die aktuelle Periode. Man kann ein Martingale-Modell auch als das Ergebnis eines fairen *Games* darstellen: In einem fairen Spiel besitzt keiner der Akteure einen relevanten, also unfairen, Informationsvorsprung vor dem anderen. In einem fairen Spiel ist die Differenz zwischen x_{t+1} und x_t bei gegebenen (fair verteilten) Informationen I_t genau null: $E[(x_{t+1} - x_t)|I_t] = 0$. Diese Differenz wird auch als Martingale-Differenz bezeichnet und mitunter synonym für den Begriff des „fairen Spiels" gebraucht. Für ein faires Spiel sind Vorhersagen über Preisentwicklungen basierend auf aktuell verfügbaren Informationen nicht möglich. Diese Folgerung wird auch als Markteffizienz-Hypothese bezeichnet, wobei Fama (1970) tatsächlich drei Formen unterscheidet. Diese Unterscheidung beruht auf Annahmen darüber, welche konkreten Informationen in I_t jeweils enthalten sind. Umfasst I_t nur Informationen über historische Preise, so spricht man von einer schwachen Form der Markteffizienz (*weak form*), sind zudem alle öffentlich verfügbaren Informationen in I_t enthalten, so nennt man das eine semistarke Form (*semistrong form*) und sind zudem auch alle privaten Informationen enthalten, so würde dies einer starken Form der Markteffizienz (*strong form*) entsprechen. So schließt die starke Form der Markteffizienz alle anderen Formen mit ein, was aber nicht in umgekehrter Richtung gilt.

Random-Walk

Das Martingale-Modell, welches der Theorie effizienter Märkte zugrunde liegt, ist in seinen Grundannahmen weniger restriktiv als sein Vorläufer, das *Random-Walk*-Modell. Dies entspricht einigen klassischen Annahmen der Statistik und unterstellt eine additive Unabhängigkeit zwischen aktuellen Preisen und einer Unsicherheit (Fehler, ε), die zusammen den Preis der Folgeperiode ergeben: $x_{t+1} = x_t + \varepsilon$.

Bedingte Varianz als Verletzung des Random-Walk

Ist der Fehler eine Martingale-Differenz, so resultiert er zu null und in dieser Annahme treffen sich die beiden Modelle. Sie unterscheiden sich aber in ihrer Annahmenstrenge, weil für das Vorliegen eines Martingales nur gezeigt werden muss, dass Folgepreise nicht von vorhergehenden Informationen – bei der *weak form* nicht von vorhergehenden Preisen – abhängig sind. Die Unabhängigkeit des additiven Fehlers im *Random-Walk*-Modell fordert jedoch zudem die stochastische Unabhängigkeit der beiden Zeitpunkte in Bezug auf höhere statistische Momente (Varianz, Schiefe und Exzess). Diese Unabhängigkeit in den höheren Momenten ist aber in vielen realen Preisentwicklungen häufig nicht gegeben. Im Gegenteil zeigen sich relativ regelmäßig „*clusters of volatility and tranquility (i.e., dependence in the higher conditional moments) – a phenomenon originally noted for stock market prices by Mandelbrot (1963a) and Fama (1965)*" (Barnett & Serletis 2000, S. 706).

Mysteriös, aber modellierbar

Viele Märkte zeigen also ein Verhalten, das nicht kompatibel zur *Random-Walk*-Hypothese ist. Eine Verletzung des *Random-Walk* bedeutet aber – wie bereits gesehen – nicht auch automatisch eine Verletzung der Maringale-Hypothese bzw. der Theorie effizienter Märkte. In diesem Sinne ist das Martingale-Modell eine besser zu den empirischen Befunden passende Annahme als der *Random-Walk*. Warum dieser häufig keine Gültigkeit besitzt, ist bisher nur wenig verstanden. LeBaron (1994) schreibt über das mysteriöse Verhalten der Märkte:

> One of the largest deviations from pure randomness in financial series is volatility persistence. Return movements are very hard to forecast, but magnitudes of the movements are predictable. [...] The fact that stock returns exhibit this sort of structure alone is somewhat of a mystery, but the puzzle was further strengthened by LeBaron (1992b, 1992a), who showed that return autocorrelations in the stock and foreign exchange markets were changing depending on an estimate of recent volatility. (LeBaron 1994, S. 400)

ARCH-Type-Modelle

Die Gründe für die fehlende stochastische Unabhängigkeit höherer Momente scheinen nach wie vor im Unklaren zu liegen oder doch zumindest umstritten zu sein. Für Benoît B. Mandelbrot, der mit seiner Arbeit 1963 den Stein ins Rollen brachte, führten diese Beobachtungen über Umwege zur Theorie der Fraktalen Geometrie (Mandelbrot 1963a, 1963b, 1977), bleiben aber zentral weiterhin auf das „(Fehl-)Verhalten der Märkte" bezogen (z. B. Mandelbrot & Hudson 2004). Die pragmatische Lösung des Problems durch die Modellierung der Abhängigkeit der Varianz mithilfe sogenannter ARCH-Type-Modelle bezeichnet Mandelbrot als theorieloses Flickzeug, das, um die alten Theorien irgendwie zu retten, immer mehr mathematischen Ballast benötigt. ARCH steht für *Autoregressive Conditional Heteroscedasticity*, Verallgemeinerungen werden als GARCH mit G für *Generalized* bezeichnet. Hier und im Folgenden ist vereinfachend immer von ARCH-Type-Modellen die Rede, womit die gesamte Familie der Modelle gemeint ist.

> In response economists have been rushing to oblige with new ideas and new models. Many, with such unattractive names as GARCH and FIGARCH, just patch the old models. (Mandelbrot & Hudson 2004, S. 15)

> To me, the greatest charm of the multifractal model is its economy. One simple set of rules can produce a great variety of behavior, depending on the circumstances. By contrast, most financial academics are going through a love affair with another way of modeling market volatility. Its main inventor, Robert F. Engle, shared a Nobel in 2003 for its development. It starts from some of the same facts I have been advancing in this book: Volatility clusters, due to dependence. To model that, it has already been mentioned that a set of statistical tools was developed; it is called GARCH, short for Generalized Auto-Regressive Conditional Heteroskedasticity. To model the clusters, it starts with a conventional Brownian model of price variation. When the volatility jumps, it plugs in new parameters to make the bell curve grow; when the volatility falls, new parameters shrink the curve. You might say the bell vibrates, to fit the circumstances. GARCH is, certainly, a handy abacus now used by many options traders and finance directors trying to model risk. But it begs the question of what makes the bell vibrate. And, as you try to work with the model, it becomes increasingly complicated.

> To say much with little: Such is the goal of good science. But most established financial models say little with much. They input endless data, require many parameters, take long calculation. When they fail, by losing money, they are seldom thrown away as a bad start. Rather, they are "fixed." They are amended, qualified, particularized, expanded, and complicated. Bit by bit, from a bad seed a big but sickly tree is built, with glue, nails, screws, and scaffolding. That people still lose money on these models should come as no great surprise. (Mandelbrot & Hudson 2004, S. 221 f.)

> The Economist Jacob Marshak once proclaimed at a meeting I attended that the only economic invariance he could imagine concerned the equality between the number of left and right shoes – and not even that could be trusted. Following that thinking, many recent models of price variation try to explain the obviously shifting pattern of volatility by inserting parameters that change by the day, hour, and second; such are in the GARCH family mentioned earlier. I am an optimist. I would rather not dismiss the existence of invariances but continually look for them hiding in non-obvious places. (Mandelbrot & Hudson 2004, S. 242)

Der Suche nach Multifraktalität, die Mandelbrot als besseres, weil in seinen Annahmen sparsameres Modell bezeichnet, hat in den letzten Jahren stark zugenommen (vgl. z. B. Onali & Goddard 2009, Stavroyiannis et al. 2010). Ausgehend von den prinzipiell gleichen Beobachtungen scheint es zahlreiche mathematische Modelle zu geben, die mit dem „mysteriösen" Marktverhalten in Einklang stehen, aber unterschiedliche theoretische Implikationen beinhalten.

Warum man bei der Messung von Komplexität auf Filter verzichten sollte

Für die Suche nach Chaos in ökonomischen Zeitreihen hat sich die Diskussion zu einer Entweder-Oder-Entscheidung zugespitzt, die in vielen Fällen zunächst eine Anpassung eines ARCH-Type-Modells vorsieht und danach in den Residuen nach Chaos sucht (siehe dazu auch weiter unten, S. 82). Auch wenn das für die Prüfung der Entweder-Chaos-Oder-Martingale-Entscheidung einige Plausibilität besitzt, ist es für die unvoreingenommene Vermessung von Chaos, Komplexität, Ordnung und Zufall in ökonomischen Zeitreihen kontraproduktiv. Wenn mit einem ARCH-Type-Modell zunächst nichtlineare Korrelationen eliminiert wurden, macht es wenig Sinn, diese dann mit einer nachgeschalteten Analyse fraktaler Strukturen zu suchen. Zwar sollten beide Erklärungsansätze aus theoretischen Gründen voneinander unabhängig sein, in der gängigen Analysepraxis ist aber kein Modell perfekt an empirische Daten anpassbar und ein nicht vollkommen angepasstes ARCH-Type-Modell führt zu Residuen, über deren Qualität nichts mehr ausgesagt werden kann.

Insgesamt sind im Rahmen der Komplexitätsforschung Filtermethoden umstritten und werden daher nur selten angewendet (vgl. die Diskussion ab S. 132). Grundlegende Annahmen der klassischen Zeitreihenanalyse, die von einer additiven Überlagerung voneinander unabhängiger Prozesse ausgeht (Box & Jenkins 1970), werden durch viele chaotische Beispielsysteme infrage gestellt (so sind die unterschiedlichen Periodizitäten im Lorenz-System eben nicht das Ergebnis additiver Prozesse) und einige jüngere Arbeiten schlagen daher ganz andere Zugangsweisen zur komplexen Dynamik ökonomischer Zeitreihen vor: Interessante neue Ideen finden sich z. B. in einem Ansatz, der ARCH-Type-Modelle mit Chaosmodellen verschmilzt und in der Kombination beider Zugänge eine neue Form für die Rekonstruktion und das Verständnis ökonomischer Zeitreihen vorschlägt (vgl. Kyrtsou & Terraza 2003, Kyrtsou et al. 2004, Kyrtsou et al. 2009, Kyrtsou & Terraza 2010).

Zusammenfassend kann man festhalten, dass die Theorie effizienter Märkte das derzeitige Standardmodell darstellt und auf der Martingale-Hypothese beruht. Diese ist – anders als die ältere *Random-Walk*-Hypothese – auch kompatibel zu den bisher wenig verstandenen Abhängigkeiten in den höheren statistischen Momenten der Marktdaten.

Während bei gegebener Markteffizienz keine andere Vorhersage der Marktentwicklung möglich ist als die Fortschreibung des aktuellen Preises, wäre im Umkehrschluss bei Verletzung der Effizienz eine Vorhersage möglich, mit der sich möglicherweise Geld verdienen ließe. Die Untersuchung der Martingale- und *Random-Walk*-Hypothese hat damit auch relativ handfeste Beweggründe.

Unit root* als linearer Test des klassischen *Random-Walk

Klassische – nicht chaostheoretisch begründete – Prüfmethoden stellen z. B. mit Regressionsmodellen das sogenannte Vorliegen einer Einheitswurzel (*unit root*) auf den Prüfstand. Eine Einheitswurzel ist eine notwendige, aber keine hinreichende Bedingung für das Vorliegen beider Modelle, des *Random-Walk* und des Martingales (Barnett & Serletis 2000, S. 406). Der Test der Einheitswurzel prüft, ob eins eine Nullstelle im charakteristischen Polynom der Autoregressionsfunktion ist. Wenn das der Fall ist, ist ein zukünftiger Wert der Zeitreihe nicht von vorhergehenden Werten abhängig. Eine Autoregressionsfunktion ist eine Funktion des *Time-Lag* τ, die die α-Gewichte angibt, mit denen eine Regression der um τ zurückliegenden Werte $x_{t-\tau}$ auf x_t ermöglicht wird. Im allgemeinen Fall ergibt sich die folgende Regressionsgleichung:

Gleichung 2: Autoregression

$$x_t = a_1 x_{t-1} + a_2 x_{t-2} + a_3 x_{t-3} + a_4 x_{t-4} + a_5 x_{t-5} + \ldots a_k x_{t-k} + \varepsilon$$

mit einer Nullstelle bei p für das charakteristischen Polynom (für $x_0 = 0$):

Gleichung 3: Nullstelle des charakteristischen Polynoms der Autoregression

$$p^k - a_1 p^{k-1} - a_2 p^{k-2} - a_3 p^{k-3} - a_4 p^{k-4} - a_5 p^{k-5} - \ldots a_k p^{k-k} = 0$$

Ist $p = 1$, dann liegt eine Einheitswurzel vor. Dass damit tatsächlich ein Hinweis für ein *Random-Walk*-Verhalten vorliegt, wird deutlich, wenn man das *Time-Lag* auf $k = 1$ begrenzt. Es folgt dann:

$$x_t = a_1 x_{t-1} + \varepsilon$$

mit einer Nullstelle bei p für das charakteristischen Polynom (für $x_0 = 0$):

$$p^1 - a_1 p^{1-1} = 0, \text{ für } p = 1 \text{ (}unit\ root\text{) folgt: } 1 - a_1 = 0, \text{ also } a_1 = 1 \text{ und daraus folgt}$$

für die Regressionsgleichung:

$$x_t = x_{t-1} + \varepsilon$$

was genau dem klassischen *Random-Walk* entspricht. Weicht der Regressionskoeffizient in diesem Fall von 1 ab, liegt kein *Random-Walk* vor. Dies prüft der DF-Test (Dickey-Fuller Test, Dickey & Fuller 1979). Seine Erweiterung, der ADF-Test, berücksichtigt zudem noch weitere *Time-Lag*s (Augmented Dickey-Fuller Test, Dickey & Fuller 1981).

Die Chaosforschung bietet Methoden zur Prüfung nichtlinearer Abhängigkeiten

Eine Verletzung der *Random-Walk*- bzw. der Martingale-Hypothese wird hier also über eine lineare Regression geprüft. Nichtlineare Zusammenhangshypothesen kommen hingegen in der klassischen Prüfung der Markteffizienz nicht zur Anwendung. So lässt sich z. B. für das Verhulst-System (ausführlich dargestellt ab S. 44) keine lineare Korrelation zwischen den Werten für t und $t + 1$ finden. Dennoch ist offensichtlich, dass vorangegangene Werte für x über die nichtlineare logistische Gleichung die Folgewerte vollständig bestimmen. Aus der Perspektive von Prüfverfahren, die diese Nichtlinearitäten nicht berücksichtigen können, erscheint auch das Verhulst-System als *Random-Walk*. Die Verhulst-Dynamik führt im ADF-Test zur Beibehaltung der Nullhypothese, die von der Einheitswurzel ausgeht. Das ist gemeint, wenn einige Autorinnen und Autoren davon sprechen, dass deterministisches Chaos Zufallsprozesse imitiert (z. B. Ramsey et al. 1990, S. 991, Liu et al. 1992, S. 26, Serletis & Gogas 1997, S. 360, Chwee 1998, S. 150).

Barnett und Serletis (2000, S. 708) fassen diese Lücke wie folgt zusammen:

> Most of the empirical tests that we discussed so far are designed to detect 'linear' structure in financial data – that is, linear predictability is the focus. However, as Campbell, et al. (1997, pp. 467) argue 'many aspects of economic behavior may not be linear. Experimental evidence and casual introspection suggest that investors' attitudes towards risk and expected return are nonlinear. The terms of many financial contracts such as options and other derivative securities are nonlinear. And the strategic interactions among market participants, the process by which information is incorporated into security prices, and the dynamics of economy-wide fluctuations are all inherently nonlinear. Therefore, a natural frontier for financial econometrics is the modeling of nonlinear phenomena'.

Die Suche nach Chaos

Methoden der Chaosforschung wie z. B. das Korrelationsintegral (Grassberger & Procaccia 1983a, 1983c), dessen Erweiterung zu einem Test für ökonomische Zeitreihen (BDS-Test, Brock et al. 1987, Brock et al. 1996) oder *Lyapunov*-Exponenten (z. B. Wolf et al. 1985) sind Werkzeuge, um die vermuteten Nichtlinearitäten aufzudecken. Es lag auf der Hand, diese Methoden für die Analyse ökonomischer Zeitreihen einzusetzen, was mit großem Eifer geschah und zunächst auch zahlreiche Hinweise auf chaotische Prozesse erbrachte (z. B. Peters 1991).

Aber inzwischen mehren sich die Stimmen, die die Ergebnisse der letzten 20 Jahre mit wachsender Ernüchterung betrachten (vgl. z. B. Czamanski et al. 2007, S. 95, Barnett & Serletis 2000, Barnett & He 2001). Die Belege für Chaos in Finanzdaten oder in makroökonomischen Zeitreihen seien bestenfalls uneinheitlich (Yadav et al. 1999, S. 651, vgl. auch Lim & Brooks 2010, Lux 1998, S. 144). Tatsächlich gibt es zahlreiche positive sowie zahlreiche negative Befunde. Eine vollständige oder zumindest teilweise Sichtung der vorhandenen Studien fehlt aber bislang, sodass eine endgültige Bewertung schwerfällt.

Für die umfassende Literaturübersicht wurden Befunde für 682 Datensätze katalogisiert

Es war daher das Ziel der folgenden Literaturübersicht, die zusammen mit Michele Griessmair 2003 initiiert wurde, diese Lücke zu schließen. Dazu wurden alle auffindbaren empirischen Arbeiten von 1988 bis Ende 2011 systematisch erfasst, die verwendeten Methoden sowie deren Ergebnisse katalogisiert und zusammengefasst. Insgesamt wurden so 92 Studien mit 682 untersuchten Zeitreihen berücksichtigt. Die folgende Tabelle 4 gibt einen Überblick über die Befundlage und Tabelle 5 zeigt, welche Art von Daten in Hinblick auf Chaos und Nichtlineare Prozesse untersucht wurden. Detaillierte Analysen, welche Methoden bei welchen wirtschaftswissenschaftlichen Fragestellungen eingesetzt wurden, finden sich zudem im weiteren Verlauf der Arbeit (vgl. Tabelle 23, S. 242 zur Nutzung des D2 zum Nachweis fraktaler Strukturen in Finanzdaten und makroökonomischen Zeitreihen, Tabelle 33, S. 319 über die Befunde zu positiven *Lyapunov*-Exponenten zum direkten Nachweis des Schmetterlingseffektes und Tabelle 39, S. 366 über die Verwendung des K2 zum Nachweis chaotischer Prozesse bei der Analyse von Finanzdaten und makroökonomischen Zeitreihen).

Einheitliche Befunde kompatibel mit Chaos, Fraktalität, Nichtlinearität		Evidenz für Nichtlinearität	Fraktale Struktur	Lyapunov-Exponent
n = 315 (46,2 %)		einige/starke	ja	positiv
155	22,7 %	X		
92	13,5 %	X	X	
26	3,8 %		X	X
16	2,3 %			X
10	1,5 %	X		X
10	1,5 %		X	
6	0,9 %	X	X	X

Einheitliche Befunde gegen Chaos, Fraktalität, Nichtlinearität		Evidenz für Nichtlinearität	Fraktale Struktur	Lyapunov-Exponent
n = 169 (24,8 %)		keine/geringe	nein	negativ
65	9,5 %	X		
52	7,6 %	X	X	
29	4,3 %			X
22	3,2 %		X	
1	0,1 %	X		X

Nichtlinear aber nicht chaotisch bzw. nicht fraktal		Evidenz für Nichtlinearität	Fraktale Struktur	Lyapunov-Exponent
n = 57 (8,4 %)		einige/starke	nein	negativ
37	5,4 %	X		X
20	2,9 %	X	X	

Uneinheitlich aber Nichtlinear		Evidenz für Nichtlinearität		Fraktal		Lyapunov	
n = 9 (1,3 %)		einige/starke		nein	ja	negativ	positiv
9	1,3 %	X		X			X

Uneinheitlich		Evidenz für Nichtlinearität		Fraktal		Lyapunov	
n = 133 (19,5 %)		keine/geringe	einige/starke	nein	ja	negativ	positiv
85	12,5 %	–	–	–	–	–	–
36	5,3 %	X		X			
6	0,9 %	X			X		X
3	0,4 %				X	X	
3	0,4 %	X		X			X

Summe		162	329	106	179	70	76
N = 682 (100,0 %)		33,0 %	67,0 %	37,2 %	62,8 %	47,9 %	52,1 %

Tabelle 4: *Review über Studien zum Nachweis von Chaos in ökonomischen Zeitreihen*
Die Tabelle führt nach Befundlage sortiert die Zahl der untersuchten Datensätze an. Viele Studien untersuchen gleich mehrere Zeitreihen. Die Evidenz für Nichtlinearität ergibt sich aus der Abschlussdiskussion der Arbeiten und beruht dabei auf speziellen Testverfahren (z. B. BDS-Test) oder ist eine Zusammenfassung der Befunde aus *Lyapunov*-Exponenten und fraktaler Geometrie. Tatsächlich liegt der Anteil der Befunde für Nichtlinearität weitaus höher, bei 83,5 %. In der Tabelle werden aber nur die Ergebnisse gezählt, die sich nicht nachträglich als ARCH-Type-Prozesse herausstellten.

Aktien	Zeitreihenlänge		
	AM	SD	n
< Stündlich	24260,7	30741,2	15
Stündlich	981,0		1
Täglich	5848,3	25744,2	196
2/Woche	353,0		1
Wöchentlich	787,0	377,4	39
Monatlich	98,2	157,4	34
Gesamt	5404,0	22917,2	286

Berücksichtigte Literatur: Scheinkman & LeBaron 1989, Blank 1991, Liu et al. 1992, Peel 1993, Yang & Brorsen 1993, Brorsen & Yang 1994, Sengupta & Zheng 1994, Abhyankar et al. 1995, Sengupta & Zheng 1995, Varson & Doran 1995, Atchison & White 1996b, Gilmore 1996, Serletis & Sondergard 1996, Sewell et al. 1996, Abhyankar et al. 1997, Al-Loughani & Chappell 1997, Blasco et al. 1997, Brockman & Chowdhury 1997, Chyi 1997, Kohers et al. 1997, Barkoulas & Travlos 1998, Pandey et al. 1998, Opong et al. 1999, Hamill et al. 2000, Harris & Küçüközmen 2001, McKenzie 2001, Panas 2001, Poshakwale & Murinde 2001, Aparicio et al. 2002, Kyrtsou & Terraza 2002, Poshakwale 2002, Urrutia et al. 2002, Chu 2003, Kyrtsou & Terraza 2003, Muckley 2004, Peng et al. 2004, Shintani & Linton 2004, Aparicio et al. 2008, Hagtvedt 2009, Onali & Goddard 2009, Kyrtsou & Terraza 2010, Matilla-García & Marín 2010, Stavroyiannis et al. 2010, Bonilla et al. 2011, Onali & Goddard 2011.

Commodities	AM	SD	n
Täglich	2829,3	3250,9	33
Wöchentlich	1021,4	508,4	5
Monatlich	132,0	0,0	7
Gesamt	2180,0	2956,9	43

Berücksichtigte Literatur: Frank & Stengos 1988, Finkenstädt & Kuhbier 1995, Serletis & Gogas 1999, Panas & Ninni 2000, Kyrtsou et al. 2004, Serletis & Andreadis 2004, Czamanski et al. 2007, Kyrtsou et al. 2009, Martina et al. 2011

Futures	AM	SD	n
< Stündlich	27525,6	29429,7	5
Täglich	3057,0	1437,3	68
Monatlich	893,0		1
Gesamt	4681,0	9367,6	74

Berücksichtigte Literatur: Willey 1991, DeCoster et al. 1992, Vaidyanathan & Krehbiel 1992, Yang & Brorsen 1993, Fang et al. 1994, Fujihara & Mougoué 1997b, 1997a, Chwee 1998, Gao & Wang 1999, Gwilym et al. 1999, Adrangi et al. 2001, Chatrath et al. 2001, Panas 2001, Adrangi & Chatrath 2002, Chatrath et al. 2002, Adrangi & Chatrath 2003, Moshiri & Foroutan 2006, Matilla-García 2007.

Wechselkurse	AM	SD	n
Stündlich	9851,6	0,0	5
Täglich	4077,9	1806,4	31
Wöchentlich	1427,4	802,0	5
Monatlich	281,9	245,6	18
Quartal	153,0	0,0	16
Gesamt	2537,8	4529,9	75

Berücksichtigte Literatur: Gilmore 1993, Lee et al. 1993, Barnett et al. 1995, Takala & Virén 1996, Fornari & Mele 1997, Johnson & McClelland 1998, Mahajan & Wagner 1999, Resende 2000, Shintani & Linton 2003.

Andere makroökonomische Daten	AM	SD	n
< Stündlich	81204,0	14893,6	5
Täglich	1622,6	1544,4	90
Wöchentlich	393,6	274,3	13
Monatlich	373,8	302,0	82
Quartal	165,8	8,6	7
Gesamt	1375,0	5923,7	192

Berücksichtigte Literatur: Ramsey et al. 1990, Cecen & Erkal 1996, Serletis & Dormaar 1996, Chappell & Eldridge 1997, Darbellay & Finardi 1997, Guégan & Leorat 1997, Sengupta & Sfeir 1997, Brooks 1998, Brooks & Hinich 1999, Serletis & Gogas 2000, Soofi & Cao 2002, Fernández-Rodríguez et al. 2005.

Fortsetzung →

	Zeitreihenlänge		
Insgesamt	AM	SD	n
< Stündlich	27749,6	31412,5	21
Stündlich	8373,2	13804,7	6
Täglich	4120,9	17785,9	416
2/Woche	353,0		1
Wöchentlich	775,1	483,3	62
Monatlich	287,9	286,7	142
Quartal	156,5	7,2	22
Gesamt	**3641,8**	**15790,7**	**670**

Tabelle 5: Übersicht über die untersuchten ökonomischen Zeitreihen
Die Tabellen zeigen, welche Art von Zeitreihen in welcher Länge untersucht wurden. Die Tabellen ergänzen die Darstellung aus Tabelle 4. Für 12 Zeitreihen fehlen nähere Informationen.

Es war durchaus der Anspruch, alle irgendwie auffindbaren Studien restlos zu erfassen. Auch wenn das nicht vollständig gelungen sein sollte, so ist dennoch davon auszugehen, dass – wenn überhaupt, dann nur wenige – schwer auffindbare Studien fehlen. Problematisch bei der Datenbankrecherche war die große Popularität des Chaosbegriffes. Zahllosen theoretischen Arbeiten standen nur wenige empirische Studien gegenüber. Wurde eine Studie identifiziert, so wurden sämtliche Jahrgänge der entsprechenden Zeitschrift Artikel für Artikel von Hand durchgegangen, um keine Arbeit zu übersehen. Die so erfassten Zeitschriften dürften damit weitgehend vollständig abgebildet sein.

Eindeutig fällt der Befund für nichtlineare Anhängigkeiten in den untersuchten Daten aus. Für insgesamt 491 Zeitreihen wurden entsprechende Analysen durchgeführt, von denen 83,5 % Hinweise auf nichtlineare Abhängigkeiten in den Daten ergaben. Einige Studien konnten diese auf ARCH-Type-Prozesse (Engle 1982, Bollerslev 1986) zurückführen. Aber auch nach Abzug dieser nachträglich stochastisch „erklärten" Befunde spricht weiterhin die Mehrheit der Analyseergebnisse für nichtlineare Abhängigkeiten: 67 % der analysierten Zeitreihen zeigen Nichtlinearitäten und sind entweder nicht auf ARCH-Type-Prozesse untersucht worden oder nicht mit diesen erklärbar.

Viele Ergebnisse sind kompatibel zu Chaos

In Tabelle 4 sind die Studienergebnisse nach Eindeutigkeit der Befundlage zusammengefasst. Die zentrale Analyseeinheit ist hier die untersuchte Zeitreihe. Wird eine Zeitreihe mit mehreren Methoden auf Merkmale für Chaos getestet, so können diese einheitlich für oder gegen Chaos oder uneinheitlich ausfallen.

Die insgesamt größte Gruppe bilden Arbeiten, deren Befunde konsistent auf Merkmale chaotischer Prozesse hinweisen (Nichtlinearität, fraktale Strukturen, positive *Lyapunov*-Exponenten). Während rund 46 % der Analysen konsistente Belege für chaotische Prozesse liefern, weisen nur rund 25 % Ergebnisse auf, die einheitlich dagegen sprechen. Dennoch sind viele Befunde uneinheitlich: So liegen mitunter durchaus Hinweise auf nichtlineare Prozesse vor, obwohl alle geprüften *Lyapunov*-Exponenten negativ ausfallen.

Studien, die gezielt nach fraktalen Strukturen suchen, finden diese auch in rund 63 % der Fälle. Fraktale Strukturen werden heute nicht mehr als Beleg für Chaos gewertet, verweisen aber auf nichtlineare Korrelationen, die es nach Maßgabe der

Random-Walk-Hypothese nicht geben dürfte (Barnett & Serletis 2000). Konkretere Hinweise auf Chaos liefern *Lyapunov*-Exponenten. Diese sind aber nur in etwa der Hälfte (52 %) der Fälle positiv.

Die Zusammenfassung der Befundlage führt daher zu einer uneinheitlichen Bilanz: Insgesamt lässt sich feststellen, dass nichtlineare Strukturen die Regel sind, Chaos aber wohl nicht immer und zu jeder Zeit vorliegt. Dies passt durchaus zu den üblichen theoretischen Modellannahmen: So ist ja auch das Verhulst-System nicht bei jedem Parameterwert chaotisch. Gleiches gilt auch für die im vorherigen Kapitel diskutierten nichtlinearen Modelle wirtschaftswissenschaftlicher Phänomene.

Die Frage, ob Finanzzeitreihen grundsätzlich und immer chaotisch sind, ist wahrscheinlich die falsche Frage oder offenbart doch zumindest eine eher naive Sichtweise auf die Veränderungsdynamik komplexer Systeme. Diese können in Abhängigkeit von relevanten Kontrollparametern zwischen Zufall, Chaos und trivialer Ordnung wechseln (Phasenübergang). Allerdings sind solche nichtstationären Veränderungen mit den klassischen Methoden der Chaosforschung kaum abbildbar.

Wenig Fortschritte in den letzten 30 Jahren

Trotz zahlreicher methodischer Neuentwicklungen (z. B. Verfahren zur Surrogatdatentestung: Schreiber & Schmitz 1996, 2000, Permutationsentropie: Bandt & Pompe 2002, Quantifizierungen für *Recurrence Plots*: Marwan 2003 etc.) werden in der ökonomischen Zeitreihenanalyse nach wie vor die Verfahren eingesetzt, die in den 1980er-Jahren für die Analyse von hoch aufgelösten und stationären Daten aus naturwissenschaftlichen Experimenten oder mathematischen Simulationen entwickelt wurden (fraktale Geometrie – D2: Grassberger & Procaccia 1983a, 1983c, *Lyapunov*-Exponenten: Wolf et al. 1985).

Die wechselseitige Falsifikation führt in ein Dilemma

In Bezug auf die Forschungsstrategie ist insgesamt ein interessantes Dilemma beobachtbar: Die Forschungsfrage wird nicht selten als Entscheidung zwischen Chaos, Nichtlinearität und Fraktaler Struktur auf der einen Seite und der Martingale-Hypothese (vgl. Barnett & Serletis 2000), der Annahme effizienter Märkte (Fama 1970) oder der *Random-Walk*-Hypothese (vgl. Campbell et al. 1997, die drei Typen des *Random-Walk* unterscheiden) auf der anderen Seiten inszeniert (z. B. Barnett & Serletis 2000). Dabei fordert die Wissenschaftstheorie, dass das, was vermutet wird, zu falsifizieren ist (Popper 1979, S. 118, zitiert nach Breuer 1989, S. 43, vgl. auch Strunk 2015). Dies führt zu diametral entgegengesetzten Untersuchungsstrategien, die nicht selten zu entsprechend unterschiedlichen Befunden führen. Die gezielte Suche nach Chaos führt dann über eine Reihe von Nullhypothesen, die allesamt ausgeschlossen werden müssen, damit die Alternativhypothese akzeptiert werden kann. Umgekehrt genügen erste Hinweise auf nichtlineare Korrelationen, um klassische Markttheorien zu falsifizieren (vgl. bereits Mandelbrot 1963a, 1963b, Mandelbrot & Hudson 2004). Beide Strategien widersprechen sich grundlegend, können leicht gegeneinander ausgespielt werden und führen nicht selten genau zu den Ergebnissen, die die Untersucherinnen, die Untersucher angestrebt hatten.

Die genannten Falsifikationsstrategien erfordern unterschiedliche methodische Zugänge. Daher werden die Gründe für widersprüchliche Befunde in der Regel im methodischen Vorgehen gesucht. Tatsächlich sind bis heute keine Verfahren zum

Nachweis von Chaos verfügbar, die in der Form eines sauberen statistischen Tests anwendbar wären. So werden zwar auf der einen Seite immer wieder neue Nullhypothesen durch immer aufwendigere Verfahren getestet, jedoch ohne dass mit deren Verwerfen automatisch das Vorliegen von Chaos gefolgert werden könnte. Prinzipiell und etwas vereinfachend können heute drei Klassen von methodischen Zugängen zur komplexen Dynamik in Wirtschaftsdaten unterschieden werden (vgl. Strunk 2009a):

1. **Aufwendige Tests für verschiedene Nullhypothesen.** Die Verfahren der ersten Gruppe prüfen Nullhypothesen, die in der Regel mit der Martingale-Hypothese, der Annahme effizienter Märkte (Fama 1970) oder den verschiedenen Typen des *Random-Walk* (vgl. Campbell et al. 1997, die drei Typen des *Random-Walk* unterscheiden) in Einklang stehen und beim Vorliegen von Chaos verletzt sein müssten. Der am häufigsten verwendete Algorithmus in diesem Zusammenhang ist der von Brock, Dechert und Scheinkman (1987) vorgestellte und nach ihnen benannte BDS-Test (vgl. auch Brock et al. 1996, siehe auch S. 285 ff.). Dieses Verfahren ist in der Lage, eine Nullhypothese zu testen, die davon ausgeht, dass die untersuchte Zeitreihe keinerlei zeitliche Abhängigkeiten aufweist und daher weißes Rauschen repräsentiert (sogenannter *identically and independently distributed process*, auch kurz: *i.i.d.*). Niedrig dimensionales Chaos verletzt diese Nullhypothese (notwendige Bedingung für Chaos), kann aber dadurch nicht zwingend belegt werden (keine hinreichende Bedingung für Chaos). Neben dem BDS-Test sind zahlreiche andere Verfahren vorgeschlagen worden, die ebenfalls auf Abhängigkeiten in den Daten abzielen. Dazu gehören die Prüfung der – allerdings linearen – *Unit-Root*-Hypothese (Dickey & Fuller 1979, 1981, Phillips & Perron 1988) sowie Tests für das Vorliegen eines *Random-Walk* (z. B. über den Hurst-Exponenten, Hurst 1951, vgl. z. B. auch Chu 2003). Unabhängig vom Verfahren ist eine Verletzung der jeweiligen Nullhypothese als notwendige, wenn auch nicht als hinreichende Bedingung für Chaos zu verstehen.

2. **Alternative Modelle.** Die Verfahren der zweiten Gruppe passen prototypische Modelle so an die Daten an, dass – wenn die Anpassung gelingt – eine Beschreibung der Dynamik über die Modellspezifikation hinreichend genau möglich wird. Häufig können bereits Autoregressionsmodelle einen Teil der Varianz erklären (eine umfassende Systematisierung und Vereinheitlichung klassischer Verfahren geben Box & Jenkins 1970). Eine Modellanpassung ist dann besonders gut, wenn ein nachgeschalteter Test der ersten Verfahrensgruppe in den Residuen keinerlei Abhängigkeiten mehr identifizieren kann. In der Regel zeigt sich dann, dass es auch dem besten linearen Modell nicht gelingt, alle vorhandenen Abhängigkeiten zu erfassen. Chaos als nichtlineares Phänomen wäre dann wahrscheinlich. Seit dem Aufkommen von ARCH-Type-Modellen (Engle 1982, Bollerslev 1986) können aber auch bestimmte nichtlineare Effekte modelliert werden, ohne dabei auf Chaos Bezug nehmen zu müssen (vgl. auch S. 72 ff.). Falls auch nach der Anpassung eines ARCH-Type-Modells noch eine Verletzung z. B. der durch den BDS-Test erfassten Nullhypothese beobachtet werden kann, liegt Chaos als mögliche Alternativ-Hypothese bereits sehr nahe. Chaos wird nach der Logik dieser Verfahren erst dann als mögliche Erklärung der Dynamik aner-

kannt, wenn alle bekannten linearen und nichtlinearen Modelle nicht ausreichen, um die Abhängigkeitsstrukturen in den Daten abzubilden.

3. **Spezifische Kennwerte für Chaos.** Erst die Verfahren der dritten Gruppe sind in der Lage, spezifische Phänomene chaotischer Prozesse zu identifizieren und in ihrem Ausmaß zu quantifizieren. Dabei handelt es sich nicht um Testverfahren im eigentlichen Sinne, sodass in der Regel auch keine Prüfgröße bestimmt werden kann, und auch die Verteilung der ermittelten Kennwerte ist in der Regel unbekannt. Im Wesentlichen können hier zwei Zugänge unterschieden werden. Beide wurden oben bereits angesprochen. Sie orientieren sich entweder an der geometrischen Struktur der im Phasenraum eingebetteten Daten (vgl. hierzu Packard et al. 1980, Takens 1981) oder am Vorliegen eines Schmetterlingseffektes. Ruelle und Takens (1971) wiesen als Erste darauf hin, dass die Phasenraumdarstellung chaotischer Attraktoren eine fraktale Struktur besitzt und im Umkehrschluss Chaos über das Vorliegen fraktaler Strukturen im Phasenraum identifiziert werden könne. Ein praktikables Verfahren zur Bestimmung der fraktalen Dimensionalität empirischer Zeitreihen wurde dann 1983 von Grassberger und Procaccia (1983a, 1983c) vorgeschlagen. Tatsächlich ist das Verfahren in der Lage, die Komplexität der geometrischen Struktur der eingebetteten Daten zu bestimmen, wenn eine solche existiert und wenn diese einfach genug ist, um sich in einer Zeitreihe endlicher Länge zu manifestieren. Ergibt sich für die fraktale Dimensionalität keine ganze Zahl, ist das im Prinzip ein Beleg für eine fraktale Struktur und damit auch ein Hinweis für Chaos.[6] Da sich aber allein aufgrund von Rundungsfehlern und bei bereits kleinen Rauschanteilen auch für vollkommen reguläre Prozesse keine ganzen Zahlen ergeben können, eignet sich das Verfahren weniger zur Prüfung auf Chaos als vielmehr zum Nachweis deterministischer Strukturen in den Daten. Liegt diese auch dann noch vor, wenn die Daten zuvor mit ARCH-Type-Modellen gefiltert wurden, ist Chaos hochwahrscheinlich. Sauber definiert wird Chaos weniger über die fraktale Struktur des Attraktors (inzwischen sind auch Ausnahmen von der Regel, also chaotische-nicht-fraktale und fraktale-nicht-chaotische Attraktoren bekannt, vgl. z. B. Anishchenko et al. 2002), als vielmehr über die sensitive Abhängigkeit der Dynamik von mikroskopischen Fluktuationen. Diese exponentielle Divergenz nahe benachbarter Trajektorien wird über den *Lyapunov*-Exponenten (LE) quantifiziert. Ist der größte *Lyapunov*-Exponent (*Largest* LE: LLE) eines Systems positiv, so ist dies ein klarer Hinweis auf Chaos. Leider ist die Bestimmung des LLE ebenfalls nicht ohne Probleme (vgl. etwa Rosenstein et al. 1993). Zudem fehlt auch hier ein statistischer Test im Sinne einer Hypothesenprüfung.

Vielfältige Mängel in der Umsetzung der Chaosforschung erschweren die Interpretation von Ergebnissen

Hinzu kommt der Umstand, dass diese Verfahren nicht selten aus einer Abfolge von in sich bereits komplizierten Algorithmen bestehen. Dies kann zu einer Kumulation von Berechnungsfehlern und Ungenauigkeiten führen. So gilt es z. B.

---

[6] Fraktale weisen häufig, aber nicht immer, eine gebrochene Dimension auf (Mandelbrot, 1987). Ein Fraktal hat jedoch in jedem Fall eine höhere Dimension, als es seine topologische Dimension vermuten lässt (Mandelbrot, 1987, S. 28).

geeignete Parameter (passendes *Time-Lag* und Höhe der Einbettungsdimension) für die Einbettung der Daten in den Phasenraum zu wählen. Treten hier Fehler auf, können die Dimensionsbestimmung und die Berechnung des LLE nicht mehr valide durchgeführt werden und viele Berechnungsalgorithmen schlagen dann zwangsläufig fehl. Interessant ist in diesem Zusammenhang, dass die Methoden der 1. und der 2. Verfahrensgruppe durchaus ausführlich dokumentiert werden (z. B. Scheinkman & LeBaron 1989, Serletis & Sondergard 1996, Pandey et al. 1998), wohingegen bei den Algorithmen der 3. Verfahrensgruppe vielfach sogar offenbleibt, wie die Berechnungsparameter bestimmt wurden (z. B. fehlt eine Angabe über die Sättigung der Korrelationsdimension bei: DeCoster et al. 1992. Angaben über die Methode, nach der das *Time-Lag* für die Einbettung bestimmt wurde, fehlen z. B. bei: Blank 1991, DeCoster et al. 1992, Atchison & White 1996a, Cecen & Erkal 1996, Takala & Virén 1996, Darbellay & Finardi 1997, Kohers et al. 1997, Harrison et al. 1999, Adrangi et al. 2001, Chatrath et al. 2001, Chatrath et al. 2002, Adrangi & Chatrath 2003, Chu 2003, Kyrtsou & Terraza 2003, Kyrtsou et al. 2004, Muckley 2004).

Zum Teil sind sogar Zweifel daran angebracht, ob die Berechnungen korrekt durchgeführt wurden, z. B. wenn eindeutig zu geringe Einbettungsdimensionen gewählt werden (vgl. z. B. Blank 1991, Peters 1991, Atchison & White 1996a, Cecen & Erkal 1996, Takala & Virén 1996, Panas & Ninni 2000, Panas 2001, Kyrtsou & Terraza 2003, Kyrtsou et al. 2004) oder fälschlicherweise eine Sättigung der D2-Werte berichtet wird (was damit gemeint ist, verdeutlicht unten die Abbildung 61, S. 226), wo nach Maßgabe der publizierten Zwischenergebnisse keine vorliegt (vgl. z. B. Atchison & White 1996a, Panas & Ninni 2000, Panas 2001).

Die Stärken liegen in der Prüfung von Nullhypothesen

Die Stärke der meisten ökonomischen Arbeiten zur Frage nach Chaos in Wirtschaftsdaten liegt weniger in der Anwendung spezifischer Verfahren der sogenannten Chaosforschung als vielmehr in der Implementierung alternativer Erklärungsansätze, wie sie in den Verfahren der 1. und 2. Gruppe vorgeschlagen werden. Dies mag auch dafür verantwortlich sein, dass Neuentwicklungen im Bereich der Komplexitäts- und Chaosforschung kaum berücksichtigt werden. Validere und methodisch weniger anspruchsvolle Algorithmen zur Bestimmung von *Lyapunov*-Exponenten (z. B. die Algorithmen von Rosenstein et al. 1993) werden ebenso wenig berücksichtigt wie nichtstationäre Methoden (z. B. Skinner 1992), Surrogatdatentestung (z. B. Schreiber & Schmitz 1996, 2000) oder Methoden für kürzere Zeitreihen (z. B. Bandt & Pompe 2002, Schiepek & Strunk 2010). Interessant sind hier vor allem die neueren Entwicklungen zur Surrogatdaten- und Bootstraptestung, die es erlauben, die Algorithmen der dritten Verfahrensgruppe um hypothesenprüfende Methoden zu erweitern (vgl. S. 119 ff.).

Typischerweise sind Arbeiten aus dem Bereich der Analyse ökonomischer Zeitreihendaten wie folgt strukturiert:

- **Theoretische Fundierung.** Die herangezogenen theoretischen Ansätze dienen der Begründung der Methoden, die zur Analyse eingesetzt werden. Insbesondere Methoden der oben genannten ersten zwei Verfahrensgruppen werden hier ausführlich diskutiert. Zentral geht es dabei um die Ableitung statistischer Eigenschaften entweder aus den Theorien Nichtlinearer Dynamischer Systeme, die methodisch belegt (3. Verfahrensgruppe) oder widerlegt werden sollen (1. und 2. Verfahrensgruppe) oder aus den klassischen Ansätzen zur Markteffizienz, *Random-Walk* etc., die entweder belegt oder widerlegt werden sollen (wobei die oben genannten Verfahren mit umgekehrten Vorzeichen zur Anwendung kommen). Die Fragestellung der Untersuchung wird dadurch stark fokussiert und ist allein am Nachweis von Chaos (oder an der Zurückweisung der Chaoshypothese) interessiert. Es spielt daher auch kaum eine Rolle, welche Daten konkret analysiert werden. Die Daten gelten als Beispiele für den Nachweis entweder von Chaos oder von Zufallsprozessen. Es findet sich kaum jemals eine Begründung dafür, warum genau dieser Handelsplatz, Zeitraum, Markt etc. betrachtet werden. Theoretisch begründet wird in der Regel die Untersuchungsmethodik, aber fast nie der Untersuchungsgegenstand. Damit scheinen die Studien trotz ihrer methodischen Stringenz in der Regel eher explorativen Charakter aufzuweisen. Sie suchen mal hier und mal dort nach Chaos.

- **Methodik.** Verfahren aller drei Verfahrensgruppen kommen zum Einsatz, wobei neuere Entwicklungen im Bereich der dritten Verfahrensgruppe wenig bis keine Beachtung finden. Als klassische Methoden aus der dritten Verfahrensgruppe werden das D2 (Grassberger & Procaccia 1983a, 1983c), K2 (Grassberger & Procaccia 1983a, 1983c, Frank et al. 1993) und der *Lyapunov*-Exponent (Wolf et al. 1985) eingesetzt. Mitunter begnügt man sich jedoch mit dem BDS-Test (Brock et al. 1987, Brock et al. 1996) zum Nachweis nichtlinearer Korrelationen in den Daten (vgl. Tabelle 4, S. 78).

- **Ergebnisse.** Eine Zusammenfassung der Befunde ist kaum möglich. Zahlreichen Belegen für nichtlineare Korrelationen, fraktale Strukturen oder positive *Lyapunov*-Exponenten (vgl. Tabelle 4, S. 78) stehen Befunde entgegen, die eventuell vorhandene nichtlineare Strukturen mit ARCH- bzw. GARCH-Modellen hinreichend erklären (z. B. Chwee 1998, Opong et al. 1999, Chatrath et al. 2002).

- **Schlussfolgerungen.** Die Schlussfolgerungen beschränken sich in der Regel auf die Feststellung der Evidenz für oder gegen Chaos in den untersuchten Zeitreihen.

Der empirische Zugang hat den Charakter einer Beschreibung

Die drei oben genannten Forschungsfragen werden genau genommen nicht behandelt (vgl. Tabelle 6). Die Definition von Chaos bzw. Komplexität wird den entsprechenden Grundlagenwissenschaften aus den Theorien Nichtlinearer Dynamischer Systeme entnommen (z. B. zitieren Serletis & Gogas 1999 die klassische Arbeit von Eckmann & Ruelle 1985 über chaotische Systeme, Kyrtsou et al. 2004 beziehen sich auf grundlegende physiologische Modelle, die zu hochdimensionalem Chaos fähig sind, z. B. Mackey & Glass 1977 und zitieren klassische mathematische Arbeiten der Chaosforschung, z. B. Ruelle 1990). Gründe für Komplexität und Folgerungen aus einer veränderten Komplexität werden nicht untersucht. Die tatsächlich im Vordergrund stehende Forschungsfrage widmet sich der Existenz chaotischer Strukturen, ohne dass weiter begründet würde, warum Komplexität insbesondere dort zu vermuten wäre, wo im jeweiligen Artikel danach gesucht wird und ohne daraus weiterreichende Schlussfolgerungen abzuleiten.

Forschungsfrage	Umgang mit der Forschungsfrage
Was ist Komplexität?	kein Thema
	Bezug zu den Theorien Nichtlinearer Dynamischer Systeme wird hergestellt
Gründe für Komplexität?	kein Thema
Auswirkung von Komplexität?	kein Thema
Empirie	**Beschreibung:** Gibt es Chaos in Finanzdaten und ökonomischen Zeitreihen?

Tabelle 6: **Untersuchte Forschungsfragen – Analyse von Finanzdaten und ökonomischen Zeitreihen**
Die drei zentralen Forschungsfragen nach dem Wesen von Komplexität, den Gründen für und den Auswirkungen von Komplexität werden in diesem Forschungszweig der Ökonomie nicht behandelt. Empirische Analysen stehen im Vordergrund, behandeln aber eine eingeschränkte Forschungsfrage vom Typ einer Beschreibung.

Die Struktur der zentralen Forschungsfrage ist daher häufig auf eine Deskription gerichtet (zur Typologie von Forschungsfragen siehe Nienhüser & Magnus 2003, S. 4, Karmasin & Ribing 2006, S. 23) und zielt nicht selten auf den Nachweis einer allgemeinen Existenzaussage ab (vgl. Breuer 1989, S. 133). Die Frage, ob Chaos in ökonomischen Zeitreihen gefunden werden kann, ist aus dieser Perspektive bereits mehrfach belegt worden. Dass solche Zeitreihen für alle Märkte und jederzeit chaotische Eigenschaften zeigen, kann jedoch nicht bestätigt werden. Zu häufig fanden sich in der Vergangenheit auch Gegenbelege. Wenn aber zutrifft, dass es sich bei ökonomischen Prozessen um chaosfähige Systeme handelt – dies wird durch zahlreiche Simulationsstudien ebenso gezeigt (siehe dazu oben, Kapitel 3.1, S. 65) wie auch durch die vorhandenen empirischen Belege – so ergeben sich daraus zahlreiche neue Forschungsfragen – ebensolche, wie sie oben zu Beginn der Einleitung (S. 9 ff.) angeführt wurden. Diese fragen dann z. B. nach den Gründen für das Auftreten chaotischer Episoden und deren Auswirkungen. Derzeit werden solche Fragestellungen jedoch kaum behandelt. Sie würden experimentelle bzw. quasiexperimentelle Forschungsdesigns erfordern und müssten sich auf Verfahren stützen, die weniger am Nachweis von Chaos und stattdessen mehr an der Veränderung von Komplexität orientiert wären.

3.3 Wie organisiert, lenkt und führt man in einer komplexen Welt?

Der Umgang mit Komplexität ist in der Managementforschung ein zentrales Thema, wenn nicht das zentrale Thema überhaupt. Managemententscheidungen werden nicht selten unter Unsicherheit getroffen und können dabei Weichenstellungen mit dramatischen wirtschaftlichen Konsequenzen sein. Das Webersche Bürokratiemodell stemmt sich der Anarchie und Willkür ebenso entgegen (Max Weber: 1864 bis 1920, Weber 1985/1922, 1988/1904/1905, für einen Überblick siehe Kieser 2006a) wie der Taylorismus und Fordismus nach der einen besten Lösung für anfallende Probleme sucht (Frederic Winslow Taylor: 1856 bis 1915, Henry Ford: 1863 bis 1947, vgl. ausführlicher Kieser 2006b). Managemententscheidungen erscheinen aus der Perspektive der Maschinenmetapher menschlichen Verhaltens (vgl. dazu Mainzer 1995, Wood 2002, Strunk & Schiepek 2006) und organisationalen Handelns (mit Bezug auf Weber spricht Kieser 2006a, S. 76, von der Maschinenartigkeit der Bürokratie, vgl. dazu auch Kieser 2006b) als rationales Abwägen möglicher Handlungsoptionen. In einer dem Laplaceschen Dämon gehorchenden Welt (vgl. S. 22) gibt es die eine richtige Entscheidung, zu der Fachwissen, Professionalität und Wissenschaft den Zugang ermöglichen.

Einwände gegen das Modell der Rationalität

Einwände gegen dieses Modell des rational bestimmbaren *One-Best-Way* wurden immer wieder und von verschiedenen Seiten formuliert. So zeigten die Analysen von Simon (1955) sowie March und Simon (1958, S. 136 ff.) die eingeschränkte Rationalität menschlicher Entscheidungsträger, die in realen Problemsituationen eben nicht in der Lage sind, alle relevanten Informationen unvoreingenommen und vollständig zu berücksichtigen. In eine ähnlich Richtung wies die berühmte Mintzberg-Ansoff-Kontroverse (z. B. Mintzberg 1990, Ansoff 1991), die sich um die Frage drehte, wieweit strategische Ausrichtungen tatsächlich längerfristig geplant werden können.

> Indeed sometimes organizations also need to function during periods of unpredictability, when they cannot possibly hope to articulate any viable strategy. The danger during such periods is not the lack of explicit strategy but exactly the opposite – 'premature closure'. (Mintzberg 1990, S. 184)

Mit dem Aufkommen der Chaosforschung und ihrer schnell zunehmenden Popularität mehrten sich auch die Arbeiten aus der Managementforschung, die ausführliche Bezüge zu dieser als *New Science* bezeichneten Forschungsrichtung herstellten (z. B. für strategisches Management: Levy 1994). Zahlreiche Buchveröffentlichungen prägen bis heute das Bild der Chaos- und Komplexitätsforschung in der angewandten Managementforschung. Eine Literatursuche auf www.wiso-net.de nach „Chaos und Management", „Komplexität bzw. *complexity*", „Komplex bzw. *complex*", „fraktal bzw. *fractal*" liefert 97 Buchpublikationen, die zwischen 1987 und 2011 erschienen und einen Zusammenhang zwischen Management- und Chaos- bzw. Komplexitätsforschung herstellen. Die meisten Bücher wurden in den 1990er-Jahren publiziert (56 %), ohne dass das Interesse später insgesamt zum Erliegen gekommen wäre. Seit 2000 sind immerhin weitere 35 Bücher (36 %) veröffentlicht worden, die ebenfalls der Frage nachgehen, wie man in einer komplexen Welt organisieren, lenken und führen sollte. Wichtige frühe Arbeiten waren: *Thriving on Chaos: Handbook for a Management Revolution* (Peters 1987), Chaos-Management (Müri 1988), *Managing Chaos* (Stacey 1992), Chaos und Management (Turnheim 1991) oder die Fraktale Fabrik (Warnecke 1993, vgl. auch Abbildung 15). Viele Autorinnen und Autoren bleiben der Komplexitätsforschung über Jahre treu und haben dazu gleich mehrere Monographien herausgegeben (z. B. Stacey 1992, 1995, 1996, Stacey et al. 2000).

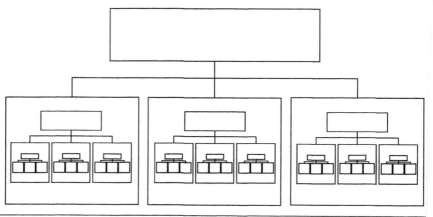

Abbildung 15: **Fiktives Organigramm einer fraktalen Organisation**
Die Idee von der fraktalen Organisation (Warnecke 1993) geht von selbstähnlichen organisationalen Strukturen aus, in denen sich die Grundstruktur der Organisation mehrfach wiederholt. Angestrebt wird eine fraktale Struktur, wie sie in der belebten und unbelebten Natur häufig zu beobachten ist und als besonders anpassungs- und leistungsfähig gilt. Ausführlicher wird auf fraktale Strukturen und ihre Bedeutung für die empirische Komplexitätsforschung in Kapitel 7 (S. 205) eingegangen. (Abbildung in Anlehnung an: Turnheim 1991, S. 28)

Zudem erschienen in schneller Folge zahlreiche Fachartikel, auch in so renommierten Journalen wie der *Academy of Management Review* (Ofori-Dankwa & Julian 2001), *Organization Science* (Thiétart & Forgues 1995, Polley 1997, Anderson 1999, Dooley & Van de Ven 1999, Frank & Fahrbach 1999, Morel & Ramanujam 1999), *Strategic Management Journal* (Levy 1994), *Organization Studies* (Thiétart & Forgues 1997, Peterson & Meckler 2001), *M@n@gement* (Baruch 2002, Bird et al. 2002, Chakrabarti & Chakrabarti 2002, Drodge 2002, Gunz et al. 2002a, Gunz et al. 2002b, Lichtenstein et al. 2002, Parker & Arthur 2002) oder *Management Revue* (Strunk et al. 2004, Strunk 2009b) etc.

Nicht jeder Beitrag ist wissenschaftlich fundiert

Insgesamt ist die Flut von Publikationen inzwischen kaum mehr überschaubar. Neben stringenten Analysen mit nachvollziehbaren Ansätzen zur Übertragung von Grundgedanken der Theorien Nichtlinearer Dynamischer Systeme auf die Managementforschung (z. B. Thiétart & Forgues 1995) finden sich auch irritierende Beiträge: Turnheim 1991 etwa verzichtet für sein Buch auf eine „lineare Gliederung" und reiht stattdessen kurze Darstellungen zu ihm relevant erscheinenden Stichworten nach einem „experimentellen spielerischen" Prinzip an. Hinzu kommen solche

Arbeiten, bei denen nicht klar wird, auf welchen theoretischen Grundlagen die Darstellung eigentlich fußt (z. B. Odiorne 1991, Duffy 2000, Ortegón-Monroy 2003, Bright & Pryor 2005).

Starke Kritik erfuhren die eher naiven und unbedarften Übertragungen der Chaosforschung auf die Managementwissenschaften von Sokal und Bricmont (1998), die für dieses und andere Forschungsgebiete konstatieren, dass gut klingende naturwissenschaftliche Fachbegriffe mehr dazu benutzt würden, die Leser und Leserinnen zu beeindrucken, als daraus theoretisch fundierte Schlussfolgerungen abzuleiten:

> [Many authors] holding forth at length on scientific theories about which one has, at best, an exceedingly hazy idea. The most common tactic is to use scientific (or pseudo-scientific) terminology without bothering much about what the words actually mean. (Sokal & Bricmont 1998, S. 20)

Tatsächlich erfolgt die Übertragung der komplexitätswissenschaftlichen Begriffe zumeist metaphorisch, ohne empirische Evidenz. Auf der anderen Seite sind es gerade diese – zum Teil gewagten – Übertragungen, die eine Fülle von interessanten Hypothesen und empirischen Forschungsfragen aufwerfen. Während empirische Arbeiten zunächst an methodischen Hürden scheitern mussten, liegen inzwischen methodische Verfahren vor, die erfolgreich auch in der Managementforschung eingesetzt werden könnten (vgl. z. B. Strunk et al. 2004, Strunk 2009b, 2009a).

<small>**Die Hoffnungen für eine Anwendung sind durchaus begründet**</small>

Die Tatsache, dass die Chaostheorie komplexe und anpassungsfähige Systeme in der Natur besser beschreibt als die traditionelle Naturwissenschaft, lässt interessante Impulse für die Steuerung von Unternehmen erwarten. Unternehmen ähneln solchen natürlichen Systemen (March & Simon 1958). Sie sind angewiesen auf einen hohen Energieaustausch mit dem Markt, auf die Gestaltung hochkomplexer Prozesse und das Entwickeln hoher Anpassungsfähigkeit. Zentrale Leitsätze zum Umgang mit komplexen Systemen finden sich etwa bei Senge (1996), aber auch bei Vester (1991/1976) oder bei Löser (1993). Schiepek, Manteufel und Reicherts (Schiepek et al. 1993, Schiepek 1995, Schiepek et al. 1995c, Manteufel & Schiepek 1998) haben aus einer anderen Perspektive grundlegende Fähigkeiten zum Umgang mit komplexen Systemen unter dem Begriff der Systemkompetenz zusammengefasst (vgl. auch Kriz 2000). Die dort angesprochenen Aspekte können hier nicht umfassend dargestellt werden. Dennoch scheint es hilfreich, zumindest einige wesentliche Punkte im Folgenden zu benennen. Sie zeigen in ihrer Vielfalt durchaus auch Widersprüche und dass das Forschungsfeld insgesamt wenig formiert ist:

- **Dynamik.** Die Theorien Nichtlinearer Dynamischer Systeme verschieben die Perspektive von der statischen, allzeit gültigen Betrachtung hin zu einer Anerkennung von Dynamik, Prozess, Werden und Vergehen – oder, um es fachlicher auszudrücken, werden dynamische Muster in Attraktoren, Fließgleichgewichte oder Phasenübergänge zum zentralen Thema. Die Behauptung, dass es nichts Beständigeres als den Wandel gebe (schon Heraklit – 520 v. Chr. bis 460 v. Chr. – soll mit seinem berühmten *panta rhei* auf die dynamische Verfasstheit allen Seins verwiesen haben, Russell 1950, S. 66-68), findet hier ihr wissenschaftliches Gegenstück. Wie neu das für die wirtschaftswissenschaftliche Managementforschung ist, zeigt sich z. B. daran, dass Ancona et al. noch 2001 von der Zeit als neuer Forschungsperspektive sprechen.

- **Vernetztes Denken.** Die alltagssprachliche Feststellung, dass mit einem System etwas wie ein Mobile gemeint sei („... wenn man an einer Ecke zieht, verändert sich alles", Strunk 2009a, S. 140) stellt zwar eine Übertreibung dar, zeigt aber dennoch, worum es beim „vernetzten Denken" durchaus auch geht. Managemententscheidungen haben immer Einfluss auf zahlreiche Systemelemente; Diese sind mit anderen Elementen verknüpft und diese wieder mit anderen und so fort. Klassische Entscheidungstheorien, die von einzelnen Ursache-Wirkungs-Beziehungen ausgehen, unterschätzen diese Vernetzungen.

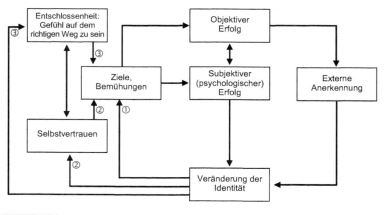

Abbildung 16: **Vernetztes Denken, Beispiel aus der Karriereforschung**

Die Abbildung zeigt in Anlehnung an Hall et al. (Briscoe & Hall 2004, Hall & Chandler 2005) typische Anpassungsschleifen in der Reaktion auf neue Anforderungen in der Karriere. Zunächst führen gewählte Karriereziele zu einem Verhalten, einem Bemühen, dessen Erfolg auf einer subjektiven und objektiven Ebene bewertet wird. Sowohl negative als auch positive Bewertungen werden vermittelt über die Variable „Veränderung der Identität (*Identity Change*)". Von dort können direkte Veränderungen der gewählten Karriereziele angeregt werden (1. Feedbackschleife). Zudem ist anzunehmen, dass auch grundlegende Aspekte – die den Karriere-Zielen vorgelagert sind („Selbstvertrauen" und „Entschlossenheit: Gefühl auf dem richtigen Weg zu sein") – eine Veränderung erfahren (2. und 3. Feedbackschleife). Das Zusammenspiel verschiedener Variablen in gekoppelten Feedbackschleifen ist ein Beispiel für das, was hier als „Vernetztes Denken" bezeichnet wird. (Abbildung und Abbildungsunterschrift nach: Strunk 2009a, S. 74).

Da zudem das Prinzip der Summativität in komplexen Systemen verletzt ist (vgl. oben die Diskussion in Kapitel 2.2, S. 26 ff.), ist hier ein grundlegendes Umdenken erforderlich: Die in der klassischen Mechanik vertretene Auffassung, dass es genügt, zunächst durch isolierende Variation (Experimente) einzelne Ursache-Wirkungs-Beziehungen zu analysieren, um sie danach zu einem großen Gesamtbild zusammensetzen zu können, gilt für nichtlineare dynamische Systeme nicht (vgl. dazu ausführlicher Strunk & Schiepek 2006). So verhalten sich positive und negative Feedbackprozesse jeweils für sich betrachtet vollkommen vorhersagbar. Werden sie hingegen in einem System vereint (gemischtes Feedback, an der Heiden & Mackey 1987), so kann die Dynamik chaotisch, also unvorhersehbar, werden. Sie zeigt dann ein Verhalten, welches weder die Analyse von

Regelkreisen noch die von Teufelskreisen erahnen lässt. Ohne Berücksichtigung der komplizierten nichtlinearen Wirkgefüge in komplexen Systemen kann deren Dynamik nicht verstanden werden.

- **Kreiskausalität.** In vernetzten Systemen führen Feedbackprozesse dazu, dass Ursachen und Wirkungen nicht mehr klar voneinander getrennt werden können. Schuldzuweisungen, wie sie in Organisationen bei Problemen (immer noch) üblich sind, machen vor diesem Hintergrund kaum einen Sinn. Insbesondere in *High-Risk*-Organisationen (Reason 1990, 1995), wie es z. B. auch Einrichtungen zur medizinisch und pflegerischen Versorgung von Kranken sind (Kohn et al. 2000, Reason 2000), kann ein produktiverer Umgang mit Fehlern erreicht werden, wenn man von einer *Blaming and Shaming Culture* (z. B. Wu 2000, Wachter 2004, Horstmann et al. 2006, Khatri et al. 2009), die Einzelnen die Schuld zuweist, abgeht und das System und seine Selbstorganisationsprozesse einer genauen Analyse unterzieht (Reason 1990, 1995). Grundsätzlich kann man mit Senge (1996, S. 85) feststellen, dass Schuldzuweisungen in kreiskausal operierenden Systemen nichts bringen.

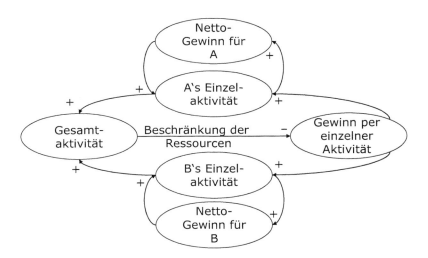

Abbildung 17: **Schuldzuweisungen bringen nichts – Tragödie der Gemeingüter**
Peter Senge (1996) stellt acht Archetypen vor, die prototypisch für viele systemtheoretisch-kybernetisch verstandene Problemsituationen in Organisationen stehen. Die Abbildung zeigt, wie die Ausbeutung von Gemeingütern in eine Systemlogik mündet, die zu einer Erschöpfung des Gemeingutes führt. Die Analyse des Archetypus zeigt aber, dass nicht einzelne Akteure am Verhalten des Systems „schuld" sind. Es ist vielmehr das System selbst, das sich aus seiner inneren Logik heraus so verhält, dass es unweigerlich zu einer Ressourcenverknappung kommt. (Abbildung nach: Senge 1996, S. 461)

- **Lösungsorientierung.** Eine Defizitorientierung, die an der Identifikation von Ursachen und Schuldigen für Probleme interessiert ist, hat in mechanistischen Systemen einen hohen Stellenwert und scheint dort der goldene Weg zu einer Lösung für gegebene Probleme zu sein. Beispiele für solche Problemsysteme sind etwa eine defekte Uhr, in der die Feder gebrochen ist, ein Computerprogramm, bei dem eine Nutzereingabe nicht überprüft wird und dann eine Division durch null auftritt oder ein liegengebliebenes Fahrzeug, bei dem die Benzinleitung leckgeschlagen war. Viele kommunikative Prozesse sind jedoch kreiskausaler Natur (Watzlawick et al. 1969, Watzlawick 1976, Watzlawick & Beavin 1980): Kommt der Mitarbeiter zu spät, weil er der nörgelnden Chefin nicht über den Weg laufen möchte oder nörgelt die Chefin, weil der Mitarbeiter zu spät kommt? Die Suche nach Schuldigen und die Identifikation von Ursachen ist in solchen Systemen häufig unproduktiv und spiegelt in der Regel die Machtverhältnisse, aber keine objektiv gegebenen Realitäten wider (Watzlawick et al. 1969). Tatsächlich wird vor diesem Hintergrund die Möglichkeit, eine objektive Realität unabhängig von der Subjektivität einer Beobachterin, eines Beobachters festzustellen, generell in Zweifel gezogen. Der Problemorientierung klassischer Managementmodelle wird die aus dem Kontext der Systemischen Beratungspraxis stammende Grundhaltung der Ressourcen- und Lösungsorientierung gegenüber gestellt (vgl. die Lösungsfokussierte Kurzzeittherapie nach de Shazer 1985, de Shazer et al. 1986, de Shazer 1988, 1989, 1992), bei der gezielt nach Ressourcen (im Gegensatz zu Defiziten) und nach Ursachen für Ausnahmen vom Problem (z. B. „Was war anders, als der Mitarbeiter noch pünktlich kam?") gesucht wird (sogenannter *Solution Talk* im Gegensatz zum *Problem Talk*).

- **Autonomie.** Aus der Perspektive der Theorien Nichtlinearer Dynamischer Systeme wird deutlich, dass in Systemen in der Regel Selbstorganisationskräfte entstehen, die dazu führen, dass sich ein System in einem Attraktor stabilisiert. Dieser Attraktor ist die selbstorganisierte und autonome Leistung des Systems. Er kann von außen weder gezielt instruiert noch leicht verändert werden. Allenfalls ist eine Verstörung oder eine Zerstörung möglich. Ein Wechsel des Attraktors (Phasenübergang) kann zwar durch Veränderungen der Kontrollparameter angeregt werden. Aber wie genau sich das System nach einem Phasenübergang verhalten wird, ist nicht immer vorhersagbar, weil dies ebenfalls durch die autonome Selbstorganisationsleistung des Systems bestimmt wird. Auch das Management einer Organisation ist in diese in der Regel so eingebunden, dass es Teil der autonomen Selbstorganisationsprozesse des Systems ist. Führungskräfte sind gleichzeitig sowohl Gestaltende als auch Gestaltete. Die Autonomie des Systems dominiert in vielen Fällen die Gestaltungskraft des Einzelnen (oder um es mit dem Fachbegriff der Synergetik zu sagen, der Ordnungsparameter *versklavt* die einzelnen Systemelemente, Haken 1977, S. 198, S. 308). Das *Scientific Management* versucht daher eine klare Trennung zwischen Kopf- und Handarbeit einzuführen und so die Autonomie der Arbeiterinnen und Arbeiter einzugrenzen. Es ist die Rationalität des hierarchisch übergeordneten Managements, die bestimmt, was wann wie zu tun ist. Dabei werden dann aber autonome Selbststeuerungskräfte aufseiten der Arbeiterinnen und Arbeiter verschenkt. Viele Qualitätsprobleme ließen sich beheben, wenn den Mitarbeiterinnen und Mitarbeitern vermittelt würde, wozu das gut ist, was sie tun (*Management by Objectives*, Drucker 1954). Das aber vermeidet das klassische *Scientific Management*, weil es das Infragestellen von Anweisungen, also genau diese Autonomie der Mitarbeiterinnen und Mitarbeiter fürchtet. Besonders deutlich wird dies an den Bemühungen Fords, mithilfe der eigens dafür geschaffenen „Soziologie-Abteilung" den Lebenswandel seiner Arbeiter zu überwachen und zu normieren (vgl. Sheldrake 1996, S. 89 f.): Der bzw. die perfekte Angestellte ist bis ins Privatleben hinein steuer- und planbar, trinkt nicht, lebt in geordneten Familienverhältnissen und hat keinen außerehelichen Geschlechtsverkehr.

Demgegenüber stehen organisationale Strukturen und Managementkonzepte, die direkt auf die Autonomie der Mitarbeiterinnen und Mitarbeiter setzen. Sogenannte teilautonome Arbeitsgruppen wurden ausführlich vom Londoner *Tavistock-Institut* beschrieben (vgl. für eine Übersicht Cherns 1989, Ulich 1994). Auch Ulich (1994) berichtet über ein inzwischen prominentes Beispiel, nämlich das 1989 eröffnete Automobilwerk des Volvo-Konzerns in Uddevalla (Schweden) (die folgende Darstellung stammt in Anlehnung an Ulich 1994 aus Strunk 1999). Das Werk war bis ins kleinste Detail als Netzwerkorganisation mit teilautonomen Arbeitsgruppen geplant. Die Zusammensetzung der Belegschaft war bewusst so angelegt, dass sie natürliche soziale Netzwerke der Gesellschaft widerspiegelte. Höchstens 25 % der Beschäftigten waren jünger als 25 Jahre, wohingegen mindestens 25 % älter als 45 Jahre waren. Der Frauenanteil betrug in etwa 40 %. In kleinen Arbeitseinheiten waren die Mitarbeiterinnen und Mitarbeiter für einen großen Teil des gesamten Produktionsablaufes eigenverantwortlich zuständig. Die Arbeitsgruppen besaßen einen hohen Grad an Autonomie bezüglich Personalauswahl, Arbeitsplanung etc. Dementsprechend wurde das Besoldungssystem umgestellt. Während früher mehr gezahlt wurde, wenn mehr gleiche Einzelteile in einer Schicht montiert werden konnten, wird nun umso mehr gezahlt je mehr unterschiedliche Arbeitsschritte eine Mitarbeiterin, ein Mitarbeiter beherrscht, da dies die Flexibilität der Arbeitsgruppe stärkt. Solche Arbeitsstrukturen setzen flache Hierarchien voraus, die die Möglichkeiten zur Selbstregulation in den Arbeitsgruppen fördern. Die Führungsfunktionen der Arbeitsgruppen wurden z. B. von monatlich wechselnden Teammitgliedern wahrgenommen.

Das Werk erreichte schon bald nach seiner Errichtung eine sehr hohe Produktivität bei gleichzeitig überdurchschnittlicher Qualität und Flexibilität in der Reaktion auf Wünsche von Kundinnen und Kunden sowie hoher Arbeitszufriedenheit. Bis Mitte 1993 hätte das Werk die europäische Spitzenposition des Volvowerkes von Gent erreicht, wenn die Firmenleitung nicht befürchtet hätte, dass auch andere Werke diese Strukturen einfordern könnten. Uddevalla wurde 1993 unter fadenscheinigen Begründungen nur vier Jahre nach seiner Errichtung geschlossen.

An diesem Beispiel wird deutlich, dass es hilfreich sein kann, die Selbstorganisationskräfte in Arbeitsgruppen produktiv für das Unternehmen zu nutzen. Damit das auch gelingt, sind Grundprinzipien zu beachten, die zur Selbstorganisation einladen. Schiepek (1997, S. 56) hat das in einem anderen Zusammenhang als das „Schaffen von Bedingungen für die Möglichkeit von Selbstorganisation" bezeichnet. Während das *Scientific Management* diesen Bedingungen negativ gegenübersteht, bemühen sich Konzepte autonomer oder zumindest teilautonomer Arbeitseinheiten darum, diese zu unterstützen und produktiv zu kanalisieren.

Die dabei entstehenden autonomen Arbeitseinheiten halten Wissen und Erfahrungen nicht wie im Taylorismus nur einmal bereit (im Management), sondern fördern sie zugleich an vielen Orten in der Organisation und regen so den Austausch zwischen ihnen an. Diese Prinzipien werden von dem Ansatz, der unter dem Namen „Fraktales Unternehmen" (Warnecke 1993) bekannt wurde, zum zentralen Bestimmungsstück erhoben: Autonome, einander selbstähnliche Einheiten (Fabriken in der Fabrik) ahmen die fraktalen Strukturen natürlicher Systeme nach.

- **Eingeschränkte Vorhersage.** Das zentrale Merkmal komplexer Systeme (im Sinne der oben gegebenen Komplexitätsdefinition) ist die durch den Schmetterlingseffekt stark eingeschränkte Prognose des Systemverhaltens. Dennoch bleiben selbst Bestseller des sogenannten Systemdenkens (z. B. Dörner 1989, Senge 1996, Vester 1999) kurz vor der Chaosforschung stehen. So sind Senges (1996) Archetypen vollständig prognostizierbar und im Grunde simple kybernetische Modelle. Sie können mathematisch beliebig genau abgebildet werden und erlauben klassische Interventionen nach dem Maschinenmodell. Der Unterschied zum klassischen mechanistischen Weltbild besteht hier nicht so sehr in einer qualitativen denn in einer quantitativen Erweiterung. In der kybernetischen Perspektive des Systemdenkens wird die Zahl der beteiligten Variablen erhöht. Dennoch werden die Systemmodelle übersichtlich genug gehalten, um noch einer einfachen Lösung zugeführt werden zu können. Chaotische Systeme sind jedoch auch bei Kenntnis aller Systemelemente und deren wechselseitiger Beziehungen nicht mehr im Detail und über einen längeren Zeitraum hinweg prognostizierbar. Ein solches Systemverhalten erfordert einen vollkommen anderen Umgang mit Prognosen und Steuerungsmodellen. Wenn langfristige Prognosen nicht möglich sind, müssen kurzfristige genügen und ständig aktualisiert werden. Entsprechend müssen Planungshorizonte verkürzt werden. An die Stelle eines klassischen *Forecasting* sollte bei komplexen Systemen ein *Scenario-Thinking* treten (z. B. Godet 2000). Interessanter Weise vertritt seit einigen Jahren der sogenannte *Effectuation* Ansatz (z. B. Sarasvathy 2008) eine ganz ähnliche Schlussfolgerung, bezieht sich dabei aber auf eine von Knight im Jahr 1921 formulierte Form der Unsicherheit, die aus heutiger Sicht mehr theoretische Fragen aufwirft, als sie zu lösen (vgl. zum *Effectuation* Ansatz in Bezug zur Synergetik Kriedel 2017).

Eine prinzipiell offene Zukunft verlangt nach einem Denken in Szenarien

Dieser Perspektivenwechsel hat sich in den letzten Jahren ausgehend von klassischen Vorhersagen mittels formeller Simulationsmodelle schrittweise entwickelt. Ausgangspunkt war die Feststellung, dass *Forecasting*-Methoden immer nur so gut sein können wie ihre Grundannahmen. So kann es geschehen, dass die Vorhersagen mehr die Eigenschaften des Modells widerspiegeln als reale Gegebenheiten. Man spricht in diesem Zusammenhang von *Gigo*-Phänomenen (*garbage in – garbage out*). Die Entdeckung des deterministischen Chaos, das bereits aus einfachen nichtlinearen Simulationsmodellen folgen kann, stellte die Verlässlichkeit langfristiger Prognosen dann generell infrage. Die Grenzen von Wirtschaftsprognosen wurden in den 1970er-Jahren durch die unerwartete Ölkrise auf dramatische Weise auch praktisch erfahrbar. Kaum jemand war auf die Möglichkeit einer plötzlichen Ölverknappung vorbereitet. Auch noch so umfassende Delphi-Studien in Japan waren nicht in der Lage, dieses Ereignis vorherzusehen (vgl. Eto 2003, S. 241). Nicht nur viele Volkswirtschaften, sondern auch einzelne Unternehmen haben sich nur schwer von der ersten Ölkrise erholt (Wilson 2000, S. 23). In der Folge hat sich der Zugang zur Identifikation von zukünftigen Entwicklungen grundlegend gewandelt. Hatte man früher mit aufwendigen Methoden eine Zukunft vorhergesagt (*Forecasting*), verzichtet man heute – bei gleicher Fragestellung – auf eine konkrete Vorhersage. Vielmehr bieten neuere Methoden gleich mehrere mögliche Szenarien als Ergebnis an (Wilson 2000, S. 24 f.). Zufällige Ereignisse und unterschiedliche Bewertungen der Ausgangssituation, des möglichen Verhaltens von Konkurrenten etc. werden nacheinander berücksichtigt und variiert. Es resultiert ein Möglichkeitsraum (*Prospective*) als ein Bündel verschiedener Szenarien. Je nach methodischem Zugang sind durchaus Bewertungen für die Wahrscheinlichkeit eines Szenarios zulässig (Wilson 2000, S. 25). Führt dies aber dazu, dass nur das wahrscheinlichste zur Grundlage strategischer Entscheidungen gewählt wird (ausführlicher zum Problem strategischer Planung auf Grundlage der Szenariotechnik: Godet 2000), so verliert die Szenariotechnik ihre Stärke und wird mit einer einfachen Vorhersage identisch (Wilson 2000, S. 25 f.).

Forecasting	*Prospective*
Sektoral bzw. thematisch stark begrenzter Zugang	Offener Zugang ohne spezifische Begrenzung
Quantifizierung dominiert	Kombination quantitativer und qualitativer In- und Outputs
Ein wichtiges Grundprinzip ist der kontinuierliche (stetige) Verlauf	Diskontinuierliche Sprünge und Zusammenbrüche sowie Schwellenwertprobleme werden berücksichtigt
Probleme durch *Gigo*-Effekte	Probleme durch Mehrdeutigkeit und Unüberschaubarkeit

Tabelle 7: **Zwei unterschiedliche Zugänge zur Zukunft**
De Jouvenel (2000, S. 42) fasst die Unterschiede zwischen den beiden Perspektiven (*Forecasting* und *Prospective*) tabellarisch zusammen. Die in der Tabelle angegebenen Unterschiede lehnen sich an diese an, sind aber nicht damit identisch. *Gigo* steht für *garbage in – garbage out*.

Interessanter als das konkrete methodische Vorgehen ist der Paradigmenwechsel, der mit dem Übergang vom *Forecasting* zur *Prospective* erreicht wird. De Jouvenel (2000, S. 42) fasst die Unterschiede zwischen den Perspektiven tabellarisch zusammen (vgl. Tabelle 7). Das methodische Vorgehen bei der Erstellung von Szenarien folgt im Wesentlichen den Grundregeln einer systemwissenschaftlichen Modellbildung (siehe hierzu die Darstellungen in Strunk & Schiepek 2006, S. 121 ff. sowie in Vester 1991/1976, 1999), wie sie z. B. auch der im Kapitel 2.6 (S. 44) angesprochenen Verhulst-Gleichung und allgemein der Modellierungen wirtschaftlicher Phänomene (vgl. Kapitel 3.1, S. 65) zugrunde liegen. Eine knappe Darstellung der Szenariotechnik, spezifischer Problemfelder und möglicher Lösungsansätze findet sich z. B. bei De Jouvenel (2000), Wilson (2000) sowie Godet (2000).

- **Lernende Organisation.** Organisationen agieren in einer Umwelt, die häufig ebenfalls eine komplexe und damit schwer vorhersagbare Dynamik entfaltet. Der äußeren Komplexität sollte daher mit einer inneren Stabilität oder zumindest einer angemessenen Komplexität begegnet werden, die in der Lage ist, sich an veränderte Bedingungen anzupassen. Das führt dazu, dass die dynamische Perspektive der Organisationsforschung von einem Spannungsverhältnis geprägt ist – zwischen Organisieren, Ordnungsbildung und Aufrechterhaltung von Ordnung auf der einen Seite und flexibler Anpassung, Lernbereitschaft und Offenheit für Veränderung auf der anderen. Weick (1979, S. 215) bringt dieses Spannungsverhältnis auf den Punkt, indem er feststellt: *„Organizations continue to exist only if they maintain a balance between flexibility and stability, but this is difficult to do"*. In den letzten Jahren wurde viel über veränderte wirtschaftliche, gesellschaftliche und soziale Bedingungen geschrieben (z. B. Chia 1995, Gergen & Thatchenkery 1996, Müller-Camen et al. 2001) und daraus die Forderung nach einer höheren Flexibilität und Anpassungsfähigkeit von Unternehmen abgeleitet (z. B. Argyris & Schön 1978, kritisch dazu z. B. Mayrhofer 1997). Hinzu kamen mehrere unvorhergesehene Entwicklungen, wie zuletzt die Finanz- und Wirtschaftskrise von 2007/08 (z. B. Read 2009), die einen enormen Veränderungsdruck erzeugten. In einer sich beständig verändernden Welt (Dooley & Van de Ven 1999), in der Märkte geprägt sind von Globalisierung, wachsender Komplexität und den Folgen immer häufiger auftretender diskontinuierlicher Veränderungen, wird der Verlust klassischer Wettbewerbsvorteile konstatiert (z. B. Baets 2005, S. 10) und stattdessen werden der Umgang mit Wissen, Lernfähigkeit und flexible Anpassungsfähigkeit als die zentralen Erfolgsfaktoren benannt (z. B. De Geus 1988, Senge 1990, Nonaka & Hirotaka 1995). Beispielhaft können hier Konzepte wie die „Lernende Organisation" (z. B. Argyris & Schön 1978, Argyris 1999), die „Fünfte Disziplin" (Senge 1990, 1996) oder das „Wissen generierende Unternehmen" (Nonaka & Hirotaka 1995) genannt werden.

- **Drehtürprinzip.** Die Probleme von heute beruhen auf den Lösungen von gestern (Senge 1996, S. 73). Attraktoren können ein breites Einzugsgebiet (Bassin) aufweisen. Vermeintlich neue Herangehensweisen entpuppen sich dann nicht selten als von der gleichen Machart, wie die alten Lösungen. Die Arbeiten zur *bounded rationality* (Simon 1955, 1957) zeigen, dass Menschen aufgrund von kognitiven Begrenzungen dazu tendieren, die nächstbeste Lösung für ein Problem zu akzeptieren und dann nicht mehr nach weiteren alternativen Lösungsmöglichkeiten suchen. Schnell entschiedene und wenig diskutierte Lösungen sind daher oft geprägt von *den* Denk- und Verhaltensmustern, die ursprünglich das Problem verursachten. Daher führen einfache Lösungen oft direkt zurück in das Problem (Senge 1996, S. 77). Senge (1996) verdeutlicht das an zahlreichen Fallbeispielen, die auf archetypische Systemdynamiken zurückgeführt werden (vgl. die Archetypen „Problemverschiebung" und „Fehlerkorrekturen", Senge 1996, S. 454 f., S. 463 f.).

- **Kontextsteuerung.** Phasenübergänge werden angeregt durch Veränderungen von sogenannten Kontrollparametern, also von solchen Parametern, die die Energie des Systems regeln und solchen, die zu den Rand- und Rahmenbedingungen gehören. Es sind also die häufig übersehenen Konstanten des Systems, die eine grundsätzliche Veränderung der Prozesse ermöglichen. Senge (1996, S. 80) stellt z. B. fest, dass Systeme nicht selten zwar auf der einen Seite resistent gegen Veränderungen sind, aber auf der anderen Seite sensible Druckpunkte aufweisen, die jedoch schwer aufzuspüren seien. Unternehmenskultur, Kommunikationsstile, die Architektur von Arbeitsstätten und Gebäuden, Unternehmensfeiern, Leitbilder, Kommunikationsintensität und Geldfluss, Motivationen und Emotionen sind – je nach System – zentrale Kontrollparameter, Rand- und Rahmenbedingungen, in denen unternehmerisches Handeln, Managemententscheidungen oder Leistungserbringung stattfinden. Sie bilden die Druckpunkte, die Veränderungen im System anregen können.

Die hier genannten Hinweise zum Umgang mit komplexen Systemen können kontrovers diskutiert werden und stellen häufig keine gesicherten Tatsachen dar. Sie gehen von einer komplexer werdenden Umwelt und/oder komplexer werdenden Verhaltensmustern innerhalb von Organisationen aus (z. B. durch Wertewandel und Individualisierungstendenzen von Mitarbeiterinnen und Mitarbeitern, vgl. dazu etwa die Diskussion um die sogenannte Generation Y, Martin & Tulgan 2001 und kritisch dazu: Parnes et al. 2008) und stellen zum Umgang mit der gesteigerten Komplexität mehr oder minder spezifische Organisations- und Managementprinzipien zusammen. Ob aber die Komplexität tatsächlich steigt und ob die vorgeschlagenen Maßnahmen tatsächlich hilfreich sind, ist empirisch weitgehend ununtersucht. In diesem Sinne haben die genannten Hinweise den Charakter von Hypothesen, die aus der Perspektive eines *Evidence Based Management* (Pfeffer & Sutton 2006) einer genaueren Untersuchung bedürfen.

Einer Fülle von kreativen Ideen steht eine geringe empirische Fundierung gegenüber

Bei dem Versuch, die komplexitätsorientierten Arbeiten aus dem Bereich der Managementforschung überblicksartig darzustellen, zeigt sich, dass es nicht ganz einfach ist, in der Fülle von Arbeiten eine einheitliche Argumentationslinie zu identifizieren. Die folgende Struktur ist daher als grobe Vereinfachung zu interpretieren. Sie findet sich z. B. in Stacys *Complexity and Creativity in Organizations* (1996):

- **Theoretische Fundierung.** Theoretische Grundlagen, z. B. der Chaosforschung, der fraktalen Geometrie, der Synergetik, werden aus naturwissenschaftlichen Arbeiten übernommen und häufig populärwissenschaftlich aufbereitet dargestellt.
- **Analogiebildung.** Die Gültigkeit der *New Sciences* für viele verschiedene Fachgebiete wird betont und in Analogie auch eine Gültigkeit für das Management und für Wirtschaftssysteme gefolgert (so spricht Stacey 1996 vom „*Mapping the Science of Complexity onto Organizations*", S. 107). Wo möglich werden empirische Belege zitiert, die jedoch auf die Analyse von Finanzdaten beschränkt bleiben. Mitunter werden Gleichungsmodelle (bevorzugt das Verhulst-System) vorgestellt (z. B. auch Strunk 1999), die chaotische Eigenschaften aufweisen.

- **Praxisbezogene Schlussfolgerungen.** Aus Theorie und Analogiebildung werden praxisrelevante Schlussfolgerungen abgeleitet, wie sie auch in den Konzepten anklingen, die als Chaos Management (Müri 1988, Odiorne 1991, Paker & Stacey 1994), Fraktale Fabrik (Löser 1993, Warnecke 1993) etc. bezeichnet werden.

Die hier grob skizzierten Arbeiten lassen sich am ehesten der dritten Forschungsfrage nach den Folgen einer gesteigerten Komplexität zuordnen (vgl. Tabelle 8). Die Definition von Chaos bzw. Komplexität wird den entsprechenden Grundlagenwissenschaften aus den Theorien Nichtlinearer Dynamischer Systeme entnommen (z. B. zitiert Stacey 1996 in diesem Zusammenhang die klassischen Arbeiten von Lorenz 1963, Prigogine & Stengers 1984, Ruelle 1991). Gründe für Komplexität und Folgerungen aus einer veränderten Komplexität werden zwar durchaus diskutiert, stehen aber nicht Vordergrund. Viele Arbeiten entwickeln aus der Analogiebildung zur Komplexitätstheorie weitreichende Vorschläge für z. B. Organisationsstrukturen (Warnecke 1993) oder fragen danach, wie Managementpraktiken angesichts einer zunehmend komplexer werdenden Welt verändert werden müssten (Stacey 1992, 1995, 1996). In diesem Sinne ist die Forschungsfrage vom Typ einer Technologieentwicklung (zur Typologie: Nienhüser & Magnus 2003, S. 4, Karmasin & Ribing 2006).

Forschungsfrage	Umgang mit der Forschungsfrage
Was ist Komplexität?	kein Thema
	Bezug zu den Theorien Nichtlinearer Dynamischer Systeme wird hergestellt
Gründe für Komplexität?	kein Thema
Auswirkung von Komplexität?	**Technologieentwicklung:** Wie sollten Managementpraktiken angesichts einer zunehmend komplexer werdenden Welt verändert werden?
Empirie	Keine

Tabelle 8: **Untersuchte Forschungsfragen – Anwendungsbezogene Managementforschung**
Die Anwendungsbezogene Managementforschung geht davon aus, dass die Welt komplexer wird und fragt sich, wie Management angesichts dieser Veränderung gestaltet werden sollte. Die Forschungsfrage ist damit vom Typ der Technologieentwicklung.

Insgesamt bietet dieser Forschungsbereich ein buntes Mosaik mit unterschiedlichen Facetten. Zahlreiche, zum Teil gewagte und nicht immer im Einklang mit den naturwissenschaftlichen Grundlagen stehende Vorschläge eröffnen viele empirische Forschungsfelder, die bisher aber kaum untersucht wurden (vgl. für eine Übersicht Rose 2017). Hier, wie auch bei den anderen bisher dargestellten Forschungsrichtungen, könnten neuere, weniger strenge Methoden der Komplexitätsforschung sinnvoll eingesetzt werden.

3.4 Defizite in der Empirie

Drei Zugänge der wirtschaftswissenschaftlichen Forschung zu komplexen Systemen wurden in den vorangegangenen Kapiteln in Bezug auf drei zentrale Forschungsfragen diskutiert. Jede der drei Forschungsrichtungen sucht Anschluss an die naturwissenschaftlich fundierten Ansätze aus dem Umfeld der Theorien Nichtlinearer Dynamischer Systeme. Sie beziehen sich explizit auf die Chaosforschung, die fraktale Geometrie, die Synergetik oder die Theorien Dissipativer Systeme und sind sich damit einig in der Bedeutung dieser Konzepte für die wirtschaftswissenschaftliche Theoriebildung, Forschung und Praxis. Bei Recherchen in Datenbanken fällt zunächst die große Fülle an Arbeiten auf. Diese belegt, dass die Nutzung der Theorien Nichtlinearer Dynamischer Systeme in der Wirtschaftswissenschaft schon lange kein randständiges Forschungsgebiet mehr darstellt.

Es fehlt an Empirie

Dennoch ist die empirische Befundlage dünn. Nur einer der Ansätze nutzt regelmäßig empirische Zugänge, bleibt dabei aber auf eine stark eingeschränkte Fragestellung begrenzt. Die oben angesprochenen zentralen empirischen Forschungsfragen – zum einen nach den Gründen für eine steigende oder sich verringernde Komplexität und zum anderen nach den Auswirkungen einer sich verändernden Komplexität – werden empirisch nicht beantwortet, aber theoretisch zum zentralen Thema erhoben. So geht es im Rahmen der nichtlinearen Modellierung wirtschaftlicher Phänomene im Wesentlichen um die Identifikation von Rand- und Rahmenbedingungen, unter denen sich die Modelle chaotisch verhalten könnten. Empirisch prüfbare Hypothesen sind die zentralen Ergebnisse dieser Arbeiten, werden aber im Feld nicht untersucht.

Auch die Managementforschung widmet sich einer wichtigen Forschungsfrage. Sie geht davon aus, dass die Komplexität der Umwelt und Organisationen sowie des individuellen Verhaltens in den letzten Jahren gestiegen ist und noch weiter wachsen wird. Angesichts dieser veränderten Rahmenbedingungen für wirtschaftliches Handeln werden weitreichende Vorschläge unterbreitet, die sich an Hinweisen zum Umgang mit Komplexität in natürlichen Systemen (z. B. Fraktale Strukturen) orientieren. Diese Arbeiten haben grundsätzlich metaphorischen Charakter, beruhen auf Analogiebildungen und werfen damit ebenfalls zahlreiche empirisch relevante Fragestellungen auf. Auch diese werden bisher kaum mit realen Daten verglichen.

Die Anforderungen klassischer Methoden sind hoch, neue Methoden sind unbekannt

Die Gründe für das Fehlen von empirischen Studien oder die Eingeschränktheit vorliegender Untersuchungen können in methodischen Hindernissen beim Umgang mit adäquaten Forschungsdesigns gesehen werden. Um diese Gründe besser nachvollziehen zu können, ist es zunächst hilfreich, zwischen klassischen Methoden der Chaos- und Komplexitätsforschung und einigen neueren Methoden zu unterscheiden. Die klassischen Methoden erfordern idealerweise „unendlich" lange Zeitreihen. Praktisch mögen eventuell Tausend Messzeitpunkte genügen, aber auch solche „geringen" Datenmengen können in vielen Forschungsrichtungen nicht generiert werden (vgl. dazu etwa Gleichung 31 ff., ab S. 228 ff.). Diese Methoden erfordern zudem ein sauberes Intervallskalenniveau (was für Fragebogendaten nicht immer gegeben ist) und sollten möglichst frei von Messfehlerrauschen erhoben sein (ein Ideal, welches bei physikalischen Experimenten eingehalten werden kann, aber in den Sozialwissenschaften kaum zu erfüllen sein dürfte). Wenn überhaupt, dann können diese Anforderungen im Bereich der Analyse von Finanzdaten noch am ehesten erreicht werden. So sind z. B. Aktienzeitreihen als historische Daten in genügender Menge leicht verfügbar.

Stationarität ist eine Voraussetzung für viele Methoden

Ein weiteres wichtiges Kriterium für die Zulässigkeit der Anwendung klassischer Methoden der Chaos- und Komplexitätsforschung ist die Stationarität der Daten (vgl. dazu ausführlicher S. 101 ff. und S. 107 ff.). Zentrale statistische Rahmenbedingungen und auch die zu messende Komplexität dürfen sich im Zeitverlauf nicht verändern. Dies schränkt aber auch die Analyse von Finanzdaten ein, da für lange Zeitreihen lange Beobachtungszeiten nötig sind und Veränderungen von Rand- und Rahmenbedingungen dadurch wahrscheinlicher werden.

Noch bedeutsamer wird das Problem der Stationarität, wenn man sich vergegenwärtigt, dass die oben als zentral bezeichneten Forschungsfragen ganz konkret auf nichtstationäre Entwicklungen abzielen. Die vermutete Veränderung von Komplexität und die Folgen einer wachsenden Komplexität erfordern ein grundsätzlich (quasi)experimentelles Forschungsdesign, welches Unterschiede in der Komplexität ebenso erfassen kann wie nichtstationäre Komplexitätsveränderungen. Klassische Methoden der Chaos- und Komplexitätsforschung sind nur unter sehr hohen Datenanforderungen – und dann auch nur eingeschränkt – in der Lage, solche Entwicklungen abzubilden.

Die Ziele des vorliegenden Handbuches

Es wurde schon darauf hingewiesen, dass neuere Verfahren der Komplexitätsforschung eine Lösung der angesprochenen Probleme bieten könnten. Da aber selbst für die seit rund 30 Jahren verfügbaren klassischen Verfahren kaum bedienbare Software zu finden ist und auch anwendungsorientierte Lehrbücher weitgehend fehlen, mag es wenig verwundern, wenn die neueren Verfahren in der Wirtschaftswissenschaft noch nicht einmal ansatzweise bekannt sind. So beruhen alle in Tabelle 4, S. 78 angeführten Studien auf klassischen Verfahren, die nicht einmal in jedem Fall korrekt angewendet wurden. Seit einigen Jahren ist zwar ein Softwarepaket frei verfügbar (Tisean: Hegger et al. 1999, 2000), dieses erfordert aber Erfahrung im Umgang mit Kommandozeilenprogrammen, Programmierkenntnisse in C++ und Fortran sowie fundierte Kenntnisse der physikalischen Literatur über nichtlineare dynamische Systeme.

Es ist daher das Ziel des vorliegenden Handbuches, diese Lücke zu schließen, indem sowohl die klassischen als auch die neueren Verfahren ausführlich anhand von Beispielen aus der Wirtschaftswissenschaft und vor dem Hintergrund einer gut bedienbaren Analysesoftware (vom Autor seit 1992 unter dem Namen GChaos programmiert, Download unter: www.complexity-research.com) dargestellt werden.

4 Forschungsdesigns der Komplexitätsforschung

Die grundlegenden Strategien zur Messung von Komplexität wurden oben bereits angesprochen und sind grob in Abbildung 3 (S. 40) skizziert. Sie orientieren sich an folgenden, einander jeweils ergänzenden bzw. gegenseitig überprüfenden Zielsetzungen:

- **Ordnung feststellen.** Auch Chaos enthält Merkmale einer komplexen Ordnung. Eine Strategie zur Messung von Komplexität besteht daher darin, den Anteil von Ordnung (z. B. einfache wiederkehrende Muster) in Datenreihen zu bestimmen (z. B. *Recurrence Plots*, S. 375 ff.).

- **Zufall feststellen.** Zufallsprozesse gelten nicht als komplex, weil sie über eine maximale Unordnung verfügen. Diese kann mithilfe geeigneter Verfahren für gegebene Daten konkret beziffert werden. Es kann dann anschließend geprüft werden, ob die gegebene Datenreihe dieses Maximum erreicht oder wie weit sie davon abweicht. Beispielsweise verfügt die Permutationsentropie (Bandt & Pompe 2002) über ein solches theoretisch vorher berechenbares Maximum (vgl. S. 430 ff.).

- **Komplexität konkret messen.** Das zentrale Merkmal und Definitionskriterium für Chaos ist die sensitive Abhängigkeit des Systemverhaltens von minimalen Verstörungen (Schmetterlingseffekt) und kann z. B. über den *Lyapunov*-Exponenten direkt quantifiziert werden (vgl. S. 285 ff.).

Die verschiedenen Strategien können miteinander kombiniert werden und weisen jeweils spezifische Vor- und Nachteile auf. Auch wird Zufall, Ordnung und Komplexität je nach Verfahren immer etwas anders definiert, sodass nicht immer konsistente Ergebnisse erwartet werden können. Die verschiedenen Methoden werden in späteren Kapiteln ausführlich dargestellt. Bestimmte Eigenschaften sind aber – bei aller Unterschiedlichkeit – allen Verfahren gemein und sollen im Folgenden vorgestellt werden: Unabhängig vom konkreten Algorithmus sind Fragen zur Stationarität, eventuell nichtstationäre Erweiterungen und der Einsatz statistischer Testverfahren (Surrogatdatentestung) zu berücksichtigen.

4.1 Stationäre Analyse

Methoden der Komplexitätsforschung sind an Merkmalen der Dynamik und an Prozessgestalten in Zeitreihen interessiert. Damit stehen Veränderung, Dynamik und Prozess zwar im Zentrum der Analyse, es wird aber versucht, in dieser Dynamik zeitlich stabile Muster und Ordnungsstrukturen zu identifizieren. Man spricht in diesem Zusammenhang auch von Invarianten des dynamischen Systems. Diese Invarianten sind z. B. der *Lyapunov*-Exponent, der den Schmetterlingseffekt bemisst und dabei von den konkreten Prozessen des Systems abstrahiert. Komplexitätsmaße quantifizieren also einen Prozess als mehr oder minder komplex und meinen damit eine Eigenschaft, die dem Prozess in seiner Gesamtheit zukommt.

Daraus folgt, dass sich jede Komplexitätsanalyse auf einen Zeitraum erstreckt und grundsätzlich nicht an einzelnen Zeitpunkten interessiert ist. Der betrachtete Zeitraum muss daher groß genug sein, damit sich die Gestalt der Dynamik soweit durchsetzen kann, dass es den eingesetzten Methoden auch gelingt, sie zu identifizieren. Ist das Verhalten eines Systems z. B. periodisch und wiederholen sich die Zyklen ungefähr alle 365 Tage, so wird es nicht genügen, nur Daten von 30 Tagen zu analysieren. Wahrscheinlich sind sogar Vielfache von 365 nötig, um den Zyklus durch mehrmalige Beobachtung auch wirklich sicher feststellen zu können.

Komplexität ist ein Verhalten während eines Zeitraumes

Problematisch sind vor diesem Hintergrund bedeutsame Veränderungen, die während der Beobachtungszeit (ungeplant) auftreten. Solche bedeutsamen Veränderungen sind alle Veränderungen, die die Komplexität des Systems oder die Berechnungsmethodik beeinflussen. Ähnlichen Problemen sieht sich auch eine Fotografin gegenüber, die eine passende Belichtungszeit für ihr Motiv auswählt. Während die Kamera belichtet, darf sich das Motiv nicht bewegen, verändern etc. Das stellt kein Problem dar, wenn das Umgebungslicht eine kurze Belichtungszeit (z. B. 1/1000tel Sekunde) erlaubt, wird aber zu einer großen Schwierigkeit, wenn eine lange Belichtungszeit erforderlich ist (z. B. 2 Minuten). Aber unabhängig von der Dauer der Belichtungszeit – und sei sie auch noch so kurz – könnte sich etwas während der Aufnahme verändern und dies würde das Bild verderben. Hilfreich ist in der Fotografie die Möglichkeit, bei schlechtem Licht auf empfindlichere Filme auszuweichen oder – in der Digitalfotografie – auf eine höhere Sensorsensibilität umzuschalten. Das hat mitunter Nachteile für die Auflösung und Körnigkeit des Bildes, kann aber das Zeitproblem entschärfen. In der Komplexitätsforschung verhält es sich ähnlich: Immer ist eine Zeitspanne für die Messung der Komplexität erforderlich. Ist diese groß, kann es zu Unschärfen und fehlerhaften Berechnungsergebnissen kommen. Einige Methoden erlauben eine sehr treffsichere Quantifizierung der Komplexität (*Lyapunov*-Exponenten, fraktale Geometrie), benötigen dafür aber lange Beobachtungszeiten (viele hundert bis mehrere tausend Messzeitpunkte). Andere Methoden sind in der Abbildung von Ordnung und Chaos eher grobkörnig und wenig präzise, benötigen dafür aber weitaus weniger Daten.

Damit bestimmt die gewählte Methode mit darüber, wie viele Beobachtungspunkte nötig werden, um eine Komplexitätsanalyse durchführen zu können. Zugleich hängt es aber auch vom Motiv, also vom System ab, wie häufig dieses Datenpunkte zu liefern in der Lage ist und wie schnell es sich verändert (Kursschwankungen in Aktienzeitreihen können im Minutentakt relevante Veränderungen erfahren, während Klimaveränderungen in Generationen gerechnet werden und für geologische Veränderungen Jahrmillionen eine adäquate Zeitskala darstellen, vgl. Abbildung 18).

Damit spielt dann aber nicht nur der Zeitraum, der sinnvollerweise zwischen zwei Messungen vergehen sollte, eine Rolle. Hinzu kommt der eigentliche Inhalt der Analyse. Ist ein System hochgradig komplex, so befindet es sich nahe beim Zufallsrauschen. Die Identifikation von Mustern und Ordnungsstrukturen gleicht hier der Suche nach der Stecknadel im Heuhaufen und erfordert daher umso mehr Datenmaterial.

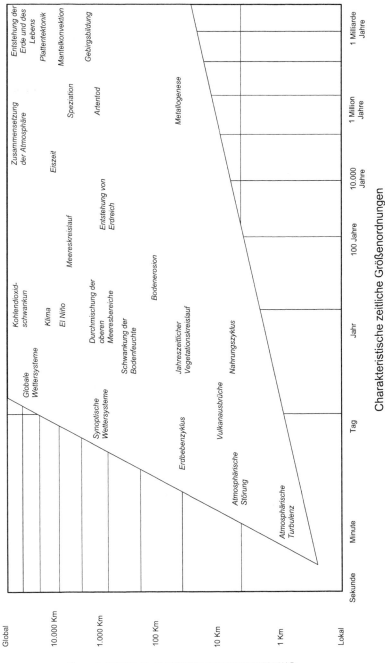

Abbildung 18: **Zeitliche und räumliche Größenordnungen des Systems Erde**
Charakteristische zeitliche und räumliche Größenordnungen (logarithmisch) einer Auswahl wichtiger Prozesse im „System Erde". (Abbildung nach: Untersteiner 1995, S. 142)

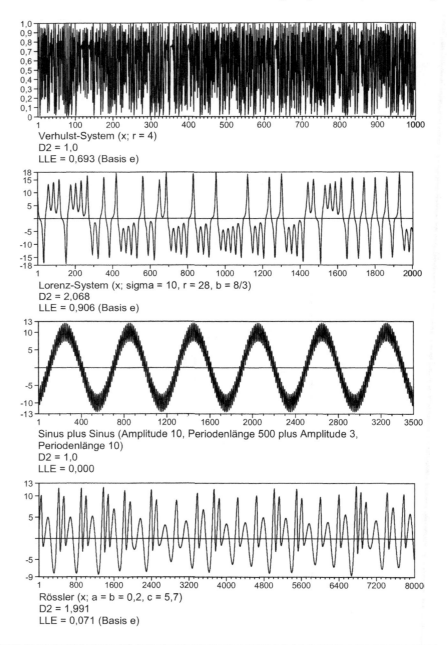

Abbildung 19:	Stationäre Systeme
	Die Abbildung zeigt die Dynamik des Verhulst-Systems, der Variable x des Lorenz-Systems (vgl. auch Abbildung 12, S. 57), zweier additiv überlagerter Sinuszeitreihen und der Variable x des Rössler-Systems (vgl. auch Abbildung 33, S. 158). Die Parameterwerte wurden über die Beobachtungszeit hinweg konstant gehalten, sodass die jeweilige Dynamik über den gesamten Zeitraum dem gleichen „Grundmuster" folgt. Die Systeme verhalten sich hier stationär und klassische Kennwerte der Komplexitätsmessung wie das D2 (vgl. S. 205 ff.) sowie der LLE (vgl. S. 285 ff.) können für den gesamten Zeitraum als Invarianten bestimmt werden.

Extrem viele Daten sind notwendig, um in hochkomplexen Systemen Ordnung verlässlich nachzuweisen. Die Gefahr, dass es durch die erhöhte Datenmenge auch zu einer Verlängerung der Beobachtungszeit kommt und sich der Prozess währenddessen grundlegend verändert, steigt entsprechend an. Daraus ergibt sich die Forderung, dass sich zentrale Rand- und Rahmenbedingungen während des Beobachtungszeitraumes nicht ändern sollen. Dies ist für experimentelle Forschungsdesigns – vor allen in den Naturwissenschaften – leichter möglich als in den quasiexperimentellen Designs der Sozialwissenschaften. Lernfähige Systeme verändern sich in Abhängigkeit von Erfahrungen zwangsläufig und können so gravierende Veränderungen in der Prozessdynamik hervorbringen, ohne dass dies durch die Veränderung externer Rand- und Rahmenbedingungen angeregt worden wäre (vgl. hierzu das Prinzip der nicht-trivialen Maschine, S. 24 ff.).

Gründe für eine stationäre Analyse

Zudem können statistische Eigenschaften der Daten die Berechnungsmöglichkeiten beeinflussen und sich ebenfalls im Verlauf der Zeit verändern, ohne dass sich die Komplexität selber ändert. So wie plötzlich auftretende Neben- und Störgeräusche ein Tonsignal bis zur Unkenntlichkeit überlagern können, auch wenn sie das eigentliche Signal gar nicht beeinflussen, könnte z. B. eine schwankende Messgenauigkeit die Komplexitätsbestimmung erschweren. Je nach Verfahren sollten sich aber auch andere statistische Eigenschaften der Daten nicht verändern. So macht es einigen Methoden Probleme, wenn die Daten einen Trend aufweisen oder sich die Varianz ändert. Die Komplexität des Signals kann davon völlig unberührt sein, aber die Algorithmen für die Bestimmung dieser Komplexität können dennoch sehr empfindlich darauf reagieren. So ist die Identifikation von Mustern erschwert, wenn diese zwar wiederholt in ähnlicher – aber eben nicht identischer – Weise auftreten. So wie eine Melodie die gleiche bleibt, auch wenn sie in verschiedenen Tonlagen gespielt wird, sollte ein Algorithmus, der Muster in Daten erkennt, in der Lage sein, das gleiche Muster auch dann zu identifizieren, wenn die Zahlenwerte nicht exakt dieselben sind. Diese Unempfindlichkeit für Niveauänderungen oder andere Transformationen des Zahlenraumes gelingt nicht jedem Verfahren gleich gut, sodass vor der Analyse Methoden eingesetzt werden sollten, die die Daten um systematische Veränderungen bereinigen (vgl. dazu S. 130 ff.). Oder man verzichtet auf stationäre Analysen zugunsten von nichtstationären Verfahren (vgl. das folgende Kapitel ab S. 107 ff.). Für ein stationäres Forschungsdesign können die folgenden Gründe ausschlaggebend sein:

- **Kurzer Erhebungszeitraum.** In der kurzen Zeit sind aus theoretischen Gründen oder aufgrund von Vorerfahrungen etc. keine Verletzungen der Stationaritätsannahme zu erwarten.
- **Experimentelles Design (*Ceteris-Paribus*-Prinzip).** Es kann durch ein experimentelles Design sichergestellt werden, dass keine Veränderungen der Rand- und Rahmenbedingungen zu erwarten sind (vgl. Abbildung 19).

Umgekehrt sprechen folgende Gründe gegen eine stationäre Analyse:

- **Langer Erhebungszeitraum.** Ein langer Erhebungszeitraum birgt immer die Gefahr für nichtstationäre Veränderungen, auch dann, wenn versucht wird, Rand- und Rahmenbedingungen konstant zu halten.
- **Feldstudien.** Rand- und Rahmenbedingungen können in Feldstudien in der Regel nicht im erforderlichen Ausmaße konstant gehalten werden.
- **Veränderungen sind das eigentliche Ziel.** Die oben mehrfach angesprochenen Hypothesen über eine in den letzten Jahren dramatisch gestiegene Komplexität zielen direkt auf eine Veränderungsmessung ab. Diskontinuierliche Veränderungen (eventuell sogar nach dem Modell des Phasenüberganges) sind in vielen Systemen z. B. durch Lernprozesse zu erwarten oder sogar angestrebt (z. B. bei der Analyse eines *Change*-Prozesses in einem Unternehmen).

4.2 Nichtstationäre Analysen

In der Regel sind zeitreihenanalytische Verfahren an die Stationarität der zu untersuchenden Prozesse gebunden. Kann diese nicht vorausgesetzt werden oder wird sogar der Nachweis von Veränderungen angestrebt, bleibt vielfach der Ausweg, das fragliche Verfahren jeweils auf ein möglichst schmales (aber für eine reliable Berechnung noch ausreichendes) Zeitfenster zu begrenzen und dieses Fenster nach jeder Berechnung um einen Zeitschritt weiterzuschieben. Dieses Vorgehen wird auch als *Moving Window* oder Gleitendes Fenster bezeichnet. Es lässt sich prinzipiell auf jedes Verfahren der Komplexitätsanalyse anwenden.

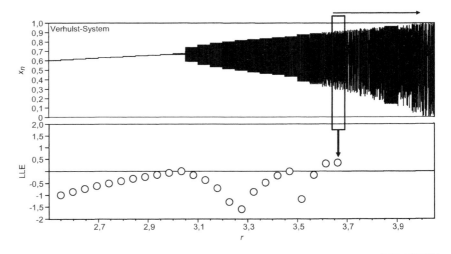

Abbildung 20: Nichtstationäre Analyse des LLE des Verhulst-Systems
Wenn man den Parameter *r* des Verhulst-Systems verändert, ändert sich auch die Dynamik des Systems (vgl. auch Abbildung 9, S. 54). Eine stationäre Analyse ist hier nicht mehr sinnvoll durchführbar. Die Abbildung zeigt schematisch, wie in einem genügend breiten Fenster jeweils der LLE (vgl. S. 285 ff.) bestimmt wird und dann das Fenster weitergeschoben wird.

Im Grunde gilt für jedes Verfahren der Komplexitätsforschung, dass längere Zeitreihen – also größere Fensterbereiten – zu reliableren Ergebnissen führen. Dieser Zusammenhang beruht auf der Tatsache, dass Muster und Strukturen in Daten nur dann sicher identifiziert werden können, wenn diese Muster und Strukturen mehrfach in den Daten vorkommen. Zudem gilt, dass triviale Muster sich bereits in kurzen Datensätzen deutlich abbilden, wohingegen komplexe Muster mehr Daten benötigen.

Mit der Fensterbreite werden Reliabilität und Vermeidung von Nichtstationarität bestimmt

Daher wächst mit der Datenlänge auf der einen Seite die Reliabilität, aber auf der anderen Seite auch die Gefahr für nichtstationäre Entwicklungen. Um Letztere gering zu halten, kann es sinnvoll sein, das Fenster für das *Moving Window* möglichst schmal zu wählen. Sollten dann Probleme mit der Reliabilität der Komplexitätsanalyse pro Fenster auftreten, so wird das durch die mehrfache Messung in der Regel wieder ausgeglichen (das Fenster wird ja nur um einen Zeittakt verschoben und dann erfolgt die Berechnung erneut, es wird also jeweils nur ein Datenpunkt am Anfang des Fenster herausgelassen und durch einen neuen am Ende ersetzt). Dabei ist aber zu berücksichtigen, dass bestimmte Mindestanforderungen an die Datenlänge auch hier gewahrt bleiben. Es macht wenig Sinn, dass Fenster so schmal zu wählen, dass gar keine Analyse mehr möglich ist (einige Algorithmen – z. B. das D2, Abbildung 63, S. 233 – sehen einen Abbruch der Berechnung vor, wenn Analyseschritte z. B. aufgrund zu geringer Datenmengen fehlschlagen).

Die Auswirkungen schmaler Fenster

Da die Chance auf die saubere Identifikation von Ordnungsstrukturen mit schmaler werdenden Fenstern geringer wird, werden Verfahren, die gezielt nach Ordnung suchen, diese immer seltener finden (obwohl sie in den Daten durchaus enthalten sein können). Verfahren, die gezielt nach Zufall suchen, werden diesen häufiger identifizieren und Verfahren zur direkten Messung von Komplexität zeigen vermehrt Berechnungsausfälle. Insgesamt wird die Differenzierungsfähigkeit eines Komplexitätskennwertes durch zu schmale Fenster eher eingeschränkt, sodass reale gegebene Schwankungen der Komplexität nicht mehr im gleichen Maße abgebildet werden können.

Kriterium	schmale Fenster	breite Fenster
Reliabilität	nimmt ab	nimmt zu (wenn Nichtstationarität die Berechnungsgenauigkeit nicht verschlechtert)
Gefahr für Nichtstationarität	nimmt ab	nimmt zu
Identifikation von Ordnung, falls vorhanden	erschwert	erleichtert
Identifikation von Komplexität, falls vorhanden	erschwert	erleichtert
Gefahr, dass Algorithmus wegen zu kurzer Zeitreihen abbricht	nimmt zu	nimmt ab
Varianz der Ergebnisse	Zunahme, da reale Veränderungen sichtbar werden.	Abnahme, da reale Veränderungen in breiten Fenstern untergehen.
	Abnahme, wenn Kennwert durch begrenzte Datenmenge seine Differenzierungsfähigkeit einbüßt, z.B. nur mehr maximale Komplexität ergibt.	Zunahme, sobald der Kennwert seine volle Differenzierungsfähigkeit erlangt.

Tabelle 9: **Auswirkung schmaler oder breiter *Moving Windows***
Die Tabelle fasst Aspekte zusammen, die bei der Festlegung der Breite eines *Moving Windows* berücksichtigt werden sollten. Da diese Faustregeln keine Berechnung der idealen Fensterbreite erlauben, sollten die Berechnungen für verschiedene Fensterbreiten wiederholt und miteinander verglichen werden.

Die Auswirkungen breiter Fenster

Wird jedoch das Fenster zu breit gewählt, gewinnen nichtstationäre Einflüsse innerhalb des Fensters an Bedeutung und können die Ergebnisse verfälschen. Zudem nimmt bei breiten Fenstern auch die Variation der Komplexitätswerte ab. Für schmale Fenster liegt dies an der begrenzten Datenmenge, die weder genügt, um eine starke Komplexität noch um eine hohe Ordnung nachzuweisen. Bei einem breiten Fenster führt die Zusammenfassung sehr vieler Datenpunkte dazu, dass mögliche Veränderungen innerhalb des Fensters nicht mehr erfasst werden können. Ein breites Fenster liefert dann eine Art Mittelwert bzw. Zusammenfassung über die Schwankungen innerhalb des Fensters. Es kommt durch ein breites Fenster also zu einem verstärkten „Ausbügeln" und Glätten von Komplexitätsveränderungen.

Skalenkonstruktion für Berechnungsparameter

Es gibt also eine ideale Fensterbreite, die bestimmt wird von Reliabilität, Nichtstationarität und Glättungseffekten. Nichtstationäre Analysen mit gleitenden Fenstern sollten daher für verschiedene Fensterbreiten wiederholt und miteinander verglichen werden. In der Regel hat aber nicht nur die Fensterbreite Auswirkungen auf die Berechnungsergebnisse. Hinzu kommen Abhängigkeiten von relevanten Berechnungsparametern, wie z. B. der Wahl der passenden Einbettung etc. (vgl. S. 162 ff.). Variiert man Fensterbreite und bedeutsame Berechnungsparameter systematisch, kann man schnell recht viele Varianten produzieren, welche davon zeigt den „wahren" Verlauf der Komplexität? Für dieses Problem wird im Folgenden ein Vorgehen vorgeschlagen, welches aus dem Methodenarsenal der Fragebogenkonstruktion nach der klassischen Testtheorie entlehnt wird (vgl. z. B. Lienert & Raatz 1994).

Die sogenannte klassische Testtheorie geht davon aus, dass ein Merkmal mit einer großen Anzahl von Indikatoren gleichermaßen abgebildet werden kann. Im Fall der Analyse von Zeitreihendaten mit einem gleitenden Fenster sind dies die verschiedenen Berechnungsparameter und Fensterbreiten. Grundsätzlich sollten alle „vernünftigen" Vorgaben auch brauchbare Ergebnisse liefern, sich also von unpassenden Analyseparametern bzw. Fensterbreiten unterscheiden lassen. Wie aber kann diese Unterscheidung gelingen? Die klassische Testtheorie geht zunächst davon aus, dass es den „wahren" Wert für – in unseren Fall – die Komplexität einer Zeitreihe tatsächlich gibt. Führt man nun eine Komplexitätsbestimmung durch, dann erhält man aber nicht automatisch diesen wahren Wert, sondern einen mehr oder weniger reliablen Messwert für die Komplexität. Der gemessene Wert und der wahre Wert unterscheiden sich in der Regel. Denn der Messwert enthält neben dem wahren Wert immer auch einen Messfehler. In der klassischen Testtheorie hofft man auf einen additiven Fehler, der mit der Merkmalsausprägung nicht korreliert ist. Ist das der Fall, so kann man erwarten, dass sich die Fehler durch mehrere Messungen und anschließende Mittelwertbildung gegenseitig aufheben.

Die Reliabilität kann über Cronbachs Alpha ermittelt werden

Der wahre Wert wird also identifiziert, indem man über mehrere Messungen mittelt. Eine solche Fehlerminimierung ist dann um so reliabler, je mehr sich der Mittelwert dem wahren Wert annähert. Konkret ist die Reliabilität das Verhältnis der Varianz der wahren Werte zur Varianz der gemessenen Werte. Wie aber stellt man die Reliabilität fest, wenn man den wahren Wert nicht kennt? Dies gelingt durch die Korrelation verschiedener Messungen. Wenn unterschiedliche Messungen den immer gleichen wahren Wert zu erfassen versuchen, so sollten sie miteinander korreliert sein. Sollten sie hingegen gar nicht den gleichen wahren Wert erfassen, sondern jeweils ganz unterschiedliche Konstrukte, so wird diese Korrelation fehlen, ebenso wie bei einem starken Messfehler. Eine Möglichkeit der Reliabilitätsbestimmung ist daher dadurch gegeben, dass man die durchgeführten Messungen in zwei beliebige Hälften teilt und die eine Hälfte mit der anderen korreliert (*Split-Half*-Verfahren, Lienert & Raatz 1994). Diese Idee lässt sich verallgemeinern, wenn man die Korrelation jeder Messung mit jeder anderen Messung in einen Kennwert vereint. Dies wird durch die von Cronbach vorgeschlagene Berechnungsmethode, die als Cronbachs Alpha bezeichnet wird, erreicht (Lienert & Raatz 1994). Aufbauend auf diesen Überlegungen können Ergebnisse, die mit verschieden breiten gleitenden Fenstern bestimmt wurden, ebenfalls mit Cronbachs Alpha auf Reliabilität geprüft werden.

Die Itemanalyse erlaubt es, unpassende Fenster und Berechnungsparameter zu identifizieren

Zudem wird es dann auch möglich, diejenigen Analysen, die einen zu großen Fehler produzieren, auszuschließen. Dies geschieht im Rahmen einer sogenannten Itemanalyse (Lienert & Raatz 1994). Kernbestandteil dieses Auswahlverfahrens ist die Korrelation jedes einzelnen Items mit der gemittelten Gesamtskala (sogenannte Itemtrennschärfe). Dazu wird die Gesamtskala ohne das fragliche Item durch Mittelwertbildung erzeugt und dann mit dem Item korreliert. Ein Item, das hoch mit der Gesamtskala korreliert, gehört in die Skala; eines, das kaum mit ihr korreliert, misst etwas anderes oder repräsentiert zu viel Messfehlerrauschen. In einem schrittweisen Verfahren können nach und nach alle unpassenden Items eliminiert werden. Dazu wird Schritt für Schritt jeweils das Item ausgeschlossen, welches die geringste Trennschärfe aufweist. Der Ausschluss stoppt, sobald sich die Reliabilität (Cronbachs Alpha) nicht mehr verbessert. Auf diese Weise werden nur diejenigen Items herausgenommen, die die Reliabilität verschlechtern. Alle anderen bleiben in der Skala.

Dieses Verfahren kann auf Zeitreihenanalysen übertragen werden: Unpassende und die Reliabilität verschlechternde Fensterbreiten bzw. Berechnungsparameter werden so ausgeschlossen. Gleichzeitig kann dann die Reliabilität der Analyse konkret als Zahlenwert angegeben werden, sodass – anders als bei vielen Komplexitätsanalysen – die Güte der Messung bekannt ist.

Verfälscht werden solche Reliabilitätsanalysen jedoch durch Items, die sich nur scheinbar voneinander unterscheiden. So ist es kein Wunder, wenn sich eine hohe Reliabilität ergibt, wenn immer das exakt Gleiche gemessen wird. Sind also die Variationen der Fensterbreite und der Berechnungsparameter gering, so erhöht sich die Reliabilität allein deshalb, weil sich die Messungen *de facto* gar nicht unterscheiden.

Zusammenfassung

Zusammenfassend kann man festhalten, dass durch die Anwendung gleitender Fenster nichtstationäre Analysen für jedes Komplexitätsmaß durchgeführt werden können. Aber nicht alle Verfahren der Komplexitätsanalyse sind auf gleitende Fenster angewiesen: Für die Bestimmung des Korrelationsintegrals sind zudem Verfahren der *Pointwise* Dimensionalität (PD2, z. B. Skinner 1992, Skinner et al. 1994) vorgeschlagen worden, die eine zeitpunktbezogene Komplexitätsschätzung erlauben (vgl. S. 255 ff.). Gleiches gilt auch für das Entropiemaß K2 (vgl. S. 367 ff.).

4.3 (Quasi)experimentelle Studiendesigns

Für experimentelle bzw. quasiexperimentelle Designs können Komplexitätskennwerte für Gruppenvergleiche und Zusammenhangshypothesen mit den klassischen Methoden der Inferenzstatistik (z. B. Varianzanalyse, Multiple Regressionsrechnung etc.) miteinander verglichen bzw. Einflüsse auf die Komplexität oder Einflüsse der Komplexität auf andere abhängige Variablen untersucht werden. Zu diesen bekannten und üblichen Verfahren kommen Strategien hinzu, die an der Identifikation von Phasenübergängen interessiert sind, also direkt aus der Synergetik folgen.

> **Die Synergetik ist an Phasenübergängen interessiert**

Die Synergetik betont – anders als z. B. die Chaosforschung, die eben vornehmlich am Chaos interessiert ist – die Bedeutung von Phasenübergängen (das Standardwerk der Synergetik, Haken 1977, trägt den Begriff des Phasenüberganges im Titel: *Synergetics. An Introduction. Nonequilibrium Phase Transitions and Self-Organization in Physics, Chemistry and Biology*). Nichtlineare Dynamische Systeme sind in Abhängigkeit von relevanten Kontrollparametern und Rahmenbedingungen in der Regel dazu in der Lage, ganz verschiedene dynamische Strukturen zu generieren und zwischen diesen Attraktoren zu wechseln. Die Identifikation von Phasenübergängen und der dafür relevanten Kontrollparameter ist daher ein zentrales Ziel der Synergetik und ist für das Verständnis von Systemen aus mehreren Gründen von Interesse:

- **Phasenübergänge treten beim Überschreiten eng umschriebener Schwellenwerte für bestimmte Kontrollparameter als diskontinuierliche qualitative Verhaltensänderungen auf.** Es ist hilfreich, die kritischen Werte zu kennen, ab denen ein System sein Verhalten dramatisch verändert. So kann sich z. B. ein „überhitzter" Markt dramatisch anders (d. h. qualitativ anders) verhalten als ein „unterkühlter", und so kann es von Interesse sein, zu bestimmen, ab welchem Handelsvolumen es zum entsprechenden Übergang kommt.

- **Innerhalb stabiler Phasen ist das System auf den Attraktor beschränkt.** Das Auffinden eines stabilen Attraktors zeigt auch bei chaotischen Prozessen den Aufenthaltsbereich eines Systems, also den Möglichkeitsraum seines Verhaltens an. Es ist daher hilfreich, die Stabilität eines Attraktors für gegebene Rand- und Rahmenbedingungen zu überprüfen.

- **Phasenübergänge sind theoretisch erwartete Veränderungen.** Simulationsmodelle zeigen mittels Feigenbaumdiagrammen (z. B. Abbildung 9, S. 54), bei welchen kritischen Werten der Kontrollparameter es zu Phasenübergängen kommt. Können diese erwarteten Phasenübergänge empirisch nachgewiesen werden, so ist das als Beleg für die Passung des Modells zu werten. Da unterschiedliche Attraktoren verschiedene qualitative Muster aufweisen, sind Phasenübergänge auch dann erkennbar und ein Hinweis auf die Passung des Modells, wenn empirisches und simuliertes System im Detail nicht exakt die gleichen Zeitreihen zu generieren scheinen. Da z. B. chaotische Zeitreihen, auch wenn sie aus dem gleichen System stammen, nicht miteinander korrelieren, ist der Nachweis der Passung zwischen Modell und Empirie nicht immer leicht zu erbringen. Die übereinstimmende Identifikation von Phasenübergängen im Modell und in realen Daten vereinfacht daher diesen Nachweis.

- **Der Phasenübergang ist eine Metapher für ein bereits bekanntes Phänomen des Systems.** Phasenübergänge sind Phänomene, die in nichtlinearen dynamischen Systemen aufgrund ihrer mathematischen Struktur gesetzmäßig auftreten. Mathematisch betrachtet sind Phasenübergänge Tatsachen, für die es analytische Belege gibt. Beschreiben die mathematischen Modelle Phänomene der empirischen Realität, so sollten sich auch dort Phasenübergänge finden lassen. Da Phasenübergänge in mathematischen Systemen sehr dramatische Veränderungen anzeigen, liegt es nahe, dass sie auch in der Empirie schon wiederholt beobachtet und beschrieben wurden. Dabei muss den Wissenschaftlerinnen und Wissenschaftlern, die einen empirischen Phasenübergang beobachten, nicht bewusst sein, dass es sich um einen solchen handelt. Das Phänomen kann daher völlig anders benannt worden sein und ist eventuell bisher in einem ganz anderen theoretischen Zusammenhang dargestellt worden. Könnte für solche Phänomene gezeigt werden, dass es sich um Phasenübergänge im mathematischen Sinne handelt, so ist damit gezeigt, dass die Theorien Nichtlinearer Dynamischer Systeme geeignet sein könnten, das Phänomen zu erklären. Sie könnten dann aus theoretischer Perspektive einen Beitrag für ein besseres Verständnis des Phänomens liefern. Die folgenden Beispiele sollen verdeutlichen, was damit gemeint ist:

Lernen als Phasenübergang

So hat z. B. Piaget (1977) Lernen als einen Prozess beschrieben, bei dem es durch einen Vorgang, den er Akkommodation nennt, zu einer qualitativ umfassenden Veränderung der bisher für gültig gehaltenen Wahrnehmungs- und Handlungsschemata kommt. Es könnte sich beim Akkommodationslernen um einen Phasenübergang handeln (vgl. dazu Strunk & Schiepek 2006). Die Akkommodation als umfassender Lernprozess ist von der sogenannten Assimilation zu unterscheiden. Diese stellt ein eher simples Anpassungsverhalten dar, bei dem bereits erlerntes Wissen zur Anwendung kommt (auch dann noch, wenn eigentlich eine Akkommodation notwendig wäre). Dieses simple Anpassungsverhalten wird auch als Lernen niedrigerer Ordnung bezeichnet und ähnelt dem Verhalten eines Systems im Bassin eines Attraktors, da ein Bassin das System nach Verstörungen zurück in den Attraktor führt.

Auch Autorinnen und Autoren aus dem Gebiet des *Organizational Learning* unterscheiden zwei Arten des Lernens, und auch hier weist das Lernen höherer Ordnung Ähnlichkeiten zur Idee des Phasenübergangs auf: Das wichtigste Beispiel dafür ist die inzwischen klassisch zu nennende Unterscheidung zwischen *single-loop* und *double-loop learning* durch Argyris und Schön (1978). Dabei ist es für eine ungehinderte Aufrechterhaltung der Funktion einer Organisation durchaus effizient, wenn zunächst mit einem *single-loop* auf Fehler reagiert wird. *Single-loop learning* beruht auf den Grundannahmen und der Weltsicht, die die Organisation in der Vergangenheit erfolgreich genutzt hat. Im Rahmen dieser bereits gegebenen Routinen werden zuerst Lösungsmöglichkeiten für auftretende Probleme gesucht. Erst wenn solche Korrekturen nicht genügen, wird ein *double-loop learning* initiiert, bei dem wichtige Grundannahmen und Glaubenssätze der Organisation infrage gestellt werden und bei Bedarf eine Veränderung erfahren. Mit dem Infragestellen bewährter Grundannahmen geht eine Bedrohung zentraler Annahmen und Glaubenssätze der Organisation einher, sodass solche höheren Lernprozesse nur sehr widerwillig durchgeführt werden. Dieser Dualismus, bei dem ein Lernen auf einer niedrigen Ebene von einem Lernen auf einer höheren Ebene (Fiol & Lyles 1985, zitiert nach Cope 2003) unterschieden wird, findet sich in ähnlicher Form – aber mit unterschiedlichen Bezeichnungen – in zahlreichen theoretischen Ansätzen der Organisationsforschung wieder (vgl. Cope 2003, Easterby-Smith et al. 2004). Cope (2003) führt in seiner Übersicht neben der bereits genannten Unterscheidung von Agyris und Schön (1978) folgende Beispiele an: oberflächliches vs. tiefes Lernen (*surface vs. deep learning* Brown 2000), adaptives vs. generatives Lernen (*adaptive vs. generative learning* Senge 1990), inkrementelles vs. transformationales Lernen (*incremental vs. transformational learning* Appelbaum & Goransson 1997), instrumentelles vs. transformatives Lernen (*instrumental vs. transformative learning* Mezirow 1991), Lernen im Referenzrahmen vs. Lernen eines neuen Referenzrahmens (Huber 1991) sowie die Lernstrategien Serialität vs. Holismus (Pask 1976). Unter Bezug auf die Theorien Nichtlinearer Dynamischer Systeme könnte man diese Liste ergänzen um ein adaptives, anpassendes Lernen im Attraktor und einen Phasenübergang (vgl. Strunk & Schiepek 2006), der ja einer umfassenden qualitativen Veränderung des Attraktors entspricht.

Auch die Unterscheidung zwischen graduellen und diskontinuierlichen Changeprozessen in Organisationen scheint einer ähnlichen Logik zu folgen und könnte sich als Phasenübergang herausstellen (vgl. dazu z. B. Dooley & Van de Ven 1999, Poole et al. 2000).

Während in den genannten Beispielen ein Phasenübergang als passende Metapher das Phänomen gut zu beschreiben scheint, können gezielte empirische Untersuchungen zeigen, ob es sich tatsächlich um Phasenübergänge handelt (vgl. dazu auch die Beispielanalyse ab S. 443 ff.). Damit wären dann weiterreichende Folgerungen, etwa über die Anregung solcher Veränderungsprozesse oder die Modellierung des Systems, verbunden.

Wie man Phasenübergänge identifizieren kann

Da ein Phasenübergang gemäß der in Abbildung 10 (S. 55) gezeigten Prozessschritte abläuft, kann er entlang der dort beobachtbaren Veränderungen identifiziert werden:

- **Kritische Fluktuationen.** Hilfreich ist in diesem Zusammenhang der im Bifurkationspunkt zu beobachtende plötzliche Anstieg der Komplexität. Sogenannte kritische Fluktuationen führen im Bifurkationspunkt dazu, dass das System zum Spielball äußerer Einflüsse wird und sich aktiv darum bemüht, eine neue Ordnung auszubilden. Die Selbstorganisationskräfte sind hier kurzzeitig aufgehoben und externe Verstörungen werden ohne Gegenwehr vom System nachvollzogen. Aber Systeme sind nie nur passiv. Gleichzeitig tritt das System – nach Ansicht der Synergetik – nun in eine Phase ein, in der die einzelnen Systemelemente unkoordiniert und eigenständig die neu gewonnenen Freiheitsgrade ausnutzen.

Fehlt der Zwang des Attraktors, können verschiedene, vorher im System unterdrückte Verhaltensmöglichkeiten spontan auftreten. Die spontane und ungeordnete Aktivität eines Systems ohne Attraktor kann ein wildes Durcheinander ergeben. Die Synergetik spricht hier auch vom mikroskopischen Chaos und meint damit Zufallsprozesse ohne deterministische Strukturen. Denn da die Koordination des Attraktors während der Phase kritischer Fluktuationen fehlt, ist die einsetzende Spontanaktivität unkoordiniert und zufällig. In der Regel bilden Systeme schnell wieder einen Attraktor aus und bleiben nur kurzfristig im Zustand der kritischen Fluktuationen. Eine der spontan aufgetretenen Verhaltensweisen (sog. Moden) verstärkt sich und wird zum neuen Attraktor. Hermann Haken (1979, S. 8 f.) beschreibt diesen Vorgang metaphorisch als eine Art Brainstorming. Insgesamt folgt daraus, dass ein Phasenübergang am plötzlichen Anstieg der Komplexität des Systems und dem Auftreten von Zufallsprozessen identifiziert werden kann. Dieses Vorgehen wird z. B. von Schiepek et al. (Schiepek et al. 2003b, Haken & Schiepek 2006) gewählt, die überprüfen, ob ein plötzlicher Komplexitätsanstieg mehr als zwei Standardabweichungen vom übrigen Komplexitätsverlauf abweicht (vgl. etwa den kurzfristigen Anstieg der Komplexität in Abbildung 70 vor jedem Phasenübergang, S. 257).

- **Diskontinuierliche Veränderungen.** Kritische Fluktuationen treten aber mitunter nur während eines sehr begrenzten Zeitraumes auf und können daher übersehen werden. Eine andere Möglichkeit für den Nachweis eines Phasenüberganges ergibt sich, da in einem Phasenübergang eine komplexe Ordnung von einer anderen abgelöst wird. Dies führt zu diskontinuierlichen Veränderungen der Komplexität des Systems. Idealtypisch wären in diesem Zusammenhang Komplexitätsverläufe, die eine Zeit lang auf einem relativ stabilen Niveau bleiben und von dort abrupt auf ein anderes stabiles Niveau wechseln (vgl. etwa die Niveauveränderungen in Abbildung 70, S. 257).

- **Nulldurchgang des größten *Lyapunov*-Exponenten.** In Abbildung 11 (S. 56) ist das Feigenbaum-Szenario des Verhulst-Systems dargestellt und wird parallel dazu der größte *Lyapunov*-Exponent gezeigt. Dieser geht im Bifurkationspunkt kurzfristig auf null, um danach wieder negativ (nach dem Phasenübergang folgt eine triviale Ordnung) oder positiv (nach dem Phasenübergang folgt eine chaotische Ordnung) zu werden. Phasenübergänge lassen sich – zumindest theoretisch – am Nulldurchgang des größten *Lyapunov*-Exponenten eines Systems identifizieren. Allerdings ist der *Lyapunov*-Exponent empirisch nicht zeitpunktgenau bestimmbar (die mathematische Analyse eines chaotischen Gleichungssystems kann hingegen punktgenau erfolgen) und der Einsatz gleitender Fenster kann dazu führen, dass der nur kurzeitig auftretende Nulldurchgang in dem vergleichsweise breiten Analysefenster untergeht. Zudem gewinnen im Bifurkationspunkt äußere Einflüsse an Bedeutung und treten interne „Brainstormingaktivitäten" auf (siehe oben, „Kritische Fluktuationen"), die die Berechnung des *Lyapunov*-Exponenten unmöglich machen können (Rauschen erschwert die LLE-Berechnung) oder zu falsch-positiven *Lyapunov*-Exponenten führen (auch Zufallsprozesse führen zu einem dramatischen Auseinanderreißen ursprünglich nahe gelegener Trajektorien, diese Divergenz nimmt jedoch nicht exponentiell zu, sondern in der Regel unmittelbar maximal; dennoch können bei der Ermittlung des LLE auch solche Einflüsse fälschlicherweise als positive *Lyapunov*-Exponenten missgedeutet werden). Der Nulldurchgang des größten *Lyapunov*-Exponenten ist daher in empirischen Studien nicht immer verlässlich bestimmbar.

Forschungsstrategien bei der Identifikation von Phasenübergängen

Die bisherigen Ausführungen haben die Bedeutung von Phasenübergängen betont und aufgezeigt, wie diese in empirischen Daten methodisch aufgespürt werden können. Diese Überlegungen münden in verschiedene Forschungsstrategien:

- **Nichtstationäre Analyse mit explorativer Suche nach Phasenübergängen.** Explorative, entdeckende Studien können, aufbauend auf den oben genannten Identifikationskriterien, genutzt werden, um Phasenübergänge in beliebigen Datensätzen zu suchen. In der Regel handelt es sich dabei um Einzelfallanalysen für ausgewählte Zeitreihen (z. B. den Aktienkurs eines bestimmten Unternehmens). Da es sich hier jedoch eher um ein beobachtendes bzw. beschreibendes Forschungsdesign und nicht um eine Hypothesentestung handelt, ist es schwierig zu beurteilen, ob z. B. statistisch signifikante Ausschläge in der Komplexität tatsächlich auf einen Phasenübergang verweisen oder zufällige Artefakte darstellen. Die Absicherung der in explorativen Phasenübergangsstudien identifizierten Attraktorwechsel ist daher in der Regel nur schwer möglich. Als Außenkriterium können relevante Ereignisse im Umfeld von identifizierten Phasenübergängen gesucht werden. Dabei ist dann aber zu berücksichtigen, dass solche Außenbelege für in Daten identifizierte Phasenübergänge fast immer schnell zur Hand sind, wenn man nur danach Ausschau hält. Wird etwa der Verlauf eines Aktienkurses untersucht und findet sich dort für ein beliebiges Datum ein Hinweis auf einen Phasenübergang, so kann in den Medien fast immer ein Ereignis gefunden werden, welches an diesem Handelstag veröffentlicht wurde (irgendetwas wird immer veröffentlicht, vgl. die nach diesem Vorgehen durchgeführte Beispielanalyse ab S. 267 ff.). Ein solcher Beleg ist daher wenig belastbar. Er stellt eine reine Verifikation ohne Falsifikationsstrategie bzw. -absicht dar und ist daher kein legitimer empirischer Zugang zum Problem des Nachweises von Phasenübergängen. Vielmehr sollte unabhängig von der statistischen Identifikation von Phasenübergängen eine Übersicht über alle Zeitpunkte erstellt werden, an denen „wirklich" relevante Ereignisse stattfanden. Diese könnten z. B. mit Einschätzungen von Expertinnen und Experten abgesichert und in eine Rangreihe gebracht werden. Diese durch Expertinnen und Experten gesicherte Ereignisliste ist dann mit der Liste von identifizierten Phasenübergängen abzugleichen. Dabei sollten falsch positive und falsch negative Ereignisse gewissenhaft gezählt werden und mit den gefundenen Übereinstimmungen kontrastiert werden. Insgesamt kann aber festgestellt werden, dass nichtstationäre Analysen in der Wirtschaftswissenschaft bisher nur sehr selten durchgeführt wurden (als seltene Ausnahme vgl. die Diplomarbeit von Griessmair 2005, die mit GChaos gerechnet wurde).

- ***Real Time Monitoring*** **mit Identifikation kritischer Fluktuationen.** Ein Spezialfall der explorativen Analyse ist das *Real Time Monitoring* (Schiepek et al.

2003b, Haken & Schiepek 2006, Schiepek & Strunk 2010). Dieses wird prozessbegleitend parallel zum Ablauf des zu untersuchenden Prozesses durchgeführt. Ein auftretender Phasenübergang kann dann im Idealfall zu dem Zeitpunkt identifiziert werden, zu dem er auch auftritt. Dieses Vorgehen hat daher zahlreiche praktische Implikationen. So sind Frühwarnsysteme für ungünstige Veränderungen ebenso denkbar wie eine Begleitung von Changeprozessen. Letzteres ist besonders interessant, da eine gezielte Intervention in ein System dann besonders gut möglich ist, wenn ein Phasenübergang einsetzt bzw. in stabilen Phasen zu Widerstand führt.

- **Nichtstationäre Analyse mit gezielter Suche nach Phasenübergängen zu vorher festgelegten Zeitpunkten.** Methodisch sauberer – aber empirisch schwerer realisierbar – sind Interventionsstudien, bei denen der Phasenübergang durch eine gezielte Intervention in das System bewusst angeregt wird und daher zielgerichtet um das Ereignis nach Hinweisen für den Phasenübergang in den Daten gesucht wird. Im Idealfall können solche Studien an einer größeren Stichprobe durchgeführt werden, sodass eine umfassende Statistik über die Zahl der gelungenen Anregungen von Phasenübergängen erstellt werden kann.

- **Vergleich der drei Phasen eines Phasenüberganges.** Nichtstationäre Analysen erzeugen aus Zeitreihen der Dynamik eines Systems Zeitreihen mit der Komplexität dieser Dynamik. Es werden also aus Zeitreihen neue Zeitreihen gewonnen. Das entspricht zwar der dynamischen Qualität vieler Systeme, erschwert aber auf der anderen Seite die Analyse. Klarer kann die Untersuchung durchgeführt werden, wenn um den Zeitpunkt der Intervention in das System ein geeignetes Zeitfenster definiert wird. Dieses sollte mit der Intervention (oder doch knapp davor) beginnen und zumindest so viele Datenpunkte umfassen, dass eine sauberere Analyse der Komplexität möglich ist (wie viele das sind, hängt vom Verfahren ab). Ein ebenso langes Zeitfenster ist vor der Intervention als *Baseline* zu erfassen und auszuwerten. Auch kann nach dem Ende des Interventionsfensters ein gleich breites Fenster als Nachkontrolle definiert und analysiert werden. Die gleichbleibende Länge aller drei Fenster ist wichtig, um eine Vergleichbarkeit der Komplexitätskennwerte sicherzustellen. Im Interventionsfenster sollte die Komplexität gegenüber der *Baseline* stark erhöht sein (kritische Fluktuationen). Dies verweist auf die Unsicherheit des Systems im Übergangsverhalten auf den Weg in einen neuen Attraktor (transiente Dynamik). Theoretisch spricht vieles dafür, dass die Komplexität dann im dritten Schritt wieder zurückgeht. Es ist aber nicht immer eindeutig vorher bestimmbar, wie lange ein System nach einer Intervention benötigt, um zu einer neuen Ordnung zu gelangen. Daher sollte zumindest der Anstieg zwischen *Baseline* und Intervention nachgewiesen werden; das dritte Fenster kann eventuell entfallen (vgl. für eine Anwendung der Methode in der Wirtschaftsdidaktik: Liening et al. 2011, Mittelstädt et al. 2011 und die Beispielanalyse ab S. 443 ff.).

- *Event-Studien.* *Event-Studien* haben in der wirtschaftswissenschaftlichen Forschung eine längere Tradition (vgl. die Überblicksarbeit von MacKinlay 1997). So wurden die Auswirkungen der Reaktorkatastrophe von Tschernobyl auf die

Effizienz der Märkte ebenso untersucht (Stephen et al. 1987) wie die Wirkung der Ankündigung der kalten Fusion am 23. März 1989 auf die Entwicklung der Märkte für Metall-*Futures* (Hill et al. 1991). Als abhängige Größen werden dabei in der Regel sogenannte *Abnormal Returns* herangezogen. Es steht also die Frage im Mittelpunkt, ob durch ein Ereignis ein ungewöhnlicher Gewinn oder Verlust angeregt wurde, der eine signifikante Abweichung von der *Baseline* bedeutet. Ungewöhnlich sind solche *Abnormal Returns* insbesondere, weil Standardmodelle wie der *Random-Walk*, die Martingale-Hypothese oder die Annahme effizienter Märkte (Fama 1970) von Zufallsprozessen ausgehen und längere Phasen systematischer Gewinne oder Verluste im Umfeld eines Ereignisses eine Verletzung der Zufallsannahme und damit der Markteffizienz (Fama 1970) darstellen würden. Das Vorgehen entspricht dabei im Wesentlichen der Methodik, die oben unter „Vergleich der drei Phasen eines Phasenüberganges" beschrieben wurde. Zwingend hinzu kommt aber, dass die Datenerhebung an größeren Stichproben durchgeführt wird, also zahlreiche Zeitreihen herangezogen werden, um eine umfassende Signifikanzprüfung vornehmen zu können. Dabei wird in den Zeitreihen der Zeitpunkt des Ereignisses einheitlich als Nullzeitpunkt gekennzeichnet. Zeiträume davor und danach sind entsprechend mit negativen und positiven Zeittakten versehen. Damit erhalten alle Datensätze die gleiche Zeitskala mit dem Ereignis in der Mitte. Werden z. B. Vorstandswechsel untersucht (Feigl 2011), so spielt es dann keine Rolle, ob der Vorstand des einen Unternehmens im Februar 2005 und der des anderen Unternehmens im November 2012 wechselte. Werden viele so zentrierte Zeitreihen gemittelt, so ergibt sich im Falle von Zufallsrauschen (Standardmodell) eine Parallele zur Abszisse (dem Zeitstrahl), die nur zufallsbedingt geringfügig schwankt. Liegen *Abnormal Returns* vor, so steigt der Kurswert der gemittelten Verläufe im Zeitpunkt des Ereignisses signifikant an oder senkt sich signifikant ab. Die Befunde dieser klassischen Forschungsrichtung sind uneinheitlich. Für die Untersuchung von Phasenübergängen ist dies aber kein Gegenargument, weil die Komplexität im Ereignis auch dann verändert sein kann, wenn der mittlere Zeitreihenverlauf keine Veränderung zeigt. Eine veränderte Komplexität ist eben nicht das Gleiche wie eine Veränderung eines Mittelwertes oder einer Standardabweichung. Insbesondere ist im Umfeld dramatischer Ereignisse, wie sie z. B. mit einem Vorstandswechsel gegeben sind (Feigl 2011, mit kurzfristigen Markteffizienzen oder mit einer dramatischen Verunsicherung der Märkte zu rechnen. Märkte warten z. B. Antrittsreden oder erste Pressemitteilungen ab, um den Neuen bzw. die Neue besser einschätzen zu können. Treten Markteffizienzen auf, dann sollte die Komplexität zum Tag des Wechsels sinken. Davor und auch danach sollte der Markt sich weitgehend zufällig verhalten (Annahme der Markteffizienz). Hier läge dann ein sogenannter Unordnungs-Ordnungs-Übergang vor, wie ihn die Synergetik auch für den Laser beschreibt (Haken 1970, 1977). Erste erfolgreiche Versuche zum Nachweis solcher Phasenübergänge wurden in der Diplomarbeit von Feigl (2011) unternommen und mit GChaos gerechnet (vgl. dazu die Beispielanalyse ab S. 448). Aber auch eine durch das *Event* ausgelöste Verunsicherung der Märkte wäre ein denkbares Szenario. In diesem Fall würde die Komplexität im Umfeld des *Events* ansteigen und Hinweise auf Zufall könnten vermehrt auftreten. Wäre davor und danach eine deutliche Ordnung beobachtbar, läge ein Ordnungs-Ordnungs-Übergang vor (siehe oben unter kritische Fluktuationen).

Alternativerklärungen sollten ausgeschlossen werden können

Die Komplexitätsforschung ist bisher selten im Rahmen experimenteller bzw. quasiexperimenteller Studien angewandt worden. Mitunter wird von Gutachterinnen und Gutachtern angesehener Fachzeitschriften der Nachweis gefordert, dass sich der Aufwand überhaupt lohnt. Neben theoretischen Begründungen (Komplexität ist ein eigenständiges Phänomen mit eigenständiger Theorie und Methodik) empfiehlt es sich auch im empirischen Design auf mögliche Alternativen Bezug zu nehmen. So wäre die aufwendige Analyse der Zeitreihen mit den Methoden der Komplexitätsforschung unnötig, wenn auch ein einfacher Mittelwert oder eine simple Standardabweichung zu den gleichen Ergebnissen führen würden. In einer Studie zur optimalen Komplexität als Prädiktor für erfolgreiche Verhandlungsprozesse können Griessmair et al. (2011a) zeigen, dass Komplexitätskennwerte klassische Kennwerte der Verhandlungsforschung schlagen und bessere Vorhersagen erlauben. Erst dadurch konnte in der Studie der Mehrwert der Komplexitätsforschung belegt werden (vgl. dazu die Beispielanalyse ab S. 470 ff.).

4.4 Surrogatdatentestung

Ein Grundprinzip der Statistik stellt Kennwerten zur zusammenfassenden Kennzeichnung einer Stichprobe, Untersuchungsgruppe etc. passende Dispersionsmaße zur Seite. So ist ein Mittelwert als Maß der zentralen Tendenz alleine wenig aussagekräftig. Erst der durch die Standardabweichung definierte Bereich um den Mittelwert zeigt an, wie sehr die Daten streuen und wie wahrscheinlich bestimmte Abweichungen vom Mittelwert sind. Diese Ermittlung einer – entweder aproximierten oder exakten – Wahrscheinlichkeitsfunktion um einen Messwert erlaubt es, diesen inferenzstatistisch mit anderen Kennwerten zu vergleichen. Typischerweise ist aber für Komplexitätskennwerte zunächst keine Werteverteilung und Wahrscheinlichkeitsfunktion bekannt.

Für Komplexitätskennwerte fehlen in der Regel Verteilungsfunktionen

Das liegt unter Umständen daran, dass viele Studien der Komplexitätsforschung Einzelfallstudien sind. Dies ist häufig inhaltlich berechtigt und dann auch kein Fehler der Forschungsdesigns. Wird z. B. geprüft, ob der Deutsche Aktienindex DAX im Jahr 2008 – aufgrund der Finanzkrise – chaotisch war, so muss man akzeptieren, dass es nur einen DAX und nur ein Jahr 2008 gibt. Wird nun im Rahmen einer stationären Analyse ein Kennwert für die Komplexität des DAX im Jahr 2008 bestimmt, so ist damit in der Regel nur eine Zahl, eben der gesuchte Kennwert, gegeben und keine Werteverteilung. Einige Verfahren, wie z. B. die Korrelationsdimension (S. 221 ff.) oder der LLE (S. 321 ff.), sind in der Berechnung mit bestimmten Unsicherheiten behaftet. Diese können abgeschätzt und als *Range* angegeben werden, der den Bereich bezeichnet, in dem sich der wahre Wert wahrscheinlich bewegt. Bei solchen Verfahren ist also behelfsmäßig eine Werteverteilung gegeben, diese beschreibt aber mehr eine Verfahrens(un)genauigkeit und keine theoretische Verteilung, die die Unterscheidung von Zufall, Chaos und trivialer Ordnung erlauben würde. Viele andere Komplexitätskennwerte kommen ohne Unsicherheiten im Berechnungsverfahren zustande und sind daher vollkommen exakt (vgl. etwa den Algorithmus der Permutationsentropie ab S. 430 ff.). Hier ergibt sich jeweils nur ein Zahlenwert, der die Komplexität der Zeitreihe nach Maßgabe des gewählten Verfahrens exakt beziffert. Für solche Berechnungsergebnisse sind zunächst kein *Range* und keine Werteverteilung gegeben. Ein statistischer Vergleich eines solchen Kennwertes z. B. mit einem anderen Kennwert derselben Art ist ebenso wenig möglich wie ein Signifikanztest gegenüber Zufall, Chaos oder trivialer Ordnung.

Diese Probleme sind seit Langem bekannt und inzwischen sind verschiedene Verfahren vorgeschlagen worden, die helfen, diese Begrenzungen der Komplexitätsforschung zu überwinden (z. B. Theiler et al. 1992). Für nahezu alle Komplexitätskennwerte (allein die klassische Informationsdefinition bildet eine Ausnahme, vgl. S. 402 ff.) kann eine sogenannte Surrogatdatentestung durchgeführt werden. Diese erlaubt es, die Berechnungsergebnisse gezielt mit konkreten Nullhypothesen zu konfrontieren und statistisch dagegen abzusichern. Die Grundidee dieser Methode ist relativ einfach und wurde bei Strunk (2009a) ausführlich beschrieben (die folgende Darstellung beruht weitgehend auf dieser Quelle). Eine Surrogatdatenanalyse erzeugt aus den erhobenen Daten künstliche Datensätze, die in gewisser Hinsicht mit den ursprünglichen Daten übereinstimmen, aber in Bezug auf bestimmte andere Merkmale davon abweichen. Es kann so getestet werden, ob das Original dem Merkmal entspricht oder sich signifikant davon unterscheidet.

> **Bootstrapping ist ein Ansatz für die Informationsdefinition**

Ein anderer Zugang zur Testung von Kennwerten, deren Verteilungsfunktion nicht bekannt ist, ist das sogenannte *Bootstrapping* (Efron 1983, Efron & Gong 1983, Efron & Tibshirani 1993). Hier werden immer neue Zufallsstichproben aus den Daten gezogen und die Verteilung der Komplexitätskennwerte wird als Schätzung der Kennwerteverteilung genutzt. Diese Methode ist vor allem für die Prüfung von Ergebnissen der Informationsdefinition von Bedeutung. Denn sie kann dort angewendet werden, wo die dynamische Ordnung keine Bedeutung hat. Das Bootstrapping wird ab Seite 407 ff., im Rahmen der Frage nach der Komplexität von Symbolabfolgen, dargestellt.

4.4.1 *Random*-Surrogate

Methoden der Komplexitätsforschung identifizieren und quantifizieren Merkmale von Ordnung in häufig zufällig anmutenden Datensätzen. Eine einfache Möglichkeit diese Ordnung von Zufallsstrukturen abzugrenzen, besteht darin, die erhobenen Daten durcheinanderzuwürfeln. Diese sogenannten *Random*-Surrogate enthielten dann keinerlei dynamische Ordnung mehr. Zeitliche Abhängigkeiten in den Daten werden vollständig zerstört. Gleichzeitig bleiben jedoch die Häufigkeitsverteilung und mit ihr alle klassischen statistischen Maßzahlen wie Mittelwert, Median, Varianz, Quartilsabstände etc. erhalten. Einzig die dynamische Ordnung wird – falls sie überhaupt vorhanden war – durch eine Zufallsabfolge ersetzt. Da zu einem gegebenen Datensatz zahlreiche Zufallsanordnungen existieren, kann gleich ein ganzes Bündel solcher Surrogate generiert werden. Die Komplexitätskennwerte für dieses Surrogatbündel bilden dann eine Kennwerteverteilung, gegen die der Kennwert der Originalzeitreihe statistisch getestet werden kann (vgl. Abbildung 21, S. 121). Die Ordnungsstruktur der Originalzeitreihe wird dadurch gegen Zufallsprozesse abgesichert.

4.4.2 Surrogate der Fourier-Transformation

Random-Surrogate erlauben einen sauberen statistischen Test gegenüber Zufall als Nullhypothese und bieten sich daher z. B. für Finanzdaten an, für die ein *Random-Walk* vermutet werden kann. Allerdings ist das Verfahren auf der anderen Seite auch recht grob. Stochastische Prozesse müssen sich nicht unbedingt als vollkommen blinder Zufall, d. h. als weißes Rauschen manifestieren. Verschiedene, nicht gleichverteilte Mischungen von Zufallsrauschen unterschiedlicher Frequenzbänder sind ebenfalls denkbar und können zudem bestimmte Eigenschaften komplexer Systeme imitieren (Osborne & Provenzale 1989). Insbesondere sogenanntes $1/f^x$-Rauschen führt zu fehlerhaften Ergebnissen bei der Berechnung des D2, die auf Ordnung verweisen, obwohl die Daten nur einer trickreichen Zusammenstellung von Zufallszahlen folgen (Pritchard & Duke 1995). Es handelt sich beim $1/f^x$-Rauschen um einen linear-stochastischen Prozess, der im Frequenzspektrum (einer auf der Fourier-Transformation beruhenden Darstellung der dominanten Frequenzen des Datensatzes, siehe unten) an seinem exponentiell abfallenden Spektralband erkannt werden kann. Um Komplexitätskennwerte gegen solche Prozesse zu testen, sind treffsichere Surrogate notwendig als die einfache Zufallsanordnung der Messwerte. Surrogate, die diesen Anforderungen genügen, werden mithilfe einer Fourier-Transformation (FT bzw. DFT bei einer diskreten FT) so erzeugt, dass das Frequenzspektrum des Surrogates mit dem Original übereinstimmt, aber aus entsprechend „gefärbten" Zufallsrauschen besteht (vgl. z. B. Theiler et al. 1992, Prichard & Theiler 1994, Schreiber & Schmitz 1996, Small & Judd 1998, Schreiber 1999, Schreiber & Schmitz 2000).

Das Prinzip der FT-Surrogate

Die Fourier-Transformation stellt eine beliebige Zeitreihe als gewichtete Addition passender Sinusschwingungen dar. Grundsätzlich lässt sich jedes Zeitsignal durch eine solche Fourier-Transformation abbilden. Da es sich aber um ein linear-additives Verfahren handelt (Hütt 2001, S. 152 ff.), gelingt damit dennoch keine Prognose nichtlinearer chaotischer Prozesse. Diese können zwar ebenfalls als Addition zahlreicher gewichteter Sinusfunktionen annähernd dargestellt werden, lassen sich aber nicht über den abgebildeten Zeitraum hinaus extrapolieren.

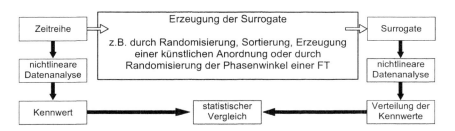

Abbildung 21: Schematische Darstellung einer Surrogatdatenanalyse
Eine Surrogatdatenanalyse beruht auf einem statistischen Vergleich eines Kennwertes mit einer Kennwerteverteilung. Bei den Kennwerten handelt es sich um beliebige Maße aus dem Bereich der nichtlinearen Zeitreihenanalyse (z. B. D2, *Grammar Complexity* etc.). Aus der Originalzeitreihe werden mehrere Surrogate erzeugt, sodass eine Kennwerteverteilung ermittelt werden kann. Verschiedene Möglichkeiten für die Erzeugung der Surrogate werden beispielhaft aufgezählt; dabei steht FT für Fourier-Transformation. (Vgl. Hütt 2001, S. 189; Abbildung und Abbildungsunterschrift in Anlehnung an: Strunk 2004, S. 352)

Eine Fourier-Analyse liefert für alle analysierbaren Frequenzen zwei Informationen, nämlich zum einen die Amplitude der jeweiligen Frequenz und zum anderen den Phasenwinkel, mit dem die Schwingung startet. Die Fourier-Synthese kann aus beiden Informationen die analysierte Zeitreihe zurücktransformieren, also auf der Grundlage dieser Parameter rekonstruieren. Es ist wichtig zu bedenken, dass eine solche Analyse nicht die realen Mechanismen des Systems aufdeckt, sondern nur versucht, ein flexibles mathematisches Modell an die Daten anzupassen. Dennoch liefert die Fourier-Analyse mitunter spannende Einblicke in die Verhaltensmuster des Systems, wenn z. B. dominante Frequenzen auf periodische Zyklen in den Daten verweisen oder Saisonschwankungen in Märkten sichtbar werden.

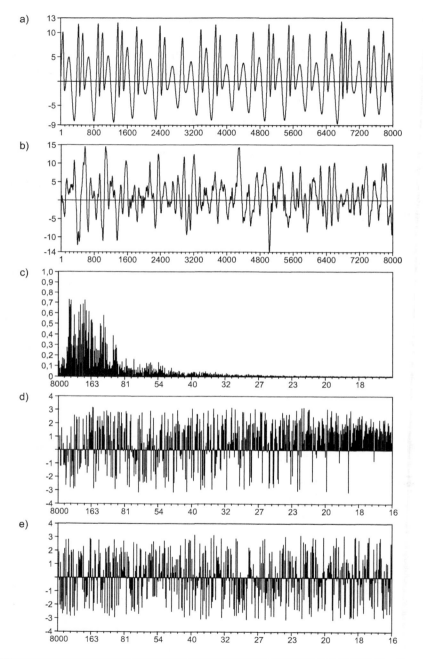

Abbildung 22:	**DFT-Surrogat einer Rössler-Zeitreihe**
	Für die x-Zeitreihe des Rössler-Systems a) wurde in b) ein DFT-Surrogat erzeugt, welches zwar das gleiche Frequenzspektrum c) aufweist, aber eine zufällige Verteilung der Phasenwinkel e) im Vergleich zu den Phasenwinkeln der Originalzeitreihe d) besitzt. Die Gleichungen und Parameter für das Rössler-System finden sich in der Beschreibung zu Abbildung 33, S. 158 (sie sind in GChaos implementiert unter „*File / Create Time Series ...*"). (Abbildung erstellt mit GChaos)

DFT-Surrogate testen auf nichtlineare Korrelationen

Für die Erstellung von sogenannten FT- bzw. DFT-Surrogaten wird der Phasenwinkel *random*isiert, sodass die identifizierten Schwingungen zufällig gegeneinander phasenverschoben werden. Bei der Fourier-Synthese aus *random*isierten Phasenwinkeln und unveränderter Amplitudenfunktion entsteht eine Zufallszeitreihe, die über das gleiche Frequenzspektrum verfügt wie die Originalzeitreihe. Auch hier kann wieder ein ganzes Bündel an Surrogaten erzeugt und so eine Verteilungsfunktion der Komplexitätskennwerte ermittelt werden.

Durch Anwendung einer Fourier-Transformation, *Random*isierung der Phasenwinkel und Rücktransformation bleiben nur lineare Korrelationen in den Daten erhalten, während nichtlineare zerstört werden. Solche Surrogate testen also auf Nichtlinearität, die ja eine Voraussetzung für Chaos darstellt (z. B. Theiler et al. 1992, Prichard & Theiler 1994, Schreiber & Schmitz 1996, Small & Judd 1998, Schreiber 1999, Schreiber & Schmitz 2000).

In der Software GChaos können *Random*-Surrogate unter „*Mix Data*" im Menü „*Data Transformations*" gefunden werden. DFT-Surrogate finden sich im gleichen Menü unter „DFT-Surrogate". Die Methoden werden dabei jeweils direkt auf ausgewählte Zeitreihen (markierte Spaltenköpfe) angewendet. Der DFT-Algorithmus stammt aus dem Tisean-Paket (Schreiber & Schmitz 1996, Hegger et al. 2000) und wurde für die Nutzung in GChaos angepasst.

4.4.3 Exkurs: Spektralanalyse, Fourier-Transformation und Autokorrelation

Die Fourier-Transformation (FT) gehört heute zu den wichtigsten *Tools* der Signalanalyse, bleibt aber auf lineare Prozesse beschränkt und ist daher für die Komplexitätsforschung nur von geringer Bedeutung (vgl. Schiepek & Strunk 1994, die folgende Darstellung beruht weitgehend auf dieser Quelle).

Da zur Analyse empirisch gemessene Zeitreihen verwendet werden, die in der Regel in diskreten Zeitintervallen erhoben wurden, kommt für die Analyse das Verfahren der diskreten Fourier-Transformation (DFT) zur Anwendung. Eine DFT bzw. FT transformiert eine Zeitreihe (*time domain*) in eine mathematische Darstellung, die sich auf Frequenzen (*frequency domain*) bezieht. Dabei entstehen in der Frequenzdarstellung zwei Größen, nämlich die Amplitudenfunktion und die Phasenwinkelfunktion. Zu jeder darstellbaren Frequenz werden also die Amplitude und der Phasenwinkel bestimmt. Beide Informationen können genutzt werden, um mittels einer inversen Transformation wieder eine Zeitreihe zu erzeugen.

Für diskrete Zeitreihen können auch nur diskrete Frequenzen untersucht werden, mit einer maximalen Periodenlänge T, die durch die Zeitreihenlänge N gegeben ist. Die Frequenz-Darstellung der Zeitreihe ist zudem nur halb so lang wie die Zeitreihe selbst, sodass die Zahl der möglichen Frequenzen mit $n' = N / 2$ begrenzt ist. Die Periodenlängen der Frequenz-Darstellung ergeben sich nach der folgenden Beziehung:

Gleichung 4: Periodenlänge und Zeitreihenlänge

$$T = \frac{2n'}{j}$$

mit j = 1 bis n'
T Periodenlänge
n' Anzahl der Frequenzen, die mit der halben Zeitreihenlänge begrenzt sind
j Laufvariable, die in diskreten Schritten zur Bildung der Frequenzen beiträgt

Daraus ergeben sich die zur Verfügung stehenden Frequenzen λ als Kehrwert der Periodenlänge, bezogen auf 2π wie folgt:

Gleichung 5: Frequenz und Zeitreihenlänge

$$\lambda_j = \frac{2\pi \, j}{2n'} = \frac{\pi \, j}{n'}$$

mit j = 1 bis n'
T Periodenlänge
n' Anzahl der Frequenzen, die mit der halben Zeitreihenlänge begrenzt sind
j Laufvariable, die in diskreten Schritten zur Bildung der Frequenzen beiträgt

Die Periodenlängen sind also gegeben durch eine schnell abnehmende Reihe, die sich asymptotisch schon bald an einen Wert von $T = 2$ annähert. Kurze Periodenlängen werden dadurch überrepräsentiert, während große Periodenlängen nur lückenhaft (*diskretisiert, gequantelt*) erfasst werden. Durch die immer irgendwie begrenzte Zeitreihenlänge und die durch die diskreten Messintervalle vorgenommene Quantelung kommt es also zu Ungenauigkeiten bei der Durchführung der Fourier-Analyse.

Die FT ist eng verwandt mit der Autokorrelation bzw. Autokovarianzfunktion und kann auch mit deren Hilfe bestimmt werden. Die Autokorrelationsfunktion einer Zeitreihe liefert wichtige Informationen über ihre Selbstdeterminiertheit. Sie beantwortet nämlich die Frage danach, wie der Zustand eines Systems zum Zeitpunkt t in einer Variable x den Zustand des Systems in derselben Variable zum Zeitpunkt $t + \tau$ bestimmt.

Dabei kann davon ausgegangen werden, dass die Korrelation aller Wertepaare von x, die durch ein *Time-Lag* τ voneinander entfernt sind, in Abhängigkeit von τ jeweils anders ausfällt. So beträgt die Autokorrelation bei einem $\tau = 0$ immer eins, da in diesem trivialen Fall die Zeitreihe ohne Zeitverschiebung mit sich selbst korreliert wird.

Aus der Gestalt von Autokorrelationsfunktionen lässt sich bereits einiges über die Dynamik eines Systems schließen

Für viele empirische Systeme zeigt sich, dass die Korrelation mit wachsendem τ abnimmt, bis sie sich null nähert. So ist z. B. für die Stimmung, die eine Person zu einem bestimmten Zeitpunkt hat, anzunehmen, dass diese sich über einen begrenzten Zeitraum noch recht stark auf die spätere Laune dieser Person auswirkt. Allerdings treten nach und nach aktuelle Umwelteinflüsse in den Vordergrund, sodass sich die Stimmungsschwankungen immer weniger vorhersagen lassen, je größer der Vorhersagezeitraum wird. Ein völlig anderes Bild zeigt sich, wenn die gemessenen Prozesse periodisch sind. Dann nämlich wiederholt sich derselbe Vorgang immer wieder, sodass die Vorhersage wieder maximal wird, wenn τ der Periodenlänge entspricht. Dieser Zusammenhang bildet die Grundlage der FT, die eben an diesen Periodizitäten interessiert ist.

Für ein System, welches periodisch schwingt, ergibt sich in der Autokorrelationsfunktion ein ebenfalls periodischer Verlauf. Nach einem $\tau = 0$ mit einer Korrelation von eins folgt dann eine Abnahme der Korrelation mit einem Nulldurchgang bei einem τ, welches einem Viertel der Periodenlänge T der Schwingung der Zeitreihe entspricht. Die Korrelation wird dann bei größer werdendem τ negativ und erreicht ihr Minimum bei $\tau = T/2$. Bei $\tau = 3/4T$ zeigt sich eine weitere Nullstelle. Die Korrelation erreicht bei $\tau = T$ erneut ein positives Maximum, worauf sich der Vorgang wiederholt. Eine einfache Sinusschwingung in den Ausgangsdaten bildet sich in der Autokorrelationsfunktion entsprechend als Cosinusschwingung ab (vgl. die folgende Abbildung 23).

Reine Zufallsprozesse führen in der Autokorrelation schon bei einem $\tau = 1$ zu einer Nullkorrelation, d. h., dass der Systemzustand, der auf einen vorherigen Zustand folgt, nicht mehr vorhergesagt werden kann. In diesem Sinne eignet sich dieses einfache Verfahren bereits für eine triviale Komplexitätsanalyse. Dabei muss aber einschränkend berücksichtigt werden, dass eine Korrelation nur lineare Zusammenhänge berücksichtigt und für nichtlineare Beziehungen – wie sie für Chaos kennzeichnend sind – nur ungenügend gerüstet ist (vgl. dazu auch ausführlicher S. 175).

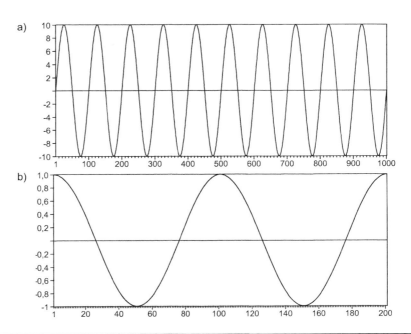

Abbildung 23: Autokorrelationsfunktion einer Sinuszeitreihe

Für die in a) dargestellte Sinuszeitreihe wird in b) die Autokorrelationsfunktion bis zu einem *Time-Lag* von 200 berechnet. Es ergibt sich eine Cosinusfunktion, die bei 100 ein Maximum aufweist und damit auch die Periodenlänge der Sinusreihe angibt. (Abbildung erstellt mit GChaos)

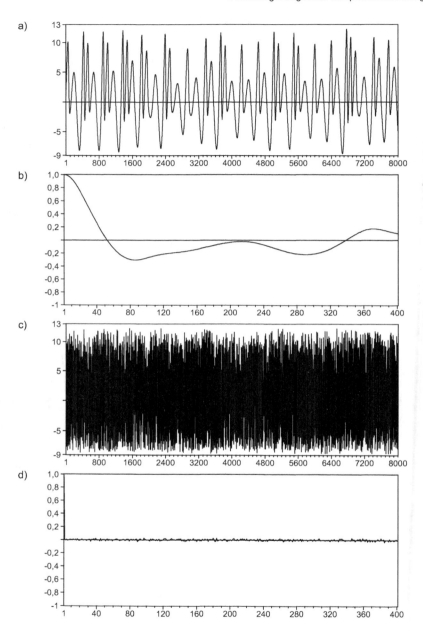

Abbildung 24: Autokorrelationsfunktionen

Für die in a) dargestellte x-Zeitreihe des Rössler-Systems wird in b) die Autokorrelationsfunktion bis zu einem *Time-Lag* von 400 berechnet. Die Autokorrelation geht erst spät auf null. Ganz anders verläuft sie für eine zufällige Anordnung der Daten aus a), wie sie in c) dargestellt ist. Die Autokorrelation d) für dieses *Random*-Surrogat geht sofort auf null. Die Gleichungen und Parameter für das Rössler-System finden sich in der Beschreibung zu Abbildung 33, S. 158 (sie sind in GChaos implementiert unter „*File / Create Time Series* ..."). (Abbildung erstellt mit GChaos)

Zufallszeitreihen und chaotische Datensätze besitzen eine schnell auf null gehende Autokorrelation

Zudem sind auch chaotische Zeitreihen nur begrenzt prognostizierbar. Beispielsweise ist die Verhulst-Dynamik (S. 44 ff.) im chaotischen Bereich, genau wie es bei stochastischen Prozessen der Fall ist, bereits bei einem $\tau = 1$ nicht mehr korreliert, sodass auch hier die Autokorrelationsfunktion null ergibt. Nicht immer geht die Autokorrelationsfunktion bei Vorliegen von Chaos so schnell auf null. Über kurze Zeiträume kann sie sich durchaus noch in einem mittleren Bereich bewegen.

Wichtige Aufschlüsse über die Dynamik einer Zeitreihe können gewonnen werden, indem ihre Autokorrelationsfunktion mit der Autokorrelationsfunktion verglichen wird, die sich ergibt, wenn die Zeitreihe vor der Korrelationsberechnung wahllos durcheinandergewürfelt wird. Durch die *Random*isierung geht die dynamische Ordnung verloren, sodass sich beide Autokorrelationsfunktionen signifikant unterscheiden sollten, wenn die Ausgangszeitreihe eine dynamische Ordnung besitzt (vgl. Abbildung 24). Analog zur bereits beschriebenen Surrogatdatentestung kann mithilfe mehrerer *Random*-Surrogate eine Verteilung erstellt werden, z. B. für das durchschnittliche *Time-Lag*, bei dem die Autokorrelation null wird (vgl. Abbildung 21, S. 121).

Die Gleichung der Autokovarianzfunktion hat folgende Form:

Gleichung 6: Autokovarianz

$$Cov_\tau = \frac{1}{N-\tau} \sum_{i=1}^{i=N-\tau} \left(x_i - \left[\frac{1}{N} \sum_{j=1}^{j=N-\tau} x_j \right] \right) \left(x_{i+\tau} - \left[\frac{1}{N} \sum_{j=1}^{j=N-\tau} x_j \right] \right)$$

Cov Autokovarianz bei τ
τ Time-Lag, Zeitverschiebung
N Zeitreihenlänge
x Messwerte der Zeitreihe
In den eckigen Klammern wird der Mittelwert der x berechnet

Daraus ergibt sich für die Autokorrelation:

Gleichung 7: Autokorrelation

$$r_\tau = \frac{Cov_\tau}{\sqrt{\frac{1}{N-\tau} \sum_{i=1}^{i=N-\tau} \left(x_i - \left[\frac{1}{N} \sum_{j=1}^{j=N-\tau} x_j \right] \right)^2} \sqrt{\frac{1}{N-\tau} \sum_{i=1}^{i=N-\tau} \left(x_{i+\tau} - \left[\frac{1}{N} \sum_{j=1}^{j=N-\tau} x_j \right] \right)^2}}$$

r Autokorrelation bei τ
Cov Autokovarianz bei τ
τ Time-Lag, Zeitverschiebung
N Zeitreihenlänge
x Messwerte der Zeitreihe
In den eckigen Klammern wird der Mittelwert der x berechnet
Die linke Wurzel ist die Standardabweichung der nicht verschobenen Zeitreihe, die rechte die der verschobenen Zeitreihe

Die in eckigen Klammern angegebenen Terme entsprechen dem Mittelwert der Zeitreihe, der aber für jedes τ neu berechnet werden muss, da durch die Zeitverschiebung Datenpunkte ausgeschlossen werden. Daraus ergibt sich ein erheblicher Rechenaufwand und es ist vorgeschlagen worden, die Veränderung der Mittelwerte zu vernachlässigen, wenn τ klein ist im Vergleich zur Zeitreihenlänge. Dieses Vorgehen entspricht der Annahme, dass der Verlust nur weniger Messzeitpunkte nicht ins Gewicht fällt. Dass tatsächlich nur geringe Veränderungen gegenüber der ausführlichen Berechnungsmethode zu erwarten sind, liegt daran, dass Mittelwerte aus großen Stichproben – und große Stichproben sind bereits ab rund 30 Messzeitpunkten gegeben – um einen gemeinsamen Mittelwert normalverteilt sind (zentraler Grenzwertsatz, vgl. z. B. Bortz 1999). Die Voraussetzung dafür ist aber eine Stationarität der zu untersuchenden Prozesse.

Ebenso kann angenommen werden, dass sich die linke Wurzel im Nenner der Korrelation nicht wesentlich verändert. Bei der rechten Wurzel wird die Zeitreihe jedoch um 2τ kürzer. Bei kleinem τ im Vergleich zur Zeitreihenlänge sollte aber auch dies nicht ins Gewicht fallen, sodass es in vielen Fällen genügt, nur einmal den Mittelwert und die Varianz über die ganze Zeitreihe zu berechnen. Mithilfe des Mittelwertes wird dann die Kovarianz bestimmt und diese durch die Varianz dividiert. Der Rechenaufwand verringert sich auf diese Weise erheblich.

Die Autokorrelationsfunktion kann die Grundlage für die Fourier-Transformation bzw. Spektralanalyse bilden und liefert in vielen Fällen wichtige Kennwerte für die Phasenraumeinbettung von Zeitreihen (vgl. S. 167 ff.). Allgemein kann ihr Verlauf Aufschlüsse über die innere dynamische Ordnung einer Zeitreihe geben. So weist z. B. eine rasche Abnahme der Autokorrelationsfunktion auf eine hohe Komplexität der Dynamik hin.

Anders als eine vollständige FT ist eine Spektralanalyse nur an der Amplitudenfunktion einer Fourier-Transformation interessiert. Es soll also ermittelt werden, welche Frequenzen in einer Zeitreihe wie stark repräsentiert sind. Berechnet wird eine solche Spektralanalyse mithilfe der Autokovarianzfunktion. Unter Rückgriff auf die oben gegebene Autokovarianzfunktion (Gleichung 6, S. 127) berechnet sich die Spektraldichte $f(\lambda_j)$ für die Frequenz λ_j nach folgender Gleichung (vgl. Schiepek & Strunk 1994):

Gleichung 8: Spektraldichte

$$f(\lambda_j) = \frac{1}{2\pi} Cov_0 + \frac{1}{\pi} \sum_{\tau=1}^{N/2} Cov_\tau A_\tau \cos \tau\lambda_j + \frac{1}{\pi} \sum_{\tau=\frac{N}{2}+1}^{N} Cov_\tau B_\tau \cos \tau\lambda_j$$

Cov Autokovarianz bei τ
τ Time-Lag, Zeitverschiebung
N Zeitreihenlänge
A und B Filterfunktionen

Im Gegensatz zu dem hier ausführlich beschriebenen Verfahren zur Spektralanalyse über die Autokovarianzfunktion arbeitet eine FFT (*Fast* Fourier-Transformation) mit einem ausgeklügelten Algorithmus zur Zwischenspeicherung und mehrfachen Nutzung von Berechnungsschritten, die in ähnlicher Weise mehrfach benötigt werden (eine ausführliche, mathematisch anspruchsvolle Darstellung findet sich z. B. bei Butz 1998; vgl. auch Hütt 2001, S. 152 ff.). Mathematisch gesehen können A_τ und B_τ aus Gleichung 8 für alle τ gleich 1 gesetzt werden, was allerdings störend zur Folge hat, dass die Varianz der Spektralfunktion bei wachsendem N nicht geringer wird. Daher werden in der Literatur für A_τ und B_τ Gewichtsfunktionen (auch Fenster-, Kernel- oder Filterfunktionen genannt) angegeben (vgl. Achilles 1978, Schiepek & Strunk 1994).

So schlagen Tukey-Hamning folgenden Kernel vor:

Gleichung 9: Tukey-Hamning-Kernel

$$A_\tau = \frac{1}{2}\left(1 + \cos\frac{2\pi\tau}{N}\right); \; B_\tau = 0$$

A und B Filterfunktionen für Gleichung 8
τ Time-Lag, Zeitverschiebung
N Zeitreihenlänge

Parzen gibt folgendes Fenster an:

Gleichung 10: Parzen-Kernel

$$A_\tau = 1 - 6\left(\frac{\tau}{N}\right)^2 + 6\left(\frac{\tau}{N}\right)^2; \; B_\tau = 2\left(1 - \frac{\tau}{N}\right)^3$$

A und B Filterfunktionen für Gleichung 8
τ Time-Lag, Zeitverschiebung
N Zeitreihenlänge

Hann empfiehlt die Gewichtsfunktion:

Gleichung 11: Hann-Kernel

$$A_\tau = B_\tau = \frac{1}{2}\left(1 + \cos\frac{\pi\tau}{N}\right)$$

A und B Filterfunktionen für Gleichung 8
τ Time-Lag, Zeitverschiebung
N Zeitreihenlänge

und Hamming führt die folgende Funktion an (vgl. Schiepek & Strunk 1994):

Gleichung 12: Hamming-Kernel

$$A_\tau = B_\tau = 0{,}54 + 0{,}46\cos\frac{\pi\tau}{N}$$

A und B Filterfunktionen für Gleichung 8
τ Time-Lag, Zeitverschiebung
N Zeitreihenlänge

Zufallszeitreihen und chaotische Prozesse weisen ein breitbandiges Frequenzspektrum auf

Im Rahmen der Analyse komplexer, z. B. auch chaotischer Zeitsignale sollte auf die Anwendung der genannten Kernel-Filter jedoch verzichtet werden. Sie verringern die Fehlervarianz der ermittelten Spektraldichtefunktion, indem dominante Frequenzen verstärkt und benachbarte Frequenzen mit geringerem Erwartungswert unterdrückt werden. Für inhaltliche Analysen, die an eindeutigen Frequenzspektren interessiert sind, ist dies durchaus wünschenswert. Bei chaotischen Zeitreihen sind hingegen keine klaren Frequenzanteile zu erwarten. Vielmehr zeigt sich im Chaos ein breites Frequenzspektrum mehrfach überlagerter Frequenzen. Hier verfälschen die Filterfunktionen das Ergebnis und führen zu einem weit übersichtlicheren Bild, als es für den chaotischen Prozess tatsächlich vorliegt. Insbesondere in Bezug auf das Verhulst-System (vgl. Abbildung 9, S. 54) konnte gezeigt werden, dass der Weg ins Chaos über eine unendliche Abfolge von Periodenverdopplungen zustande kommt. Dieses Bündel von überlagerten Frequenzen findet sich dementsprechend auch im Frequenzspektrum des chaotischen Bereichs.

Breitbandige Frequenzspektren gehen einher mit schnell abflachenden Autokorrelationsfunktionen und sind Hinweise entweder auf einen Zufalls- oder chaotischen Prozess (vgl. Abbildung 24, S. 126). Allerdings werden nur lineare Zusammenhänge berücksichtigt, was die Aussagekraft im Fall von Chaos erheblich einschränkt.

4.5 Vorbereitung von Daten für eine anschließende Analyse

Alle Verfahren der Komplexitätsanalyse sind empfindlich für Verletzungen der Stationarität (auch gleitende Fenster erfordern innerhalb des Fensters einen stationären Prozess) und reagieren ungünstig auf Messfehler bzw. Rauschen. Einige Algorithmen (z. B. die Permutationsentropie, S. 430 ff.) sind zudem hochgradig sensibel für mikroskopische Datenschwankungen, die bei einer übertriebenen Nutzung von Nachkommastellen (jenseits der Messgenauigkeit) auftreten können.

Es empfiehlt sich daher die Zeitreihendaten vor der Analyse zu prüfen und gegebenenfalls so aufzubereiten, dass eine reliable Komplexitätsbestimmung wahrscheinlicher wird.

4.5.1 Transformation in Veränderungsmaße

Bei der Analyse von Finanzzeitreihen ist es üblich, nicht mit den Rohdaten, sondern mit der Veränderung von einem Messzeitpunkt auf den nächsten zu arbeiten (sogenannte *Returns*). Dadurch werden Trends, also einfache nichtstationäre Entwicklungen, ausgeschlossen.

Eine gegebene Rohdatenzeitreihe x_t (x bezeichnet die Messwerte und t die Zeit) lässt sich wie folgt in *Returns* transformieren. Der Einfachheit halber wird hier für alle Veränderungsmaße einheitlich Δx geschrieben:

- **Absolute Veränderung.** Die absolute Veränderung zwischen Werten für aufeinanderfolgende Zeitpunkte ist gegeben mit:

Gleichung 13: Absoluter *Return*

$$\Delta x_{t'} = x_t - x_{t-1}$$

Δx sei die ermittelte Veränderung
t bezeichnet den aktuellen Zeitpunkt
t–1 ist der vorherige Zeitpunkt
t' zeigt an, dass die ermittelte Veränderung den Zeitraum zwischen den beiden Messpunkten betrifft

- **Prozentuale Veränderung.** Die prozentuale Veränderung bezieht sich jeweils auf den vorhergehenden Zeitpunkt, der 100 % entspricht:

Gleichung 14: Prozentualer *Return*

$$\Delta x_{t'} = \frac{x_t - x_{t-1}}{x_{t-1}}$$

Δx sei die ermittelte Veränderung
t bezeichnet den aktuellen Zeitpunkt
t–1 ist der vorherige Zeitpunkt
t' zeigt an, dass die ermittelte Veränderung den Zeitraum zwischen den beiden Messpunkten betrifft

Zu berücksichtigen ist der Umstand, dass die prozentuale Veränderung nur definiert ist, wenn der Nenner ungleich null ist. Bei der Interpretation dieses Maßes ist darauf zu achten, dass sich die Bezugsgröße für 100 % beständig verändert. Es handelt sich um eine relative Veränderung im Vergleich zum jeweiligen Vortag.

Forschungsdesigns der Komplexitätsforschung

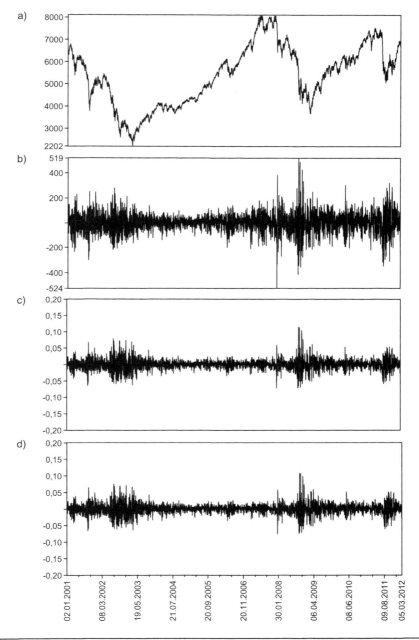

Abbildung 25:	Transformation des DAX in Veränderungswerte
	Die Zeitreihe in a) ist der Schlusskurs des Deutschen Aktienindex DAX im Zeitraum zwischen dem 02.01.2001 und dem 05.03.2012. In b) sind die absoluten Veränderungen zwischen aufeinanderfolgenden Handelstagen dargestellt. Prozentuale Veränderungen finden sich in c) und logarithmierte *Returns* in d). (Abbildung erstellt mit GChaos)

- **Logarithmierte Veränderung (Log-*Return*).** Log-*Returns* sind die üblicherweise genutzten Veränderungsmaße für die Analyse von ökonomischen Zeitreihen. Sie beruhen auf den prozentualen Veränderungen (Gleichung 14), die anschließend logarithmiert werden. Durch das Logarithmieren werden starke Ausreißer begrenzt, dieser Schritt der Berechnung dient also der Linearisierung der Größe. Durch Anwendung der Rechenregeln für das Logarithmieren ergibt sich folgende vereinfachte Gleichung:

Gleichung 15: Log-*Return*

$$\Delta x_{t'} = \ln\left(\frac{x_t}{x_{t-1}}\right)$$

Δx sei die ermittelte Veränderung
t bezeichnet den aktuellen Zeitpunkt
$t-1$ ist der vorherige Zeitpunkt
t' zeigt an, dass die ermittelte Veränderung den Zeitraum zwischen den beiden Messpunkten betrifft

Auch hier ist zu berücksichtigen, dass die Veränderung nur definiert ist, wenn der Nenner ungleich null ist. Zudem ergeben sich Definitionslücken, wenn der Zähler null ist oder der Bruch negative Werte ergibt.

Die Abbildung 25 zeigt für den Deutschen Aktienindex DAX, wie sich die Gestalt einer Zeitreihe durch die Transformationen verändert. In der Software GChaos können die Transformationen im Menü „*Data Transformations*" gefunden werden und werden dabei jeweils direkt auf ausgewählte Zeitreihen (markierte Spaltenköpfe) angewendet. Nicht ganz unbedeutend bei der Interpretation der transformierten Werte ist die Zeitverschiebung. Genau genommen umfasst der transformierte Wert einen Zeitraum, der zwischen den Messungen liegt, aus denen er berechnet wird.

4.5.2 Rauschfilter

Hochfrequente Fluktuationen, Rauschen oder zufällige Artefakte in den Daten können sich negativ auf die Anwendung von Methoden zur Kennzeichnung der Komplexität einer Dynamik auswirken. Daher stellt sich in verschiedenen Stadien der Analyse komplexer Zeitreihen immer wieder die Frage nach einer effektiven Rauschfilterung (die folgende Darstellung ist bis Ende des Kapitels 4 eine Erweiterung von Strunk 2004).

Filter verändern das Signal und seine Komplexität

Als Filter sind frequenzspezifische Methoden, die nur bestimmte Frequenzen herausfiltern oder Breitbandfilter bekannt, die eine Glättung des gesamten Frequenzspektrums bewirken (für einen Überblick über verschiedene Filtermethoden und ihre Implementierung sei an dieser Stelle auf Smith 1999 verwiesen). Problematisch sind solche Filter jedoch, weil vor der Anwendung selten eingeschätzt werden kann, ob dadurch nicht gerade der interessierende komplexe Signalanteil in den Daten beschnitten wird. Daher wird hier die Auffassung vertreten, dass auf umfassende und komplizierte Filter nach Möglichkeit verzichtet werden sollte (vgl. auch Hegger et al. 1999). Je mehr das Signal so belassen werden kann, wie es erhoben wurde, desto leichter sind Komplexitätskennwerte zu interpretieren.

Allein für die Permutationsentropie (S. 430 ff.) wird eine Rauschfilterung empfohlen. Da die Daten für die Bestimmung der Permutationsentropie der Größe nach sortiert und dann Rängen zugeordnet werden, können Unterschiede an einer beliebigen unbedeutenden Nachkommastelle über die Rangzuordnung entscheiden. Selbst homöostatisches Fixpunktverhalten erscheint hier als hochgradig komplex, wenn mikroskopische Fluktuationen in den Nachkommastellen auftreten. Diese werden durch die Mechanik des Verfahrens zum eigentlichen Signal verstärkt, was dann ungünstig ist, wenn die Fluktuationen tatsächlich keine inhaltliche Bedeutung besitzen. Es wird daher im Kapitel 10.4.2 (S. 434 ff.) ausführlich diskutiert, wie Daten für dieses Verfahren in der Zahl der Nachkommastellen beschnitten werden sollten und wie sich das auf die Reliabilität der Berechnungen auswirkt.

Eine gut nachvollziehbare Rauschunterdrückung kann mit dem gleitenden arithmetischen Mittel als Breitbandfilter erreicht werden. Eine Zeitreihe der Länge N, die gegeben ist mit x_t, wird bei Anwendung des Verfahrens des gleitenden Mittelwertes dadurch geglättet, dass jeder ihrer Werte x_t durch einen Mittelwert ersetzt wird, der sich aus dem Wert selber und einer mit a festgelegten Anzahl folgender Werte bildet. So wird ausgehend von jedem Punkt der Zeitreihe ein Fenster der Breite a gebildet, für dieses Fenster der Mittelwert aller Punkte ermittelt und der Ausgangspunkt durch diesen Wert ersetzt:

Gleichung 16: Gleitender Mittelwert

$$x_{t'}^* = \frac{1}{a} \sum_{i=t}^{i=t+a-1} x_i$$

x^* sei die geglättete Zeitreihe
t bezeichnet die Zeit, zu der das Fenster startet, welches weitere mit a gegebene Datenpunkte in die Zukunft reicht
a ist die Fensterbreite
t' zeigt an, dass die geglättete Zeitreihe den Zeitraum der Fensterbreite a umfasst

Bei dem hier beschriebenen Verfahren wird die Zeitreihe am Ende jeweils um $a - 1$ Datenpunkte kürzer, weil für den Zeitpunkt, der gegeben ist durch $N - a + 1$, zum letzten Mal genügend Nachfolgepunkte vorhanden sind, um die Berechnung vorzunehmen. Soll eine geglättete Zeitreihe einer ungeglätteten Zeitreihe gegenübergestellt werden, empfiehlt es sich, den durch die Glättung bedingten Verlust an Daten je zur Hälfte dem Beginn und dem Ende der Zeitreihe zuzuordnen. Dadurch wird jedes $x_t{*}$ dem Mittelpunkt des Glättungsfensters zugewiesen, sodass sich t um $+a / 2$ verschiebt.

Infolge der durch den Algorithmus bewirkten Glättung verringert sich die Streuung der Daten. Die Zeitreihe wird mit zunehmendem a flacher und nähert sich von oben und unten ihrem Mittelwert, der durch das Verfahren nicht beeinflusst wird. Diese „Vorwärtsglättung", die Nachfolger von x_t heranzieht, kann auch durch eine „Rückwärtsglättung" ersetzt werden, die auf Vorgängern von x_t beruht. Welche Perspektive sinnvoll ist, hängt von der Fragestellung ab und betrifft nur die Zuordnung des Mittelwertes zu einem Zeitpunkt, nicht aber das Berechnungsergebnis selbst.

Je größer das Fenster a gewählt wird, desto stärker fällt auch die Glättung aus. Wird a zu groß gewählt, gehen unter Umständen relevante Details verloren.

Ein geschachtelter gleitender Mittelwert verringert die Streuung der Daten nur geringfügig

Eine Alternative zur einmaligen Anwendung einer starken Glättung mit großem a stellt die wiederholte Glättung einer Zeitreihe mit einem kleinen Fenster dar. Wird eine Zeitreihe zehnmal mit einem Fenster der Breite $a = 2$ geglättet, so ergibt sich ein weit detailreicheres Bild als die einmalige Glättung derselben Zeitreihe mit einem Fenster der Breite $a = 20$. Die mehrmalige Anwendung eines gleitenden Mittelwertes auf eine Zeitreihe wird als *geschachtelter gleitender Mittelwert* bezeichnet. Die Abbildung 26 zeigt die Auswirkungen eines einfachen gleitenden Mittelwertes und eines geschachtelten gleitenden Mittelwertes im Vergleich.

Der geschachtelte gleitende Mittelwert findet sich in der Software GChaos im Menü „*Data Transformations / Smoothing*" und wird direkt auf ausgewählte Zeitreihen (markierte Spaltenköpfe) angewendet.

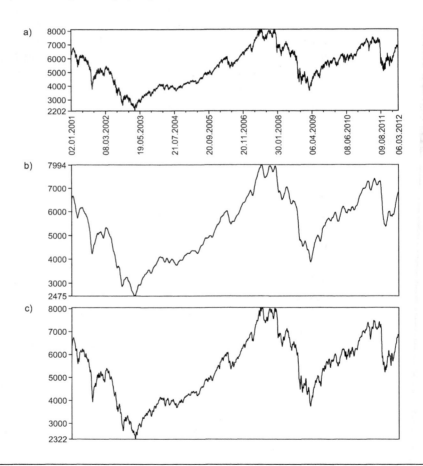

Abbildung 26: **Wirkungsweise eines gleitenden Mittelwertes**
Der in a) dargestellte Verlauf des DAX wird in b) mit einem Fenster der Breite 20 und in c) durch eine zehnfache Glättung mit einem gleitenden Mittelwert der Breite 2 geglättet.

4.5.3 Fehlende Daten

Methoden der Komplexitätsforschung gehen in der Regel von vollständigen Datensätzen aus, die in äquidistanten zeitlichen Intervallen erhobenen wurden. Eine solche Erhebung wird auch als *Time-Sampling*-Methode bezeichnet. Datenerhebungen nach der Methode des *Event Samplings*, bei der Messdaten nur zu vorher festgelegten, bedeutsamen *Events* erhoben werden, sind mit den Verfahren der nichtlinearen Zeitreihenanalyse kaum behandelbar und sollten daher von vornherein vermieden werden. Aber auch bei einer Messung mit festen Zeitintervallen können mitunter Datenlücken entstehen, die eine Auswertung erschweren. Folgende Strategien sind für den Umgang mit fehlenden Daten denkbar:

- **Ignorieren.** Ist die Zahl der fehlenden Datenpunkte sehr gering und werden Verfahren eingesetzt, die lange Zeitreihen erfordern, so fällt das Fehlen einzelner Messzeitpunkte in der Regel nicht auf. Zum Beispiel werden bei der Berechnung des LLE zahlreiche Abschnitte der Zeitreihe einzeln betrachtet und die Berechnungsergebnisse später gemittelt. Fehlt in einigen wenigen dieser Abschnitte ein Datenpunkt, so wird das in der Mittelwertbildung im Idealfall ausgeglichen. Die Zeitreihe muss dazu vor der Analyse von den Lücken befreit werden, was hier durch ein einfaches Herausschneiden geschehen kann. Die Zeitreihe erscheint daher nach dem Herausschneiden so, als wäre sie vollständig erhoben worden. Verschiebungen in der Zeitskala sind dann aber bei der Interpretation z. B. nichtstationärer Analysen zu berücksichtigen. Auch können zum Vergleich andere Methoden zum Umgang mit fehlenden Daten herangezogen werden.

- **Fortschreiben des vorherigen Wertes.** Fehlen jeweils nur einzelne Datenpunkte und nicht etwa längere Abschnitte, so können die Lücken gefüllt werden, indem sie jeweils mit dem der Lücke vorausgehenden Wert besetzt werden. Dieses Vorgehen erhöht künstlich die Ordnung in den Daten und kann so in seiner Wirkung eingeschätzt werden.

- **Anpassung globaler Vorhersagemodelle.** Ein noch recht junger Trend der Chaosforschung beschäftigt sich mit den Grenzen und der Reichweite von Vorhersagen in nichtlinearen dynamischen Systemen. Auch wenn das Verhalten chaotischer Systeme nicht über lange Zeiträume hinweg vorhergesagt werden kann, ist es möglich, den Trajektorienverlauf auch chaotischer Systeme für kurze Zeiträume linear zu approximieren. So lassen sich z. B. Durchschnittsverhaltensweisen von Trajektorienströmen oder Trajektorienbündeln für begrenzte Zeitabschnitte ermitteln. Auch Methoden zur Anpassung von Gleichungen, z. B. durch Taylorreihen oder Polynome hoher Ordnungen, sind möglich (vgl. z. B. Tsonis 1992, S. 218). Der Grundgedanke dieses Vorgehens wird als *Shadowing* bezeichnet. Er geht davon aus, dass auch eine komplexe chaotische Dynamik in der Regel durch ein relativ einfaches Gleichungssystem generiert wird. Daher werden sogenannte *Basisfunktionen* (z. B. die Radial-Basisfunktion: Casdagli 1989, Stollwerk & Drepper 1991) benutzt, deren Parameter an die gegebenen Daten so angepasst werden, dass daraus dann neue, nicht verrauschte und beliebig lange Zeitreihen gewonnen werden, die man als „Schatten" der Originalzeitreihe bezeichnet. Ein Set von verrauschten wenigen Messwerten wird dabei immer wieder mit den artifiziellen Daten verglichen. Es werden nach der Methode der kleinsten Quadrate oder der Maximum-Likelyhoodschätzung die Parameter der Basisfunktionen so gewählt, dass eine Minimierung der Distanzen zwischen beobachteten und erzeugten Messpunkten erreicht wird. Insgesamt sind globale Vorhersagealgorithmen in ihrer Anwendung relativ aufwendig und die Anforderung, dass die geschätzten Modellgleichungen für den gesamten Datensatz gleichermaßen gültig sein sollen, kann für empirische Daten nur selten gewährleistet werden (vgl. dazu die Diskussion zur Stationarität auf S. 101 ff. und S. 107 ff.). Daher wird hier von solchen Verfahren eher abgeraten und stattdessen der Einsatz einfacher, lokaler Vorhersagealgorithmen empfohlen.

4.5.3.1 Algorithmus: Lokale Vorhersage von Folgepunkten ohne Vorhersagemodell

Eine weniger anspruchsvolle und zugleich flexiblere Alternative zu globalen Vorhersagealgorithmen bieten lokale Vorhersagemethoden, die ausgehend von jedem Datenpunkt ein eigenes Modell für eine begrenzte Zahl direkt aufeinander folgender Datenpunkte schätzen und im Zeitverlauf immer wieder anpassen (vgl. Farmer & Sidorowich 1987, 1988a, 1988b). Lokale Vorhersagealgorithmen sind daher in der Lage, sich auch an dramatische Veränderungen der Dynamik schnell anzupassen. Allerdings geht dadurch die Eleganz verloren, die die Formulierung eines globalen Modells auszeichnet. Stattdessen werden für beliebig viele Zeitfenster jeweils unterschiedliche Parameter für das gewählte mathematische Grundmodell bestimmt. Da aber das Modell nicht mehr für eine lange, komplexe Zeitreihe Geltung besitzen muss, können insgesamt einfachere mathematische Ansätze gewählt werden.

Historische Daten helfen die Lücken zu füllen

Gute Ergebnisse können bei der Vorhersage der direkten Folgepunkte bereits erzielt werden, wenn man vollständig auf ein Vorhersagemodell verzichtet. Die Vorhersage beruht auf dem Mittelwert historischer Daten. Ein Suchalgorithmus identifiziert in den Daten ähnliche historische Konstellationen und stellt fest, wie das System sich dort verhalten hat. Werden jeweils mehrere ähnliche Konstellationen gefunden, so werden diese gemittelt.

In der konkreten Umsetzung des Algorithmus werden Werkzeuge eingesetzt, die im Rahmen der geometrischen Analyse komplexer Systeme bereits zu Beginn des 20. Jahrhunderts entwickelt wurden (siehe ausführlicher ab S. 153 ff.). Zentral ist hier die Einbettung der Daten in den sogenannten Phasenraum. Da ein System durch die Interaktion mehrerer Variablen konstituiert wird, ist sein Verhalten auch nur durch die gemeinsame Berücksichtigung aller relevanten Variablen verstehbar. Ein Phasenraum ist ein Koordinatensystem, welches von diesen Variablen aufgespannt wird und daher ebenso viele Dimensionen aufweist, wie das System Variablen besitzt. Jeder Systemzustand ist als Punkt in diesen mehrdimensionalen Raum gegeben.

Sollen mit dem lokalen Vorhersagealgorithmus Datenlücken gefüllt werden, werden die vorhandenen Daten zunächst so in den Phasenraum eingebettet, wie es ab

Seite 153 ff. beschrieben wird. Die dazu nötigen Parameter müssen zunächst geschätzt werden oder werden für einen Datensatz bestimmt, aus dem die Datenlücken einfach herausgeschnitten wurden (siehe oben). Bei der anschließenden Einbettung der Daten in den Phasenraum werden die fehlenden Daten besonders markiert. Um diese Datenlücken zu schließen, wird jeweils der Zeitpunkt vor der Lücke herangezogen. Diesem Zeitpunkt entspricht ein Punkt im Phasenraum, um den herum eine festgelegte Anzahl nächstgelegener Nachbarn gesucht wird.

Es wird also festgestellt, wann das System sich schon einmal in einem möglichst ähnlichen Zustand befunden hat. Diese nächsten Nachbarn werden daraufhin überprüft, ob sie sich auch wirklich nahe am Referenzpunkt befinden, indem z. B. ein maximal zulässiger Höchstabstand festgelegt wird. Zudem sollte für jeden Nachbarn der nachfolgende Zeitpunkt definiert sein. In diesem Sinne werden Nachbarn ausgeschlossen, auf die ebenfalls eine Datenlücke folgt. Der Mittelwert der auf die Nachbarn folgenden Zeitpunkte im Phasenraum wird nun als Schätzung für die Datenlücke gewählt, die auf den Referenzpunkt folgt (vgl. Hegger et al. 1999, Schiepek et al. 2003a).

Bei hochkomplexen Systemen ist häufig nur eine Vorhersage des nächsten Datenvektors möglich. Vielversprechende Ergebnisse konnten Guégan und Mercier (2005) bei der Vorhersage von Finanzdaten erzielen. Für weniger komplexe Prozesse könnte auch die Vorhersage über zwei, drei oder noch mehr Messschritte hinweg gelingen. Die Vorhersagegüte und die Zahl der durch die Vorhersage überbrückbaren Zeitpunkte ist damit auch ein Maß für die Komplexität der Datenreihe und ist mit dem *Lyapunov*-Exponenten – also dem Maß für Chaos – verwandt.

4.5.3.2 Datenqualität, Voraussetzungen für die lokale Vorhersage von Folgepunkten ohne Vorhersagemodell

Der lokale Vorhersagealgorithmus ohne Vorhersagemodell ist erst ab Intervallskalenniveau sinnvoll. Insbesondere die Mittelwertbildung über Koordinatenvektoren erfordert dieses Skalenniveau. Da das Verfahren auf einer Phasenraumeinbettung beruht, ist es zudem erforderlich, sinnvolle Parameter für die Einbettung angeben zu können (siehe ausführlicher ab S. 153 ff.). Ein *Time-Lag* und die Einbettungsdimension sind für die Analyse zwingend erforderlich.

Das bedeutet ein gewisses Dilemma, da diese Parameter erst mit Verfahren bestimmt werden können, die vollständige Daten erfordern, also erst nach einer Rekonstruktion von fehlenden Daten durch die lokale Vorhersage durchgeführt werden können. Hier empfiehlt es sich zunächst, die oben angesprochenen einfacheren Methoden für die Datenrekonstruktion zu nutzen und dann das *Time-Lag* (S. 162 ff.) und die Einbettungsdimension zu bestimmen. Anschließend kann die lokale Vorhersage durchgeführt werden. Eventuell kann dann eine weitere Schleife (erneute Bestimmung von *Time-Lag* und Einbettungsdimension) durchlaufen werden, um die Stabilität der Ergebnisse zu prüfen.

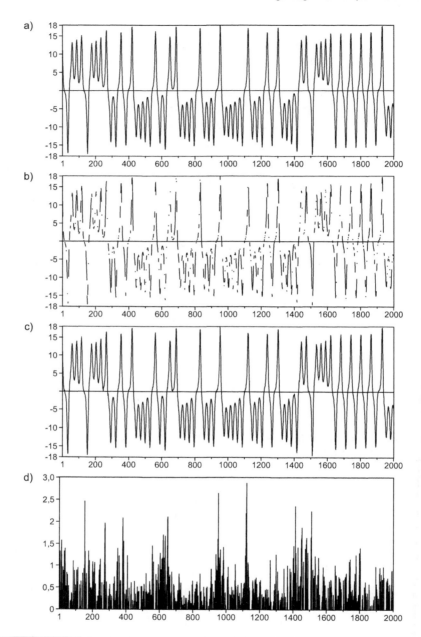

Abbildung 27: Wirkungsweise der lokalen Vorhersage ohne Vorhersagemodell

Die in a) dargestellte Zeitreihe stammt aus einem 3-dimensionalen Datensatzes des Lorenzsystems und umfasst 2000 Datenpunkte. In b) wurden aus dieser Ausgangszeitreihe insgesamt 600 Datenpunkte zufällig heraus gelöscht und als fehlende Werte markiert. Nach Anwendung des im Text beschriebenen Verfahrens zur lokalen Approximation der Daten (1-Schritt-Vorhersage ohne Vorhersagemodell) ergibt sich die in c) dargestellte Rekonstruktion. Die Abweichungen d) zur Originalzeitreihe erreichen maximal einen Euklidischen Abstand von 2,87, was ca. 5 % des maximalen Abstandes im Phasenraum entspricht. (Abbildungen und Berechnungen erstellt mit GChaos)

Die minimal erforderliche Zeitreihenlänge hängt stark vom *Time-Lag* und der Einbettungsdimension ab. Durch die Einbettung verkürzt sich die effektiv nutzbare Zeitreihenlänge (vgl. Gleichung 17, S. 163). Zudem sucht der Algorithmus in den vorhandenen Daten nach passenden nächsten Nachbarn. Diese sollten also in genügender Anzahl vorhanden sein, um eine Vorhersage überhaupt zu ermöglichen. Auch spielt der Prozentsatz zu rekonstruierender Datenpunkte eine wichtige Rolle. Es ist daher nicht leicht, die minimal erforderliche Datenlänge zu schätzen. Als Faustregel können etwa 5-30 Datenpunkte pro zu rekonstruierendem Datum gefordert werden (eine Beispielanalyse findet sich in Abbildung 27).

4.5.3.3 Praktische Durchführung

Durchführung der Berechnung

Die Abbildung 28 zeigt die einzelnen Schritte des Algorithmus. Nach einer Phasenraumeinbettung stehen die Messdaten als mehrdimensionale Vektoren zur Verfügung. Diese werden Zeitpunkt für Zeitpunkt durchlaufen. Die Darstellung des Algorithmus beginnt mit der Suche nach einem fehlenden Datenpunkt (*Missing*). Der Vorgänger dieses Punktes (der um PL – *Prediction-Lag* – vor dem Zeitpunkt liegt; PL ist üblicherweise eins, kann aber auch höher gewählt werden) ist der Referenzvektor, zu dem nächste Nachbarn gesucht werden. Sind die Nachbarn nicht mehr als ein vorher festgelegtes Maximum voneinander entfernt, so werden sie berücksichtigt. Für jeden Nachbarn wird der Nachfolger (der PL Zeitschritte später liegt) aufgesucht. Diese Nachfolger werden gemittelt und dienen als Ersatz für den fehlenden Datenpunkt.

Der Algorithmus kann auch zur Quantifizierung der Vorhersagbarkeit des Systemverhaltens genutzt werden. Dann entfällt die Suche nach fehlenden Werten. Stattdessen werden alle Datenpunkte durchlaufen. Der Euklidische Abstand zwischen Vorhersage und Original (vgl. Gleichung 29, S. 222) ist ein Maß für die Vorhersagegüte. Interessant ist die Entwicklung der Vorhersagegüte für höhere PL. Bei hochkomplexen Prozessen gelingt nur eine kurzfristige Prognose. Man erreicht das Verfahren in GChaos über das Menü „*Data Transformations*", „*Prediction (Missing Data)*". Folgende Einstellungen sind zu treffen:

- **Variablenauswahl.** In der Variablenliste werden alle Spaltenbezeichnungen des aktuellen Arbeitsblattes aufgelistet. Hier kann eine Variable für die Berechnung ausgewählt werden. Die Auswahl mehrerer Variablen führt dazu, dass diese nach dem Reißverschlussprinzip zu einem Datensatz angeordnet werden: Aus x_1, x_2, x_3, x_4, ... x_N und y_1, y_2, y_3, y_4, ... y_N sowie z_1, z_2, z_3, z_4, ... z_N wird dann x_1, y_1, z_1, x_2, y_2, z_2, x_3, y_3, z_3, x_4, y_4, z_4, ... x_N, y_N, z_N. Diese verknüpfte Zeitreihe wird in der Regel zu einem *Time-Lag* von eins führen. Zudem wird über die Einstellung „*Vector Spacing*" angegeben, aus wie vielen Dimensionen die Zeitreihe besteht. Bei der Einbettung wird dann dafür gesorgt, dass die Koordinaten für die Punkte im Phasenraum immer mit der gleichen Variable beginnen (ist die zusammengesetzte Zeitreihe eine Abfolge der Variablen x, y, z, so sorgt ein *Vector Spacing* von drei dafür, dass die Koordinaten immer mit x beginnen und nicht auch mit y oder z).

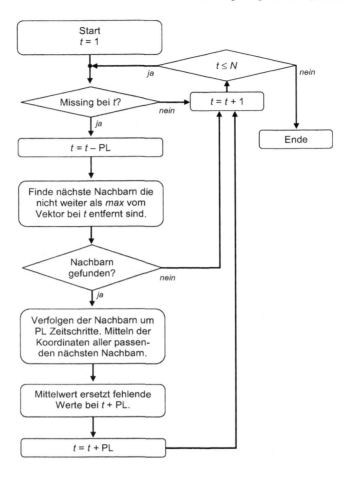

Abbildung 28:	**Algorithmus: Lokale Vorhersage ohne Vorhersagemodell**
	Der Algorithmus sucht zunächst einen fehlenden Datenpunkt (*Missing*) auf. Der Vorgänger dieses Punktes (der um PL vor dem Zeitpunkt liegt) ist der Referenzvektor, zu dem nächste Nachbarn gesucht werden. Sind die Nachbarn nicht mehr als *max* vom Referenzvektor entfernt, so werden sie berücksichtigt. Für jeden Nachbarn wird der Nachfolger (der PL Zeitschritte später liegt) aufgesucht. Diese Nachfolger werden gemittelt und dienen als Ersatz für den fehlenden Datenpunkt.

- **Time-Lag.** Das „*Time Spacing Delay*" wird für die Einbettung der Daten benötigt und muss vorher mit anderen Verfahren geschätzt werden (vgl. S. 167 ff.).
- **Vector Spacing.** Das „*Vector Spacing*" gibt bei einer multiplen Variablenauswahl die Zahl der Variablen an und sorgt dafür, dass die Einbettung für jeden neuen Datenpunkt immer bei der ersten Variablen beginnt.
- **Einbettungsdimension.** Die Einbettungsdimension sollte vorher durch ein D2 ermittelt werden, welches aber vollständige Datensätze voraussetzt. Nach einer Faustregel von Farmer (1982b, vgl. Gleichung 35, S. 229) sollte eine geeignete Einbettung ca. zweimal so groß sein wie die eigentliche Dimensionalität des Attraktors. Der Algorithmus zur Rekonstruktion fehlender Daten scheint aber auch

dann reliable Ergebnisse zu liefern, wenn stattdessen die Dimension gewählt wird, die sich nach Aufrunden des D2 auf die nächste ganze Zahl ergibt.

- **Definition fehlender Werte.** Hier ist anzugeben, wie fehlende Daten im Datensatz kodiert wurden. Wird hier „MISSING" eingetragen, so werden Datenlücken gesucht.
- **Vorhersageweite.** Mit „*Prediction-Lag*" wird angegeben, wie weit die Vorhersage reicht, also wie viele Zeitschritte durch die Vorhersage überbrückt werden sollen.
- **Maximaler Abstand der Nachbarn.** Die zu suchenden Nachbarn dürfen nicht zu weit vom Referenzvektor entfernt sein. Der Abstand wird als Euklidischer Abstand (vgl. Gleichung 29, S. 222) angegeben. Hier können zunächst kleine Werte erprobt werden. Finden sich für diese nicht genügend Nachbarn, kann der Wert Schritt für Schritt erhöht werden.
- **Einschränkung des Algorithmus auf die Vorhersage fehlender Werte.** Durch Setzen der Option „*Predict Missings Only*" bleibt der Algorithmus allein auf fehlende Werte beschränkt, während er ansonsten den gesamten Datensatz berücksichtigt und damit eine Prüfung der Vorhersagequalität erlaubt.

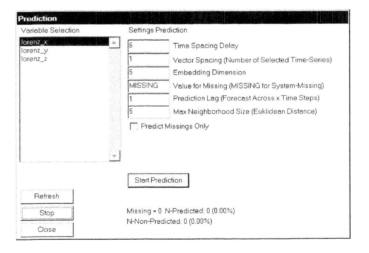

Abbildung 29: **GChaos-Dialog zur lokalen Vorhersage ohne Vorhersagemodell**
Im Text werden die Einstellungen des Dialogs kurz besprochen. Der Dialog wird erreicht über das Menü: „*Data Transformations*", „*Prediction (Missing Data)*".

- **Start der Berechnungen.** Mit „*Start Prediction*" startet die Berechnung. Originaldaten, Vorhersage und Anzahl der gefundenen Nachbarn (Angabe in Klammern) werden im Ausgabefenster angezeigt. Vorhersagefehler (nur wenn die Vorhersage nicht allein auf fehlende Werte eingeschränkt wurde), die rekonstruierte Zeitreihe bzw. die vorhergesagte Zeitreihe (nur wenn die Vorhersage nicht allein auf fehlende Werte eingeschränkt wurde) werden ins Datenblatt eingefügt.

Eine Datenfilterung ist häufig unumgänglich, sollte jedoch mit Vorsicht eingesetzt werden

Insgesamt gilt für alle dargestellten Verfahren der Datenfilterung bzw. Inter- und Extrapolation, dass in vielen Fällen nicht darauf verzichtet werden kann, einen oder mehrere der vorgeschlagenen Algorithmen zu verwenden. Nur selten liegen Rohdaten vor, die alle Anforderungen an die Datenqualität ohne eine weitere Behandlung mit Filtern erfüllen. Auf die Gefahren der Datenfilterung sowie der Inter- und Extrapolation wurde bereits hingewiesen. In jedem Fall ist damit zu rechnen, dass durch die Modifikation der Rohdaten auch dynamische Eigenschaften verändert werden. Ob die in den gefilterten Daten ermittelte komplexe Ordnung nicht erst durch die Filterung erzeugt wurde, muss daher in jedem Fall durch Surrogatdatenverfahren (vgl. dazu ausführlicher S. 119 ff.) überprüft werden. Dazu wird die Surrogatdatenreihe an den gleichen Stellen mit Datenlücken versehen und den gleichen Rekonstruktions- und Filterprozeduren unterzogen. Produziert eine Zeitreihe aus Zufallszahlen oder die *Random*isierte Ausgangszeitreihe nach der Datenaufbereitung durch Filter oder Vorhersagealgorithmen die gleiche Ordnung wie die Originaldaten, so muss dann leider davon ausgegangen werden, dass die Ordnung erst durch die Datenaufbereitung erzeugt wurde.

5 Methodenübersicht

Kriterien zur Beurteilung der Methoden

Die Komplexitätsforschung ist eine vergleichsweise junge Disziplin. Zwar gehen einige Methoden zur Messung der Komplexität von Datenabfolgen bis auf das Jahr 1898 zurück (Hadamard 1898), aber ein Großteil der Algorithmen ist erst in den letzten Jahren entwickelt worden (z. B. Bandt & Pompe 2002). Algorithmen der Komplexitätsforschung können anhand der folgenden Kriterien klassifiziert werden:

- **Was wird gemessen?** Zentrale Kriterien für die Beurteilung eines Verfahrens sind die durch das Verfahren abgebildeten inhaltlichen Definitionen von Komplexität, Ordnung und Zufall. Daraus folgt dann auch der Fokus des Verfahrens: Ist es in der Lage, Ordnung in Unordnung zu identifizieren, oder dient es dem Nachweis von Zufall oder von Chaos bzw. Komplexität?

- **Rolle der Dynamik.** Ein weiteres wichtiges Kriterium ist die Frage nach der Bedeutung von Dynamik und Prozess. Einige Verfahren verfolgen die Dynamik des Systems und leiten daraus ihre Kennwerte ab (z. B. ist das beim *Lyapunov*-Exponenten der Fall). Andere analysieren die Anordnung von Datenpunkten, ohne die Abfolge dieser Daten zu berücksichtigen (z. B. gehen Methoden aus dem Umfeld der fraktalen Geometrie so vor).

- **Phasenraumdarstellung.** Viele Verfahren der Komplexitätsforschung sind geometrischer Natur. Abstände zwischen Datenpunkten (*Lyapunov*-Exponent) und Muster in Datenspuren (fraktale Geometrie) spielen eine wichtige Rolle. Diese geometrischen Zugänge beruhen auf einer sogenannten Phasenraumdarstellung (vgl. S. 153 ff.). Diese bildet die Dynamik in einem mehrdimensionalen Raum ab, der aus den zentralen Freiheitsgraden des Systems aufgespannt wird. Dabei ist die Phasenraumdarstellung selber bereits der erste Schritt eines weiterführenden Algorithmus und beruht auf Parametern, die vorher mittels spezieller Methoden geschätzt werden mussten. Andere Verfahren suchen nach Mustern in beliebigen Symbolfolgen und sind daher nicht auf eine Phasenraumeinbettung angewiesen. Sie müssen nicht einmal auf Zahlenfolgen beschränkt bleiben, sondern sind auf die Abfolge beliebiger Symbole anwendbar. Eine Phasenraumdarstellung ist für solche Datenfolgen nicht nötig.

- **Skalenniveau.** Eine zentrale Bedeutung für die Wahl des passendes Verfahrens hat das Skalenniveau (vgl. dazu z. B. Bortz & Döring 2002). Methoden, die auf einer Phasenraumdarstellung beruhen, herrschen in der Komplexitätsforschung vor, erfordern aber Intervallskalenniveau. Es sind aber auch Algorithmen vorgestellt worden, die für ordinale Datensätze (z. B. die Permutationsentropie: Bandt & Pompe 2002) und sogar für nominale Daten (z. B. *Grammar Complexity*: Jiménez-Montano 1984) geeignet sind.

- **Minimale Datenlänge.** Auf die hohen Anforderungen an die Datenmenge wurde oben bereits eingegangen. Je länger eine Zeitreihe ist, desto höher ist die Chance, in ihr verborgene Muster zu identifizieren. Die minimal erforderliche Datenlänge hängt damit auch von der noch unbekannten Komplexität der Zeitreihendaten ab, sodass eine Abschätzung nur nach groben Faustregeln vorgenommen werden kann. Beim Vergleich der Verfahren sind aber dennoch deutliche Unterschiede in den Anforderungen an die Datenlänge feststellbar, sodass zumindest Größenordnungen angegeben werden können und bei der Untersuchungsplanung Berücksichtigung finden sollten.

- **Stationarität.** Grundsätzlich erfordern alle Verfahren die Stationarität der zu untersuchenden Dynamik. Verfahren, die mit vergleichsweise kurzen Datensätzen auskommen, können aber im Rahmen von gleitenden Fenstern eingesetzt werden, sodass eine nichtstationäre Analyse möglich wird. Zudem sind einige Verfahren speziell für die zeitpunktgenaue Schätzung der Komplexität gedacht (z. B. PD2: Skinner et al. 1994).

Verfahrensgruppen

Die hier genannten Kriterien führen zu einer Unterscheidung von sechs Verfahrensgruppen, die zusammen mit den Kriterien in den folgenden Tabellen vorgestellt werden. Die sechs Verfahrensgruppen sind:

1. **Verfahren für die vorbereitende Phasenraumeinbettung.** Die Grundlagen der Komplexitätsforschung sind auf theoretischer Seite mit den Theorien Nichtlinearer Dynamischer Systeme gegeben. Dabei erscheint ein System als eine Entität, die aus Elementen und deren Wechselwirkungen gebildet wird. In diesem Sinne sind an einer Dynamik in der Regel gleichzeitig mehrere Variablen (Elemente) beteiligt. Eine Phasenraumdarstellung bzw. -einbettung trägt dem Rechnung, indem die verschiedenen Variablen als unabhängige Dimensionen des verwendeten Koordinatensystems herangezogen werden. Bei der Betrachtung der Dynamik sind dann gleichzeitig immer alle Freiheitsgrade des Systems berücksichtigt. Diese mehrdimensionale Perspektive führte dazu, dass – basierend auf Vorschlägen von Henri Poincaré (z. B. 1904) – zahlreiche zentrale Verfahren der Komplexitätsforschung auf geometrischen Methoden beruhen, die eine solche Einbettung der Daten in den Phasenraum voraussetzen. Sie stellt daher eine Grundlage für zahlreiche weiterführende Methoden dar und bedarf ihrerseits bereits eigenständiger Algorithmen. Verfahren für die Phasenraumeinbettung werden in Kapitel 6 ab S. 153 besprochen.

2. **Fraktale Dimension.** Die „Erforschung des Komplexen" (Nicolis & Prigogine 1987) hat zahlreiche erstaunliche Eigenschaften nichtlinearer dynamischer Systeme aufgedeckt. Dazu hat insbesondere die Theorie fraktaler Strukturen (Mandelbrot 1977, 1987) beigetragen. Komplexe geometrische Objekte lassen sich als Fraktale identifizieren, wenn – vereinfacht gesprochen – ihre Dimensionalität größer ist, als es für ähnliche geometrische Objekte normalerweise der Fall ist. Die Dimension z.B. einer fraktalen Kurve ist dann nicht etwa 1-dimensional, wie es für Kurven „normal" wäre, sondern höherdimensional. Häufig – aber nicht immer – ist die fraktale Dimension keine ganze Zahl. Damit bietet die fraktale Geometrie eine Interpretation gebrochener, komplexer geometrischer Strukturen an, die eine Messung und Klassifikation von Komplexität erlaubt. Die Übertragung in die Theorien Nichtlinearer Dynamischer Systeme verknüpft die fraktale Geometrie mit dem deterministischen Chaos unter Hinweis auf den sogenannten *Strange Attractor* (Ruelle & Takens 1971). Das bekannteste Verfahren aus diesem Kontext ist das D2, welches zum PD2 erweitert werden kann.

Die Algorithmen zur fraktalen Geometrie werden in Kapitel 7 ab S. 205 besprochen.

3. **Chaotizität.** Das hervorstechendste Merkmal einer komplexen Dynamik ist das deterministische Chaos, welches gerne unter Bezug auf den sogenannten Schmetterlingseffekt (Lorenz 1963, 1972) definiert wird. Präzisier formuliert, handelt es sich beim Schmetterlingseffekt um eine exponentielle Divergenz ursprünglich nahe benachbarter Systemzustände. Das Ausmaß der exponentiellen Divergenz wird mit dem größten *Lyapunov*-Exponenten (LLE) angegeben. Der bekannteste und historisch gesehen erste Algorithmus für die Berechnung des LLE ist der von Wolf et al. (1985), der aber auch einige gravierende Schwächen aufweist, die vom Rosenstein-Algorithmus (Rosenstein et al. 1993) und vom darauf aufbauenden Kantz-Algorithmus (Kantz 1994) vermieden werden. Methoden zur Bestimmung des größten *Lyapunov*-Exponenten werden in Kapitel 7.5.5 ab S. 285 dargestellt.

4. **Entropiemaße.** Historisch gesehen ist der Entropiebegriff die älteste Beschreibung für Unordnung und den Verlust der Vorhersagbarkeit dynamischer Systeme. Er wurde von Rudolf Clausius (1822 bis 1888) im Rahmen des 2. Hauptsatzes der Thermodynamik in die Physik eingeführt und beschreibt dort die in geschlossenen Systemen beständig zunehmende Unordnung. Eine maximale Entropie verweist auf eine völlige Unordnung und Gleichverteilung von Energie und Materie, sodass deren Verhalten nur stochastisch beschrieben werden kann und im Falle maximaler Entropie keine Vorhersage mehr erlaubt. Der Entropiebegriff ist daher eng mit dem deterministischen Chaos verwandt, welches ebenfalls mit einer erschwerten Vorhersage einhergeht. Die am häufigsten eingesetzte Methode, um den Begriff der Entropie für die Komplexitätsforschung zu operationalisieren, ist die Kolmogorov-Sinai-Entropie, die mit der K2-Entropie in Anlehnung an den D2-Algorithmus berechnet werden kann. Der Algorithmus wird in Kapitel 8.7 ab S. 367 dargestellt.

5. ***Recurrence Plots.*** *Recurrence Plots* werden in der hier vorgestellten Struktur als eigene Verfahrensgruppe geführt. Dies liegt daran, dass sich das Verfahren nur schlecht anderen Zugängen zuordnen lässt. *Recurrence Plots* sind zunächst einmal grafische Darstellungen sich im Phasenraum wiederholender Werteabfolgen. Als solche vermitteln sie ein Bild von den in der Dynamik enthaltenen Ordnungsstrukturen. Phasenübergänge, periodisch-zyklische Strukturen und Zufallsrauschen lassen sich im Idealfall bereits an der grafischen Darstellung ablesen. Zudem beruhen die Grafiken auf Phasenraumdarstellungen, sodass *Recurrence Plots* klar der großen Gruppe der geometrischen Verfahren zuzuordnen sind. Methoden, diese – visuell und intuitiv erfahrbaren Strukturen in den *Recurrence Plots* – auch in Zahlen abzubilden, sind relativ neu (z. B. Marwan 2003). Die Quantifizierung der Eigenschaften von *Recurrence Plots* beruht auf recht einfachen statistischen Kennwerten, die das Ausmaß der Ordnung in den Daten widerspiegeln. Die Auswertungen beruhen nicht auf einer eigenen Theorie (wie etwa das Chaos oder die fraktale Geometrie) oder einem spezifischen Phänomenbereich des Komplexen. Das Verfahren wird in Kapitel 9 ab S. 375 diskutiert.

Verfahren	Was wird gemessen?	Bedeutung hoher Werte	Dynamik	Phasenraum	Skalenniveau	Minimum Datenlänge	Stationarität erforderlich?
Time-Lag Autokorrelationsfunktion (Tsonis & Elsner 1988, Schuster 1989b, Tsonis 1992)	Zeitpunkt, zu dem zeitliche Abhängigkeiten in den Daten minimal werden.	Ordnung.	Die Dynamik und konkrete Abfolge der Messwerte spielt eine Rolle.	Nein, das Verfahren bietet die Grundlage für eine Phasenraumeinbettung.	Intervall.	$N \geq 30$	Ja. Sogar dort, wo in weiterer Folge Verfahren eingesetzt werden, die keine Stationarität erfordern, wird häufig davon ausgegangen, dass das Time-Lag sich im zeitlichen Verlauf nicht ändert.
Time-Lag Mutual Information (Fraser & Swinney 1986)						$N \geq 30$	
Time-Lag Generalisiertes Korrelationsintegral (Grassberger & Procaccia 1983a, 1983b, Liebert & Schuster 1989)						$N \geq 200$	
Phasenraumdarstellung/-rekonstruktion (Packard et al. 1980, Takens 1981)	Es handelt sich um ein Verfahren zur Darstellung von Daten in einem Vektorraum. Es wird kein Kennwert über die Dynamik erzeugt.					$N \geq 5$	

Tabelle 10: Verfahren für die vorbereitende Phasenraumeinbettung

Viele Verfahren der Komplexitätsforschung beruhen auf geometrischen Methoden, die eine Einbettung der Daten in den Phasenraum voraussetzen. Die Phasenraumeinbettung stellt daher eine Grundlage für die weiterführenden Methoden dar und bedarf bereits eigener Algorithmen. Verfahren für die Phasenraumeinbettung werden in Kapitel 6 ab S. 153 besprochen.

Verfahren	Was wird gemessen?	Bedeutung hoher Werte	Dynamik	Phasenraum	Skalenniveau	Minimum Datenlänge	Stationarität erforderlich?
Strange Attractors Fraktale Geometrie, D2 (Ruelle & Takens 1971, Mandelbrot 1977, 1982, Grassberger & Procaccia 1983a, 1983b, Mandelbrot 1987)	Fraktale Dimensionalität, Zahl der Freiheitsgrade.	Komplexität. Zufall wird im Idealfall ausgeschlossen.	Die Struktur im Phasenraum spielt eine Rolle, nicht aber die zeitliche Abfolge der Datenpunkte.	Ja.	Intervall / keine stark eingeschränkte Auflösung.	$N \geq 200\text{-}1.000$ $N \geq 10^{\frac{D2}{2}}$	Ja.
PD2 (Skinner 1992, Kowalik & Elbert 1994, Skinner et al. 1994)	Zeitpunktbezogene fraktale Dimensionalität, zeitpunktbezogene Zahl der Freiheitsgrade.		Die Struktur im Phasenraum spielt eine Rolle, nicht aber die zeitliche Abfolge der Datenpunkte. Als zeitpunktbezogenes Verfahren wird jedoch die Veränderung der Komplexität im Zeitverlauf deutlich.			$N \geq 200\text{-}1.000$ ($N \geq 10^{D2/2}$) Die Analyse sollte für 75% der Datenpunkte gelingen (Skalierung/Sättigung), damit eine Interpretation zulässig ist.	Nein. Probleme durch eine fehlende Stationarität des Time-Lag werden in der Regel als vernachlässigbar angenommen.
PD2 mit Zusammenfassung von Fokuspunkten (Strunk 2004)							

Tabelle 11: **Fraktale Dimension**

Die fraktale Geometrie bietet eine Interpretation gebrochener, komplexer geometrischer Strukturen an, die eine Messung und Klassifikation von Komplexität erlaubt. Die Übertragung in die Theorien Nichtlinearer Dynamischer Systeme verknüpft die fraktale Geometrie mit dem deterministischen Chaos. Das bekannteste Verfahren aus diesem Kontext ist das D2, welches zum PD2 erweitert werden kann. Die Algorithmen zur fraktalen Geometrie werden in Kapitel 7 ab S. 205 besprochen.

6. **Symbolbasierte Verfahren für niedrige Skalenniveaus.** Neben den geometrisch fundierten Algorithmen sind seit Langem auch symbolische Repräsentationen von Zufall, Ordnung und Komplexität bekannt. Diese wählen eine grundsätzlich andere Perspektive auf die Komplexität dynamischer Systeme. Im Vordergrund steht die Identifikation von Mustern in beliebigen Symbolen, sodass hier sogar Analysen für die Abfolge nominaler Daten – also auch von beliebigen Zeichenfolgen – möglich werden. Symbolbasierte Verfahren werden in Kapitel 10 ab S. 397 diskutiert.

Grundstruktur der Methodendarstellung

Die Darstellung der hier angesprochenen zentralen Methoden der Komplexitätsforschung erfolgt im Folgenden entlang einer einheitlichen Struktur. Nach einer verbalen Beschreibung der zentralen Grundideen hinter den Verfahren werden zunächst theoretische Basisannahmen vorgestellt und dann erst formale Definitionen und mathematische Grundlagen des jeweiligen Algorithmus diskutiert. Ziel ist es, zunächst ein Verständnis für die jeweilige Methodik, unabhängig von mathematischen Formalismen, zu vermitteln. Erst darauf aufbauend werden Gleichungen und Algorithmen diskutiert.

Auf die Theorie folgt jeweils ein Praxisblock, der auf die Voraussetzungen für die Durchführung der Methode eingeht, die konkreten Berechnungsschritte an einem Flussdiagramm vorstellt und schließlich auf die Berechnungsdurchführung mithilfe der Software GChaos (www.complexity-research.com) verweist.

Für jedes wichtige Verfahren wird abschließend ein illustratives Berechnungsbeispiel für Daten aus der Wirtschaftswissenschaft präsentiert. Diesen Beispielen kommt vor allem exemplarischer Charakter zu. Es geht darum zu demonstrieren, welche Ergebnisse die jeweilige Methode unter welchen Voraussetzungen erbringen kann. Die Illustration der Methode steht dabei im Vordergrund, sodass eine theoretische Einbettung und theoriebezogene Diskussion der Beispielergebnisse eher vorsichtig erfolgt. Es geht hier mehr um die Demonstration der Methode an typischen Beispieldaten und nicht so sehr um eine umfassende theoretische Diskussion der angesprochenen Fragestellungen.

Wo es möglich ist, folgt das Vorgehen den aus der Literatur bekannten Berechnungsschritten. Da aber die Komplexitätsforschung sich beständig weiterentwickelt, werden auch Beispielanalysen vorgestellt, die zwar in der Vergangenheit erfolgreich eingesetzt wurden, aber inzwischen durch verlässlichere Algorithmen ersetzt wurden. Es kann daher bei den Beispielanalysen auch zu widersprüchlichen Ergebnissen kommen, wenn die gleichen Daten in später folgenden Kapiteln auch mit anderen Algorithmen ausgewertet werden.

Verfahren	Was wird gemessen?	Bedeutung hoher Werte	Dynamik	Phasenraum	Skalenniveau	Minimum Datenlänge	Stationarität erforderlich?
Größter Lyapunov-Exponent Wolf-Algorithmus (Wolf et al. 1985)	Ausmaß des Schmetterlingseffektes, der exponentiellen Divergenz ursprünglich nahe benachbarter Trajektorien.	Chaotizität. Kann als Paradigma für „echte" Komplexität, im Sinne von Emergenz angesehen werden.	Die konkrete zeitliche Entwicklung wird berücksichtigt, so dass die Dynamik eine zentrale Rolle bei der Definition von Chaotizität besitzt.	Ja. Insbesondere muss neben dem Time-Lag die Einbettungsdimension vorher bekannt sein.	Intervall.	Minimum: $N \geq$ 2.000-5.000 sonst 10^m	Ja.
Größter Lyapunov-Exponent Rosenstein-Algorithmus (Rosenstein et al. 1993)						$N \geq$ 100-500 10^D kann genügen	
Größter Lyapunov-Exponent Kantz-Algorithmus (Kantz 1994)							
Lokaler größter Lyapunov-Exponent Wolf-, Rosenstein-, oder Kantz-Algorithmus	Veränderung des Schmetterlingseffektes im Beobachtungszeitraum.		Die zeitliche Entwicklung wird bei der Bestimmung des Lyapunov-Exponenten berücksichtigt. Zudem wird durch das gleitende Fenster die Veränderung des Schmetterlingseffektes ermittelt.			Fensterbreite: $N \geq$ 100-500 10^D kann genügen	Nein, innerhalb des Zeitfensters wird von annähernd stationären Bedingungen ausgegangen.

Tabelle 12: **Chaotizität**

Das zentrale Merkmal einer „echt" komplexen Dynamik ist das deterministische Chaos. Sein Ausmaß wird mit dem größten *Lyapunov*-Exponenten (LLE) angegeben. Der bekannteste Algorithmus ist der von Wolf et al. (1985), der aber auch einige gravierende Schwächen aufweist, die vom Rosenstein-Algorithmus und vom darauf aufbauenden Kantz-Algorithmus vermieden werden. Die Algorithmen zur Messung der Chaotizität werden in Kapitel 7.5.5 ab S. 285 dargestellt.

Verfahren	Was wird gemessen?	Bedeutung hoher Werte	Dynamik	Phasenraum	Skalenniveau	Minimum Datenlänge	Stationarität erforderlich?
K2-Entropie (Grassberger & Procaccia 1983a, 1983b, Frank et al. 1993)	Entropie als globales Maß für den Schmetterlingseffekt.	Komplexität. Zufall wird im Idealfall durch fehlende Sättigung ausgeschlossen.	Die Struktur im Phasenraum spielt eine Rolle, nicht aber die zeitliche Abfolge der Datenpunkte.	Ja.	Intervall / keine stark eingeschränkte Auflösung.	$N \geq 200\text{-}1.000$ $N \geq 10^{\frac{D2}{2}}$	Ja.
PK2 (Kowalik & Elbert 1994, Skinner et al. 1994)	Zeitpunktbezogene Entropie als globales Maß für den Schmetterlingseffekt.		Die Struktur im Phasenraum spielt eine Rolle, nicht aber die zeitliche Abfolge der Datenpunkte. Als zeitpunktbezogenes Verfahren wird jedoch die Veränderung der Komplexität im Zeitverlauf deutlich.			$N \geq 200\text{-}1.000$ $N \geq 10^{\frac{D2}{2}}$ Die Analyse sollte für 75% der Datenpunkte gelingen (Skalierung/Sättigung), damit eine Interpretation zulässig ist.	Nein. Probleme durch eine fehlende Stationarität des Time-Lag werden in der Regel als vernachlässigbar angenommen.

Tabelle 13: **Entropiemaße**

Historisch gesehen ist der Entropiebegriff die älteste Beschreibung für Unordnung und die fehlende Vorhersagbarkeit dynamischer Systeme. Die am häufigsten eingesetzte Methode, um den Begriff der Entropie für die Komplexitätsforschung zu operationalisieren, ist die K2-Entropie. Der Algorithmus wird in Kapitel 8.7 ab S. 367 dargestellt.

Methodenübersicht

Verfahren	Was wird gemessen?	Bedeutung hoher Werte	Dynamik	Phasenraum	Skalenniveau	Minimum Datenlänge	Stationarität erforderlich?
Recurrence Plot (Zbilut & Webber Jr. 1992, Webber Jr. & Zbilut 1994, Marwan 2003, 2006)	Zusammenhängende Abschnitte sich beinahe exakt wiederholender Datenfolgen werden identifiziert und analysiert.	Je nach Kennwert sind verschiedene Interpretationen zulässig. Im Kern wird Ordnung (Wiederkehr) gemessen.	Die konkrete Abfolge von Datenpunkten im Phasenraum spielt eine zentrale Rolle. Die Dynamik wird also berücksichtigt.	Ja.	Intervall.	$N \geq 32$	Grundsätzlich nein. Die quantitativen Kennwerte gelten jedoch als Kennzeichnung des gesamten *Recurrence Plots* und damit der gesamten erfassten Dynamik. In diesem Sinne ist hier Stationarität erforderlich.

Tabelle 14:   ***Recurrence Plots***

Recurrence Plots sind zunächst einmal grafische Darstellungen sich wiederholender Werteabfolgen im Phasenraum. Damit gehören sie zur großen Gruppe der geometrischen Verfahren. Die Quantifizierungen der Eigenschaften von *Recurrence Plots* beruhen jedoch auf recht einfachen statistischen Kennwerten, die das Ausmaß simpler Ordnung in den Daten widerspiegeln. Das Verfahren wird in Kapitel 9 ab S. 375 diskutiert.

Verfahren	Was wird gemessen?	Bedeutung hoher Werte	Dynamik	Phasenraum	Skalenniveau	Minimum Datenlänge	Stationarität erforderlich?
Informationsdefinition (Shannon-Entropie) (Shannon 1948)	Abweichung einer Werteverteilung von einer Gleichverteilung, die als maximal komplex (Zufall) gilt.	Komplexität bzw. Zufall. Eine Obergrenze kann vorab bestimmt werden.	Die Abfolge der Messwerte spielt keine Rolle. Die Dynamik wird also nicht berücksichtigt.	Nein.	Nominal. Höhere Skalenniveaus müssen häufig künstlich diskretisiert werden, wofür keine verbindlichen Regeln angegeben werden können.	$N \geq 5\text{-}30$	Ja.
Symbolic Dynamics (Shannon-Entropie für Worte) (Shannon 1948, Collet & Eckmann 1980)			Die Abfolge der Messwerte spielt durch die Bildung von Worten eine Rolle. Die Dynamik wird also berücksichtigt.	Nein, aber möglich.		$N \sim 10^{2m}$, bei 10 Kategorien.	
Permutationsentropie, Gruppe der GEntropien (Bandt & Pompe 2002, vorliegende Arbeit)	Kompressionsfähigkeit (beruhend auf Wiederholungen in der Datenabfolge).	Eine hohe Kompression bedeutet Ordnung.			Ordinal.	$N \geq 20\text{-}400$	
Grammar Complexity (Ebeling & Jiménez-Montano 1980, Jiménez-Montano 1984)			Die Abfolge der Messwerte spielt eine zentrale Rolle.	Nein.	Nominal. Höhere Skalenniveaus müssen häufig künstlich diskretisiert werden, wofür keine verbindlichen Regeln angegeben werden können.	$N \geq 10\text{-}30$	

Tabelle 15: Symbolbasierte Verfahren für niedrige Skalenniveaus

Einen ganz anderen Zugang zur Komplexität wählen symbolbasierte Verfahren. Hier sind sogar Analysen für die Abfolge nominaler Daten, also auch von beliebigen Zeichenfolgen möglich. Die Algorithmen beruhen daher auf einer ganz anderen Tradition als die geometrisch motivierten Zugänge der anderen Methoden. Symbolbasierte Verfahren werden in Kapitel 10 ab S. 397 diskutiert.

6 Phasenraumdarstellung

Bei der Analyse nichtlinearer dynamischer Systeme geht es im Wesentlichen darum, ihre Dynamik zu verstehen, zu klassifizieren (z. B. als chaotisch, fraktal, zufällig, klar geordnet und Mustern folgend etc.) und zu vermessen (z. B. durch die Bestimmung der Größe des Schmetterlingseffektes). Die dazu eingesetzten Verfahren liefern in der Regel Messwerte und Kenngrößen und sind dabei als reine Messwerte wenig anschaulich. Ein erster Zugang zur Dynamik eines Systems sollte daher immer über eine grafische Darstellung führen. Erst diese ermöglicht es, sich ein Bild von der Prozessgestalt zu machen. Ob ein System sich trivial verhält, Zyklen oder lineare Trends enthält oder einen unüberschaubaren Zufallsprozess darstellt, ist in der Regel bereits mit einem Blick auf die grafische Darstellung der Dynamik zu erahnen. Einfache Zeitreihendarstellungen sind dafür recht hilfreich, kommen aber schnell an ihre Grenzen, wenn es um die Untersuchung von Systemen mit zahlreichen Variablen geht.

Ein System ist das Zusammenspiel von Variablen und muss auch so untersucht werden

Da Systeme ihre Dynamik aus dem Zusammenspiel mehrerer Variablen gewinnen, genügt es in der Regel nicht, jeweils nur eine dieser Variablen als Zeitreihe darzustellen oder statistisch zu untersuchen. Wie noch deutlich werden wird, enthält zwar jede in das System eingebundene Variable alle Informationen über die gesamte Systemdynamik, aber es erfordert spezielle Methoden, um diese aus der einen Zeitreihe zu extrahieren. Die Analyse komplexer Systeme erfordert es, die am System beteiligten Variablen zu einer gemeinsamen Repräsentation der Dynamik zusammenzuführen und auch so zu untersuchen.

In Bezug auf die Frage nach der Anschaulichkeit von Zeitreihendarstellungen ergibt sich ein weiteres Problem, wenn der zu betrachtende Zeitraum sehr lang ist: Wie soll es gelingen, in vielen Tausend Datenpunkten Muster allein auf der Grundlage grafischer Darstellungen zu identifizieren, wenn bereits zum Ausdruck nur einer der Zeitreihen meterlange Papierfahnen nötig wären?

Beide Probleme, das der gleichzeitigen Beteiligung vieler Variablen an der Systemdynamik und das der Länge der Zeitreihen, können durch Phasenraumdarstellungen gelöst werden. Eine Phasenraumdarstellung ist eine mehrdimensionale Grafik, in der die verschiedenen Variablen des Systems gegeneinander aufgetragen werden, also eine Achse des Koordinatensystems die eine Variable und eine andere Achse die nächste Variable abbildet. Das Systemverhalten wird als Bewegungsspur (Trajektorie) im mehrdimensionalen Koordinatensystem des Phasenraumes sichtbar und vereinigt so alle Zeitreihen des Systems auf dieser einen Spur. Je nach Verhalten des Systems kann die Trajektorie wieder in den Ausgangspunkt zurücklaufen (das System verhält sich periodisch), sich auf einen bevorzugten Punkt hinbewegen (das System tendiert zur Homöostase), ein verschlungenes Knäuel bilden (das System verhält sich chaotisch oder zufällig), den gesamten Phasenraum füllen (Zufall) oder auf bestimmte Raumausschnitte begrenzt bleiben.

Die Form und Struktur einer Phasenraumdarstellung verrät also sehr viel über die Natur der Systemdynamik; gleichzeitig werden alle Systemvariablen vereint und in einem gemeinsamen Koordinatensystem dargestellt. Damit steht dann, zusätzlich zur Visualisierung des Systemverhaltens, eine mathematisch weiterverwertbare Repräsentation der mehrdimensionalen Dynamik zur Verfügung. Die Phasenraumdarstellung bildet die Grundlage zahlreicher Analyseverfahren und ist deswegen der zentrale Schlüssel zum Verständnis der Dynamik komplexer Systeme. Damit geht sie über die rein grafische Darstellung und einfache Visualisierung hinaus. Eine solche ist auch immer durch die räumliche Auflösung begrenzt und muss letztlich mit drei Dimensionen auskommen.

Eine Phasenraumdarstellung ist die Repräsentation einer Systemdynamik in einem mehrdimensionalen Raum. Als solche überführt sie die Dynamik in eine geometrische Form, die von zahlreichen Verfahren genutzt wird, um nach Ordnung und Struktur zu suchen (z. B. Fraktale Geometrie, *Lyapunov*-Exponenten, *Recurrence Plots*). Diese Verfahren beruhen auf einer geometrischen Perspektive, die erstmals von Henri Poincaré (1854 bis 1912) für die Analyse eines komplexen Systems eingesetzt wurde. Poincaré (z. B. 1904) hatte sich im ausgehenden 19. Jahrhundert mit einem physikalischen Problem beschäftigt, welches als Drei-Körper-Problem bezeichnet wird. Die Analyse von Poincaré ist aber nicht nur wegen der konsequenten Anwendung der geometrischen Methode interessant. Gleichzeitig entdeckte er die sensible Abhängigkeit eines Systemverhaltens von mikroskopischen Unterschieden in den Startbedingungen. Damit ist er auch der Erste, der Chaos in deterministischen Systemen entdeckte und umfassend verstanden hat. (Die folgenden Abschnitte stellen eine Erweiterung von Strunk 2009a dar.)

Poincaré kann als Entdecker des Chaos gelten

Die Grundlage für das sogenannte Drei-Körper-Problem bilden die von Isaac Newton (1642 bis 1727) 1687 in seiner berühmten *Philosophiae naturalis principia mathematica* formulierten Bewegungsgesetze zur Beschreibung von Planetenbahnen. Werden die Newtonschen Differenzialgleichungen auf zwei Körper angewendet, so können sie relativ leicht analytisch gelöst werden. Die Anwendung auf drei Körper wurde bereits von Newton versucht, gelang ihm aber nicht (vgl. ausführlicher Strunk & Schiepek 2006, S. 53 ff.). In über zweihundert Jahren kam es – trotz zahlreicher Versuche – nur zu wenigen Fortschritten bei der Lösung des sogenannten Drei-Körper-Problems bzw. bei der Lösung eines allgemeingültigen N-Körper-Problems. Allmählich kamen Zweifel an der Stabilität und Vorhersagbarkeit des Sonnensystems auf. In den 1880er-Jahren wurde anlässlich des 60. Geburtstages von König Oscar II. von Schweden ein mathematischer Wettbewerb ausgeschrieben, bei dem es neben 2.500 Kronen auch hohes Ansehen und Reputation sowie eine Goldmedaille zu erringen gab. Eine von insgesamt vier Aufgaben zielte darauf ab, nachzuweisen, dass es sich bei einem Planetensystem aus N Objekten um ein stabiles System handelt, dessen Planetenbahnen sich als konvergierende Reihe darstellen lassen (vgl. Peterson 1994, S. 168 ff.). Henri Poincaré nahm sich der Fragestellung an, gewann den Preis und entdeckte das deterministische Chaos in den Newtonschen Gesetzen.

Das Drei-Körper-Problem erfordert einen 9-dimensionalen Phasenraum

Für das Drei-Körper-Problem sind insgesamt neun Differenzialgleichungen zu lösen. Diese lassen sich relativ leicht aus den Newtonschen Gesetzen ableiten, aber Poincaré war schnell klar, dass sie keine analytische Lösung besitzen und dass allenfalls eine numerische Näherung bestimmt werden kann. Aber auch dann, wenn sich durch mühselige Berechnungen die Bewegungskoordinaten der drei Planeten für die drei Raumrichtungen ermitteln ließen, so wäre damit alleine noch kein Bewegungsmuster identifiziert. Poincaré entschied sich für einen geometrischen Ansatz. Die neun Zeitreihen (drei Körper mal drei Raumrichtungen) bettete er in ein 9-dimensionales Koordinatensystem ein und „erfand" so die Phasenraumdarstellung. Weil grafisch aber immer nur drei Dimensionen auf einmal betrachtet werden können, legte er 2-dimensionale Ebenen in den 9-dimensionalen Raum und errechnete die Schnittpunkte der Planetenbahnen mit dieser Ebene. Im Verlauf der Zeit durchstoßen die Trajektorien immer wieder die Ebene und die Abfolge der Positionen der Schnittpunkte mit der Ebene erlaubt es Rückschlüsse auf die Dynamik zu ziehen. Bewegen sich die Punkte auf der Ebene allmählich auf ein gemeinsames Zentrum zu oder driften sie auseinander, dehnt sich die Punktwolke erst aus und zieht sich dann wieder zusammen? Diese und ähnliche Fragen lassen sich durch diese sogenannten Poincaré-Schnitte beantworten.

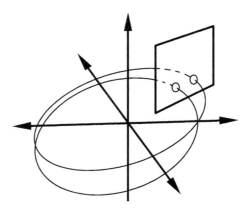

Abbildung 30:	**Poincaré-Schnitt**
	Auch hochdimensionale Phasenräume lassen sich anhand von sogenannten Poincaré-Schnitten auf dynamische Strukturen untersuchen. Dazu werden die Punkte, an denen die Trajektorien eine Ebene durchstoßen, auf dieser Ebene markiert. (Abbildung und Abbildungsunterschrift nach: Strunk 2004, S. 93)

Tatsächlich lässt sich bei der Darstellung des Drei-Körper-Problems im Phasenraum und aus dem Muster der Punkte auf dem Poincaré-Schnitt feststellen, dass mikroskopische Unterschiede in den Startbedingungen dazu führen, dass die Punkte sich von Umlauf zu Umlauf exponentiell voneinander entfernen. Poincaré entdeckte so den Schmetterlingseffekt (vgl. dazu auch die Abbildung 86, S. 307, die in Kapitel 2.6 zur Illustration des *Lyapunov*-Exponenten dient) und entwickelte zudem den Phasenraum als zentrale „Bühne" für die Analyse komplexer Systeme.

Ein ideales Pendel führt im Phasenraum zu einem perfekten Kreis

Die folgenden Abbildungen zeigen einige Beispiele für Phasenraumdarstellungen. Der Prototyp einer periodischen Dynamik ist ein ideales Pendel. Aus den Zeitreihen für Ort und Geschwindigkeit (Abbildung 31) folgt in der Phasenraumdarstellung ein perfekter Kreis (vgl. Abbildung 32). Da sich die Bewegung immer exakt wiederholt (nur bei einem idealen – ungebremsten, reibungsfreien – Pendel wäre das tatsächlich der Fall), läuft die Trajektorie immer und immer wieder dieselbe Kreisbahn entlang.

Anders als bei einem Zeitreihendiagramm tritt die Zeit in einem Phasenraum in den Hintergrund. Eine Phasenraumdarstellung zeigt in der Regel nicht an, wo sich ein System wann befindet, dargestellt wird vielmehr die Spur, die das System bei seiner Bewegung durch den Zustandsraum hinterlässt. Es ist die geometrische Struktur dieser Spur, die von Interesse ist. Bildet diese eine in sich geschlossene Kurve, wie es hier für das ideale Pendel der Fall ist, so ist das System periodisch.

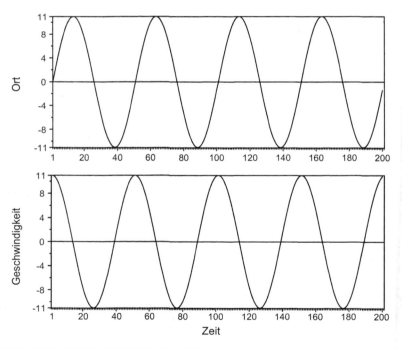

Abbildung 31: **Zeitreihendarstellung eines idealen Pendels**
Da ein System aus mehreren Variablen besteht, wird es zu einem System auch mehr als nur eine Zeitreihe geben. Die zwei dargestellten Zeitreihen könnten von einem idealen (ungebremsten, reibungsfreien) Pendel stammen. Die obere Zeitreihe gibt den Ort des Pendels an und zeigt, wie es von der einen zur anderen Seite schwingt. Die untere Zeitreihe beschreibt die Veränderung der Geschwindigkeit, die das Pendel dabei erfährt. (Abbildung und Abbildungsunterschrift nach: Strunk 2004, S. 91)

Auf den ersten Blick könnte es so scheinen, als ob auch die x-Koordinate des in Abbildung 33 gezeigten Rössler-Systems (Rössler 1976) ein periodisches Muster aufweisen würde. Tatsächlich handelt es sich aber um ein chaotisches System und die Phasenraumdarstellung zeigt einen hochkomplexen, aber durchaus strukturierten chaotischen Attraktor.

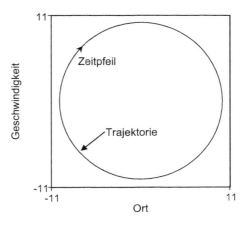

Abbildung 32:	Phasenraumdiagramm eines idealen Pendels
	Es entsteht ein perfekter Kreis (sogenannter *Grenzzyklus-Attraktor*), wenn eine Sinus- und eine Cosinus-Funktion gegeneinander aufgetragen werden (Sinus und Cosinus werden auch als Kreisfunktionen bezeichnet). Da bei einem idealen Pendel die Zeitreihen für Ort und Geschwindigkeit sich als Sinus und Cosinus darstellen, entsteht im Phasenraum ebenfalls ein Kreis. Der Zeitpfeil ist in der Abbildung nachträglich eingezeichnet worden. Grundsätzlich gehen Informationen über den zeitlichen Ablauf verloren, während auf der anderen Seite die periodisch-zyklische Struktur der Dynamik hervorgehoben wird. Die konkrete zeitliche Entwicklung des Systemverhaltens wird als Trajektorie bezeichnet. (Abbildung und Abbildungsunterschrift nach: Strunk 2009a, S. 235)

Zufall füllt nach und nach den Phasenraum

Dass auch chaotische Systeme eine hohe Ordnung aufweisen können, wird deutlich, wenn man die Daten der Abbildung 33 *random*isiert. Die dynamische Ordnung und hoch strukturierte Gestalt des chaotischen Attraktors geht dann unweigerlich verloren (Abbildung 34). Man beachte, dass klassische statistische Kennwerte, wie Mittelwert, Varianz, Median, Werteverteilungen und so weiter, dadurch nicht verändert werden.

In Abbildung 34 zeigt sich, dass durch den Verlust der zeitlichen Reihenfolge der Werte die gesamte dynamische Struktur verloren geht und das Phasenraumdiagramm sein charakteristisches Aussehen vollständig verliert. Innerhalb des durch die Gleichungen begrenzten Wertebereiches füllt die Darstellung den Phasenraum nach und nach relativ vollständig aus. Wenn man genau hinsieht, ist bereits eine Bodenfläche erkennbar. Diese wird durch die x- und y-Koordinaten gebildet und erscheint als nahezu vollständig ausgefülltes schwarzes Rechteck.

Der in der Abbildung obere Teil des Phasenraumes wird weniger häufig besucht. Die z-Koordinate zeigt im gewählten Beobachtungszeitraum von nur 8000 Zeittaktakten noch nicht genügend unterschiedliche Werte, um auch in dieser Raumrichtung ein vollständiges Füllen des Phasenraumes zu bewirken.

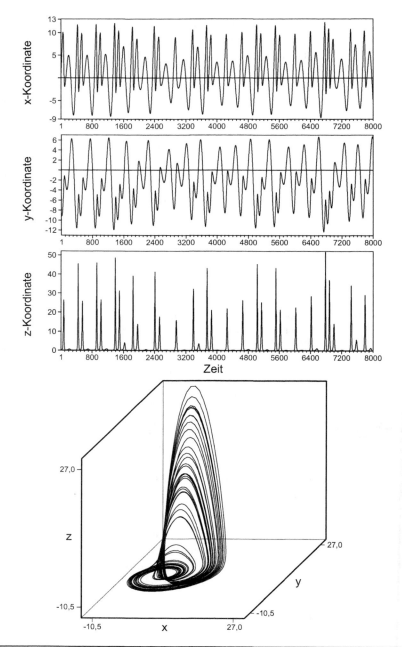

Abbildung 33:	**Phasenraumdiagramm des Rössler-Systems**
	Die 3-dimensionale Einbettung der drei Zeitreihen des Rössler-Systems (Rössler 1976) zeigt einen chaotischen Attraktor. Die generierenden Gleichungen lauten (sie sind in GChaos implementiert unter „*File / Create Time Series ...*"): $\dot{x} = -(y+z)$, $\dot{y} = x + ay$, $\dot{z} = b + xz - cz$. Die Variablen x, y, z sind die von der Zeit (t) abhängigen Variablen des Systems. Der Punkt über den Variablen zeigt an, dass es sich um Ableitungen nach der Zeit handelt. Die Konstanten lauten hier a = 0,38, b = 0,30 und c = 4,5. (Abbildung erstellt mit GChaos)

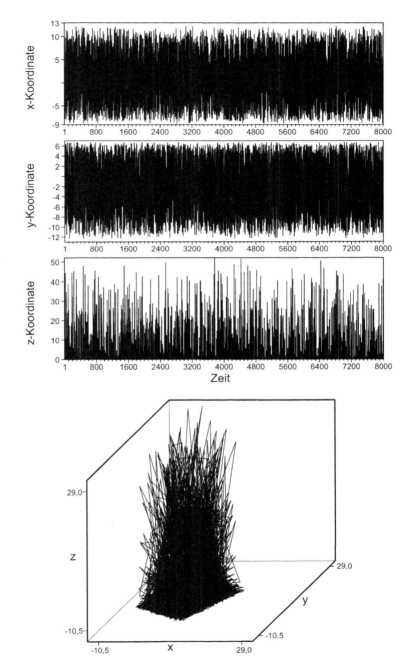

Abbildung 34:	**Phasenraumdiagramm des *Random*isierten Rössler-Systems**
	Die Zeitreihen der Abbildung 33 wurden jeweils einzeln *Random*isiert (die Reihenfolge der Zahlenwerte ist zufällig neu angeordnet worden). Dadurch geht jede Struktur verloren, sodass die Phasenraumdarstellung ebenfalls ihre Ordnung verliert. (Abbildung erstellt mit GChaos)

Attraktoren sind zentrale Merkmale der Selbstorganisation

Handelt es sich bei der durch die Trajektorie im Phasenraum dargestellten Dynamik um ein zeitlich – und gegen äußere Verstörungen – stabiles Systemverhalten, so heißt dieses Systemverhalten *Attraktor* (Strunk & Schiepek 2006, S. 55). Zudem wird auch die grafische Darstellung eines solchen stabilen Systemverhaltens im Phasenraum als *Attraktor* bezeichnet. Die Attraktoreigenschaft eines Systems lässt sich mithilfe einer Phasenraumdarstellung gut prüfen. Dazu wird das System aus dem aktuellen Verhaltensmuster ausgelenkt, indem Variablenwerte gezielt manipuliert werden. Bewegt sich die Trajektorie nach einer Auslenkung zurück und reiht sich wieder in die bereits vorher sichtbare geometrische Struktur ein, so handelt es sich um einen Attraktor. Ist das System instabil oder die Auslenkung zu groß, dann entfernt die Dynamik sich vom ursprünglichen Muster und es kann geschehen, dass das System nach der Auslenkung in ein völlig neues, bisher nicht gezeigtes dynamisches Muster kippt.

Poincaré-Schnitte reduzieren das Komplexitätsproblem auf eine Ebene

Probleme bei der Analyse von Phasenraumdarstellungen betreffen zunächst drei Aspekte: Zum einen bleibt die visuelle Inspektion auf drei Dimensionen beschränkt und zum anderen ist in empirischen Systemen nur selten so eine klare Ordnungsstruktur erkennbar, wie sie sich für einfache mathematische Beispielsysteme ergibt. Ein zusätzliches Problem betrifft die Messung der für die Darstellung erforderlichen Zeitreihen.

Für das erste Problem (visuelle Begrenzung auf drei Dimensionen) schlägt Poincaré vor, höherdimensionale Systeme durch die nach ihm benannten Poincaré-Schnitte auf zwei Dimensionen zu begrenzen (vgl. Abbildung 30). Dazu wird eine Ebene als Schnitt durch den mehrdimensionalen Phasenraum gelegt und die Punkte, an denen die Trajektorien die Ebene durchstoßen, werden auf der Ebene registriert. Es ergibt sich eine Art zweidimensionaler Schatten des Trajektorienverlaufs, der auf seine Bahnstabilität (Werden auch nach Verstörungen die gleichen Stellen der Ebene besucht?) geprüft werden kann. Neuere Verfahren der Komplexitätsforschung nutzen auch mehrdimensionale Phasenräume, unabhängig von der Zahl der Dimensionen. Dabei wird zwar auf eine grafische Darstellung verzichtet, eine mathematische Behandlung der mehrdimensionalen Koordinaten ist davon aber nicht beeinträchtigt.

Die zweite offene Frage betrifft die Entscheidung, ob eine Phasenraumabbildung (oder ein Poincaré-Schnitt) ein triviales reguläres Verhalten repräsentiert oder ob es auf irreguläre chaotische oder gar auf Zufallsprozesse zurückgeht. Während nämlich mathematisch simulierte Systeme leicht an ihren sehr klaren Strukturen erkannt werden können (vgl. Abbildung 33), ähneln viele empirische Datensätze eher einer zufälligen Dynamik (vgl. Abbildung 34). Dennoch könnten auch die zunächst erratisch anmutenden empirischen Datensätze Ordnungsstrukturen enthalten, die aber möglicherweise komplexer sind als die aus Simulationsmodellen mathematisch erzeugten rauschfreien Zeitreihen. Methoden zur Beantwortung dieser Frage stammen z. B. aus einem relativ neuen Zweig der Geometrie, der als *fraktale Geometrie* (Mandelbrot 1977, 1987) bezeichnet wird. Ausführlicher wird auf diese und andere Methoden ab Kapitel 7 (S. 205 ff.) eingegangen.

Phasenraumdarstellung

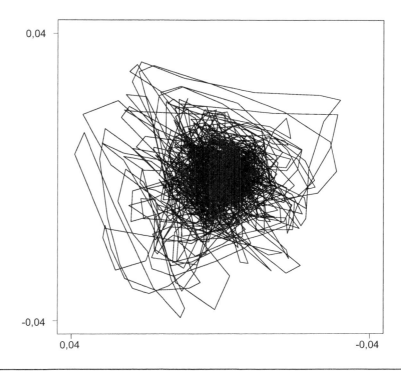

Abbildung 35:	2-dimensionales Phasenraumdiagramm der log-*Returns* des DAX
	Die Phasenraumdarstellungen komplexer empirischer Systeme sind in der Regel wenig ansehnlich und lassen nur selten Muster oder Strukturen schon per Augenschein erkennen. Sie unterscheiden sich daher grundlegend von den hoch strukturierten und zum Teil sehr ästhetischen Phasenraumdarstellungen, die im Falle von Simulationsmodellen künstlich erzeugt werden. Die Abbildung zeigt die logarithmierten *Returns* des DAX für den Zeitraum vom 02.01.2001 bis zum 05.03.2012. Die Daten wurden vor der Einbettung sechsmal mit einem gleitenden Mittelwert der Breite zwei geglättet, was zu einer höher geordneten Darstellung führt. Das *Time-Lag* wurde mittels *Mutual Information* auf einen Wert von vier bestimmt (vgl. S. 175).

In jeder Zeitreihe ist das ganze System enthalten

Das dritte Problem verweist darauf, dass eine Phasenraumdarstellung leicht möglich ist, wenn alle Variablen des Systems zum einen bekannt sind und zum anderen auch Messdaten für jede dieser Variablen vorliegen. Das ist für Systeme, deren Verhalten mit Gleichungen modelliert wird, problemlos möglich, da das Simulationsmodell jeweils alle beteiligten Variablen enthält. Eine empirische Analyse beschäftigt sich hingegen nicht selten mit Systemen, für die die Zahl der beteiligten Variablen entweder sehr groß ist und/oder noch nicht bekannt. Der Phasenraum eines unbekannten Systems kann aber erstaunlicherweise mit der Methode der Zeitverzögerungskoordinaten aus nur einer einzigen Zeitreihe rekonstruiert werden (z. B. Abbildung 35). Das folgende Kapitel zeigt, wie diese Rekonstruktion vorgenommen werden kann.

6.1 Grundlagen: Rekonstruktion mittels Zeitverzögerungskoordinaten

Die Entdeckung des Chaos durch Poincaré beruht im Wesentlichen auf einer geometrischen Methode für die Phasenraumeinbettungen. Heute bauen auf diesem Prinzip alle anspruchsvollen Methoden der nichtlinearen Zeitreihenanalyse auf. Allgemein gesprochen, wird der Phasenraum verstanden als ein aus orthogonalen, voneinander unabhängigen Faktoren aufgespanntes Koordinatensystem. Die Dimensionen des Phasenraumes werden auch als Freiheitsgrade des Systems bezeichnet. Sie stecken den Rahmen für das mögliche Systemverhalten ab. Sind die Gleichungen für ein System gegeben, so entspricht jede Raumdimension der Phasenraumdarstellung einer der Variablen des Systems (vgl. die Abbildung des Rössler-Systems, Abbildung 33, S. 158).

In nur einer Zeitreihe steckt das ganze System

Aber auch empirisch gewonnene Daten können in Phasenräumen dargestellt werden (vgl. Abbildung 36; das folgende Kapitel stellt eine Erweiterung von Strunk 2004, S. 354 ff. dar). Hilfreich ist hier der Umstand, dass es nicht notwendig ist, sämtliche Variablen des Systems zu kennen und als Zeitreihen vorliegen zu haben. Es ist eine erstaunliche Tatsache der Theorien Nichtlinearer Dynamischer Systeme, dass sich in jeder einzelnen Zeitreihe das Verhalten des gesamten Systems niederschlägt (Takens 1981). So ist es möglich, aus einer einzigen Zeitreihe den Phasenraum so zu rekonstruieren, dass kaum Unterschiede zum tatsächlichen Phasenraum festgestellt werden können. Beide Darstellungen, die aus einer Zeitreihe rekonstruierte und die tatsächlich aus verschiedenen Zeitreihen gebildete, führen zu topologisch äquivalenten Abbildungen, das heißt, dass zentrale geometrische Eigenschaften übereinstimmen, so z. B. die fraktale Dimension (Packard et al. 1980, Takens 1981).

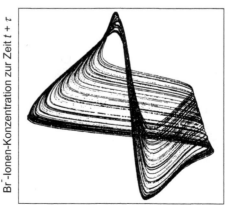

Abbildung 36: **Chaotischer Attraktor der Belusov-Zhabotinsky-Reaktion**
Die Abbildung zeigt den chaotischen Attraktor einer chemischen Reaktion, der sogenannten Belusov-Zhabotinsky-Reaktion. Das Signal (Logarithmus der Br⁻-Ionen-Konzentration) zu den Zeiten t wird gegen das Signal zum Zeitpunkt $t + \tau$ aufgetragen (τ = 53 sec.). (Abbildung aus: Prigogine 1987, S. 181)

Phasenraumeinbettungen durch Zeitverzögerungskoordinaten

Die Rekonstruktion des Phasenraumes aus nur einer Zeitreihe wird in der Regel mithilfe von sogenannten *Zeitverzögerungskoordinaten* erreicht (aber auch andere Verfahren sind denkbar, z. B. Schiepek & Strunk 1994, S. 61 f.). Dabei wird die Zeitreihe zeitverschoben gegen sich selbst aufgetragen. Die Grundlage dafür bildet ein Theorem von Packard und Takens (Packard et al. 1980, Takens 1981). Die Zeitverzögerungskoordinaten ergeben sich aus einer Serie von Daten, die in einem festen zeitlichen Intervall aufeinanderfolgen. Diese Datenserie umfasst so viele Messpunkte, wie der Phasenraum Dimensionen hat und ist mit einem gleitenden Fenster vergleichbar. Auch dieses Koordinatenfenster wird nach und nach über die gesamte Zeitreihe geschoben. Der Startwert des Fensters wird als Ausprägung der ersten Phasenraumdimension benutzt. Als Wert für die zweite Dimension wird dann ein Wert aus der Zeitreihe gewählt, der in einem geeigneten zeitlichen Abstand auf den Ausgangspunkt folgt. Der Wert für die nächste Dimension wird durch einen Wert der Zeitreihe gebildet, der noch einmal so weit vom Startpunkt entfernt ist. So wird weiter verfahren, bis – ausgehend von allen Messzeitpunkten – jeweils allen Dimensionen ein Wert zugeordnet ist (vgl. Abbildung 37, S. 164). Die geeignete Zeitverzögerung τ wird als *Time-Lag* bezeichnet und ist zwischen allen Dimensionen gleich groß. Die Koordinaten eines jeden Punktes X_t im Phasenraum mit m Dimensionen sind also gegeben durch die Messwerte x_t der Zeitreihe der Länge N und den folgenden Zusammenhang (Strunk 2004, S. 354 ff.):

Gleichung 17: Zeitverzögerungskoordinaten

$$X_t(x_t, x_{t+\tau}, x_{t+2\tau}, ..., x_{t+(m-1)\tau}), \text{ mit } t = 1, 2, 3, ..., N-(m-1)\tau$$

X_t Punkt im Phasenraum zum Zeitpunkt t
x_t Messwert in der Zeitreihe bei t
τ Time-Lag, Zeitverzögerung
m Einbettungsdimension
N Länge der Zeitreihe, Anzahl Messzeitpunkte

Wieso diese Rekonstruktion des gesamten Phasenraumes aus nur einer Zeitreihe gelingt, wird verständlich, wenn man sich vor Augen führt, dass die Dynamik einer Variablen eines Systems vom Verhalten der anderen Variablen nicht unbeeinflusst ist. So wie man zur Beschreibung der Flugbahn eines Körpers die Gravitation und die Kräfte in Wurfrichtung als getrennt voneinander auf den Körper einwirkende Kräfte begreift, so führen die unterschiedlichen Einflüsse, die auf eine Variable wirken, zu ihrer konkreten zeitlichen Ausprägung. Immer dann, wenn die Werte der Variablen steigen, bekommt ein Einfluss die Oberhand, der vergrößernd wirkt, gleichzeitig ist vielleicht ein anderer Einfluss in eine andere Richtung aktiv, der aber im Moment nicht so stark wirkt, sodass aktuell und in Summe ein Zuwachs beobachtet werden kann. Die Werte der Variablen werden fallen, sobald später die andere Einflussgröße die Oberhand gewinnt. Alle im System wirkenden Kräfte zerren und ziehen an der Variable und lassen sie das Muster beschreiben, welches letztlich gemessen wird. Es ist also durchaus einleuchtend, dass eine Variable, die in ein System eingebunden ist, alle Einflüsse des Systems in sich vereint. Warum werden diese aber voneinander getrennt, wenn man zeitverzögerte Messwerte gegeneinander aufträgt?

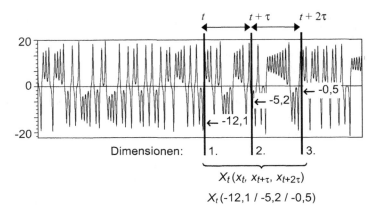

Abbildung 37:	Schematische Darstellung der Generierung von Zeitverzögerungskoordinaten
	Zeitverzögerungskoordinaten beruhen auf den Daten nur einer Zeitreihe (hier ist es eine des Lorenz-Systems). Für eine 3-dimensionale Phasenraumeinbettung wird zunächst ein Messwert x bei t, einer bei $t + \tau$ und einer bei $t + 2\tau$ abgelesen und in dieser Reihenfolge den drei Dimensionen zugeordnet. Dieses Vorgehen wird für alle t wiederholt. Die Werte für eine vierte Dimension sind nach dem gleichen Prinzip gegeben durch $t + 3\tau$ etc. Damit die Einbettung gelingt, muss die Anzahl der Dimensionen zum System passen und ein geeignetes τ gewählt werden. (Abbildung und Abbildungsunterschrift nach: Strunk & Schiepek 2006, S. 207)

Ein Phasenraum wird aus voneinander unabhängigen Koordinaten aufgespannt. In Bezug auf ein System sind dies die Systemelemente bzw. Variablen, aus denen das System besteht. Es handelt sich also um voneinander unabhängige eigenständige Größen, die sich erst im System gegenseitig beeinflussen. Auch die Rekonstruktion eines Phasenraumes aus nur einer Zeitreihe muss aus voneinander unabhängigen Koordinaten erfolgen. Die Zeitverzögerung zwischen den Dimensionen muss also sicherstellen, dass die Koordinaten aus voneinander unabhängigen Messwerten gebildet werden. Eine einfache – aber methodisch wenig befriedigende – Möglichkeit, diese Zeitverzögerung zu finden, besteht darin, das *Time-Lag* durch den ersten Nulldurchgang der Autokorrelationsfunktion (vgl. auch Gleichung 7, S. 127) zu bestimmen.

Es geht um die Trennung der unabhängigen Faktoren

Anschaulich gesprochen geht es darum, die verschiedenen, unabhängig voneinander wirkenden Einflussfaktoren des Systems voneinander zu trennen. Zeigt eine Zeitreihe ein Auf und Ab, so müssen dafür verschiedene positive und negative Feedbackprozesse verantwortlich sein. Solange ein verstärkender Prozess die Oberhand behält, steigen die Werte und die Autokorrelation der Zeitreihe ist von diesem Einfluss dominiert. Sie geht auf null, sobald andere Einflüsse den verstärkenden Prozess aufheben und zu einer Umkehrung der Dynamik führen.

Es liegt durchaus nahe, die ideale Zeitverschiebung durch eine Produkt-Moment-Korrelation der gegen sich selbst verschobenen Zeitreihe zu identifizieren. Das ist aber nicht immer die ideale Methode. Zahlreiche recht unterschiedlich arbeitende Korrelationsverfahren gehen von jeweils anderen Voraussetzungen aus und definieren das Vorliegen einer Korrelation auch recht unterschiedlich. Die klassische Produkt-Moment-Korrelation prüft z. B. nur lineare Zusammenhänge und kann nichtlineare Beziehungen zwischen den Variablen nicht adäquat abbilden. Es sind daher verschiedene Verfahren vorgeschlagen worden, um die ideale Zeitverschiebung zu ermitteln. Auf diese wird in den folgenden Kapiteln ausführlich eingegangen.

Fehlerhafte Zeitverzögerungen führen zu unpassenden Einbettungen

Abbildung 38 zeigt, wie sich unterschiedliche Werte für die Zeitverschiebung τ auf die Einbettung des Lorenz-Attraktors auswirken. Besonders gute Ergebnisse in der Bestimmung des *Time-Lag* lassen sich hier durch das Verfahren der *Mutual Information* (Fraser & Swinney 1986) erzielen. Ein zu klein bemessenes *Time-Lag* führt zu einer diagonal verzerrten Struktur, die sich einer Geraden annähert. Ein zu hohes *Time-Lag* lässt den Attraktor zerfließen und unpassend aufgeblasen erscheinen.

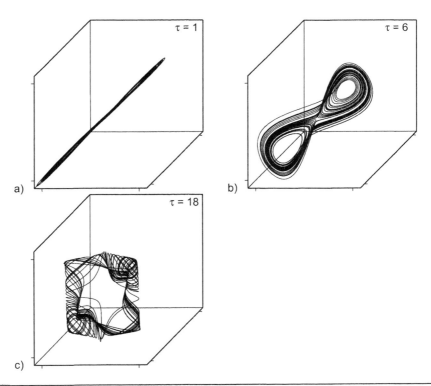

Abbildung 38: **Phasenraumeinbettung des Lorenz-Attraktors für verschiedene *Time-Lags***
Damit die Phasenraumeinbettung einer Dynamik gelingt, muss die Anzahl der Dimensionen zur Systemdynamik passen und ein geeignetes *Time-Lag* τ benutzt werden. Dieses ist in a) zu klein und in c) zu groß gewählt. Der Attraktor schrumpft in a) auf die Raumdiagonale und zerfließt in c). (vgl. Strunk 2004, S. 362; Abbildung und Abbildungsunterschrift nach: Strunk & Schiepek 2006, S. 208, erstellt mit GChaos)

Die Erzeugung der Koordinaten durch die Verschiebung der Zeitreihe gegen sich selbst führt zu ihrer Verkürzung. Diese ergibt sich daraus, dass zu jedem ersten Koordinatenwert jeweils nachfolgende Komponenten hinzu gewählt werden, die umso weiter entfernt sind, je größer das *Time-Lag* τ ist und je mehr Dimensionen m der Phasenraum aufweisen soll. Der letzte auszuwählende Koordinatenwert ist damit um $\tau(m-1)$ vom Ausgangszeitpunkt entfernt. Für eine Zeitreihe der Länge N lassen sich ab $N - \tau(m-1)$ keine Punkte mehr bestimmen, sodass sich die Zeitreihe um diesen Wert verkürzt. Für die Rekonstruktion eines Phasenraumes sind je nach Dimensionalität und Komplexität des zugrunde liegenden Systems sowie der idealen Zeitverschiebung recht viele Messpunkte nötig. Für eine triviale Dynamik können vielleicht schon 30 Messpunkte genügen, aber komplexe Dynamiken werden erst ab einigen tausend Datenpunkten adäquat abgebildet.

In den vorangegangenen Abschnitten wurde mehrfach der Begriff der „Einbettung" im Zusammenhang mit der Darstellung von Daten in einem Phasenraum gebraucht. Der Begriff der „Einbettung" hebt hervor, dass die geometrische Struktur der Trajektorie in den Phasenraum „hineingelegt" wird. Insbesondere bei einer Rekonstruktion des Phasenraumes ist aber vorab nicht unbedingt bekannt, ob der Phasenraum groß genug ist, um die geometrische Struktur der Trajektorie auch tatsächlich adäquat aufnehmen zu können. Stammt die Trajektorie z. B. aus einem dreidimensionalen System, so ist eine Einbettung in einen zweidimensionalen Raum zwar technisch möglich, führt aber zu gravierenden Darstellungsfehlern. Das „Bett" für die „Einbettung" ist in diesem Fall zu eng. Aber ein Phasenraum kann auch größer dimensioniert sein, als es die Trajektorie erfordert. Der Begriff der „Einbettung" verweist daher auch darauf, dass die Dimension des Darstellungsraumes häufig in Unkenntnis der wahren Dimension der Trajektorie gewählt werden muss und man nicht sicher sein kann, inwieweit beide zueinander passen.

6.2 Algorithmus: Bestimmung des *Time-Lag* über die Autokorrelationsfunktion

Es sind verschiedene Verfahren vorgeschlagen worden, um ein geeignetes *Time-Lag* zu ermitteln. Da die Achsen in einem orthogonalen Koordinatensystem jeweils unabhängige Dimensionen repräsentieren, besteht z. B. eine Möglichkeit darin, über die Autokorrelationsfunktion der Zeitreihe das *Time-Lag* zu bestimmen. Es findet sich dort, wo die Autokorrelation null wird. Die Logik des Verfahrens wird bei Schiepek und Strunk (1994, S. 58 ff.) ausführlich beschrieben (vgl. auch Strunk 2004, die folgende Darstellung beruht weitgehend auf dieser Quelle): Als Beispielzeitreihe dient hier eine einfache Sinusschwingung (vgl. die folgende Abbildung 39). Wird nun angenommen, dass diese Zeitreihe bei der Datenerhebung eines nicht näher bekannten Systems gewonnen wurde, so lässt sich bereits ohne genauere Analyse über das generierende System einiges aussagen:

Ein periodisches Beispielsystem

In einem System, in dem es zu periodischen Schwingungen kommt, müssen zumindest zwei Kräfte wirken. Das fragliche System besteht also aus mindestens zwei Systemkomponenten, von denen eine beobachtet und registriert wurde. Für die Rekonstruktion des Phasenraumes ist die Kenntnis der zweiten Systemkomponente erforderlich.

Nun kann weiter angenommen werden, dass dort, wo die beobachtete Zeitreihe ein Maximum hat, die zweite, unbekannte Zeitreihe einen Nulldurchgang haben muss. Andersherum ist zu vermuten, dass dort, wo die gemessene Zeitreihe einen Nulldurchgang hat, die zweite Zeitreihe ihr Maximum erreicht. Dies folgt aus der Überlegung, dass die eine Variable dort maximal zur Wirkung kommt, wo die andere nicht störend, antagonistisch wirkt. Dieses Verhalten realisieren Sinus und Cosinus, wobei der Cosinus eine um eine Viertelperiodenlänge verschobene Sinusschwingung ist. Im Phasenraum würde sich dieses Zusammenspiel in Form eines Kreises manifestieren.

Soweit die Vorüberlegungen, die noch einmal verdeutlichen sollten, dass eine Zeitreihe das ganze Systemgeschehen reflektiert. Im Folgenden wird sich zeigen, dass die Bestimmung eines *Time-Lag* mittels der Autokorrelation die Vorüberlegungen bestätigt: Die Autokorrelationsfunktion eines Sinus hat die Form einer Cosinusfunktion (vgl. Abbildung 39), ein Zusammenhang, der schon bei der Besprechung des Autokorrelationsverfahrens erwähnt wurde (vgl. S. 127f.). Für eine Sinuszeitreihe der Periodenlänge von 100 Iterationen zeigt die Autokorrelationsfunktion einen ersten Nulldurchgang bei einem *Time-Lag* von $\tau = 25$, was genau einer Viertelperiode der gemessenen Sinusschwingung entspricht.

Für die Phasenraumrekonstruktion werden nun Wertepaare (x_t, y_t) derart generiert, dass x_t genau der gemessenen Zeitreihe und $y_t = x_{t+\tau}$ entspricht. Da y_t um eine Viertelperiode zu x_t phasenverschoben ist, handelt es sich bei y_t um eine Cosinusschwingung, sodass sich im Phasenraumdiagramm ein perfekter Kreis zeigt. Das Verfahren ist also tatsächlich in der Lage, den Phasenraum gemäß der angestellten Vorüberlegungen aus nur einer Zeitreihe zu rekonstruieren.

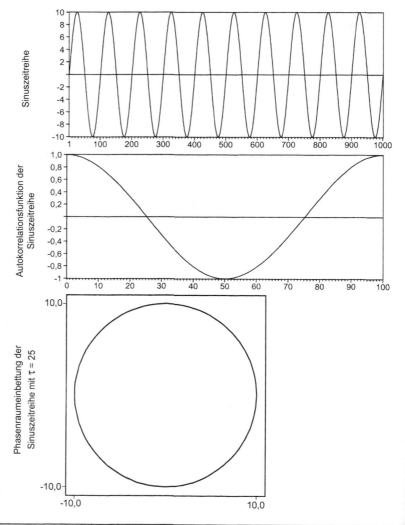

Abbildung 39: Ausschnitt aus einer Beispielzeitreihe zur Demonstration der *Time-Lag*-Bestimmung

Die Abbildung zeigt oben einen Ausschnitt aus einer Sinuszeitreihe. Die Zeitreihe dient als Beispiel für die Erstellung einer Phasenraumrekonstruktion (Gesamtlänge der Zeitreihe, N = 1.000 Messpunkte). Mitte: Die Autokorrelationsfunktion der Beispielzeitreihe hat bei $\tau = 25$ einen ersten Nulldurchgang. Für eine Phasenraumeinbettung (unten) kann dieser Wert als *Time-Lag* für die Generierung von Zeitverzögerungskoordinaten dienen.

Wenn kein Nulldurchgang vorliegt, kann z. B. auf das erste Minimum zurückgegriffen werden

Allerdings beruht dieser Algorithmus zur Bestimmung des *Time-Lag* allein auf der Überprüfung linearer Zusammenhangsannahmen. Daher ergeben sich Verzerrungen der Phasenraumabbildung, wenn für ein System auch nichtlineare Koppelungen zwischen den Systemelementen angenommen werden müssen. Auch lässt sich nicht immer ein Nulldurchgang der Autokorrelationsfunktion finden. Ist dies der Fall, wird normalerweise auf das erste Minimum der Autokorrelationsfunktion zurückgegriffen.

Es sind aber auch Heuristiken vorgeschlagen worden, jenes τ zu wählen, bei dem die Autokorrelationsfunktion erstmalig unter bestimmten Grenzwerten liegt (z. B. 1/e; 0,5 oder etwas strenger 0,1; vgl. Tsonis & Elsner 1988, Schuster 1989b, Tsonis 1992). Eine weitere Möglichkeit besteht bei periodischen Autokorrelationsfunktionen. Dort kann τ durch T/m ermittelt werden, wobei T die Periodenlänge der dominanten Periodizität im Frequenzspektrum der Autokorrelationsfunktion und m die Dimensionalität des Phasenraumes angibt (Wolf et al. 1985).

6.2.1 Datenqualität, Voraussetzungen

Methoden zur *Time-Lag*-Bestimmung sind grundsätzlich erst ab Intervallskalenniveau sinnvoll einsetzbar. Die Länge der erforderlichen Zeitreihe hängt sowohl von der Komplexität der Dynamik als auch von der späteren Einbettung der Daten in einen Phasenraum ab. Zwar lässt sich das *Time-Lag* mitunter auch für kurze Zeitreihen bestimmen, aber für die anschließende Einbettung der Daten in den Phasenraum spielt es dann eine Rolle, wie hoch die Einbettungsdimension gewählt wird und wie hoch das *Time-Lag* selbst ausgefallen ist. Da ja durch die Zeitverzögerungskoordinaten jeweils Vielfache des *Time-Lag* herangezogen werden, um nur einen Datenpunkt im Phasenraum darzustellen, kann ein hohes *Time-Lag* schnell eine Einbettung unmöglich machen (z. B. muss bei 20 Dimensionen und einem τ von 5 die Zeitreihe bereits für die Darstellung nur eines einzigen Punkts im Phasenraum 96 Messungen umfassen, vgl. auch Gleichung 17, S. 163 sowie Gleichung 33, S. 228).

Time-Lag
Autokorrelationsfunktion
(Tsonis & Elsner 1988, Schuster 1989b, Tsonis 1992)

Was wird gemessen?	Zeitpunkt, zu dem zeitliche Abhängigkeiten in den Daten minimal werden.
Hohe Werte bedeuten ...	Ordnung.
Dynamik	Die Dynamik und konkrete Abfolge der Messwerte spielt eine Rolle.
Phasenraumeinbettung	Nein, das Verfahren bietet die Grundlage für eine Phasenraumeinbettung, erfordert selbst aber keine.
Skalenniveau	Intervall.
Minimale Datenlänge	$N \geq 30$
Stationarität erforderlich	Ja. Sogar dort, wo in weiterer Folge Verfahren eingesetzt werden, die keine Stationarität erfordern, wird häufig davon ausgegangen, dass das *Time-Lag* sich im zeitlichen Verlauf nicht ändert.

Tabelle 16: Übersicht über das Verfahren: *Time-Lag* – Autokorrelation
Die angegebene minimale Datenlänge ist als grobe Orientierung zu verstehen. Bei komplexeren Daten ist die Analyse auch mit kürzeren Zeitreihen möglich, weil die Autokorrelation dort schneller (bei geringerem *Time-Lag*) auf null geht bzw. schneller minimal wird.

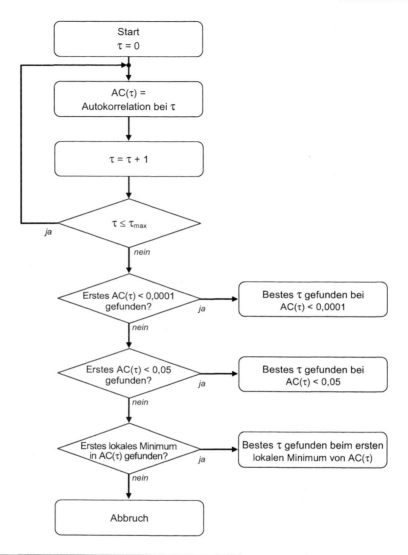

Abbildung 40: **Algorithmus: *Time-Lag* – Autokorrelation**

Der Algorithmus bestimmt die Autokorrelation AC(τ) für alle τ bis zum vorher gewählten Maximum. Anschließend wird ein Wert nahe null oder das erste Minimum gesucht.

In Tabelle 16 sind die Anforderungen an das Verfahren im Detail dargestellt. Interessant ist dabei der Aspekt der Stationarität. So wird in der Regel davon ausgegangen, dass sich die Autokorrelationsfunktion und ihr Minimum bzw. Nulldurchgang zeitlich nicht verändern. In dieser Hinsicht erfordert es also Stationarität. Aber auch Methoden, die bewusst eingesetzt werden, weil mit Stationarität nicht gerechnet werden kann (z. B. PD2, S. 255 ff.), gehen davon aus, dass die Einbettung der Daten im Phasenraum konstant gehalten werden kann, sich also das *Time-Lag* auch dann nicht ändert, wenn sich die Komplexität der Dynamik veränderlich zeigt.

6.2.2 Praktische Durchführung

Test der Voraussetzungen, Datenvorbereitung, Absicherung

Vor der Anwendung sind zunächst die Voraussetzungen für die Anwendung des Verfahrens zu prüfen (vgl. Tabelle 16). Da verschiedene Verfahren zur Bestimmung eines idealen *Time-Lag* vorgeschlagen wurden, ist ein Vergleich der Ergebnisse dieser Verfahren empfehlenswert. Dabei gilt die Autorkorrelationsfunktion als das am wenigsten geeignete Verfahren. Da auf Grundlage des *Time-Lag* in der Regel eine Phasenraumeinbettung erstellt werden soll, empfiehlt es sich, diese auch grafisch zu beurteilen und nicht direkt ein weitergehendes, nicht-grafisches Verfahren anzuschließen. Da einige Verfahren sehr empfindlich auf fehlerhafte Einbettungsparameter reagieren (z. B. D2, LLE) und zudem nicht direkt ein bestes Verfahren für alle Daten empfohlen werden kann, sollte das *Time-Lag* immer auch in sinnvollen Grenzen variiert werden. Diese Grenzen lassen sich mit den hier vorgestellten Verfahren abstecken.

Durchführung der Berechnung

Die Abbildung 40 (S. 170) zeigt die einzelnen Schritte des Algorithmus. Alle gängigen Verfahren zur Bestimmung des *Time-Lag* beruhen auf einer gemeinsamen Idee: Ein Kennwert für die Abhängigkeit von Daten wird herangezogen und die Zeitreihe Schritt für Schritt gegen sich selbst verschoben. Dort wo die Abhängigkeit auf null geht oder doch zumindest minimal wird, ist das *Time-Lag* gefunden. Daher beruht der Algorithmus aller dieser Verfahren auf dem gleichen Grundgerüst, in dem nur das Maß für die Abhängigkeit ausgetauscht wird. Im vorliegenden Fall wird zunächst die Autokorrelation für alle τ bis zum vorher festgelegten Maximum bestimmt und in $AC(\tau)$ gespeichert. Anschließend sucht der Algorithmus in drei Stufen die Autokorrelationsfunktion nach einem geeigneten *Time-Lag* ab. Zunächst wird nach dem ersten Unterschreiten der Grenze von 0,0001 gesucht. Wird eine solche nicht gefunden, wird die Anforderung auf 0,05 herabgesetzt. Wird auch hierfür kein passendes *Time-Lag* gefunden, wird das erste Minimum gesucht.

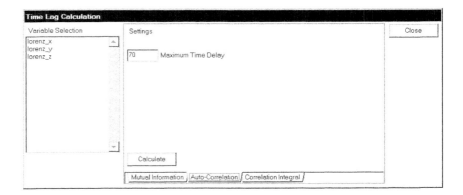

Abbildung 41: GChaos-Dialog zur Bestimmung eines *Time-Lag*s – Karteireiter „Auto-Correlation"
Im Text werden die Einstellungen des Dialogs kurz besprochen. Der Dialog wird erreicht über das Menü: „*Statistics*", „*Time-Lag*", „*Auto-Correlation*".

Man erreicht das Verfahren über das Menü „*Statistics*", „*Time-Lag*", „*Auto-Correlation*". Folgende Einstellungen sind zu treffen:

- **Variablenauswahl.** In der Variablenliste werden alle Spaltenbezeichnungen des aktuellen Arbeitsblattes aufgelistet. Hier kann eine Variable für die Berechnung ausgewählt werden. Die Auswahl mehrerer Variablen führt dazu, dass diese nach dem Reißverschlussprinzip zu einem Datensatz angeordnet werden: Aus x_1, x_2, x_3, x_4, ... x_N und y_1, y_2, y_3, y_4, ... y_N sowie z_1, z_2, z_3, z_4, ... z_N wird dann x_1, y_1, z_1, x_2, y_2, z_2, x_3, y_3, z_3, x_4, y_4, z_4, ... x_N, y_N, z_N. Diese verknüpfte Zeitreihe wird in der Regel zu einem *Time-Lag* von eins führen.

- **Maximales *Time-Lag*.** Das „*Maximum Time Delay*" begrenzt die Berechnung auf ein maximales *Time-Lag*.

- **Start der Berechnungen.** Mit „*Calculate*" startet die Berechnung. Das passende *Time-Lag* wird im Output-Fenster angezeigt, die Autokorrelationsfunktion wird zudem im Datenblatt abgespeichert.

6.2.3 Beispielanalyse: Ist der DAX linear vorhersagbar?

Die Bestimmung des *Time-Lag* ist in der Regel der erste Schritt für eine spätere Analyse der Komplexität einer Zeitreihe. Als Beispiel sollen hier die logarithmierten *Returns* der Schlusskurse des Deutschen Aktienindex DAX im Zeitraum zwischen dem 02.01.2001 und dem 05.03.2012 dienen. Die Zeitreihe umfasst insgesamt 2.848 Datenpunkte und zeigt bereits als Zeitreihendarstellung ein hochkomplexes Bild (vgl. Abbildung 25, S. 131).

Effiziente Märkte sind nicht mit hohen Autokorrelationen vereinbar

Eine von null verschiedene, simple lineare Autokorrelation würde eine Verletzung der Martingale-Hypothese bedeuten (für einen knappen Überblick siehe Barnett & Serletis 2000), die der Annahme effizienter Märkte zugrunde liegt (Fama 1970). Für effiziente Märkte kann davon ausgegangen werden, dass alle für die Preisbewertung relevanten Informationen allen relevanten Akteurinnen und Akteuren bekannt sind und daher bereits in die Preisbildung eingeflossen sind. Wenn aber der Preis zum Zeitpunkt t alle verfügbaren relevanten Informationen enthält, ist der Preis für $t+1$ nicht vorhersagbar (denn dazu wären ja zusätzliche Informationen nötig, die aber, wenn sie zum Zeitpunkt t bereits vorlägen, ebenfalls schon eingepreist wären). Es ist unter diesem Bedingungen vernünftig davon auszugehen, dass der Preis bei $t+1$ dem bei t entspricht, also die Preisdifferenz zwischen beiden Zeitpunkten null ist (dies ist die Martingale-Hypothese).

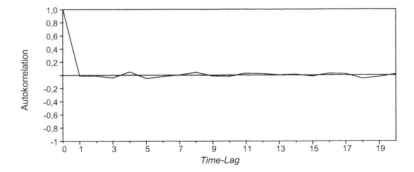

Abbildung 42: Autokorrelationsfunktion der logarithmierten *Returns* des DAX
Erwartungsgemäß geht die Autokorrelationsfunktion der logarithmierten *Returns* des DAX unmittelbar auf null. Das optimale *Time-Lag* für eine Phasenraumeinbettung liegt daher bei eins. Das maximale *Time-Lag* war mit 20 festgelegt.

Die Prüfung der Martingale-Hypothese ist nicht das Ziel dieser Beispielanalyse. Dafür sind zahlreiche, unterschiedlich anspruchsvolle Testverfahren vorgeschlagen worden, wie z. B. der BDS-Test, der prüft, ob Zeitreihen einer unkorrelierten Gleichverteilung folgen (vgl. S. 285 ff., eine umfassende Übersicht über Methoden und den Stand der Forschung liefert Lim & Brooks 2010, der BDS-Test für die *Returns* des DAX findet sich in Tabelle 31, S. 298). Obwohl hier kein statistischer Test für die Prüfung der Martingale-Hypothese durchgeführt wird und es allein um die Ermittlung eines passenden *Time-Lag* für die spätere Phasenraumeinbettung der Beispieldaten geht, kann dennoch erwartet werden, dass die Autokorrelationsfunktion schnell auf null geht und ein optimales *Time-Lag* bereits bei einer Zeitverschiebung um einen Datenpunkt gefunden wird. Würde sich die Autokorrelation nämlich länger auf einem höheren Wert als null halten, so wären die logarithmierten *Returns* ja über diesen Zeitraum hinweg aus einem linearen Regressionsmodell heraus trivial vorhersagbar (die statistische Absicherung eines solchen Regressionsmodells kann z. B. mit dem ADF-Test erfolgen: Dickey & Fuller 1981).

Tatsächlich zeigt die Abbildung 42 den erwarteten schnellen Nulldurchgang, sodass das optimale *Time-Lag* aus der Perspektive einer linearen Autokorrelation mit eins festgelegt werden kann. Auch der weitere Verlauf der Autokorrelationsfunktion zeigt mit einer geringen Schwankung um null keine Überraschungen. Allerdings berücksichtigt die Autokorrelation auch nur lineare Zusammenhänge. Interessant sind daher Vergleiche mit anderen Verfahren, die in den nächsten Kapiteln vorgestellt werden.

Vergleich mit der Literatur

In der ökonomischen Literatur wird auf die Bestimmung des *Time-Lag* wenig Wert gelegt. So stellt Matilla-García (2007) fest, dass Phasenraumrekonstruktionen von Finanzdaten in der Regel und ohne vorherige Prüfung mit einem *Time-Lag* von eins durchgeführt werden und kritisieren: „*These reconstruction parameters are habitual in the financial literature*" (S. 21).

In Tabelle 4 (S. 78) wird ein Überblick über alle auffindbaren empirischen Arbeiten zur Komplexitätsanalyse ökonomischer Zeitreihen für den Zeitraum von 1989 bis Ende 2011 zusammengestellt. Insgesamt wird in 92 Studien 37 Mal (39,8 %) ein D2 eingesetzt, ein Verfahren, welches stark von einer sauberen Einbettungsdimension abhängig ist. Dennoch findet sich in 33 (89,2 %) der 37 Arbeiten kein Hinweis auf das für die Bestimmung des *Time-Lag* verwendete Verfahren. Diese Studien sind daher an zentraler Stelle nicht replizierbar oder kritisierbar. Die Arbeiten, die das Verfahren nennen, geben in der Mehrheit – trotz methodischer Probleme – die Autokorrelationsfunktion an (drei Arbeiten). Eine Studie wählt zusätzlich die *Mutual Information* als Verfahren zur *Time-Lag*-Bestimmung (vgl. S. 175 ff.).

6.3 Algorithmus: Bestimmung des *Time-Lag* über die *Mutual Information*

Buzug und Pfister (1992) verweisen in ihrer Kritik an der Autokorrelation als Verfahren zur Bestimmung des *Time-Lag* auf zwei Problembereiche. Zum einen beruht das Vorgehen auf einer Prüfung der linearen Abhängigkeit bzw. Unabhängigkeit der Daten im zeitlichen Verlauf, vernachlässigt also nichtlineare Autokorrelationen. Zum anderen erfolgt die Berechnung nur für Wertepaare und müsste damit eigentlich auf zweidimensionale Einbettungen beschränkt bleiben (vgl. auch Strunk 2004, dessen Darstellung hier erweitert wiedergegeben wird).

> **Die Informationsdefinition ist die Grundlage vieler Verfahren, auch der *Mutual Information***

Als Alternative zur linearen Autokorrelation schlagen Fraser und Swinney (1986) die Wahl des *Time-Lag* nach dem ersten Minimum der Funktion der *Mutual Information* vor. Dieses Verfahren nutzt zahlreiche Ideen der Komplexitätsforschung, die weiter unten noch ausführlich dargestellt werden. Im Zentrum steht dabei die sogenannte Informationsdefinition. Diese wurde von Claude Elwood Shannon (1916 bis 2001) für die Nachrichtentechnik vorgeschlagen und bemisst den Informationsgehalt einer Werteverteilung in Bit (Shannon 1948, vgl. Gleichung 18). Grundsätzlich ist die Informationsdefinition auf beliebige nominale Datensätze anwendbar und geht davon aus, dass die Häufigkeitsverteilung der Daten über den Informationsgehalt entscheidet. Ein perfekter Würfel z. B. führt zu einer Gleichverteilung der gewürfelten Augenzahlen und vor einem Wurf kann nichts über die nächste Zahl gewusst werden. Die tatsächliche Ausführung des Wurfs ist daher maximal informativ und Gleichung 18 führt für diesen Fall zu einem maximalen Zahlenwert für sechs mögliche Symbole und beträgt 2,58 Bit. Wäre der Würfel jedoch manipuliert und würde in 90 % der Würfe eine Sechs zeigen, so könnte jeder Wurf aus der bereits bekannten Häufigkeitsverteilung mit hoher Sicherheit vorhergesagt werden. Die tatsächliche Durchführung des Wurfes enthielte dann nur wenig neue Information und Gleichung 18 ergäbe Werte in der Größenordnung von 0,70 Bit.

Neben der Häufigkeitsverteilung spielt auch die Anzahl der insgesamt möglichen Symbole eine Rolle. Eine Münze z. B. verfügt nur über zwei Seiten und ein Würfel über sechs. Die Informationsdefinition wächst mit der Zahl der möglichen Symbole. Die konkrete Berechnung der Informationsdefinition erfolgt über die Auftretenswahrscheinlichkeit P der möglichen Symbole s_i.

> **Gleichung 18: Shannonsche Informationsdefinition**

$$I = -\sum_{i=1}^{K} P(s_i) \log_2 P(s_i)$$

I Informationsdefinition
s bezeichnet die möglichen Symbole bzw. Wertebereiche
i Laufnummer für *s*
K Anzahl der Symbole
P(s_i) Auftretenswahrscheinlichkeit des Symbols s_i

Die Wahrscheinlichkeiten $P(s_i)$ werden bei empirischen Datenreihen aus den relativen Häufigkeiten der s_i geschätzt. Da der Logarithmus von Wahrscheinlichkeiten, die ja kleiner eins sind, negativ ist, wird die Summe in Gleichung 18 mit −1 multipliziert.

Stetige Daten sind zu diskretisieren

Bei der Anwendung der Informationsdefinition für stetige Zeitreihendaten müssen zunächst Symbole definiert werden. Dazu wird der Wertebereich der Zeitreihe in diskrete disjunkte Abschnitte eingeteilt. Jeder dieser Abschnitte der Breite ε umfasst also einen Teil des Wertebereiches und erfüllt so die Funktion der s_i. Für diskrete Messwerte kann als Breite ε genau eins gewählt werden, sodass jeder Wert des Wertebereiches einen Abschnitt s_i definiert.

Um den Informationsgehalt aufeinanderfolgender Zustände zu ermitteln, wird das Verfahren zur *Mutual Information* erweitert, indem alle Wertepaare gebildet werden, die in der Zeitreihe um τ voneinander entfernt sind. Auch hier werden nicht die Rohdaten, sondern die in Abschnitte der Breite ε eingeteilten Datenbereiche herangezogen.

So sei nun s_i der Abschnitt für x_t und p_j der für $x_{t+\tau}$. Es lässt sich durch Auszählen die Wahrscheinlichkeit für $P(s_i \cap p_j)$ bestimmen, die nach dem Bayes-Theorem in die bedingte Wahrscheinlichkeit $P(s_i \mid p_j)$ transformiert werden kann, die angibt, wie hoch die Wahrscheinlichkeit dafür ist, dass p_j auf ein gegebenes s_i folgt. Sie ist gegeben durch:

$$P(p_j \mid s_i) = \frac{P(s_i \cap p_j)}{P(s_i)}$$

P ($p_j \mid s_i$) ist die Wahrscheinlichkeit für das Auftreten von p_j unter der Bedingung, dass s_i vorliegt
s_i Abschnitt zum Zeitpunkt t (Ausgangspunkt)
p_j Abschnitt zum Zeitpunkt t + τ (Folgepunkt)
P ($s_i \cap p_j$) ist die Wahrscheinlichkeit für das gemeinsame Auftreten von p_j und s_i
P (s_i) ist die Wahrscheinlichkeit für das Auftreten von s_i

Wird nun wiederum die Shannonsche Informationsdefinition auf diesen Ausdruck angewendet, so ergibt sich ein Zahlenwert, der als bedingter Informationsgehalt für die Abfolgen von s_i-p_j-Paaren bei gegebenem τ und gegebenen s_i bezeichnet werden kann. Er beruht also auf der Anzahl der verschiedenen Möglichkeiten eines Systems, auf einen gegebenen Messwert einen festen Zeitraum später verschiedene andere Messwerte folgen zu lassen. Es handelt sich bei dem so definierten Kennwert um die Antwort auf die Frage danach, wie viel Information, gemessen in Bit, über das Vorliegen eines Folgepunktes bereits bekannt ist, wenn als Vorgänger s_i gegeben ist. Parallel zu Gleichung 18 ergibt sich hier der folgende Ausdruck:

Gleichung 19: Information aufeinanderfolgender Wertepaare

$$I(p, s_i) = -\sum_{j=1}^{J} \left[\frac{P(s_i \cap p_j)}{P(s_i)} \right] \log_2 \left[\frac{P(s_i \cap p_j)}{P(s_i)} \right]$$

I (p, s_i) Information über die Folgepunkte p aus dem Vorliegen des Vorgängers s_i
s_i Abschnitt zum Zeitpunkt t (Ausgangspunkt)
p_j Abschnitt zum Zeitpunkt t + τ (Folgepunkt)
P ($s_i \cap p_j$) ist die Wahrscheinlichkeit für das gemeinsame Auftreten von p_j und s_i
P (s_i) ist die Wahrscheinlichkeit für das Auftreten von s_i
i Laufnummer für s
j Laufnummer für p. Ausgehend von s_i kann es verschiedene Folgepunkte geben, die mit j fortlaufend bezeichnet werden
J Anzahl der Folgepunkte auf s_i

Eine vollständige Kennzeichnung des Informationsgehaltes aufeinanderfolgender Wertepaare ist mit diesem Ausdruck alleine jedoch noch nicht gegeben, da als wichtige Größe die Häufigkeitsverteilung der p_j ebenso zu berücksichtigen ist wie auch die relative Häufigkeit der s_i. Es muss also der Informationsgehalt aller möglicher p über

$$I_P = -\sum_{j=1}^{J} P(p_j) \log_2 P(p_j)$$

sowie der für ein gegebenes s_i als Startpunkt ebenfalls berücksichtigt werden,

$$I_s = -P(s_i) \log_2 P(s_i),$$

sodass die Funktion der *Mutual Information* $I^*(p,s_i)$ definiert ist als Summe dieser drei Informationsdefinitionen (vgl. Tsonis 1992):

Gleichung 20:
Mutual Information

$$I^*(p,s_i) = -P(s_i) \log_2 P(s_i) - \sum_{j=1}^{J} P(p_j) \log_2 P(p_j)$$

$$- \sum_{j=1}^{J} \left[\frac{P(s_i \cap p_j)}{P(s_i)} \right] \log_2 \left[\frac{P(s_i \cap p_j)}{P(s_i)} \right]$$

$I^*(p,s_i)$ Mutual Information über die Folgepunkte p aus dem Vorliegen des Vorgängers s_i
s_i Abschnitt zum Zeitpunkt t (Ausgangspunkt)
p_j Abschnitt zum Zeitpunkt t + τ (Folgepunkt)
$P (s_i \cap p_j)$ ist die Wahrscheinlichkeit für das gemeinsame Auftreten von p_j und s_i
$P(s_i)$ ist die Wahrscheinlichkeit für das Auftreten von s_i
$P (p_j)$ ist die Wahrscheinlichkeit für das Auftreten von p_j
i Laufnummer für s.
j Laufnummer für p. Ausgehend von s_i kann es verschiedene Folgepunkte geben, die mit j fortlaufend bezeichnet werden
J Anzahl der Folgepunkte auf s_i

Um eine Abhängigkeit der Berechnungen von s_i zu vermeiden, wird jeweils über alle s_i gemittelt (vgl. Fraser & Swinney 1986). Auf diese Weise lässt sich die *Mutual Information* allein in Abhängigkeit von τ bestimmen. Als Schätzung für das als optimales *Time-Lag* gesuchte τ gilt das erste Minimum der Funktion der *Mutual Information*.

Vorsicht bei hohen Einbettungsdimensionen

Das Verfahren vermeidet einige Probleme der Autokorrelationsfunktion und macht insbesondere keinen Unterschied zwischen linearen und nichtlinearen Abhängigkeiten. Aber auch hier werden zunächst nur Beziehungen zwischen zwei Werten betrachtet, nämlich s_i und p_j. Ob die Ergebnisse bei höheren Einbettungen, z. B. bei drei Dimensionen, noch Gültigkeit besitzen, bleibt auch bei diesem Algorithmus offen. Fraser und Swinney (1986) verweisen auf gute Ergebnisse bei Anwendung des beschriebenen Vorgehens auch für höhere Einbettungsdimensionen und empfehlen im Zweifel, den Ansatz zu erweitern, also für höhere Einbettungen nicht nur s_i und p_j, sondern weitere Folgeabschnitte (jeweils im Abstand von τ vom Vorgänger entfernt) zu berücksichtigen. Eine solche Erweiterung erhöht jedoch den Rechenaufwand erheblich.

Buzug und Pfister (1992) halten bereits die Berücksichtigung von mehr als vier Folgepunkten für nicht mehr praktikabel. Vor allem die Ermittlung der Wahrscheinlichkeiten setzt für die Implementierung umfangreiche Sortieralgorithmen voraus, die den Rechenaufwand sehr vergrößern (vgl. Fraser & Swinney 1986). Dennoch ist der *Mutual Information* gegenüber der Bestimmung des *Time-Lag* durch die Autokorrelationsfunktion in jedem Fall der Vorzug zu geben, auch dann, wenn sie auf einer Implementierung für den zweidimensionalen Fall beruht.

6.3.1 Datenqualität, Voraussetzungen

Die *Mutual Information* beruht auf einem universellen Konzept zur Bemessung der Information in Symbolabfolgen. Sie kann daher auch für nominale Datenreihen eingesetzt werden. Allerdings dient das Verfahren der *Time-Lag*-Bestimmung und ein *Time-Lag* macht als Parameter für die Phasenraumeinbettung von Zeitreihen erst ab Intervallskalniveau einen Sinn. So ist die *Mutual Information* zwar insgesamt flexibler und genügsamer in den Datenanforderungen als die lineare Autokorrelation, dient aber dem gleichen Zweck, sodass die Voraussetzungen sehr ähnlich ausfallen (vgl. Tabelle 17). Eine ausführliche Diskussion wurde daher oben bereits präsentiert und soll hier nicht noch einmal wiederholt werden (vgl. stattdessen S. 169 ff.).

Time-Lag
Mutual Information
(Fraser & Swinney 1986)

Was wird gemessen?	Zeitpunkt, zu dem zeitliche Abhängigkeiten in den Daten minimal werden.
Hohe Werte bedeuten ...	Ordnung.
Dynamik	Die Dynamik und konkrete Abfolge der Messwerte spielt eine Rolle.
Phasenraumeinbettung	Nein, das Verfahren bietet die Grundlage für eine Phasenraumeinbettung, setzt aber selbst keine voraus.
Skalenniveau	Intervall. (Ein *Time-Lag* ermöglicht die Phasenraumeinbettung der Daten. Diese erfordert zwingend Intervallskalniveau. Die *Mutual Information* kann aber auch für nominale Symbolreihen bestimmt werden.)
Minimale Datenlänge	$N \geq 30$
Stationarität erforderlich	Ja. Sogar dort, wo in weiterer Folge Verfahren eingesetzt werden, die keine Stationarität erfordern, wird häufig davon ausgegangen, dass das *Time-Lag* sich im zeitlichen Verlauf nicht ändert.

Tabelle 17: Übersicht über das Verfahren: *Time-Lag – Mutual Information*
Die angegebene minimale Datenlänge ist als grobe Orientierung zu verstehen. Bei komplexeren Daten ist die Analyse auch mit kürzeren Zeitreihen möglich, weil die *Mutual Information* dort schneller (bei geringerem *Time-Lag*) minimal wird.

6.3.2 Praktische Durchführung

Test der Voraussetzungen, Datenvorbereitung, Absicherung

Wie immer ist vor der Anwendung des Verfahrens zu prüfen, ob die Voraussetzungen für seinen Einsatz auch erfüllt sind. Dafür stellt die Tabelle 17 eine erste Orientierung zusammen. Da aber die Ermittlung eines passenden *Time-Lag* nur der erste Schritt für eine weiterführende Analyse ist, können sich für diese zusätzliche Anforderungen an die Daten ergeben, die hier noch nicht berücksichtigt sind.

Die *Mutual Information* wurde im vorangegangenen Kapitel als bessere Alternative zur linearen Autokorrelation dargestellt. Tatsächlich löst sie einige Probleme, die mit dem klassischen linearen Verfahren verbunden sind. Dennoch kann es Fälle geben, bei denen die *Mutual Information* zu Fehlentscheidungen führt, etwa bei ungünstigen Werteverteilungen und unpassenden Einteilungen des Wertebereiches. Zudem nutzt die nichtparametrische Informationsdefinition das Skalenniveau nicht vollständig aus, beruht also letztlich auf einem nominalen Datenniveau, obwohl Intervalldaten verfügbar sind. Das *Time-Lag* sollte daher zusätzlich immer auch über die Autokorrelation oder das generalisierte Korrelationsintegral (siehe unten) bestimmt werden.

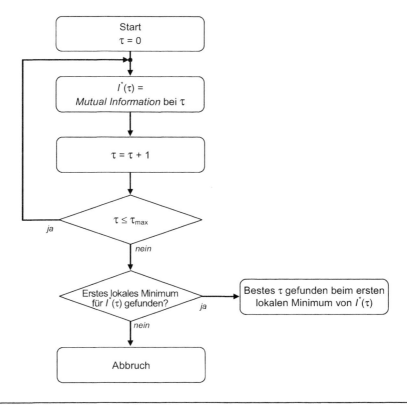

Abbildung 43: Algorithmus: *Time-Lag – Mutual Information*

Der Algorithmus bestimmt die *Mutual Information* $I^*(\tau)$ für alle τ bis zum vorher gewählten Maximum. Anschließend wird das erste Minimum gesucht.

Durchführung der Berechnung

Die Abbildung 43 zeigt die einzelnen Schritte des Algorithmus. Obwohl die *Mutual Information* ganz anders berechnet wird als eine Autokorrelationsfunktion, ist doch das grundlegende Vorgehen dasselbe: Zunächst wird die *Mutual Information* für alle τ bis zum vorher festgelegten Maximum bestimmt und in $I^*(\tau)$ gespeichert. Anschließend identifiziert der Algorithmus das erste Minimum.

Für GChaos wurden Algorithmen aus zwei Quellen nach Überarbeitung und Anpassung übernommen. Der eine Algorithmus ist als Quelltext im Rahmen des Tisean-Projektes veröffentlicht (Hegger et al. 1999, 2000). Der andere stammt von Weeks (1997) und bietet den Vorteil, dass die Einteilung der Daten in disjunkte Abschnitte automatisch erfolgt, wohingegen beim Tisean-Algorithmus die Anzahl der zu benutzenden Abschnitte („*Number of Boxes*") vorgegeben werden muss. Für die Implementierung wurde der Code der Algorithmen an die Datenstruktur von GChaos angepasst und mit einer grafischen Benutzerschnittstelle versehen.

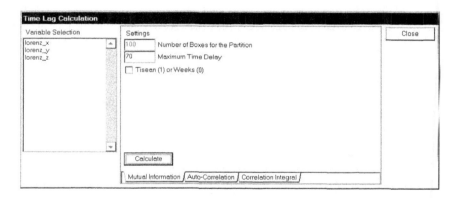

Abbildung 44: GChaos-Dialog zur Bestimmung eines *Time-Lag*s – Karteireiter „*Mutual Information*"
Im Text werden die Einstellungen des Dialogs dargestellt. Der Dialog wird erreicht über das Menü: „*Statistics*", „*Time-Lag*", „*Mutual Information*".

Man erreicht die Verfahren über das Menü „*Statistics*", „*Time-Lag*", „*Mutual Information*". Folgende Einstellungen sind zu treffen:

- **Variablenauswahl.** In der Variablenliste werden alle Spaltenbezeichnungen des aktuellen Arbeitsblattes aufgelistet. Hier kann eine Variable für die Berechnung ausgewählt werden. Die Auswahl mehrerer Variablen führt dazu, dass diese nach dem Reißverschlussprinzip zu einem Datensatz angeordnet werden: Aus x_1, x_2, x_3, x_4, ... x_N und y_1, y_2, y_3, y_4, ... y_N sowie z_1, z_2, z_3, z_4, ... z_N wird dann x_1, y_1, z_1, x_2, y_2, z_2, x_3, y_3, z_3, x_4, y_4, z_4, ... x_N, y_N, z_N. Diese verknüpfte Zeitreihe wird in der Regel zu einem *Time-Lag* von eins führen.

- **Maximales *Time-Lag*.** Das „*Maximum Time Delay*" begrenzt die Berechnung auf ein maximales *Time-Lag*.

- **Tisean oder Weeks.** In GChaos sind zwei verschiedene Algorithmen für die Bestimmung der *Mutual Information* implementiert. Durch Setzen der Check-Box „*Tisean or Weeks*" wird der Tisean-Algorithmus ausgewählt. Dadurch wird ein

Eingabefeld („*Number of Boxes for the Partition*") aktiviert. Beim Tisean-Algorithmus muss die Anzahl der zu benutzenden Abschnitte („*Number of Boxes*") vorgegeben werden. Der voreingestellte Wert von 100 führt in der Regel zu guten Ergebnissen.

- **Start der Berechnungen.** Mit „*Calculate*" startet die Berechnung. Das passende *Time-Lag* (erstes Minimum) wird im Output-Fenster angezeigt, die *Mutual Information* für das wachsende *Time-Lag* wird im Datenblatt abgespeichert.

6.3.3 Beispielanalyse: Die Mutual-Information-Funktion des DAX

Alle klassischen Verfahren der Komplexitätsforschung erfordern eine saubere Einbettung der Daten in einen Phasenraum. Dafür ist ein passendes *Time-Lag* die zentrale Voraussetzung. Für die Analyse von Finanzdaten, die der Martingale-Hypothese folgen, kann in der Regel von einem *Time-Lag* von eins ausgegangen werden (vgl. bereits die Darstellung ab S. 173 ff.). Dies mag der Grund dafür sein, dass viele Studien einen Hinweis auf das zur *Time-Lag*-Bestimmung eingesetzte Verfahren schuldig bleiben oder sich auf die methodisch relativ schwache Autokorrelation beschränken. Im vorliegenden Handbuch werden insgesamt drei Algorithmen für die Bestimmung des *Time-Lag* vorgestellt und es wird empfohlen, alle drei vergleichend zurate zu ziehen.

Bestätigung des Time-Lag

Die folgende Beispielanalyse beruht – wie oben schon dargestellt – auf den logarithmierten *Returns* der Schlusskurse des Deutschen Aktienindex DAX im Zeitraum zwischen dem 02.01.2001 und dem 05.03.2012. Die Autokorrelationsfunktion geht erwartungsgemäß bereits bei einem *Time-Lag* von eins auf null (vgl. S. 173). Da dabei aber nur lineare Korrelationen eine Rolle spielen, stellt sich die Frage, ob das Ergebnis von der *Mutual Information* bestätigt werden kann. Das ist tatsächlich der Fall, wie die Abbildung 42 zeigt. Auch die *Mutual Information* geht unmittelbar auf ein lokales Minimum und zeigt später keinen bedeutsamen Anstieg mehr.

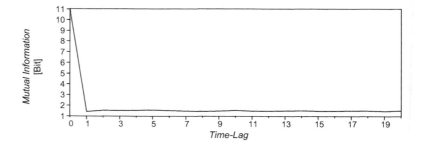

Abbildung 45: *Mutual Information* **für die logarithmierten** *Returns* **des DAX**
Die *Mutual Information* geht für die logarithmierten *Returns* des DAX unmittelbar auf ein Minimum. Das optimale *Time-Lag* für die Phasenraumeinbettung der Daten liegt daher bei eins. Das maximale *Time-Lag* war mit 20 festgelegt.

Die Phasenraumeinbettung ist die Grundlage für zahlreiche weiterführende Methoden. In der Regel wird anschließend das Korrelationsintegral eingesetzt, mit dem auch die maximal nötige Einbettungsdimension ermittelt werden kann. Das Korrelationsintegral ist auf ein passendes *Time-Lag* angewiesen und es stellt sich die Frage, wie es auf Veränderungen der Zeitverzögerungskoordinaten reagiert. Das folgende Kapitel stellt daher ein Verfahren vor, welches direkt auf der Prüfung des *Time-Lags* mit dem Korrelationsintegral beruht. Es wird sich zeigen, ob das nun schon mit zwei Methoden übereinstimmend ermittelte *Time-Lag* für die logarithmierten *Returns* des DAX sich auch mit dem folgenden Verfahren bestätigen lässt.

6.4 Algorithmus: Bestimmung des *Time-Lag* über das generalisierte Korrelationsintegral

Viele Methoden der Komplexitätsforschung stützen sich seit den ersten Arbeiten von Henri Poincaré (1904, 1908) auf geometrische Eigenschaften der in den Phasenraum eingebetteten Daten. Den sogenannten Einbettungsparametern kommt dabei eine besonders große Bedeutung zu, da sie am Anfang einer Hierarchie von aufeinander aufbauenden Algorithmen stehen. So ist ein passendes *Time-Lag* die Voraussetzung für die Erzeugung von Zeitverzögerungskoordinaten (vgl. Gleichung 17, S. 163), die z. B. für die Bestimmung der fraktalen Dimension herangezogen werden (vgl. S. 205 ff.). Diese wiederum ist die Voraussetzung für eine passende Einbettung der Daten in einen ausreichend dimensionierten Phasenraum, ohne die auch ein *Lyapunov*-Exponent (S. 299 ff.) nicht bestimmt werden kann.

Das Verfahren testet das *Time-Lag* mit dem Algorithmus, für den es in der Regel gedacht ist

Die zentrale Idee hinter der Methode von Liebert und Schuster (1989) beruht daher darauf, das *Time-Lag* direkt durch den Algorithmus zu prüfen, für den die Phasenraumeinbettung erzeugt wird. Da sich an eine Phasenraumeinbettung zunächst ein Verfahren zur Ermittlung der fraktalen Dimension anschließt, liegt es nahe, dieses auch als Prüfstein für das *Time-Lag* zu benutzen.

Die fraktale Geometrie wird in einem der folgenden Kapitel ausführlich dargestellt (vgl. S. 205 ff.) und es macht wenig Sinn, dieser Darstellung hier zu sehr vorzugreifen, sodass nur einige wenige relevante Aspekte hervorgehoben werden sollen: Die fraktale Geometrie ist ein von Benoît B. Mandelbrot (1924 bis 2010) in Anlehnung an Hausdorff (1868 bis 1942) und Besicovitch (1891 bis 1970) begründeter Zweig der Geometrie, der es erlaubt, die Dimension beliebiger – auch extrem komplexer und gebrochener Körper – zu bestimmen (Hausdorff 1919, Besicovitch & Ursell 1937, Mandelbrot 1977, 1982, 1987). Durch die Öffnung des Dimensionskonzeptes für nichtganzzahlige Dimensionen gelingt es, die Komplexität der geometrischen Strukturen zu quantifizieren.

Auch chaotische Attraktoren im Phasenraum zeigen eine solche gebrochene Geometrie und können mit diesem Ansatz beschrieben werden (Ruelle & Takens 1971). Allerdings ist die Bestimmung der Dimensionalität von Zeitreihendaten nicht direkt mit den von Mandelbrot vorgeschlagenen Methoden möglich. Stattdessen wird ein Algorithmus eingesetzt, der als D2 bzw. Korrelationsdimension bekannt ist (Grassberger & Procaccia 1983a, 1983c) und auf dem sogenannten Korrelationsintegral beruht (vgl. Gleichung 28, S. 221).

Dieses Korrelationsintegral berücksichtigt alle Euklidischen Abstände zwischen allen Punkten des Attraktors im Phasenraum und zählt, wie viele der Datenpunkte näher beisammenliegen als eine Abstandsobergrenze l. Diese Zählung wird mit der Vergrößerung von l ebenfalls wachsen und beschreibt im Idealfall in doppelt logarithmischer Darstellung eine Gerade, deren Steigung die Dimension angibt (vgl. ausführlicher ab S. 221). Das Korrelationsintegral ist aber nicht nur von l abhängig, sondern auch von der gewählten Einbettungsdimension für die Daten, sodass die Berechnung für verschiedene Einbettungen wiederholt werden muss. Da die gesamte Prozedur nur dann gelingt, wenn die Daten mit dem passenden *Time-Lag* eingebettet werden, ist dies der Aspekt, der für die *Time-Lag*-Bestimmung genutzt werden kann. Dazu werden die Abstandsobergrenze *l* und die Einbettungsdimension *m* auf konstante plausible Werte gesetzt, sodass das Korrelationsintegral nur vom *Time-Lag* abhängig ist. Dieses Korrelationsintegral mit konstantem *l* und *m* wird als generalisiertes Korrelationsintegral CI(τ) bezeichnet und das erste Minimum des Logarithmus dieser Funktion gilt als gute Schätzung für ein passendes *Time-Lag* (vgl. Gleichung 28, S. 221).

6.4.1 Datenqualität, Voraussetzungen

Die drei Methoden zur *Time-Lag*-Bestimmung, die in der vorliegenden Arbeit dargestellt werden, weisen im Wesentlichen die gleichen Voraussetzungen auf, sodass hier eine ausführliche Darstellung entfallen kann (vgl. stattdessen S. 169 ff. und Tabelle 18). Da das generalisierte Korrelationsintegral auf einer mehrdimensionalen Einbettung der Daten beruht und dafür längere Zeitreihen notwendig sind als für eine Autokorrelation oder eine *Mutual Information*, sind die Anforderungen an die Länge der Zeitreihe höher als bei den anderen Verfahren.

Time-Lag
Generalisiertes Korrelationsintegral
(Grassberger & Procaccia 1983a, 1983c, Liebert & Schuster 1989)

Was wird gemessen?	Zeitpunkt, zu dem zeitliche Abhängigkeiten in den Daten minimal werden.
Hohe Werte bedeuten ...	Ordnung.
Dynamik	Die Dynamik und konkrete Abfolge der Messwerte spielt eine Rolle.
Phasenraumeinbettung	Nein, das Verfahren bietet die Grundlage für eine Phasenraumeinbettung und setzt selber keine voraus.
Skalenniveau	Intervall.
Minimale Datenlänge	$N \geq 200$
Stationarität erforderlich	Ja. Sogar dort, wo in weiterer Folge Verfahren eingesetzt werden, die keine Stationarität erfordern, wird häufig davon ausgegangen, dass das *Time-Lag* sich im zeitlichen Verlauf nicht ändert.

Tabelle 18: Übersicht über das Verfahren: *Time-Lag* – generalisiertes Korrelationsintegral
Die angegebene minimale Datenlänge ist als grobe Orientierung zu verstehen. Bei komplexeren Daten ist die Analyse auch mit kürzeren Zeitreihen möglich, weil das generalisierte Korrelationsintegral dort schneller (bei geringerem *Time-Lag*) minimal wird.

6.4.2 Praktische Durchführung

Test der Voraussetzungen, Datenvorbereitung, Absicherung

Vor der Durchführung der *Time-Lag*-Bestimmung mit dem generalisierten Korrelationsintegral sind die Voraussetzungen gemäß Tabelle 18 zu prüfen. Zudem muss eine passende Abstandsobergrenze l (bzw. $\log(l)$ als logarithmierte Grenze) vorgewählt werden, was nicht immer leicht ist. Der in GChaos implementierte Algorithmus erlaubt zwar die Ermittlung eines passenden l direkt über das nicht generalisierte Korrelationsintegral, ist dann aber noch einmal voraussetzungsreicher (vgl. dazu auch die Beschreibung des Korrelationsintegrales ab S. 221).

Da verschiedene Verfahren zur Bestimmung eines idealen *Time-Lag* vorgeschlagen wurden, ist ein ausführlicher Vergleich der Ergebnisse der verschiedenen Methoden empfehlenswert. Insbesondere dann, wenn anschließend ein D2 bestimmt werden soll, ist die Ermittlung mithilfe des generalisierten Korrelationsintegrals ein guter Ausgangspunkt.

Durchführung der Berechnung

Die Abbildung 46 zeigt die einzelnen Schritte des Algorithmus. Obwohl alle gängigen Verfahren zur Bestimmung des *Time-Lag* auf dem gleichen Prinzip beruhen, ist der Algorithmus des generalisierten Korrelationsintegrals aufwendiger. Für die Berechnung wird eine mehrdimensionale Einbettung erzeugt und die Funktion des generalisierten Korrelationsintegrals muss für ein passendes $\log(l)$ erfolgen. Da dieses in der Regel nicht bekannt ist, wird zunächst für die vorgegebene Einbettungsdimension ein vollständiges Korrelationsintegral berechnet (dieses beruht zunächst auf einem *Time-Lag*, welches mit der *Mutual Information* errechnet wurde). Der in Kapitel 7.2 (S. 221) vorgestellte Algorithmus zur automatischen Bestimmung des Skalierungsbereiches identifiziert dessen Grenzen und dessen Mitte wird als $\log(l)$ herangezogen. Erst daran anschließend kommt das bereits bekannte Vorgehen zum Einsatz: Es wird zunächst das generalisierte Korrelationsintegral für alle τ von eins bis zum vorher festgelegten Maximum bestimmt und in CI(τ) gespeichert. Anschließend sucht der Algorithmus das erste Minimum.

Man erreicht das Verfahren über das Menü „*Statistics*", „*Time-Lag*", „*Correlation Integral*". Folgende Einstellungen sind zu treffen:

- **Variablenauswahl.** In der Variablenliste werden alle Spaltenbezeichnungen des aktuellen Arbeitsblattes aufgelistet. Hier kann eine Variable für die Berechnung ausgewählt werden. Die Auswahl mehrerer Variablen führt dazu, dass diese nach dem Reißverschlussprinzip zu einem Datensatz angeordnet werden: Aus $x_1, x_2, x_3, x_4, \ldots x_N$ und $y_1, y_2, y_3, y_4, \ldots y_N$ sowie $z_1, z_2, z_3, z_4, \ldots z_N$ wird dann $x_1, y_1, z_1, x_2, y_2, z_2, x_3, y_3, z_3, x_4, y_4, z_4, \ldots x_N, y_N, z_N$. Diese verknüpfte Zeitreihe wird in der Regel zu einem *Time-Lag* von eins führen.

- **Maximales *Time-Lag*.** Das „*Maximum Time Delay*" begrenzt die Berechnung auf ein maximales *Time-Lag*.

- **Einbettungsdimension.** Mit „*Dimension*" wird die Einbettungsdimension für das generalisierte Korrelationsintegral festgelegt. Diese sollte der vermuteten Dimensionalität des Attraktors entsprechen.

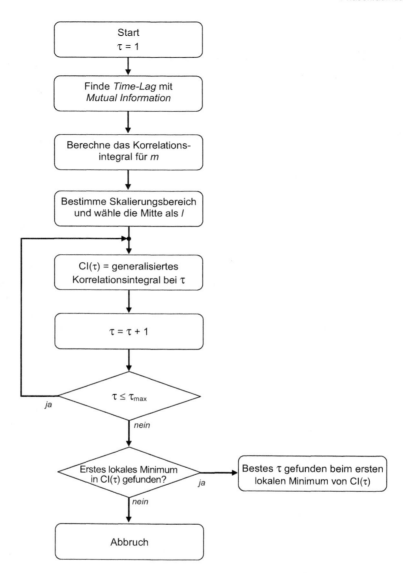

Abbildung 46:	**Algorithmus: *Time-Lag* – generalisiertes Korrelationsintegral**
	Der Algorithmus bestimmt das generalisierte Korrelationsintegral CI(τ) für alle τ bis zum vorher gewählten Maximum. Anschließend wird das erste Minimum gesucht.

- **log(l).** Das generalisierte Korrelationsintegral wird für ein vorher festgelegtes log(l) bestimmt. Wird hier kein Wert eingetragen, so wird zunächst ein komplettes Korrelationsintegral berechnet, der Skalierungsbereich ermittelt und dessen Mitte für log(l) eingesetzt.

Phasenraumdarstellung

- **Start der Berechnungen.** Mit „*Calculate*" startet die Berechnung. Das passende *Time-Lag* wird im Output-Fenster angezeigt und das generalisierte Korrelationsintegral im Datenblatt abgespeichert.

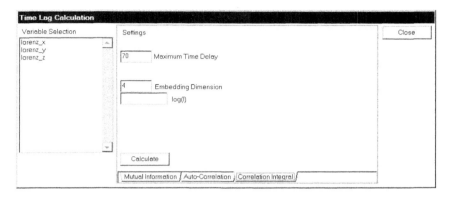

Abbildung 47: GChaos-Dialog zur Bestimmung eines *Time-Lag*s – Karteireiter „*Correlation Integral*"

Im Text werden die Einstellungen des Dialogs dargestellt. Der Dialog wird erreicht über das Menü: „*Statistics*", „*Time-Lag*", „*Correlation Integral*".

6.4.3 Beispielanalyse: Das generalisierte Korrelationsintegral des DAX

Methoden der nichtlinearen Zeitreihenanalyse bauen zum großen Teil auf dem Korrelationsintegral auf. Es ist integraler Bestandteil des D2, K2 sowie des BDS-Tests und findet sich in ähnlicher Form auch in *Recurrence Plots*. Zudem erfordern viele Verfahren Kenntnisse über eine passende Einbettungsdimension, sodass ein D2 zur Bestimmung der geeigneten Einbettung auch für solche Methoden bedeutsam ist, bei denen das Korrelationsintegral selbst nicht im Vordergrund des Interesses steht. Beispielsweise erfordert die Ermittlung der *Lyapunov*-Exponenten eine vorherige D2-Analyse, aus der eine passende Einbettungsdimension geschätzt werden kann. Da das *Time-Lag* der zentrale Parameter der Phasenraumeinbettung ist und damit das Korrelationsintegral maßgeblich beeinflusst, ist es vernünftig, dieses direkt am Korrelationsintegral zu erproben. Die *Time-Lag*-Bestimmung mit dem generalisierten Korrelationsintegral besitzt gegenüber den anderen Verfahren also einige Vorteile. Dennoch findet sich in der oben vorgestellten Literaturübersicht zur Analyse ökonomischer Zeitreihen (Tabelle 4, S. 78) keine Arbeit, die explizit auf den Einsatz dieser Methode verweist. Wie schon berichtet, findet sich aber in der Mehrzahl der Arbeiten ohnehin kein Hinweis auf die für die *Time-Lag*-Bestimmung eingesetzten Algorithmen.

Erneute Bestätigung des *Time-Lag*

Die folgende Beispielanalyse wird für die oben schon näher beschriebenen Daten des Deutschen Aktienindex DAX (logarithmierte *Returns* für den Zeitraum vom 02.01.2001 bis 05.03.2012) durchgeführt. Wie sich oben schon zeigte, ergeben sowohl die Autokorrelationsfunktion als auch die *Mutual Information* ein *Time-Lag* von eins. Beide Funktionen gehen schnell und eindeutig auf null bzw. auf ein lokales Minimum. Das generalisierte Korrelationsintegral startet – anders als die beiden anderen Verfahren – mit einem *Time-Lag* von eins, kann also bereits mit einem lokalen Minimum beginnen. Das ist bei den untersuchten Daten auch tatsächlich der Fall (vgl. Abbildung 48).

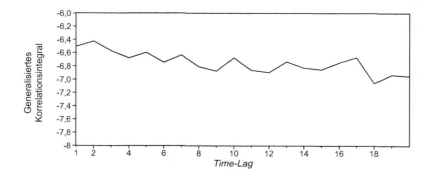

Abbildung 48: **Generalisiertes Korrelationsintegral für die logarithmierten *Returns* des DAX**
Das generalisierte Korrelationsintegral startet bereits mit einem Minimum für das *Time-Lag* bei eins. Es bestätigt damit die Ergebnisse der anderen beiden eingesetzten Verfahren. Das optimale *Time-Lag* für eine Phasenraumeinbettung liegt daher bei eins. Das maximale *Time-Lag* war mit 20 festgelegt. Die Abbildung zeigt die Ergebnisse für eine 6-dimensionale Einbettung.

Einbettungsdimension	log(l)	Erstes lokales Minimum bei
2	-4,376	1
3	-4,091	1
4	-5,781	1
5	-5,740	1
6	-5,567	1

Tabelle 19: **Generalisiertes Korrelationsintegral für die logarithmierten Returns des DAX bei verschiedenen Einbettungsdimensionen**

Für das generalisierte Korrelationsintegral müssen zwei Parameter vorgewählt werden. Die Einbettungsdimension wird dabei im Idealfall systematisch variiert. In der Tabelle werden Einbettungen von 2 bis 6 Dimensionen dargestellt. Ein passendes log(l) muss zudem angegeben werden. Dazu wird in GChaos der Skalierungsbereich eines nicht generalisierten Korrelationsintegrals bestimmt und dessen Mitte ausgewählt. Das dafür provisorisch vorgewählte *Time-Lag* wird mit der *Mutual Information* bestimmt.

Die Tabelle 19 zeigt zudem, dass die Analyse auch für verschiedene Einbettungsdimensionen stabil bleibt.

Zusammenfassend kann festgestellt werden, dass alle drei eingesetzten Verfahren für die logarithmierten *Returns* des DAX einheitlich ein *Time-Lag* von eins vorschlagen. Folgende Beispielauswertungen der logarithmierten *Returns* des DAX werden daher auf dieser Zeitverzögerung beruhen.

6.5 Algorithmus: Phasenraumeinbettung – Grafische Darstellung

Eine Phasenraumdarstellung erlaubt es die Wechselwirkungskräfte in einem System in ihrem Zusammenspiel zu untersuchen. Anders als in einem Zeitreihendiagramm werden gleichzeitig mehrere – im Idealfall alle – Variablen des Systems berücksichtigt. Die durch die Phasenraumdarstellung sichtbar werdenden geometrischen Strukturen verraten viel über die Komplexität der Dynamik. Sie können daher mit Recht als „Fingerabdruck" (Strunk et al. 2006) eines komplexen Systems bezeichnet werden.

Zwei Darstellungsformen

Grundsätzlich sind zwei Darstellungsformen und zwei Zielrichtungen zu unterscheiden. Dabei stellt sich in Bezug auf die Darstellungsform die Frage, wie viele Zeitreihen berücksichtigt werden:

- **Phasenraumdarstellung mittels mehrerer Variablen.** Liegen für ein System Zeitreihendaten für alle relevanten Variablen vor, so kann aus diesen direkt eine Phasenraumdarstellung erzeugt werden. Die Zahl der zur Darstellung kommenden Dimensionen wird hier von der Zahl der relevanten Variablen des Systems bestimmt. In der Regel ist dieser Fall für Simulationsmodelle immer gegeben. In der Simulation werden alle relevanten Variablen mit Gleichungen beschrieben und diese liefern dann die benötigten Zeitreihendaten. Bei empirischen Systemen ist es hingegen weitaus aufwendiger, tatsächlich alle relevanten Variablen in gleicher zeitlicher Auflösung und Qualität zu erfassen.

- **Phasenraumrekonstruktion mittels Zeitverzögerungskoordinaten.** Liegen nur von einer Variablen Daten vor, so kann der Phasenraum aus dieser dennoch rekonstruiert werden, indem Zeitverzögerungskoordinaten mithilfe eines passenden *Time-Lag* generiert werden (vgl. Gleichung 17, S. 163, Abbildung 36, S. 164). Methoden zur Bestimmung des *Time-Lag* wurden in den vorangegangenen Kapiteln ausführlich vorgestellt und erprobt: Das *Time-Lag* gibt den zeitlichen Abstand zwischen zwei Messungen an, der genau so groß ist, dass sie voneinander unabhängige Koordinaten eines rekonstruierten Phasenraumes bilden können. Jeder Punkt im Phasenraum setzt sich dabei aus einer Reihe von Messwerten zusammen, die immer um den mit den *Time-Lag* gegebenen Abstand aufeinanderfolgen. Da jeder so rekonstruierte Punkt im mehrdimensionalen Phasenraum aus einem Messwert und zahlreichen Nachfolgern besteht, enthält der Phasenraum weniger Datenpunkte als die zur Rekonstruktion herangezogene Zeitreihe. Gegen Zeitreihenende fehlen dann die Nachfolger und die Rekonstruktion muss abgebrochen werden. Die Zahl der in den Phasenraum eingebetteten Punkte verringert sich gegenüber der Zeitreihe um $\tau(m-1)$, wobei τ für das *Time-Lag* und m für die Anzahl der Dimensionen steht.

Vergleicht man einen rekonstruierten Phasenraum mit einem Phasenraumdiagramm desselben Systems, für das aber alle relevanten Variablen zur Verfügung standen, so stellt man fest, dass beide nicht exakt übereinstimmen. Die Rekonstruktion entspricht topologisch dem Original, kann aber im Vergleich zu diesem durchaus gestreckt, verschoben, gedreht etc. erscheinen. Für die weitere Analyse spielen diese geometrischen Transformationen keine Rolle, da interessierende Eigenschaften, wie z. B. die fraktale Dimension oder *Lyapunov*-Exponenten, davon unberührt bleiben (Packard et al. 1980, Takens 1981).

Bei einer Phasenraumrekonstruktion gibt es keine „natürliche" Obergrenze für die Zahl der zu berücksichtigenden Dimensionen. So kann eine Einbettung – genügend viele Messdaten vorausgesetzt – auch für 20, 100 oder jede andere Zahl von Dimensionen erfolgen. Während bei der Multivariablen-Phasenraumdarstellung die Zahl der Dimensionen durch die Zahl der relevanten Variablen festgelegt ist, ist diese bei einer Rekonstruktion offen. Um die passende Zahl von Einbettungsdimensionen festzulegen, muss entweder bereits vorab bekannt sein, wie viele unabhängige Faktoren das System begründen oder muss dies durch geeignete Analyseverfahren ermittelt werden. Dies leisten Algorithmen zur Bestimmung der fraktalen Dimension (vgl. S. 221 ff.). Dabei ist zu beachten, dass nur zu kleine Einbettungsdimensionen Probleme bereiten. Trajektorien werden in den Phasenraum „hineingelegt". Probleme treten nur dann auf, wenn der Raum dafür zu klein, also zu niedrig dimensioniert ist. Wenn man versucht, einen dreidimensionalen Würfel in einen eindimensionalen Raum zu quetschen, wird man seiner geometrischen Struktur nicht gerecht. Man benötigt mindestens drei Dimensionen, um den Würfel passend abzubilden. Betrachtet man aber z. B. einen weitgehend eindimensionalen Bleistift, so genügt auch eine eindimensionale Abbildung. Stehen mehr Dimensionen zur Verfügung, wird der Bleistift also z. B. in einem zweidimensionalen Raum betrachtet, so verändert das die geometrische Struktur des Bleistiftes nicht. Er bleibt eindimensional. Er bleibt auch dann eindimensional, wenn er in einem dreidimensionalen Raum betrachtet wird. Man sagt, dass die geometrische Struktur des Bleistiftes bei einer Dimension von eins sättigt und dann auch bei wachsender Einbettungsdimension nicht mehr wächst. Gleiches gilt auch für die Phasenraumdarstellung komplexer Systeme. Ein solches System benötigt mindestens so viele Dimensionen, dass seine Dynamik vollständig, d. h. ohne geometrische Verzerrungen eingebettet werden kann. Werden mehr Dimensionen herangezogen, so verändert das die Struktur nicht; werden hingegen weniger benutzt, so kommt es zu Faltungen und „Quetschungen" und die Dynamik wird fehlerhaft abgebildet. Interessant ist dieser Umstand zudem, weil ein Zufallsprozess theoretisch aus unendlich vielen voneinander unabhängigen Faktoren entsteht. Daher füllt dieser jeden Phasenraum, unabhängig von der Zahl der verwendeten Dimensionen (es sind immer zu wenig). Man sagt, dass ein Zufallsprozess keine Sättigung erfährt.

Zwei Ziele

Mit einer Phasenraumdarstellung werden zwei verschiedene Ziele verfolgt:

- **Nutzung der Vektordarstellung für weitere Analysen.** Da eine Phasenraumeinbettung vor allem eine Transformation von Messdaten in einen gemeinsamen mehrdimensionalen Vektorraum darstellt, bleibt sie nicht auf einen dreidimensionalen Vektor beschränkt. Mehrdimensionale Vektorräume können mathematisch ohne Probleme weiterverarbeitet werden, lassen sich aber nicht mehr sinnvoll grafisch abbilden. Die Weiterverarbeitung der im Vektorraum aufbereiteten

Daten bildet den Schlüssel für die Anwendung zahlreicher Algorithmen zur Bestimmung der Komplexität der Systemdynamik. So hatte bereits Poincaré vorgeschlagen, eine Ebene in einen hochdimensionalen Phasenraum zu legen, um zu beobachten, wo die Trajektorien die Ebene durchstoßen. Weiter unten wird gezeigt, wie eine Phasenraumdarstellung als Grundlage für die Bemessung der fraktalen Dimension (vgl. S. 221 ff.), des *Lyapunov*-Exponenten (vgl. S. 310), der K2-Entropie (vgl. 367) und des *Recurrence Plots* (vgl. 375) dient.

- **Grafische Darstellung zur visuellen Untersuchung.** Eine Phasenraumdarstellung ist zunächst die Transformation von Messdaten in einen gemeinsamen, mehrdimensionalen Vektorraum. Bleibt dieser auf drei Dimensionen beschränkt, so kann er auch grafisch abgebildet werden. Die grafische Darstellung erlaubt es mitunter bereits Ordnungsstrukturen mit bloßem Auge zu identifizieren. Bei komplexen empirischen Systemen (wie etwa einem Aktienkursverlauf) sind jedoch selten Muster allein auf Grundlage der grafischen Darstellung erkennbar.

Die genannten weiterführenden Analysemethoden werden in den entsprechenden Kapiteln vorgestellt. Im Folgenden sollen die Grundlagen der grafischen Abbildung von Daten im Phasenraum etwas ausführlicher beschrieben werden.

Ansprüche an die visuelle Darstellung

Beim Verfahren der Phasenraumeinbettung handelt es sich nicht um einen Algorithmus zur Kennzeichnung einer Dynamik, sondern um die Abbildung der Datenstruktur mit einem visuellen Ausgabegerät, einem Bildschirm, einem Drucker etc. Damit ergeben sich zahlreiche mögliche Anforderungen an die Darstellung, die hinsichtlich Auflösung, Farbraum, Betrachtungsperspektive, Detailtreue etc. beliebig manipuliert werden können. Im Grunde können die Daten mit dem gesamten Arsenal moderner computergestützter 3D-Grafik weiterverarbeitet und aufbereitet werden. Es macht wenig Sinn, diese Möglichkeiten hier im Einzelnen zu diskutieren. Relevant und mindestens erforderlich scheinen jedoch Algorithmen zur Drehung der Darstellung um die drei Raumachsen und die Projektion der 3D-Darstellung auf ein 2D-Ausgabegerät zu sein.

6.5.1 Rotation der Phasenraumdarstellung

Da die Ausgabe des 3-dimensionalen Phasenraumes in der Regel auf einem 2-dimensionalen Ausgabegerät erfolgt, ist die Möglichkeit zur Drehung der Darstellung um die drei Raumachsen eine Mindestanforderung an die zur Ausgabe benutzte Software. Eine fest vorgegebene Perspektive kann hier nicht genügen. So werden bestimmte Strukturen bereits einfacher Systeme wie z. B. des Lorenz- oder Rössler-Systems (vgl. Abbildung 12, S. 57 sowie Abbildung 33, S. 158) erst dann sichtbar, wenn man den Phasenraum mal von „unten" und mal von der Seite betrachtet, also so dreht, dass der Verlauf der Trajektorien am besten erkannt werden kann.

Die folgende Gleichung zeigt zunächst die Bildung des 3-dimensionalen Ortsvektors mittels Zeitverzögerungskoordinaten:

Phasenraumdarstellung

Gleichung 21:
Vektorielle Darstellung einer 3-dimensionalen Einbettung

$$\vec{X}_t = \begin{pmatrix} x_t \\ x_{t+\tau} \\ x_{t+2\tau} \end{pmatrix}$$

x_t *Messwert zum Zeitpunkt t*
τ *Time-Lag*

Eine Rotation um den Ursprung kann nun entlang aller drei Koordinatenachsen mithilfe der Winkelfunktionen erfolgen. Für die Drehung um die 1. Achse ergibt sich (Formella & Fellner 2004a):

Gleichung 22:
Drehung um die 1. Achse

$$\vec{X}_t^* = \begin{pmatrix} x_t \\ x_{t+\tau} \\ x_{t+2\tau} \end{pmatrix} \cdot \begin{vmatrix} 1 & 0 & 0 \\ 0 & \cos\alpha_1 & -\sin\alpha_1 \\ 0 & \sin\alpha_1 & \cos\alpha_1 \end{vmatrix}$$

x_t *Messwert zum Zeitpunkt t*
τ *Time-Lag*
α_1 *Drehwinkel um die 1. Achse*

Für die Drehung um die 2. Achse ergibt sich:

Gleichung 23:
Drehung um die 2. Achse

$$\vec{X}_t^* = \begin{pmatrix} x_t \\ x_{t+\tau} \\ x_{t+2\tau} \end{pmatrix} \cdot \begin{vmatrix} \cos\alpha_2 & 0 & \sin\alpha_2 \\ 0 & 1 & 0 \\ -\sin\alpha_2 & 0 & \cos\alpha_2 \end{vmatrix}$$

x_t *Messwert zum Zeitpunkt t*
τ *Time-Lag*
α_2 *Drehwinkel um die 2. Achse*

Für die Drehung um die 3. Achse ergibt sich:

Gleichung 24:
Drehung um die 3. Achse

$$\vec{X}_t^* = \begin{pmatrix} x_t \\ x_{t+\tau} \\ x_{t+2\tau} \end{pmatrix} \cdot \begin{vmatrix} \cos\alpha_3 & -\sin\alpha_3 & 0 \\ \sin\alpha_3 & \cos\alpha_3 & 0 \\ 0 & 0 & 1 \end{vmatrix}$$

x_t *Messwert zum Zeitpunkt t*
τ *Time-Lag*
α_3 *Drehwinkel um die 3. Achse*

Soll die Drehung nicht um den Ursprung, sondern um einen beliebigen anderen Punkt erfolgen, muss der Ortsvektor zuvor in diesen Punkt durch Addition bzw. Subtraktion verschoben werden.

6.5.2 Projektion der Darstellung

Für die Überführung des 3-dimensionalen Vektors in die 2-dimensionalen Koordinaten der Ausgabeeinheit ist eine sogenannte Projektion erforderlich. Sie entspricht anschaulich der Abbildung eines Objektes (3-dimensionale Koordinaten) durch eine Kamera auf einer 2-dimensionalen Projektionsfläche. Eine solche Projektion kann perspektivisch erfolgen, sodass weiter entfernte Strecken gestaucht dargestellt werden. Dabei hängt die Stärke der Stauchung von der Tiefe des zu projizierenden Objektes und dem Abstand zur Kamera ab. Allerdings ergibt die perspektivische Verzerrung zwar einen räumlichen Eindruck, führt aber dazu, dass Größenverhältnisse nur schwer eingeschätzt werden können. Eine eher nüchterne Projektion ohne perspektivische Verzerrung entspricht eher dem wissenschaftlichen Anspruch an eine Phasenraumdarstellung. Hierfür bietet sich eine sogenannte Parallel-Projektion an, bei der parallele Linien auch grafisch parallel dargestellt werden (Formella & Fellner 2004b, Bender & Brill 2006, S. 26), im Gegensatz zur perspektivischen Darstellung, bei der sich Parallelen im Fluchtpunkt schneiden.

Parallelprojektion

Steht nun die Projektionsfläche der Kamera vollkommen parallel zu einer der Ebenen des Koordinatensystems des Objektes, so wird von dem Objekt nur diese Ebene sichtbar sein. Man kann sich ein 3-dimensionales Koordinatensystem als Würfel vorstellen. Dabei kann z. B. die Bodenfläche von den Achsen 1 und 2 gebildet werden (klassisch auch als x- und y-Achse bezeichnet). Vom Boden führt die dritte Achse nach oben (z-Achse). Steht die Projektionsfläche der Kamera parallel zur Bodenfläche oder zur Deckelfläche oder zu einer der Seitenflächen, so ergibt sich eine einfache Draufsicht, Oben-, Unten- oder Seitenansicht, je nachdem, welche der Flächen betrachtet wird. Dabei sind also jeweils nur zwei Dimensionen sichtbar, während die dritte verdeckt ist. Eine solche Projektion wird also erreicht, indem man nur zwei der drei Koordinaten benutzt und die dritte ignoriert. Für die klassische Bezeichnung der Achsen werden die Buchstaben x, y, und z in ebendieser Reihenfolge verwendet und können um den gemeinsamen Ursprung des Koordinatensystems linksherum oder rechtsherum angeordnet sein. In einem sogenannten rechtshändigen Koordinatensystem wird die Bodenfläche des Würfels von der x- und y-Achse gebildet (Bender & Brill 2006, S. 30). Die y-Achse ist gegenüber der x-Achse gegen den Uhrzeigersinn (mathematisch positiver Drehsinn) um 90 Grad gedreht. Die z-Achse zeigt nach oben.

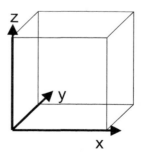

Abbildung 49: **Klassische Achsenbezeichnung in einem rechtshändigen Koordinatensystem**
Ein rechtshändiges Koordinatensystem weist eine mathematisch positive Drehung der y- gegenüber der x-Achse auf. Alle Phasenraumdarstellungen in diesem Buch beruhen auf solchen rechtshändigen Koordinatensystemen.

Übliche Projektionen sind die Draufsicht von oben, sodass die x- und y-Achse sichtbar sind und ihren Ursprung links unten haben, die Vorderansicht mit der x- und z-Achse (Ursprung ebenfalls links unten) sowie die Seitenansicht von rechts mit der y- und z-Achse (Ursprung ebenfalls links unten). Nachteil dieser einfachen Projektion, bei der eine der Dimensionen ausgeblendet wird, ist der Umstand, dass vom Koordinatensystem immer nur zwei Dimensionen sichtbar sind. Wenn das im Phasenraum eingebettete Objekt gedreht wird, werden zwar durchaus auch Anteile der dritten Raumrichtung gezeigt, aber das Koordinatensystem selbst bleibt zweidimensional, sodass Abstände bzw. Maßstäbe auf der dritten Achse nicht sichtbar sind.

Schräge Projektionsfläche

Sollen alle drei Achsen sichtbar sein, so muss die Projektionsfläche schräg gestellt werden. Bei einer schrägen Projektion befindet sich die Projektionsfläche nicht mehr parallel zu einer der Koordinatenebenen. Das in Abbildung 49 dargestellte Koordinatensystem zeigt alle drei Achsen, weil die Projektionsfläche gegenüber der x-z-Ebene schräg gestellt wurde. Es ergibt sich eine Abbildung, bei der die Tiefeninformation (hier die y-Achse) um 45 Grad gegenüber der x-Achse gedreht dargestellt wird. In der Regel wird der Maßstab auf der Tiefenachse verkürzt wiedergegeben. Angenehm wirkt z. B. eine Verkürzung um $0{,}5\sqrt{2}$. Aber auch andere Verkürzungen sind denkbar. Die hier beschriebene Projektion mit einer Verkürzung um 0,5 wird auch als Kabinett-Projektion bezeichnet (Polasek 1994, S. 321). Die Projektionsvorschrift in Matrixdarstellung ergibt sich wie folgt (Formella & Fellner 2004b):

Gleichung 25: Kabinett-Projektion

$$\vec{X}_t' = \begin{pmatrix} x_t' \\ y_t' \\ 0 \end{pmatrix} = \begin{pmatrix} x_t^* \\ x_{t+\tau}^* \\ x_{t+2\tau}^* \end{pmatrix} \cdot \begin{vmatrix} 1 & v\cos\beta & 0 \\ 0 & v\sin\beta & 1 \\ 0 & 0 & 0 \end{vmatrix}$$

x^*_t Nach Gleichung 22 bis Gleichung 24 gedrehte Messwert zum Zeitpunkt t
x'_t Koordinatenwert der x-Achse der Projektionsfläche zum Zeitpunkt t
y'_t Koordinatenwert der y-Achse der Projektionsfläche zum Zeitpunkt t
τ Time-Lag
β Drehwinkel der y-Achse durch Schrägstellen der Projektionsfläche. β = 45 Grad
v Verkleinerungsfaktor der y-Achse. $v = 0{,}5\sqrt{2}$ liefert gute Ergebnisse

6.5.3 Datenqualität, Voraussetzungen

Eine Phasenraumdarstellung bzw. -einbettung kann als Zusammenfassung der verschiedenen Einflussfaktoren eines Systems in einem gemeinsamen Vektorraum verstanden werden. Es werden daher Daten mit einem metrischen Skalenniveau (mindestens Intervallskalen) benötigt. Das Verfahren dient in der Regel als Grundlage für weitere Analysen und liefert selber keine Kennwerte zur Beschreibung der Dynamik und ihrer Eigenschaften. Wie viele Messdatenpunkte vorliegen müssen, um sinnvollerweise eine Phasenraumdarstellung zu ermöglichen, hängt vom *Time-Lag* (bei Zeitverzögerungskoordinaten), der Einbettungsdimension und der Struktur der Dynamik ab. Eine triviale Dynamik ist in einer 2-dimensionalen Darstellung schon mit einer Handvoll Punkten im Phasenraum erkennbar. Bei einem kleinen *Time-Lag* können also schon wenige Messungen für die Darstellung einer trivialen Dynamik genügen. Dennoch ist die Weiterverarbeitung so weniger Datenpunkte mit Verfahren zur Kennzeichnung der Komplexität der Dynamik kaum möglich. Dies ist dann aber auf die Mechanik des weiterführenden Verfahrens zurückzuführen und nicht auf die dazu erforderliche Phasenraumdarstellung.

Phasenraumdarstellung/-rekonstruktion
(Packard et al. 1980, Takens 1981)

Was wird gemessen?	Es handelt sich um ein Verfahren zur Darstellung von Daten in einem Vektorraum. Es wird kein Kennwert über die Dynamik erzeugt.
Skalenniveau	Intervall.
Minimale Datenlänge	$N \geq 5$

Tabelle 20: Übersicht über das Verfahren: Phasenraumdarstellung/-rekonstruktion
Das Verfahren ist die Grundlage für zahlreiche weiterführende Berechnungsalgorithmen. Es bietet selbst keine Kennwerte oder Messgrößen an. Bereits die Darstellung weniger Punkte im Phasenraum kann interessant sein. Weiterführende Analyseverfahren benötigen jedoch in der Regel viel größere Datenmengen.

6.5.4 Praktische Durchführung

Test der Voraussetzungen, Datenvorbereitung, Absicherung

Vor der Anwendung steht zunächst die Frage, ob eine Einbettung basierend auf Zeitverzögerungskoordinaten vorgenommen werden soll oder ob direkt eine multidimensionale Darstellung möglich ist. Im letzteren Fall sind keine weiteren Vorbereitungen notwendig. Soll jedoch eine Einbettung basierend auf Zeitverzögerungskoordinaten vorgenommen werden, ist die Wahl eines geeigneten *Time-Lag* nötig. Das *Time-Lag* kann z. B. über die in den vorangegangenen Kapiteln besprochenen Methoden ermittelt werden (für die *Time-Lag*-Bestimmung mithilfe der Autokorrelationsfunktion siehe S. 167 ff., für die Nutzung der *Mutual Information* siehe S. 175 ff., für die Anwendung des generalisierten Korrelationsintegrals siehe S. 183 ff.).

Durchführung der Berechnung

Die Abbildung 50 zeigt, wie aus der Zeitreihe x_t Zeitverzögerungskoordinaten gebildet werden. Die Transformation startet beim ersten Zeittakt $t = 1$. Mit $X_t[i]$ werden die einzelnen Komponenten des Vektors für die Dimension i bezeichnet. Diese werden durch den Algorithmus mit Messwerten „befüllt", die sich bei $t + i\tau$ in der Zeitreihe finden. Sind ausgehend vom aktuellen Fokuspunkt bei t alle Komponenten von $i = 0$ bis $i < (m - 1)$ mit Daten versehen, so ist der Vektor für den Zeitpunkt vollständig „befüllt" und der nächste Zeitpunkt wird herangezogen. Da für die Rekonstruktion Daten benötigt werden, die zeitlich auf den aktuellen Fokuspunkt folgen, ist der letzte mögliche Messpunkt, für den genügend Daten vorhanden sind, gegeben durch $N^* = N - \tau(m - 1)$. Die erzeugten Zeitverzögerungskoordinaten können für eine grafische Darstellung oder weitere Analysen genutzt werden.

Da die Phasenraumeinbettung eine zwingende Voraussetzung für zahlreiche weiterführende Analysemethoden ist, ist sie jeweils im Rahmen dieser Methoden implementiert und kann in GChaos nicht ohne diese durchgeführt werden. Die grafische Darstellung ist hingegen als eigenständiges Verfahren ausgelegt.

Phasenraumdarstellung

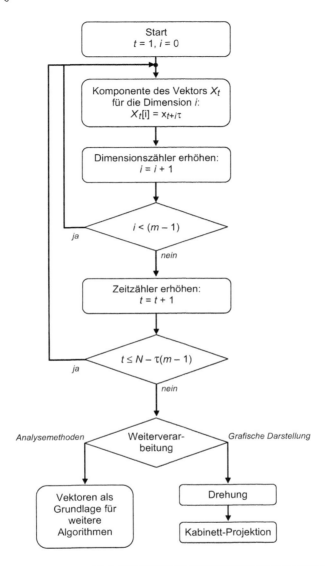

Abbildung 50: **Algorithmus: Phasenraumeinbettung**
Das Flussdiagramm zeigt, wie Schritt für Schritt aus einer Zeitreihe Raumvektoren mit der Methode der Zeitverzögerungskoordinaten erstellt werden. Diese Raumvektoren werden entweder für weiterführenden Analysemethoden genutzt oder über eine Grafikausgabe dargestellt.

Man erreicht die Phasenraumdarstellung über das Menü „*Show Data*", „*Show Phase Space Embedding*". Die darzustellenden Daten müssen zuvor in Datenblatt markiert worden sein. Folgende Einstellungen sind zu treffen:

- **Variablenauswahl.** Die Auswahl der Variablen erfolgt direkt im Arbeitsblatt durch Klick auf den Variablennamen. Es können gleichzeitig mehrere Variablen durch zusätzliches Drücken der STRG-Taste markiert werden, sodass daraus eine mehrdimensionale Darstellung erzeugt werden kann. Durch die Mehrfachauswahl werden die Variablen nach dem Reisverschlussprinzip hintereinander angeordnet: Aus $x_1, x_2, x_3, x_4, ... x_N$ und $y_1, y_2, y_3, y_4, ... y_N$ sowie $z_1, z_2, z_3, z_4, ... z_N$ wird dann $x_1, y_1, z_1, x_2, y_2, z_2, x_3, y_3, z_3, x_4, y_4, z_4, ... x_N, y_N, z_N$. Diese verknüpfte Zeitreihe wird in der Regel zu einem *Time-Lag* von eins führen. Gleichzeitig sollte das *Vector Spacing* (siehe unten) auf die Zahl der ausgewählten Variablen gesetzt werden.

- **Time-Lag.** Das „*Time-Lag*" kann mittels *Mutual Information* (Button: „*Mutual*") direkt im Dialog bestimmt werden. Für eine multiple Variablenauswahl ist hier 1 einzusetzen.

- **Vector Spacing.** Das „*Vector Spacing*" gibt bei einer multiplen Variablenauswahl die Zahl der Variablen an und sorgt dafür, dass die Einbettung für jeden neuen Datenpunkt immer bei der ersten Variablen beginnt.

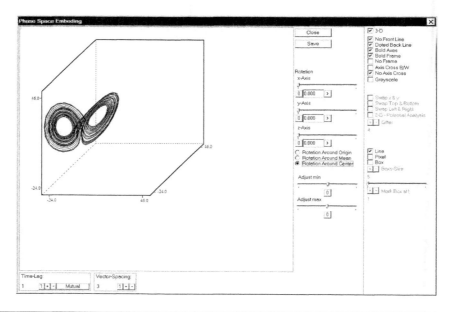

Abbildung 51: GChaos-Dialog zur Phasenraumeinbettung
Im Text werden die Einstellungen des Dialogs dargestellt. Der Dialog wird erreicht über das Menü „*Show Data*", „*Show Phase Space Embedding*".

- **Rotation.** Die Rotation ist getrennt für die drei Achsen möglich. Ein Schieberegler kann für eine schnelle Drehung auch mit dem Scroll-Rad der Maus bedient werden. Winkel werden in Rad angegeben und können durch das Editfeld auch direkt angewählt werden. Die Eingabe wird mit dem Button „>" bestätigt. Ein schnelles Null-Setzen der Drehung erfolgt durch den Button „0". Die Rotation kann um den Ursprung des Koordinatensystems, den Mittelwert der Messwerte oder den Mittelpunkt der gewählten Skalierung erfolgen.

- **Vergrößerung, Verkleinerung.** Durch Veränderung der automatisch vorgewählten Skalierung kann die Größe der Abbildung im Koordinatensystem variiert werden („*Adjust min*" und „*Adjust max*").
- **Darstellungsoptionen.** Bei Aufruf des Dialogs ist eine 3-dimensionale Darstellung aktiv. Diese kann auf zwei Dimensionen reduziert werden. Durch die Auswahl bzw. Nichtauswahl des Kontrollkästchens „3D" werden verschiedene weitere Optionen für die Darstellung freigegeben oder ausgeblendet.
- **Auffinden von bestimmten Zeitpunkten.** Wird die Darstellungsoption „Box" gewählt, so wird eine Funktion freigegeben, die die gezielte Markierung von Zeitpunkten auf der Phasenraumdarstellung erlaubt.
- **Einfärben häufig besuchter Aufenthaltsorte im Phasenraum.** In der 2-dimensionalen Ansicht wird die Funktion „2D *Potential Analysis*" freigeschaltet. Diese hinterlegt den Phasenraum mit einem Gitter, welches unterschiedlich dunkel eingefärbt wird. Je dunkler die Farbe ausfällt, desto häufiger wird dieser Bereich im Phasenraum aufgesucht.
- **Speichern der Grafik.** Die Phasenraumdarstellung kann als Vektorgrafik im *Enhanced Metafile Format* (*.emf) oder als *Bitmap* (*.bmp) abgespeichert werden.

6.5.5 Beispieldarstellung: Phasenraum des DAX

Phasenraumdarstellungen vermitteln einen ersten Eindruck von der Komplexität einer Dynamik, bleiben dabei aber auf drei Dimensionen beschränkt. So werden von höherdimensionalen Systemen zumindest ihre dreidimensionalen Schatten sichtbar.

Zahlreiche Beispiele für Phasenraumdiagramme wurden im vorangegangenen Kapitel bereits vorgestellt, weitere werden unten noch folgen. Simulationsmodelle führen in der Regel zu sehr ästhetischen Abbildungen, die die organisierte Komplexität dieser Gleichungssysteme anschaulich vor Augen führen. Vergleiche für das Verhulst-System die Abbildung 7 (S. 47), das Lorenz-System die Abbildung 12 (S. 57), das Rössler-System Abbildung 33 (S. 158) sowie für das Hénon-System Abbildung 62 (S. 230).

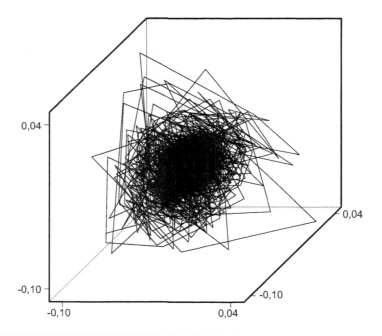

Abbildung 52: **Phasenraumdiagramm der logarithmierten *Returns* des DAX**
Die Phasenraumdarstellungen komplexer empirischer Systeme sind in der Regel wenig ansehnlich und lassen nur selten Muster und Strukturen schon per Augenschein erahnen. Das gilt auch für die logarithmierten *Returns* des DAX. Die Einbettung mit drei Dimensionen beruht auf einem *Time-Lag* von eins und nutzt alle Daten im Zeitraum vom 02.01.2001 bis zum 05.03.2012. Demgegenüber kann man der geglätteten Zeitreihe in Abbildung 35 eine Ordnung ansehen, die wahrscheinlich durch die Glättung erzeugt wird.

Auch aus empirischen Daten gewonnene Phasenraumdiagramme wurden bereits gezeigt, so z. B. der chaotische Attraktor der für die Theorie Dissipativer Systeme bedeutsamen Belusov-Zhabotinsky-Reaktion (Abbildung 36, S. 162) oder eine 2-dimensionale Einbettung geglätteter Daten der DAX-Zeitreihe, die oben schon mehrfach im Rahmen der Beispielauswertungen besprochen wurde (vgl. Abbildung 35,

S. 161). Durch die sechsmalige Anwendung eines gleitenden Mittelwertes der Breite zwei ist die Zeitreihe der logarithmierten *Returns* des DAX für den Zeitraum vom 02.01.2001 bis zum 05.03.2012 künstlich geordnet worden. Da der gleitende Mittelwert jeden Datenpunkt durch den Mittelwert benachbarter Zeitpunkte ersetzt, erhöht sich die Autokorrelation der Zeitreihe und werden dramatische Kurswechsel abgeschliffen zu allmählichen Veränderungen. In der entsprechenden Phasenraumdarstellung erhöht sich die mit dem Auge wahrnehmbare Ordnung dadurch erheblich.

Eine visuelle Inspektion der Phasenraumdarstellung reicht hier offensichtlich nicht aus, um Ordnung zu identifizieren

Demgegenüber beruht die Darstellung aus Abbildung 52 auf den unbehandelten logarithmierten *Returns* der DAX-Zeitreihe. Die Einbettung erfolgt für drei Dimensionen und beruht auf einem *Time-Lag* von eins. Dieses wird in den vorangegangenen Beispielauswertungen einheitlich von drei Verfahren (Autokorrelation, *Mutual Information* und generalisiertes Korrelationsintegral) als beste Wahl für die Zeitverzögerung vorgeschlagen. Tatsächlich erscheint diese Phasenraumdarstellung weniger geordnet als die aus Abbildung 35 (S. 161). Hier zeigt sich, dass die Phasenraumdiagramme komplexer empirischer Systeme in der Regel weit weniger ansehnlich sind als die für simulierte Datensätze und dass sie nur selten Muster und Strukturen schon per Augenschein erahnen lassen.

Die Phasenraumdarstellung der logarithmierten *Returns* des DAX weckt wenig Hoffnungen darauf, bei weiteren Analysen auf Strukturen organisierter Komplexität zu treffen. Es wird sich zeigen, ob für diese Daten z. B. eine fraktale Dimension bestimmt werden kann oder ob Zufallsprozesse das Geschehen vollständig beherrschen.

6.5.6 Beispieldarstellung: Phasenräume für den Euro-Referenzkurs der EZB gegenüber dem US-Dollar

Es wurde bereits deutlich, dass die Suche nach Chaos in ökonomischen Zeitreihen sich nicht nur auf die Analyse von Aktienkursen beschränkt. Auch für verschiedene makroökonomische Datensätze sind seit dem Aufkommen der Chaosforschung umfassende Untersuchungen durchgeführt worden (vgl. etwa Barnett et al. 1995, Darbellay & Finardi 1997, Aparicio et al. 1999, Mahajan & Wagner 1999 sowie die Übersichten in Tabelle 4, S. 78, Tabelle 5, S. 80, Tabelle 23, S. 242, Tabelle 33, S. 319, Tabelle 39, S. 366). Die Suche nach Chaos begründet sich dabei zunächst auf der Hoffnung, den erratischen und ursprünglich für zufällig gehaltenen ökonomischen Zeitreihen etwas mehr an Ordnung und deterministischer Struktur zu entlocken. Sowohl die Analysen von Aktienkursen oder anderer Finanzdaten als auch die Analyse von makroökonomischen Zeitreihen (z. B. Wechselkurse z. B. Serletis & Gogas 1997, Soofi & Cao 2002, Zinsentwicklungen Darbellay & Finardi 1997, Arbeitslosenraten z. B. Lee et al. 1993 oder Inflationsraten z. B. Mahajan & Wagner 1999) beruhen daher weniger auf der empirischen Überprüfung bestimmter theoretischer Modellannahmen, obwohl es solche zumindest chaosfähigen Modelle durchaus gibt (vgl. Kapitel 3.1, S. 65).

Die Formulierung einer Komplexitätshypothese

Der explorativen Suche nach Chaos wird im Rahmen des vorliegenden Handbuches die gezielte Formulierung von Hypothesen über Bedingungen für das Auftreten von Komplexität und über die zeitliche Entwicklung der Komplexität ergänzend zur Seite gestellt. Die Analyse des Euro-Referenzkurses der EZB gegenüber dem US-Dollar soll hierfür als einfaches Beispiel dienen. Dafür werden drei Zeitabschnitte des am 01.01.1999 als Buchgeld und am 01.01.2002 als Bargeld eingeführten Euro miteinander verglichen. Denn es stellen sich die berechtigten Fragen, ob die Komplexität des Euro-Referenzkurse in den ersten Jahren der Einführung stärker ausgeprägt war als in einer mittleren Phase der Euro-Etablierung und ob die später eingetretene „Krise des Euro" zu einer erneuten Erhöhung der Komplexität geführt hat. Das mag etwas trivial klingen, denn schließlich ist bekannt, dass es seit der „Krise" zu Turbulenzen kam oder dass die Einführung der neuen Währung auch von Unsicherheiten begleitet war. Auf der anderen Seite soll das folgende Analysebeispiel (und die darauf aufbauenden weiteren Analysen in den Kapiteln 7.2.4, S. 243 und 7.5.4, S. 281) demonstrieren, inwieweit die vorgeschlagenen Methoden überhaupt in der Lage sind, erwartbare Zusammenhänge auch zu zeigen. Zudem ist der Nachweis organisierter Komplexität und deren Vermessung dann doch wieder nicht völlig trivial und eben nicht mit der Vermessung von Kursschwankungen durch deren Volatilität vergleichbar. Diese erfasst nur das Ausmaß der Schwankungen, vermag sie aber nicht als deterministisch, stochastisch, zyklisch oder sonstwie zu kennzeichnen. Die Analyse dieser Schwankungen mit dem Methodeninventar der Komplexitäts- und Chaosforschung ist hingegen in der Lage – je nach Methode unterschiedlich gut –, verschiedene Formen von Ordnung und Struktur gegenüber Zufall abzugrenzen oder gegeneinander abzuwägen.

Phasenraumdarstellung

Einteilung der Daten

Es wurde bereits darauf hingewiesen, dass der Nachweis komplexer Prozessmuster von der Länge der zur Verfügung stehenden Zeitreihen stark abhängig ist. Dies wird sich in den späteren Kapiteln noch ausführlich bestätigen. Daher ist es wichtig, beim Vergleich von Datensätzen auf eine übereinstimmende Datenlänge zu achten. Die verfügbare Zeitreihe mit täglichen Daten umfasst den Zeitraum vom 01.01.1999 bis zum 07.09.2012, was 3507 logarithmierten *Returns* entspricht. Eine Dreiteilung des Datensatzes zu jeweils 1169 Datenpunkten deckt die folgenden Zeiträume ab: vom 04.01.1999 bis zum 29.07.2003 als Einführungsphase, vom 30.07.2003 bis zum 18.02.2008 als Etablierungsphase und vom 19.02.2008 bis zum 07.09.2012 als Krisenphase. Mögliche andere Einteilungen könnten anhand von Nachrichtenmeldungen oder explorativen vorgeschalteten Analysen, wie z. B. dem PD2 (vgl. S. 255 ff.), festgelegt werden. Für die Demonstration der Methodik ist die hier vorgeschlagene Gleicheinteilung jedoch zunächst einmal eine pragmatisch und auch inhaltlich recht gut vertretbare Wahl.

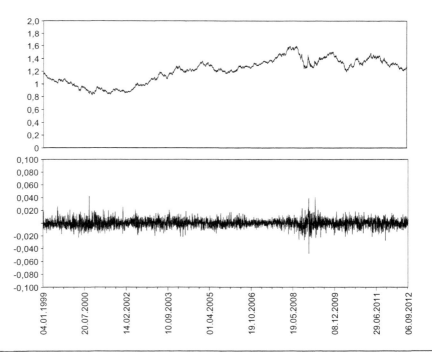

Abbildung 53: Zeitreihe der logarithmierten *Returns* des Euro-Referenzkurses zum US-Dollar
Die oben stehende Abbildung zeigt den Euro-Referenzkurs der EZB zum US-Dollar. Die untere Abbildung stellt die entsprechenden logarithmierten *Returns* für diese Zeitreihe dar. Die anschließenden Analysen beruhen auf diesen logarithmierten *Returns*.

Übereinstimmend kommen alle drei im vorangehenden Kapitel beschriebenen Methoden zu einem *Time-Lag* von eins für den ersten Zeitabschnitt. Für den zweiten und den dritten Abschnitt befinden die Autokorrelation und die *Mutual Information* Funktion jeweils ein *Time-Lag* von zwei für passend, während das generalisierte

Wenig Hinweise auf Ordnung in den grafischen Phasenräumen

Korrelationsintegral jeweils eines von eins empfiehlt. Für die folgenden Analysen wird das *Time-Lag* einheitlich auf eins gesetzt, vor allem weil weiterführende Untersuchungen mit dem Korrelationsintegral durchgeführt werden sollen.

Ähnlich wie bei den logarithmierten *Returns* des DAX wecken auch die Phasenraumdarstellungen der logarithmierten *Returns* des Euro-Referenzkurses zum US-Dollar wenig Hoffnungen darauf, bei weiteren Analysen auf Strukturen organisierter Komplexität zu treffen. Auch hier wird sich erst zeigen müssen, ob z. B. eine fraktale Dimension bestimmt werden kann oder ob Zufallsprozesse das Geschehen vollständig beherrschen.

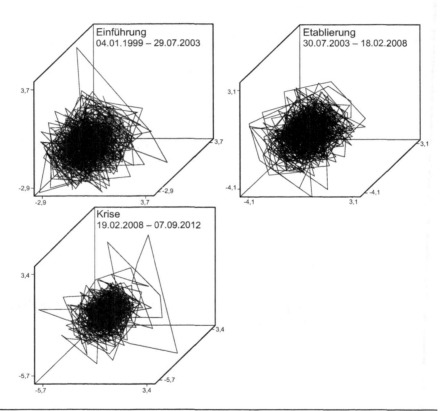

Abbildung 54: **Phasenraumdiagramme der logarithmierten *Returns* des Euro-Referenzkurses zum US-Dollar**
Die Phasenraumeinbettungen für die drei Phasen lassen noch keinen Schluss über die Komplexität der Dynamik zu. Ähnlich wie bei der Beispieldarstellung der logarithmierten *Returns* des DAX muten die Abbildungen sehr unübersichtlich und erratisch an. Sie lassen Zufallsprozesse vermuten. Die logarithmierten *Returns* werden vor der Darstellung z-transformiert, um eine einheitliche Skalierung zu erreichen. Unterschiedlich große Abweichungen vom Mittelwert (null) führen aber dennoch zu unterschiedlichen Skalenweiten bei der Phasenraumdarstellung.

7 Fraktale Dimension

Die Zähmung „mathematischer Monster" durch den Mathematiker Benoît B. Mandelbrot (1924 bis 2010) bildete die Grundlage für eine neue Theorie der Geometrie, die er als fraktale Geometrie bezeichnet (Mandelbrot 1977, 1982, 1987) und führte zur einer der prominentesten Definitionen für die Komplexität von Zeitreihendaten (Korrelationsintegral, D2, Grassberger & Procaccia 1983a, 1983c).

Regelhaftigkeit kann Irregularität hervorbringen

Bereits um die Wende zum 20. Jahrhundert hatten Mathematiker wie Georg Cantor (1845 bis 1918), Gaston Julia (1893 bis 1973), Helge von Koch (1870 bis 1924), Pierre Fatou (1878 bis 1929) und andere „mathematische Monster" ersonnen. Sie konnten zeigen, dass wenige Regeln genügen, um hochkomplexe Strukturen zu erzeugen, die mit der klassischen Geometrie eines Euklid (ca. 360 v. Chr. bis ca. 280 v. Chr.) nicht mehr beschrieben werden können. Zum mathematischen Monster werden diese Strukturen durch einen Widerspruch, der auch in der Chaosforschung zentral ist. Obwohl auf der einen Seite Regeln zur Konstruktion der geometrischen Objekte angegeben werden können, ist auf der anderen Seite das Ergebnis dieser Regelanwendung so hochgradig irregulär, dass es nicht mehr mit einer klassischen Mathematik beschrieben werden kann. Regelhaftigkeit kann Irregularität hervorbringen.

Auch die Natur hält sich nur selten an die Idealbilder der klassischen Geometrie. Genau besehen erscheint sie niemals so schnurgerade wie eine mathematische Gerade, niemals so glatt wie eine mathematisch gedachte Fläche. Baumkronen sind keine Kugeln, Berge keine Dreiecke, Wolken keine Ellipsen. Zwar ist es das Ziel einer wissenschaftlichen Modellbildung, von der Realität zu abstrahieren, zu vereinfachen und zu idealisieren. Probleme treten aber auf, wenn sich zeigen lässt, dass wesentliche Merkmale der Realität nicht im Modell enthalten sind – also dann, wenn gravierende Widersprüche sichtbar werden. Mathematische Monster machen auf solche Paradoxien aufmerksam. Versucht man etwa die Grenze Britanniens auszumessen, so erhält man in Abhängigkeit von der Genauigkeit der Karte und des Messinstrumentes (z. B. einem Zirkel, mit dem man die Küstenlinie auf der Karte vermisst) andere Ergebnisse. Das ist nicht etwa auf Messfehler zurückzuführen, sondern ein grundsätzliches Problem. Die Länge der Grenze lässt sich zwar für eine gegebene Karte und einen gegebenen Maßstab beliebig exakt angeben. Wenn aber eine genauere Karte benutzt wird und wenn sich dort mehr Details (kleine Buchten und Einschnitte) zeigen, so wird die Grenze auf dieser Karte länger erscheinen als auf der Karte mit geringerer Auflösung und weniger Details.

Bestimmte Strukturen werden länger, je genauer man misst

Das scheint bei Küstenlinien allgemein der Fall zu sein: je höher die Auflösung, desto länger wird sie. Vergegenwärtigt man sich, dass die Auflösung theoretisch beliebig erhöht werden kann, wird schnell klar, dass die Länge der Küste sinnvoll gar nicht bestimmbar ist (vgl. Abbildung 55). Man stelle sich z. B. eine Ameise vor, die die Küste entlang wandert. Jedes Umrunden von Steinen, jeder Grashalm, der überwunden werden muss verdeutlicht, wie gigantisch lang die Küste erscheinen muss, wenn sie nur sehr genau betrachtet wird. Aus praktischen Gründen könnte man sich auf einen bestimmten Maßstab einigen, aber mathematisch befriedigend wäre eine solche Lösung nicht.

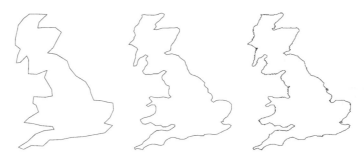

Abbildung 55: **Die Küstenlinie Britanniens**
Die Länge der Küstenlinie Britanniens ändert sich, wenn sie mit unterschiedlichen Zirkelweiten gemessen wird. Wichtig für die Messung der „Komplexität" einer Küstenlinie ist der Umstand, dass der Logarithmus der Küstenlänge sich umgekehrt proportional zum Logarithmus der Zirkelweite verhält. (Die Daten für die Abbildung sind Beispieldaten des Computerprogramms FD3, Sarraille & DiFalco 1992; Abbildung aus: Strunk 2004, S. 148, erstellt mit GChaos)

Mandelbrot (1987) berichtet dazu eine kleine Geschichte über Edward Kasner. Dieser „bat kleine Kinder, die Länge der Ostküste der Vereinigten Staaten zu erraten. Nachdem ein ‚vernünftiger' Wert geraten wurde ... erklärte er, dass diese Zahl enorm größer wird, wenn der Umfang jeder kleinen Bucht mit vermessen wird, dann der von jedem Vorsprung und jeder Krümmung, dann der Abstand zwischen den kleinen Teilchen, jedem Molekül, jedem Atom, usw. Offensichtlich ist die Küste so lang, wie ihr sie machen wollt. Die Kinder haben das sofort verstanden – mit den Erwachsenen hatte Kasner mehr Mühe" (Mandelbrot 1987, S. 40).

Die wachsende Länge als Kennzeichen von Komplexität

Offensichtlich wächst die Länge der Küstenlinie bei höher werdender Auflösung, weil die Küste eine hochgradig komplex gebrochene Struktur aufweist und diese Gebrochenheit nicht auf einen bestimmten Skalenbereich beschränkt bleibt. Anders als bei z. B. einer Zickzacklinie, die man mit einem Bleistift auf ein Blatt Papier zeichnet, gibt es für eine Küstenlinie keinen optimalen Maßstab, ab dem die Länge nicht mehr wächst. Vergrößert man die Bleistift-Zickzacklinie, so zeigen sich – anders als bei einer Küste – nicht immer mehr und immer neue Details. Bereits mit einem einfachen Zentimetermaß wird man eine gute Näherung für die Länge der Bleistiftlinie erreichen. Offensichtlich unterscheidet sich eine Küste von einer Bleistift-Zickzacklinie in Bezug auf die Details, die bei einer genaueren Betrachtung hinzukommen. Über einen weiten Skalenbereich führt bei einer Küste eine immer genauere Vermessung zu immer mehr Details und damit zu einer unbestimmbaren Länge. Ähnlich unmöglich ist die Bestimmung der Oberfläche der Alpen oder die Ableitung des Rauminhaltes eines Korallenriffs.

Während also auf der einen Seite die Unregelmäßigkeit dieser gebrochenen Strukturen imponiert, ist auf der anderen Seite auch eine gewisse Regelmäßigkeit zu erkennen. Es zeigen sich nicht selten Muster, die zu Recht als „Gestalten" in Sinne der Gestalttheorie (z. B. Metzger 2001/1975) bezeichnet werden können. Die Ostküste der USA besitzt eine andere Gestalt als die Fjorde Norwegens oder das norddeutsche Wattenmeer. Wenn man in der Lage ist, diese Unterschiede intuitiv zu sehen, dann müssten sie sich auch mathematisch-geometrisch erfassen lassen. Die oben bereits erwähnten mathematischen Monster können zudem zeigen, dass sich geometrische Strukturen aus einfachen Regeln erzeugen lassen, die zu ähnlich bizarren Eigenschaften führen, wie sie bei Küstenlinien beobachtet werden können. Auch diese – künstlich erzeugten – Strukturen werden länger, großflächiger oder voluminöser, sobald sie genauer vermessen werden. Ein Beispiel für die Konstruktion eines solchen „Monsters" findet sich in Abbildung 56 (S. 210).

Komplexität kann auf Ordnung beruhen

Insgesamt gibt es damit zwei Hinweise für Ordnung in diesen als Fraktale bezeichneten geometrischen Objekten: Zum einen lassen sich komplexe Strukturen wie z. B. Schneeflocken, Farnblätter, Gebirge, Küsten und Aktienkursverläufe durch einfache geometrische Konstruktionsvorschriften täuschend echt nachbilden. Zum anderen zeigt sich z. B. bei der Vermessung einer Küstenlinie, dass diese nicht beliebig mit der Vergrößerung des Maßstabes wächst, sondern ein Zusammenhang zwischen der Genauigkeit der Messung und der Länge der Küste besteht. Diese Eigenschaft bildet die Grundlage für die Kennzeichnung einer geometrischen Struktur als entweder klassisch Euklidisch (Längen, Flächen, Volumina können beliebig genau bestimmt werden), komplex bzw. fraktal (Längen, Flächen, Volumina wachsen bei genauerer Messung schnell an), und zufällig (Längen, Flächen, Volumina sind in keiner Weise sinnvoll bestimmbar). Auf die geometrische Struktur von Zufall wird weiter unten genauer eingegangen (vgl. S. 217).

Der erwähnte Zusammenhang zwischen der Genauigkeit der Messung und z. B. der Länge einer Küste besteht darin, dass die Länge exponentiell mit der Genauigkeit der Messung wächst. Dies ist bei jeder fraktalen Struktur der Fall. Nimmt man z. B. eine beliebige Karte einer beliebigen Küstenlinie und misst zunächst mit einem Zirkel die Luftlinie zwischen zwei Punkten und verkleinert dann den Zirkel, um erneut zu messen, so wird diesmal die Länge gegenüber der Luftlinie zugenommen haben. Verkleinert man die Zirkelweite erneut, so wird die Küste noch einmal länger erscheinen und so weiter. Zeichnet man die Zirkelweite und die damit gemessene Länge in einen Grafen ein, so sieht man, dass die Länge exponentiell mit der Verkleinerung der Zirkelweite wächst. Wählt man eine logarithmische Darstellung, so zeigt sich der Zusammenhang zwischen logarithmierter Zirkelweite und logarithmierter Länge der Küste als linear ansteigende Gerade. Je steiler die Gerade verläuft, umso dramatischer wächst die Länge bei genauer werdender Messung. Wenn bei einer Küste durch eine genauere Messung auf einen Schlag sehr viele Buchten und Einschnitte sichtbar werden, die vorher nicht berücksichtigt wurden, dann ist diese Küste offensichtlich zerklüfteter als eine andere Küste, die bei gleicher Auflösung viel weniger neue Buchten offenbart. Diese Unterschiede in der Zerklüftung werden durch die Steigung der Geraden in der logarithmischen Darstellung messbar. Der dramatische Zuwachs bei der einen Küste führt zu einer steileren Geraden und der geringere Zuwachs bei der anderen zu einer flacheren. Die Steigung der Gerade ist so besehen ein Maß für die Zerklüftung der Küste und damit ein Maß für die *Komplexität der geometrischen Struktur* dieser Küste.

Zufallsprozesse zeigen keine geordnete Komplexität

Es liegt auf der Hand, dass mit der gleichen Methodik ein Aktienchart vermessen werden kann. Auch hier zeigen sich bei zunehmender zeitlicher Auflösung (Monatsdaten, Tagesabschlüsse, Stunden bis hin zu *Tick-by-tick*) immer neue Schwankungen. Eine immer genauere Vermessung der Länge solch einer Kurve würde zu immer höheren Werten führen. Aber je mehr Stochastik für das Auf und Ab verantwortlich ist, desto unklarer wird der Zusammenhang zwischen Auflösung und Länge. Die organisierte Struktur, die trotz aller Komplexität für Fraktale charakteristisch ist, geht bei Zufallsprozessen vollständig verloren. Würde es sich bei Aktienkursen um fraktale Strukturen handeln – so wie Mandelbrot es vermutet (z. B. zuletzt in Mandelbrot & Hudson 2004) – so würde dies den klassischen Modellen widersprechen, die von einer zufälligen Dynamik – etwa nach dem Modell des *Random-Walk* ausgehen (Theorie effizienter Märkte, Martingale-Hypothese, vgl. z. B. Barnett & Serletis 2000).

Seltsame Attraktoren als Nachweis für Chaos

Es sind Methoden vorgeschlagen worden (z. B. die Box-Dimension, Liebovitch & Tóth 1989), die direkt auf reale geometrischen Objekte (z. B. Küstenlinien, botanische und biologische Strukturen etc., vgl. etwa Deutsch 1994) angewendet werden können. Eine Dynamik liegt aber zunächst nicht als geometrische Struktur vor und muss erst in eine solche transformiert werden, damit eine Interpretation der fraktalen Eigenschaften möglich wird. In diesem Sinne ist nicht die Dynamik fraktal, sondern die geometrische Struktur, die aus ihr z. B. durch eine Phasenraumdarstellung erzeugt wird. Wegweisend wurde in diesem Zusammenhang die Arbeit von Ruelle und Takens (1971). Bei ihrer Analyse turbulenter Strömungen können sie zeigen, dass diesen chaotische Prozesse zugrunde liegen können. Dies ist vor allem in der Phasenraumdarstellung der Dynamik erkennbar. Sie vermuten, dass ganz allgemein ein chaotischer Prozess sich in seiner geometrischen Gestalt im Phasenraum von trivialen, regulären Prozessen unterscheidet. Während eine chaotische Dynamik im Phasenraum ein Fraktal ist, ergibt ein regulärer Prozess eine geometrische Struktur, die mit den klassischen Euklidischen Mitteln hinreichend gut beschrieben werden kann. Ein regulärer Prozess wäre daher kein Fraktal. Die fraktale Struktur der chaotischen Dynamik im Phasenraum bezeichnen sie als „seltsamen Attraktor" (*Strange Attractor*), womit sie an die mathematischen Monster anknüpfen, die auch für Mandelbrot wegweisend waren.

Im Folgenden werden die hier einführend und exemplarisch besprochenen Zusammenhänge vertiefend diskutiert.

7.1 Grundlagen: Fraktale Geometrie

Der von Benoît B. Mandelbrot eingeführte Begriff des „*Fraktals*" steht für eine Klasse geometrischer Objekte, die sich durch eine besonders hohe Komplexität auszeichnen (das folgende Kapitel stellt eine Erweiterung von Strunk 2009a dar). Eine einfache Rückführung dieser Objekte auf klassische Euklidische Prototypen (Kreise, Quadrate, Dreiecke, Kuben, Okta-, Ikosaeder etc.) ist nicht möglich und macht daher eine eigene, neue – eben eine *fraktale* – Geometrie erforderlich.

Wie lang ist die Länge einer Küstenlinie?

Es wurde oben schon erwähnt, dass Mandelbrot (z. B. Mandelbrot 1977, 1982, 1987; siehe auch Peitgen et al. 1992) die Begrenztheit der klassisch Euklidischen Geometrie sehr anschaulich an der Frage demonstriert, wie lang die Küstenlinie Britanniens ist. Dieses Beispiel soll im Folgenden noch einmal vorgestellt und vertiefend diskutiert werden, um daraus allgemeine Regeln für die Definition von Fraktalen und die Messung von Komplexität abzuleiten. Ausgangspunkt der von Mandelbrot präsentierten Überlegungen ist die jedem Wanderer und jeder Wanderin bekannte und zumeist leidvolle Erfahrung, dass ein „echter Weg durchs Gelände" doch immer weiter ausfällt, als er nach Betrachtung der Karte zu sein schien. Dabei ist der geübten Wanderin, dem geübten Wanderer bereits bekannt, dass die Luftlinie zwischen zwei Punkten in jedem Fall zu kurz bemessen ist. Wird nun zur Messung des Weges ein Zirkel herangezogen, so sollte die Zirkelweite möglichst klein eingestellt werden, sodass jede Abweichung von der idealen Luftlinie bei der Messung berücksichtigt werden kann. In der Regel scheint es so zu sein, dass mit geringer werdender Zirkelweite auch die Länge des Weges wächst. Praktisch ist man dabei in der Regel an eine für das gegebene Kartenmaterial handhabbare Zirkelweite gebunden. Theoretisch stellt sich aber die Frage, ob die Länge des Weges nicht noch einmal zunähme, wenn nicht nur die Zirkelweite verringert, sondern auch eine detailliertere Karte gewählt würde.

Die Länge der Koch-Kurve ist unendlich

Nach der Logik der Euklidischen Geometrie ist die Länge des Weges eine reale und damit feste Größe, die daher auch beliebig genau festgestellt werden kann. Ab einer optimalen Zirkellänge, die jede Biegung erfasst, sollte es keine Rolle mehr spielen, ob ein noch höher aufgelöster Maßstab oder eine noch kleinere Einstellung des Zirkels gewählt würde: Die Länge des Weges bliebe unverändert. Sie wird daher gerne als Invariante bezeichnet, also als etwas aufgefasst, was unabhängig von der Messmethode – wenn diese nur präzise genug ist – eine unveränderliche Eigenschaft des Objektes darstellt. Kennt man die optimale Zirkelweite und die optimale Kartenauflösung nicht, so könnte man diese finden, indem man immer höhere Auflösungen und kleinere Zirkelweiten wählte. Ist die Auflösung zu grob, so wächst die Länge der zu messenden Strecke mit jeder Verfeinerung zunächst rasch an. Nähert man sich der optimalen Auflösung, so wird die Länge der zu messenden Strecke nur noch wenig wachsen. So kann man z. B. den Umfang eines Kreises ausmessen, indem man erst ein Viereck um den Kreis legt und dessen Umfang bestimmt. Die Vermessung wird genauer, wenn man ein Achteck, ein Sechzehneck und so weiter nimmt. Bereits dieses Beispiel des Kreisumfanges lässt aber daran zweifeln, ob die Bestimmung der Länge einer Kurve immer und in jedem Fall mit beliebiger Präzision möglich ist. So handelt es sich bei der Ermittlung des Kreisumfanges mithilfe von Vielecken ja nur um eine Approximation, die zwar eine Annäherung, aber keine absolute Präzision erlaubt.

Fraktale entziehen sich der Längenbestimmung auf eine ganz andere Weise als ein Kreis. Fraktale sind so unendlich komplex strukturiert, dass z. B. ihre Länge bei jeder Verbesserung der Auflösung unweigerlich wächst und keine optimale Auflösung gefunden werden kann.

Abbildung 56:	Konstruktion der fraktalen Koch-Kurve
	Der Konstruktionsmodus der nach ihrem Erfinder Helge von Koch benannten Koch-Kurve ist einfach. Ausgehend von einer Geraden (oben) wird nach und nach jede gerade Linie durch den sogenannten Iterator (zweites Bild von oben) ersetzt. Der Iterator sieht vor, dass aus jeder geraden Linie das mittlere Drittel herausgeschnitten und die Lücke durch ein „Dach" von der Seitenlänge des herausgeschnittenen Drittels ersetzt wird. Dadurch entstehen jeweils weitere Geraden, die erneut mit dem Iterator bearbeitet werden. Schreitet dieser Prozess bis in die Unendlichkeit fort, so entsteht eine Kurve, deren Länge nicht mehr bestimmt werden kann. Das Beispiel der Koch-Kurve zeigt, wie die wiederholte Anwendung einer Regel auf das vorherige Ergebnis der Regelanwendung zu immer höherer Komplexität führen kann, auch wenn die Regel selbst sehr einfach ist. (Abbildung und Abbildungsunterschrift nach: Strunk 2005, S. 260, Strunk 2004, S. 146)

Wie bereits dargestellt wurde, hatten sich Mathematiker (z. B. Georg Cantor, Gaston Julia, Helge von Koch, Pierre Fatou und andere) immer wieder einen Spaß daraus gemacht, Konstruktionsvorschläge für „mathematische Monster" (Mandelbrot 1987, S. 21) zu entwerfen, die sich durch ihre Komplexität z. B. einer Längenbestimmung entziehen.

Als Beispiel soll hier die fraktale Koch-Kurve genauer betrachtet werden. Der Konstruktionsmodus der nach ihrem Erfinder Helge von Koch benannten Koch-Kurve ist einfach. Ausgehend von einer Geraden (vgl. Abbildung 56 oben, S. 210) wird nach und nach jede gerade Linie durch den sogenannten Iterator (zweites Bild von oben) ersetzt. Der Iterator sieht vor, dass aus jeder geraden Linie das mittlere Drittel herausgeschnitten und die Lücke durch ein „Dach" von der Seitenlänge des herausgeschnittenen Drittels ersetzt wird. Dadurch entstehen jeweils weitere Geraden, die erneut mit dem Iterator bearbeitet werden. Dieser Vorgang wird unendlich oft wiederholt.

Wird die Länge der Koch-Kurve mit einem Zirkel gemessen, so zeigt sich schnell, dass hier kein Optimum für die Zirkelweite existiert. Der Konstruktionsmodus der Koch-Kurve führt dazu, dass letztlich jede gerade Linie ersetzt ist durch eine gerade Linie mit einem Dach. Hier lauert buchstäblich hinter *jeder* Geraden ein noch nicht berücksichtigtes Dreieck, sodass mit jeder genauer werdenden Messung die Kurve an Länge zunimmt. Mathematisch gesehen ist die „Küstenlinie" der Koch-Kurve tatsächlich unendlich lang.

Annäherung an eine Definition der Dimension

Um die hier erst einmal beispielhaft skizzierten Aspekte genauer zu untersuchen, ist es sinnvoll, eine Formalisierung vorzunehmen und zunächst die klassisch Euklidischen Zusammenhänge zu rekapitulieren. Die klassische Euklidische Geometrie untersucht geometrische Strukturen vor dem Hintergrund ihrer Topologie. Die Topologie abstrahiert dabei von der konkreten geometrischen Form eines Objektes und behandelt z. B. alle Linien unabhängig von ihrem Verlauf als Linien und alle Flächen unabhängig von ihrer Zerknitterung als Flächen etc. Das heißt, dass sich topologisch betrachtet jede Kurve auf eine gerade Linie zurückführen lässt.

Wird nun aber eine gerade Linie ausgemessen, so ergibt sich immer die gleiche Länge, unabhängig von einer gewählten Zirkelweite. Das ist sehr leicht nachvollziehbar: Eine gegebene Gerade kann z. B. zunächst mit einer Zirkelweite gemessen werden, die genau den Anfangspunkt und den Endpunkt der Geraden absteckt. Wird nun die Zirkelweite um den Faktor ε verkleinert, so benötigt man genau ε mal so viele Teilstücke (N sei die Zahl der Teilstücke), die mit dem Zirkel abgeschritten werden müssen, um erneut die gesamte Gerade abzuzirkeln. Ist $\varepsilon = 3$, wird also die Luftlinie gedrittelt, so werden auch $N = 3$ Teilstücke benötigt. Allgemein gilt bei jeder geraden Linie: $N = \varepsilon$ (vgl. Abbildung 57 oben).

Anderes ergibt sich für eine Euklidische Fläche. Als Prototyp mag hier ein flaches Quadrat herhalten. Wird die Fläche des Quadrates zunächst mit einem gleichgroßen Quadrat bedeckt und dieses dann ebenfalls um den Faktor $\varepsilon = 3$ in seiner Kantenlänge verkleinert, so werden $N = 9$ dieser kleineren Quadrate benötigt, um die gesamte Fläche auszumessen. Allgemein gesprochen, würde man je nach Verkleinerungsfaktor $N = \varepsilon^2$ der kleineren Quadrate benötigen (vgl. Abbildung 57 Mitte).

Für einen Rauminhalt, etwa den eines Würfels, lässt sich schnell zeigen, dass nach dem gleichen Muster $N = \varepsilon^3$ kleinere Würfel nötig sind, um bei einer Verkleinerung der Kantenlänge des Maßstabes zum selben Ergebnis zu gelangen (vgl. Abbildung 57 unten).

Offenbar gilt für Geraden $N = \varepsilon^1$, für Flächen $N = \varepsilon^2$ und für Rauminhalte $N = \varepsilon^3$. Der Exponent bezeichnet also augenscheinlich die Dimension des zu bemessenden Körpers und soll hier mit D geschrieben werden:

Gleichung 26: Definition der Dimension eines Körpers

$$N = \varepsilon^D$$

N Zahl der zur Vermessung nötigen Teilstücke
ε Verkleinerungsfaktor der zur Messung verwendeten Teilstücke
D Dimension

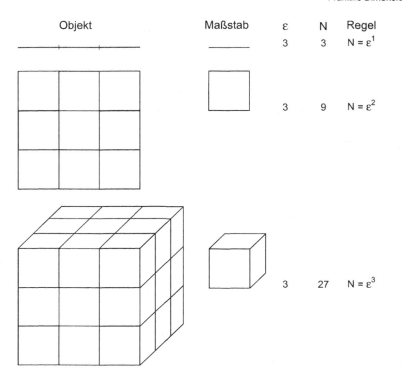

Objekt	Maßstab	ε	N	Regel
		3	3	$N = \varepsilon^1$
		3	9	$N = \varepsilon^2$
		3	27	$N = \varepsilon^3$

Abbildung 57: **Dimension einfacher Objekte**

Die Dimension eines Objektes kann bestimmt werden, indem es mit selbstähnlichen Objekten (Maßstäben, die dem Objekt ähnlich sind) vermessen wird. So kann eine Gerade mit einer kleineren Gerade, deren Länge bekannt ist, ausgemessen werden. Für eine quadratische Fläche bietet sich ein kleineres Quadrat an und für einen Würfel ein kleinerer Würfel, dessen Volumen bekannt ist. Die Vergleichsmaßstäbe sind in der Abbildung in ihrer Kantenlänge jeweils um den Faktor ε = 3 kleiner gewählt als das Objekt, das vermessen werden soll. Die Zahl der dann zum Ausmessen benötigten Teile ergibt sich bei der Gerade mit ε^1, beim Quadrat mit ε^2 und beim Würfel mit ε^3. Der Exponent bezeichnet offenbar die Dimension des Objektes. (Abbildung nach: Peitgen et al. 1992, S. 248)

Für die topologische Dimension eines Körpers braucht man nicht einmal nachzumessen. Für die Topologie ist alles, was aus Linien besteht, 1-dimensional. So wäre eine Schnur näherungsweise als 1-dimensional zu betrachten, auch dann, wenn sie wild verknotet ist oder zu einem Knäul zusammengerollt vorliegt. Die topologische Dimension eines Objektes ist also eine recht abstrakte Rückführung dieses Objektes auf einfache Elemente, aus denen man es sich zusammengesetzt denken kann. Punkte sind 0-dimensional, Linien 1-dimensional, Flächiges immer 2-dimensional und alle Objekte mit Tiefe 3-dimensional.

Überprüft man diese Annahme für fraktale Objekte, so kann es zu Überraschungen kommen: Wird nach dem beschriebenen Prinzip die Koch-Kurve vermessen, so ergibt sich für ε = 3, dass N = 4 ist. Dieser Effekt ist nicht auf Näherungsprobleme oder ungenaue Messungen zurückzuführen. Der Faktor ε = 3 führt für die Koch-Kurve zweifelsfrei und mathematisch exakt immer zu N = 4 – die Kurve wurde ja entsprechend konstruiert. Lässt man nun die Gleichung 26 gelten, so ergibt sich für

D keine ganze Zahl. Durch Umformen erhält man die sogenannte Selbstähnlichkeitsdimension (der Name beruht auf der Logik des Vorgehens, nämlich einen Körper durch Elemente zu bemessen, die im Körper selber bereits angelegt sind: Geraden werden mit Geraden ausgemessen, Quadrate mit Quadraten, Würfel mit Würfeln):

Gleichung 27: Selbstähnlichkeitsdimension

$$D = \frac{\log N}{\log \varepsilon}$$

D Dimension
N Zahl der zur Vermessung nötigen Teilstücke
ε Verkleinerungsfaktor der zur Messung verwendeten Teilstücke

Für $\varepsilon = 3$ und $N = 4$ folgt:

$$D = \frac{\log 4}{\log 3} = 1{,}2618$$

D ist für Fraktale keine ganze Zahl

Während Euklidische Körper eine ganzzahlige Dimension aufweisen, ist D bei fraktalen Strukturen häufig keine ganze Zahl. Insbesondere weist jedes Fraktal eine größere Dimension auf, als man nach Maßgabe der Topologie erwarten würde. Die Koch-Kurve ist ja eine Kurve und daher aus Geraden konstruiert. Sie sollte also 1-dimensional sein. Tatsächlich ergibt sich ein höherer Wert. Fraktale sind deshalb gebrochene Strukturen, weil sie mehr oder weniger stark in andere Dimensionen hineinragen und dabei die topologische Dimension überschreiten. Euklidische Körper überschreiten nicht ihre topologische Dimension, sind also mit dieser identisch. Insgesamt ergeben sich die folgenden Beobachtungen und Schlussfolgerungen (vgl. Mandelbrot 1987, S. 27, Strunk & Schiepek 2006, S. 93):

- Der Exponent D stellt ein Dimensionsmaß dar, welches in etwa der von Hausdorff (1919) und Besicovitch (1937) gegebenen Definition der Dimension entspricht.
- Ein Fraktal ist definiert als ein Objekt, dessen Hausdorff-Besicovitch-Dimension die topologische Dimension überschreitet (Mandelbrot 1987, S. 27).
- D ist bei Fraktalen nicht immer eine ganze Zahl (Mandelbrot 1987, S. 27), aber ein Fraktal erfordert nicht unbedingt eine gebrochene Dimension. Mandelbrot (1987) gibt Beispiele für Fraktale mit ganzzahliger Dimension und diskutiert diese Besonderheit ausführlich.
- Stark zerklüftete Fraktale führen zu einem größeren D als schwach zerklüftete.
- D unterscheidet also zwischen fraktalen und nichtfraktalen Körpern und vermag darüber hinaus einen Wert für das Ausmaß der Fraktalität, der Zerklüftung bzw. der Komplexität zu geben.
- Regelmäßigkeiten in Fraktalen zeigen sich recht häufig im Auftreten sog. selbstähnlicher Strukturen, also von Mustern, die relativ ähnlich mehrfach in den Objekten enthalten sind (etwa die Dachkonstruktion in der Koch-Kurve, die sich in verschiedener Größe überall in der Koch-Kurve findet).

Stark zerklüftete Kurven, wie z. B. die Koch-Kurve, finden sich in der Natur weit häufiger als Euklidische Objekte. So ist auch die Küstenlinie Britanniens mit größerer Realitätsnähe als fraktale denn als Euklidisch eindimensionale Kurve beschreibbar. Auch das Phänomen der Selbstähnlichkeit zeigt sich in der belebten und unbelebten Natur sehr häufig (vgl. Abbildung 58).

Abbildung 58: **Selbstähnlichkeit in der Natur – Romanesco**
Der Romanesco ist eine Blumenkohlart, die ausgeprägte Strukturen der Selbstähnlichkeit aufweist. In jedem Detail scheint sich eine verkleinerte Ausgabe des Ganzen zu finden. Zudem sind die einzelnen Strukturen der Blütensprossen spiralförmig als sogenannte Fibbonacci-Spirale angeordnet. Fibonacci-Spiralen folgen den Proportionen, die auch als „Goldener Schnitt" bekannt sind und durch die Fibbonacci-Reihe begründet werden. (Foto: Strunk, 2009)

Fraktale Strukturen in der Ökonomie

Mandelbrot hat die fraktale Geometrie immer auch in Bezug auf Wirtschaftsprozesse diskutiert (vgl. die Diskussion in Mirowski 1990). Bereits einige Jahre vor der Publikation seiner Arbeit über Fraktale galt sein Interesse den Preisentwicklungen im Baumwollmarkt. So erweitert er die Analyse von Baumwollpreisen, die ursprünglich von Houthakker (1961) vorgelegt worden war, im Zuge einer erneuten Untersuchung (Mandelbrot 1963a, 1963b), bei der er nicht von einem Zufallsprozess nach den Grundannahmen der Normalverteilung, sondern von einer sogenannten stabilen Lévy-Verteilung ausgeht. Diese teilt einige Besonderheiten mit den Fraktalen. Hier wie dort finden sich selbstähnliche Muster auf verschiedenen Auflösungsniveaus.

Ein Aspekt, der vor dem Hintergrund der klassischen Modelle der Ökonomie nicht möglich wäre: Zufallsprozesse sollten allenfalls Zufallsmuster aufweisen – dass diese auf verschiedenen Auflösungsniveaus Ähnlichkeiten zeigen, ist daher sehr unwahrscheinlich. Es ist interessant, dass die Arbeiten, die Mandelbrot zwischen 1962 und 1972 in der Ökonomie publizierte, dort weitgehend unbeachtet blieben. Gleichzeitig bildeten sie den empirischen Hintergrund, vor dem die fraktale Geometrie entstand (Mirowski 1990). Erst als diese außerhalb der Ökonomie zu einer Modeströmung wurde, interessierten sich auch Ökonomen für die neuen Ideen, von denen sie dann annahmen, dass sie aus den Naturwissenschaften stammten. Auch in späteren Arbeiten stellt Mandelbrot ganz konkrete Bezüge zwischen fraktaler Geometrie und Ökonomie her. So kennzeichnen Mandelbrot und Hudson (2004) die Zeitreihendarstellungen von Aktienkursen ganz generell als Fraktale mit stochastischen Anteilen. Sie schlagen Konstruktionsvorschriften vor, wie sie oben für die Koch-Kurve beschrieben wurden, die zu geometrischen Strukturen führen, die echten Aktienkursen zum Verwechseln ähnlich sehen. Im Vergleich dazu können Kursverläufe, die auf der Grundlage der klassischen ökonomischen Modellvorstellungen (Normalverteilung, *Random-Walk*-Hypothese) erstellt wurden, ohne Probleme als „künstlich" erkannt werden.

Auch empirisch ist die Frage nach der fraktalen Struktur von Kursverläufen interessant. Topologisch betrachtet ist ein Kursverlauf entweder 0-dimensional (die zu diskreten Zeiten ermittelten Kurse sind Punkte) oder 1-dimensional (der Kursverlauf wird als Verlauf, also als Kurve interpretiert). Führt die Vermessung eines Kursverlaufes nach dem oben vorgeschlagenen Vorgehen zu einem höheren Wert, dann handelt es sich um ein Fraktal (vgl. dazu die Literaturübersicht in Kapitel 7.2.3).

Chaos führt zu einem fraktalen Attraktor

Obwohl es sich bei Fraktalen um abstrakte geometrische Objekte handelt, also um statische Strukturen, haben sie eine große Bedeutung im Zusammenhang mit der Identifikation von deterministischem Chaos. Denn durch die Einbettung einer chaotischen Dynamik in einen Phasenraum entsteht eine in der Regel geordnete Struktur, die unter Bezug auf das von Mandelbrot (1977, 1982, 1987) vorgeschlagene geometrische Konzept als Fraktal identifiziert werden kann (Ruelle & Takens 1971).

Seltsame Attraktoren

Ruelle und Takens (1971) weisen als Erste auf die fraktale Struktur chaotischer Phasenraumdarstellungen hin (die folgenden Abschnitte stellen eine Erweiterung von Strunk & Schiepek 2006 dar). Sie bezeichneten die von ihnen beschriebenen Attraktoren als *Strange Attractors* (deutsch: *seltsame Attraktoren*; vgl. auch Anishchenko et al. 2002, S. 30). Zudem zeigten sie in ihrer Arbeit über turbulente Strömungen, dass es möglich ist, dass bestimmte mathematische Systeme über nichtperiodische Lösungen verfügen. Der mathematische Beweis dazu bleibt allerdings auf diese Klasse von Systemen beschränkt. Derzeit sind nur zwei konkrete mathematische Beispielsysteme bekannt, auf die die Bedingungen der von ihnen untersuchten Systeme zutreffen. Die Definition von chaotischen Attraktoren als *Strange Attractors* im Sinne von Ruelle und Takens ist daher zwar mathematisch interessant, an empirischen Systemen nachgewiesen wurde sie bislang noch nicht (vgl. Anishchenko et al. 2002, S. 31). Als Ausnahmen von der Regel, dass chaotische Attraktoren sich durch eine fraktale Struktur auszeichnen, sind inzwischen seltene mathematische

Gleichungssysteme entdeckt worden, die zwar eine exponentielle Divergenz naher Trajektorien aufweisen (was ein klarer Hinweis auf Chaos ist), aber keine fraktale Struktur besitzen (vgl. Abbildung 59a). Das heißt, dass bei diesen Systemen die fraktale Dimensionalität eine ganze Zahl ist, die mit der topologischen Dimension des Systems übereinstimmt. Umgekehrt lassen sich auch Gleichungssysteme benennen, für deren Attraktor eine fraktale Struktur nachweislich existiert, die jedoch keine exponentielle Divergenz besitzen, also nicht chaotisch sind (vgl. Abbildung 59b).

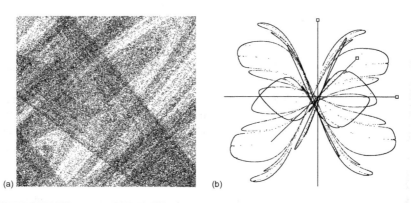

Abbildung 59: Chaotische, nichtfraktale und fraktale, nichtchaotische Attraktoren

Die Abbildung (a) zeigt einen chaotischen, aber nicht fraktalen Attraktor, wie er sich für die als Arnold's Cat Map bekannten Gleichungen bei $\delta = 1{,}7$ ergibt. Obwohl die in der Abbildung zu sehenden Strukturen an ein Fraktal denken lassen, füllen die Gleichungen ihren Zustandsraum mit der Zeit so gleichmäßig aus, dass sich eine geometrisch bestimmbare fraktale Dimension von genau zwei ergibt (vgl. Anishchenko et al. 2002, S. 36). Die Gleichungen lauten (sie sind in GChaos implementiert unter „File / Create Time Series ..."):

$x_{n+1} = x_n + y_n + \delta \cos(2\pi y_n)$, mod 1,
$y_{n+1} = x_n + 2y_n$, mod 1.

Im Gegensatz dazu zeigt die Abbildung (b) die dreidimensionale Darstellung eines fraktalen, nicht chaotischen Attraktors, der zwar über eine nichtganzzahlige Dimensionalität, aber nicht über eine exponentielle Divergenz benachbarter Trajektorien verfügt. Die Gleichungen lauten (sie sind in GChaos implementiert unter „File / Create Time Series ..."):

$x_{n+1} = 2\lambda \tanh(x_n) \cos(2\pi\varphi_n)$,
$\varphi_{n+1} = \omega + \varphi_n$, mod 1.

Die Berechnungen wurden durchgeführt mit $\omega = 0{,}5(\sqrt{5} -1)$ und $\lambda = 1{,}5$.
(Abbildung und Abbildungsunterschrift aus: Strunk & Schiepek 2006, S. 99, erstellt mit GChaos)

Um die Dimensionalität einer Dynamik konkret bestimmen zu können, bedarf es zunächst der Repräsentation der Daten im Phasenraum. Dies ist kein Problem für Systeme, deren generierende Gleichungen bekannt sind. Für empirische Zeitreihendaten müssen jedoch spezielle Verfahren eingesetzt werden, um den Phasenraum des zugrunde liegenden Systems nachträglich zu rekonstruieren. Diese wurden oben bereits dargestellt (vgl. S. 153 ff.). Zudem bedarf es handhabbarer Algorithmen, die in der Lage sind, die beschriebene Definition auf die Dimensionalität einer Phasenraumdarstellung zu übertragen. Dazu sind verschiedene Algorithmen vorgeschlagen worden (z. B. Takens 1981, Grassberger & Procaccia 1983a, 1983c, Eckmann & Ruelle 1985, Sato et al. 1987, Liebovitch & Tóth 1989, Nerenberg & Essex 1990, Skinner et al. 1994, Ashkenazy 1999). Das bekannteste Verfahren wird als Korrelationsdimension (Grassberger & Procaccia 1983a, 1983c) bezeichnet (abgekürzt als D2). Auf die konkreten Berechnungsschritte wird weiter unten ausführlicher eingegangen. Im Folgenden soll zunächst diskutiert werden, welche Informationen über die Komplexität einer Dynamik durch die Berechnung der fraktalen Dimensionalität tatsächlich gewonnen werden können.

Wie bereits dargestellt wurde, können sich bei der Bestimmung der Dimensionalität einer Phasenraumabbildung – wie bei Fraktalen üblich – größere Werte ergeben, als nach Maßgabe der topologischen Dimension des Attraktors zu erwarten wären. Zudem können nichtganzzahlige Dimensionalitätswerte auftreten (vgl. S. 213 ff.). Der Nachweis einer fraktalen Struktur wird von einigen Autoren (vgl. für wirtschaftswissenschaftliche Arbeiten z. B. die Diskussion in Frank & Stengos 1988, S. 114, Ramsey et al. 1990, Gilmore 1996, S. 1358, Kohers et al. 1997, S. 528, Aparicio et al. 1999, S. 362, Harrison et al. 1999, S. 499, Chu 2003, S. 209) als Hinweis auf einen chaotischen Prozess gewertet. Nach der von Ruelle und Takens (1971) formulierten Hypothese manifestieren sich chaotische Prozesse im Phasenraum als *Strange Attractors*, die vor allem durch eine fraktale Struktur gekennzeichnet sind. Der Umkehrschluss führt zu der Überzeugung, dass eine fraktale Struktur ein Hinweis auf Chaos ist. In der praktischen Anwendung der hierfür vorgeschlagenen Methoden zeigt sich jedoch, dass diese Schlussfolgerung nicht immer hält, was sie verspricht (siehe dazu unten). Dennoch, theoretisch lässt sich durchaus – und trotz der angeführten Ausnahmen – begründen, dass mit dem Nachweis einer fraktalen Struktur zumindest auch *ein Hinweis* auf einen chaotischen Prozess erbracht ist.

Neben Hinweisen für das Vorliegen von Chaos bietet das Konzept der Dimensionalität noch zwei weitere, davon unabhängige Einblicke in die Natur der zu untersuchenden Dynamik. Im Grunde bestimmt das Verfahren die Dimensionalität der Phasenraumdarstellung der Dynamik. Dabei gilt es zunächst zu beachten, dass diese nicht mit der Dimensionalität des Raumes übereinstimmen muss, in dem sie eingebettet ist. So ist z. B. ein Blatt Papier auch dann zweidimensional, wenn es in einem dreidimensionalen Zimmer auf dem Boden liegt. Das Zimmer ist mit den Einbettungsraum vergleichbar und das Blatt Papier stellt die Phasenraumdarstellung der Dynamik dar. Wenn z. B. eine Dynamik tatsächlich dreidimensional ist, dann muss der Raum, in dem sie eingebettet wird, ebenfalls mindestens über drei Dimensionen verfügen; denn sonst würde die Dynamik nicht hineinpassen. Ist der Raum für die Dynamik zu niedrigdimensional bemessen, so füllt die Dynamik ihn ganz aus. Misst man also die Dimension der Dynamik in einem Raum, der eine zu geringe Dimensionalität aufweist, so kommt eben die Dimension heraus, die der Raum besitzt. Daher wird bei der Berechnung der Raum nach und nach ausgeweitet. Dabei sind prinzipiell beliebig hohe Dimensionen möglich. Sie entsprechen im Falle einer Zeitreihenanalyse ja nicht den drei Raumdimensionen Länge, Breite, Tiefe sondern den Variablen, die im System einen unabhängigen Einfluss besitzen und dies können dann auch mehr als drei sein.

Die Sättigung grenzt die Dynamik von Zufall ab

Bei der Ausweitung des Einbettungsraumes sollte irgendwann einmal der Punkt erreicht werden, an dem der Raum genügend hoch dimensioniert ist, um die Dynamik ohne unerwünschte Verzerrungen aufnehmen zu können. Wird nun der Raum um weitere Dimensionen erweitert, so bleibt die Dimension der eingebetteten Dynamik dennoch konstant und wächst nicht mehr weiter. Hier kann die Berechnung dann abbrechen. Gelingt es nicht, eine solche sogenannte Sättigung zu identifizieren, so handelt es sich bei der Dynamik um einen Zufallsprozess. Zufall füllt jeden Phasenraum perfekt aus und ist unendlich-dimensional. Sättigt die Berechnung, so liegt wahrscheinlich kein Zufallsprozess vor. Damit ist das Verfahren in der Lage, im Idealfall Zufall als Nullhypothese auszuschließen. (Die folgenden Abschnitte stellen eine Erweiterung von Strunk 2009a dar.)

Die Dimensionalität eines Attraktors aufgerundet auf die nächste ganze Zahl entspricht der Anzahl der vom System realisierten Freiheitsgrade

Gelingt die valide Berechnung der Dimensionalität und zeigt sich eine klare Sättigung der Berechnungsergebnisse, so ist damit auch die Anzahl der Systemkomponenten bekannt, die mindestens nötig wären, um die beobachtete Dynamik zu simulieren. Die Dimensionalität einer Phasenraumeinbettung aufgerundet auf die nächste ganze Zahl entspricht der Anzahl der vom System *realisierten* Freiheitsgrade (Tsonis 1992, S. 160, Strunk & Schiepek 2006, S. 209). Diese Interpretation folgt direkt aus der Verknüpfung der Idee des Phasenraumes und des mathematischen Dimensionsbegriffes. So ist es das Ziel der oben beschriebenen Konzepte, die Dimensionalität eines geometrischen Objektes zu bestimmen und z. B. eindimensionale Kurven von zweidimensionalen Flächen zu unterscheiden. Wenn durch ein solches Verfahren ermittelt werden kann, wie viele Dimensionen eine Trajektorie im Phasenraum aufweist, so ist damit auch bestimmt, wie viele unabhängige Variablen das System mindestens umfasst. Denn ein Phasenraum wird gerade durch diese aufgespannt (siehe oben, S. 153 ff.).

Sowohl der Nachweis fraktaler Eigenschaften, der einen Hinweis auf Chaos liefert, als auch die Sättigung der Berechnung ab einer genügenden Einbettungsdimension sind binäre Informationen – sie treffen entweder zu oder nicht. Demgegenüber stellt die Dimensionalität eine Zahl mit beliebig vielen Abstufungen dar. Dabei wird in der Regel die Dimensionalität als Maß für die Komplexität eines Prozesses interpretiert.

> A global value that is relatively simple to compute is the FD [Fractal Dimension, G. St.]. The FD can give an indication of the *Dimensionality* and complexity of the system. Since actual living biological systems are not stable and the system complexity varies with time, one can distinguish between different states of the system by the FD. The FD can also determine whether a particular system is more complex than other systems. (Ashkenazy 1999, S. 428)

Dimensionalität und Komplexität

Diese Interpretation der Dimensionalität als Komplexität wird von zahlreichen Autoren geteilt (z. B. Ashkenazy 1999, S. 428, Bhattacharya 2000, S. 497, Fell et al. 2000, S. 486, Sarbadhikari & Chakrabarty 2001, S. 448). Dennoch ist bei der Interpretation der Analyseergebnisse zu berücksichtigen, dass die fraktale Dimensionalität, wenn sie überhaupt bestimmt werden kann (also eine Sättigung vorliegt), grundsätzlich zwei qualitativ unterschiedliche Informationen über das untersuchte System bereitstellt. Sie liefert sowohl einen Hinweis auf das Vorliegen von Chaos als auch auf die Zahl der Freiheitsgrade. Mit beiden Aspekten sind aber zum Teil unterschiedliche Auffassungen über den Komplexitätsbegriff verbunden. Daraus resultieren einige Folgerungen für die Brauchbarkeit des Verfahrens zur Messung von Komplexität.

- **Fraktal bedeutet chaotisch.** Oben (vgl. Abbildung 3, S. 40 ff.) wurde bereits ausführlich dargestellt, dass Komplexität im Spannungsfeld zwischen trivialer Ordnung und Zufall nur durch das Phänomen des deterministischen Chaos sauber definiert werden kann. Nur chaotische Prozesse sind gleichzeitig deterministisch und dennoch nicht über längere Zeiträume hinweg prognostizierbar. Andererseits ist aber der zweifelsfreie Nachweis von Chaos nur sehr schwer und wahrscheinlich nur unter Laborbedingungen möglich. In der praktischen Anwendung der Methoden zum Nachweis von Chaos ist also ein etwas offenerer Umgang mit der Komplexitätsdefinition hilfreich. Ruelle und Takens (1971) charakterisieren chaotische Phasenraumdarstellungen als seltsame Attraktoren und meinen damit die fraktale Struktur des Chaos. Als mit dem Korrelationsintegral (Grassberger & Procaccia 1983a, 1983c) erstmals Berechnungsmethoden zur Bestimmung der fraktalen Dimensionalität von Phasenraumeinbettungen vorlagen, kam es zu einer wahren Chaos-Euphorie, auf die aber schon bald Ernüchterung folgte (vgl. Strunk & Schiepek 2006, S. 228; z. B. für die Chaos-Euphorie in der Analyse von Finanzdaten: z. B. Frank & Stengos 1988, Scheinkman & LeBaron 1989; als Beispiele für die bald einsetzende Ernüchterung: Ramsey et al. 1990, Chatrath et al. 2001, Chatrath et al. 2002). Nur selten kann die fraktale Struktur eines Attraktors mit den heute vorliegenden Verfahren und den in ihrer Qualität immer auch begrenzten Daten zweifelsfrei belegt werden. Etwas vereinfachend gehen viele Autoren davon aus, dass für den Nachweis fraktaler und damit chaotischer Strukturen eine gebrochene Dimension zwingend erforderlich ist (z. B. Blank 1991, Peters 1991, Liu et al. 1992, Adrangi et al. 2001). Oben wurde bereits deutlich, dass das nicht der Fall ist. Denn auch ganzzahlige Dimensionen könnten einen Hinweis auf ein Fraktal bedeuten, wenn die ermittelte Dimension die topologische Dimension übersteigt. Dennoch bedeuten nicht ganzzahlige Werte in der Regel auch fraktale Strukturen. Aber selbst der bekanntermaßen chaotische Attraktor des Lorenz-Systems liegt mit einer Dimensionalität von 2,06 (z. B. Argyris & Andreadis 1998a) so nahe am nicht fraktalen Wert von 2,00, dass eine saubere Unterscheidung nicht immer möglich ist. Die Ermittlung nichtganzzahliger Dimensionalitätswerte wird durch die Ungenauigkeit der Berechnungsverfahren unterstützt. Obwohl das Korrelationsintegral eine unbestritten gute Möglichkeit darstellt, um die Freiheitsgrade einer Dynamik zu quantifizieren (z. B. Fell et al. 2000), ist es für den zweifelsfreien Nachweis von Chaos nicht geeignet (Bhattacharya 2000, S. 497, Rosenstein et al. 1993).

- **Mehr Ordnung als erwartet.** Kommt man *Bottom-up* vonseiten einer Dynamik und ist an der Dimensionalität dieser Dynamik interessiert, so zeigt in der Regel bereits ein erster Blick auf die grafische Darstellung der Zeitreihen, ob hier ein völlig triviales und reguläres Verhalten vorliegt. In diesem Sinne wäre es ein Spatzenschießen mit der sprichwörtlichen Kanone, wenn man versuchte, die fehlende Komplexität erst über die Bestimmung der fraktalen Dimensionalität nachzuweisen. In der Praxis der Datenanalyse zeigen jedoch viele Zeitsignale empirischer Systeme so hochkomplexe Strukturen, dass sich viel eher die gegenteilige Frage stellt: Enthält das fragliche System überhaupt eine Form von Ordnung, ist die

Dimensionalität überhaupt auf einen festen Wert begrenzt? Darum geht es z. B. auch bei der Diskussion um Chaos in Aktienkursen (z. B. DeCoster & Mitchell 1991, DeCoster et al. 1992, Ramsey & Rothman 1994) oder in neurophysiologischen EEG-Zeitreihen (Theiler 1995, Lerner 1996, Paluš 1996, 1999, Paluš et al. 1999, Brandt et al. 2000, Schreiber 2000). In beiden Fällen wird als Alternative zum Chaos von Zufall ausgegangen und nicht von einer trivialen Ordnung. Auch andere Systeme überraschen mehr durch ihre Strukturiertheit als durch ihre augenscheinliche Komplexität. Vor diesem Hintergrund ist es kein trivialer Befund, wenn sich z. B. herausstellt, dass die gesamte Variabilität der menschlichen Persönlichkeit über nur fünf Dimensionen abgebildet werden kann (vgl. Costa & McCrae 1992, Borkenau & Ostendorf 1993). Auch wenn hier – im Rahmen der Persönlichkeitsforschung – andere statistische Verfahren zugrunde liegen, ist doch die Interpretation einer Faktorenanalyse ähnlich einer Dimensionalitätsanalyse nach dem Konzept der fraktalen Dimensionalität. Ein hochdimensionaler Zustandsraum ist in beiden Fällen weniger leicht überschaubar als ein niedrigdimensionaler. Es ist also hilfreich, wenn ein Algorithmus zur Komplexitätsbestimmung in der Lage ist, zwischen trivialer Ordnung, Komplexität und blindem Zufall zu unterscheiden (vgl. Abbildung 3, S. 40). Dies wird bei der Dimensionalitätsbestimmung durchaus geleistet (wenn auch nicht mit beliebiger Präzision). Je höher die Dimensionalität einer Phasenraumeinbettung, desto näher liegt sie beim Zufallsprozess, kann aber über eine Sättigung der Berechnungsergebnisse dennoch davon unterschieden werden. Allerdings wachsen mit der Komplexität und damit der Höhe der Dimensionalität auch die Anforderungen an die Datenqualität und vor allem die Länge der Zeitreihen. Es gibt daher Zweifel daran, ob eine hochkomplexe Ordnung mit mehr als zehn Dimensionen mit den aktuellen Algorithmen und endlichen Zeitreihen verlässlich von Zufall unterschieden werden kann (vgl. Tsonis 1992). So werden Berichte über die valide Bestimmung eines 17-dimensionalen Systems mit nur 4.000 Messzeitpunkten (Lorenz 1991) von Tsonis (1992, S. 170) etwas ungläubig kommentiert.

Abschließend kann man festhalten, dass das Verfahren weder handfeste Beweise für noch gegen das Vorliegen von Chaos liefern kann. Bestimmt werden können aber die Freiheitsgrade des Systems und in diesem Sinne bemisst das Verfahren Komplexität:

> The correlation dimension D2, the most widely known nonlinear measure, serves to estimate the degrees of freedom inherent in a system and in this sense may be called the complexity of a system. (Fell et al. 2000, S. 486)

7.2 Algorithmus: Korrelationsintegral – D2

Der Algorithmus der Dimensionalitätsbestimmung ist im Kern durch das sogenannte Korrelationsintegral gegeben, welches von Grassberger und Procaccia (1983a, 1983c) vorgeschlagen wurde und in seiner diskreten Form lautet:

Gleichung 28: Korrelationsintegral

$$C_m(l) = \lim_{N \to \infty} \left[\frac{2}{N(N-w)} \sum_{i=1, j=i+w}^{N} \Theta\left(l - |\vec{X}_i - \vec{X}_j|\right) \right]$$

$C_m(l)$ Korrelationsintegral für die Abstandsobergrenze l im m-dimensionalen Phasenraum
m Einbettungsdimension
l Abstandsobergrenze
N Anzahl nutzbarer Datenpunkte im Phasenraum (vgl. dazu Gleichung 33, S. 228)
w Theiler Window, $w \geq 0$
Θ Heaviside-Funktion, die 1 annimmt, sobald der Abstand der Punkte kleiner ist als l
$\vec{X}_i - \vec{X}_j$ Euklidischer Abstand zwischen zwei Punkten im Phasenraum

Das Korrelationsintegral ist als eine konkrete Implementierung der von Mandelbrot (1977, 1982, 1987) vorgestellten Methode zur Vermessung von fraktalen Kurven zu verstehen. Dabei handelt es sich um eine Anweisungsvorschrift, die direkt auf eine im Phasenraum eingebettete Dynamik angewendet wird. Dazu werden zunächst alle möglichen Abstände zwischen allen möglichen Punkten des Phasenraumes ermittelt, wobei jeder Abstand nur einmal gezählt wird und zeitlich direkt aufeinanderfolgende Punkte übersprungen werden (die Anzahl der übersprungenen Punkte wird mit w angegeben und als *Theiler Window* bezeichnet). In der Gleichung 28 sind die Abstände als Beträge der Differenzen zweier Ortsvektoren $\vec{X}_i$ und $\vec{X}_j$ angeschrieben.

Die Heaviside-Funktion Θ zählt Abstände kleiner als l

Mithilfe der Abstandsberechnung könnte man eine Phasenraumdarstellung wie eine fraktale Küstenlinie vermessen: man würde zunächst den größten Abstand im Phasenraum suchen und diese „Luftlinie" anschließend immer wieder verkleinern und mit diesen verkleinerten Maßstäben immer wieder neu ausmessen. Dabei würde die Anzahl der zur vollständigen Vermessung nötigen kleineren Maßstäbe gezählt werden. Dieses Abzählen wird durch das Korrelationsintegral in einer ganz ähnlichen Weise realisiert. Dafür sorgt die mit Θ bezeichnete Funktion. Bei Θ handelt es sich um eine sogenannte *Heaviside*-Funktion, die den Wert eins annimmt für die Bedingung, dass der Abstand zwischen zwei Punkten im Phasenraum kleiner ist als l, während sie den Wert null ergibt, wenn dies nicht der Fall ist. Auf diese Weise zählt das Korrelationsintegral, wie viele Abstände zwischen allen möglichen Punktepaaren kleiner sind als mit l angegeben und relativiert diese Zahl auf die Anzahl aller berücksichtigten Abstände (die folgende Darstellung beruht bis Ende Kapitel 7.2.1 auf Strunk 2004, S. 366 ff., Strunk & Schiepek 2006, S. 209 ff.).

Die Grundlage für die Ermittlung des Korrelationsintegrals ist also die Abstandsmessung zwischen Punkten im Phasenraum, wobei auch hochdimensionale Phasenräume berücksichtigt werden können. Diese Abstandmessung kann relativ leicht über die folgenden Zusammenhänge erfolgen. Die beiden Ortsvektoren sind gegeben als Koordination mit m Komponenten im m-dimensionalen Raum (jede Komponente, d. h., jede Dimension wird hier mit k bezeichnet; vgl. auch Gleichung 17, S. 163, dort wird gezeigt, wie die hier mit k bezeichneten Komponenten durch Zeitverzögerungskoordinaten erzeugt werden).

$$\vec{X}_i = (x_{i,k=1}, x_{i,k=2}, \ldots, x_{i,k=m})$$
$$\vec{X}_j = (x_{j,k=1}, x_{j,k=2}, \ldots, x_{j,k=m})$$

$\vec{X}_i, \vec{X}_j$ Punkte im Phasenraum
x_i, x_j Komponenten der Punkte bei i und bei j im Phasenraum
k Laufvariable für die Raumdimensionen
m Einbettungsdimension

Der Euklidische Abstand d_{ij} dieser Ortsvektoren im m-dimensionalen Raum ist gegeben durch:

Gleichung 29: Abstand zwischen Punkten im Phasenraum

$$d_{ij} = \left| \vec{X}_i - \vec{X}_j \right| = \sqrt{\sum_{k=1}^{m} (x_{i,k} - x_{j,k})^2}$$

d_{ij} Euklidischer Abstand zwischen zwei Punkten im Phasenraum
$\vec{X}_i, \vec{X}_j$ Punkte im Phasenraum
m Einbettungsdimension
k Laufvariable für die Raumdimensionen
x_i, x_j Komponenten der Punkte bei i und bei j im Phasenraum

Daraus folgt für das Korrelationsintegral:

$$C_m(l) = \lim_{N \to \infty} \left[\frac{2}{N(N-w)} \sum_{i=1, j=i+w}^{N} \Theta(l - d_{ij}) \right]$$

$C_m(l)$ Korrelationsintegral für die Abstandsobergrenze l im m-dimensionalen Phasenraum
m Einbettungsdimension
l Abstandsobergrenze
N Anzahl nutzbarer Datenpunkte im Phasenraum (vgl. dazu Gleichung 33, S. 228)
w Theiler Window, $w \geq 0$
Θ Heaviside-Funktion, die 1 annimmt, sobald der Abstand der Punkte kleiner ist als l
d_{ij} Euklidischer Abstand zwischen zwei Punkten im Phasenraum

Um das Korrelationsintegral numerisch zu bestimmen, empfiehlt es sich, eine sortierte Liste aller möglichen Abstände zwischen allen Punkten im Phasenraum nach Gleichung 29 anzulegen. Anhand der Position eines Abstandes in der Liste kann sofort angegeben werden, wie viele Abstände kleiner sind als der gegebene Abstand. Wird diese Zahl jeweils durch $\frac{1}{2} N(N-w)$ geteilt, so ist $C_m(l)$ für alle l direkt ablesbar (vgl. Strunk & Schiepek 2006, S. 209).

Grassberger (1990) hat darauf hingewiesen, dass es für die Berechnung der Korrelationsdimension wichtig ist, dass Datenpaare herangezogen werden, die unabhängig voneinander die Struktur eines Attraktors begründen und nicht miteinander korreliert sind. Einer Argumentation von Theiler (1990) folgend ist es sinnvoll, hoch korrelierte Datenpaare von der Berechnung auszuschließen. Insbesondere dann, wenn eine „langsame" Systemdynamik in einer hohen zeitlichen Auflösung erfasst wurde, sind zeitlich benachbarte Messwerte über einen längeren Zeitraum hinweg korreliert. Dies führt zu einer Verzerrung der Dimensionalitätsberechnung, weil hoch korrelierte Datenreihen eine Dimensionalität von null erwarten lassen. Daher schlägt Theiler (1990) vor, Abstände zwischen zeitlich benachbarten Messwerten nicht mit in die Berechnung aufzunehmen. Die Messwertpaare sollten mindestens w Zeittakte zeitlich voneinander entfernt sein, um in die Berechnung einzugehen. Dabei ist dieses *Theiler Window* w größer zu wählen als der erste Nulldurchgang der Autokorrelation, da diese nur die linearen Korrelationen berücksichtigt. Grassberger (1990) fordert eine generöse Breite für das *Theiler Window*. Dabei muss aber berücksichtigt werden, dass sich die Zahl der für das Korrelationsintegral verfügbaren Datenpaare durch das *Theiler Window* verringert, sobald es das Ende der Zeitreihe erreicht.

Ein geeigneter Skalierungsbereich wird häufig nach Augenmaß bestimmt

Wie bereits aus Gleichung 27 (S. 213) ersichtlich, ist die Dimensionalität definiert als lineare Steigung des Logarithmus der Anzahl der Maßeinheiten in Abhängigkeit vom Logarithmus der Größe des Maßstabes. Auch die Korrelationsdimension (D2) ist gegeben durch die lineare Steigung einer Geraden in der Kurve der $\log(C_m(l))$ aufgetragen gegenüber $\log(l)$. Für empirische Zeitreihen zeigt sich jedoch sehr häufig, dass ein linearer sogenannter *Skalierungsbereich* (vgl. Abbildung 60) nur in einem schmalen Ausschnitt identifiziert werden kann. Da der Skalierungsbereich gekennzeichnet sein sollte von einer Konstanz in der Steigung der Geraden im Plot von $\log(C_m(l))$ vs. $\log(l)$, kann es hilfreich sein, die Veränderung dieser Steigerung in einer eigenen grafischen Darstellung genauer zu untersuchen. Mathematisch gesprochen, handelt es sich dabei um die erste Ableitung des Plot von $\log(C_m(l))$ vs. $\log(l)$ nach $\log(l)$. Sie wird auch als *Slope* bezeichnet.

Der *Slope* sollte im Skalierungsbereich eine Parallele zur Abszisse bilden. Der Abstand dieser Parallelen zur Abszisse entspricht dem D2 für die gewählte Einbettungsdimension. Da die Veränderung des *Slope* im Skalierungsbereich null sein sollte, kann man auch die zweite Ableitung des Plot von $\log(C_m(l))$ vs. $\log(l)$ nach $\log(l)$ bestimmen (*Slope* des *Slope*) und den Bereich identifizieren, der nur gering um null streut (vgl. Abbildung 60). In vielen Anwendungen des Korrelationsintegrals wird der Skalierungsbereich von Hand nach Augenschein bestimmt (vgl. z. B. Yadav et al. 1999, S. 657). Soll das D2 aber z. B. für ein gleitendes Fenster ermittelt werden, so muss die Berechnung vielfach wiederholt werden. Eine Anpassung des Skalierungsbereiches von Hand ist dann nur wenig praktikabel.

> As mentioned above, although computation of the correlation integral C(l) is straightforward once the delay time τ and the embedding dimension m are fixed, determination of the linear *Scaling Region* in log(C(l)) versus log(l) is a somewhat unstraightforward problem of pattern recognition. One method is simply to visually identify the linear *Scaling Region* by viewing a plot of log(C(l)) versus log(l). Besides its subjectivity […], this method simply is not feasible for large data sets. (Pritchard & Duke 1995, S. 381)

Strunk (2004, S. 369) hat zur automatischen Bestimmung des Skalierungsbereiches ein Verfahren vorgestellt, mit dem die Region, die am ehesten eine lineare Steigung aufweist, nach und nach immer mehr eingekreist wird.

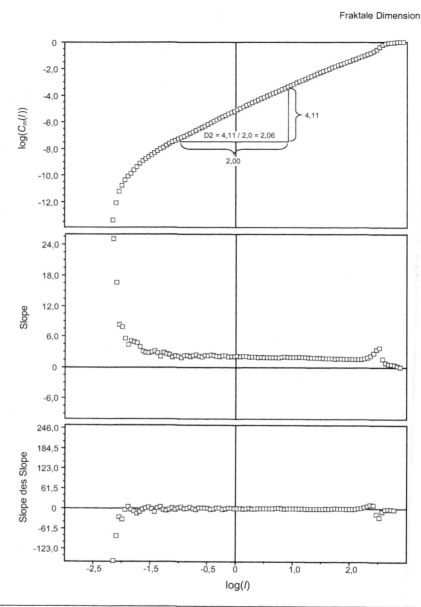

Abbildung 60: **Korrelationsintegral in Abhängigkeit von *l***
Oben: Mit wachsendem *l* steigt der Wert des Korrelationsintegrals. Im sogenannten Skalierungsbereich ist die Steigung in der doppelt logarithmischen Darstellung linear. Der *Slope* (Mitte) bezeichnet die Steigung des logarithmierten Korrelationsintegrals ($\log(C_m(l))$). Im Skalierungsbereich verändert sich der *Slope* nicht, sodass der *Slope* des *Slope* (Veränderung des *Slope*, Unten) bei null liegt. Die Abbildung beruht auf der Analyse des Lorenz-Systems (vgl. Abbildung 12, S. 57) mit den Parametern: $r = 29$, $\sigma = 10$ und $b = 2{,}6667$. (Abbildung und Abbildungsuntertitel in Anlehnung an: Strunk 2004, S. 368, erstellt mit GChaos)

Insgesamt geht der Algorithmus in fünf Schritten vor:

1. Von links (niedriges $\log(l)$) nach rechts (hohes $\log(l)$) werden sukzessive alle Werte des *Slope* ausgeschlossen, bis zum ersten Mal eine Verringerung der Stei-

gung eintritt. Auch von rechts nach links voranschreitend werden sukzessive alle Werte ausgeschlossen, bis zum ersten Mal eine Verringerung der Steigung eintritt. Sollte dadurch kein zusammenhängender Bereich mehr definiert werden können (die Ausschlüsse überlappen einander), wird dieser erste Schritt übersprungen.

2. Im bisher definierten Bereich wird nun die zweite Ableitung von $\log(C_m(l))$ nach $\log(l)$ berechnet, also die sich jeweils für aufeinanderfolgende Werte des *Slope* ergebende Veränderung bestimmt. Im Skalierungsbereich sollte sich der *Slope* nur geringfügig ändern, sodass die zweite Ableitung Werte nahe null einnehmen sollte.

3. Von links nach rechts werden sukzessive alle Veränderungen des *Slope* ausgeschlossen, die größer als eins sind. Da solche dramatischen Veränderungen nur am linken Ende des *Slope* zu erwarten sind, wird auf ein entsprechendes Vorgehen am rechten Ende verzichtet.

4. Für den so eingegrenzten und von groben Ausreißern befreiten Bereich wird nun der mittlere *Slope* (*AMS*) und die mittlere Abweichung (*AB*) von diesem Mittelwert bestimmt. Registriert wird dabei der Betrag der Abweichung vom Mittelwert. Um den Mittelwert wird mithilfe der mittleren Abweichung ein Intervall (*AMS* − *AB* bis *AMS* + *AB*) gebildet.

5. Im bisher definierten Bereich wird nun der größte zusammenhängende (also nicht durch Ausreißer unterbrochene) Abschnitt des *Slope* gesucht, dessen Werte innerhalb des definierten Intervalls liegen. Dieser Bereich, sofern einer existiert, stellt den gesuchten Skalierungsbereich dar. Die Güte der Anpassung einer Geraden an den Plot von $\log(C_m(l))$ vs. $\log(l)$ im Skalierungsbereich wird in der Folge über einen Korrelationskoeffizienten ermittelt.

Das Verfahren wurde mit verschiedenen Beispielsystemen ausführlich auf seine Zuverlässigkeit getestet. Insgesamt führt es zu schmaleren Skalierungsbereichen, als sie sich per Augenschein ergeben würden. Es hat sich daher als hilfreich herausgestellt, den Skalierungsbereich zunächst nach Maßgabe des hier vorgestellten Algorithmus für jede Einbettungsdimension einzeln einzugrenzen und dann die Berechnungen mit einem für alle Einbettungen einheitlich festgelegten Skalierungsbereich zu wiederholen. Dieser einheitliche Skalierungsbereich ergibt sich aus der insgesamt geringsten unteren Grenze für $\log(l)$ und der insgesamt größten oberen Grenze für $\log(l)$ der Skalierungsbereiche der einzelnen Einbettungsdimensionen.

Innerhalb der Grenzen des Skalierungsbereiches wird eine Regressionsgerade an den Plot von $\log(C_m(l))$ vs. $\log(l)$ nach der Methode der kleinsten Quadrate angepasst. Die Gerade hat dabei die Form:

Gleichung 30: Regressionsgleichung für das D2

$$\log(C_m(l)) = b_m + D2_m \log(l)$$

$C_m(l)$ Korrelationsintegral für die Abstandsobergrenze *l* im m-dimensionalen Phasenraum
m Einbettungsdimension
l Abstandsobergrenze
b_m Schnittpunkt mit der Ordinaten-Achse
$D2_m$ Korrelationsdimension für die gegebene Einbettungsdimension

Immer dann, wenn die Bestimmung eines Skalierungsbereiches möglich ist, kann die Steigung der Geraden für log($C_m(l)$) vs. log(l) als gute Schätzung für die Korrelationsdimension $D2_m$ bei einer gegebenen Einbettungsdimension gelten. Probleme bei der Bestimmung des Skalierungsbereiches können sich z. B. durch verrauschte Daten oder ein fehlerhaft gewähltes *Time-Lag* ergeben. Aber auch dann, wenn eine Korrelationsdimension für eine bestimmte Einbettungsdimension ermittelt werden kann, setzt ihre Interpretation als D2-Schätzung voraus, dass der Wert auch für die passende Einbettungsdimension berechnet wurde. Da diese für empirische Daten in der Regel nicht *a priori* bekannt ist, muss die D2-Berechnung für verschieden hohe Einbettungsdimensionen m mit m = 1, 2, 3, 4, ... M wiederholt werden.

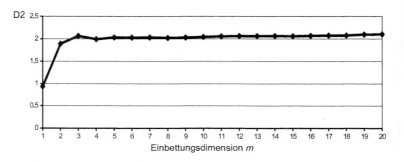

Abbildung 61: **D2 bei wachsender Einbettungsdimension**
Mit wachsender Einbettungsdimension m steigt der Wert für das D2 zunächst an, bis sich eine Sättigung zeigt. Für die in Abbildung 60 dargestellten Daten kann in guter Näherung bereits ab drei Dimensionen eine Sättigung beobachtet werden. In der Literatur wird für das Lorenz-System eine Dimensionalität von 2,06 angegeben (z. B. Argyris & Andreadis 1998a).

Die Werte des D2 müssen sich bei steigender Einbettung einem festen Wert annähern

Der Plot der für jede Einbettungsdimension berechneten Korrelationsdimension aufgetragen gegenüber der Einbettungsdimension m beschreibt im Idealfall eine logarithmische Form, d. h. dass mit steigendem m zunächst auch das D2 steigt, dann aber eine Sättigung eintritt, die dazu führt, dass sich das D2 nicht mehr erhöht, wenn m erhöht wird (vgl. Abbildung 61). Ohne viel Aufwand kann die Sättigung über eine lineare Regression durch die D2-Werte der höchsten Einbettungsdimensionen bestimmt werden. Ein Grenzwert für eine maximal zulässige Steigung im Sättigungsbereich kann dann leicht überprüft werden (hier hat sich eine Steigung von 0,05 bis 0,1 pro Dimension als Grenzwert bewährt). Auch ein starker Ausreißer im letzten Drittel der gewählten Einbettungsdimensionen kann zur Prüfung der Sättigung herangezogen werden.

Steigt das D2 mit wachsender Einbettungsdimension stetig weiter, ist das ein Hinweis auf einen stochastischen Prozess. Eine unendlich lange Zeitreihe vorausgesetzt, würde ein reiner Zufallsprozess jeweils exakt den D2-Wert ergeben, der als Einbettungsdimension gewählt wird, unabhängig von der Höhe der jeweiligen Einbettungsdimension. Es würde jeweils der gesamte Phasenraum „bis ins letzte Eck" vom Zufallsrauschen gefüllt werden. Praktisch gesehen sättigt aber auch ein Zufallsprozess bei sehr hohen Einbettungsdimensionen, wenn die Länge der Zeitreihe begrenzt ist. Der Phasenraum kann dann nicht mehr vollständig gefüllt werden. Das bedeutet dann aber, dass man auch bei einer Sättigung nicht sicher davon ausgehen kann, dass in jedem Fall eine geordnete Struktur identifiziert wurde.

Zudem hat sich in den letzten Jahren gezeigt, dass der D2-Algorithmus durch bestimmte stochastische Systeme „getäuscht" werden kann. Diese führen zu einer Sättigung, obwohl sie nicht auf deterministischen Prozessen beruhen. Dies gilt insbesondere für eine Dynamik, die sich durch sogenanntes farbiges Rauschen auszeichnet (Osborne & Provenzale 1989). Es handelt sich dabei um einen linear-stochastischen Prozess, der im Frequenzspektrum an seinem exponentiell abfallenden Spektralband erkannt werden kann. Die Spektraldichte folgt dabei der Form $1/f^x$, wobei sich eine irreführende Sättigung des D2 bei $2/(x-1)$ ergibt (Pritchard & Duke 1995). In diesem Sinne kann dann aber das Vorliegen einer Sättigung des D2 nicht mehr als eindeutiger Beleg für eine deterministische Dynamik gewertet werden.

Surrogatdatenverfahren dienen der Absicherung der Ergebnisse und sollten immer angewendet werden

In jedem Fall ist daher eine Surrogatdatentestung durchzuführen, um die Ergebnisse der Analyse abzusichern. Dreh- und Angelpunkt der Surrogatdatentestung ist dabei der Algorithmus für die Erzeugung der Surrogatdaten. Eine Holzhammermethode stellt das zufällige Mischen der empirischen Datenreihe dar. Die Abfolge der Messpunkte wird dabei völlig unzusammenhängend „durcheinandergeschaufelt". So ergibt sich eine Zufallszeitreihe mit gleichen statistischen Kennwerten wie z. B. Werteverteilungen, Mittel-, Modalwerten, Quartilen und Streuung. Allein die dynamischen Informationen gehen vollständig verloren. Kann hier im Gegensatz zur Ausgangszeitreihe kein finites D2 ermittelt werden, so gilt dies als ein Hinweis darauf, dass die Ausgangszeitreihe eine geordnete dynamische Struktur aufweist. Zielgerichteter lässt sich das Verfahren der FT-Surrogate einsetzen. Hier werden durch Anwendung einer Fourier-Transformation (FT) und Rücktransformation gezielt nur lineare Korrelationen in den Daten erhalten, nichtlineare jedoch zerstört. Solche FT-Surrogate testen damit auf Nichtlinearität, die eine Voraussetzung für Chaos darstellt. Ausführlicher wurde das Vorgehen bereits oben beschrieben (vgl. Abbildung 21, S. 121 und die dort gegebenen Erläuterungen). Mit der Hilfe von FT-Surrogaten ist insbesondere auch eine Absicherung gegen das $1/f^x$-Rauschen möglich.

7.2.1 Datenqualität, Voraussetzungen

Methoden zur Dimensionalitätsbestimmung der Phasenraumeinbettung empirischer Datensätze sind rechenzeitintensiv und empfindlich in Bezug auf die Datenqualität. Probleme können sich ergeben durch kurze Zeitreihen (Nerenberg & Essex 1990, Seitz et al. 1992, Jedynak et al. 1993), fehlende Stationarität (worunter auch Phasenübergänge zu zählen sind, Babloyantz & Destexhe 1987, Skinner 1992, Gao 2001), unsaubere Phasenraumeinbettung (auch die gewählte Einbettungsdimension sollten zur Dynamik passen, Fraser & Swinney 1986, Buzug & Pfister 1992) und Messfehlerrauschen (Argyris & Andreadis 1998b, 1998a). Nicht immer gelingt daher die valide Bestimmung der fraktalen Dimensionalität. Neben den genannten Einschränkungen könnte ein Fehlschlagen der Berechnungen auch ein Hinweis auf einen

Zufallsprozess sein. Zufall füllt – genügend viele Daten vorausgesetzt – jeden Phasenraum und ist damit unendlich-dimensional.

Die Anforderungen an die Länge der Zeitreihe sind sehr hoch

Ein besonders kritischer Aspekt bei der Berechnung des D2 nach dem beschriebenen Verfahren stellt die Länge der Zeitreihen dar. Viele, sich häufig widersprechende Faustregeln fordern relativ lange – im Idealfall unendlich lange – Zeitreihen. Das höchste D2, das mit einer gegebenen Zeitreihenlänge N ermittelt werden kann, beläuft sich z. B. nach Jedynak, Bach und Timmer (1993) auf:

Gleichung 31: Zeitreihenlänge für D2 (Faustregel 1)

$$D2_{max} \leq 2\log_{10} N$$

$$N \geq 10^{\frac{D2_{max}}{2}}$$

$D2_{max}$ Maximal bestimmbare Korrelationsdimension
N Zeitreihenlänge

Kann vermutet werden, dass der untersuchte Attraktor mehr Dimensionen aufweist, so muss eine entsprechend längere Zeitreihe benutzt werden (Jedynak et al. 1993). Nerenberg und Essex (1990) verweisen auf weit strengere Kriterien. Das Minimum an Messpunkten N für eine Genauigkeit des D2 in einem 95%tigen Konfidenzintervall bei einer bestimmten Einbettungsdimension m geben sie nach folgender Regel an:

Gleichung 32: Zeitreihenlänge für D2 (Faustregel 2)

$$N \geq 10^{2+0,4m}$$

m Einbettungsdimension
N Zeitreihenlänge

Wird eine maximale Einbettung von sechs Dimensionen gewählt, werden über 25.000 Datenpunkte nötig, während nach der von Jedynak, Bach und Timmer (1993) vorgeschlagenen Faustregel ca. 1.000 Datenpunkte ausreichen würden (Nerenberg & Essex 1990).

Zu kurze Zeitreihen führen in der Regel zu einer Unterschätzung der tatsächlichen Dimensionalität. Das liegt zum einen daran, dass hohe Einbettungsdimensionen sehr lange Zeitreihen erfordern, um überhaupt Koordinaten im Phasenraum zu generieren. Bei z. B. $m = 20$ Dimensionen und einem *Time-Lag* von $\tau = 5$ werden zuzüglich zum ersten Datenpunkt weitere 19 mal 5 Datenpunkte benötigt, um nur einen einzigen Koordinatenpunkt im Phasenraum zu erzeugen. Im gegebenen Beispiel sind also 96 Datenpunkte erforderlich für nur einen Punkt im Phasenraum (allgemein: $\tau(m-1) + 1$). Oder anders formuliert: Eine Zeitreihe verkürzt sich im Zuge der Einbettung in den Phasenraum. Der Phasenraum enthält also nicht so viele Punkte, wie die Länge der Zeitreihe suggeriert. Die tatsächliche Anzahl von Punkten im Phasenraum kann nach folgender Gleichung bestimmt werden (siehe dazu bereits oben auf S. 163 die Gleichung 17):

Gleichung 33: Zahl der Datenpunkte im Phasenraum

$$N^* = N - \tau(m-1)$$

N^* tatsächliche Anzahl von Datenpunkten im Phasenraum
N Länge der Zeitreihe
τ Time-Lag
m Einbettungsdimension

Daraus folgt, dass mit zunehmender Einbettungsdimension die Datendichte im rekonstruierten Phasenraum geringer wird. Auch wenn Rauschanteile in den Daten dazu tendieren, jeden noch so großen Phasenraum zu füllen, wird das bei einer vergleichsweise kurzen Zeitreihe nicht der Fall sein können. In der Folge wird die Dimensionalität unterschätzt. In der Praxis gilt zudem auch der umgekehrte Fall, dass zu lange Zeitreihen zu Überschätzungen führen können. Dies liegt daran, dass auch geringfügige Rauschanteile in den Daten den Phasenraum dann ausfüllen, wenn genügend Datenpunkte dafür vorhanden sind.

Eine weitere Faustregel wird von Seitz et al. (1992) genannt. Diese bestimmt eine minimal benötigte Zeitreihenlänge N_{min} über die Auflösung b der Zeitreihe und die angestrebte Einbettungsdimension m nach folgender Beziehung:

Gleichung 34: Zeitreihenlänge für D2 (Faustregel 3)

$$N_{min} \geq b^m$$

N_{min} Minimal benötigte Zeitreihenlänge
b Auflösung der Zeitreihe (Zahl der unterschiedlichen Werte)
m Einbettungsdimension

Dabei bezeichnet b die Auflösung, die minimal erforderlich ist, um eine valide Bestimmung des D2 überhaupt zu ermöglichen. Die Auflösung wird hier verstanden als Anzahl von disjunkten Abschnitten des Wertebereiches, die noch in der Lage sind, die Dynamik abzubilden. So unterteilt z. B. eine fünfstufige Ratingskala den Wertebereich für eine Einschätzungsfrage in fünf Abschnitte ($b = 5$), obwohl der Zahlenbereich zwischen 0 (erste Stufe des Ratings) und 4 (letzte Stufe des Ratings) theoretisch gesehen unendlich viele Abstufungen aufweisen könnte. Leider kann das minimal erforderliche b nicht ohne Modellrechnungen bestimmt werden, sodass man hier auf Faustregeln angewiesen ist.

Für die Hénon-Zeitreihe (Abbildung 62) mit einem bekannten D2 = 1,25 kommen Seitz et al. (1992) bei einem $b = 10$ und einem $m = 2$ mit nur 100 Datenpunkten aus. Für $b = 6$ konnte von ihnen auch bei 10.000 Datenpunkten für die Hénon-Map kein Skalierungsbereich mehr gefunden werden (Seitz et al. 1992). Vor dem Hintergrund, dass in den Sozialwissenschaften häufig Ratingskalen mit ähnlich begrenzter Auflösung Verwendung finden, sollten diese Ergebnisse als Aufforderung für höher auflösende Verfahren verstanden werden.

Die beiden zuletzt genannten Regeln zur minimalen Zeitreihenlänge beziehen sich auf die Einbettungsdimension, die nötig ist, um eine Sättigung zu identifizieren. Diese Einbettungsdimension hängt aber von der Dimensionalität der zu untersuchenden Dynamik ab und kann vor der Analyse nur unzureichend abgeschätzt werden. Nach einer Faustregel von Farmer (1982b) werden für die valide Bestimmung des D2 Einbettungsdimensionen von

Gleichung 35: Faustregel für die Einbettungsdimension

$$m \geq 2 \cdot D2 + 1$$

m Mindestens nötige Einbettungsdimension
D2 Korrelationsdimension

benötigt. Zudem kann davon ausgegangen werden, dass die Anzahl der Einbettungsdimensionen, die über den wahren Wert des D2 hinaus gebraucht werden, keine so große Verlängerung der Zeitreihen fordern, wie es für die Anzahl der tatsächlichen Dimensionen der Fall ist.

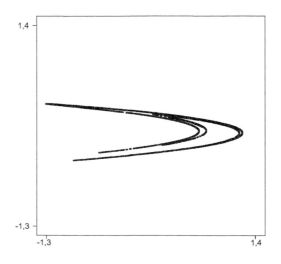

Abbildung 62: Attraktor des Hénon-Systems

Das Hénon-System gehört mit dem Verhulst-System zu den bekanntesten und einfachsten chaotischen Systemen. Die Gleichungen lauten (sie sind in GChaos implementiert unter „*File / Create Time Series ...*"):

$$x_{n+1} = y_n + 1 - ax_n^2$$
$$y_{n+1} = bx_n$$

Mit a = 1,4 und b = 0,3 ergibt sich ein chaotischer Attraktor. Dieser ist in der Abbildung dargestellt.

Unter anderem kommt es darauf an, die „richtige" Zeitreihe zu untersuchen

Insgesamt muss leider festgestellt werden, dass die angegebenen Faustregeln nicht nur jeweils sehr unterschiedliche Anforderungen an die Länge der zu untersuchenden Zeitreihen stellen. Zudem können die mithilfe von Modellzeitreihen erprobten Forderungen immer nur für diese Modelldaten Gültigkeit beanspruchen. In Abhängigkeit von verschiedenen Faktoren, wie Rauschanteil, Komplexität der Dynamik, *Range* und Auflösung der Daten, ergibt sich dann erst im Einzelfall, wie lang die Zeitreihen tatsächlich sein müssen, damit ein zufriedenstellendes Ergebnis ermittelt werden kann. Lorenz (1991) gelang es, 17 Dimensionen mit nur 4.000 Messpunkten relativ reliabel zu bestimmen, wobei er zeigen konnte, dass nicht alle Variablen des von ihm untersuchten Modell-Systems so genaue Berechnungen zuließen. Dies Beispiel zeigt, dass bestimmte, stark mit anderen Variablen gekoppelte Größen durch ihre starke Involviertheit ins System genauere Ergebnisse liefern als andere, eher am Rande des Systems stehende Variablen (vgl. Tsonis 1992, S. 170, Lorenz 1991).

Lange Zeitreihen können zur Nichtstationarität führen

Die Forderung nach möglichst langen Zeitreihen zielt in erster Linie auf eine reliable Schätzung der Dimensionalität ab, vergrößert aber auf der anderen Seite die Gefahr für nichtstationäre Entwicklungen, die eine verlässliche Bestimmung des D2 ebenfalls erschweren. Denn grundsätzlich geht das Korrelationsintegral davon aus, dass eine Zeitreihe eben nur eine – über den gesamten Zeitraum hinweg invariante – Dimensionalität aufweist. Hat sich im Untersuchungszeitraum ein Phasenübergang ereignet, so ist diese Annahme verletzt und die Berechnung des D2 führt zu falschen Ergebnissen (wenn überhaupt eine valide Bestimmung des Skalierungsbereiches oder der Sättigung möglich ist). Lange Beobachtungszeiträume erhöhen dabei generell die Gefahr für nichtstationäre Entwicklungen. Ist mit einer fehlenden Stationarität zu rechnen, sollte an Stelle des D2 ein PD2 (vgl. S. 255) gerechnet werden.

Messfehlerrauschen führt zu Problemen bei der Berechnung des D2

Unabhängig von der Zeitreihenlänge hat auch der Anteil des Messfehlerrauschens einen Einfluss auf die Verlässlichkeit der Dimensionalitätsschätzungen. Messfehlerrauschen kann die Identifikation des Skalierungsbereiches erschweren und/oder eine Sättigung der Dimensionalität bei steigenden Einbettungsdimensionen verhindern. Für zahlreiche Testreihen mit bekannter Dynamik konnten diese Probleme zum Teil schon für geringe Rauschanteile nachgewiesen werden (z. B. Seitz et al. 1992). Im Allgemeinen führt Messfehlerrauschen entweder zu einem Fehlschlagen der Analyse (Abbruch wegen fehlender Sättigung oder Skalierung) oder zu D2-Werten, die gegenüber einer entsprechenden rauschfreien Zeitreihe signifikant erhöht sind (Argyris & Andreadis 1998b, 1998a).

Strange Attractors
Fraktale Geometrie, D2
(Ruelle & Takens 1971, Mandelbrot 1977, 1982, Grassberger & Procaccia 1983a, 1983c, Mandelbrot 1987)

Was wird gemessen?	Fraktale Dimensionalität, Zahl der Freiheitsgrade.
Hohe Werte bedeuten ...	Komplexität. Zufall wird im Idealfall ausgeschlossen.
Dynamik	Die Struktur im Phasenraum spielt eine Rolle, nicht aber die zeitliche Abfolge der Datenpunkte.
Phasenraumeinbettung	Ja.
Skalenniveau	Intervall / keine stark eingeschränkte Auflösung.
Minimale Datenlänge	$N \geq 200 - 1000$ $N \geq 10^{\frac{D2}{2}}$
Stationarität erforderlich	Ja.

Tabelle 21: Übersicht über das Verfahren: *Strange Attractors*, fraktale Geometrie, D2
Die angegebene minimale Datenlänge ist als grobe Orientierung zu verstehen. Bei hochkomplexen Daten sind längere Zeitreihen erforderlich als bei weniger komplexen (siehe dazu ausführlicher im Text).

Tsonis (1992) kritisiert an der gängigen Auswertungspraxis, dass Verfahren zur Rauschfilterung noch zu wenig benutzt würden. Er nennt mehrere Möglichkeiten für eine Rauschfilterung, die seiner Einschätzung nach keine Manipulation des mit dem Rauschen überlagerten Signals bewirken. Dazu gehören vor allem Verfahren des sogenannten *Shadowing*, mit denen versucht wird, aus verrauschten bzw. zu kurzen Zeitreihen genügend Informationen zu gewinnen, um daraus eine künstliche

Zeitreihe zu rekonstruieren, die wie ein Schatten den gegebenen Werten möglichst genau folgt. Dimensionalität und andere chaosrelevante Kennwerte könnten dann für den *Shadow* berechnet werden (siehe dazu ausführlicher S. 132 ff.).

Interessiert eine möglichst exakte Bestimmung des D2, so empfiehlt es sich, so weit wie möglich sowohl auf Methoden zur Rauschfilterung als auch auf Methoden des *Shadowing* zu verzichten. Insbesondere von gezielt auf bestimmte Frequenzbereiche ausgelegten Rauschfiltern, wie sie in der Signalverarbeitung gerne eingesetzt werden, ist bei chaotischen Zeitsignalen abzuraten. Bei hochkomplexen chaotischen Strukturen kann eine Trennung von Signal und Rauschen kaum über globale Verfahren erreicht werden. Dort, wo dennoch nicht auf eine Rauschfilterung verzichtet werden kann, empfiehlt es sich mit Breitbandfiltern, wie z. B. dem gleitenden arithmetischen Mittel (vgl. Gleichung 16, S. 133f.), zu arbeiten oder gezielt die nichtlinearen Methoden des *Shadowing* anzuwenden.

Geht es hingegen nicht so sehr um einen möglichst exakten Wert für das D2, sondern um relative Vergleiche zwischen verschiedenen Datenreihen, so können Rauschfilter und *Shadowing*-Verfahren durchaus sinnvoll eingesetzt werden, wenn sichergestellt werden kann, dass die zu vergleichenden Datenreihen jeweils gleichbehandelt werden, also die Komplexität jeweils im gleichen Maße reduziert wird (eine Rauschfilterung führt in der Regel zu einer Verminderung der Komplexität).

7.2.2 Praktische Durchführung

Test der Voraussetzungen, Datenvorbereitung, Absicherung

Vor der Anwendung des D2 sind zunächst die Voraussetzungen für das Verfahren zu prüfen. Tabelle 21 verweist darauf, dass die Daten in Intervallskalenniveau vorliegen sollten und die Auflösung der Daten nicht zu grob sein sollte. Wie bereits dargestellt, genügte bei Modellrechnungen mit dem bekannten Hénon-System eine Auflösung des Wertebereiches in sechs disjunkte Abschnitte nicht, um einen Skalierungsbereich zu identifizieren (Seitz et al. 1992). Handelt es sich bei dem zu untersuchenden System um eines, für das keine sehr hohe Komplexität erwartet werden kann, so kann bereits mit 200 Datenpunkten ein Berechnungsversuch gewagt werden. In der Regel werden jedoch längere Zeitreihen erforderlich sein.

Das D2 ist ein Verfahren, welches nur für stationäre Datensätze geeignet ist. Gibt es theoretische Gründe, die gegen die Stationaritätsannahme sprechen, oder ist der Beobachtungszeitraum so lang, dass Veränderungen der Dynamik nicht ausgeschlossen werden können, sollte auf das D2 verzichtet werden. Für einen solchen Fall empfiehlt sich die Berechnung eines D2 in einem gleitenden Fenster oder der Einsatz des PD2 (vgl. S. 255 – oder eine trickreiche Kombination beider Ansätze ab S. 272).

Das D2 beruht auf einer Phasenraumeinbettung, sodass zunächst das *Time-Lag* für diese bestimmt werden muss. Da die Berechnung fehlschlägt, wenn die Einbettung durch ein unpassendes *Time-Lag* verzerrt wird, empfiehlt sich eine Berechnungsserie zu erstellen, bei der das *Time-Lag* variiert wird und die Stabilität der Berechnungsergebnisse geprüft werden kann.

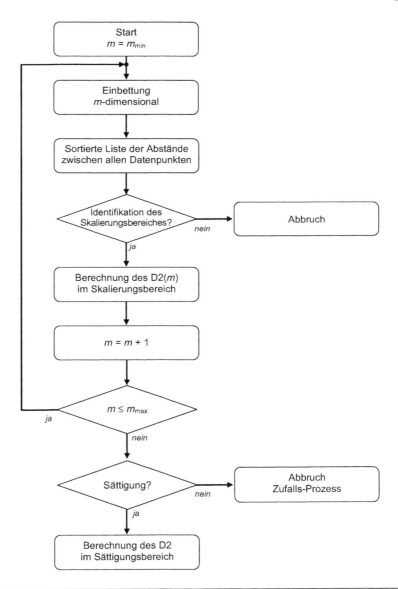

Abbildung 63: **Algorithmus der D2-Berechnung**
Der Algorithmus startet bei einer festgelegten minimalen Einbettungsdimension $m = m_{min}$ und bestimmt das D2(m) für alle Einbettungsdimensionen bis zu einer vorher festgelegten Grenze (m_{max}). Nach Verlassen der Dimensionsschleife wird die Sättigung überprüft und bei Vorliegen das D2 im Sättigungsbereich bestimmt.

Eine D2-Analyse ist in jedem Fall über Surrogatdatentestungen abzusichern. *Random*-Surrogate können hier erste Hinweise liefern. Da durch *Random*-Surrogate die Ordnung in den Daten restlos zerstört wird, ist der Test relativ leicht zu bestehen. Allzu häufig geht bei den *Random*-Surrogaten die Sättigung vollständig verloren, die für die Originalzeitreihe noch gefunden werden konnte. Das entspricht zwar den Erwartungen, aber eine möglicherweise falsch positive Sättigung der Originalzeitreihe durch $1/f^x$-Rauschen kann so nicht festgestellt werden. Hierfür sind FT-Surrogate nötig, die gezielt durch Anwendung einer Fourier-Transformation und Rücktransformation nur lineare Korrelationen in den Daten erhalten, nichtlineare jedoch zerstören. Solche FT-Surrogate testen damit auf Nichtlinearität, die eine Voraussetzung für Chaos darstellt. Ausführlicher wurde das Vorgehen bereits oben beschrieben (vgl. Kapitel 4.4, S. 119 ff. und die dort gegebenen Erläuterungen).

Durchführung der Berechnung

Abbildung 63 zeigt die einzelnen Schritte des D2-Algorithmus. Die Hauptschleife beruht auf der wiederholten Einbettung der Daten in immer höher-dimensionale Einbettungsräume. Für jeden Durchlauf ist der Skalierungsbereich zu identifizieren, was entweder „von Hand" mithilfe eines Plots des Korrelationsintegrals gegenüber $\log(l)$ geschieht oder automatisiert durchgeführt werden kann.

Nach dem Abarbeiten der Dimensionalitätsschleife folgt die Feststellung, ob die Ergebnisse für wachsende Einbettungsdimensionen sättigen. Ist dies der Fall, so werden sie für den Einbettungsbereich gemittelt und so das D2 bestimmt. Auch die Feststellung der Sättigung kann „von Hand" für einen Plot des D2 bei wachsender Einbettungsdimension oder automatisiert erfolgen.

Die Implementierung des Algorithmus im Rahmen eines Computerprogramms ist relativ leicht möglich und so sind zahlreiche Varianten im Netz zu finden (z. B. Hegger et al. 1999, 2000). In der Regel müssen dort Skalierungsbereich und Sättigung grafisch von Hand bestimmt werden. Die Umsetzung in GChaos nutzt den oben beschriebenen Algorithmus für die Bestimmung des Skalierungsbereiches und ermittelt auch den Sättigungsbereich automatisch. Man erreicht das D2 über das Menü „*Statistics*", „*Dimensionality*", „*D2/PD2*". Folgende Einstellungen sind zu treffen:

- **Variablenauswahl.** In der Variablenliste werden alle Spaltenbezeichnungen des aktuellen Arbeitsblattes aufgelistet. Hier kann eine Variable für die Berechnung ausgewählt werden. Die Auswahl mehrerer Variablen führt dazu, dass diese nach dem Reißverschlussprinzip zu einem Datensatz angeordnet werden: Aus $x_1, x_2, x_3, x_4, \ldots x_N$ und $y_1, y_2, y_3, y_4, \ldots y_N$ sowie $z_1, z_2, z_3, z_4, \ldots z_N$ wird dann $x_1, y_1, z_1, x_2, y_2, z_2, x_3, y_3, z_3, x_4, y_4, z_4, \ldots x_N, y_N, z_N$. Diese verknüpfte Zeitreihe wird in der Regel zu einem *Time-Lag* von eins führen. Zudem wird über die Einstellung „*Vector Spacing*" angegeben, aus wie vielen Dimensionen die Zeitreihe besteht. Bei der Einbettung wird dann dafür gesorgt, dass die Koordinaten für die Punkte im Phasenraum immer mit der gleichen Variable beginnen (ist die zusammengesetzte Zeitreihe eine Abfolge der Variablen x, y, z, so sorgt ein *Vector Spacing* von drei dafür, dass die Koordinaten immer mit x beginnen und nicht auch mit y oder z).

- **Minimum und Maximum der Einbettungsschleife.** Als bewährte Parameter werden für das Minimum und Maximum der Einbettungsschleife Berechnungen zwischen 2 und 20 Dimensionen vorgeschlagen. Bei kurzen Zeitreihen muss das Maximum jedoch reduziert werden.

- ***Time-Lag.*** Das „*Time Spacing Delay*" kann mittels „*Mutual Information*" direkt im Dialog bestimmt werden. Für eine multiple Variablenauswahl ist hier 1 einzusetzen.

Fraktale Dimension

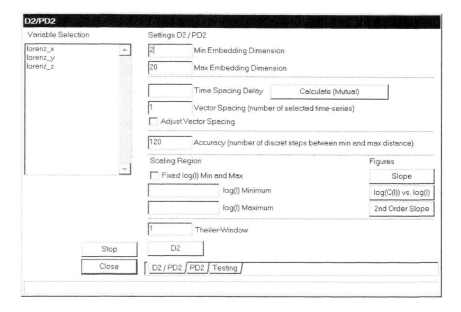

Abbildung 64: GChaos-Dialog zur D2-Berechnung – Karteireiter „D2/PD2"

Im Text wird das Vorgehen der D2-Berechnung in GChaos dargestellt. Dabei wird auf den gezeigten Karteireiter „D2/PD2" eingegangen. Der Dialog wird erreicht über das Menü: „*Statistics*", „*Dimensionality*", „D2/PD2".

- **Vector Spacing.** Das „*Vector Spacing*" gibt bei einer multiplen Variablenauswahl die Zahl der Variablen an und sorgt dafür, dass der Einbettungsalgorithmus für jeden neuen Datenpunkt immer bei der ersten Variablen beginnt. Da dadurch mitunter Daten verschenkt (übersprungen) werden, lässt sich das auch mit „*Adjusted Vector Spacing*" für die Einbettungen abschalten, die keine ganzen Vielfachen der Anzahl ausgewählter Variablen sind (sind z. B. vier Variablen ausgewählt und wurde das *Vector Spacing* entsprechend eingestellt, so wird bei einer 3-dimensionalen Einbettung die vierte Variable niemals benutzt. Bei einer 4-dimensionalen Einbettung werden hingegen alle vier Variablen für die Analyse herangezogen. Die Funktion „*Adjusted Vector Spacing*" stellt bei der 3-dimensionalen Einbettung das *Vector Spacing* aus, nicht aber bei der 4-dimensionalen).

- **Accuracy.** Die automatische Bestimmung des Skalierungsbereiches arbeitet dann besonders zuverlässig, wenn der *Slope* nur wenig Ausreißer aufweist. Es ist daher hilfreich, das l des Korrelationsintegrals nicht in beliebig feinen Schritten zu variieren, sondern den *Range* des l in Abschnitte einzuteilen. Vorgeschlagen sind 120 Abschnitte. In jedem gleich breiten Abschnitt finden sich dann mehrere l, was die Verzerrung durch Ausreißer verringert. Durch die Variation der „*Accuracy*" kann die Zuverlässigkeit der Berechnung beeinflusst werden. Unter dem Karteireiter „*Testing*" wird dazu eine Versuchsreihe angeboten.

- **Scaling Region.** Der Skalierungsbereich kann automatisch bestimmt werden. In diesem Fall sind hier keine Werte einzugeben und muss die Option „*Fixed* log(l)

Min and Max" ausgeschaltet bleiben. Wird die Option hingegen eingeschaltet, so müssen auch Werte für das Minimum und das Maximum von log(l) angegeben werden.

- **Theiler Window.** Theiler (1990) schlägt vor, Abstände zwischen zeitlich benachbarten Messwerten nicht mit in die Berechnung aufzunehmen. Die Messwertpaare sollten weiter voneinander entfernt liegen als der erste Nulldurchgang der Autokorrelation, da diese nur die linearen Korrelationen berücksichtigt. Grassberger (1990) fordert eine generöse Breite für das *Theiler Window*.

- **Figures.** Der *Slope* und andere Aspekte des Skalierungsbereiches lassen sich anzeigen, wenn die Berechnung nur für eine fest vorgegebene Dimension durchgeführt wurde, also das Minimum und Maximum der Einbettungsschleife die gleichen Werte aufwiesen. Es wird dann nur diese eine Einbettung erzeugt und der *Slope* des Korrelationsintegrals kann als Grafik angezeigt werden. Man kann dann den Skalierungsbereich von Hand bestimmen und die gewünschten Werte in „*Scaling Region*" eintragen.

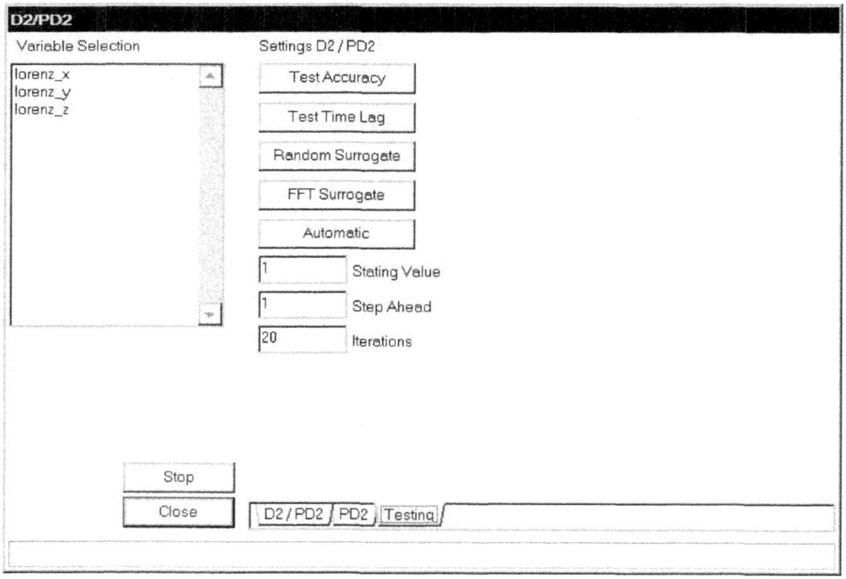

Abbildung 65: GChaos-Dialog zur D2-Berechnung – Karteireiter „*Testing*"

Im Text wird das Vorgehen der D2-Berechnung in GChaos dargestellt. Der Karteireiter „*Testing*" bietet einige automatisierte Versuchsreihen an. Der Dialog wird erreicht über das Menü: „*Statistics*", „*Dimensionality*", „D2/PD2".

- **Starten der Berechnung.** Durch den Button „D2" startet die Berechnung des D2 mit den eingestellten Parametern. Die Berechnung liefert bei automatischer Skalierung einen optimalen Skalierungsbereich, der auch angezeigt wird: Das absolute Minimum und Maximum aller Skalierungsbereiche wird in den beiden Eingabefeldern der „*Scaling Region*" nach Abschluss der Analyse angegeben. Es empfiehlt sich nun die Berechnung ein zweites Mal zu starten und dabei die Option für einen festgelegten Skalierungsbereich zu wählen. In der Regel liefert der zweite Durchlauf reliablere Werte. Die Resultate finden sich im Ergebnisfenster des Hauptfensters der Anwendung.

- **Absicherung der Ergebnisse.** Der Karteireiter „*Testing*" bietet die Möglichkeit, die Ergebnisse durch eine systematische Variation der Einstellungen zu testen oder gegen Zufallsprozesse abzusichern. Hier werden Testreihen für „*Accuracy*" und das „*Time-Lag*" angeboten. Dafür muss ein Startwert, eine Schrittweite und die Zahl der Iterationen festgelegt werden. Zudem stehen „*Random*-Surrogate" und „DFT-Surrogate" zur Verfügung. Die Zahl der Surrogate wird mit „*Iterations*" festgelegt. Der Button „*Automatic*" trifft die meisten Einstellungen (auch die des Karteireiters „D2/PD2") automatisch und führt dann die Berechnung des D2 und anschließend des PD2 durch.

7.2.3 Beispielanalyse: D2 der log-Returns des DAX

Die folgende Beispielanalyse beruht auf den Schlusskursen des Deutschen Aktienindex DAX im Zeitraum zwischen dem 02.01.2001 und dem 05.03.2012. Die Daten werden vor der Analyse in logarithmierte *Returns* transformiert (vgl. Gleichung 15, S. 132). Die Zeitreihen sind in Abbildung 25 (S. 131) und ein Phasenraumdiagramm in Abbildung 52 (S. 200) dargestellt (eine geglättete Version findet sich in Abbildung 35, S. 161). Das *Time-Lag* für die Einbettung wird mit drei verschiedenen Verfahren (Autokorrelationsfunktion, *Mutual Information* und generalisiertes Korrelationsintegral) übereinstimmend mit eins festgelegt.

Bei vorsichtiger Interpretation ist auch eine stationäre Analyse möglich

Bereits der Augenschein und der lange Beobachtungszeitraum lassen daran zweifeln, dass es sich um einen stationären Prozess handelt. Eine nichtstationäre Analyse derselben Daten wird weiter unten ab Seite 267 ff. präsentiert. Dabei zeigen sich zum Teil deutlich Hinweise auf Veränderungen in der Komplexität des Systems. Die Voraussetzungen für die umfassende Interpretation der folgenden D2-Analyse sind also nicht erfüllt. Dennoch können die Ergebnisse genügen, um die Dimensionalität des Systems grob abzuschätzen und seine globale Komplexität zumindest vorsichtig zu bemessen. Ein solches, nur bedingt interpretierbares, Vorgehen ist in der Literatur durchaus üblich und wird auch als *Course-Grained* Analyse bezeichnet (vgl. etwa Diks 2006, siehe dazu auch ausführlicher die unten stehende Diskussion).

Die Zeitreihe umfasst $N = 2.848$ Datenpunkte, die mit einem *Time-Lag* von eins und einem *Theiler Window* von fünf 2- bis 20-dimensional eingebettet wird. Der Skalierungsbereich kann jeweils deutlich identifiziert werden, schwankt aber in seiner Breite, sodass das D2 in zwei Durchgängen bestimmt wird. Im ersten wird ein einheitlicher Skalierungsbereich definiert. Die insgesamt geringste untere Grenze und die insgesamt höchste obere Grenze der Skalierungsbereiche werden für die zweite Berechnungsrunde als einheitliche Grenzen gewählt. GChaos ermittelt diesen idealen Bereich selbsttätig und schreibt ihn in die dazugehörigen Eingabefelder (vgl. Abbildung 64, S. 235 sowie die dort gegebenen Hinweise zur Einstellung des Skalierungsbereiches). Es genügt dann die Option „*Fixed* $\log(l)$ *Min and Max*" zu wählen und die Analyse erneut zu starten.

Die Surrogatdatentestung geht über das Standardvorgehen hinaus

Zur Überprüfung der Ergebnisse werden anschließend 30 *Random*-Surrogate und weitere 30 DFT-Surrogate erzeugt und mit den gleichen Vorgaben (auch für den Skalierungsbereich) analysiert. Für die jeweils 30 D2-Berechnungen werden Mittelwert und Standardabweichung bestimmt. Es wird anschließend geprüft, ob das D2 der Originalzeitreihe signifikant von den Surrogaten nach unten abweicht.

Als optimaler Skalierungsbereich wird nach dem ersten Durchlauf ein Bereich von $\log(l) = -6{,}039$ bis $\log(l) = -3{,}301$ bestimmt. Mit steigender Einbettungsdimension wächst das D2 zunächst stark an, erreicht bei 13 Dimensionen mit einem D2 von rund 5,8 ein Maximum und bleibt danach unter diesem Wert.

Ergebnisse

Der Algorithmus in der Software GChaos stellt eine Sättigung ab 11 bis 20 Dimensionen fest. Für diesen Bereich ergibt sich im Durchschnitt ein D2 = 5,47 (± 0,21);

das D2 steigt hier nur um 0,03 Dimensionen pro Einbettungsdimension. Vor der Sättigung beträgt die Steigung hingegen 0,4 Dimensionen pro Einbettungsdimension.

Einbettung	D2	r
2	1,419	0,986
3	1,959	0,981
4	2,446	0,976
5	2,862	0,972
6	3,268	0,969
7	3,654	0,965
8	3,965	0,961
9	4,362	0,957
10	4,743	0,954
11	5,108	0,948
12	5,404	0,947
13	5,825	0,940
14	5,421	0,934
15	5,260	0,931
16	5,440	0,930
17	5,506	0,928
18	5,429	0,924
19	5,617	0,922
20	5,736	0,918

Tabelle 22: Ergebnisse der D2-Analyse für die logarithmierten *Returns* des DAX
Deutlich ist eine Sättigung der D2-Werte erkennbar. Ab 11 Dimensionen bleiben die Ergebnisse auf einen Bereich zwischen 5,1 und 5,8 Dimensionen beschränkt, während sie vorher fast linear ansteigen. Die Korrelation r gibt die Güte der Passung des Skalierungsbereiches an. Dieser ist einheitlich mit $\log(l) = -6{,}0394$ bis $\log(l) = -3{,}3014$ festgelegt.

Für ein mittleres D2 von 5,47 Dimensionen sollte nach der Faustregel von Farmer (1982b) eine passende Einbettung ab ca. 12 Dimensionen gefunden werden können (vgl. Gleichung 35, S. 229), was relativ gut mit den Ergebnissen aus Tabelle 22 übereinstimmt.

Die Surrogatdatenanalyse bestätigt die Befunde. Die untersuchte Zeitreihe ist auch aus der Perspektive der Surrogatdatentestung nicht ganz frei von nichtlinearen Strukturen. Nur eines der 30 *Random*-Surrogate sättigt. Alle anderen werden vom D2-Algorithmus als Zufallsabfolgen erkannt.

Der D2-Algorithmus von GChaos liefert dennoch Schätzungen, auch für das D2 der nicht sättigenden Surrogate. Dazu wird der Wertebereich der Einbettungsdimensionen so eingeschränkt, dass auch bei ungünstigen Ergebnissen noch eine Sättigung identifiziert werden kann. Er bricht ab, falls der Ausschluss der höchsten drei Einbettungen ohne Erfolg bleibt und der Einbettungsbereich nicht mehr sinnvoll verkleinert werden kann.

Die kleinste mögliche Breite des Sättigungsbereiches umfasst mindestens so viele Dimensionen wie nach folgender Gleichung angegeben:

Gleichung 36: Faustregel für den kleinsten Sättigungsbereich

$$\frac{1}{2}\left(m_{\max} - \overline{D2} + 1\right)$$

$m_{\max}$ höchste analysierte Einbettungsdimension (wenn keine Sättigung gefunden werden kann, wird diese um maximal 3 Dimensionen verringert)
$\overline{D2}$ mittleres D2 über den gesamten überhaupt berechneten Einbettungsbereich

Liegt keine Sättigung vor, wird dieser kleinste sinnvolle Sättigungsbereich herangezogen und das D2 als Mittelwert in dessen Grenzen bestimmt. Über alle 30 *Random*-Surrogate ergibt sich ein D2 von 7,19 (± 0,53, n(Einbettungen) = 241), sodass sich die Dimensionalität der Originalzeitreihe hochsignifikant von den Surrogaten unterscheidet (p-2-seitig < 0,0001).

Für keines der 30 DFT-Surrogate findet sich eine Sättigung und das mittlere D2 beträgt hier D2 = 8,32 (± 0,69, n(Einbettungen) = 240), sodass auch hier ein hochsignifikanter Unterschied zur Dimensionalität der Originalzeitreihe festgestellt werden kann (p-2-seitig < 0,0001).

Die Analysen mithilfe des D2 sprechen also dafür, dass Strukturen organisierter Komplexität in den logarithmierten *Returns* des DAX für den angegebenen Zeitraum vorhanden sind. Die finit sättigende fraktale Dimension ist nicht mit Zufalls-Surrogaten oder DFT-Surrogaten erklärbar.

Trotz nicht ganzzahliger Werte kein Beleg für Chaos

Angesichts der gebrochenen Dimension wird in der Regel davon ausgegangen, dass es sich beim untersuchten Prozess um eine chaotische Dynamik handelt (vgl. z. B. Blank 1991, Peters 1991, Liu et al. 1992, Adrangi et al. 2001). Oben wurde bereits deutlich, dass das eine etwas vereinfachte Definition fraktaler und damit chaotischer Systeme darstellt. Es ist weniger die gebrochene Dimension als die Höhe, die den Schluss nahelegt, es hier tatsächlich mit einem Fraktal zu tun zu haben. Denn Mandelbrot (1987) definiert ein Fraktal als eine geometrische Struktur, die eine höhere Hausdorff-Besicovitch-Dimension aufweist, als ihre topologische Dimension vermuten lässt. Die topologische Dimension ist bei Trajektorien im Phasenraum aber höchstens 1-dimensional. Dieser Wert wird durch das D2 deutlich überschritten. Dennoch ist die Interpretation der Ergebnisse als klarer Hinweis für Chaos aus mindestens vier Gründen kein zwingender Schluss (vgl. auch Ramsey et al. 1990, Atchison & White 1996a):

- **Begrenzter Datensatz.** Der D2-Algorithmus erfordert sehr lange Zeitreihen. Eine Sättigung bei wachsender Einbettungsdimension kann immer auch durch eine begrenzte Zeitreihenlänge verursacht sein. Dem widersprechen die Surrogatdatentests, die bei gleicher Datenmenge nicht sättigen. Dennoch sind die Ergebnisse bei kurzen Zeitreihen immer auch nur beschränkt interpretierbar (vgl. hierzu die Regeln ab S. 228 ff.).

- **Gebrochene Dimensionen sind die Regel.** Die in der Literatur übliche Interpretation des D2 stützt sich auf das Kriterium der gebrochenen Dimension. Dass sich aber bei einer Berechnung, die auf so vielen zu schätzenden Parametern beruht (*Time-Lag*, Einbettung, Skalierungsbereich, Sättigungsbereich), glatte ganze Zahlen ergeben, ist sehr unwahrscheinlich, auch dann, wenn das System tatsächlich kein Fraktal repräsentiert. Einschränkend muss jedoch gesagt werden, dass eine reguläre Dynamik für das untersuchte System weit unwahrscheinlicher erscheint als Zufall oder eben doch Chaos.

- **Alternativ-Hypothesen müssen offen bleiben.** Nichtlineare Strukturen können auch durch ARCH-Type-Modelle erklärt werden, ohne dass dafür deterministisches Chaos angenommen werden müsste. In einigen Studien werden daher zunächst entsprechende Modelle angepasst und die Analysen für die Residuen durchgeführt (vgl. etwa Scheinkman & LeBaron 1989, Yadav et al. 1999, Panas & Ninni 2000, Panas 2001, Urrutia et al. 2002). Obwohl damit ein Nachweis von Chaos erschwert und damit die Falsifikation der Chaoshypothese unterstützt wird, hat das Vorgehen doch auch immer einen negativen Effekt auf die Bestimmung der Komplexität der Zeitreihe. So sollte nicht vergessen werden, dass kein Modell zu 100 % mit empirischen Daten übereinstimmt. Wäre das der Fall, lägen keine Residuen mehr vor. Wie gut aber sind dann die angepassten Modelle? Wie sicher kann man sein, dass diese nicht die nichtlineare chaotische Dynamik gleich mit herausfiltern oder doch zumindest verändern? Es wird hier daher für Studien, in denen die Komplexität bestimmt oder in denen ein (quasi)experimenteller Vergleich durchgeführt werden soll, von Filtermethoden generell abgeraten (vgl. auch Hegger et al. 1999, S. 12). Nur für Studien, die einen zweifelsfreien Nachweis von Chaos anstreben, kann auf entsprechende Filtermethoden wohl nicht verzichtet werden. Allerdings ist das D2 ohnehin nicht die geeignete Nachweismethode für Chaos, sodass eine Filterung auch aus dieser Perspektive wenig Sinn macht.

- **Fehlende Stationarität.** Der lange Beobachtungszeitraum legt es nahe, davon auszugehen, dass sich das untersuchte System nicht stationär verhält und Phasenübergänge (hier ist entweder mit Unordnungs-Ordnungs-Übergängen oder mit Ordnungs-Ordnungs-Übergängen zu rechnen) hochwahrscheinlich sind. Diese Vermutung wird sich weiter unten bestätigen.

Vergleich mit der Literatur

In Tabelle 4 (S. 78) wird ein Überblick über alle auffindbaren empirischen Arbeiten zur Komplexitätsanalyse ökonomischer Zeitreihen für den Zeitraum von 1989 bis Ende 2011 vorgestellt. Insgesamt wird in 37 von 92 Studien (39,8 %) ein D2 für die Analyse von 291 Zeitreihen (42,7 % aller analysierten Zeitreihen) eingesetzt (vgl. Tabelle 23).

Die untersuchten Zeitreihen sind im Durchschnitt (Median) 1.526 Datenpunkte lang (1. Quartil: 1.161, 3. Quartil: 2.962). Die in der vorliegenden Beispielanalyse benutzte Zeitreihe liegt deutlich über diesem Median und genügt damit dem üblichen Standards in der ökonomischen Anwendung des D2.

In der Regel (Median) werden in den publizierten Arbeiten Einbettungen von 3 bis 16 Dimensionen (Maximum 40) erprobt, wobei einige Arbeiten – um Rechenzeit zu sparen – nur jede vierte oder gar nur jede fünfte Einbettungsdimension analysieren. Für 60,2 % der Zeitreihen identifizieren die Autorinnen und Autoren eine Sättigung; für 3,5 % findet sich kein Kommentar zu dieser Frage. Eine nachträgliche Durchsicht der publizierten Ergebnisse kann für 57,6 % der insgesamt analysierten Zeitreihen eine Sättigung bestätigen.

Für 227 nicht mit ARCH-Type-Modellen gefilterte Zeitreihen werden D2-Werte publiziert, deren Mittelwert 6,3 Dimensionen mit einer Standardabweichung von ± 2,3 Dimensionen beträgt. Insgesamt liegen die Ergebnisse also relativ dicht beisammen und schwanken zwischen rund 5 Dimensionen bei Aktienzeitreihen und rund 7 Dimensionen bei makroökonomischen Daten. Mit 5,5 Dimensionen passen die Befunde für die logarithmierten *Returns* des DAX gut in diesen Rahmen. Auch Blank (1991) berichtet in einer knappen Zusammenfassung verschiedener Studien für Aktienkurse (*Returns*) sowie für Gold- und Silber-Spotmarktpreise ein D2 von rund 6 Dimensionen.

D2-Analysen	Zeitreihenlänge				D2 (Rohdaten)			D2 ((G)ARCH)			D2 (Surrogate)		
Aktien	AM	SD	n	Median	AM	SD	n	AM	SD	n	AM	SD	n
< stündlich	62906		1	62906									
Täglich	14961	50659,9	49	4500	4,903	2,056	32	6,954	2,616	23	9,917	0,523	6
Wöchentlich	1212	96,4	3	1227	5,700		1	6,000		1	10,600		1
Monatlich	684	295,6	2	684	3,260	1,315	2						
Gesamt	**14563**	**48391,4**	**55**	**4500**	**4,832**	**2,020**	**35**	**6,914**	**2,566**	**24**	**10,014**	**0,543**	**7**
Commodities													
Täglich	2538	3690,218	23	1161	5,993	1,202	21	6,102	0,454	14			
Gesamt	**2538**	**3690,218**	**23**	**1161**	**5,993**	**1,202**	**21**	**6,102**	**0,454**	**14**			
Fehlend			2										
Futures													
Täglich	3385	1643,4	42	2937	6,064	1,663	24	6,337	0,109	6	4,960		1
Gesamt	**3385**	**1643,4**	**42**	**2937**	**6,064**	**1,663**	**24**	**6,337**	**0,109**	**6**	**4,960**		**1**
Wechselkurse													
Stündlich	9852	14893,6	5	3191	4,500		1						
Täglich	3934	2068,7	17	5191	5,982	0,921	6						
Wöchentlich	807		1	807									
Monatlich	893		1	893	4,080		1						
Gesamt	**4909**	**7000,0**	**24**	**4191**	**5,559**	**1,110**	**8**						
Fehlend			2										
Andere makroökonomische Daten													
Täglich	1623	1544,4	90	1526	7,063	2,373	90						
Monatlich	305	227,7	50	215	6,312	2,625	49						
Gesamt	**1152,0**	**1395,3**	**140**	**1298**	**6,798**	**2,482**	**139**						
Fehlend			3										
Insgesamt													
< stündlich	62906		1	62906									
Stündlich	9852	14893,6	5	3191	4,500		1						
Täglich	5188	24311,3	221	1560	6,357	2,219	173	6,591	1,952	43	9,209	1,933	7
Wöchentlich	1111	217,3	4	1168	5,700		1	6,000		1	10,600		1
Monatlich	330	249,1	53	215	6,152	2,637	52						
Gesamt	**4509**	**21885,1**	**284**	**1526**	**6,299**	**2,311**	**227**	**6,577**	**1,931**	**44**	**9,383**	**1,856**	**8**
Fehlend			7										

Tabelle 23: *Review* über Studien, die ein D2 einsetzten
Die Tabelle ist eine Erweiterung der Tabelle 4 (S. 78). Die Angaben zur Zeitreihenlänge beziehen sich hier jedoch nur auf Arbeiten, die auch ein D2 einsetzten. Angaben über das ermittelte D2 finden sich nicht in allen Arbeiten, auch können nur sättigende Werte berücksichtigt werden.

Für weitere, zuvor mit ARCH-Type-Modellen gefilterte Daten werden 44 D2-Werte publiziert, die im Durchschnitt bei 6,6 Dimensionen mit einer Standardabweichung von ± 1,9 sättigten. Zudem werden für insgesamt 33 Zeitreihen *Random*-Surrogate erzeugt. Aber nur für 8 Datensätze können sättigende Ergebnisse in den Arbeiten gefunden werden. Erwartungsgemäß liegt für die Surrogate das mittlere D2 bedeutend höher (Mittelwert = 9,4 ± 1,9 Dimensionen).

Das in der vorliegenden Beispielanalyse gewählte Vorgehen entspricht insgesamt der in der Literatur üblichen Methodik und nutzt zusätzlich neuere Algorithmen, wie z. B. DFT-Surrogate oder eine automatisierte Prüfung der Sättigung und des Skalierungsbereiches. Die Größenordnung des Ergebnisses entspricht weitgehend den aus der Literatur bekannten Werten.

7.2.4 Beispielanalyse: D2 der log-Returns des Euro-Referenzkurses der EZB zum US-Dollar

Oben, in der Beispieldarstellung ab Seite 202, wird die Frage aufgeworfen, ob sich die Komplexität des Euro-Wechselkurses für die folgenden drei Zeiträume unterscheidet: 04.01.1999 bis zum 29.07.2003 als Einführungsphase, 30.07.2003 bis zum 18.02.2008 als Etablierungsphase und 19.02.2008 bis zum 07.09.2012 als Krisenphase. Die Zeitreihen sind in Abbildung 53 (S. 203) und ein Phasenraumdiagramm in Abbildung 54 (S. 204) dargestellt. Das *Time-Lag* für die Einbettung wird mit eins festgelegt. Ausschlaggebend dafür ist das generalisierte Korrelationsintegral, wohingegen die Autokorrelation und die *Mutual Information* für die beiden jüngeren Zeiträume ein *Time-Lag* von zwei vorschlagen.

Auch für die hier zu untersuchenden Daten ist der Hinweis auf eine mögliche Verletzung der Stationaritätsannahme angebracht. Traditionell wird in der Analyse ökonomischer Zeitreihen nur selten eine Überprüfungen der Stationarität durchgeführt, da aber inzwischen eine nichtstationäre Alternative zum D2 vorliegt (PD2), ist generell eine Nutzung dieser Möglichkeit zu empfehlen. Dennoch stellt die folgende Analyse bereits eine Verbesserung gegenüber der oben diskutierten stationären Untersuchung des DAX dar, da eine hypothesengeleitete Einteilung des Gesamtdatensatzes in drei Zeitabschnitte vorgenommen wird. Diese Teilung führt allerdings dazu, dass jeweils nur mehr 1169 Datenpunkte zur Verfügung stehen. Das ist für ein D2 recht wenig (vgl. auch Tabelle 23, in der Vergleichszahlen für die Analyse von Wechselkursen ausgewiesen sind).

Mitunter führt eine verkürzte Zeitreihe zu einer Scheinsättigung der Berechnungsergebnisse. Für höhere Einbettungsdimensionen stehen immer weniger Datenpunkte zur Verfügung, sodass die ermittelte Komplexität dadurch sinkt und insgesamt eine Sättigung beobachtet werden kann, wo eigentlich keine vorliegt. Umso mehr erstaunen die folgenden Ergebnisse.

Die Daten sind hochdimensional komplex oder zufällig

Erste Proberechnungen mit den Euro-Referenzkursen zeigen schnell die sehr hohe Dimensionalität der Datensätze. Die höchste Einbettungsdimension wird daher auf 25 erhöht. Das *Theiler Window* wird einheitlich auf drei gesetzt.

Das D2 für die Einführungsphase des Euro sättigt auch nach 25 Dimensionen nicht. Über die letzten 9 nicht sättigenden Dimensionen ergibt sich ein mittleres D2 = 11,502 ($\pm$ 0,872). Damit ist das Verfahren nicht in der Lage, die Daten der Einführungsphase von Zufall zu unterscheiden.

Für die als Etablierungsphase bezeichnete Zeitreihe kann hingegen ein sättigendes D2 ermittelt werden. Für die Einbettungen zwischen 14 und 25 Dimensionen beträgt das mittlere D2 = 9.842 ($\pm$ 0,546). Das D2 steigt im Sättigungsbereich um durchschnittlich 0,096 Dimensionen pro Einbettungsdimension.

Für die Krisenphase kann erneut keine Sättigung gefunden werden. Über die letzten 9 nicht sättigenden Dimensionen ergibt sich ein mittleres D2 = 11,699 ($\pm$ 1,154).

Damit ist das Verfahren auch für diesen Zeitraum nicht in der Lage, die Daten von Zufall zu unterscheiden.

Die Surrogatdatentestung sichert die Befunde ab

Keines der für die Etablierungsphase erzeugten *Random*-Surrogate zeigt eine Sättigung. Stattdessen wird der kleinste sinnvolle Sättigungsbereich herangezogen und das D2 als Mittelwert in dessen Grenzen bestimmt. Über alle 30 Surrogate ergibt sich für die *Random*-Surrogate ein D2 von 12,122 ($\pm$ 1,284, n(Einbettungen) = 270), sodass sich die Dimensionalität der Originalzeitreihe hochsignifikant von den Surrogaten unterscheidet (p-2-seitig < 0,0001).

Ein ähnliches Ergebnis zeigt sich für den Vergleich mit 30 DFT-Surrogaten. Für keines der 30 DFT-Surrogate findet sich eine Sättigung und das mittlere D2 beträgt D2 = 12,398 ($\pm$ 1,35, n(Einbettungen) = 271), sodass auch hier ein hochsignifikanter Unterschied zur Dimensionalität der Originalzeitreihe festgestellt werden kann (p-2-seitig < 0,0001).

Die D2-Analysen sprechen also dafür, dass allein für den Etablierungszeitraum Strukturen organisierter Komplexität in den logarithmierten *Returns* des Euroreferenzkurses zum US-Dollar gefunden werden können. Die finit sättigende fraktale Dimension ist nicht mit Zufalls-Surrogaten oder DFT-Surrogaten erklärbar. Die beiden anderen Zeiträume wurden oben bereits als „turbulenter" vermutet. Diese Vermutung wird durch das D2 bestätigt. Dennoch ist es ein wenig unbefriedigend, wenn in beiden Fällen die Komplexität der Daten nicht valide beziffert werden kann. Wenn aber die Größenordnung der fraktalen Dimensionalität tatsächlich an die 10 Dimensionen umfasst oder im Falle der beiden turbulenteren Phasen sogar darüber liegen könnte, sind die hier zur Analyse herangezogenen Datensätze eindeutig zu kurz. Die Beispielanalyse zeigt damit auch, wie mitunter erst nach der Analyse eines Systems feststehen kann, wie groß der Datenbedarf ist.

Die hohe Dimensionalität, die fehlende Sättigung für zwei der drei Datensätze sowie die geringe Datenmenge führen dazu, dass einige der in den folgenden Kapiteln darzustellenden Verfahren für diesen Beispieldatensatz nicht genutzt werden können. In den folgenden Kapiteln wird daher vor allem der DAX für die Beispielanalysen herangezogen. Die Untersuchung des Referenzkurses des Euro gegenüber dem US-Dollar setzt sich in Kapitel 7.5.4 (S. 281) fort. Dort wird sich zeigen, dass neuere Verfahren der nichtstationären Komplexitätsanalyse ein tiefergehendes Verständnis für die zugrundeliegenden Prozesse erlauben, als das in der hier dargestellten Beispielanalyse der Fall ist. Verfahren der nichtstationären Komplexitätsanalyse sind bisher nicht auf Wechselkurse oder andere makroökonomische Größen angewandt worden.

7.3 Algorithmus: Erweiterung für große Stichproben, aber kurze Zeitreihen

Verfahren zur Dimensionalitätsbestimmung lassen sich auf beliebige geometrische Strukturen anwenden. Es spielt dabei grundsätzlich keine Rolle, ob die Koordinaten der Kochkurve[7] oder die eines chaotischen Attraktors untersucht werden. Auch die Reihenfolge, in der die Punkte im Phasenraum besucht werden, wirkt sich auf das spätere Berechnungsergebnis nicht aus. Das macht deutlich, dass diese Verfahren nicht an der Dynamik als Abfolge von Ereignissen interessiert sind. (Das ist z. B. bei *Lyapunov*-Exponenten ganz anders. Dort steht gerade die Abfolge von Ereignissen im Mittelpunkt der Analyse, vgl. S. 285 ff.) Stattdessen geht es bei der Dimensionalitätsbestimmung um die Vermessung der geometrischen Struktur von Phasenraumkoordinaten, die ein Prozess im Phasenraum hinterließ. Die Trajektorien sind ein fixiertes – und damit eine Art „geronnenes" – Abbild der Dynamik und werden erst analysiert, nachdem der zu untersuchende Prozess stattgefunden hat und sein Verlauf geometrisch „fixiert" vorliegt. Man kann aus dieser Perspektive auch eine Küstenlinie als das in Stein fixierte Ergebnis eines langen Prozesses aus Erosion und Ablagerungen ansehen. In beiden Fällen, d. h. sowohl bei der im Phasenraum fixierten Dynamik als auch der Küstenlinie, geht es – unabhängig vom Zustandekommen der geometrischen Struktur – um die Höhe der fraktalen Dimension, die eine Maßzahl für die „geometrische Komplexität" der untersuchten Strukturen ist.

Die fraktale Geometrie lässt sich auf jede geometrische Struktur anwenden

Da es verschiedene Möglichkeiten gibt, um aus Messdaten geometrische Strukturen zu erzeugen (man denke nur an Zeitreihendarstellungen, Phasenräume, Torten- und Balkendiagramme etc.), lassen sich weit mehr Möglichkeiten für die Dimensionalitätsanalyse solcher Messdaten denken, als sie mit dem klassischen Korrelationsintegral vorgeschlagen wurden. Wichtig ist dabei nur, dass die geometrische Repräsentation einen Eindruck von der Komplexität bzw. Geordnetheit der Daten zu vermitteln vermag. Dies führte zu einer recht naheliegenden Erweiterung der üblichen Phasenraumeinbettung, mit der auch kurze Datensätze im Hinblick auf ihre „gemeinsame" fraktale Dimensionalität untersucht werden können. Nach der Vorstellung dieser Verfahrenserweiterung folgt weiter unten ein Anwendungsbeispiel aus der Karriereforschung.

7.3.1 Dynamik vs. Struktur – Erweiterung der Einsatzmöglichkeiten

Gestützt auf die genannten Überlegungen hat Strunk (2005, 2009a) vorgeschlagen, die Datensätze mehrerer Untersuchungseinheiten (konkret ging es um die Karrieren von Absolventinnen und Absolventen der Wirtschaftsuniversität Wien) gleichzeitig für eine gemeinsame Phasenraumeinbettung zu nutzen. So lassen sich Phasenraum-

---

[7] Oben, in Abbildung 55, wurde die Küstenlinie Großbritanniens nach Daten von Sarraille und DiFalco (1992) dargestellt. Es handelt sich dabei um einfache 2-dimensionale Koordinaten ($N = 1.292$). Diese lassen sich ohne Probleme mit dem D2 der GChaos-Software analysieren. Es ergibt sich ein D2 von 1,422 Dimensionen. Aus der gleichen Quelle stammen Daten für Koordinatenpunkte der Koch-Kurve ($N = 16.384$). Hier ermittelt das D2 der GChaos-Software einen Wert von 1,269, was recht gut mit dem oben ermittelten theoretischen Wert übereinstimmt.

darstellungen anfertigen, die jeweils aus den – einzeln zu kurzen – Trajektorien vieler Untersuchungseinheiten zusammengesetzt sind.

Um die kurzen Zeitabschnitte nicht schon für die Rekonstruktion des Phasenraumes „zu verbrauchen", ist es hilfreich, wenn mehrdimensional erfasste Merkmale genutzt werden können. So kann dann bei Vorliegen z. B. eines dreidimensionalen Variablensets direkt eine dreidimensionale Einbettung erzeugt werden, ohne dass sich die Zeitreihen dabei durch Zeitverzögerungskoordinaten verkürzen würden. Für höherdimensionale Einbettungen müssen dann aber auch in diesem Fall aufeinanderfolgende Messdaten zu einem Punkt im Phasenraum zusammengelegt werden.

Am einfachsten ist die Implementierung der gleichzeitigen Einbettung vieler kurzer Datensätze realisierbar, wenn die Daten einfach aneinandergefügt werden und dann wie gewohnt mit dem D2 analysiert werden. Dies führt dann aber dort zu Problemen, wo durch Zeitverzögerungskoordinaten oder durch die Zusammenlegung mehrerer Messungen zu einem hochdimensionalen Punkt im Phasenraum Daten verschiedener Untersuchungseinheiten vermengt werden. An den „Klebestellen", wo die Daten der einen Untersuchungseinheit mit denen der folgenden zusammengefügt werden, kann es leicht passieren, dass z. B. der letzte Messpunkt der einen Untersuchungseinheit und der erste des folgenden Datensatzes zu einem gemeinsamen Punkt im Phasenraum vermischt werden.

Eine Absicherung ist über den Vergleich verschiedener Varianten möglich

Eine solche Vermischung von Daten unterschiedlicher Untersuchungseinheiten zu gemeinsamen Phasenraumpunkten ist ein Artefakt der Methodik und man sollte dafür Sorge tragen, dass sie im Vergleich zur Zahl der „regulären" Phasenraumkoordinaten möglichst selten vorkommt. Dies kann erreicht werden, indem die Einbettungsdimension nicht zu hoch gewählt wird und die einzelnen Datensätze nicht zu kurz sind. In jedem Fall sollte das Ausmaß der Verfälschung, die durch das „Aneinanderkleben" eventuell hervorgerufen wurde, nachträglich überprüft werden. Dazu können verschiedene Varianten der Anordnung der einzelnen Datensätze miteinander verglichen werden.

Das folgende Analysebeispiel stellt das Vorgehen für die bereits erwähnte Karrierestudie ausführlich vor.

7.3.2 Beispielanalyse: Die Komplexitätshypothese der Karriereforschung

„Karrieren werden immer komplexer" – diese als „Komplexitätshypothese der Karriereforschung" bezeichnete Behauptung (vgl. Strunk et al. 2003 sowie Strunk 2009a, woraus sich auch die folgende Darstellung ergibt) bildet den Grundtenor vieler Arbeiten der Karriereforschung seit den 1990er-Jahren (z. B. Hall 1996b). In diesen zumeist theoretisch ausgerichteten Arbeiten, werden eine Reihe von weitreichenden Folgerungen aus der behaupteten Komplexitätszunahme abgeleitet. Im Vordergrund steht dabei die Überlegung, dass das Individuum durch eine immer komplexer werdende Karriere zunehmend die erhoffte Sicherheit verliert (z. B. Reitman & Schneer 2003). Es ist nicht mehr die Rationalität einer Organisation, die Karrieren als Laufbahnen hervorbringt, sondern es ist das Individuum, welches auf sich selbst zurückgeworfen wird und seinen beruflichen Werdegang ohne organisationale Unterstützung alleine gehen muss (Hall & Chandler 2005).

Aber auch die Folgerungen für die Karriereforschung selbst sind bedeutend: In dem Ausmaß, in dem die „komplexe Karriere" als Gegenbild zur klassischen Karriere beschrieben wird, verliert der Karrierebegriff an Substanz (Collin & Young 1986, Hall 1996b). Der Karrierebegriff kann als Ordnungsbegriff aufgefasst werden, der die Abfolge von Rollen und Erfahrungen im Leben eines Individuums als überindividuelle zeitliche Muster zu begreifen versucht (vgl. bereits Shaw 1931, Hughes 1937, zitiert in Barley 1989, S. 44). Die Komplexitätshypothese der Karriereforschung spricht hingegen von der Auflösung dieser zeitlichen Muster und damit von der Auflösung der Karriere selbst.

Einer langen Liste theoretischer und hypothesengenerierender Arbeiten zur Komplexitätshypothese (z. B. Adamson et al. 1998) steht nur eine geringe Anzahl empirischer Studien gegenüber (z. B. Schneer & Reitman 1997), wobei fallstudienartige qualitative Zugänge, in denen von Einzelschicksalen berichtet wird (z. B. Arthur & Rousseau 1996), überwiegen. Insbesondere fehlt eine schlüssig begründete operationale Definition für den Begriff der „Komplexität". Es war das Ziel von Strunk (2009a), die Komplexitätshypothese der Karriereforschung theoretisch und empirisch genauer zu untersuchen, ohne dabei die Grundlagen des Karrierebegriffes leichtfertig über Bord zu werfen.

Theoretischer Hintergrund – Karriere als geordneter Prozess

Seit den klassischen Arbeiten der soziologisch orientierten Karriereforschung der Chicagoer Schule (z. B. Shaw 1931, Hughes 1937) werden Karrieren als geordnete chronologische Strukturen beschrieben. Ziel dieser frühen Studien ist es, die Abfolge von Rollen und Erfahrungen im Leben eines Individuums als überindividuelle zeitliche Muster zu begreifen und in ihnen verschiedene Phasen, Zyklen oder Karriere-Perioden zu identifizieren (vgl. Adamson et al. 1998, S. 253). Im Zentrum steht also die Identifikation dynamischer Ordnungsstrukturen und damit der Versuch, Gemeinsamkeiten in den Trajektorien individueller Biographien von Menschen zu beschreiben, z. B. in den Karrieren von Delinquenten (Shaw 1931), von käuflichen Tänzern und Prostituierten (*dancers-for-hire*, Cressey 1932), professionellen Dieben (Sutherland 1937), Medizinern (Hall 1948, Becker et al. 1961) oder Marihuanarauchern (Becker 1953). Zur Beschreibung der dynamischen Muster werden bereits in den frühen *life-history*-Studien der Chicagoer Schule Begriffe wie Phase, Periode, Zyklus oder Beschreibungen für andere wiederkehrende Prozessmuster herangezogen (vgl. Barley 1989, S. 44). Wichtig in diesem Zusammenhang ist der Umstand, dass eine dynamische Struktur erst dann sinnvoll als *Career-Line* (Hughes 1937, Hughes 1958) beschrieben werden kann, wenn ihr mehrere Individuen und nicht nur einzelne folgen. Eine *Career-Line* gewinnt ihre Ordnungsfunktion also dadurch, dass sie als mehr oder weniger typisch für bestimmte Karrieren angesehen werden kann (vgl. Barley 1989, S. 51, für eine Diskussion über den Zusammenhang von *Career-Line* und Ordnungsfunktion vgl. auch Sicherman & Galor 1990, S. 170, Fußnote 3). Damit ist der Karrierebegriff der frühen Chicagoer Schule in seiner dynamischen Dimension insgesamt breiter angelegt als seine Übertragung in den Bereich der Berufskarrieren. Bis in die Mitte der 1990er-Jahre werden Berufskarrieren vor allem im organisationalen Kontext untersucht (z. B. Hughes 1951, Becker & Strauss 1956, Super 1957, Glaser 1968, Dyer 1976, Hall 1976, Schein 1978, Gunz 1989) und werden in Bezug auf ihre Dynamik fast ausschließlich als lineare Aufwärtsmobilität gekennzeichnet (für eine ausführliche Diskussion der Linearitäts-Metapher in Karrieremodellen siehe Buzzanell & Goldzwig 1991).

Komplexität als pathologische Abweichung

Ein historisch frühes Modell der Berufskarriere wird von Miller und Form (1951) vorgeschlagen. Karriere wird von ihnen als Anpassungsprozess des Individuums konzeptualisiert (für einen Überblick über Person-Organisation-Fit-Modelle siehe Bertz & Judge 1994), der regelmäßig in fünf Phasen abläuft. Relativ ähnlich zu diesem linearen Karrieremodell beschreibt Super (1957) seine inzwischen klassisch zu nennenden Karrierestufen. Sowohl Miller und Form (1951) als auch Super (1957) ist bewusst, dass es Personen geben könnte, die nicht in der Lage sind, die angenommene lineare Entwicklung erfolgreich zu bewältigen. Zwar werden diese „Ausnahmen" insgesamt eher selten empirisch untersucht (Sullivan et al. 1998), aber als „Abweichler" oder „Nicht-Anpasser" mit negativen Attributen belegt und im Zusammenhang mit fehlendem Karriereerfolg diskutiert (vgl. Smart & Peterson 1997). In den letzten Jahren mehren sich nun die Stimmen, die davon ausgehen, dass die klassische lineare Karriere inzwischen selbst zum Sonderfall geworden ist (z. B. Collin & Young 1986) und die „Ausnahme" zur Regel erhoben werden sollte. Immer mehr Autorinnen und Autoren behaupten, dass inzwischen die meisten Karrieren einen nichtlinearen Verlauf nehmen, wenig vorhersagbaren Wegen folgen und nur unzureichend, wenn überhaupt, durch aktuelle theoretische Modelle der Karriereentwicklung beschrieben werden können (Sullivan et al. 1998).

Aber nicht nur der Verlust linearer Karriereverläufe (z. B. Schneer & Reitman 1997) wird beklagt. Inzwischen mehren sich die Stimmen, die insgesamt daran zweifeln, dass in Zukunft überhaupt noch geordnete zeitliche Strukturen in Berufskarrieren identifiziert werden könnten. Der Karrierebegriff als zeitlicher Ordnungsbegriff würde damit seine Bedeutung verlieren und überflüssig werden (vgl. etwa die Diskussionen in Collin & Young 2000 oder in Hall 1996b). Einige Autorinnen und Autoren erkennen in der von ihnen festgestellten gesteigerten Komplexität gänzlich „neue Karrieren", deren zeitliche Strukturen eben durch einen weitgehenden Verlust von Struktur gekennzeichnet sind. Diese Karrieren, die als *boundaryless career* (Arthur & Rousseau 1996, Arthur et al. 1999), *protean career* (Hall 1996b), *postcorporate career* (Peiperl & Baruch 1997), oder *chronic flexibility* (Mayrhofer et al. 2000, vgl. dazu auch die Abbildung 66) bezeichnet werden, betonen die insgesamt gestiegene Komplexität von Karrieren. Diese als „Komplexitätshypothese" der neueren Karriereforschung bezeichnete Perspektive (vgl. Strunk et al. 2003) birgt in sich jedoch methodische und theoretische Probleme.

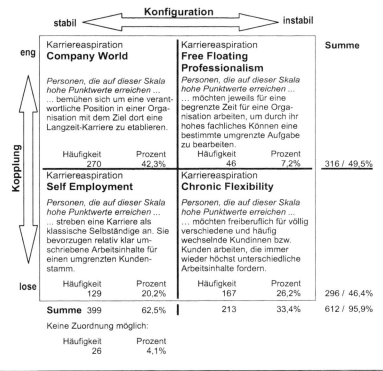

Abbildung 66: **Karrierewünsche von Wirtschaftsabsolventinnen und -absolventen der Wirtschaftsuniversität Wien**

Wirtschaftsabsolventinnen und -absolventen der Jahrgänge um das Jahr 2000, die gebeten werden, vier Kurzbeschreibungen der Karriere-Felder und rund 60 Merkmale neuer und alter Karrieren in Hinblick auf deren Attraktivität einzuschätzen, können den vier Karriere-Feldern zugeordnet werden. Erstaunlich viele (26,2 %) wünschen sich dabei eine Karriere, die als *Chronic Flexibility* bezeichnet wird und ein optimistisches Bild neuer Karrieren verkörpert. (Abbildung und Abbildungsunterschrift nach: Strunk 2005, S. 254)

Theoretisch bleibt die Frage offen, ob der Begriff der Karriere nicht tatsächlich seinen Sinn verliert, wenn Berufsverläufe kein dynamisches Muster mehr erkennen lassen. Dabei ist zu berücksichtigen, dass die Erkennbarkeit dynamischer Strukturen auf das begrenzt bleibt, was man aus theoretischer Sicht als geordnete Struktur anzuerkennen bereit ist. In der Literatur finden sich wenige bis keine Bemühungen, den Karrierebegriff um Prozessmuster zu bereichern, die über einfache lineare Abfolgemuster oder Zyklen hinausgehen (vgl. als seltener Versuch in dieser Richtung

Gunz et al. 2002b). Probleme bereitet in diesem Zusammenhang auch der Begriff der „Komplexität". Soll damit nicht blinder Zufall gemeint sein (dann nämlich wäre der Karrierebegriff tatsächlich fehl am Platze), so ist es naheliegend, theoretische Zugänge zu wählen (z. B. neuerer Ansätze der Komplexitätsforschung wie der Synergetik, Haken 1990b oder der Chaosforschung, Schuster 1995), die in der Lage sind, diese zu definieren. Eine empirische Überprüfung der Komplexitätshypothese fordert zudem die Anwendung der Methoden, die im Umfeld der Theorien Nichtlinearer Dynamischer Systeme vorgeschlagen werden und die im vorliegenden Handbuch dargestellt sind.

Zugänge zur Komplexität von Karrieren

Strunk (2009a) nähert sich den genannten Problemen von drei Seiten. Die erste Annäherung beruht auf einer theoretischen Diskussion der Möglichkeiten, den Karrierebegriff um komplexe dynamische Strukturen zu bereichern, wie sie in den Theorien Nichtlinearer Dynamischer Systeme (vgl. Strunk & Schiepek 2006) diskutiert werden. Auch der zweite Zugang ist theoretischer Natur, zielt aber vor allem auf die mathematisch-naturwissenschaftliche Definition der Komplexität von Prozessen ab. Dabei lässt sich zeigen, dass z. B. der Komplexitätsbegriff der fraktalen Geometrie hochkompatibel zum Ordnungsbegriff der klassischen Karriereforschung ist. Der dritte Zugang ist empirischer Natur: Verschiedene Methoden der Komplexitätsforschung werden zum Vergleich der Komplexität von Karrieretrajektorien herangezogen.

Datengrundlage

Die Daten für den Vergleich stammen aus dem *Vienna Career Panel Project* (ViCaPP – z. B. Mayrhofer et al. 2002). Analysiert werden Zeitreihen verschiedener Kohorten von Absolventinnen und Absolventen wirtschaftswissenschaftlicher Studiengänge der Wirtschaftsuniversität Wien. Die eine Kohorte schloss ihr Studium um 1970 ($N = 111$) und die zweite Kohorte um 1990 ($N = 250$) ab. Für beide liegen Zeitreihendaten für die ersten 12 Jahre der Karriere vor, für die 1970er-Kohorte existieren zudem auch Zeitreihen zu den folgenden rund 20 Jahren. Eine dritte Gruppe wird seit 2000 ($N = 144$) jährlich zu wichtigen Aspekten ihrer Karriere befragt. Der Karriereverlauf wird für jedes Jahr anhand von 12 Items erfasst, die verschiedene Aspekte der objektiven Karriere (z. B. Führungsverantwortung und Gehalt) und der subjektiven Karriere (z. B. Karrierezufriedenheit, Erfolgseinschätzungen) abdecken. Für die Überprüfung der Komplexitätshypothese kommen – je nach Datenqualität – verschiedene Verfahren zum Einsatz (so finden sich bei Strunk 2009a Anwendungsbeispiele für zahlreiche der im vorliegenden Handbuch dargestellten Algorithmen). Insbesondere wird auch das Verfahren zur gleichzeitigen Einbettung zahlreicher kurzer Zeitreihen in einen gemeinsamen Phasenraum erprobt.

Methodisches Vorgehen

Die multidimensional erhobenen Datensätze umfassen 12 Messzeitpunkte und 3 Dimensionen (1. Objektiver Karriereerfolg, 2. Subjektiver Karriereerfolg und 3. Subjektiv empfundene Stabilität der Karriere). Die kurzen Zeitreihen der befragten Personen werden – getrennt für jede Untersuchungsstichprobe (die ersten 12 Jahre der 1970er- und der 1990er-Kohorte sowie die letzten 12 Jahre der 1970er-Kohorte) – zu langen Quasizeitreihen zusammengehängt (vgl. auch Strunk 2009a, S. 324 ff., siehe Abbildung 67). Weil die Reihenfolge des „Zusammenklebens" einen Einfluss auf die

Berechnungsergebnisse haben kann, werden jeweils pro Untersuchungsgruppe 100 zufällige Anordnungen erzeugt und deren D2-Berechnungen für die drei Untersuchungsstichproben gemittelt.

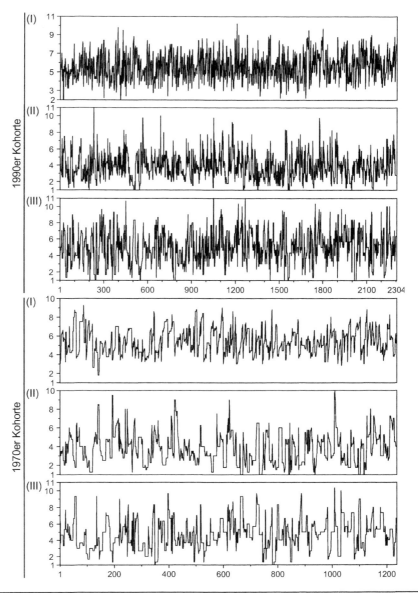

Abbildung 67: Quasizeitreihen der drei Faktoren

Werden jeweils die ersten 12 Jahre der Karriere der befragten Personen aneinandergehängt, so ergeben sich die dargestellten Quasizeitreihen. (I) Faktor 1: Objektiver Karriereerfolg. (II) Faktor 2: Subjektiver Karriereerfolg. (III) Faktor 3: Subjektiv empfundene Stabilität der Karriere. (Abbildung und Abbildungsunterschrift nach: Strunk 2009a, S. 304, erstellt mit GChaos)

Zur Abgrenzung der Ergebnisse gegen Zufallsprozesse werden zudem pro Untersuchungsstichprobe jeweils 100 *Random*-Surrogate analysiert. Die Komplexitätshypothese bezieht sich auf den Vergleich der ersten 12 Jahre der Karriere der beiden Kohorten. Statistisch wird die Hypothese mittels T-Test 1-seitig geprüft.

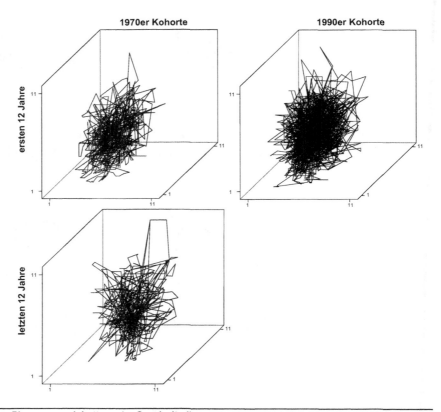

Abbildung 68:	Phasenraumeinbettung der Quasizeitreihen
	Die Abbildungen zeigen ausgewählte dreidimensionale Darstellung der drei Quasizeitreihen für die verschiedenen Untersuchungsgruppen. (Abbildung aus: Strunk 2009a, S. 326, erstellt mit GChaos)

Ergebnisse: Die Komplexitätshypothese wird vollständig bestätigt

Die Analysen mittels Korrelationsintegral bestätigen voll und ganz die vermuteten Entwicklungen. Alle 300 Originaldatensätze (100 Varianten in drei Untersuchungsgruppen) zeigen eine deutliche Sättigung. Die jeweils erzeugten 100 Varianten führen zu sehr dicht beieinanderliegenden D2-Werten. Der Unterschied zwischen dem maximalen und dem minimalen Ergebnis beträgt für die 1970er-Kohorte (ersten 12 Jahre) weniger als 0,7 Dimensionen und in der 1990er-Kohorte rund 0,3 Dimensionen. Die Standardabweichungen über die 100 Varianten sind entsprechend gering. Es zeigen sich also keine wesentlichen Reihenfolgeeffekte, die durch eine spezifische Anordnung der Datensätze innerhalb der zusammengeklebten Quasizeitreihe zu einer Verfälschung der Ergebnisse hätten führen können. Die Unterschiede zwischen den beiden Zeiträumen sind statistisch hochsignifikant. 97 % der Varianz der D2-Werte geht auf die unterschiedlichen Zeiträume zurück.

Auch die Berechnungsergebnisse für die letzten 12 Jahre der Karriere der 1970er-Kohorte entsprechen den Erwartungen. Die Korrelationsdimension nimmt hier noch einmal gegenüber dem älteren Zeitraum ab. Dies spricht gegen Erinnerungseffekte, die sich in einer Zunahme der Komplexität hätten zeigen müssen.

Die Karrieren unterscheiden sich vom Zufall

Bereits der Umstand, dass für alle 300 Datensätze eine Sättigung festgestellt werden kann, spricht dafür, dass die Daten keine Zufallsprozesse repräsentieren. Diese hätten nämlich zu keiner Sättigung geführt. Da aber kurze Zufalls-Zeitreihen mitunter ebenfalls eine Sättigung zeigen, werden als zusätzliche Absicherung pro Untersuchungsgruppe 100 *Random*-Surrogate erzeugt und analysiert. Von den insgesamt 300 *Random*-Surrogaten sättigt nur eines mit D2 = 9,84 (± 0,220). Die Dimensionalität ist für die 21. Einbettungsdimension mit Werten über 15 Dimensionen extrem gegenüber den Originaldatensätzen erhöht.

	AM	SD	Min	Max	n[a]
1970er Kohorte (ersten 12 Jahre)*	3,424	0,179	3,026	3,707	103
1990er Kohorte (ersten 12 Jahre)*	4,704	0,063	4,475	4,817	192
1970er Kohorte (letzten 12 Jahre)	2,802	0,149	2,410	3,073	101

a   n bezieht sich hier auf die Anzahl der Personen, für die genügend Daten vorlagen. Der Mittelwert etc. beruht hingegen immer auf 100 Datensätzen.
*   Der Unterschied zwischen den beiden Gruppen ist mit p(1-seitig)<=0,01 hochsignifikant. Die Effektstärke (Punktbiserial) für diesen Unterschied beträgt 97 %

Tabelle 24: Fallbeispiel: Komplexitätshypothese – Ergebnisse der Korrelationsdimension
Der Unterschied in der mittleren Dimensionalität (AM) der beiden Kohorten ist stark ausgeprägt und statistisch hochsignifikant. Auch Minima sowie Maxima (Min, Max) für die jeweils 100 Varianten der Quasizeitreihen überlappen sich nicht. (Tabelle und Tabellenunterschrift nach: Strunk 2009a, S. 327)

Oben (vgl. S. 219 ff.) wird ausführlich dargestellt, dass auch ein nicht ganzzahliger D2-Wert nicht unbedingt bedeuten muss, dass ein Fraktal vorliegt und erst recht nicht als sicherer Hinweis für Chaos gewertet werden kann. Da die hier ermittelten Werte jedoch klar die topologische Dimension von Trajektorien im Phasenraum überschreiten und zudem relativ weit von ganzzahligen Ergebnissen entfernt sind, wobei gleichzeitig die Schwankungsbreite nur gering ausfällt, kann aber dennoch davon ausgegangen werden, dass hier fraktale Strukturen vorliegen. Auf Chaos lässt dieses Ergebnis jedoch dennoch nicht schließen. Da pro Person nur 12 Jahre als Zeitverlauf zur Verfügung stehen, ist ein Schmetterlingseffekt nicht nachweisbar. Das gewählte Verfahren ist in diesem Sinne nicht als Nachweis für Chaos zu verstehen, sondern als Methode zur Messung von Komplexität (vgl. S. 219 ff.).

Da der Unterschied zwischen den beiden Zeiträumen relativ groß ist (über eine ganze Dimension), scheint hier auch tatsächlich ein bedeutsamer Effekt vorzuliegen. Die Freiheitsgrade des Karrieresystems der 1990er-Kohorte sind gegenüber der 1970er-Kohorte um eins erhöht.

Die Abbildung 69 fasst die Ergebnisse zusammen. Insgesamt kann davon ausgegangen werden, dass die Komplexitätshypothese aus der Perspektive der hier angebotenen Auswertungen bestätigt werden kann.

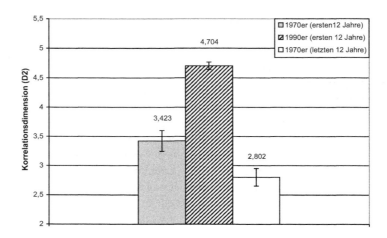

Abbildung 69:	Fallbeispiel: Komplexitätshypothese – Ergebnisse der Korrelationsdimension
	Die Abbildung zeigt sehr deutlich die Unterschiede zwischen den drei Untersuchungsgruppen. (Abbildung aus: Strunk 2009a, S. 327)

Ordnung trotz gestiegener Komplexität

Die Datensätze unterscheiden sich zudem signifikant von Zufallsabfolgen. Die untersuchten Karrieren sind also komplexer geworden, zeigen aber keine Auflösung der Ordnungsstrukturen. Die Ergebnisse sind also weiterhin kompatibel mit einem an Ordnung ausgerichteten Karrierebegriff. Die Behauptung, dass verschiedene Karrieren unterschiedlich komplex sind, kann auf die vorgeschlagene Weise empirisch mit den in der Karriereforschung üblichen Daten nachvollziehbar überprüft werden.

7.4 Algorithmus: PD2 – Zeitpunktbezogene Dimensionalität

Nichtstationäre Zeitreihen

In den vorangegangenen Kapiteln wurde das D2 als wichtige Standardmethode zur Messung der Komplexität von Zeitreihendaten vorgestellt. Eine zentrale Voraussetzung für die Anwendung der Methode stellt die Stationarität der Zeitreihen dar (vgl. Strunk 2004, Kapitel 8.2.4 sowie Strunk & Schiepek 2006, die folgende Darstellung beruht weitgehend auf diesen Quellen). Auch klassische zeitreihenanalytisch Verfahren (z. B. Box & Jenkins 1970) haben die Stationarität der Prozesse zur Voraussetzung. Das Problem verschärft sich jedoch bei der Nutzung komplexitätswissenschaftlicher Methoden, da hier auch Veränderungen der Komplexität ein Problem darstellen und diese ja erst durch den Einsatz entsprechender Methoden quantifiziert werden kann. Während lineare Trends bei der Komplexitätsanalyse in der Regel kaum eine Rolle spielen bzw. leicht beseitigt werden können, führen bereits geringe, im Laufe der Zeit eintretende Veränderungen im Frequenzspektrum der Zeitreihe mit hoher Wahrscheinlichkeit zu Berechnungsfehlern. Noch weit größere Probleme bereiten Zeitreihen, die als nicht stationär in Bezug auf ihre Attraktoreigenschaften angesehen werden müssen. Wechselt ein System während seiner Beobachtung sein Verhalten (Phasenübergang), so bildet die Phasenraumeinbettung mehrere ineinander verschlungene Attraktoren gleichzeitig ab (eine Darstellung von Methoden zur Identifikation von Nichtstationarität findet sich bei Gao 2001). Wenn in so einem Fall überhaupt ein D2 ermittelt werden kann, so wird es sich dabei um eine Art Mittelwert über die verschiedenen Attraktoren handeln. Lange Beobachtungszeiten und Beobachtungen von Prozessen, für die *a priori* Veränderungen erwartet werden können (wie z. B. für Change-Prozesse, die Untersuchung lernender Systeme), eignen sich im Allgemeinen nicht für eine klassische Dimensionalitätsanalyse mit dem D2.

Eine Möglichkeit, mit fehlender Stationarität umzugehen, wurde oben bereits ausführlich dargestellt (vgl. S. 107 ff.): Die Analyse kann mit einem gleitenden Fenster durchgeführt werden. Dabei ist das gleitende Fenster so groß zu wählen, dass eine genügend hohe Reliabilität sichergestellt werden kann. Gleichzeitig ist es so klein zu wählen, dass eine fehlende Stationarität nicht mehr zu wesentlichen Verfälschungen führt. In der Regel wird man eher kleinere Fenster wählen, was die Reliabilität beeinträchtigt, aber das eigentliche Problem (Nichtstationarität) verringert. Da dadurch mehrere Schätzungen für das D2 im Zeitverlauf erzeugt werden, kann dann durch eine anschließende Mittelwertbildung (etwa mit einem gleitenden Mittelwert, Abbildung 26, S. 134) die Reliabilität wieder angehoben werden.

Das Konzept der *Pointwise* Dimensionalität (PD2) erlaubt es, nichtstationäre Prozesse zu analysieren

Neben der Option, gleitende Fenster für das D2 einzusetzen, sind aber auch Methoden vorgeschlagen worden, die direkt eine D2-Schätzung pro Zeitpunkt erlauben. Diese zeitpunktbezogenen Verfahren heißen auch PD2 (sog. *Pointwise* D2). Das PD2 ist dabei zunächst so definiert wie auch das D2. Allerdings werden zur Bestimmung der Dimensionalität nicht alle Abstände zwischen allen Datenpunkten herangezogen. Vielmehr werden ausgehend von einzelnen Referenzpunkten zunächst die Distanzen zu allen anderen Punkten ermittelt und daraus, einzeln für jeden der Referenzpunkte, nach der bekannten Methode ein D2 bestimmt, welches dann aber eben nur für diesen Referenzpunkt gilt und daher als Punktschätzung (*Pointwise Dimensio-*

nality) PD2 bezeichnet wird (Babloyantz & Destexhe 1987, Skinner et al. 1991, Skinner 1992, Kowalik & Elbert 1994, Skinner et al. 1994, Kantz & Schürmann 1996).

Rechenzeitaufwendig ist das PD2, wenn für jeden Referenzpunkt der Skalierungsbereich einzeln bestimmt werden muss. Hierfür sind verschiedene Methoden vorgeschlagen worden. GChaos übernimmt den Skalierungsbereich, der im D2 zu den besten Ergebnissen führte, ohne Veränderungen für das PD2. Andere Ansätze schätzen jeweils einen neuen Skalierungsbereich. In späteren Arbeiten hat Skinner (z. B. Skinner et al. 1994) vorgeschlagen, den Skalierungsbereich allein für nahegelegene Datenpunkte zu bestimmen und durch diesen Bereich eine Ausgleichgerade zu legen. So könnten die 25 % der Datenpunkte herangezogen werden, die dem Referenzpunkt besonders naheliegen. Diese befinden sich wahrscheinlich auch in größerer zeitlicher Nähe zum Referenzpunkt und unterstützen so die Möglichkeit des PD2, die Dimensionalität einer umgrenzten Zeitepoche zu ermitteln (Skinner et al. 1994).

Unabhängig davon, wie die Skalierungsbereiche der einzelnen Referenzpunkte bestimmt werden – ein Mittelwert über die PD2 der Referenzpunkte nähert sich bei stationären Daten dem D2 an. Da die Datenanforderungen für das PD2 geringer ausfallen als für das D2 (aber auch hier sind mehrere hundert bis tausend Datenpunkte nötig, um für niedrigdimensionale Systeme sinnvolle Berechnungsergebnisse zu erhalten), empfiehlt es sich, auch im stationären Fall das PD2 zu berechnen. In der Regel ergibt der Median der *Pointwise* Dimensionalität eine noch bessere Schätzung für die Dimensionalität der gesamten Zeitreihe. Zudem lässt sich zeigen, dass die Methode nicht so empfindlich gegenüber Rauschen und Nichtstationarität ist (vgl. z. B. Babloyantz & Destexhe 1987). Skinner (1992) schlägt vor, Referenzpunkte, für die kein Skalierungsbereich ermittelt werden kann oder für die es keinen Sättigungsbereich gibt, aus der Berechnung auszuschließen (vgl. hierzu auch Skinner et al. 1991, Kantz & Schürmann 1996). Dazu wählt er nacheinander jeden Punkt zum Referenzpunkt und eliminiert später erst diejenigen, die unzureichende Ergebnisse liefern.

Die von einzelnen Referenzpunkten ausgehenden Dimensionalitätsschätzungen lassen sich als temporal begrenzte lokale Dimensionalität interpretieren. Damit eröffnet sich die Möglichkeit, Veränderungen in der Dimensionalität eines Attraktors im Zeitverlauf zu ermitteln. Dies konnte Skinner (1992) zeigen, indem er durch Aneinanderreihung mehrerer bekannter Dynamiken (Sinusschwingungen verschiedener Frequenzen und Amplituden, Lorenz- und Hénon-Dynamik) eine künstliche Zeitreihe bildete und diese mit der PD2-Methode untersuchte (Skinner et al. 1991, Kowalik & Elbert 1994, Skinner et al. 1994). Das PD2 war in der Lage, die korrekten Dimensionalitätswerte für die verschiedenen Abschnitte zu ermitteln (Skinner 1992). Einschränkend muss allerdings darauf hingewiesen werden, dass, um eine für alle Zeitreihenabschnitte passende Phasenraumeinbettung zu erhalten, die Samplingfrequenz der einzelnen Dynamiken so gewählt wurde, dass für alle das gleiche *Time-Lag* zur Erzeugung der Zeitverzögerungskoordinaten resultierte. Dies ist bei empirischen Daten nicht immer möglich.

Fraktale Dimension 257

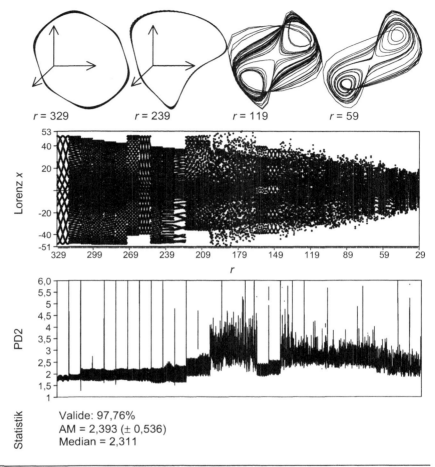

Abbildung 70:	*Pointwise* Dimension für eine Beispielzeitreihe
	Die Abbildung zeigt das PD2 für die Variable x des Lorenz-Systems. Die Zeitreihe selbst umfasst insgesamt 31.000 Messzeitpunkte. Sie besteht aus Abschnitten mit jeweils 1.000 Datenpunkten für die der Parameter r, beginnend bei r = 339, Schritt für Schritt um 10 verringert wird. Für 97,32 % der Zeittakte gelingt eine valide Berechnung des PD2. Damit sind weitaus mehr als 75 % der Berechnungen valide und die Ergebnisse des PD2 können ohne Einschränkung interpretiert werden. Deutlich sind in den PD2-Berechnungen die Phasenübergänge am plötzlichen Anstieg der Dimensionalität erkennbar.
Die in der Abbildung dargestellte Berechnung ergibt sich für den Lorenz-Attraktor mit $339 \geq r \geq 29$; sigma = 16 und b = 4, *Time per Iteration* = 0,05.
Time-Lag = 3; *Theiler Window* = 9; Einbettung 5 bis 10 Dimensionen; der Skalierungsbereich wird vorher mit einem D2 bestimmt: log(l) *Minimum* = –0,590; log(l) *Maximum* = 2,958. Die Einstellungen des PD2/PK2 entsprechen den Standardeinstellungen in GChaos.

| 75 %-Regel | Als Voraussetzung für die Interpretierbarkeit eines PD2 nennt Skinner (1992) den Grenzwert von mindestens 75 % valider Referenzpunkte, die nicht aus der Berechnung ausgeschlossen werden mussten. Die Abbildung 70 zeigt das PD2 für eine synthetisierte Zeitreihe, die auf der Grundlage des Lorenz-Systems mit unterschiedlichen Parameterwerten generiert wurde. |

Vieles spricht dafür, als Standardverfahren das PD2 zu benutzen

Da für viele Anwendungen in der Wirtschaftswissenschaft mit nichtstationären Prozessen wie Lerneffekten, unvorhergesehenen Ereignissen oder anderen Veränderungen der Dynamik gerechnet werden kann, eine Veränderung der Systemdynamik in vielen Fällen sogar angestrebt wird (Wirtschaftsdidaktik, geplante Changeprozesse, Coaching, Beratung etc.), erscheint die Berechnung eines PD2 sinnvoller als die globale Bestimmung der Dimensionalität mittels des D2-Algorithmus. Zwingend erforderlich ist bei der Berechnung des PD2 jedoch ein Verfahren zur automatischen Ermittlung des Skalierungsbereiches (vgl. S. 224) und der Sättigung, da diese ansonsten relativ aufwendigen Prozeduren für jeden einzelnen Datenpunkt wiederholt werden müssen.

Für die praktische Umsetzung des Algorithmus ist es sinnvoll, verschiedene Vereinfachungen vorzunehmen, da für jeden Datenpunkt eine eigenständige D2-Analyse durchgeführt werden muss. Um die Stabilität der Ergebnisse zu erhöhen und dabei gleichzeitig Rechenzeit zu sparen, empfiehlt es sich, die zahlreichen Parameter, die für die Berechnung benötigt werden, zunächst im Rahmen einer klassischen D2-Analyse zu schätzen.

Auch das PD2 erfordert bestimmte Stationaritätsannahmen

Es ist zwar durchaus möglich, dass sich die Einbettungsparameter (minimal erforderliche und maximal nötige Einbettung sowie das *Time-Lag*) im zeitlichen Verlauf ebenfalls verändern. Dennoch ist eine Anpassung dieser Parameter während der Berechnung nicht vorgesehen. Die Analyse beruht auch bei einem PD2 auf einer fest gegebenen Einbettung der Daten in einen Phasenraum. Das *Time-Lag* wird daher nur einmal bestimmt und dann nicht mehr verändert. Die minimale und maximale Einbettungsdimension sollte aus dem D2 grob geschätzt und so festgelegt werden, dass sowohl niedrige als auch hohe PD2-Werte ausreichend repräsentiert werden können.

Darüber hinaus hat es sich bewährt, auch die Skalierungsbereiche zunächst mit einem D2 derselben Daten zu ermitteln und dann dem PD2 zugrunde zu legen. Da der *Slope* des $\log(C(l))$ vs. $\log(l)$ beim PD2 auf viel weniger Daten beruht als beim D2, kann eine automatische Bestimmung des Skalierungsbereiches leicht aufgrund von Ausreißern fehlschlagen. Es ist daher besser, die Skalierungsbereiche vom D2 zu übernehmen und für jeden einzelnen Referenzpunkt auf Passung zu prüfen. Die Güte der Anpassung einer Geraden an den Plot von $\log(C(l))$ vs. $\log(l)$ im Skalierungsbereich kann z. B. über einen Korrelationskoeffizienten bestimmt werden. Grenzwerte für diesen Korrelationskoeffizienten entscheiden dann über die Zulässigkeit des Skalierungsbereiches.

Relativ aufwendig, aber mitunter durchaus hilfreich ist es, pro Einbettungsdimension einen Testlauf durchzuführen, bei dem der vom D2 übernommene Skalierungsbereich vor seiner Anwendung darauf geprüft wird, ob er auch für einen hohen Prozentsatz der Referenzpunkte passt. Liegt der erreichte Prozentsatz unter einer vorher festgelegten Grenze, so wird der Skalierungsbereich erweitert und verschoben, und zwar so lange, wie der Prozentsatz die angestrebte Höhe noch nicht erreicht hat. Ziel ist es, den Skalierungsbereich zu finden, der für die gegebene Einbettungsdimension über alle Referenzpunkte hinweg die besten Ergebnisse liefert. Wird hingegen bei jedem Referenzpunkt ein anderer Bereich gewählt, so kann es geschehen, dass dadurch Dimensionalitätsunterschiede artifiziell erzeugt werden, denen inhaltlich keine Bedeutung zukommt.

Nach der Zwischenspeicherung der Ergebnisse pro Einbettung wird die Sättigung geprüft

Es sind auch andere Vorgehensweisen denkbar, aber eine gute Möglichkeit besteht darin, die Daten zunächst vollständig für eine fest vorgegebene Einbettungsdimension in den Phasenraum einzubetten und daran anschließend den Skalierungsbereich für jeden einzelnen Referenzpunkt zu prüfen. Genügt der Skalierungsbereich den Anforderungen (vorher festgelegte Höhe der Korrelation mit der linearen Ausgleichsgeraden im Skalierungsbereich), dann wird für den Referenzpunkt die Dimensionalität als Steigung der Ausgleichgeraden bestimmt. Auf alle Referenzpunkte angewendet ergibt sich eine Dimensionalitätszeitreitreihe für die Einbettungsdimension.

Für einige Fragestellungen kann es durchaus genügen, wenn nur eine Einbettungsdimension berücksichtigt wird. Ist diese nicht zu klein gewählt (vgl. auch die Faustregel in Gleichung 35, S. 229), kann die ermittelte Dimensionalitätszeitreitreihe als grobes Endergebnis für wenig anspruchsvolle Zwecke bereits genügen. Die Überprüfung der Sättigung entfällt in diesem Fall, sodass eine methodisch saubere Abgrenzung der Ergebnisse gegenüber Zufall nicht möglich ist. Diese ist aber mitunter auch gar nicht nötig; denn das so ermittelte PD2 weist auch mit einem Anstieg seiner Werte auf mögliche Zufallsprozesse hin.

Die Nutzung weiterer Einbettungsdimensionen dient also vor allem der Erhöhung der Reliabilität der Berechnungsergebnisse. Daher ist es üblich, auch beim PD2 eine Serie wachsender Einbettungsdimensionen zu erzeugen und die Sättigung für jeden einzelnen Referenzpunkt zu prüfen. Dazu werden zunächst für alle Einbettungsdimensionen die Dimensionalitätszeitreihen bestimmt und zwischengespeichert. Erst danach wird in einem zweiten Schritt, Zeitpunkt für Zeitpunkt, die Sättigung geprüft und im Sättigungsbereich die mittlere Dimension als eigentliches PD2 berechnet. Fallen einzelne Referenzpunkte aufgrund unzureichender Skalierungsbereiche für einen Teil der Einbettungsdimensionen aus, können die Ergebnisse der anderen Einbettungsdimensionen genutzt werden, um solche Berechnungslücken aufzufüllen.

Für die Abschätzung der Dimensionalität der gesamten untersuchten Dynamik kann der Mittelwert und der Median angegeben werden. Der Median ist weniger empfindlich für Ausreißer, die bei PD2-Analysen schnell auftreten können. Da für eine gegebene Einbettungsdimension maximal der Wert erreicht werden kann, der der Dimension der Einbettung entspricht, bestimmt die Höhe der Einbettung mit über das theoretische Maximum der PD2-Zeitreihe. Werden für die Prüfung der Sättigung etwa auch 20-dimensionale Einbettungen herangezogen, so kann ein solcher Wert eben auch erreicht werden. Es ist nicht selten, dass reale empirische Daten Phasen kritischer Fluktuationen durchlaufen (siehe auch oben S. 53) und dann für einzelne Zeitpunkte solch hohe Dimensionen ganz plötzlich auftreten. Diese vereinzelt durchbrechenden Ausreißer beeinflussen den Mittelwert ungleich stärker als den Median.

7.4.1 Datenqualität, Voraussetzungen

Grundsätzlich gelten für das PD2 ähnliche Voraussetzungen wie für das klassische D2. Die Empfindlichkeit gegenüber Rauschen ist geringer ausgeprägt und Stationaritätsverletzungen spielen bei dem *pointwise* arbeitenden Verfahren naturgemäß keine wesentliche Rolle. Die Tabelle 24 stellt das Verfahren mit seinen wesentlichen Charakteristika vor.

PD2
(Skinner 1992, Kowalik & Elbert 1994, Skinner et al. 1994)

Was wird gemessen?	Zeitpunktbezogene fraktale Dimensionalität, zeitpunktbezogene Zahl der Freiheitsgrade.
Hohe Werte bedeuten ...	Komplexität. Zufall wird im Idealfall ausgeschlossen.
Dynamik	Die Struktur im Phasenraum spielt eine Rolle, nicht aber die zeitliche Abfolge der Datenpunkte. Als zeitpunktbezogenes Verfahren wird jedoch die Veränderung der Komplexität im Zeitverlauf deutlich.
Phasenraumeinbettung	Ja.
Skalenniveau	Intervall / keine stark eingeschränkte Auflösung.
Minimale Datenlänge	$N \geq 200 - 1.000$ ($N \geq 10^{D2/2}$) Die Analyse sollte für 75 % der Datenpunkte gelingen (Skalierung/Sättigung), damit eine Interpretation zulässig ist.
Stationarität erforderlich	Nein. Probleme durch eine fehlende Stationarität des *Time-Lag* werden in der Regel als vernachlässigbar angenommen.

Tabelle 25: Übersicht über das Verfahren: PD2
Die angegebene minimale Datenlänge ist als grobe Orientierung zu verstehen. Bei hochkomplexen Daten sind längere Zeitreihen erforderlich als bei weniger komplexen (siehe dazu die Darstellung zur Zeitreihenlänge beim D2, S. 228).

Die Anforderungen an die Zeitreihenlänge sind insgesamt geringer, weil durch eine spätere Mittelung der zeitpunktbezogenen Werte eine insgesamt reliablere Analyse möglich wird. Einschränkend muss jedoch festgestellt werden, dass die Identifikation des Skalierungsbereiches erschwert sein kann, da dem Korrelationsintergral nicht alle Abstände zu allen Datenpunkten zur Verfügung stehen, sondern jeweils nur so viele Abstände genutzt werden können, wie Datenpunkte vorliegen. Im ungünstigen Fall kann dann für zu viele Referenzpunkte kein Skalierungsbereich bestimmt werden. Wird die Grenze von 75 % valider Referenzpunkte unterschritten, gilt die Analyse insgesamt als nicht reliabel.

7.4.2 Praktische Durchführung

Test der Voraussetzungen, Datenvorbereitung, Absicherung

Vor der Anwendung des PD2 sind zunächst die Voraussetzungen für seinen Einsatz zu prüfen, wobei gegenüber dem D2 die Prüfung der Stationarität entfallen kann. Auch können sich bereits bei kürzeren Zeitreihen brauchbare Ergebnisse ergeben.

Während aber das D2 nur einen Wert als Ergebnis liefert und mithin auch nur dieser eine Wert auf seine Validität zu prüfen ist, ergibt sich beim PD2 eine neue Zeitreihe. Es zeigen sich dabei im Rahmen der Berechnungsgenauigkeit und je nach Rauschanteil in den Rohdaten Schwankungen in der PD2-Zeitreihe. Da weder Berechnungsgenauigkeit noch Rauschanteil bekannt sind, ist nur schwer einschätzbar, ob die beobachtbaren Schwankungen auf Nichtstationaritäten (Phasenübergänge) zurückgehen und auch als solche interpretiert werden können oder ob sie Artefakte sind. Daher sollten PD2-Analysen entweder nur als genauere und voraussetzungsärmere Methode zur Bestimmung der Dimensionalität angewendet werden oder im Rahmen einer experimentellen bzw. quasiexperimentellen Studie mit Außenkriterien verknüpft werden. Im ersten Fall werden nur der Mittelwert und der Median des PD2 interpretiert und die Schwankungen im Verlauf des PD2 nicht berücksichtigt.

Im zweiten Fall werden die Schwankungen im Verlauf des PD2 mit einer experimentellen bzw. quasiexperimentellen Veränderung im Umfeld des Systems korreliert. Wenn die Schwankungen im PD2 sinnvoll zu Außenereignissen passen, ist das ein Hinweis für Phasenübergänge. Dabei empfiehlt es sich, diese Außenereignisse hypothesengeleitet herzustellen (Experiment) bzw. sie gezielt aufzusuchen (Quasiexperiment). Zum Zeitpunkt des Ereignisses bzw. der Ereignisse können Veränderungen im PD2 auftreten, die gezielt auf Signifikanz geprüft werden können. Ein umgekehrtes Vorgehen ist hingegen wenig verlässlich. Wenn zu auffälligen Schwankungen im PD2 nachträglich Ereignisse im Umfeld des Systems gesucht werden, wird man – genügend Mühe bei der Suche vorausgesetzt – auch welche finden (vgl. dazu auch die Beispielanalyse ab S. 267 ff.).

Die Überprüfung des PD2 mittels Surrogatdatentestung ist zu empfehlen, führt aber zu Problemen, wenn durch die *Random*isierung der Prozentsatz valider Zeitpunkte so stark absinkt, dass ein statistischer Vergleich zwischen Surrogaten und Originaldatensatz nicht mehr möglich ist.

Durchführung der Berechnung

Die Abbildung 71 zeigt die einzelnen Schritte des PD2-Algorithmus. Es sind drei Schleifen zu unterscheiden: Zunächst wird für jede Einbettungsdimension m (äußere Schleife) jeder Referenzpunkt bei t (innere Schleife) einzeln analysiert und zu jedem Referenzpunkt, für den ein Skalierungsbereich bestätigt werden kann, ein $PD2(m,t)$ bestimmt. Die dritte Schleife prüft für jeden Referenzpunkt die Sättigung über die Einbettungsdimensionen hinweg.

In GChaos findet sich das PD2 im Menü unter: „*Statistics*", „*Dimensionality*", „D2/PD2". Im Karteireiter „D2/PD2" und im Karteireiter „PD2" sind Einstellungen zu treffen. Durch den Button „PD2" im Karteireiter „PD2" startet die Berechnung des PD2 mit den eingestellten Parametern.

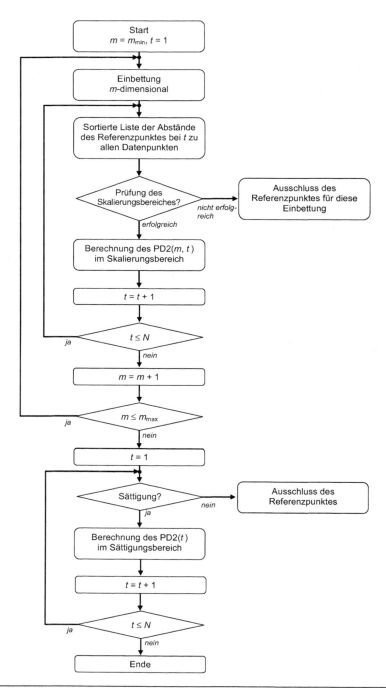

Abbildung 71: Algorithmus der PD2-Berechnung

Der Algorithmus startet bei einer Einbettungsdimension $m = 1$ und ermittelt für alle Einbettungsdimensionen bis zu einer vorher festgelegten Grenze das PD2(m, t). Nach Verlassen der Dimensionsschleife wird die Sättigung überprüft und bei Vorliegen das PD2(t) im Sättigungsbereich bestimmt.

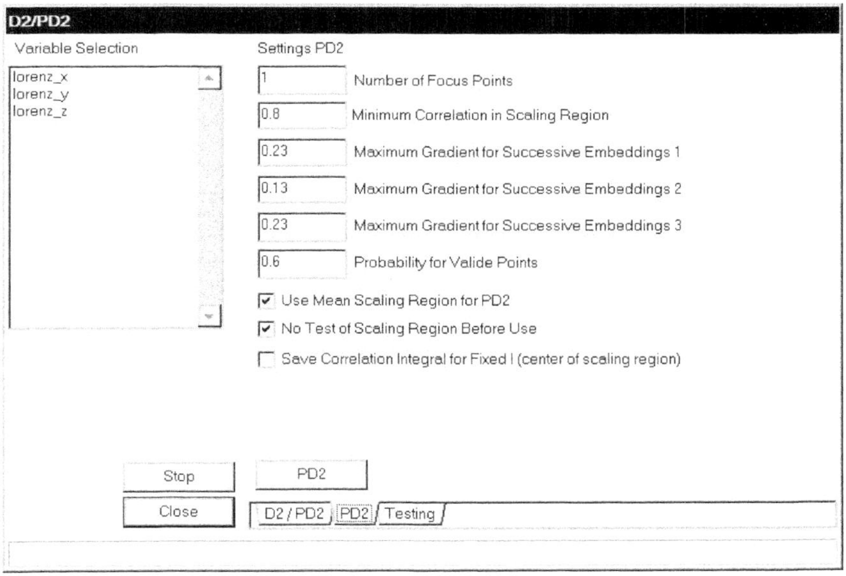

Fraktale Dimension

Abbildung 72: GChaos-Dialog zur PD2-Berechnung – Karteireiter „PD2"

Im Text wird das Vorgehen der PD2-Berechnung in GChaos dargestellt. Dabei wird auf den gezeigten Karteireiter „PD2" eingegangen. Der Dialog wird erreicht über das Menü: *„Statistics"*, *„Dimensionality"*, *„D2/PD2"*. Es müssen auch Einstellungen im Karteireiter „D2/PD2" getroffen werden (siehe dazu S. 235).

Die Durchführung der Berechnung in GChaos legt eine vorherige D2-Analyse nahe. Diese bestimmt einen optimalen Skalierungsbereich. Es kann zwar auch einer von Hand gewählt werden, aber da die Berechnung des PD2 relativ lange dauert, empfiehlt es sich nicht, die korrekten Werte durch „Probieren" zu suchen. In jedem Fall sind im Karteireiter „D2/PD2" zunächst die Einstellungen zu treffen, die auch für ein D2 getroffen werden müssen (vgl. dazu auch S. 235). Durch den Button „D2" startet die Berechnung des D2 mit den eingestellten Parametern. Die Berechnung führt bei automatischer Skalierung zur Festlegung der Skalierungsbereiche für die gewählten Einbettungsdimensionen, die vom PD2 weiterverwendet werden können. Zudem liefert der D2-Algorithmus nach Abschluss einen globalen Skalierungsbereich, der für alle gewählten Einbettungsdimensionen zu guten Ergebnissen führen sollte. Dieser, für alle Einbettungsdimensionen gleiche, Bereich erscheint am Ende der Analyse in den Eingabefeldern für den Skalierungsbereich. Auch diese Werte können vom PD2 für die weitere Analyse übernommen werden. Nach der D2-Analyse steht auch der Sättigungsbereich fest. Dieser sollte für das PD2 vorgewählt werden. Das PD2 ist gegenüber dem D2 sehr viel rechenzeitintensiver und es sollten keine unnötigen Einbettungsdimensionen miteinbezogen werden (diese werden später, bei der Feststellung der Sättigung, ohnehin wieder ausgeschlossen). Zudem geht der Algorithmus für die Feststellung der Sättigung, beim PD2 davon aus, dass kleine Einbettungsdimensionen (unter dem D2 für die Daten) erst gar nicht berechnet wurden. Weitere Einstellungen sind im Karteireiter „PD2" zu treffen. Die Ergebnisse der PD2-Analyse finden sich tabellarisch zusammengefasst im Ausgabefenster und das PD2 wird nach Abschluss der Berechnungen am Ende des aktuellen Arbeitsblattes als neue Variable eingefügt.

- **Variablenauswahl.** In der Variablenliste werden alle Spaltenbezeichnungen des aktuellen Arbeitsblattes aufgelistet. Hier kann eine Variable für die Berechnung ausgewählt werden. Die Auswahl mehrerer Variablen führt dazu, dass diese nach dem Reißverschlussprinzip zu einem Datensatz angeordnet werden: Aus $x_1, x_2, x_3, x_4, \ldots x_N$ und $y_1, y_2, y_3, y_4, \ldots y_N$ sowie $z_1, z_2, z_3, z_4, \ldots z_N$ wird dann $x_1, y_1, z_1, x_2, y_2, z_2, x_3, y_3, z_3, x_4, y_4, z_4, \ldots x_N, y_N, z_N$. Diese verknüpfte Zeitreihe wird in der Regel zu einem *Time-Lag* von eins führen. Zudem wird über die Einstellung „*Vector Spacing*" angegeben, aus wie vielen Dimensionen die Zeitreihe besteht. Bei der Einbettung wird dann dafür gesorgt, dass die Koordinaten für die Punkte im Phasenraum immer mit der gleichen Variable beginnen (ist die zusammengesetzte Zeitreihe eine Abfolge der Variablen x, y, z, so sorgt ein *Vector Spacing* von drei dafür, dass die Koordinaten immer mit x beginnen und nicht auch mit y oder z).

- *Number of Focus Points.* Die Einstellung der Zahl der Fokuspunkte beruht auf einem Vorschlag von Strunk (2004), auf den weiter unten noch ausführlich eingegangen wird. Das klassische PD2 nutzt immer einen einzelnen Fokuspunkt als Referenzpunkt für die Bestimmung der Dimensionalität. Bei kurzen Zeitreihen macht sich dann aber negativ bemerkbar, dass der Skalierungsbereich nur schwer identifizierbar sein kann, da dieser auf sehr viel weniger Daten beruht als beim D2. Strunk (2004) schlägt vor, die Berechnung auf mehrere zeitlich aufeinanderfolgende Fokuspunkte zu stützen, um so die Reliabilität der Analyse zu verbessern.

- *Minimum Correlation in Scaling Region.* Für das PD2 wird der Skalierungsbereich nicht automatisch bestimmt. Dies würde nur dazu führen, dass für jeden Referenzpunkt ein anderer Skalierungsbereich gewählt würde. Die Vergleichbarkeit der Ergebnisse im zeitlichen Verlauf würde darunter leiden. Daher wird der Skalierungsbereich entweder für alle Einbettungsdimensionen fest vorgegeben (Karteireiter „D2/PD2") oder vorher über das D2 ermittelt. Letzteres bestimmt für jede Einbettungsdimension den passenden Skalierungsbereich, sodass sich diese von Einbettungsdimension zu Einbettungsdimension unterscheiden können. Das PD2 kann diese vorher im D2 ermittelten Skalierungsbereiche benutzen. Die Güte des Skalierungsbereiches wird für jeden Referenzpunkt über die Korrelation der Geraden im Plot von $\log(C(l))$ vs. $\log(l)$ bestimmt. Der minimal erforderliche Grenzwert für die Akzeptanz des Skalierungsbereiches für den aktuellen Fokuspunkt wird über „*Minimum Correlation in Scaling Region*" angegeben. Ein Referenzpunkt, der schlechtere Werte aufweist, wird als nicht valide markiert.

- *Maximum Gradient.* Drei Optionen betreffen die Sättigung der Dimensionalitätswerte bei steigender Einbettungsdimension. Alle drei Optionen geben den maximalen Grenzwert an, um den die ermittelte Dimensionalität pro Einbettungsdimension steigen darf. Wird dieser Grenzwert überschritten, so liegt keine

Sättigung vor. Der Algorithmus geht bei der Prüfung der Sättigung schrittweise vor. Die erste Option bezieht sich auf die Standardprozedur. Erst wenn diese fehlschlägt, wird eine Ersatzprozedur aufgerufen, für die dann aber strengere Grenzen gelten. Schlägt auch diese fehl, wird die dritte Prozedur aufgerufen. Die erste Prozedur nutzt den gesamten *Range* von der minimalen bis zur maximalen Dimension. Um Rechenzeit zu sparen, empfiehlt es sich also zunächst das D2 zu bestimmen. Der hier gefundene Sättigungsbereich kann dann im Karteireiter „D2" als Start- und Endwert für die Einbettung eingetragen werden. So kann man z. B. darauf verzichten, die Dimensionen 1 bis 5 zu berechnen, wenn sich im D2 bereits gezeigt hat, dass eine Sättigung frühestens ab Dimension 7 zu erwarten ist. Die Standardprozedur erwartet, dass der Sättigungsbereich bereits durch die Wahl der Einbettungsdimensionen vorgegeben ist. Wird hier aber die maximal zulässige Steigung überschritten, werden nacheinander die Prozeduren 2 und 3 herangezogen. Die zweite Prozedur verkürzt den Einbettungsbereich bei den niedrigen Dimensionen Schritt für Schritt jewels um eine Dimension. Das letzte Viertel der benutzten Einbettungen bleibt davon unberührt, sodass der kürzeste geprüfte Sättigungsbereich ebendieses letzte Viertel mit den höchsten Einbettungsdimensionen umfasst. Da hier leichter eine Sättigung gefunden werden kann als beim ersten Vorgehen, ist es empfehlenswert, den maximalen Gradienten für die zweite Prozedur niedriger zu wählen als für die erste. Wird auch durch die zweite Prozedur kein befriedigender Sättigungsbereich gefunden, wird die dritte Prozedur gestartet. Diese schneidet Schritt für Schritt bei den hohen Einbettungsdimensionen jewels eine Dimension ab und prüft dann die Steigung. Maximal wird ein Viertel der vorgewählten Einbettungsdimensionen abgeschnitten.

- ***Probability of Valide Points.*** Soll der Skalierungsbereich vor der Anwendung geprüft werden, kann hier festgelegt werden, wie viel valide Referenzpunkt mindestens erforderlich sind. Die Angabe erfolgt als relative Häufigkeit. Der Skalierungsbereich wird dann so lange erweitert und verschoben, bis die Zahl der zu erwartenden validen Referenzpunkte die eingestellte Grenze überschreitet. Das kann aber – je nach Datensatz – sehr lange Zeit in Anspruch nehmen.

- ***Scaling Region.*** Die beiden Optionen zum Skalierungsbereich geben an, wie dieser vorab bestimmt wird. In der Regel wird direkt vor dem PD2 ein D2 berechnet, welches auch den Skalierungsbereich für jede Einbettungsdimension festlegt. Ist die Option „*Use Mean Scaling Region*" nicht eingeschaltet, werden diese Informationen Einbettungsdimension für Einbettungsdimension genutzt. Ist sie hingegen eingeschaltet, wird über alle Einbettungsdimensionen hinweg der optimale Skalierungsbereich bestimmt. Dieser erscheint dann auch im Karteireiter „D2/PD2". Alle Einbettungsdimensionen werden dann im PD2 mit diesem optimalen Skalierungsbereich behandelt. Die zweite Option gibt an, ob der Skalierungsbereich, so wie er vorgegeben wurde, vor der eigentlichen Anwendung einer Überprüfung unterzogen werden soll. Wird diese Option gewählt, kann die Berechnung sehr lange Zeit in Anspruch nehmen.

- ***Save Correlation Integral for Fixed l.*** Nach der oben dargestellten Faustregel von Farmer (1982b) ist für die valide Bestimmung der Dimensionalität am besten eine Einbettungsdimensionen von 2 · D2 + 1 geeignet (vgl. S. 229). Nach Abschluss der Berechnungen für das PD2 liegt ein Mittelwert der Dimensionalität vor. Dieser wird anstelle des D2 in die Gleichung eingesetzt und die optimale Einbettung bestimmt. Für diese Einbettungsdimension wird (falls dafür überhaupt Werte berechnet wurden) das Korrelationsintegral für ein festgelegtes l gespeichert, wenn diese Option ausgewählt wurde. Das festgelegte l ist genau die Mitte des Skalierungsbereiches. Grobe Veränderungen in der Komplexität sind häufig bereits mit diesem – gegenüber dem PD2 einfacheren – Maß sichtbar.

- **Starten der Berechnung.** Durch den Button „PD2" startet die Berechnung des PD2 mit den eingestellten Parametern. Die Ergebnisse finden sich im Ergebnisfenster des Hauptfensters der Anwendung. Das PD2 wird als neue Variable ins aktuelle Arbeitsblatt ganz rechts eingefügt.

7.4.3 Beispielanalyse: Komplexitätssprünge in den log-Returns des DAX – PD2-Analyse

Oben wurde bereits eine Beispielanalyse für das stationäre D2 der logarithmierten *Returns* der Schlusskurse des Deutschen Aktienindex DAX im Zeitraumes zwischen dem 02.01.2001 und dem 05.03.2012 vorgestellt (vgl. S. 238). Die Zeitreihen sind in Abbildung 25 (S. 131) und ein Phasenraumdiagramm in Abbildung 52 (S. 200) zu sehen (eine geglättete Version findet sich in Abbildung 35, S. 161). Das *Time-Lag* für die Einbettung der Daten wird mit drei verschiedenen Verfahren (Autokorrelationsfunktion, *Mutual Information* und generalisiertes Korrelationsintegral) übereinstimmend mit eins festgelegt (vgl. Kapitel 6, S. 153 und die dort vorgestellten Beispielanalysen).

Das stationäre D2 wird für Einbettungen von 2 bis 20 Dimensionen durchgeführt; eine Sättigung kann ab ca. 11 Dimensionen festgestellt werden und das D2 wird insgesamt mit 5,47 (± 0,21) berechnet. *Random-* und DFT-Surrogate führen zu keinen sättigenden Befunden und unterscheiden sich jeweils hochsignifikant von den Ergebnissen für die Originaldatenreihe. Dennoch können die Berechnungsergebnisse für das stationäre D2 nur eingeschränkt interpretiert werden, weil davon ausgegangen werden muss, dass die Stationaritätsannahme durch den langen Beobachtungszeitraum nicht erfüllt ist.

Das PD2 erlaubt die Abbildung von Veränderungen in der Komplexität

Das PD2 bietet gegenüber dem D2 die Möglichkeit, Veränderungen in der Komplexität abzubilden. Es stellt also eine nichtstationäre Erweiterung des D2 dar. Der Mittelwert oder der Median des PD2 gilt als verlässlichere Schätzung für die Dimensionalität der Dynamik. Zudem ermöglicht es die Untersuchung (quasi)experimenteller Fragestellungen über die Veränderung der Komplexität. So lässt sich prüfen, ob auffällige Ausreißer auf relevante Ereignisse zurückgeführt werden können (vgl. dazu auch S. 111 ff.).

Die folgende Analyse beruht auf den Parametern, die mithilfe des stationären D2 zuvor ermittelt wurden. Die Einbettung wird in den Sättigungsbereich verschoben und umfasst so die Dimensionen 11 bis 20. Der Skalierungsbereich wird vom D2 übernommen.

Ergebnisse

Das PD2 liefert mit diesen Parametern für rund 93 % der Datenpunkte valide Ergebnisse (Skalierungs- und Sättigungsbereich können bestätigt werden, vgl. Tabelle 26). Das mittlere PD2 liegt um rund eine Dimension niedriger als das D2 und der Median liegt noch einmal rund einen Dimension darunter (D2 = 5,47 ± 0,21, PD2-AM = 4,47 ± 2,69, PD2-Median = 3,55). Der Unterschied zwischen Median und Mittelwert verweist bereits auf nichtstationäre kurzfristige Ausreißer des PD2, die sich auch in einer hohen Standardabweichung niederschlagen.

Interpretation der Maxima

In Abbildung 73 sind insgesamt 14 auffällig hohe Ausreißer des PD2 erkennbar, zu denen sich die folgenden Meldungen finden lassen:

1. **Datum mit lokalem Maximum: 09.03.2001.** Globale Wirtschaftsprobleme machen sich auch in Deutschland bemerkbar; Wachstumsprognosen werden nach

unten korrigiert (n-TV 2001d). Am 09.03.2001 beschließt Japan ein neues Wirtschafts-Notpaket (n-TV 2001e). Ebenfalls im März zeigt sich eine zunehmende Talfahrt der US-Konjunktur (vgl. n-TV 2001d): Die Technologiebörsen zeigen sich im freien Fall (Yahoo und Intel geben Gewinnwarnungen heraus, vgl. n-TV 2001d). Japan befindet sich inzwischen im zehnten Jahr der Krise; am 01.03. fällt der Nikkei-Index auf ein 15-Jahres-Tief (n-TV 2001d) und die Probleme in Fernost bedrohen auch Europas Aufschwung.

Einbettung	Valide Datenpunkte	PD2		
		N	AM	SD	Median
11	92,21 %	2838	4,067	1,913	3,472
12	92,88 %	2837	4,206	2,106	3,513
13	93,55 %	2836	4,327	2,299	3,540
14	94,36 %	2835	4,459	2,525	3,565
15	94,85 %	2834	4,564	2,714	3,611
16	94,95 %	2833	4,631	2,843	3,625
17	95,27 %	2832	4,737	3,050	3,634
18	95,66 %	2831	4,816	3,210	3,637
19	95,12 %	2830	4,899	3,378	3,656
20	94,24 %	2829	4,981	3,552	3,657
Gesamt	**92,67 %**	**2825**	**4,470**	**2,687**	**3,545**

Tabelle 26: **Ergebnisse der PD2-Analyse für die log-*Returns* des DAX**
Die Analyse beruht auf den Parametern, die mit der D2-Berechnung zuvor bestimmt worden waren. Auffällig ist der im Vergleich zum Median hohe Mittelwert (AM). Auch die hohe Standardabweichung (SD) zeigt starke, nichtstationäre Veränderungen an.

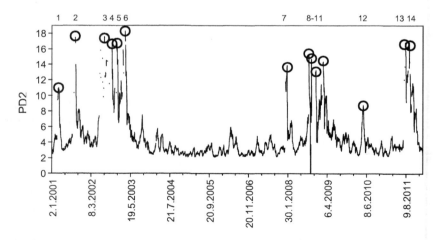

Abbildung 73: **Verlauf der Komplexität der logarithmierten *Returns* des DAX**
Markiert sind die jeweils höchsten Ausschläge der Komplexität. Besonders hohe Ausschläge sind von Lücken begleitet, für die kein valides PD2 bestimmt werden kann. Hier ist die Dynamik nicht von Zufall zu unterscheiden. Die oben stehenden Zahlen erlauben die Zuordnung der Ausschläge zu Ereignissen, die im Text näher beschrieben werden.

2. **Datum mit lokalem Maximum: 11./12.09.2001.** Der Terrorangriff auf das *World Trade Center* verändert die Welt und verstärkt die Rezession in den USA.

Die US-Börsen blieben zunächst geschlossen (n-TV 2001f). „Händler sprachen von panikartigen Verkäufen der US-Währung gegen andere Leitwährungen" (n-TV 2001a).

3. **Datum mit lokalem Maximum: 06.06. – 30.07.2002.** Zahlreiche Ereignisse erschüttern die Finanzwelt: Der Chiphersteller Intel meldet Probleme (n-TV 2001b) und ein mittleres Erdbeben trifft Kreta (Stärke 5,4) (n-TV 2001c). Dramatisch wird die Situation durch die *Worldcom*-Pleite vom 21.07.2002, die mit Bilanzfälschungen und Fehlbuchungen im Wert von 11 Milliarden Dollar verbunden war (Die Zeit 2005). Der enorme Vertrauensverlust setzt die Märkte unter Druck und führt zum *Sarbanes-Oxley Act*, einem US-Gesetz, welches am 25.07.2002 beschlossen wird und am 30.07.2002 in Kraft tritt (Crone & Roth 2003). Es hat das Ziel, die Richtigkeit der von Unternehmen veröffentlichten Finanzdaten sicherzustellen, um so das Vertrauen von Anlegerinnen und Anlegern zurückzugewinnen (Crone & Roth 2003).

4. **Datum mit lokalem Maximum: 21.10.2002.** Der Verlauf der Komplexität zeichnet mit den Stationen 4, 5 und 6 wahrscheinlich den Zusammenbruch des „Neuen Marktes" nach: Im Verlauf des Jahres 2002 kam es zu zahlreichen Skandalen über Betrugsfälle und Insiderhandel von Unternehmen des von der Deutschen Börse gehandelten Segmentes „Neuer Markt" (Frentz 2003). Im September und Oktober 2002 lagen die Verluste gegenüber dem Höchststand vom März 2000 bei über 95 %, was mehr als 200 Milliarden Dollar entsprach (vgl. Kuhn 2007).

5. **Datum mit lokalem Maximum: 13.12. – 21.12.2002.** Zusammenbruch des „Neuen Marktes": Erstmals wird wegen Insiderhandel auch gegen Analysten ermittelt (Frentz 2001).

6. **Datum mit lokalem Maximum: 17.03.2003.** Zusammenbruch des „Neuen Marktes": Am 21.03.2003 wird der „Neue Markt" zum letzten Mal gehandelt, nachdem er am 10.03.2003 seinen sechsten Geburtstag gefeiert hatte. Er wird durch den TecDax abgelöst (Frentz 2003).

7. **Datum mit lokalem Maximum: 21.01.2008.** Die Onlineausgabe der Süddeutschen Tageszeitung schreibt in ihrer Chronologie der Krise (Süddeutsche.de 2008): Der 21.01.2008 gilt als schwarzer Montag für den Dax. Der Leitindex fällt um 7,5 % und verzeichnet damit den höchsten Tagesverlust seit den Terrorangriffen vom 11. September 2001. Der Absturz ist eine Reaktion auf die Angst vor einer Rezession in den USA. Dort senkte die US-Notenbank den Leitzins überraschend um 75 Basispunkte. Wenige Tage später folgte eine weitere Absenkung um noch einmal 50 Basispunkte.

8. **Datum mit lokalem Maximum: 15.09.2008.** Pleite von *Lehman Brothers*: Die Bank hatte seit Februar des Jahres rund 88 % ihres Wertes eingebüßt und beantragte am 15.09.2008 Gläubigerschutz (Süddeutsche.de 2008, McDonald & Robinson 2009). Etwa gleichzeitig rettet die US-Regierung in einer spektakulären Hilfsaktion die Hypothekenbanken *Fannie Mae* und *Freddie Mac* vor dem Aus. Beide kommen am 07.09.2008 unter staatliche Kontrolle, nachdem sie

zwischen Juni 2007 und September 2008 mehr als 65 % ihres Wertes verloren hatten (Süddeutsche.de 2008). Die Institute garantieren zusammen Hypotheken für rund 5,2 Billionen Dollar, was in Summe rund der Hälfte aller Darlehn für Privathäuser entsprach (Süddeutsche.de 2008).

9. **Datum mit lokalem Maximum: 13.10.2008.** Anfang Oktober spitzt sich die Krise erneut zu. Zur Abwendung eines Staatsbankrotts stellt Island am 06. Oktober 2008 den gesamten Bankensektor unter staatliche Aufsicht (Financial Times Deutschland 2008b), zehn Tage später ist Island praktisch zahlungsunfähig (Financial Times Deutschland 2008a). In einer konzertierten Aktion versuchen die Notenbanken den Finanzsektor zu stützen. Gleich sieben Notenbanken senken am 08.10.2008 gemeinsam die Leitzinsen (NZZ Online 2008). Dennoch stürzt der DAX am Freitag, dem 10.10.2008 zwischenzeitlich um 11,8 % (Spiegel Online 2008). Am Montag, dem 13.10. gewinnen die Börsen jedoch wieder: Der Dow Jones legt 11,08 % zu, was dem höchsten prozentualen Gewinn seit der Weltwirtschaftskrise von 1929 entspricht (Piper 2008). Der DAX zieht nach. Ebenfalls am 13.10.2008 findet ein vorgezogener EU-Krisengipfel statt: Die EU-Kommission fordert eine Erhöhung des Schutzes für Bankeinlagen (EZB 2012).

10. **Datum mit lokalem Maximum: 28.11.2008.** Die BayernLB war seit Anfang 2008 in den Schlagzeilen. Das ganze Ausmaß der Krise wurde aber erst im November sichtbar. Am 28.11.2008 verkündet der Bayrische Ministerpräsident Horst Seehofer Finanzspritzen im Wert von 30 Milliarden Euro, räumt aber ein, nicht zu wissen, ob das genügt (Die Welt 2008).

11. **Datum mit lokalem Maximum: 18.02.2009.** Aufgrund der Bankenkrise erlässt die Bundesregierung am 18. Februar 2009 ein Gesetz, welches erstmals in der deutschen Geschichte die Enteignung von Banken ermöglicht (t-online 2009).

12. **Datum mit lokalem Maximum: 03.05.2010.** Die EZB beschließt in einer „beispiellosen Ausnahmeregelung", griechische Staatsanleihen als Sicherheiten anzuerkennen, obwohl diese zuvor auf Ramschniveau herabgestuft wurden (euronews 2010). Am 07.05.2010 senkt die EZB die Leitzinsen um 25 Basispunkte (EZB 2012).

13. **Datum mit lokalem Maximum: 11.07. – 29.07.2011.** Griechenlandkrise: Das erste Rettungspaket genügte nicht. Beim Treffen der Staats- und Regierungschefs zur Staatsschuldenkrise wird am 21.07.2011 ein zweites Rettungspaket im Umfang von 109 Milliarden Euro von den 17 Euroländern beschlossen (EZB 2012). Gleichzeitig wird die Laufzeit der Rettungskredite von 7,5 auf 15 Jahre verdoppelt. Erstmals sollen auch Banken (zunächst auf freiwilliger Basis) zur Kasse gebeten werden (Handelsblatt 2011). Dennoch stuft S&P Griechenland am 27.07.20011 auf CC herab (Wikipedia 2012d).

14. **Datum mit lokalem Maximum: 05.09. – 23.09.2011.** Am 09.09.2011 tritt der Chef-Volkswirt der EZB Jürgen Stark zurück. Er galt als Kritiker des Ankaufs

von Staatsanleihen ohne positives Bonitätsrating (Spiegel Online 2011a). Es mehrt sich die Kritik an der EZB und in Deutschland wächst die Diskussion um die Zustimmung des Bundestages zum EFSF (Spiegel Online 2011d). Ein Treffen der Finanzminister findet am 17.09.2011 in Breslau statt (Spiegel Online 2011c) und der griechische Ministerpräsident Papandreo sagt eine USA-Reise ab, nachdem er sich schon auf dem Weg befand (Spiegel Online 2011b). Im September teilt das griechische Parlament mit, dass es die verlangten Sparziele nicht erfüllen könne (finanzen.net 2012). Am 29.09.2011 beschließt der Deutsche Bundestag die geplante Ausweitung des EFSF (Spiegel Online 2011e).

Die Beispielanalyse zeigt die Möglichkeiten, die das Verfahren eröffnet

Obwohl sich für die auffälligen Komplexitätssprünge in der PD2-Analyse der logarithmierten *Returns* des DAX in jedem Fall plausible Außenereignisse identifizieren lassen, liegt die Kritik an diesem Vorgehen auf der Hand (darauf wurde oben bereits hingewiesen, vgl. S. 111 ff.): Es ist sehr unwahrscheinlich, nicht für jeden beliebigen Tag Nachrichten in entsprechenden Print- und Onlinemedien zu finden. Irgendetwas passiert immer. Andererseits sind aber unzweifelhaft dramatische Ereignisse wie der 11. September oder die Lehman-Pleite deutlich erkennbar, sodass vorsichtig geschlussfolgert werden kann, dass die Analysen zumindest nicht völlig beliebig ausgefallen sind. Der mit dem Ereignis einsetzende dramatische Anstieg des PD2 kann als plötzlich einsetzende Verunsicherung der Märkte interpretiert werden. Je unvorhergesehener das Ereignis oder seine möglichen Folgen, desto stärker scheint das PD2 auszuschlagen. Demgegenüber ist das Grundniveau des PD2 für weniger ereignisreiche Zeiträume recht gering, was auf ein dauerhaftes Grundmuster nichtlinearer Abhängigkeiten in den Daten des DAX hinzuweisen scheint.

Mandelbrot und Hudson (2004) sehen in der Analyse der fraktalen Strukturen von Aktienmärkten einen Zugang zur Risikoabschätzung, bei der grundlegende Begriffe wie z. B. die Volatilität durch komplexitätswissenschaftliche Begriffe wie z. B. den der fraktalen Dimension ersetzt werden könnten. Derzeit ist jedoch kaum abschätzbar, ob ein solches Forschungsziel auch tatsächlich erreicht werden kann.

Insgesamt zeigt die hier vorgestellte explorative Analyse einige Möglichkeiten für weitergehende und methodisch aufwendigere (quasi)experimentelle Zugänge auf. So können zuvor definierte Ereignisse (z. B. Vorstandswechsel, Veröffentlichungen von Quartalsergebnissen etc.) gezielt aufgesucht und in größerer Zahl analysiert werden (das wäre dann eine Erweiterung klassischer ökonomischer *Event*-Studien, vgl. MacKinlay 1997, siehe auch S. 111 ff. sowie die Beispielanalyse ab S. 448).

7.5 Algorithmus: Zusammenfassen von Fokuspunkten

Falls sich bei der Berechnung des PD2 Probleme mit den Skalierungsbereichen ergeben (Verletzung der 75 %-Erfordernis), kann das daran liegen, dass für das zeitpunktbezogene Korrelationsintegral jeweils nur die Abstände zu einem aktuell betrachteten Fokuspunkt berücksichtigt werden können und nicht – wie beim klassischen Korrelationsintegral – alle Abstände zwischen allen Datenpunkten. Die Datenbasis der Skalierungsbereiche ist beim PD2 daher ungleich kleiner. Beim klassischen Korrelationsintegral wächst die Zahl der analysierten Abstände mit dem Quadrat der Zeitreihenlänge, während sie beim PD2 direkt mit der Zeitreihenlänge gegeben ist. Strunk (2004) hat daher vorgeschlagen, mehrere Fokuspunkte zu einem Bündel zusammenzufassen, sodass sich die Datengrundlage für die Skalierungsbereiche erhöht. Durch die Zusammenfassung entsteht ein gleitendes Fenster der Fokuspunkte. In die Berechnung des Korrelationsintegrals fließen dann alle Abstände der berücksichtigten Fokuspunkte zu allen anderen Datenpunkten des Phasenraumes ein. Die Datengrundlage für die Skalierungsbereiche wächst dabei direkt mit der Fensterbreite der Zusammenfassung; für z. B. 10 Fokuspunkte ist die Datenbasis dann 10 Mal so hoch. Es genügen also in der Regel bereits recht schmale Fenster, um die Skalierung zu verbessern. Gleichzeitig bleiben durch schmale Fenster die nichtstationären Eigenschaften des Verfahrens am ehesten gewahrt. Je breiter das Fenster gewählt wird, desto mehr nähert sich der Algorithmus dem klassischen stationären Korrelationsintegral an.

Neben der Erhöhung der Datenbasis für die Skalierungsbereiche bewirkt die Zusammenfassung auch eine Glättung des Komplexitätsverlaufes – ein bei hochkomplexen Entwicklungen durchaus erwünschter Effekt.

Durch die Zusammenfassung von Fokuspunkten kann die Streuung verringert werden

Die Abbildung 74 zeigt eine Beispielauswertung für das Lorenz-System. Es handelt sich um die Beispieldaten, die bereits für Abbildung 70 (S. 257) genutzt wurden. Diese beruhen auf einer Zeitreihe, bei der der Parameter r des Lorenz-Systems nach jeweils 1.000 Datenpunkten um 10 verringert wird. Gestartet wird mit $r = 339$ und geendet bei $r = 29$. So ergeben sich 31 Abschnitte mit jeweils anderer Dynamik. Das PD2 wird zunächst mit dem herkömmlichen Verfahren berechnet und danach mit einer Zusammenfassung von jeweils 15 Fokuspunkten wiederholt. In beiden Analysen sind die Übergänge zwischen den Parameterwerten deutlich an plötzlich auftretenden starken Ausreißern zu erkennen. Im Vergleich dazu ist die Streuung innerhalb der Phasen weitaus geringer und nimmt bei der Zusammenfassung von Fokuspunkten noch einmal dramatisch ab. Theoretisch sollte die Streuung der Ergebnisse innerhalb der Phasen null sein, da sich die Komplexität der Dynamik dort nicht ändert. So gesehen führt die Zusammenfassung der Fokuspunkte im vorliegenden Beispiel zu insgesamt reliableren Ergebnissen. Allerdings erhöht sich die Zahl der validen Berechnungsergebnisse durch die Zusammenfassung nicht, was an der ohnehin hohen Ausbeute von rund 98 % liegen kann.

Fraktale Dimension

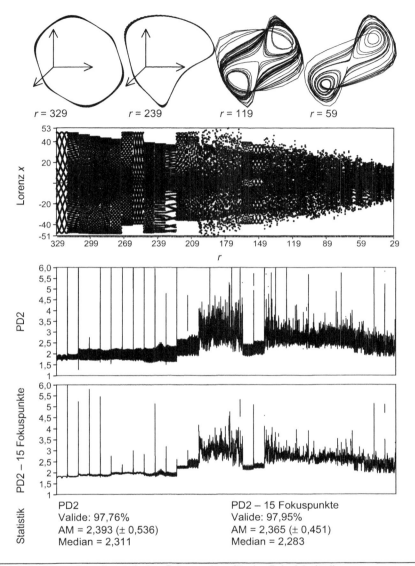

Abbildung 74:	***Pointwise* Dimension mit mehrfachen Fokuspunkten für eine Beispielzeitreihe**
	Die Abbildung zeigt das PD2 (Mitte) und ein PD2 für 15 Fokuspunkte (unten) für die Variable x des Lorenz-Systems. Die Zeitreihe selbst umfasst insgesamt 31.000 Messzeitpunkte. Sie besteht aus Abschnitten mit jeweils 1.000 Datenpunkten, für die, beginnend bei $r = 339$, der Parameter r Schritt für Schritt um 10 verringert wird. Für rund 98 % der Zeittakte gelingt eine valide Berechnung des PD2. Damit sind weitaus mehr als 75 % der Berechnungen valide und die Ergebnisse des PD2 können ohne Einschränkung interpretiert werden. Deutlich sind die Phasenübergänge am plötzlichen Anstieg der Dimensionalität erkennbar. Das PD2 für 15 Fokuspunkte erscheint insgesamt klarer (geringere Varianz).
	Die in der Abbildung dargestellte Berechnung ergibt sich für den Lorenz-Attraktor mit $339 \geq r \geq 29$; sigma = 16 und $b = 4$,
	Time-Lag = 3; *Theiler Window* = 9; Einbettung 5 bis 10 Dimensionen; der Skalierungsbereich wird vorher mit einem D2 bestimmt: log(l) *Minimum* = –0,590; log(l) *Maximum* = 2,958. Die Einstellungen des PD2 entsprechen den Standardeinstellungen in GChaos.

7.5.1 Datenqualität, Voraussetzungen

Da es sich bei dem hier vorgeschlagenen Verfahren um eine Erweiterung des klassischen PD2 handelt, gelten hier wie dort die gleichen Voraussetzungen (vgl. Tabelle 27). Das Ziel der Zusammenfassung von Fokuspunkten ist zum einen die Erhöhung der Zahl valider Berechnungsergebnisse, um die 75 %-Hürde zu erreichen und zum anderen die Glättung des Komplexitätsverlaufes durch die Verringerung von Berechnungsartefakten. Dabei sollte das Fenster für die Zusammenfassung der Fokuspunkte insgesamt nicht zu breit sein, damit der nichtstationäre Charakter des Verfahrens erhalten bleibt.

PD2 mit Zusammenfassung von Fokuspunkten
(Strunk 2004)

Was wird gemessen?	Zeitpunktbezogene Fraktale Dimensionalität, zeitpunktbezogene Zahl der Freiheitsgrade.
Hohe Werte bedeuten ...	Komplexität. Zufall wird im Idealfall ausgeschlossen.
Dynamik	Die Struktur im Phasenraum spielt eine Rolle, nicht aber die zeitliche Abfolge der Datenpunkte. Als zeitpunktbezogenes Verfahren wird jedoch die Veränderung der Komplexität im Zeitverlauf deutlich.
Phasenraumeinbettung	Ja.
Skalenniveau	Intervall / keine stark eingeschränkte Auflösung.
Minimale Datenlänge	$N \geq 200 - 1.000$ ($N \geq 10^{D2/2}$) Die Analyse sollte für 75 % der Datenpunkte gelingen (Skalierung/Sättigung), damit eine Interpretation zulässig ist.
Stationarität erforderlich	Nein. Probleme durch eine fehlende Stationarität des *Time-Lag* werden in der Regel als vernachlässigbar angenommen.

Tabelle 27: Übersicht über das Verfahren: PD2 mit Zusammenfassung von Fokuspunkten
Die angegebene minimale Datenlänge ist als grobe Orientierung zu verstehen. Bei komplexen Daten sind längere Zeitreihen erforderlich als bei weniger komplexen (siehe dazu die Darstellung zur Zeitreihenlänge beim D2, S. 228).

7.5.2 Praktische Durchführung

Test der Voraussetzungen, Datenvorbereitung, Absicherung

Die Prüfung der Voraussetzungen für das Verfahren kann entlang der bereits in Kapitel 7.4.2, auf S. 261 diskutierten Hinweise erfolgen. Der Vorteil des PD2 gegenüber dem D2 besteht darin, dass durch den zeitpunktbezogenen Algorithmus nichtstationäre Entwicklungen abgebildet werden können, ohne dass die Voraussetzungen des

Verfahrens verletzt werden. Durch die Zusammenfassung von Fokuspunkten nähert sich der nichtstationäre Algorithmus wieder dem stationären D2 an. Solange die Zusammenfassung klein gegenüber der Zeitreihenlänge bleibt, herrschen die Vorteile des PD2 gegenüber dem D2 vor. Die Zusammenfassung von Fokuspunkten sollte daher nicht zu großzügig erfolgen (5 bis 50 zusammengefasste Fokuspunkte genügen in der Regel bei einer niedrigdimensionalen Zeitreihe von ein- bis fünftausend Messzeitpunkten).

Durchführung der Berechnung

Die Abbildung 75 zeigt die einzelnen Analyseschritte des um die Zusammenfassung von Fokuspunkten erweiterten PD2-Algorithmus. Es sind drei Berechnungsschleifen zu unterscheiden. Zunächst wird in einer äußeren Schleife die Analyse für jede Einbettungsdimension m durchgeführt. Dabei werden in der inneren Schleife nacheinander alle Fokuspunkte bei t bis t^* zusammengefasst und ausgehend von diesem Fokuspunktebündel die Abstände zu allen anderen Datenpunkten ermittelt. Dabei ergibt sich t^* jeweils aus $t + f$, wobei f die Zahl der zusammenzufassenden Fokuspunkte bezeichnet. Zu jedem Fokuspunktebündel, für das ein Skalierungsbereich bestätigt werden kann, wird ein $PD2(m, t-t^*)$ bestimmt. Die dritte Schleife prüft für jedes Fokuspunktebündel die Sättigung über die Einbettungsdimensionen m hinweg.

In GChaos findet sich das PD2 für zusammengefasste Fokuspunkte im *Menü* unter: „*Statistics*", „*Dimensionality*", „*D2/PD2*". Im Karteireiter „D2/PD2" und im Karteireiter „PD2" sind Einstellungen zu treffen. Durch den Button „PD2" im Karteireiter „PD2" startet die Berechnung mit den eingestellten Parametern. Dabei entspricht die Durchführung der Analyse im Wesentlichen der Berechnung eines klassischen PD2. So ist zunächst eine D2-Analyse empfehlenswert. Diese kann dann bereits einen gut passenden Skalierungsbereich ermitteln, der dann dem PD2 zur Verfügung steht. Die zum Teil recht langen Berechnungszeiten sprechen dagegen, die Parameter durch *Trial and Error* zu bestimmen. Dabei ist zu berücksichtigen, dass die Berechnungszeit direkt mit der Zahl der zusammengefassten Fokuspunkte wächst. Dauert die Durchführung des klassischen PD2 z. B. eine Stunde und werden nun die gleichen Daten mit 15 Fokuspunkten analysiert, ist mit einer 15-stündigen Analyse zu rechnen.

In jedem Fall sind im Karteireiter „D2/PD2" zunächst die Einstellungen zu treffen, die auch für ein D2 getroffen werden müssen (vgl. dazu auch S. 235). Durch den Button „D2" startet der D2-Algorithmus mit den eingestellten Parametern. Der dabei ermittelte Skalierungsbereich kann direkt für das PD2 benutzt werden. Weitere Einstellungen sind im Karteireiter „PD2" zu treffen. Die Ergebnisse der PD2-Analyse finden sich nach Abschluss der Berechnungen am Ende des aktuellen Arbeitsblattes.

Damit aus dem klassischen PD2 ein PD2 mit zusammengefassten Fokuspunkten wird, ist die Zahl der Fokuspunkte („*Number of Focus Points*") auf einen höheren Wert als 1 zu setzen (vgl. Abbildung 76). Alle anderen Einstellungen werden im Kapitel 7.2.2 (S. 232 ff.) für das D2 und im Kapitel 7.4.2 (S. 261 ff.) für das PD2 beschrieben.

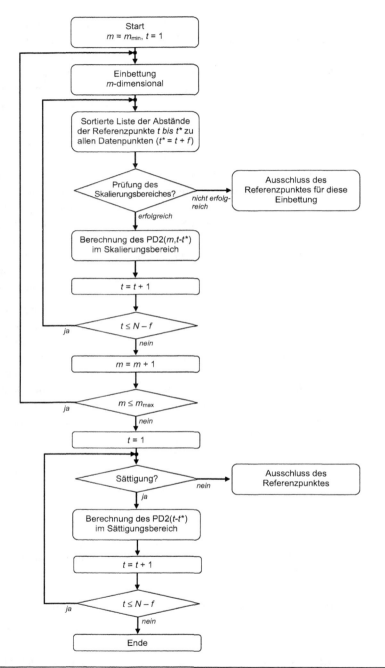

Abbildung 75: Algorithmus der PD2-Berechnung für zusammengefasste Fokuspunkte

Der Algorithmus startet bei einer Einbettungsdimension $m = 1$ und bestimmt für alle Einbettungsdimensionen bis zu einer vorher festgelegten Grenze das $PD2(m,t\text{-}t^*)$ für die Fokuspunkte bei t bis t^*. Die Zahl der Fokuspunkte wird durch f angegeben. Nach Verlassen der Dimensionsschleife wird die Sättigung überprüft und bei Vorliegen das $PD2(t\text{-}t^*)$ im Sättigungsbereich bestimmt.

Fraktale Dimension

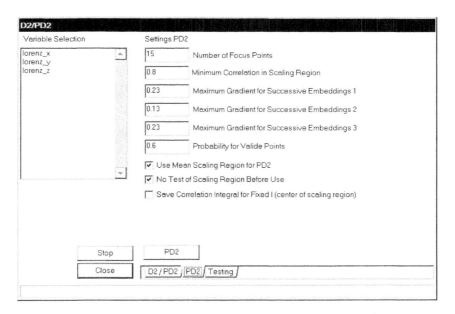

Abbildung 76:	GChaos-Dialog zur PD2-Berechnung für zusammengefasste Fokuspunkte – Karteireiter „PD2"
	Der Dialog wird erreicht über das Menü: „*Statistics*", „*Dimensionality*", „D2/PD2". Es müssen auch Einstellungen im Karteireiter „D2/PD2" getroffen werden. Damit aus dem klassischen PD2 ein PD2 mit zusammengefassten Fokuspunkten wird, ist die Zahl der Fokuspunkte („*Number of Focus Points*") auf einen höheren Wert als 1 zu setzen.

7.5.3 Beispielanalyse: Komplexitätssprünge in den log-Returns des DAX – PD2 für zusammengefasste Fokuspunkte

Oben wurde bereits über eine PD2-Analyse der logarithmierten *Returns* des DAX berichtet (vgl. S. 267). Dabei zeigten sich mehrere gravierende Ausreißer in der Komplexität, denen relevante Ereignisse (z. B. Lehman-Pleite, Terroranschläge vom 11. September) zugeordnet werden können. Die folgenden Analysen demonstrieren, dass sich bei einer Erweiterung der Zahl der Fokuspunkte keine wesentlichen Veränderungen ergeben. So bestätigen sich die bereits identifizierten Komplexitätssprünge im vollen Umfang auch für die Zusammenfassung von 10 bzw. 20 Fokuspunkten. Die Standardabweichung der Komplexität nimmt erwartungsgemäß ab und die Mittelwerte nehmen etwas zu. Gleichzeitig kann keine Zunahme valider Analysepunkte verzeichnet werden, diese nimmt gegenüber der auf einen Fokuspunkt beschränkten Analyse sogar geringfügig ab. Dies lässt vermuten, dass sich die Komplexitätsänderungen des Systems in so kleinen Zeiträumen vollziehen, dass eine Zusammenfassung von Fokuspunkten einer Verletzung der Stationaritätsannahme gleichkommt. Finden nämlich relevante Veränderungen im Tagestakt statt, kann eine Zusammenfassung von 10 oder 20 Handelstagen zu einem Fokuspunktebündel die Güte von Skalierungsbereichen und Sättigungen beeinträchtigen.

Einbettung	Valide Datenpunkte	PD2(10 Fokuspunkte)			
		N	Mittelwert	Streuung	Median
11	93,69 %	2838	4,474	1,818	3,950
12	94,22 %	2837	4,640	2,039	4,028
13	94,61 %	2836	4,780	2,219	4,066
14	95,27 %	2835	4,953	2,442	4,160
15	95,62 %	2834	5,053	2,598	4,163
16	95,94 %	2833	5,191	2,821	4,232
17	96,29 %	2832	5,293	3,031	4,192
18	96,61 %	2831	5,399	3,206	4,228
19	96,50 %	2830	5,471	3,344	4,214
20	95,83 %	2829	5,558	3,495	4,263
Gesamt	**91,29 %**	**2825**	**4,861**	**2,526**	**4,064**
		PD2(20 Fokuspunkte)			
11	96,02 %	2838	4,541	1,751	4,027
12	96,33 %	2837	4,709	1,962	4,135
13	96,44 %	2836	4,822	2,108	4,178
14	96,93 %	2835	5,006	2,311	4,252
15	97,25 %	2834	5,090	2,441	4,274
16	97,32 %	2833	5,229	2,634	4,331
17	97,67 %	2832	5,358	2,882	4,349
18	97,70 %	2831	5,454	3,014	4,380
19	97,67 %	2830	5,497	3,072	4,427
20	97,45 %	2829	5,592	3,238	4,400
Gesamt	**91,26 %**	**2825**	**4,776**	**2,115**	**4,184**

Tabelle 28: Ergebnisse der PD2-Analysen für die log-*Returns* des DAX mit Zusammenfassung von Fokuspunkten

Im Vergleich zur klassischen PD2-Analyse (Tabelle 26, S. 268) zeigt sich eine Zunahme von Mittelwert und Median bei gleichzeitiger Abnahme der Standardabweichung. Damit verschieben sich die Ergebnisse mehr in Richtung des stationären D2 (Tabelle 22, S. 239).

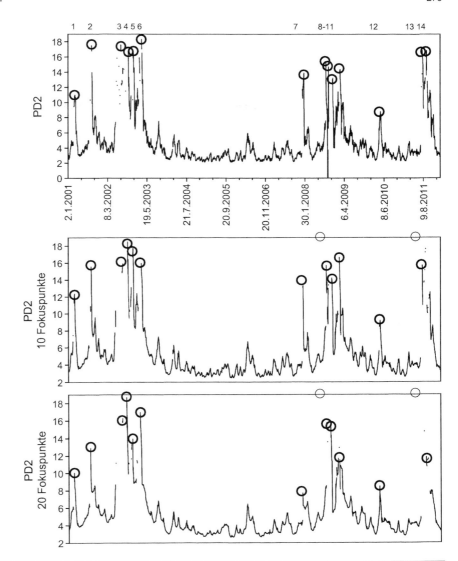

Abbildung 77: Verlauf der Komplexität der logarithmierten *Returns* des DAX für unterschiedlich stark zusammengefasste Fokuspunkte

Oben findet sich der PD2-Verlauf für einzelne Fokuspunkte, in der Mitte werden 10 Fokuspunkte zusammengefasst und unten sind es 20. Markiert sind die jeweils höchsten Ausschläge der Komplexität. Durch die Zusammenfassung von Fokuspunkten zeigen sich größere Lücken bei den dramatischen Veränderungen (eine Lücke zeigt Zufall, d. h. maximale Komplexität an), sodass zwei Ausschläge nicht mehr zugeordnet werden können. Diese sind in den beiden unteren Abbildungen nur angedeutet.

Methodik

Die Auswertungsmethodik folgt der bereits präsentierten D2- und PD2-Analyse. Die Zeitreihe ($N = 2.848$ Datenpunkte) wird mit einem *Time-Lag* von eins und einem *Theiler Window* von fünf 11- bis 20-dimensional eingebettet. Der Skalierungsbereich wird vom D2 übernommen.

Ergebnisse

Das PD2 liefert für rund 93 % der Datenpunkte valide Ergebnisse (vgl. Tabelle 26), die bei einem Fokuspunktebündel von 10 geringfügig auf rund 91 % sinken. Der gleiche Wert wird für 20 Fokuspunkte erreicht. Durch die Erhöhung der Zahl der Fokuspunkte nähern sich die Mittelwerte und Mediane dem D2 an. Gleichzeitig sinkt die Standardabweichung, weil Schwankungen durch die Bündelung der Fokuspunkte zusammengefasst werden (dies ist typisch für gleitende Fenster, vgl. auch Abbildung 26, S. 134, D2 = 5,47 ± 0,21, PD2-AM = 4,47 ± 2,69, PD2-Median = 3,55, für 10 Fokuspunkte: PD2-AM = 4,86 ± 2,53, PD2-Median = 4,06, für 20 Fokuspunkte: PD2-AM = 4,78 ± 2,11, PD2-Median = 4,18).

Die grafische Aufbereitung (Abbildung 77) bestätigt die Vermutung, dass es durch die Zusammenfassung von Fokuspunkten bei stark nichtstationären Prozessen zu Problemen mit der Sättigung und der Passung des Skalierungsbereiches kommen könnte. Lücken in den Analyseergebnissen zeigen sich besonders dort, wo schon vorher eine sehr hohe Komplexitätsveränderung aufgefallen war. Damit können dann aber insgesamt die bereits bei der einfachen PD2-Analyse festgestellten markanten Veränderungspunkte bestätigt werden (für eine ausführliche Interpretation und entsprechende Kritik siehe Abbildung 73, S. 268).

Relative Veränderungen sollten bei der Interpretation gegenüber absoluten Werten im Vordergrund stehen

Während sich die Komplexitätskennwerte in Abhängigkeit vom eingesetzten Verfahren durchaus unterscheiden, stimmen die identifizierten nichtstationären Veränderungen über die Berechnungsmethoden hinweg qualitativ gut überein. Grundsätzlich sind Algorithmen der Dimensionalitätsanalyse im Hinblick auf die Datenqualität sehr anspruchsvoll. Diese Ansprüche werden bei der Analyse realer empirischer Systeme wohl selten erfüllt werden können. Daher ist die absolute Höhe der fraktalen Dimensionalität immer nur unter Vorbehalt interpretierbar. Erfolgversprechender sind hingegen nichtstationäre Analysen, die relative Veränderungen nachzeichnen und weniger an der absoluten Höhe eines einzigen Kennwertes interessiert sind.

7.5.4 Beispielanalyse: Sich ändernde fraktale Strukturen in den log-Returns des Euro-Referenzkurses der EZB zum US-Dollar

Die Beispielanalysen der logarithmierten *Returns* des Euro-Referenzkurses zum US-Dollar sind bewusst als hypothesentestende Untersuchungen angelegt. Sie weichen daher vom üblichen Vorgehen bei der Analyse ökonomischer Zeitreihen mit den Methoden der Komplexitätsforschung ab. In der Beispieldarstellung ab Seite 202 wird die Frage aufgeworfen, ob sich die Komplexität des Euro-Wechselkurses für die folgenden drei Zeiträume unterscheidet: Einführungsphase in der Zeit vom 04.01.1999 bis 29.07.2003, Phase der Etablierung vom 30.07.2003 bis zum 18.02.2008 und 19.02.2008 bis 07.09.2012 als Krisenphase. Die Zeitreihen sind in Abbildung 53 (S. 203) und die Phasenraumdiagramme in Abbildung 54 (S. 204) dargestellt.

Die Prüfung dieser Fragestellung mittels des klassischen D2 fällt insgesamt hypothesenkonform aus: Die Einführungsphase und die Krisenphase sind nicht von Zufall zu unterscheiden und nur die Etablierungsphase zeigt ein sättigendes D2 mit hohen rund 10 Dimensionen. Obwohl diese Ergebnisse zu den Annahmen über eine unsicherere Einführungsphase und eine turbulente Krisenphase passen, sind sie doch recht unbefriedigend, da die Komplexität für diese beiden Zeiträume nicht beziffert werden kann. Auch liegen für so hohe Dimensionen viel zu wenige Daten vor; dies vor allem, da der Datensatz zur Prüfung der Hypothese in drei Abschnitte geteilt wird. Der gesamte Datensatz umfasst 3.507 Messzeitpunkte und diese hätten eventuell ausgereicht, um validere Ergebnisse zu erhalten. Allerdings ist offensichtlich, dass sich die drei Phasen unterscheiden und ein stationäres D2 für den Datensatz in seiner Gesamtheit nicht geeignet ist.

Die Vorteile des PD2 gegenüber dem stationären D2 sind offensichtlich

Die bisherigen Befunde zum Euro-Referenzkurs stützen die Argumentation, die insgesamt einem PD2 gegenüber dem D2 den Vorzug gibt. Der *Pointwise*-Algorithmus kann alle Daten nutzen und erlaubt zudem den hypothesentestenden Vergleich verschiedener Zeiträume.

Tatsächlich liefert das PD2 Ergebnisse, die die Befunde des D2 unterstützen, aber zugleich auf einer breiteren Datenbasis stehen.

Für die Gesamtzeitreihe der logarithmierten *Returns* des Euro-Referenzkurses der EZB für den US-Dollar ergibt sich nach Mutual-Information ein *Time-Lag* von drei, was eine erste Abweichung gegenüber den bisherigen Analysen demonstriert. Mit diesem Parameter kann das D2 der Gesamtzeitreihe bereits bei 12 Dimensionen eine Sättigung erreichen, die zu einem D2 = 7,106 (± 0,270) bei einer Steigung von 0,050 Dimensionen pro Einbettungsdimensionen führt. Die maximale Einbettung wurde mit 20 Dimensionen begrenzt. Wahrscheinlich ist der für die Berechnung notwendige lineare Skalierungsbereich für die insgesamt viel größere Menge an Datenpunkten doch weitaus besser identifizierbar, als dies für die kurzen Zeitreihen möglich ist. Nach Maßgabe der D2-Analyse wird eine Einbettung der Daten für 12 bis 17 Dimensionen gewählt und der in GChaos als Standard vorgeschlagene Wert für die Zusammenfassung von Fokuspunkten bestätigt. Dieser liegt bei 15 Fokuspunkten. Das PD2 liefert für 91,6 % der Messzeitpunkte valide Ergebnisse. Die Rate der validen Berechnungen liegt für die Prüfung des Skalierungsbereiches jeweils darüber, sodass der Verlust an validen Datenpunkten auf fehlende Sättigungen zurückgeht, was erneut auf Zufallsprozesse in den Daten verweist.

Einbettung	Valide Datenpunkte	PD2(15 Fokuspunkte)			
		N	Mittelwert	Streuung	Median
12	99,63 %	3474	5,409	1,133	5,090
13	99,54 %	3471	5,573	1,202	5,235
14	99,54 %	3468	5,724	1,284	5,389
15	99,57 %	3465	5,827	1,398	5,462
16	99,77 %	3462	5,964	1,549	5,574
17	99,83 %	3459	6,071	1,643	5,666
Gesamt	**91,64 %**	**3459**	**5,581**	**1,109**	**5,289**

Tabelle 29: Ergebnisse der PD2-Analyse für die logarithmierten *Returns* des Euro-Referenzkurses zum US-Dollar

Die Tabelle fasst die Ergebnisse der PD2-Analyse für die logarithmierten *Returns* des Euro-Referenzkurses zum US-Dollar zusammen. Die Ergebnisse liegen im Durchschnitt weit unter den bisherigen Befunden für den verwendeten Wechselkursdatensatz. Gleichzeitig verweist die relativ große Streuung auf starke nichtstationäre Fluktuationen.

Das PD2 bestätigt die Vermutungen, ist aber differenzierter

Der zeitliche Verlauf des PD2 zeigt bereits per Augenschein die vermuteten drei Phasen, die jedoch zeitlich nicht exakt mit der oben getroffenen pragmatischen Einteilung übereinstimmen.

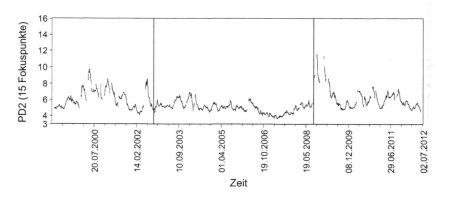

Abbildung 78: PD2-Verlauf für die logarithmierten *Returns* des Euro-Referenzkurses zum US-Dollar

Das PD2 für die Analyse stützt sich auf 15 Fokuspunkte. Nach anfänglichen Schwankungen, die bis zu 10 Dimensionen erreichen, beruhigt sich das PD2 zwischen Herbst 2003 und der Lehman-Pleite am 15.09.2008. Die drei Zeiträume, die sich nach der PD2-Analyse gegeneinander abgrenzen lassen, sind in der Abbildung eingezeichnet.

Die Etablierungsphase mit einigen Komplexitätsschwankungen reicht bis ca. November 2002. Mit Ausnahme kleinerer Schwankungen im Herbst 2003 bleibt es bis zur Lehman-Pleite am 15.09.2008 ruhig (Etablierungsphase). Mit Beginn der Krise, der durch die Lehman-Pleite markiert ist, bricht die Komplexitätsberechnung mehrfach ab und weist für Anfang 2009 sogar 15,6 Dimensionen aus. Dennoch ist seit Herbst 2009 eine relative Beruhigung der Komplexitätsschwankungen zu sehen.

Komplexitätswissenschaftlich werden andere und höhere Anforderungen an die Stationarität gestellt, die häufig nicht erfüllt sind	Die Analyse ökonomischer Zeitreihen mit nichtstationären Verfahren bedeutet einen umfassenden Perspektivenwechsel, der in der ökonomischen Komplexitätsforschung bisher nur selten eingenommen wird (vgl. dazu etwa Brooks & Hinich 1999, Czamanski et al. 2007). Im Vordergrund vieler Untersuchungen steht bisher mehr ein dichotomes Entweder-Oder, das ökonomische Prozessdynamiken entweder als nichtlinear chaotisch oder als effizient dem *Random-Walk* bzw. der Martingale-Hypothese folgend auffasst (vgl. dazu die Diskussion in Kapitel 3.2, S. 72 ff.). Die nichtstationären Beispielanalysen über die Dynamik der logarithmierten *Returns* des DAX und des Euro-Referenzkurses der EZB verweisen auf methodische Probleme bei der Anwendung der auf Stationarität angewiesenen klassischen Algorithmen der Chaosforschung und inhaltlich auf die Begrenztheit der Entweder-Oder-Frage.

Verletzungen der Stationaritätsannahme führen zu fehlerhaften Ergebnissen sowohl bei der Bestimmung der fraktalen Dimensionalität als auch der dominanten positiven *Lyapunov*-Exponenten (vgl. Kapitel 8, S. 299). Zwar sind mitunter auch Ergebnisse interpretierbar, die unter geringfügiger Verletzung der Stationaritätsannahme gewonnen wurden, aber solche approximativen *Course-Grained* Analysen (vgl. etwa Diks 2006) können bereits aus methodischen Gründen nicht geeignet sein, die Entweder-Oder-Frage zwingend zu beantworten. Allenfalls können Größenordnungen grob abgeschätzt werden. Zwar wird die Stationaritätsannahme in der ökonomischen Komplexitätsforschung immer wieder diskutiert und in einigen Fällen auch geprüft (z. B. Hsieh 1991, Kohers et al. 1997, Hamill et al. 2000, McKenzie 2001), allerdings kommen bei der Prüfung mitunter recht grobe Verfahren zum Einsatz, die nicht in der Lage sind, Entwicklungssprünge, wie sie in Abbildung 78 auftreten, zu berücksichtigen. Üblich ist z. B. die Einteilung des Beobachtungszeitraumes in verschiedene Abschnitte. Die Ergebnisse für diese Abschnitte sollten bei einem stationären Verhalten übereinstimmen (ein solches Vorgehen wird von Hsieh 1991 vorgeschlagen und findet sich z. B. bei Hamill et al. 2000). Dass auch ein solches Vorgehen eher grobe Analyseergebnisse liefern kann, wurde in der Beispielanalyse des Euro-Referenzkurses bereits deutlich (vgl. Kapitel 7.2.4, S. 243): Bei zwei der drei Datenabschnitte versagte der Berechnungsalgorithmus, wahrscheinlich aufgrund der nach der Teilung zu kurzen Zeitreihe und der dramatischen Nichtstationarität der Dynamik, die erst mit der Hilfe des PD2 aufgedeckt werden konnte.

Komplexitätsschwankungen zeigen relevante Veränderungen in ökonomischen Zeitreihen	Inhaltlich sind die hier präsentierten nichtstationären Analysen deshalb relevant, weil sie zeigen können, dass die Komplexität mitunter recht großen Schwankungen unterworfen ist. Diese Schwankungen zu verstehen und ihr Auftreten auf endogene Prozesse und/oder exogene Schocks zurückführen zu können, wäre ein lohnendes zukünftiges Forschungsfeld. Insbesondere die Unterscheidung zwischen endogenen und exogenen Prozessen wäre eine aus theoretischer und praktischer Sicht hochbrisante Fragestellung (LeBaron 1994, S. 402).
Es gibt noch weitere Hinweise auf episodische Schwankungen der Komplexität	Mit den Methoden der Cross-Korrelationsanalyse (Korrelation verschiedener Abschnitte einer Zeitreihe miteinander) und Cross-Bikorrelationsanalyse (Korrelation verschiedener Abschnitte über Zeitreihen hinweg, beide sind verwandt mit den sog. *Recurrence-Plots* und damit auch dem Korrelationsintegral, vgl. S. 375 ff.) identifi-

zieren Brooks und Hinich schon 1999 Episoden temporärer nichtlinearer Abhängigkeiten in Wechselkursen und zwischen Wechselkursen verschiedener Währungen. Über das Vorliegen solcher nichtlinearer episodischer Abhängigkeiten schreiben sie (S. 399):

> ... their existence must be considered evidence inconsistent with the weak form of the efficient markets hypothesis. Although further research is required to determine whether profitable trading strategies could be developed from this analysis, and building an appropriate multivariate nonlinear model of the switching type is not a simple task, our results are encouraging, and suggest that further investigation is worth while.

Czamanski et al. (2007) identifizieren mit den gleichen Methoden ebenfalls zeitlich befristete Episoden nichtlinearer Abhängigkeiten in Albertas Energie- und Erdgasmarkt. Sie fassen ihre Ergebnisse wie folgt zusammen (S. 103):

> If we can learn how to detect when the energy market series become nonlinear then we can use linear methods for making short term forecasting during the linear regimes. There is no known method for forecasting nonlinear processes with non-zero bicorrelations and cross-bicorrelations. Forecasting of such nonlinear processes is an important and difficult mathematical and statistical problem that should attract more attention than it has received in the time series field.

Zusammenfassend kann man feststellen, dass nichtstationäre Analysen in der Lage sind, temporäre Auffälligkeiten zu identifizieren, wobei mehr relative Veränderungen der Komplexitätskennwerte im Verlauf der Zeit von Interesse sind und weniger deren absolute Zahlenwerte. Daraus lassen sich dann Schlüsse über das Verhalten der Märkte ziehen, die über die Erkenntnisse aus anderen Analysemethoden hinausgehen: Steigt im Umfeld eines *Events* die Komplexität stark an oder mehren sich die Hinweise auf Zufallsprozesse, dann kann vermutet werden, dass das *Event* überraschend und unerwartet kam und eine entsprechende Unsicherheit auf den Märkten die Folge war. Sinkt die Komplexität im Umfeld eines *Events*, so kann das ein Hinweis auf eine Markt-Anomalie sein.

7.5.5 Beispielanalyse: Phasenübergang und Hysterese bei Entscheidungen zur Marktprognose

Insbesondere die von Hermann Haken (1977, 1985) entwickelte Synergetik stellt die Eigenschaften von Attraktoren und Phasenübergängen (also Attraktorwechsel) in das Zentrum der Betrachtung von Selbstorganisationsprozessen in komplexen Systemen. Im Untertitel der grundlegenden Einführung in die Synergetik von 1985 heißt es daher auch: „Nichtgleichgewichts-Phasenübergänge und Selbstorganisation in Physik, Chemie und Biologie". Schnell wurde die Synergetik auf andere Fächer übertragen. Die Buchserie des Springer-Verlages zur Synergetik umfasst im Jahr 2012 über 90 Bände, darunter auch wirtschaftswissenschaftliche (wie z. B. Ulrich & Probst 1984 zum Management sozialer Systeme, Zhang 1991 über die Synergetik in der Ökonomie oder Hellbrück 1993 über Marktprozesse) und soziologische Werke (z. B. Weidlich & Haag 1983). Die Synergetik bietet einen Erklärungsrahmen, der es erlaubt, Prozesse der spontanen Ordnungsbildung in komplexen Vielteilchen-Systemen mathematisch zu formalisieren und damit detailliert zu verstehen. Die Nützlichkeit der Synergetik für das Verständnis von Selbstorganisationsprozessen zum Beispiel in der Wirtschaftsdidaktik wird von Liening (2006) betont.

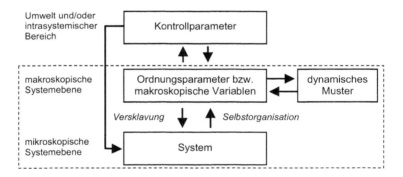

Abbildung 79: **Grundmodell der Synergetik**
In der Synergetik werden eine Mikro- und eine Makroebene unterschieden. Die Elemente der Mikroebene bilden das System in seiner Struktur und seinem Aufbau ab. In der Regel besitzen komplexe Systeme auf der Mikroebene eine große Anzahl möglicher Freiheitsgrade. Selbstorganisation als beobachtbarer Prozess bedeutet die Reduktion dieser auf der Mikroebene möglichen Freiheitsgrade. Auf der Makroebene sind dann Ordnungsparameter, das heißt dynamische Muster, beobachtbar. Notwendige Bedingung für die Herausbildung makroskopischer Ordnungsmuster ist die Versorgung des Systems mit Energie. Die Energieversorgung wird durch Kontrollparameter gesteuert (Abbildung und Abbildungsunterschrift nach: Schiepek & Strunk 1994, S. 27, entnommen aus: Strunk & Schiepek 2006, S. 81).

Die Synergetik erklärt Prozesse der Ordnungsbildung (Selbstorganisation)

Das grundlegende Paradigma der Synergetik ist die Erklärung der spontanen Ordnungsbildung, die auch als Unordnungs-Ordnungs-Übergang bezeichnet wird. Der Ausgangspunkt der Betrachtung (vgl. Abbildung 79) ist ein System, das auf der Mikroebene aus sehr vielen Elementen besteht, etwa den Anbietern und Nachfragern eines Marktes. Die Elemente dieser Mikroebene sind allein schon durch ihre große Anzahl zu einer beinahe unbegrenzten Vielfalt an Verhaltensweisen fähig. Verhalten sich die Elemente der Mikroebene unkoordiniert, d. h. frei von gegenseitiger Einflussnahme, dann ergibt sich in Summe – also aus einer makroskopischen Betrachtungsperspektive – ein wildes Durcheinander, welches als weißes Rauschen bezeichnet wird. Wenn aber Rückkopplungen zwischen den Elementen der Mikroebene und der Makroebene bestehen, was z. B. in einem realen Markt in der Regel der Fall zu sein scheint, kommt es auf der Makroebene zur spontanen Ausbildung von geordneten Verhaltensmustern (Attraktoren). So bildet sich z. B. aus Feedbackprozessen zwischen Nachfragenden und Anbietern ein Gleichgewichtspreis heraus.

Rand- und Rahmenbedingungen sind hochbedeutsam

Ursprünglich hat sich die Synergetik mit den Bedingungen beschäftigt, die erfüllt sein müssen, damit es zu einem Übergang vom weißen Rauschen (auch als mikroskopisches Chaos bezeichnet und nicht zu verwechseln mit dem oben bereits dargestellten deterministischen Chaos, ersteres ist völlig ungeordnet und trägt keine deterministischen Anteile in sich) zu einem kohärenten dynamischen Muster kommt. Dabei zeigt sich, dass Rand- und Rahmenbedingungen des Systems eine wichtige Rolle spielen. Diese als Kontrollparameter bezeichneten Größen können je nach Ausprägung die Rückkopplung zwischen den Elementen verstärken oder abschwächen. So setzt zum Beispiel Markteffizienz die Verfügbarkeit relevanter Informationen für alle Akteure voraus (Fama 1970). Die Informationsverfügbarkeit ist daher im Sinne der Synergetik ein Kontrollparameter. Erst wenn dieser einen bestimmten Level übersteigt, kommt es zum typischen Verhalten effizienter Märkte. Daraus folgt dann aber, dass Schwankungen in der Informationsverfügbarkeit (so sind ja z. B. marktrelevante Unternehmensdaten nicht jederzeit verfügbar sondern werden zu vorgegebenen Zeitpunkten in Quartalsberichten veröffentlicht) auch zu Schwankungen in der Markteffizienz führen können.

Attraktorbegriff in der Synergetik

Ändern sich die äußeren Rahmenbedingungen für die Kontrollparameter nicht, so lässt sich zeigen, dass die ausgebildeten dynamischen Ordnungsstrukturen gegen äußere Verstörungen des Systems relativ robust sind und erst ausreichend große Veränderungen der Kontrollparameter zu einer spontanen Verhaltensänderung führen. Innerhalb bestimmter – mitunter recht weit gefasster – Grenzen sind weder äußere Einflüsse noch Kontrollparameteränderungen in der Lage, das System dauerhaft in seinem Verhalten zu irritieren. Als Attraktoren kennt die Synergetik alle mathematisch möglichen Prozessgestalten, die Homöostase, den Grenzzyklus, mehrdimensionale Tori sowie das deterministische Chaos (vgl. für eine Übersicht: Strunk & Schiepek 2006).

Das System verweilt also nicht nur unter einer *Ceteris-Paribus*-Bedingung im einmal ausgebildeten Verhaltensmuster, sondern zeigt sich auch gegenüber äußeren Einflüssen in Grenzen stabil. Solche Effekte sind z. B. auch in der Personalbeurteilung bzw. Personalauswahl bekannt, in denen der erste Eindruck von einem Bewerber, einer Bewerberin oder von einem Mitarbeiter, einer Mitarbeiterin trotz sich später ergebender gegenteiliger Erfahrungen aufrechterhalten bleibt (z. B. Haltmeyer & Lueger 2002, S. 428). Grundsätzlich kann man davon ausgehen, dass komplexe Systeme dazu tendieren, Attraktoren auszubilden und daher ein gewisses Beharrungsvermögen besitzen. Dieses Beharrungsvermögen kann je nach Situation nützlich oder hinderlich sein. Die Arbeitsgruppe um Andreas Liening (Liening et al. 2013) untersucht in diesem Zusammenhang den Umgang mit Krisen und vermu-

Phasenübergang

tet, dass es das Beharrungsvermögen im Verhalten einer Organisation ist, das dazu führt, dass auf Krisensituationen zu spät, unzureichend oder widerwillig reagiert wird. Vergleiche hierzu auch die Beispielauswertung ab S. 443 ff., in der es um solche Lernprozesse geht.

Die Synergetik zeigt aber nicht nur die Ausbildung spontan auftretender und dann relativ stabiler Ordnung. Sie zeigt auch, dass Systeme ihre Ordnung dramatisch verändern können, wenn die Kontrollparameter bestimmte Schwellenwerte über- bzw. unterschreiten. Auch dieses Verhalten wurde oben bereits als Phasenübergang diskutiert. Die zentrale Erkenntnis der Synergetik liegt dabei in der Veränderung der sogenannten Potenziallandschaft während des Phasenüberganges. Prototypisch wird sie in Abbildung 10 (S. 55) dargestellt. Im Moment des Phasenüberganges kommt es zu einem kritischen Langsamerwerden (Haken 1977, S. 110, Haken 1990a, S. 9), also zu einem Erlahmen der Ordnungskräfte des Systems. Äußere Verstörungen können zu diesem Zeitpunkt ungehindert auf das System durchschlagen, sodass die endogen ausgelöste Komplexität des Systemverhaltens sprunghaft bis hin zum Zufallsrauschen ansteigen kann. Gleichzeitig geht die Synergetik aber davon aus, dass das System im Phasenübergang kurzfristig wieder zurückfällt in den Zustand des mikroskopischen Chaos. Die Systemelemente sind hier für kurze Zeit von den ordnenden Kräften des Attraktors befreit und verhalten sich nun wieder frei und vollkommen ungeordnet (es kommt zum Auftreten kritischer Fluktuationen, Haken 1990a, S. 9). Mathematische Modelle zeigen, dass dieser ungeordnete Zustand während eines Phasenüberganges in der Regel auf einen sehr engen Parameterbreich beschränkt ist und außerhalb dieser engen Grenzen spontan erneut eine Ordnungsbildung einsetzt. In einem System, das den Gesetzen der Synergetik folgt, werden Phasenübergänge durch das plötzliche Auftreten kritischer Fluktuationen begleitet.

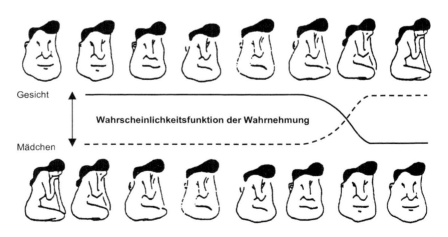

Abbildung 80: **Attraktoren der Wahrnehmung – Gesicht oder Mädchen**
Bei allmählicher Veränderung des Stimulusmaterials kommt es zu einem Verharren in der zuvor eingenommenen Wahrnehmungskategorie und erst relativ spät zu einem Umschlagen in die zweite Wahrnehmungskategorie. Das Wahrnehmungssystem wird also, geleitet durch den Kontext seiner erstmaligen Wahrnehmung, in einem Attraktor gehalten. (Abbildung nach: Haken 1990a, S. 23, die Serie stammt ursprünglich von: Fisher 1967, entnommen aus: Strunk & Schiepek 2006, S. 244)

Hysterese

Es wurde schon darauf hingewiesen, dass komplexe Systeme zur spontanen Ordnungsbildung fähig sind und diese Ordnungsstrukturen sich durch eine gewisse Stabilität gegenüber exogenen Einflüssen auszeichnen. Diese Attraktoreigenschaft komplexer Systeme scheint universell zu gelten und ist für die menschliche Wahrnehmung (z. B. Stadler & Haynes 1999, zusammenfassend: Strunk & Schiepek 2006: 237 ff.), kognitive Prozesse und Problemlösen (z. B. Haken & Stadler 1990, zusammenfassend: Strunk & Schiepek 2006: 249 ff.), die Hirnforschung (z. B. Freeman & DiPrisco 1986, Freeman 1999, 2000, zusammenfassend: Strunk & Schiepek 2006: 227 ff.) sowie die Forschung über das Erlernen motorischer Abläufe (z. B. Haken et al. 1985, Leist 1999, zusammenfassend: Strunk & Schiepek 2006: 256 ff.) nachgewiesen und wird seit einigen Jahren auch in der wirtschaftswissenschaftlichen Organisationsforschung diskutiert (z. B. Stacey 1996).

Besonders deutlich wird das Beharrungsvermögen in den Untersuchungen zum sogenannten Hysterese-Effekt, der sich gut mit der Abbildung 80 veranschaulichen lässt. Probandinnen bzw. Probanden, denen die Bildserie sukzessive von rechts nach links präsentiert wird, berichten erst spät über einen qualitativen Wechsel ihrer Wahrnehmung. Wenn man anderen Probandinnen oder Probanden die gleiche Serie in umgekehrter Reihenfolge zeigt, wechselt bei diesen die Wahrnehmung nicht etwa an der gleichen Stelle, sondern ebenfalls sehr spät. Es sind offensichtlich nicht die objektiven Merkmale der präsentierten Abbildungen, die die Wahrnehmungskategorie kippen lassen. Der Start der Serie mit einer leicht erkennbaren Kategorie verankert diese, sodass sich ein Attraktor ausbildet, der gegen äußere Verstörungen, also Änderungen des Stimulusmaterials weitgehend stabil bleibt.

Hysterese kann auch für die Beurteilung einer Marktsituation erwartet werden

Wenn es sich bei diesem als Hysterese bezeichneten Verhalten um eine Universalie handelt, so könnte sie sich eventuell auch für die Beurteilung von Marktsituationen finden lassen. Marktentscheidungen sind in vielen Fällen Entscheidungen unter Unsicherheit. Informationen über das Marktgeschehen, relevante äußere Einflussfaktoren sowie der Markt selbst sind stetig in Veränderung. Es ist gut vorstellbar, dass Marktteilnehmerinnen und Marktteilnehmer unter solchen Bedingungen eine Beurteilung vornehmen, die Attraktoreigenschaften entwickelt. Zum Urteil passende Informationen werden in der Folge aktiv gesucht, widersprechende Nachrichten so weit wie möglich ignoriert. Die Marktbeurteilung würde einer Hysterese folgen.

Aus einer theoretischen Perspektive spielen zudem zwei weitere Aspekte eine Rolle. Neben der Vermutung, dass auch hier eine Hysterese auftreten könnte, ist es nicht unbedeutend, dass die Prognose der Entwicklung eines effizienten Marktes eigentlich gar nicht möglich ist. Zumindest dann nicht, wenn ein Martingale-Prozess vorliegt (vgl. dazu auch die Diskussion in Kapitel 6.2.3, S. 173). Obwohl aber die Beurteilung der zukünftigen Entwicklung eines Marktes wahrscheinlich überhaupt nicht möglich ist, tendieren Menschen dazu, dennoch Prognosen abzugeben. Diese Überlegung stützt die oben geäußerte Annahme, dass es sich dann allenfalls um eine Entscheidung unter Unsicherheit handeln kann, für die Attraktoreigenschaften sehr wahrscheinlich sind. In die gleiche Richtung weisen aktuelle Diskussionen in der Wirtschaftsdidaktik, die davon ausgehen, dass viele Menschen nicht in der Lage sind, gleichzeitig Nachfrage- und Angebotsentwicklungen eines Marktes zu berücksichtigen. Diese Fähigkeit sowie das Wissen um die Selbstorganisationskräfte des Marktes gelten in der Wirtschaftsdidaktik daher als zentrale Schwellenkonzepte für eine ökonomische Bildung (Davies & Mangan 2007).

Vor dem Hintergrund dieser Vorüberlegungen hat Rose (2012) versucht, in Marktbeurteilungsprozessen eine Hysterese nach den in Abbildung 80 dargestellten Prinzipien zu erzeugen. Den Probandinnen und Probanden werden dazu Marktszenarien in der Form von Zeitungsnotizen präsentiert und um ihre Einschätzung bezüglich der zukünftigen Marktentwicklung gebeten. Die zu Beginn des Versuchs verwendeten Szenarien enthalten ausschließlich Informationen zur Nachfrage, die zudem alle in eine Richtung (Nachfrageanstieg) weisen. Von Szenario zu Szenario werden weniger nachfrageseitige und mehr angebotsseitige Informationen präsentiert. Die Informationen zum Angebot lassen auf eine Ausweitung des Angebotes schließen. Eine Sequenz umfasst 15 Szenarien, die bei der vollständigen Nachfrageseite startend in eine vollständige Angebotsseite übergehen und von dort zurück zu einer vollständigen Nachfrageseite wechseln. Hystereseeffekte sollten sich im Vergleich der beiden in der Mitte gespiegelten Nachrichten-Serien zeigen lassen.

Die Experimentaluntersuchung zum Nachweis von Hysterese in Marktentscheidungen

Die insgesamt 15 Szenarien wurden an 30 Probandinnen und Probanden erprobt. Das Experiment war hoch standardisiert und die Szenarien wurden mittels Präsentationssoftware automatisch und zeitlich immer gleichgetaktet präsentiert. Die Analysen zeigen mehrheitlich eine unvermutete Symmetriebrechung gleich zu Beginn der Nachrichtenserie. Die Probandinnen und Probanden sind unsicher, gehen aber zunächst von einem Anstieg des Marktpreises aus, was auch den Informationen aus dem ersten Szenario entspricht. Sobald es erste kleine Hinweise auf gegenteilige Entwicklungen gibt, ändern sie ihre Prognose in das Gegenteil. Diese Einschätzung bleibt dann relativ stabil bestehen und zeigt dabei das vermutete Beharrungsverhalten der Hysterese. Die Befunde sind wirtschaftswissenschaftlich sehr interessant: Nahezu alle Probandinnen und Probanden sagten für jedes Szenario entweder einen Anstieg oder ein Fallen des Preises voraus, obwohl die präsentierten Informationen dazu nicht ausreichen (teilweise einseitige Informationen für entweder Angebot- oder Nachfrageseite). Gleichzeitig ist insgesamt eine Vernachlässigung der Marktdynamik effizienter Märkte zu beobachten.

Physiologische Daten sind inhaltlich bedeutsam für die Abbildung von Entscheidungsprozessen und methodisch gut auswertbar

Komplexitätswissenschaftlich stellt sich zudem die Frage, ob sich die Wechsel im Antwortverhalten als Phasenübergänge identifizieren lassen. Um dies zu prüfen, wurde die Herzrate der Probandinnen und Probanden während des Experiments als fortlaufende Zeitreihe erfasst. Die Aktivität des Herz-Kreislauf-Systems sagt viel darüber aus, mit welcher Sicherheit oder Unsicherheit die Versuchspersonen ihre Entscheidungen treffen und Phasenübergänge sind – wie oben gesehen – von einer maximalen Unsicherheit begleitet, die sich in kritischen Fluktuationen äußert. Zudem sind physiologische Messungen zum Nachweis emotionaler Reaktionen in der wirtschaftswissenschaftlichen Forschung nicht gänzlich unbekannt; sie sind in einigen Fächern, z. B. im Marketing, durchaus üblich (Churchill 1999, S. 320).

Viele Arbeiten der letzten Jahre haben außerdem gezeigt, dass es nicht alleine die Herzrate ist, die etwas über die aktuelle emotionale Reaktion der Versuchspersonen aussagt, sondern dass hier vor allem die Komplexität der Herzraten-Veränderung eine wichtige Rolle spielt. So ist die Messung der Komplexität bzw. Chaotizität der Herzrate in der medizinisch-biologischen Forschung schon seit einigen Jahren verbreitet, etwa auch, wenn es um die Gesundheit des Herz-Kreislauf-Systems geht. Strunk und Schiepek (2006, S. 235 f.) fassen die Befunde wie folgt zusammen:

> Auch in Bezug auf das cardiovaskuläre System konnten Methoden der Dimensionalitätsanalyse überraschende Ergebnisse liefern. So ließ sich z. B. zeigen, dass der gesunde Herzrhythmus niemals wirklich periodisch ist. Chaotische Schwankungen im Herzrhythmus sind ein Zeichen von Gesundheit (Goldberger 1987, West 1990, Bettermann & van Leeuwen 1992). Über die Bestimmung der Dimensionalität und anderer nichtlinearer Merkmale von EKG-Signalen konnten treffsichere Prognosen über den letalen Ausgang von Herzinsuffizienzen (Arterienverschluss) vorgenommen werden (Skinner et al. 1990). Interessant sind in diesem Zusammenhang Untersuchungen zur Komplexität von EKG-Signalen während des Schlafs. Hier zeigt sich, dass während der durch REM-Aktivität ausgezeichneten Traumphasen die Chaotizität des EKG ansteigt, was als gesteigerte Herzraten-Variabilität interpretiert werden kann (gemessen über den dominanten *Lyapunov*-Exponenten). Auf der anderen Seite geht aber die Komplexität (erfasst über das D2) des EKG-Signals zurück, was auf einem in Traumphasen reduzierten Einfluss der Atemtätigkeit beruhen könnte (Fell et al. 2000). Ähnlich wie die Herzrhythmik sind auch andere chronobiologische Muster erst vor dem Hintergrund der Theorien Nichtlinearer Dynamischer Systeme verstehbar (z. B. Saunders 1977, Hess & Boiteux 1980, Babloyantz 1990, Are'chiga 1993).

In der vorliegenden Untersuchung wurde der Blutfluss durch optische Sensoren am Ohrläppchen mit einer Abtastrate von 128 Messungen pro Sekunde erfasst und anschließend die Herzfrequenz zweimal pro Sekunde aus dem Abstand der Systolen berechnet. Der gemittelte Verlauf der Herzraten aller Probandinnen und Probanden zeigt, wie empfindlich diese Größe auf die im Experiment gesetzten äußere Reize reagiert. Die dominante Frequenz der Herzratenänderung (ermittelt mit einer Fourier-Transformation, vgl. S. 123 ff.) ist gekennzeichnet durch eine Periodenlänge von 43 Sekunden, was exakt der Dauer eines Szenarios im Experiment entspricht.

Die Zeitreihen umfassen insgesamt 1.289 Zeittakte, sodass das PD2 zur Analyse eingesetzt werden kann. Die folgende Beispielanalyse beruht exemplarisch auf den Berechnungsergebnissen einer der 30 Versuchspersonen. Rose (2012) nutzt für seine Analysen die GEntropie (berechnet mit GChaos, vgl. S. 434 ff.), deren Befunde er über die Probandinnen und Probanden hinweg mittelt. Demgegenüber soll hier zur Demonstration des PD2 ein Einzelfall diskutiert werden.

Beispielauswertung für eine Versuchsperson

Die Abbildung 81 zeigt die Zeitreihe der Herzrate einer Versuchsperson des Experiments zur Hysterese bei Entscheidungen in Bezug auf Marktprognosen. Da es sich um ein deterministisches System mit klarer Eigendynamik handelt, geht die *Mutual Information* langsamer auf ein Minimum, als das bei Aktienkursen der Fall ist. Das *Time-Lag* wird mit 7 festgelegt. Nach vorhergehender D2-Analyse wird eine Einbettung der Daten für 9 bis 15 Dimensionen gewählt und der in GChaos als Standard vorgeschlagene Wert für die Zusammenfassung von 15 Fokuspunkten bestätigt. Das PD2 liefert für 98,7 % der Messzeitpunkte valide Ergebnisse. In jedem Fall war eine fehlende Sättigung ausschlaggebend für den Abbruch der PD2-Berechnung. Dies folgt aus der durchgängig zu 100 % validen Berechnung des PD2 für die einzelnen Einbettungen (Tabelle 30). Das ist deswegen interessant, da die nicht bestimmbaren Werte in diesem Fall eindeutig auf eine dramatisch erhöhte Komplexität hinweisen, also eventuell kritische Fluktuationen kennzeichnen.

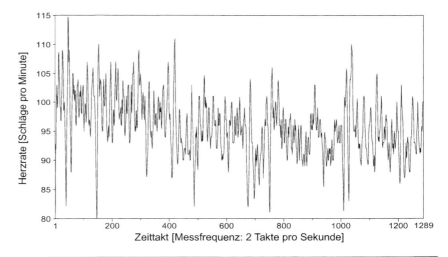

Abbildung 81: **Zeitreihe für die Herzrate einer Versuchsperson**
Die Abbildung zeigt die zweimal pro Sekunde berechnete Herzrate einer Versuchsperson. Deutliche Schwankungen zeigen sich verändernde Erregungsniveaus. Mit dem bloßen Auge sind Komplexitätsveränderungen oder bedeutsame Ereignisse kaum auszumachen. Insgesamt erscheint die Zeitreihe geordneter als die logarithmierten *Returns* des DAX, die in anderen Beispielanalysen Verwendung finden (vgl. Abbildung 25, S. 131).

Gut interpretierbarer Komplexitätsverlauf

Zusammen mit dem Antwortverhalten der Versuchsperson kann der Komplexitätsverlauf, wie er sich in Abbildung 82 darstellt, wie folgt interpretiert werden: Die Versuchsperson ist zunächst nervös (hohe Komplexität). Die Komplexität der Herzrate geht während des Lesens der Szenarien zunächst regelmäßig zurück und steigt in der Antwortphase des jeweiligen Szenarios wieder an. Deutlich sind die ersten vier Szenarien an diesem Muster erkennbar. Die in der Abbildung eingezeichnete erste Markierung (links) zeigt den ersten Wechsel im Antwortverhalten. Danach geht die Komplexität stark zurück. Die Versuchsperson ist sich nun sicher in ihrem Verhalten. Für die große Erhebung bei Zeittakt 650 gibt es im Antwortverhalten keinen Hinweis. Dieses bleibt bis zur zweiten Markierung konstant. Diese zweite Markierung zeigt eine dramatische Komplexitätssteigerung, der ein Zufallsprozess (fehlende Berechnungsergebnisse) vorausgeht. In der Markierung verweigert die Versuchsperson die Antwort, danach schwankt sie zwischen Verweigerung und inkonsistenten Antwortversuchen.

Der Vergleich der beiden Abbildungen macht deutlich, wie erst die Komplexitätsanalyse Einblicke in die zugrunde liegende Dynamik erlaubt. Während der Abbildung 81 eigentlich keine direkt verwertbaren Informationen über die Dynamik entnommen werden können, zeigt der Komplexitätsverlauf des Zeitsignals (Abbildung 82) sehr deutlich relevante Ereignisse im untersuchten Prozess. Strunk et al. (2015) interpretieren diesen Informationsgewinn als Möglichkeit zum Monitoring von Lernprozessen.

Einbettung	Valide Datenpunkte	PD2(15 Fokuspunkte)		
		N	Mittelwert	Streuung	Median
9	100,00 %	1233	4,060	0,522	4,040
10	100,00 %	1226	4,198	0,492	4,240
11	100,00 %	1219	4,303	0,475	4,405
12	100,00 %	1212	4,385	0,458	4,471
13	100,00 %	1205	4,458	0,454	4,522
14	100,00 %	1198	4,511	0,445	4,570
15	100,00 %	1191	4,558	0,439	4,608
Gesamt	**98,66 %**	**1191**	**4,359**	**0,462**	**4,454**

Tabelle 30: Ergebnisse der PD2-Analyse für die Herzrate aus Abbildung 80
Die Tabelle fasst die Ergebnisse der PD2-Analyse für die Herzrate der Versuchsperson zusammen. Die Sättigung ist ab 11 Dimensionen deutlich ausgeprägt feststellbar.

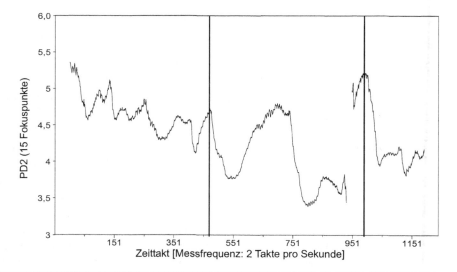

Abbildung 82: PD2-Verlauf für die Herzrate der Versuchsperson aus Abbildung 80
In der Abbildung sind zwei Ereignisse markiert, die mit einer umfassenden Veränderung des Antwortverhaltens einhergehen.

Die hier präsentierte idiographische Analyse kann zudem Ideen für die Formulierung weiterer Forschungsfragen liefern. Für das vorliegende Beispiel wäre außerdem eine Videoaufzeichnung hilfreich, aus der man einen Hinweis auf die Komplexitätsveränderungen um den Zeittakt 650 erhalten könnte. Eine Mittelung der Komplexitätsverläufe über die Versuchspersonen hinweg kann zudem Aufschluss über die in der Experimentalsituation insgesamt angeregten Phasenübergänge geben.

Vielversprechende Möglichkeiten für die weitere Forschung

Die vorliegende Analyse hat gezeigt, wie physiologische Daten komplexitätswissenschaftlich analysiert werden können. Die Forschung über Hystereseeffekte in ökonomisch relevanten Entscheidungssituationen steht jedoch insgesamt noch am Anfang. Die dargestellten Ergebnisse zeigen vielversprechende Möglichkeiten für die weitere Forschung auf. Sender (2017) hat in einer wirtschaftsdidaktischen Studie gezeigt, wie mit den hier diskutierten Methoden liminale Unsicherheitsphasen zur Diagnostik von Lernprozessen identifiziert werden können.

7.6 Testen der Nullhypothese: BDS-Test

Der BDS-Test wurde von Brock, Dechert und Scheinkman (Brock et al. 1987, Brock et al. 1996) auf der Grundlage des Korrelationsintegrals entwickelt. Es handelt sich bei diesem Testverfahren um keinen Algorithmus zur Quantifizierung von Komplexität, sondern um einen Test auf einen Zufallsprozess. In diesem Sinne fällt er eigentlich nicht in den thematischen Rahmen des vorliegenden Handbuches. Auf der anderen Seite verdeutlicht die Logik des Tests sehr anschaulich, wie Ordnung und Komplexität geometrisch definiert werden können. Zudem handelt es sich um ein Verfahren, das in der Auseinandersetzung der Ökonomie mit der Chaosforschung entstanden ist und sich seit seiner Publikation einer wachsenden Beliebtheit für die Analyse von Finanzdaten erfreut.

Der BDS-Test prüft auf iid

Der BDS-Test ist ein Signifikanztest für die Nullhypothese, dass der zu untersuchende Prozess i.i.d. ist (d. h. *identically and independently distributed*). Es wird also geprüft, ob er einer unkorrelierten Gleichverteilung folgt. Zeigt der Test signifikante Abweichungen von der Nullhypothese, so kann davon ausgegangen werden, dass der Prozess über Ordnungsstrukturen verfügt. Deren Komplexität oder Ordnung können mit dem Verfahren nicht näher beschrieben oder quantifiziert werden.

Die Grundidee des BDS-Tests geht davon aus, dass unabhängig von der konkreten Verteilung der Daten in einer Zeitreihe Aussagen darüber getroffen werden können, ob aufeinanderfolgende Messwerte voneinander abhängig sind, ohne dass dabei auf bestimmte einschränkende Abhängigkeitsmaße, wie z. B. eine lineare Korrelation, zurückgegriffen werden muss. Im Wesentlichen sucht der BDS-Test nach sich wiederholenden Datenmustern und prüft, ob diese auch zufällig entstanden sein könnten. Er geht dabei ganz ähnlich vor wie der noch zu beschreibende *Recurrence Plot* (siehe unten, S. 375 ff.).

Nach der Logik beider Verfahren ist ein Messwert einem anderen ähnlich, wenn er sich nur um einen kleinen, noch eben tolerierbaren Betrag von diesem unterscheidet. Ist diese Toleranzgrenze sehr klein und nahe bei null, so werden eventuell nur sehr wenige oder gar keine Messwerte als einander ähnlich erscheinen. Ist die Grenze hingegen breit, können sehr viele Messungen als einander ähnlich gezählt werden. Es ist daher nicht ganz leicht, eine passende Grenze zu wählen. Der BDS-Test variiert diese daher systematisch.

Messwerte können aus verschiedenen Gründen ähnlich ausfallen, und einer dieser Gründe ist eine zufällige Übereinstimmung. Die Wahrscheinlichkeit für eine zufällige Übereinstimmung sinkt, wenn auch bereits die Vorgänger der Messwerte einander ähnlich waren und deren Vorgänger und so weiter. Für vollkommen unkorrelierte Daten ist es sehr unwahrscheinlich, dass sich eine große Anzahl an längeren Ketten von Messwerten finden lässt, die einander ähnlich sind.

Formal ist der Test wie folgt definiert (die folgende Vorstellung des BDS-Tests folgt den Ausführungen von LeBaron 1997 und Kanzler 1999, sie ist zudem bereits ausführlich in Strunk 2009a diskutiert worden):

Die Wahrscheinlichkeit P dafür, dass zwei beliebige Messwerte x_t und x_s sich höchstens um l voneinander unterscheiden, kann geschrieben werden als:

$$P_1 = P(|x_t - x_s| < l)$$

P_1 Wahrscheinlichkeit für ein Punktepaar, sich um nicht mehr als l voneinander zu unterscheiden (ohne Berücksichtigung von Vorgängerpunkten)
P Wahrscheinlichkeit
$x_t - x_s$ Abstand zwischen den beiden Messwerten x bei t und s
l Abstandsobergrenze

Die Wahrscheinlichkeit für die Nachbarschaft aufeinanderfolgender Punkte bildet den Kern des Verfahrens

Da hier zudem von Interesse ist, ob die beiden Messwerte x_t und x_s bereits in der Vergangenheit Nachbarn waren, muss als weitere Wahrscheinlichkeit P_2 bestimmt werden. Der Index 2 in P_2 gibt an, dass der direkte Vorgänger von P_1 betrachtet wird, also x_{t-1} und x_{s-1}. Im allgemeinen Fall müssen dann für P_3 neben x_{t-1} und x_{s-1} auch x_{t-2} und x_{s-2} berücksichtigt werden. Für P_4, P_5 bis P_m kommen jeweils weitere Vorgänger hinzu. Der Index m steht dabei für die Länge der untersuchten Zeitkette. Man kann m auch als Einbettungsdimension einer Phasenraumrekonstruktion interpretieren, wobei die Einbettung mit einem *Time-Lag* von eins erfolgt.

$$P_2 = P(|x_t - x_s| < l, |x_{t-1} - x_{s-1}| < l)$$
$$P_3 = P(|x_t - x_s| < l, |x_{t-1} - x_{s-1}| < l, |x_{t-2} - x_{s-2}| < l) \dots$$
$$P_m = P(|x_t - x_s| < l, |x_{t-1} - x_{s-1}| < l, |x_{t-2} - x_{s-2}| < l, \dots, |x_{t-(m-1)} - x_{s-(m-1)}| < l)$$

P_1 bis P_m Wahrscheinlichkeit für eine Zahlenkette von Punktepaaren, sich um nicht mehr als l voneinander zu unterscheiden (der Index bezeichnet die Länge der Zahlenkette)
P Wahrscheinlichkeit
$x_t - x_s$ Abstand zwischen den beiden Messwerten x bei t und s
l Abstandsobergrenze

Für die Berechnung der Wahrscheinlichkeit P_m muss also jeweils paarweise geprüft werden, ob die Vorgänger von x_t und x_s einen geringeren Abstand zueinander haben, als er mit l vorgegeben ist.

Zur Vereinfachung kann hier auf die bereits besprochene *Heaviside*-Funktion Θ zurückgegriffen werden (vgl. S. 221). Diese nimmt den Wert eins an für die Bedingung, dass der Abstand zwischen jeweils zwei Punkten kleiner ist als l, und den Wert null, falls der Abstand nicht kleiner ist. Da dies hier für viele Vorgänger j, von $j = 1$ bis $j = m$, geprüft werden soll und diese Vorgängerzeitreihe nur dann immer schon benachbart war, wenn in der ganzen betrachteten Vergangenheit nicht ein einziges Mal der Abstand l überschritten wurde, ergibt sich P_m als Produkt aller *Heaviside*-Funktionen:

$$P_m = \prod_{j=0}^{m-1} \Theta(l - |x_{t-j} - x_{s-j}|)$$

P_m Wahrscheinlichkeit dafür, dass sich zwei Ketten von Messwerten an keiner Stelle um mehr als l voneinander unterscheiden
j bis m Länge der untersuchten Kette
$x_t - x_s$ Abstand zwischen den beiden Messwerten x bei t und s
l Abstandsobergrenze

Nun muss die Gleichung noch auf alle möglichen s und t als Startpunkte verallgemeinert werden. Dabei ergibt sich eine alternative Darstellung für das bereits bekannte Korrelationsintegral als Funktion von l und in Abhängigkeit von m:

$$C_m(l) = \frac{2}{(N-m+1)(N-m)} \sum_{s=m}^{N} \sum_{t=s+1}^{N} \prod_{j=0}^{m-1} \Theta\left(l - |x_{t-j} - x_{s-j}|\right)$$

$C_m(l)$ *Korrelationsintegral für die Abstandsobergrenze l im m-dimensionalen Phasenraum*
N Anzahl Messwerte
m Einbettungsdimension
l Abstandsobergrenze
Θ *Heaviside-Funktion, die 1 annimmt, sobald der Abstand der Punkte kleiner ist als l*

Diese Form des Korrelationsintegrals unterscheidet sich in der Feststellung des Abstandes von der bisher verwendeten Gleichung 28 (S. 221). Dort wird der Euklidische Abstand von Phasenraumkoordinaten verwendet, wohingegen hier einzelne Messwerte miteinander verglichen werden und kleiner als *l* sein sollten, um gezählt zu werden. Zudem geht das beim BDS-Test verwendete Verfahren davon aus, dass die Messwerte eine Kette bilden, in der das *Time-Lag* jeweils eins beträgt (*j* wird jeweils um eins erhöht).

Die Grundidee für den Test auf Unabhängigkeit

Da die Wahrscheinlichkeit für das gemeinsame Auftreten unabhängiger Ereignisse gleich dem Produkt der Einzelwahrscheinlichkeiten ist, müsste im Fall von Unabhängigkeit z. B. gelten:

$$P_2 = P_1^2$$

Allgemein wäre in diesem Fall folgender Zusammenhang erfüllt:

$$P_m = P_1^m$$

Besteht also tatsächlich keine Abhängigkeit in den Daten, so sollte die *m*-te Potenz des Korrelationsintegrals $C_1(l)$ gleich dem Korrelationsintegral $C_m(l)$ sein. Oder anders gesagt ist im Fall der Unabhängigkeit die Differenz der beiden gleich null:

$$0 = C_1(l)^m - C_m(l)$$

$C_1(l)$ *Korrelationsintegral für die Abstandsobergrenze l im 1-dimensionalen Phasenraum*
$C_m(l)$ *Korrelationsintegral für die Abstandsobergrenze l im m-dimensionalen Phasenraum*
m Einbettungsdimension

Es lässt sich zeigen, dass die genannte Differenz normalverteilt ist (vgl. Brock et al. 1987, Brock et al. 1996), mit einem Erwartungswert von null und einer Standardabweichung von $\sigma(l)_m$. Die Prüfgröße *w* für den BDS-Test ist also gegeben mit:

Gleichung 37: BDS-Test

$$w_m(l) = \sqrt{N-m+1} \frac{C_1(l)^m - C_m(l)}{\sigma_m(l)}$$

$$\sigma_m(l) = \sqrt{4\left[k^m + 2\sum_{j=1}^{m-1} k^{m-j} C_1(l)^{2j} + (m-1)^2 C_1(l)^{2m} - m^2 k C_1(l)^{2m-2}\right]}$$

$$k = \frac{2}{N(N-1)(N-2)} \sum_{t=1}^{N} \sum_{s=t+1}^{N} \sum_{r=s+1}^{N} \left[\Theta(x_t, x_s)\Theta(x_s, x_r) + \Theta(x_t, x_r)\Theta(x_s, x_r) + \Theta(x_t, x_s)\Theta(x_t, x_r)\right]$$

$W_m(l)$ *Prüfgröße des BDS-Tests*
N Anzahl Messwerte
m Einbettungsdimension
$C_1(l)$ *Korrelationsintegral für die Abstandsobergrenze l im 1-dimensionalen Phasenraum*
$C_m(l)$ *Korrelationsintegral für die Abstandsobergrenze l im m-dimensionalen Phasenraum*
$\sigma_m(l)$ *Standardabweichung der Prüfgröße*
k Hilfsgröße: Wahrscheinlichkeit dafür, dass ein Tripel von Punkten nicht weiter als l voneinander entfernt ist
$\Theta(a,b)$ *Vereinfachte Schreibweise der Heaviside-Funktion, die 1 annimmt, sobald der Abstand der Punkte a und b kleiner ist als l*

Der BDS-Test ist ein zweiseitiger Test für die Nullhypothese der unabhängigen Gleichverteilung, die bei einem Signifikanzniveau von 5 % verworfen wird, wenn

$|w_m(l)| > 1{,}96$.

Die Durchführung des Verfahrens ist nicht immer objektiv

In der praktischen Anwendung bedeutet die Wahl eines passenden l und einer genügenden Anzahl von Vorgängern m einige Probleme. In der Regel wird die Berechnung für mehrere l wiederholt, wobei l systematisch zwischen 0,5 und 2,25 Standardabweichungen der Messwerte variiert wird. Ebenso wird m variiert, und zwar in Schritten von einer Dimension, angefangen bei $m = 2$ bis $m = 15$. Leider wird dann jedoch nicht mehr standardisiert vorgegangen, sodass es den einzelnen Autorinnen und Autoren überlassen bleibt, zu entscheiden, ob alle Berechnungen signifikante Ergebnisse erbringen sollen, ob es die Mehrheit der Ergebnisse sein sollen oder ob bereits einige Signifikanzen genügen.

Binomial-Test

Strunk (2009a) schlägt daher vor, einen Binomial-Test zu rechnen. Aus der Menge der durchgeführten BDS-Tests sollten mindestens so viele eine Signifikanz anzeigen, dass ein Binomial-Test unter der Annahme einer 50%igen Wahrscheinlichkeit (Münzwurf) eine signifikante Abweichung vom angenommenen Münzwurfverhalten anzeigt. Es müssen also mehr Signifikanzen vorliegen, als sie sich für einen Münzwurf auch durch Zufall ergeben könnten.

Der BDS-Test ist in GChaos auf der Grundlage des von Blake LeBaron veröffentlichten Quellcodes implementiert (LeBaron 1997). Er findet sich im Menü unter: „*Statistics*", „BDS" und bezieht sich direkt auf eine zuvor im Arbeitsblatt ausgewählte Variable. Der Output zeigt zeilenweise für die Dimensionen von 2 bis 15 und spaltenweise für verschiedene l die $w(l)_m$ und deren Signifikanz. Das l ist in Einheiten der Standardabweichung der Rohdaten angegeben.

Beispielanalyse des DAX

Die folgende Tabelle enthält die Ergebnisse für die logarithmierten *Returns* des DAX, die in den bisherigen Beispielanalysen ausführlich untersucht wurden. Für jede Parameterwahl zeigt der BDS-Test eine hochsignifikante Abweichung von der Nullhypothese der unkorrelierten Gleichverteilung. Ein Surrogatdaten-Test mit *Random*-Surrogaten zeigt hingegen keine signifikanten Abweichungen und entspricht daher – erwartungsgemäß – einer unkorrelierten Gleichverteilung.

Der BDS-Test für den DAX bestätigt die Ergebnisse des Korrelationsintegrals aus den vorangegangenen Beispielanalysen (z. B. vgl. S. 267). Anders als das Korrelationsintegral ist der BDS-Test jedoch als statistischer Test interpretierbar und die hochsignifikante Abweichung von der unkorrelierten Gleichverteilung wiegt daher schwerer als das sättigende D2 bzw. PD2. Dieser Befund widerspricht recht eindeutig der *Random-Walk*-Hypothese.

Seit Publikation des BDS-Testes finden sich relativ einheitlich ähnliche Abweichungen von der unkorrelierten Gleichverteilung für ganz unterschiedliche Marktdaten. Für rund die Hälfte der zwischen 1988 und 2011 in Hinblick auf Chaos und Nichtlinearität untersuchten Zeitreihen wurde der BDS-Test eingesetzt (N-gesamt = 682, davon mit BDS-Test der Rohdaten 336, entspricht 49,3 %). In 74,7 % der Fälle (N = 251) weisen signifikante Ergebnisse auf eine Verletzung der *Random-Walk*-Hypothese hin. Man kann heute mit einigem Recht behaupten, dass es das Verdienst der Chaosforschung ist, die Existenz nichtlinearer Abhängigkeiten in ökonomischen Zeitreihen entdeckt zu haben. Die Bedeutung dieser Entdeckung ist bisher nicht vollständig verstanden.

Der BDS-Test ist das prominenteste Verfahren zum Nachweis der Abweichung einer Marktdynamik vom weißen Rauchen und beruht direkt auf den Prinzipien des Korrelationsintegrals, welches die fraktale Geometrie dynamischer Prozesse erfasst.

	l in Einheiten der Standardabweichung					
m	0,500	0,750	1,000	1,250	1,500	1,750
2	10,801**	11,194**	11,798**	12,206**	12,375**	12,235**
3	17,175**	17,461**	18,098**	18,539**	18,688**	18,414**
4	23,141**	22,779**	22,771**	22,806**	22,621**	22,080**
5	29,836**	28,076**	26,906**	26,212**	25,579**	24,815**
6	38,643**	34,708**	31,793**	29,867**	28,479**	27,270**
7	51,982**	43,694**	37,799**	33,919**	31,321**	29,406**
8	70,655**	55,193**	44,852**	38,392**	34,306**	31,541**
9	98,859**	70,391**	53,448**	43,480**	37,536**	33,769**
10	138,171**	90,281**	63,897**	49,230**	40,968**	36,024**
11	193,365**	117,665**	77,374**	56,144**	44,835**	38,405**
12	277,120**	154,967**	94,603**	64,495**	49,289**	41,036**
13	393,536**	206,516**	116,583**	74,417**	54,271**	43,834**
14	573,431**	277,322**	144,840**	86,386**	59,968**	46,926**
15	760,768**	376,089**	181,110**	100,711**	66,465**	50,348**

m	2,000	2,250
2	11,379**	10,103**
3	17,301**	15,808**
4	20,858**	19,319**
5	23,509**	21,908**
6	25,684**	23,897**
7	27,415**	25,399**
8	29,045**	26,736**
9	30,655**	27,975**
10	32,221**	29,113**
11	33,772**	30,160**
12	35,427**	31,245**
13	37,115**	32,317**
14	38,938**	33,450**
15	40,910**	34,663**

Tabelle 31: **BDS-Test für die logarithmierten *Returns* des DAX**
Unabhängig von der Wahl der Analyseparameter ist der Test immer hochsignifikant (** steht für p-2-seitig < 0,01) und zeigt so an, dass die logarithmierten *Returns* des DAX keiner unkorrelierten Gleichverteilung folgen.

8 Chaos, *Lyapunov*-Exponent

Deterministisches Chaos ist kein Tohuwabohu

Das prominenteste und sicherlich populärste Phänomen der Theorien Nichtlinearer Dynamischer Systeme ist die chaotische Dynamik (das folgende Kapitel stellt eine Erweiterung von Strunk 2009a dar). Damit ist aber zugleich auch ein Problem der nach ihr benannten Chaosforschung angesprochen. Der durchaus „peppige" Chaosbegriff verleitet immer wieder zu Interpretationen, die dem wissenschaftlichen Kern des Ansatzes widersprechen. So finden sich Vorstellungen, die in die archaische Mythologienwelt zurückreichen (vgl. Paslack 1996) und in denen Chaos mit einem völlig strukturlosen „Tohuwabohu" eines kosmischen Urzustandes in Verbindung gebracht wird. Dieser Bedeutungszuschreibung steht die mathematisch-physikalische Perspektive der Chaosforschung entgegen, die das Chaos als etwas durchaus Geordnetes ansieht. Ein maximal strukturloses „Tohuwabohu" ist physikalisch kaum möglich. Bei genauer Betrachtung zeigt sich sogar, dass auch die meisten Schöpfungsmythologien im Chaos des Urzustandes der Welt keine völlige Strukturlosigkeit vermuten (Paslack 1996, S. 13 f.) sondern von einer verborgenen Ordnung, einer Keimzelle gleich, ausgehen. Hier erscheint Chaos nicht als destruktives, sondern als produktives Moment, aus dem die Ordnung der Welt hervorgeht.

Dennoch wird Chaos im alltagssprachlichen Verständnis als vollständiges Fehlen von Ordnung missverstanden. Genau dies ist das von der Chaosforschung beschriebene Chaos eben nicht. Man könnte es so formulieren: Ein chaotisches System zeigt ein Verhalten, welches leicht mit einem wahllosen, zufälligen Verhalten verwechselt werden kann. Chaos imitiert den Zufall (z. B. Ramsey et al. 1990, S. 991, Liu et al. 1992, S. 26, Serletis & Gogas 1997, S. 360, Chwee 1998, S. 150), geht aber auf ein deterministisches System zurück und besitzt überprüfbare Merkmale dieses Determinismus. Es ist der Brückenschlag zwischen Ordnung und Tohuwabohu, der die Chaosforschung so spannend, aber auch so anfällig für wenig wissenschaftliche Spekulationen macht. Es sind die mit gewagter Metaphorik aufgeladenen und zum Teil über das Ziel hinausschießenden Spekulationen, die die Chaosforschung in einigen wissenschaftlichen Disziplinen in Misskredit gebracht haben. Auch in der Wirtschaftswissenschaft, z. B. der Managementforschung (z. B. Stumpf 1995, Darwin 1996, Bechtold 1997), der Karriereforschung (z. B. Duffy 2000) oder dem *Organisational Learning* (z. B. Sullivan 1999) finden sich Arbeiten, die ihre Schlussfolgerungen mit einem Hinweis auf die „Chaosforschung" begründen, sich dabei aber so weit von den gesicherten Kenntnissen der Theorien Nichtlinearer Dynamischer Systeme entfernt haben, dass die gesamte Argumentation nur mehr auf tönernen Füßen daherkommt (vgl. auch die Diskussion in Sokal & Bricmont 1998, die der gängigen Praxis bei der Übertragung der Chaosforschung in die Sozialwissenschaften grundsätzlich die Seriosität absprechen).

Deterministisches Chaos tritt dort auf, wo man es am wenigsten erwartet hätte

Im Gegensatz zu der mit dem Begriff „Tohuwabohu" angesprochenen Strukturlosigkeit entdeckte Henri Poincaré Chaos in einem physikalischen Bereich, in dem es am wenigsten erwartet worden wäre (die folgende Darstellung beruht zum Teil auf Strunk 2004 sowie Strunk & Schiepek 2006). Er hatte sich im ausgehenden

19. Jahrhundert mit einer physikalischen Fragestellung beschäftigt, die als Drei-Körper-Problem bezeichnet wird (darauf wurde oben bereits im Zusammenhang mit Phasenraumdarstellungen eingegangen, vgl. S. 153 ff.). Mithilfe der Newtonschen Gesetze müsste es theoretisch leicht möglich sein, die Planetenbahnen eines größeren Systems von Himmelskörpern, etwa unseres Sonnensystems, vorauszusagen. Bereits vor Poincaré war bekannt, dass es nicht leicht ist, die Newtonschen Gravitations- und Bewegungsgesetze auf mehr als nur zwei Planeten gleichzeitig anzuwenden (vgl. Peterson 1994, Parker 1996, Peterson 1999, Strunk & Schiepek 2006). Poincaré entwickelte zur Lösung des Problems zahlreiche methodische Ansätze, die auch heute noch in der Chaosforschung eine Rolle spielen (z. B. die Anwendung von Schnittebenen im Phasenraum, sog. Poincaré-Schnitte, vgl. Abbildung 83). Bei seinen Analysen entdeckte er im Zuge eines Skandals über angebliche Rechenfehler in seiner Arbeit das, was wir heute als „Schmetterlingseffekt" bezeichnen würden (vgl. Strunk & Schiepek 2006, S. 56 f.).

Poincaré stellte fest, dass bereits kleinste Verstörungen der Planetenbahnen in kürzester Zeit zu einem dramatisch veränderten Verhalten führen. Dieses veränderte Verhalten ist zwar nicht zufällig, es folgt den internen Mechanismen des Systems, aber es zeigt, dass chaotische Systeme nicht langfristig prognostizierbar sind. Sie sind gigantische Verstärker mikroskopisch kleiner Störungen. Diese Verstärkerwirkung lässt sich mit den nach ihm benannten *Poincaré-Schnitten* anschaulich darstellen (vgl. Abbildung 83).

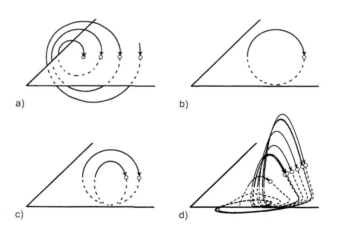

Abbildung 83: Poincaré-Schnitte für qualitativ unterschiedliche Trajektorienverläufe

Qualitativ unterschiedliche Trajektorienverläufe können über ihren Poincaré-Schnitt (*Return Map*) identifiziert werden: a) zyklische Annäherung an einen Fixpunkt, b) Grenzzyklus, c) doppelperiodischer Zyklus, d) chaotische Bewegung. Dabei ist zu beachten, dass bei d) mit der Zeit immer neue Punkte auftreten, wohingegen die regulären Verhaltensweisen daran erkannt werden können, dass immer dieselben Punkte auf der Ebene durchstoßen werden (vgl. auch Schuster 1989a, S. 14). (Abbildung und Abbildungsunterschrift nach: Strunk & Schiepek 2006, S. 216)

Für einen Poincaré-Schnitt wird durch die Phasenraumdarstellung eines Attraktors eine Ebene gelegt. Dort, wo diese von den Trajektorien durchstoßen wird (wobei nur ein Durchstoßen in einer Richtung berücksichtigt wird), werden Markierungen vorgenommen und dann die zeitliche Abfolge und räumliche Anordnung dieser markierten Punkte analysiert. Für chaotische Systeme zeigt sich, dass ursprünglich nah beieinanderliegende Trajektorien nach jedem Umlauf um den Attraktor weiter voneinander entfernt auf die Ebene treffen (Abbildung 83d). Der Abstand der Punkte wächst erst langsam und dann immer schneller, folgt also einer exponentiellen Entwicklung. Minimale Unterschiede – etwas durch Messfehlerrauschen – führen hier zu einer exponentiellen Eskalation der Vorhersageunsicherheit.

Die Entdeckung und Neuentdeckung des Chaos durch Poincaré und Lorenz

Obwohl Poincarés Arbeiten als Geburtsstunde der Chaosforschung angesehen werden könnten, blieben sie doch zunächst weitgehend unbeachtet. Erst in den 1960er-Jahren entdeckte Edward N. Lorenz die sensible Abhängigkeit des Systemverhaltens von minimalen Verstörungen noch einmal neu (Lorenz 1963). Bei der Durchführung einer Wettersimulation auf zwei verschiedenen Computern erhielt er so dramatisch unterschiedliche Ergebnisse, dass er zunächst an einen Programmierfehler glaubte. Tatsächlich verfügten die beiden Rechner über verschieden viele Nachkommastellen, und die dadurch hervorgerufenen minimalen Differenzen hatten sich im Verlauf der Computersimulation so sehr aufgeschaukelt, dass sich letztlich vollkommen andere Ergebnisse ergaben. Lorenz untersuchte das Phänomen ausführlich und folgerte schließlich, dass eine Prognose solch chaotischer Systeme praktisch besehen gar nicht möglich ist. Bereits der Flügelschlag einer Möwe (später erst wurde daraus ein Schmetterling, vgl. Lorenz 1963, Lorenz 1972, Steward 2011) verursacht Verstörungen im chaotischen Wettersystem, die in kurzer Zeit exponentiell so stark eskalieren, dass das reale Wettergeschehen keine Ähnlichkeit mehr zur Vorhersage aufweist (vgl. auch Strunk & Schiepek 2006, S. 59 ff.). Minimale Veränderungen verstärken sich in chaotischen Systemen schnell auf Signalstärke, was eine Prognose dann unweigerlich unbrauchbar macht.

Populäre Missverständnisse

Seit den Arbeiten von Lorenz (1963) über das Wetter hat der „Schmetterlingseffekt" (Lorenz 1972) als zentrales Grundmerkmal des Chaos Einzug in das Alltagsverständnis über komplexe Systeme gefunden. Er ist das zentrale Thema zahlreicher populärwissenschaftlicher Darstellungen (z. B. Briggs & Peat 1990). Es erschienen Sonderhefte der Zeitschrift „Geo Wissen" zu Chaos und Kreativität (Geo Wissen 1993) sowie des Magazins „Spektrum der Wissenschaft" (Spektrum der Wissenschaft 1989, aber auch Spektrum der Wissenschaft Spezial 2010). Er bekam eine wichtige Rolle in *Jurassic Park* (Crichton 1990/1998) und einen eigenen Spielfilm, *The Butterfly Effect* (New Line Cinema 2004 mit Ashton Kutcher und Amy Smart). Dabei wird das Phänomen im Alltagsverständnis häufig verkürzt als „kleine Ursachen haben große Wirkungen" wiedergegeben. Tatsächlich ist damit die Natur des Schmetterlingseffektes nur unzureichend beschrieben. Dass nämlich kleine Ursachen große Wirkungen haben können ist eine Weisheit, die auch auf mechanische Vorgänge zutrifft. Die nachlassende Elastizität einer unscheinbaren Gummidichtung hatte die Challenger-Katastrophe ausgelöst (Presidential Commission 1986). Ragt ein Wasserglas nur etwas zu weit über die Tischkante, fällt es unweigerlich herunter. Verwechselt man beim Einparken den Vorwärts- mit dem Rückwärtsgang, so kann ein immenser Schaden entstehen. Beispiele gibt es auch aus dem Börsenhandel, bei dem sogenannte *Fat-Finger-Trades* (Tippfehler, bei denen Kauf oder Verkauf um Größenordnungen zu hoch eingegeben wurden) eine Kettenreaktion von Panikverkäufen auslösen können (vgl. etwa den Bericht von Bloomberg vom 25.08.2010: „Londoner Börse: Tippfehler eines Händlers sorgt für Beinahe-Crash"). Solche Beispiele lassen sich noch viele finden. Mit dem „Schmetterlingseffekt" ist jedoch etwas ganz anderes gemeint.

Für die bereits genannten Beispiele, Challenger-Katastrophe, fallendes Wasserglas, Parkschaden und *Fat-Finger-Trades*, ist sofort ersichtlich, dass die kleine Ursache zwangsläufig und vorhersehbar ins Problem führen musste. Auch wenn man hier – wie so oft im Leben – häufig erst nachher schlauer ist, so bedeutet doch das Nachvollziehen der Ursache-Wirkungs-Kette kein grundsätzliches Problem. So wäre die Vorhersage des jeweiligen Unglücks leicht möglich gewesen, wenn man nur die vermeintlich „kleinen Ursachen" mitbedacht hätte (vgl. für eine systemtheoretische Diskussion der Risikoabschätzung im Space-Shuttle Programm z. B. Levenson et al. 2006).

Chaos ist nicht Zufall

Chaotische Systeme sind im Gegensatz zu diesen Beispielen prinzipiell nicht über längere Zeit vorhersehbar, auch dann nicht, wenn alle Wirkungsmechanismen des Systems bekannt wären. Ein solches Verhalten kann schnell mit einem Zufallsprozess verwechselt werden. Auch für zufällige Prozesse ist eine konkrete Vorhersage des Systemverhaltens unmöglich. Das liegt dann daran, dass die bekannten Größen des Systems in keinem erkennbaren Zusammenhang zum vorherzusagenden Verhalten stehen. Versucht man etwa aus den Zahlenfolgen, die ein Spieler bereits gewürfelt hat, die nächste Zahl vorherzusagen, so wird man scheitern, wenn der Würfel nicht irgendwie manipuliert ist. Da die vorherigen Würfe für die folgenden Würfe keine Bedeutung besitzen, kann man aus ihnen eben keine Prognosen ableiten. Das schließt aber nicht aus, dass es eventuell möglich sein könnte, aus relevanteren Größen (der Wurfrichtung, der Oberfläche des Spieltisches, dem Auftreffwinkel etc.) eventuell doch eine Prognose abzuleiten. Zufall bedeutet, so wie er hier verstanden wird, eben nur, dass *mit den gewählten Mitteln* keine Prognose möglich ist.

Chaos und Ordnung gehören zusammen

Auch Chaos scheint sich auf den ersten Blick zufällig zu verhalten. Es ist aber zum einen noch dramatisch unbestimmter und zum anderen doch wieder geordneter als Zufall:

- **Unbestimmtheit in deterministischen Systemen.** Bei chaotischen Systemen werden zur Vorhersage durchaus die Variablen herangezogen, die für das Systemverhalten relevant sind. Anders als beim Würfel, dem Paradebeispiel des Zufalls, sind hier eventuell sogar alle Einflussgrößen und Wirkmechanismen bekannt. Dennoch scheitert die Vorhersage. Damit erscheint die Vorhersage eines chaotischen Systems aussichtsloser als die des Zufalls. Dieser beruht auf ungenügendem Wissen und löst sich auf – so lautet die Hoffnung – sobald die Wissenslücken gefüllt sind. Wären alle Einflussfaktoren des Würfelspiels bekannt, so ließe sich vielleicht auch sein Fall exakt vorhersagen (vorausgesetzt es stellte sich dabei nicht heraus, dass der Würfel sich ebenfalls chaotisch verhielte). Demgegenüber sind der Vorhersage chaotischer Systeme grundsätzlichere Grenzen gesetzt, obwohl hier – anders als beim Zufall – keine Wissenslücken über die Mechanismen der Prozessdynamik mehr bestehen müssen.

Chaotische Systeme sind gigantische Verstärker mikroskopisch kleiner Einflüsse. Auch wenn die unzähligen Luftströmungen und Temperaturschwankungen, die das Wetter bestimmen, vollständig bekannt wären, würde der Flügelschlag eines Schmetterlings ausreichen, um dem Verlauf des Wetters eine vollkommen andere Richtung zu geben. Ohne Berücksichtigung der Verstörung durch den Schmetterling wäre nach relativ kurzer Vorhersagezeit die Wetterprognose nicht nur etwas ungenau geworden (z. B. statt vorhergesagten 12 Grad Celsius sind es tatsächlich nur 11 Grad), sondern grundlegend falsch (also Schneesturm bei –5 Grad statt vorhergesagter milder Windstille bei +15 Grad, vgl. Abbildung 84). Diese dramatischen Irrtümer werden von der der geordneten Mechanik und Mathematik des Systems gesetzmäßig hervorgebracht. In chaotischen Systemen werden mikroskopische Unterschiede mathematisch verstärkt. Sie wachsen von Berechnungsschritt zu Berechnungsschritt zunehmend dramatischer an, sodass sie in kürzester Zeit lawinenartige und beinahe explosive Ausmaße angenommen haben. Da nun Schmetterlinge, Möwen, Stubenfliegen etc. nicht am Flügelschlagen gehindert werden können, sind solche Systeme immer irgendwelchen Einflüssen unterworfen, die nicht berücksichtigt werden können. Die explosive Verstärkung dieser mikroskopischen Einflüsse überlagert dann so schnell die gesamte Prognose, dass insgesamt keine Vorhersage mehr möglich ist (zu den Grenzen und Möglichkeiten von Prognosen in chaotischen Systemen vgl. Schiepek & Strunk 1994, S. 83 ff.).

- **Ordnung im Chaos.** Vergleicht man bei der Simulation eines chaotischen Systems eine Berechnung ohne äußere Einflüsse (ohne Schmetterlinge oder Möwen) mit einer, bei der gezielt nur ein ganz winziger Unterschied zu Beginn gesetzt wurde, so kann man in diesen Modellrechnungen verfolgen, wie die Differenz anwächst und immer größer wird. Das Anwachsen des Unterschiedes folgt im Falle von Chaos einer exponentiellen Gesetzmäßigkeit. Man weiß nicht, in welche Richtung der Vorhersagefehler wächst, aber seine Zunahme folgt einer mathematisch beschreibbaren Exponentialfunktion, deren Exponent als *Lyapunov*-Exponent bezeichnet wird. Da die Exponentialfunktion zunächst flach verläuft und erst nach einiger Zeit dramatisch anwächst, ist Chaos über kurze Zeiträume hinweg durchaus prognostizierbar. Es enthält damit mehr Ordnung und Struktur als Zufall, der in der Regel eine Vorhersage unmittelbar unmöglich macht (so ist beim Würfel auch keine kurzfristige Prognose – etwa des jeweils nächsten Wurfes – möglich). Zudem kann bei Kenntnis der Exponentialfunktion des Chaos beurteilt werden, wie lange die Vorhersage des Systemverhaltens möglich ist. Damit misst und beziffert der *Lyapunov*-Exponent das Ausmaß des Schmetterlingseffektes. Zugleich dient der *Lyapunov*-Exponent als zentraler Prüfstein bei der Identifikation einer chaotischen Dynamik. Liegt nämlich gar kein Schmetterlingseffekt vor, so ist das System auch nicht chaotisch.

Metaphorisch lässt sich Chaos als Nebelwand verstehen: Kurzfristige Prognosen sind durchaus möglich und können sehr präzise sein, dann aber sorgt der Schmetterlingseffekt für eine klare Grenze der Vorhersagbarkeit. Die Zukunft ist nur bis zur Nebelwand, also dem Eintreten des Schmetterlingseffektes prognostizierbar. In diesem Bild erscheint der Umgang mit Chaos wie das Wandern oder Fahren im Nebel. Da sich immer nur ein Teil des Weges überblicken lässt, ist „auf Sicht fahren" eine bewährte Methode, von der man für das Management viel lernen kann. Management als Planung, Organisation und Kontrolle (Senge 1996) kann sich in komplexen Systemen nur auf den weitgehend sicheren Vorhersagehorizont beziehen und sollte flexibel auf Nebel reagieren können.

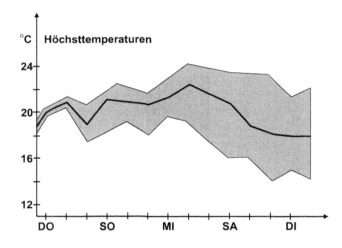

Abbildung 84: **Wettertrend – Prognose der Höchsttemperaturen**
Die Prognose der Höchsttemperaturen für einen längeren Zeitraum (hier 15 Tage) wird grafisch häufig als Kurvenverlauf mit einem grauen Fehlerbereich dargestellt. Der graue Fehlerbereich zeigt die Unsicherheit der Prognose. In der Regel ist der Bereich für die ersten zwei bis drei Tage vernachlässigbar. Er wächst dann aber schnell an und lässt die Prognose für die letzten Tage nicht selten als höchst unzuverlässig erscheinen. Die Wettermodelle werden für die Berechnung der Höchsttemperaturen mehrfach mit leicht veränderten Startwerten gestartet. Für die ersten Tage ergibt sich in der Regel eine sehr ähnliche Prognose, auch wenn die Startwerte geändert werden. Danach kommt es zunehmend zu Unterschieden, sodass die Prognose bald unbrauchbar wird. Das liegt am „Schmetterlingseffekt", der in Wettermodellen fast immer auftritt. (Abbildung in Anlehnung an den 15-Tage-Trend der ARD für Köln vom 21.09.2017)

8.1 Grundlagen: Exponentielle Divergenz im deterministischen Chaos

Chaos ist gekennzeichnet von einer exponentiellen Divergenz

Die sensible Abhängigkeit des Systemverhaltens von beliebig kleinen Fluktuationen ist das Hauptkriterium bei der Definition von Chaos (vgl. Strunk 2004, S. 152 sowie Strunk & Schiepek 2006, S. 95). Wie bereits dargestellt, versteht man darunter die exponentielle Divergenz nahe benachbarter Trajektorien. Ihr gegenüber steht aber auch eine Konvergenz weiter entfernter Trajektorien, die für die Definition von Chaos keine Rolle spielt, aber für das Verständnis der chaotischen Dynamik wichtig ist. Beide Prozesse – Divergenz und Konvergenz – führen gemeinsam zur sogenannten Bäckertransformation, die wie eine große Rührmaschine das Verhalten chaotischer Systeme durcheinanderwirbelt.

1. **Divergenz.** Chaos ist gekennzeichnet durch die Divergenz ähnlicher Ausgangszustände, womit jedoch kein wahlloses und zufälliges Auseinanderstreben der Systemdynamik gemeint ist. Die Divergenz folgt vielmehr einem exponentiellen Verlauf und damit klaren mathematischen Regeln. Die exponentielle Divergenz führt dazu, dass sich bereits eine mikroskopische Störung lawinenartig vergrößert. Dies erlaubt eine Abgrenzung zu Zufallsprozessen: Auch Zufall führt zu einer Divergenz, diese ist jedoch wahllos und ohne jede Gesetzmäßigkeit. Sie vollzieht sich zudem unmittelbar, wohingegen die Prognosefehler des Chaos erst im Verlauf der Zeit zunehmen. Die Abfolge von gewürfelten Zahlen weist in diesem Sinne keine Ordnung auf und ist als vollständig zufällig anzusehen. Der Fall eines Würfels hängt physikalisch gesehen zwar auch von vielen kleinen Randbedingungen und physikalischen Gesetzmäßigkeiten ab, ist aber reiner Zufall in dem Sinne, dass der eine Wurf nichts mit dem folgenden Wurf zu tun haben kann. In der Abfolge der Zahlen sind keine Systemkräfte identifizierbar (es fehlen Rückkopplungsprozesse zwischen den Würfen), die das Verhalten irgendwie ordnen würden. Im Gegensatz dazu beruht Chaos auf den Wechselwirkungen zwischen Systemelementen und ist im Wesentlichen durch die exponentielle Divergenz definiert.

2. **Bäckertransformation.** Da der Zustandsraum chaotischer Systeme begrenzt ist, kann der Abstand zwischen Trajektorien nicht ungehindert anwachsen. Der Divergenz stehen daher immer auch konvergente Kräfte gegenüber. Es ist aber nicht so, dass sich durch Divergenz und anschließende Konvergenz insgesamt eine geordnete Dynamik ergibt (hier findet kein direkter Ausgleich statt). Der Prozess ist vielmehr mit einem Knetvorgang vergleichbar, bei dem exponentielles Auseinanderstreben immer wieder *zurückgefaltet* wird. Anschaulich wird dies durch die sogenannte Bäckertransformation beschrieben. So wie ein Bäcker einen Teig erst auswalzt und dehnt, um ihn danach wieder zusammenzufalten, dehnt und faltet sich auch ein chaotischer Attraktor (vgl. Abbildung 85). Es ist dieser Knetvorgang, der dazu führt, dass letztlich keine Vorhersage des Systemverhaltens mehr möglich ist. Denn die Divergenz wird durch die Konvergenz nicht einfach rückgängig gemacht, sondern führt mit der Zeit zu einer vollständigen Durchmischung der Systemzustände. Ein nahe beieinanderliegendes Bündel an beliebig ähnlichen Startbedingungen verteilt sich schon nach kurzer Zeit relativ gleichmäßig über den gesamten Attraktor. Dieses Zusammenspiel von Divergenz und Konvergenz findet bei der Identifikation von Chaos jedoch wenig Beachtung. Empirisch genügt es nachzuweisen, dass *nahe benachbarte* Trajektorien exponentiell divergieren, um Chaos sicher zu identifizieren. Die Konvergenz *weiter entfernter* Trajektorien ist für den praktischen Nachweis von Chaos unerheblich.

Weitere Merkmale von Chaos wurden zum Teil bereits dargestellt

Ergänzt werden die exponentielle Divergenz sowie die Bäckertransformation durch weitere Eigenschaften, die in chaotischen Systemen regelmäßig auftreten. So ist eine chaotische Dynamik unter anderem gekennzeichnet von einer fehlenden Periodik (z. B. Ruelle & Takens 1971), dem Auftreten scheinbar unpassender Zyklen im Feigenbaum-Diagramm (vgl. Li & Yorke 1975, das Verhulst-System in Abbildung 9, S. 54 zeigt im größten Fenster der Ordnung eine Periodenlänge von drei) oder der fraktalen Struktur des Attraktors im Phasenraum (Ruelle & Takens 1971). Je nach theoretischer Position lässt sich die Liste noch weiter ergänzen.

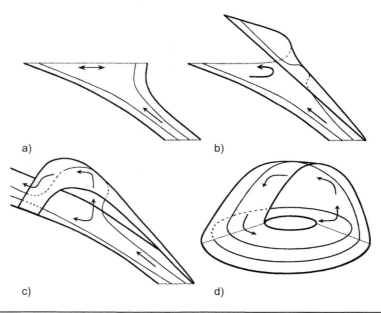

Abbildung 85: Bäckertransformation

In chaotischen Systemen kommt es zu einer sogenannten Bäckertransformation, einem Knetvorgang, in dem Trajektorien zunächst divergieren (a), dann zurückgefaltet (b und c) und in sich selbst zurückgeführt werden (d), um dann erneut zu divergieren. (Zum Formalismus der Bäckertransformation vgl. Nicolis & Prigogine 1987, S. 271 ff., Schuster 1989a, S. 107 f., Abbildung und Abbildungsunterschrift nach: Strunk & Schiepek 2006, S. 215)

Einige Merkmale lassen sich in empirischen Zeitreihendaten prüfen (fraktale Struktur und exponentielle Divergenz), andere spielen nur für Simulationsmodelle eine Rolle (Periodenlänge von drei). Ein sauberer Nachweis von Chaos kann aber letztlich nur durch die Feststellung positiver *Lyapunov*-Exponenten erfolgen. Formal betrachtet geht es um die Entwicklung der Entfernung ursprünglich dicht beieinanderliegender Punkte im Phasenraum. Diese Entfernungsveränderung lässt sich nach folgender Exponentialgleichung angeben:

$$\varepsilon_t = e^{\lambda t} \varepsilon_{t=0}$$

ε_t *Divergenz der Trajektorien zum Zeitpunkt t*
e Eulersche Zahl, Basis der Exponentialfunktion, es kann auch eine andere Basis herangezogen werden, ohne dass sich der Charakter der Gleichung ändert. Alternativ wird häufig die Basis 2 gewählt.
λ *Lyapunov-Exponent. Er gibt an, ob sich die Trajektorien aufeinander zu (negativer Zahlenwert) oder voneinander weg (positiver Zahlenwert) bewegen.*
$\varepsilon_{t=0}$ *Divergenz zum Startzeitpunkt*

Dabei ist $\varepsilon_{t=0}$ der Euklidische Abstand (vgl. auch Gleichung 29, S. 222) der Startpunkte und ε_t der Abstand der Punkte zu einem späteren Zeitpunkt t. Der chaotische Fall ist durch einen positiven *Lyapunov*-Exponenten λ gegeben, der dazu führt, dass bereits unendlich kleine Unterschiede in den Ausgangsbedingungen exponentiell ansteigen. Es folgt durch Umformen und Berücksichtigung der Grenzwertbedingungen:

Gleichung 38:
Lyapunov-Exponent

$$\lambda = \lim_{t \to \infty} \lim_{\varepsilon_{t=0} \to 0} \frac{1}{t} \ln \frac{\varepsilon_t}{\varepsilon_{t=0}}$$

λ Lyapunov-Exponent. Er gibt an, ob sich die Trajektorien aufeinander zu (negativer Zahlenwert) oder voneinander weg (positiver Zahlenwert) bewegen.
t Zeit
ε_t Divergenz der Trajektorien zum Zeitpunkt t
$\varepsilon_{t=0}$ Divergenz zum Startzeitpunkt

Die Suchrichtung ist bei kleinen Startunterschieden vorgegeben

Bei der Bestimmung des *Lyapunov*-Exponenten ist zu bedenken, dass nur nahe benachbarte Trajektorien auseinanderdriften, während weit entfernte mit der Zeit auch wieder zueinanderfinden. Es liegt hier also ein Kontinuum vor, derart, dass sehr nahe Trajektorien im Fall von Chaos divergieren und weit entfernte Trajektorien konvergieren. Vergleicht man nun Trajektorien, die bei $t = 0$ mit einem mikroskopischen Unterschied ε gestartet sind, so werden sie im Fall von Chaos exponentiell divergieren und nach einer endlichen Zeit bereits so weit voneinander entfernt sein, dass die Divergenz in Konvergenz umschlagen könnte. Je nach System und je nach Höhe des positiven *Lyapunov*-Exponenten kann ausgehend von einem beliebigen Startpunkt bereits nach kurzer Zeit die maximal mögliche Divergenz erreicht sein. Auch der Wertebereich des bekannten Verhulst-Systems (vgl. Kapitel 2.6, S. 44) ist ja nicht beliebig groß, sondern auf Zahlenwerte zwischen null und eins begrenzt. Der *Lyapunov*-Exponent ist damit nur über diesen begrenzten Zeitraum hinweg positiv. Es ist daher erforderlich, dass die Vermessung der Divergenz auf diesen relativ kleinen zeitlichen Abschnitt beschränkt bleibt, aber insgesamt viele solcher Abschnitte berücksichtigt werden.

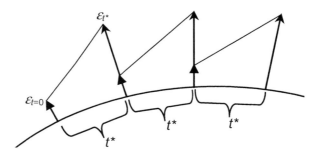

Abbildung 86: **Schematische Darstellung der Ermittlung von *Lyapunov*-Exponenten**
Die exponentielle Divergenz von Trajektorienverläufen zeigt sich, wenn wiederholt ein ungestörter mit einem minimal ausgelenkten Trajektorienverlauf verglichen wird. t^* bezeichnet hier die wiederholt zur Anwendung kommende Beobachtungssequenz und nicht den oben mit t bezeichneten gesamten Beobachtungszeitraum. (Abbildung und Abbildungsunterschrift nach: Strunk 2009a, S. 185)

Obwohl das System also über einen langen Zeitraum beobachtet werden sollte, ist die praktische Berechnung der *Lyapunov*-Exponenten an die Aneinanderreihung vieler kurzer Beobachtungssequenzen gebunden. Schematisch wird in der Abbildung 86 dargestellt, wie bei der Berechnung des *Lyapunov*-Exponenten vorgegangen werden kann. Der Berechnungsalgorithmus folgt der Trajektorie des Systems und erzeugt eine möglichst kleine Auslenkung $\varepsilon_{t=0}$. Der wachsende Unterschied zwischen der Originaltrajektorie und der ausgelenkten Trajektorie wird registriert. Nach einer Zeit, die nicht zu lang sein darf, wird die ausgelenkte Trajektorie durch eine neue Auslenkung ersetzt und die Vermessung der Divergenz wiederholt. Abschließend werden die Ergebnisse der verschiedenen Abschnitte gemittelt.

Der hier vorgestellte Algorithmus geht für $t = 0$ von einer möglichst kleinen Verstörung ε aus, sodass die „Suchrichtung" vorgegeben ist. Das Verfahren soll dazu dienen, eine eventuell vorliegende exponentielle Divergenz nachzuweisen und startet dazu jeweils mit möglichst geringen Unterschieden, die sich im zeitlichen Verlauf – beim Vorliegen von Chaos – vergrößern. Damit begibt sich der Algorithmus auf die Suche nach dem größtmöglichen *Lyapunov*-Exponenten des Systems (*Largest Lyapunov*-Exponenten, LLE).

Ein System enthält mehrere *Lyapunov*-Exponenten

Tatsächlich besitzt jedes System aber mehrere *Lyapunov*-Exponenten, so steht der Divergenz nahe benachbarter Trajektorien die Konvergenz weiter entfernter Trajektorien gegenüber. Dieser Konvergenz entspricht ein negativer *Lyapunov*-Exponent. Man könnte diesen identifizieren, wenn man, statt mit einem möglichst kleinen ε zu starten, ein möglichst großes auswählen würde. Zudem sind Verfahren vorgeschlagen worden, mit denen das sogenannte Spektrum der *Lyapunov*-Exponenten abgebildet werden kann. Dazu wird für jede Raumrichtung des Phasenraumes ein eigener *Lyapunov*-Exponent bestimmt, sodass sichtbar wird, wo es zur Divergenz und wo zur Konvergenz kommt. Für den Nachweis von Chaos und für die Quantifizierung seiner Auswirkung genügt jedoch die Ermittlung des größten *Lyapunov*-Exponenten.

Bewertung des LLE

Aber auch der größte *Lyapunov*-Exponent ist nur im Fall von Chaos positiv. Allgemein kann man den LLE wie folgt klassifizieren:

- LLE > 0, das System ist chaotisch; nahe Trajektorien bewegen sich exponentiell voneinander fort (chaotische Selbstorganisation).
- LLE < 0, das System verhält sich regulär; die Trajektorien streben, auch nach Verstörungen, auf ein triviales Verhaltensmuster, einen Fixpunkt oder Zyklus, zu (triviale Selbstorganisation).

In simulierten Gleichungssystemen geht der LLE während eines Phasenüberganges kurzzeitig auf null. Hier verliert das System plötzlich alle ordnenden bzw. divergierenden Selbstorganisationstendenzen. Mikroskopisch kleine exogene Einflüsse könnten es in diesem Zustand leicht verstören, liegen aber bei Simulationsmodellen in der Regel nicht vor. Daher verlaufen benachbarte Trajektorien parallel, obwohl sie bei Verstörungen nicht auf einer vorgegebenen Bahn bleiben würden.

Der LLE ist in empirischen Zeitreihendaten nicht leicht bestimmbar

Algorithmen, das Spektrum der *Lyapunov*-Exponenten oder doch zumindest den größten *Lyapunov*-Exponenten aus empirischen Zeitreihen – also ohne Kenntnis des die Zeitreihe(n) generierenden Gleichungssystems – zu berechnen, liegen erst seit Mitte der 1980er-Jahre vor (Eckmann & Ruelle 1985, Wolf et al. 1985; für eine Diskussion spezifischer Vor- und Nachteile siehe Vastano & Kostelich 1986, Elbert et al. 1994; für ein Berechnungsbeispiel bei eindimensionalen Iterationsfolgen vgl. Seifritz 1987, S. 58 ff.).

Besonders weit verbreitet ist der sogenannte Wolf-Algorithmus (Wolf et al. 1985), der der Bestimmung des größten *Lyapunov*-Exponenten dient. Die Anwendung des Wolf-Algorithmus ist aber sehr voraussetzungsreich und daher nicht ganz unproblematisch. In neuerer Zeit wurden eine Reihe von Alternativen für den Wolf-Algorithmus entwickelt (z. B. Rosenstein et al. 1993, Kantz 1994, Banbrook et al. 1996), von denen besonders der Rosenstein-Algorithmus eine große Bedeutung erlangt hat. Auf die von Wolf et al. (1985) vorgeschlagene Methode zur Bestimmung von *Lyapunov*-Exponenten und auf den Algorithmus von Rosenstein et al. (1993) sowie eine Weiterentwicklung des Rosenstein-Algorithmus durch Kantz (1994) soll daher näher eingegangen werden. Die Darstellung der Methoden beruht zum Teil auf früheren Arbeiten, etwa in Strunk (2004).

8.2 Algorithmus: Wolfs LLE

Der Wolf-Algorithmus ist einer der ersten und inzwischen sicherlich der bekannteste Algorithmus zur Berechnung des LLE aus einer Zeitreihe, für die das generierende System nicht bekannt ist. Leider sind aber die Anforderungen an die Datenqualität sehr hoch und die Reliabilität der Ergebnisse kann nicht immer belegt werden. Inzwischen wird der Wolf-Algorithmus deshalb wohl nur noch selten angewendet.

Für den Vergleich unterschiedlicher Startbedingungen müssen in der empirischen Analyse historische Daten verglichen werden

Wie bereits dargestellt wurde, kann für simulierte Daten der *Lyapunov*-Exponent relativ leicht dadurch bestimmt werden, dass eine ungestörte Simulation mit einer geringfügig verstörten verglichen wird. Im Falle empirischer Zeitreihen wird zunächst nach den gleichen Prinzipien verfahren, d. h. auch hier wird einer Referenzdynamik eine Vergleichsdynamik gegenübergestellt. Die Vergleichsdynamik soll sich zu Beginn nur geringfügig von der Referenz unterscheiden. Die weitere Entwicklung zeigt dann, ob sich die beiden Prozesse voneinander entfernen und ob diese Divergenz sich als Exponentialfunktion beschreiben lässt. Während sich aber für eine Simulation die Vergleichsdynamik in passender Weise künstlich erzeugen lässt, stammen bei empirischen Zeitreihen Referenzdynamik und Vergleichsdynamik aus dem gleichen Datensatz. Es muss daher für die Referenzdynamik ein passender Abschnitt in der Zeitreihe gefunden werden, der sich als Vergleichsdynamik eignet, der also zu Beginn der Referenz möglichst ähnlich ist (vgl. Abbildung 86, S. 307).

Merkmale einer passenden Vergleichsdynamik

Der Wolf-Algorithmus folgt dieser Grundidee und gibt Regeln dafür an, wie zu einer Referenzdynamik eine passende Vergleichsdynamik gefunden werden kann. Zur Bestimmung des LLE wird dabei zunächst ein Referenzpunkt auf der Zeitreihe gewählt. Die zeitliche Entwicklung dieses und eines maximal um ε_{min} entfernten Punktes wird danach für eine festgelegte Anzahl von Zeitschritten (*Evolution Time*, ET) verfolgt. Innerhalb der durch die *Evolution Time* festgelegten Zeitschritte werden sich die beiden Trajektorien im Fall von Chaos exponentiell voneinander entfernen. Diese exponentielle Divergenz wird als Schätzung für den größten *Lyapunov*-Exponenten registriert. Natürlich ist eine solche Schätzung für nur einen Referenzpunkt unreliabel, sodass nach den durch *Evolution Time* vorgesehenen Zeitschritten ein neuer Vergleichsabschnitt gewählt wird, der maximal um ε_{min} von der Referenztrajektorie abweicht. Dieses Austauschen der einen Nachbartrajektorie durch eine neue wird nötig, da die beiden Trajektorien nur begrenzt divergieren. Wie bereits erwähnt, nähern sie sich nach Erreichen einer maximalen Divergenz einander wieder an (vgl. auch die Abbildung 85, S. 306 zur Bäckertransformation). In diesem Sinne ist es durchaus möglich, dass schon bevor alle durch die *Evolution Time* festgelegten Zeitschritte durchlaufen wurden, eine mit ε_{max} angegebene, relativ große Divergenz erreicht wird. Tritt dies ein, wird für die Referenztrajektorie bereits an dieser Stelle ein neuer Nachbar gesucht. Insgesamt orientiert sich der Algorithmus an sechs Parametern:

1. Zur Rekonstruktion des Attraktors im Phasenraum wird hier, wie auch bei anderen Verfahren, die der Bestimmung von *Lyapunov*-Exponenten dienen, ein ge-

eignetes τ für die Ermittlung der Zeitverzögerungskoordinaten benötigt. Hier kann z. B. die *Mutual Information* (siehe S. 177f.) zur Berechnung einer geeigneten Zeitverzögerung herangezogen werden.

2. Für eine reliable Ermittlung des *Lyapunov*-Exponenten sollte der Attraktor in einen genügend hochdimensionierten Phasenraum eingebettet werden. In diesem Sinne sollte die Berechnung für einen Einbettungsraum erfolgen, der der tatsächlichen Dimensionalität des Attraktors entspricht. Daher ist es erforderlich, dass vor der Berechnung von *Lyapunov*-Exponenten die Dimensionalität des Attraktors über das D2 bestimmt wird (siehe S. 221f.).

3. Jedes Mal, wenn der Algorithmus einen Nachbarn zu einem Referenzpunkt sucht, sollte dieser Vergleichspunkt nicht weiter als ε_{min} vom Referenzpunkt entfernt sein. Wolf et al. (1985) schlagen hier einen Wert vor, der zwischen 0 % und 2 % des *Range* der Messwerte der Zeitreihe liegt. Diese grobe Schätzung für ε_{min} führt zu relativ guten Ergebnissen, wenn der untersuchte Attraktor mit 3 bis 4 Dimensionen eingebettet wird. Für höhere Einbettungen *m* sollte ε_{min} um den Faktor $\sqrt{m/3}$ erhöht werden.

4. Erreicht die Distanz zwischen den beiden Trajektorien einen mit ε_{max} angegebenen Wert, muss für die Referenztrajektorie eine neue Vergleichstrajektorie ermittelt werden. Wolf et al. (1985) schlagen für ε_{max} einen Wert vor, der zwischen 10 % und 15 % des *Range* der Messwerte der Zeitreihe liegt. Auch die hier vorgeschlagene grobe Schätzung für ε_{max} führt zu relativ guten Ergebnissen, wenn der untersuchte Attraktor mit 3 bis 4 Dimensionen eingebettet wird. Für höhere Einbettungen *m* sollte auch ε_{max} um den Faktor $\sqrt{m/3}$ erhöht werden.

5. Die Divergenz zwischen der Referenztrajektorie und einer Nachbartrajektorie wird für einen mit *Evolution Time* (ET) bezeichneten Zeitraum verfolgt. Für die *Evolution Time* (ET) sollte ein Wert gewählt werden, der zwischen dem vierten und dritten Teil der dominanten Periodenlänge des Systems liegt. Diese kann über eine Spektralanalyse bestimmt werden (vgl. S. 123 ff.).

6. Bei der Wahl der Vergleichstrajektorie berücksichtigt der Algorithmus die Raumrichtung, in die sich die beiden Trajektorien aktuell bewegen. So ist eine Divergenz ja nicht verwunderlich, wenn Trajektorien miteinander verglichen werden, die sich in entgegengesetzte Richtungen bewegen. Die beiden Trajektorien sollten sich nicht um mehr als ca. 30 Grad in ihrer Raumrichtung unterscheiden. Zusätzlich wird angeregt, grafische Darstellungen der Divergenz der beiden Trajektorien zu inspizieren und im Falle vieler „verdrehter" oder sonstwie „verknoteter" Trajektorien den zulässigen Winkel herabzusetzen.

In der Praxis der Anwendung des Algorithmus zeigen sich starke Abhängigkeiten der Ergebnisse von den genannten Parametern. Insbesondere die Wahl der *Evolution Time* hat einen sehr großen Einfluss auf die Berechnungsergebnisse. Als Möglichkeit, die Reliabilität der Berechnungen einzuschätzen, schlagen Wolf et al. (1985) die Variation der Parameter und damit verbunden die Überprüfung der Stabilität der Ergebnisse vor.

8.2.1 Datenqualität, Voraussetzungen

Die Bestimmung des größten *Lyapunov*-Exponenten mithilfe des Wolf-Algorithmus stellt hohe Anforderungen an die Datenqualität. Erforderlich sind neben einer sauberen Phasenraumeinbettung sehr lange, stationäre und rauschfreie Zeitreihen (vgl. z. B. Rosenstein et al. 1993). Problematisch sind Verletzungen der Voraussetzungen insbesondere deshalb, weil der Algorithmus über keine „eingebaute" Qualitätsprüfung verfügt. Er liefert in jedem Fall einen Zahlenwert für den *Lyapunov*-Exponenten, ohne dass man diesem ansehen könnte, ob er durch Verletzungen von Voraussetzungen verfälscht wurde.

Rosenstein et. al. (1993) verweisen in diesem Zusammenhang auf verschiedene Probleme des von Wolf et al. vorgeschlagenen Algorithmus und anderer, ähnlicher Verfahren (z. B. für die Bestimmung des LLE: Wright 1984, Farmer & Sidorowich 1987, Sato et al. 1987, Casdagli 1989, Abarbanel et al. 1990, Ellner et al. 1991, Wales 1991; für die Bestimmung des vollständigen *Lyapunov*-Spektrums: Eckmann & Ruelle 1985, Sano & Sawada 1985, Eckmann et al. 1986, Briggs 1990, Brown et al. 1991, Stoop & Parisi 1991, Zeng et al. 1991; die genannten Arbeiten gehen im Wesentlichen auf folgende frühere Arbeiten zurück: Eckmann & Ruelle 1985, Sano & Sawada 1985, Wolf et al. 1985, Farmer & Sidorowich 1987). Die hier genannten Methoden zur Berechnung des LLE sind allesamt unreliabel für kurze Zeitreihen, extrem rechenintensiv und relativ schwer zu implementieren (Rosenstein et al. 1993).

Hauptkritikpunkte

Am Beispiel des Wolf-Algorithmus lässt sich die Kritik relativ gut belegen: Der Algorithmus folgt einer Referenztrajektorie, für die die Distanz zu einer Nachbartrajektorie bis zu dem durch die *Evolution Time* (ET) oder durch ε_{max} definierten Abbruch registriert wird. Es werden also nicht alle vorhandenen Daten zur Berechnung genutzt, da zum einen nur für einige Punkte auf dem Attraktor Nachbarn gesucht werden und zum anderen immer nur eine Nachbartrajektorie gewählt wird. Dies und das Fehlen einer Statistik für die Güte der Berechnung führt zu der geringen Reliabilität des Algorithmus bei kurzen Zeitreihen.

Zudem wird bei der Wahl der Nachbartrajektorie unter Rückgriff auf einen Gram-Schmidt-Algorithmus darauf geachtet, dass diese sich in die gleiche Raumrichtung bewegt wie die Referenztrajektorie. Diese Prüfung kostet Rechenzeit und ist relativ aufwendig zu implementieren. Dabei ist dieses Kriterium für die Bestimmung des größten *Lyapunov*-Exponenten gar nicht zwingend erforderlich (Rosenstein et al. 1993).

Grundvoraussetzung für die Berechnung des *Lyapunov*-Exponenten ist die Wahl geeigneter Einbettungsparameter. Da jeder zu niedrig eingebettete Attraktor den Phasenraum ausfüllt, ist er in diesem Fall von Zufall praktisch nicht unterscheidbar. Aber auch zufällige Trajektorien divergieren und entfernen sich voneinander. Je nach Ausmaß des durch fehlerhafte Einbettung hervorgerufenen scheinbaren Zufalls oder je nach tatsächlichem Rauschanteil in den Daten bewegen sich benachbarte Trajektorien sehr schnell auseinander. Ob diese Divergenz einer Exponentialfunktion folgt (Chaos) oder unmittelbar eintritt (Zufall), wird durch den Algorithmus nicht überprüft. Das bedeutet, dass ein möglichst geringer Rauschanteil und eine möglichst saubere Einbettung dringend zu fordern sind, wenn der Wolf-Algorithmus oder verwandte Algorithmen eingesetzt werden sollen. So können letztlich nur die Zeitreihen reliabel analysiert werden, für die schon feststeht, dass Zufall ausgeschlossen werden kann.

Die Anforderungen an die Zeitreihenlänge sind sehr groß

Auch die Anforderungen an die Zeitreihenlänge sind insbesondere für den von Wolf et al. (1985) vorgeschlagenen Algorithmus sehr hoch: Bereits bei niedrigdimensionalen Systemen sind nach Elbert et al. (1994) einige tausend Zeitpunkte notwendig. Mit zunehmender Dimension m des Attraktors steigt die Länge entsprechend 10^m an (vgl. Schiepek & Strunk 1994, S. 79). Für die Zeitreihenlänge sollte daher eine Größenordnung von mehreren tausend Messzeitpunkten nicht unterschritten werden (vgl. auch Rosenstein et al. 1993).

Größter *Lyapunov*-Exponent
Wolf-Algorithmus
(Wolf et al. 1985)

Was wird gemessen?	Ausmaß des Schmetterlingseffektes, der exponentiellen Divergenz ursprünglich nahe benachbarter Trajektorien.
Hohe Werte bedeuten ...	Chaotizität. Kann als Paradigma für „echte" Komplexität im Sinne von Emergenz angesehen werden.
Dynamik	Die konkrete zeitliche Entwicklung wird berücksichtigt, sodass die Dynamik eine zentrale Rolle bei der Definition von Chaotizität besitzt.
Phasenraumeinbettung	Ja. Insbesondere muss neben dem *Time-Lag* die Einbettungsdimension vorher bekannt sein.
Skalenniveau	Intervall.
Minimale Datenlänge	Minimum $N \geq 2.000 - 5.000$, sonst 10^m.
Stationarität erforderlich	Ja.

Tabelle 32: Übersicht über das Verfahren: größter *Lyapunov*-Exponent, Wolf-Algorithmus
Die angegebene minimale Datenlänge ist als grobe Orientierung zu verstehen. Bei hoch-dimensionalen Systemen wächst die erforderliche Länge um 10^m.

8.2.2 Praktische Durchführung

Test der Voraussetzungen, Datenvorbereitung, Absicherung

Die im vorhergehenden Abschnitt angeführte Tabelle 32 listet im Wesentlichen die Voraussetzungen für den Einsatz des Verfahrens auf. Gefordert ist Intervallskalenniveau und eine sehr lange (mindestens $N \geq 2.000$ bis 5.000) stationäre Zeitreihe. Da der Algorithmus empfindlich auf eine fehlerhafte Einbettung reagiert, sollte zunächst das D2 berechnet werden, um saubere Einbettungsparameter zur Hand zu haben. Insbesondere muss die Einbettungsdimension zuvor bestimmt worden sein.

Durchführung der Berechnung

Da das Verfahren nicht über eine Teststatistik oder eine andere Form der Überprüfung der Berechnungsqualität verfügt, schlagen Wolf et al. (1985) die Variation der Berechnungsparameter und damit die Prüfung der Stabilität der Ergebnisse vor.

Der Algorithmus (vgl. Abbildung 87) durchläuft alle Zeitpunkte von $t = 1$ bis $t = N - $ ET, wobei mit N die Anzahl der Datenpunkte im Phasenraum und mit ET (*Evolution Time*) der Zeitraum bezeichnet wird, über den die beiden Trajektorien miteinander verglichen werden. Zunächst wird zu jedem Datenvektor bei t ein passender Nachbar t^* gesucht, der nicht weiter als ε_{min} (Euklidischer und nicht zeitlicher Abstand) entfernt ist und dessen Trajektorie keinen größeren Winkel zur Vergleichstrajektorie aufweist als der erlaubte *Orientation Error* (OR).

Ist ein passender Nachbar gefunden, werden beide Trajektorien höchstens für so viele Zeitschritte miteinander verglichen, wie die *Evolution Time* (ET) angibt. Die Abstände werden jeweils bestimmt und die logarithmierte Veränderung des Abstandes wird Schritt für Schritt in der Variablen S aufsummiert. Überschreitet der Abstand eine maximale Grenze (ε_{max}), so wird schon vorzeitig der nächste Referenzpunkt ermittelt ($t = t + i$; i bezeichnet die Zeitschritte, über die die Trajektorien miteinander verglichen wurden, bevor der Abbruch stattfand) und die Prozedur startet wieder mit der Suche nach einem passenden Nachbarn. Wird der maximal zulässige Abstand nicht überschritten, so erfolgt die Ermittlung des nächsten Referenzpunktes nach Abarbeitung aller $i < $ ET.

Stehen keine Referenzpunkte mehr zur Verfügung, so ergibt sich der LLE durch Division der Summe der Abstandsveränderungen S durch die Anzahl der überhaupt ermittelten Abstandsveränderungen (in der Abbildung 87 wird diese Anzahl als Σ(ET) bezeichnet).

Der Original-Algorithmus von Wolf et al. (1985) ist in Fortran geschrieben und wurde auf seiner Webseite auch als Portierung in C (von Joe Mietus) angeboten (die Webseite ist seit einigen Jahren nicht mehr verfügbar). Der Code erzeugt zunächst eine Einordnung der Daten in ein grobes Phasenraumgitter. Die Suche nach einem passenden Nachbarn wird beschleunigt, indem zunächst das Phasenraumgitter durchsucht wird und dann nur die Punkte als Nachbarn in Betracht kommen, die in der nächstgelegenen Zelle des Gitters liegen. Der Algorithmus ist dadurch etwas umständlich zu benutzen, weil zwei Programme nacheinander auszuführen sind. Das erste Programm erzeugt das Phasenraumgitter und erst das zweite Programm ermittelt dann den *Lyapunov*-Exponenten.

Für GChaos wurde der Code aufwendig in C++ portiert und die Zweiteilung und Zwischenspeicherung des Gitters aufgehoben. Die zentralen Berechnungsschritte entsprechen jedoch weiterhin dem Original-Code von Wolf et al. (1985).

In GChaos findet sich die LLE-Berechnung im Menü unter: „*Statistics*", „*Lyapunov*", „Wolf". Neben dem Wolf-Algorithmus sind auch der Rosenstein-Algorithmus (Rosenstein et al. 1993, Rosenstein 1999) und der von Kantz (1994) implementiert. Wird einer der Algorithmen ausgewählt, so werden die Eingabefelder aktiviert, die für den jeweiligen Algorithmus Bedeutung besitzen. Durch den Button „*Calculate LLE*" startet die Berechnung des LLE mit den eingestellten Parametern.

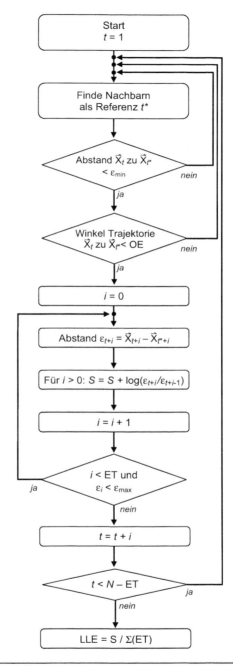

Abbildung 87: **Wolf-Algorithmus der LLE-Berechnung**

Der Algorithmus startet mit $t = 1$ beim ersten Messpunkt der Zeitreihe und durchläuft diese bis $N - ET$. Die ET (*Evolution Time*) gibt an, wie lange die Trajektorien verfolgt und verglichen werden. Die Abstände zwischen den beiden Trajektorien werden mit ε bezeichnet und die logarithmierten Veränderungen in S aufaddiert, um schließlich als LLE gemittelt zu werden. OR (*Orientation Error*) bezeichnet den maximal zulässigen Winkel zwischen den beiden Trajektorien.

Abbildung 88:	**LLE-Berechnung – Wolf-Algorithmus**
	Im Text wird das Vorgehen der LLE-Berechnung in GChaos dargestellt. Dabei wird auf den gezeigten Karteireiter „Wolf" eingegangen. Der Dialog wird erreicht über das Menü: *„Statistics"*, *„Lyapunov"*.

- **Variablenauswahl.** In der Variablenliste werden alle Spaltenbezeichnungen des aktuellen Arbeitsblattes aufgelistet. Hier kann eine Variable für die Berechnung ausgewählt werden. Eine mehrdimensionale Einbettung mehrerer Variablen ist für den Wolf-Algorithmus nicht vorgesehen.
- **Einbettungsdimension.** Die Einbettungsdimension *„Embedding Dimension"* sollte vorher über ein D2 ermittelt werden. Nach der Faustregel von Farmer (1982b, vgl. Gleichung 35, S. 229) sollte eine geeignete Einbettung ca. zweimal so groß sein wie die eigentliche Dimensionalität des Attraktors.
- **Time-Lag.** Das *„Time Spacing Delay"* kann mittels *„Mutual Information"* direkt im Dialog bestimmt werden.
- **Automatische Festlegung der Analyseparameter.** Stehen die Einbettungsdimension und die zu analysierende Variable fest, so können die weiteren Einstellungen mittels *„Automatic Settings"* festgelegt werden. Fehlt das *Time-Lag*, so wird dieses mithilfe der *Mutual Information* ergänzt. Der Zeitraum für den Vergleich der Trajektorien (*„Evolution Time"*) wird auf (*Time-Lag*)/3 + 1 gesetzt. ε_{min} wird für die Einbettungsdimension m festgelegt mit:
  0,01 (Maximum(*Daten*) − Minimum(*Daten*)) $\sqrt{m/3}$
  und ε_{max} mit:
  0,125 (Maximum(*Daten*) − Minimum(*Daten*)) $\sqrt{m/3}$.
  Die Faustregeln für die Wahl dieser Parameter wurden oben bereits dargestellt (vgl. S. 310f.).
- **Gitter für die beschleunigte Suche.** Der Code erzeugt zunächst eine Einordnung der Daten in ein Phasenraumgitter. Die Suche nach einem passenden Nachbarn wird beschleunigt, indem zunächst das Phasenraumgitter durchsucht wird. Die Größe des Gitters wird durch den Parameter *„Grid Resolution"* bestimmt und beeinflusst allein den Speicherverbrauch und die Geschwindigkeit der Berechnungen.

- **Minimaler Abstand.** Damit ein Punkt als Nachbar zum Referenzpunkt infrage kommt, darf er von diesem nicht zu weit entfernt sein. Der mit *„Minimum Separation at Replacement"* ε_{min} angegebene minimale Abstand darf nicht überschritten werden. Der Parameter lässt sich automatisch bestimmen (siehe oben).
- **Maximaler Abstand.** Sobald die Nachbartrajektorie zu weit entfernt von der Referenztrajektorie verläuft, werden beide durch ein neues Paar ersetzt. Der maximal zulässige Abstand wird durch *„Maximum Separation at Replacement"* ε_{max} festgelegt. Der Parameter lässt sich automatisch bestimmen (siehe oben).
- **Trajektorien-Winkel.** Der Algorithmus schließt den Vergleich von Trajektorien aus, die sich auf dem Attraktor in unterschiedliche Richtungen bewegen. Üblicherweise wird der maximal zulässige Winkel auf 30 Grad gesetzt.
- **Einheitenumrechnung.** Mit dem Parameter *„Time per Iteration"* kann angegeben werden, wie viel Zeit in Sekunden zwischen Messzeitpunkten verstreicht. Der LLE wird dann mithilfe dieser Angabe in Einheiten „pro Sekunde" umgerechnet. Wird hier 1 angegeben, so bezieht sich der LLE auf die Einheit „pro Iteration" bzw. „pro Messung".

8.2.3 Beispielanalyse: Positiver LLE in den log-Returns des DAX – Wolf-Algorithmus

Die bisherigen Beispielanalysen des DAX beruhen auf einem Datensatz der logarithmierten *Returns* der Schlusskurse des DAX im Zeitraum zwischen dem 02. Januar 2001 und dem 05. März 2012. Das *Time-Lag* für die Phasenraum-Einbettung wird mit drei verschiedenen Verfahren (Autokorrelationsfunktion, *Mutual Information* und generalisiertes Korrelationsintegral) übereinstimmend mit eins festgelegt. Das D2 ergibt aufgerundet sechs Dimensionen, wohingegen PD2-Analysen im Mittel bei aufgerundet fünf Dimensionen sättigen. Das PD2 kann eindrücklich zeigen, dass es sich nicht um einen stationären Prozess handelt. Immer wieder wird der Komplexitätsverlauf von einzelnen kurzfristigen Ausreißern unterbrochen.

Die geringe Zeitreihenlänge macht Probleme

Daher sind die Voraussetzungen für die Anwendung des Wolf-Algorithmus denkbar schlecht. Es wären mindestens 2.000 bis 5.000 Datenpunkte erforderlich, eine Grenze, die der Datensatz mit seinen 2.848 Messpunkten zwar knapp erfüllt, die aber durch die hohe Dimensionalität des Phasenraumes infrage gestellt wird. Ein 6-dimensionaler Phasenraum könnte für die Einbettung genügen, aber nach der Faustregel aus Gleichung 35 (S. 229) könnten sogar bis zu 12 Dimensionen nötig sein. Dies erfordert aber eine sechs- bis zwölfstellige Mindestdatenmenge, also eine Größenordnung, die auch für Finanzdaten kaum verfügbar sein dürfte. Hinzu kommen die Stationaritätsprobleme, die sich für noch längere Zeitreihen wahrscheinlich zusätzlich verstärken würden.

Die angesprochenen Probleme gelten aber nicht nur für die hier vorliegende Datenreihe. Die Ergebnisse der D2-Analyse bestimmen die Datenanforderungen für die Anwendung des *Lyapunov*-Exponenten und die aus der Literatur bekannten Zahlen stimmen mit denen für den DAX auffallend gut überein. Insbesondere der Wolf-Algorithmus gilt als wenig verlässlich für zu kurze Datenreihen, wurde aber in der Vergangenheit als Standardverfahren in der Mehrzahl der Studien eingesetzt. Er ist auch heute noch die bekannteste Methode zur Ermittlung der größten *Lyapunov*-Exponenten.

In der Literatur werden ähnlich kurze Datensätze untersucht

Die oben in Tabelle 4 (S. 78) und Tabelle 5 (S. 80) dargestellte Literaturübersicht dokumentiert die empirische Chaosforschung in der Ökonomie. Von insgesamt 682 analysierten Zeitreihen werden für 153 (22,4 %) größte *Lyapunov*-Exponenten bestimmt. Die Mehrzahl der Untersuchungen beruht auf täglichen Daten mit einer Zeitreihenlänge zwischen im Durchschnitt 2.987 (Median) und 3.030 (Mittelwert) Datenpunkten. Das entspricht in etwa der Datenmenge, die auch für die vorliegende Beispielanalyse zur Verfügung steht, liegt damit aber um Größenordnungen unter den Anforderungen. Sogar Analysen für Monats- und Quartalszahlen mit Zeitreihen unter 500 Messzeitpunkten wurden publiziert.

Insgesamt werden für rund 52 % der Zeitreihen positive LLE identifiziert, wobei sich gravierende Unterschiede je nach Art der Daten ergeben (vgl. Tabelle 33). Für die längeren Zeitreihen (tägliche Datenerhebung) wird für 80 % der Datensätze ein positiver LLE berichtet. Monats- oder Quartalszahlen sind für die Berechnung wahrscheinlich tatsächlich zu kurz (Median: 360 bzw. 153 Datenpunkte) und finden auch nur in rund 30 % der Datensätze einen positiven LLE. Interessant sind auch die Studien, die bewusst hochfrequent erhobene Datensätze untersuchen (mehrmals stündliche Erhebungen). Hier finden sich zusammen 20 Datenreihen, von denen für keine ein positiver *Lyapunov*-Exponent berichtet wird, obwohl die Datenmenge mit durchschnittlich rund 26.000 Datenpunkten beachtlich ausfällt. Wahrscheinlich machen sich hier aber nichtstationäre Entwicklungen bemerkbar. Insgesamt ergibt sich über alle Daten und Studien ein durchschnittlicher LLE zur Basis 2 von 0,178 (± 3,165, N = 75 Datensätze).

Aktien	Zeitreihenlänge				LLE	LLE (Rohdaten)			LLE ((G)ARCH)		
	AM	SD	n	Median	% positiv	AM	SD	n	AM	SD	n
< stündlich	21500	29910,3	14	8790	0,0 %						
Stündlich	981		1	981	0,0 %						
Täglich	3840	4499,5	16	3060	92,9 %	3,635	5,640	13	-0,038	0,602	7
Wöchentlich	1300		1	1300	100,0 %						
Monatlich	475		1	475	100,0 %	0,024		1			
Gesamt	11067	21361,9	33	4898	48,4 %	3,377	5,504	14	-0,038	0,602	7
Commodities											
Täglich	1837	949	26	1161	66,7 %	-0,122	0,360	24	0,101	0,029	14
Monatlich	132	0,0	7	132	71,4 %				-0,197	0,727	7
Gesamt	1475	1097,2	33	1161	67,7 %	-0,122	0,360	24	0,002	0,424	21
Futures											
< stündlich	27526	29430,7	5	24180	0,0 %						
Täglich	2940	1391,0	16	2987	73,3 %	0,043	0,020	7	0,077	0,037	6
Gesamt	8794	17023,6	21	2987	55,0 %	0,043	0,020	7	0,077	0,037	6
Wechselkurse											
Stündlich	3191	0,0	4	3191	100,0 %						
Täglich	4675	1216,6	12	5191	100,0 %						
Wöchentlich	1583	835	4	2000	100,0 %				0,062		1
Monatlich	436	0,0	7	436	0,0 %						
Quartal	153	0,0	16	153	43,8 %	-1,349	2,915	14	0,125	0,127	2
Gesamt	1877	2079,8	43	436	61,9 %	-1,349	2,915	14	0,104	0,097	3
Andere makroökonomische Daten											
< stündlich	81204		1	81204	0,0 %						
Monatlich	360	0,0	16	360	20,0 %	-0,776	1,660	16			
Quartal	166	8,6	6	170	0,0 %				-0,081	0,053	6
Gesamt	3824	16868,4	23	360	13,6 %	-0,776	1,660	16	-0,081	0,053	6
Insgesamt											
< stündlich	25992	31150,9	20	11622	0,0 %						
Stündlich	2749	988,3	5	3191	80,0 %						
Täglich	3033	2558,4	70	2987	80,0 %	1,014	3,449	44	0,060	0,296	27
Wöchentlich	1526	734,1	5	2000	100,0 %				0,062		1
Monatlich	329	113,8	31	360	30,0 %	-0,729	1,618	17	-0,197	0,727	7
Quartal	157	7,2	22	153	31,8 %	-1,349	2,915	14	-0,030	0,116	8
Gesamt	5014	13873,7	153	1161	52,1 %	0,178	3,165	75	0,001	0,375	43

Tabelle 33: *Review* der Studienergebnisse zur Analyse größter *Lyapunov*-Exponenten
Alle *Lyapunov*-Exponenten werden für die Auswertung einheitlich auf die Basis 2 umgerechnet. Der LLE entspricht dann der Einheit Bit/Zeiteinheit.

Obwohl also die logarithmierten *Returns* des DAX angesichts der hohen Dimensionalität der Dynamik nicht die erforderliche Datenmenge aufweisen, scheint eine zumindest probeweise Analyse angesichts der aus der Literatur bekannten Analysepraxis durchaus gerechtfertigt. Ein verlässlicher Nachweis für Chaos kann aber angesichts der bisher vorliegenden Ergebnisse mit diesen Daten nicht erbracht werden und ist wahrscheinlich aufgrund der Datenbegrenzungen prinzipiell nicht möglich.

Alle Berechnungen mit dem Wolf-Algorithmus führen für die logarithmierten *Returns* des DAX zu eindeutig positiven *Lyapunov*-Exponenten. Aufgrund der begrenzten Datenmenge sinkt das Berechnungsergebnis mit wachsender Einbettungsdimension, ein typisches Verhalten bei zu kurzen Zeitreihen. Trotz Verletzung der Stationaritätsannahme und der begrenzten Datenmenge zeigen sich aber erstaunlich hohe Übereinstimmungen in den Ergebnissen der verschiedenen Methoden zur Bestimmung des LLE (weiter unten werden neben dem Wolf-Algorithmus auch ein Verfahren von Rosenstein et al. 1993 und von Kantz 1994 zur Analyse benutzt).

Erprobt werden 6- bis 12-dimensionale Einbettungen. Das *Time-Lag* ist jeweils mit eins festgelegt. Zudem werden die automatischen Einstellungen im GChaos ausgewählt, aber die *Gridresolution* herabgesetzt, um die Berechnung bei hohen Einbettungsdimensionen zu beschleunigen.

Es ergibt sich bei sechs Dimensionen ein LLE zur Basis e von 0,144 und zur Basis 2 von 0,207 Bit/Handelstag. Bei 12 Dimensionen sind es für die Basis e nur mehr 0,085 und für die Basis 2 noch 0,123 Bit/Handelstag.

Den Ergebnissen liegen reale Kursverläufe zugrunde

Auch, wenn man berücksichtigt, dass dieses globale Maß nichtstationäre Entwicklungen vernachlässigt und geringe Datenmengen die Genauigkeit des Wertes infrage stellen, so darf nicht vergessen werden, dass dahinter reale Kursentwicklungen stehen. Der Algorithmus sucht Startzustände in den Daten, die einander stark ähneln und vergleicht die dann folgende Entwicklung. Für alle identifizierten Datenpaare ergibt sich im Durchschnitt die berichtete exponentielle Divergenz und das bedeutet praktisch gesehen eine Fehlerverdoppelungszeit (Gleichung 41, S. 358) zwischen 4,81 Handelstagen (6 Dimensionen) und 8,11 Handelstagen (12 Dimensionen).

Random-Surrogate, um Zufallsprozesse auszuschließen

Allerdings stellt sich hier die Frage, ob die beobachtbare Divergenz auf Zufallsprozesse zurückgeführt werden kann. Denn auch Zufall durchmischt eine Dynamik und der Wolf-Algorithmus prüft nicht, ob die ermittelte Divergenz einer Exponentialfunktion folgt. Daher werden 30 *Random*-Surrogate mit den gleichen Einstellungen analysiert. Die Einbettung wird mit sechs Dimensionen festgelegt. Im Durchschnitt ergibt sich ein hochsignifikant höherer LLE für die Zufallsdaten (LLE(e) = 0,198, ± 0,006, $N = 30$, p-2-seitig < 0,0001). Der ermittelte *Lyapunov*-Exponent beschreibt also eine durchschnittliche Divergenz, die deutlich hinter der unmittelbaren Divergenz von Zufallsprozessen zurückbleibt.

8.3 Algorithmus: Rosensteins LLE

Rosenstein, Collins und de Luca (1993) schlagen einen Algorithmus vor, den sie als Vereinfachung des Wolf-Algorithmus beschreiben. Sie können in Vergleichsstudien mit bekannten Beispielsystemen zeigen, dass ihr Algorithmus auch für kurze Zeitreihen und verrauschte Daten zu reliablen Ergebnissen führt. Prinzipiell baut das von ihnen vorgeschlagene Verfahren auf einer Arbeit von Sato, Sano und Sawada (1987) auf, die jedoch grundlegend erweitert wird.

Die Grundzüge der Berechnungsmethodik ähneln dem bereits diskutierten Vorgehen (vgl. Abbildung 86, S. 307): Für jeden Punkt der Zeitreihe wird der jeweils nächstgelegene Nachbar gesucht. Die zeitliche Entwicklung für den Referenzpunkt und seinem nächsten Nachbarn führt im Fall von Chaos zu einer wachsenden Divergenz der Punkte. Die beiden Punkte werden daher über einen nicht zu klein zu wählenden Zeitraum auf ihrem Weg durch den Attraktor verfolgt. Wie groß dieser Zeitraum genau sein sollte, ist aber ohne Kenntnis der Systemdynamik nur schwer bestimmbar. Tatsächlich zeigt sich beim Wolf-Algorithmus, dass die Ergebnisse zum Teil stark von der *Evolution Time* abhängen. Rosenstein et al. (1993) schlagen daher vor, die *Evolution Time* zunächst eher lang zu wählen, die Ergebnisse zwischenzuspeichern und später erst über eine gesonderte Analyse den Abschnitt zu bestimmen, der für die Abschätzung des LLE infrage kommt. Damit ist dann auch die vorherige Festlegung einer maximal zulässigen Divergenz (ε_{max}) nicht mehr nötig.

Veränderung des Vorgehens gegenüber dem Wolf-Algorithmus

Der Wolf-Algorithmus und auch das in Abbildung 86 (S. 307) dargestellte Vorgehen begleiten die beiden Trajektorien eine bestimmte Zeit und ersetzen dann an dem Punkt, an dem die Beobachtung abbricht, die Vergleichstrajektorie durch eine neue Nachbartrajektorie. Die Zahl der benutzten Referenzpunkte ist damit umso geringer, je länger die Beobachtungszeit dauert. Der Algorithmus von Rosenstein et al. (1993) lässt hingegen keinen Referenzpunkt aus, sondern sucht zu jedem Punkt der Zeitreihe einen passenden Nachbarn. Zudem entfällt die Überprüfung des Bewegungswinkels zwischen den Trajektorien.

Der Algorithmus durchläuft jeden Punkt der Zeitreihe, sodass jeder Datenpunkt einmal als Referenzpunkt dient. Zu jedem Referenzpunkt wird der jeweils nächstgelegene Nachbar gesucht, wobei ein Nachbar in der gesamten Analyse nur einmal als nächstgelegener Nachbar benutzt wird. Der Abstand ε_i zwischen Referenzpunkt und Nachbarn wird bestimmt und mit dem Index $i = 0$ abgespeichert (i zählt die Zeitschritte, während der die Trajektorien verglichen werden). Davon ausgehend werden die beiden Trajektorien einen mit *Evolution Time* bezeichneten Zeitraum lang begleitet. Zeitschritt für Zeitschritt werden die Abstände registriert und mit fortlaufendem Index i abgespeichert. Nachdem der durch *Evolution Time* bezeichnete Zeitraum abgearbeitet ist, wird für den nächsten Referenzpunkt ein nächstgelegener und noch nicht benutzter Nachbar gesucht. Die für dieses Trajektorienpaar ermittelten Abstände werden zu den bereits zwischengespeicherten Abständen hinzuaddiert und später gemittelt. So wird nach und nach für alle Punkte der Zeitreihe verfahren.

Prüfung auf Vorliegen einer exponentiellen Divergenz

Nach Durchlaufen aller Referenzpunkte liegt eine Serie gemittelter Abstände vor. Im Fall von Chaos sollten die gemittelten Abstände $\bar{\varepsilon}_i$ mit wachsendem i exponentiell zunehmen. Wird der Logarithmus von $\bar{\varepsilon}_i$ in einem Diagramm über i aufgetragen, so ergibt sich der *Lyapunov*-Exponent aus der Steigung der ermittelten Gerade. Ähnlich wie für die Bestimmung des D2 zeigt sich diese Steigung, sofern sie überhaupt vorliegt, nur in einem begrenzten Skalierungsbereich. Insbesondere bei großem i kann die Differenz der beobachteten Punkte nicht mehr zunehmen, wenn inzwischen die maximale Divergenz erreicht wurde (vgl. Abbildung 89). Daher fällt für große i die Steigung auf null. Nur wenn ein Skalierungsbereich mit linearer sowie positiver Steigung gefunden werden kann, liegt auch eine *exponentielle* Divergenz vor, wie sie für eine chaotische Dynamik kennzeichnend ist.

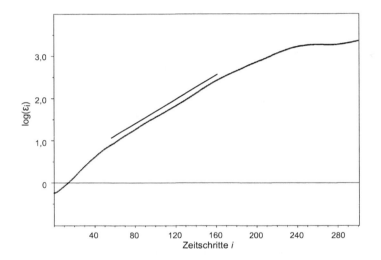

Abbildung 89: Skalierungsbereich im Rahmen der Durchführung des Rosenstein-Algorithmus

Die Abbildung zeigt die logarithmierte zunehmende mittlere Divergenz nahe benachbarter Trajektorien für 300 Zeitschritte. Nach ca. 240 Zeitschritten wird die maximale Divergenz erreicht, sodass sich die Kurve verflacht. Die Region mit der besten linearen Steigung, der Skalierungsbereich, wird in der Abbildung durch eine parallel anliegende Gerade gekennzeichnet. Der *Lyapunov*-Exponent ergibt sich aus der Steigung dieser Geraden. Umgerechnet auf die Zeit, die zwischen zwei Zeittakten liegt (hier waren es 0,01 Sekunden), ergibt sich ein *Lyapunov*-Exponent von 1,45 Bit/Sekunde. Der Literaturwert beläuft sich für das hier vorliegende Lorenz-System auf 1,5 Bit/Sekunde (vgl. Wolf et al. 1985). Die in der Abbildung dargestellte Berechnung ergibt sich für den Lorenz-Attraktor mit $r = 45{,}92$; sigma = 16 und $b = 4$. Erzeugt wurden 5.000 Messzeitpunkte. Die Berechnung des *Lyapunov*-Exponenten erfolgte für eine fünfdimensionale Einbettung. Das *Time-Lag* wurde mithilfe der *Mutual Information* ermittelt. (Abbildung und Abbildungsuntertitel nach: Strunk 2004, S. 388)

Damit besitzt der vorgeschlagene Algorithmus den Vorteil, die ermittelten Ergebnisse auf ihre Gültigkeit prüfen zu können. Des Weiteren nutzt das Verfahren jeden Punkt des Attraktors, sodass insgesamt kürzere Zeitreihen ausreichen, um zu reliablen Ergebnissen zu gelangen. Zudem müssen für die Berechnung nicht sechs, wie beim Wolf-Algorithmus, sondern nur mehr vier Parameter vorgewählt werden. Die zwei Parameter, die den eigentlichen Algorithmus beeinflussen, können sogar grob geschätzt werden. Es genügt, dass sie nicht zu klein angesetzt werden:

1. Zur Rekonstruktion des Attraktors wird hier, wie auch bei anderen Verfahren, die der Bestimmung von *Lyapunov*-Exponenten dienen, ein geeignetes *Time-Lag* für die Ermittlung der Zeitverzögerungskoordinaten benötigt. Hier kann z. B. die *Mutual Information* (siehe S. 177f.) zur Berechnung einer passenden Zeitverzögerung herangezogen werden.

2. Für eine reliable Ermittlung des *Lyapunov*-Exponenten sollte der Attraktor in einen genügend großen Phasenraum eingebettet werden. In diesem Sinne sollte die Berechnung für einen Einbettungsraum erfolgen, der der tatsächlichen Dimensionalität des Attraktors entspricht. Daher ist es erforderlich, dass vor der Berechnung von *Lyapunov*-Exponenten die Dimensionalität des Attraktors über das D2 bestimmt wird (siehe S. 221f.).

3. Um zu verhindern, dass als nächstgelegener Nachbar zu einem Referenzpunkt sein direkter zeitlicher Vorgänger oder Nachfolger gewählt wird, sollten zwischen Referenzpunkt und Nachbar mindestens so viele Zeitschritte liegen, wie sie durch die mittlere ungefähre Periode der Zeitreihe als Minimum gegeben sind. Zur Bestimmung dieses Parameters, der als *Theiler Window* bezeichnet wird, reicht eine grobe Schätzung, wenn sie nicht zu klein ausfällt (Theiler 1990).

4. Damit tatsächlich ein Skalierungsbereich gefunden werden kann, sollten die beiden Trajektorien mindestens so lange miteinander verglichen werden, bis der Zeitpunkt maximaler Divergenz erreicht wurde. Hier empfiehlt es sich, die *Evolution Time* nicht zu klein zu wählen.

Für eine Reihe von mathematisch bekannten Systemen konnten Rosenstein et al. (1993) die Robustheit des Algorithmus überzeugend darlegen. Sowohl hinsichtlich der Zeitreihenlänge, geringerer Einbettungsdimensionen als eigentlich erforderlich, verschiedener *Time-Lag*s zur Rekonstruktion des Phasenraumes als auch im Hinblick auf Rauschen ergaben sich die erwarteten *Lyapunov*-Exponenten im Rahmen einer akzeptablen Fehlertoleranz, die weit unter den Fehlerraten anderer Algorithmen liegt.

Ausblick auf den Kantz-Algorithmus

Weiterentwickelt wurde das Verfahren durch Kantz (1994), der die Berechnung getrennt für verschieden große Ausgangsdistanzen wiederholt. Ähnlich wie beim Wolf-Algorithmus wird dabei ein ε_{min} festgelegt, welches angibt, wie stark sich der Referenzpunkt und der Nachbarpunkt zu Beginn einer jeden Berechnung maximal unterscheiden dürfen. Durch die Festlegung einer solchen Grenze wird verhindert, dass für einzelne Referenzpunkte nächste Nachbarn gefunden werden, die bereits zu Beginn sehr stark voneinander entfernt sind. Da ein ideales ε_{min} jedoch nicht vorab bestimmt werden kann, wird die Berechnung für wachsende ε_{min} wiederholt. Dadurch ergibt sich ein Bündel von Kurvenverläufen im Plot der $\log(\overline{\varepsilon}_i)$ vs. i. Ein linearer Bereich sollte dann zumindest bei einigen der Kurven übereinstimmend erkennbar sein. Die Qualität der Identifikation des Skalierungsbereiches kann dadurch insgesamt verbessert werden.

Bei der Implementierung des Algorithmus von Rosenstein et al. (1993) in GChaos kann bei Bedarf mit ε_{min} und ε_{max} ebenfalls ein Bereich vorgegeben werden.

Nächste Nachbarn sollten innerhalb dieser Grenzen liegen. Werden hier keine Angaben gemacht, wird der jeweils nächstgelegene Nachbar ausgewählt, unabhängig davon, wie nah oder fern er zum Referenzpunkt gelegen ist. Dies entspricht dann dem Vorgehen, wie es von Rosenstein et al. (1993) vorgeschlagen wurde.

Vorschlag für ein Verfahren zur automatischen Bestimmung des Skalierungsbereiches

Der Verzicht auf eine frühe Festlegung der *Evolution Time* ermöglicht eine gewisse Qualitätskontrolle für die Bestimmung des LLE. So muss die Divergenz benachbarter Trajektorien im Plot der $\log(\overline{\varepsilon}_i)$ vs. i deutlich am linearen Skalierungsbereich erkennbar sein, um von Chaos sprechen zu können. Damit ergibt sich aber auch hier – ähnlich wie beim D2 (vgl. Abbildung 60, S. 224) – das Problem, wie der Skalierungsbereich objektiv und reliabel identifiziert werden kann. Insbesondere dann, wenn der LLE für ein gleitendes Fenster ermittelt werden soll, wird ein Algorithmus für die automatische Bestimmung des Skalierungsbereiches benötigt. Strunk (2004, S. 393) hat dafür ein robustes und gut zu implementierendes Verfahren vorgestellt.

Kern dieses Verfahrens sind die geometrischen Eigenschaften der Kurven, die sich bei der Bestimmung des *Lyapunov*-Exponenten nach dem Rosenstein-Algorithmus für den Plot der $\log(\overline{\varepsilon}_i)$ vs. i typischerweise ergeben. Da nämlich ab einer bestimmten Größe von i $\log(\overline{\varepsilon}_i)$ aufgrund der dann erreichten maximalen Divergenz nicht mehr weiter ansteigt, kann der gesuchte Skalierungsbereich nur links von dieser Grenze gefunden werden. Die folgende Abbildung 90 verdeutlicht, wie diese Grenze gefunden werden kann. Wird der Anfangspunkt (a) der Kurve mit dem Endpunkt (b) verbunden, so ergibt sich eine Gerade. Wird nun für jedes i der Abstand zwischen der konstruierten Gerade $\overline{ab}$ und $\log(\overline{\varepsilon}_i)$ berechnet, der sich über das Lot auf $\overline{ab}$ durch $\log(\overline{\varepsilon}_i)$ ergibt, so findet sich der gesuchte Punkt (c) im größten Abstand.

Darauf aufbauend lässt sich nun erneut eine Gerade durch (a) und den neuen Punkt (c) konstruieren. Sollten auch zu dieser Geraden nennenswerte Distanzen in Bezug auf $\log(\overline{\varepsilon}_i)$ auftreten, so kann durch den Punkt mit der größten Distanz ein neuer Punkt (d) bestimmt werden. Insgesamt sind damit drei Geraden gegeben, nämlich $\overline{ac}$, $\overline{ad}$ und $\overline{dc}$. Falls nötig lassen sich nach dem beschriebenen Verfahren auch diese Abschnitte noch weiter unterteilen. In der Regel genügen jedoch die bisher ermittelten Abschnitte, sodass im nächsten Schritt Ausgleichsgeraden durch $\log(\overline{\varepsilon}_i)$ gelegt werden, deren Anfangs- und Endpunkte von den ermittelten Punkten (a), (d) und (c) begrenzt werden. Zur Beurteilung der Ausgleichsgeraden wird dann die Korrelation der jeweiligen Gerade mit $\log(\overline{\varepsilon}_i)$ und die Länge des jeweiligen Abschnittes herangezogen.

Die Gerade, die die höchste Korrelation besitzt und damit den Abschnitt von $\log(\overline{\varepsilon}_i)$ kennzeichnet, der am besten einem linearen Verlauf folgt, ist in der Regel der gesuchte Skalierungsbereich. Selten jedoch kann es geschehen, dass eine der ermittelten Geraden zwar die höchste Korrelation mit $\log(\overline{\varepsilon}_i)$ aufweist, aber viel kürzer ist als eine andere Gerade mit ähnlich hoher Korrelation. In diesem Fall wird die längere Gerade gewählt. Insgesamt sollte die Korrelation der besten Gerade jedoch nicht geringer als ein vorher festgelegter Grenzwert sein.

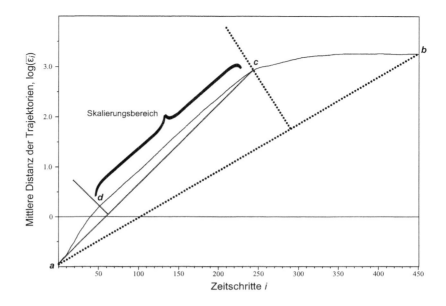

Abbildung 90: Verfahren zur Bestimmung des Skalierungsbereiches
Die Bestimmung des LLE erfordert im Rahmen des Verfahrens von Rosenstein, Collins und de Luca (1993) die Identifikation eines linearen Skalierungsbereiches im Plot von log($\overline{\varepsilon}_i$) vs. i. Die Abbildung zeigt, wie dieser lineare Bereich automatisiert bestimmt werden kann. (Abbildung und Abbildungsunterschrift nach: Strunk 2004, S. 394)

Diese geometrische Methode für die automatische Bestimmung des Skalierungsbereiches in log($\overline{\varepsilon}_i$) vs. i bedeutet einen wichtigen Schritt in Richtung auf eine Objektivierung der durch den Algorithmus von Rosenstein et al. (1993) ermittelten *Lyapunov*-Exponenten.

8.3.1 Datenqualität, Voraussetzungen

Grundsätzlich gelten auch für den Algorithmus von Rosenstein et al. (1993) relativ hohe Anforderungen an die Datenqualität (Tabelle 34). Gefordert sind möglichst lange Zeitreihen mit hoher Auflösung und geringem Rauschanteil. Die Rekonstruktion des Phasenraumes sollte mit einer passenden Zeitverzögerung und in einem passend dimensionierten Einbettungsraum erfolgen. Gegenüber dem oben bereits dargestellten Wolf-Algorithmus sind die Anforderungen jedoch weitaus geringer. So konnten Rosenstein et al. (1993) für einige Modellsysteme die Robustheit des Verfahrens experimentell nachweisen.

Gegenüber dem Wolf-Algorithmus genügen kürzere Zeitreihen

Die mindestens erforderliche Zeitreihenlänge ist um Größenordnungen geringer anzusetzen als bei anderen Algorithmen zur Bestimmung des LLE. Auch genügt es, den Attraktor in einen eben noch passenden Phasenraum einzubetten. Nach der oben dargestellten Faustregel von Farmer (1982b, vgl. Gleichung 35, S. 229) sollte eine geeignete Einbettung ca. zweimal so groß sein wie die eigentliche Dimensionalität des Attraktors. Diese erhöhte Anforderung scheint hier nicht zu gelten. Abweichungen vom idealen *Time-Lag* sind weniger bedeutsam und auch im Hinblick auf Rauschen ergaben sich die erwarteten *Lyapunov*-Exponenten im Rahmen einer akzeptablen Fehlertoleranz.

Größter *Lyapunov*-Exponent
Rosenstein-Algorithmus
(Rosenstein et al. 1993)

Was wird gemessen?	Ausmaß des Schmetterlingseffektes, der exponentiellen Divergenz ursprünglich nahe benachbarter Trajektorien.
Hohe Werte bedeuten ...	Chaotizität. Kann als Paradigma für „echte" Komplexität im Sinne von Emergenz angesehen werden.
Dynamik	Die konkrete zeitliche Entwicklung wird berücksichtigt, sodass die Dynamik eine zentrale Rolle bei der Definition von Chaotizität besitzt.
Phasenraumeinbettung	Ja. Insbesondere muss neben dem *Time-Lag* die Einbettungsdimension vorher bekannt sein.
Skalenniveau	Intervall.
Minimale Datenlänge	$N \geq 100 - 500$, 10^D kann genügen.
Stationarität erforderlich	Ja.

Tabelle 34: Übersicht über das Verfahren: Größter *Lyapunov*-Exponent, Rosenstein-Algorithmus
Die angegebene minimale Datenlänge ist als grobe Orientierung zu verstehen. Je nach Struktur des Attraktors im Phasenraum sind mitunter auch weit längere Zeitreihen nötig. Nach der Faustregel 10^D bestimmt die Dimensionalität D die benötigte Datenmenge.

Rosenstein et al. (1993) können zeigen, dass z. B. für die Verhulst-Gleichung schon 100 Messzeitpunkte ausreichen, ohne dass der Fehler der Berechnung des *Lyapunov*-Exponenten über 5 % wächst. Für das sich sehr einfach verhaltende Hénon-System bleibt der Fehler bei 100 Datenpunkten sogar unter 2 %.

Etwas schlechter fallen die Ergebnisse für komplexere Systeme, wie das Lorenz- und das Rössler-System, aus. Zeigt der für das Lorenz-System ermittelte *Lyapunov*-Exponent bei 5.000 Messzeitpunkten einen Fehler von nur 1,5 %, so steigt dieser für 2.000 Messzeitpunkte bereits auf über 10 % und für 1.000 Messzeitpunkte auf rund 17 %. Beim Rössler-System fallen die Ergebnisse weniger einheitlich aus. Liegt der ermittelte *Lyapunov*-Exponent bei 2.000 Messzeitpunkten nur rund 2 % über dem Literaturwert, so steigt der Fehler bereits bei 1.600 Messzeitpunkten auf über 9 % und fällt bei 1.200 Messzeitpunkten wieder auf 2 %. Weitere Verkürzungen der Rössler-Zeitreihe führen jedoch zu sehr hohen Berechnungsfehlern (27 % Fehler bei 800 Messzeitpunkten und 61 % Fehler bei 400 Messzeitpunkten; vgl. Rosenstein et al. 1993).

Obwohl die Abweichungen für die verschiedenen Systeme recht unterschiedlich ausfallen und die ermittelten Fehler zum Teil doch recht hohe Werte annehmen, sind sie erheblich geringer als für den von Wolf et al. (1985) vorgeschlagenen Algorithmus.

Dennoch hängt die minimal erforderliche Zeitreihenlänge bei allen Algorithmen von der Dimensionalität des Attraktors bzw. der Einbettungsdimension ab. Beim Rosenstein-Algorithmus scheint die Dimension des Attraktors die bestimmende Größe zu sein, während es beim Wolf-Algorithmus mehr auf die Einbettung ankommt, die hier auch höher als die Dimension des Attraktors angesetzt werden sollte.

8.3.2 Praktische Durchführung

Test der Voraussetzungen, Datenvorbereitung, Absicherung

Die Anforderungen an die Datenqualität sind für den Rosenstein-Algorithmus weniger hoch (vgl. Tabelle 34, S. 326) als für den Wolf-Algorithmus (vgl. Tabelle 32, S. 313). Obwohl also weitaus kürzere Zeitreihen ausreichen könnten, um zu reliablen Ergebnissen zu gelangen und auch Abweichungen von idealen Einbettungsparametern sich nicht so gravierend auswirken wie beim Wolf-Algorithmus, gilt auch hier, dass längere Zeitreihen zu reliableren Ergebnissen führen und eine saubere Einbettung die Chance auf brauchbare Ergebnisse erhöht. Insgesamt wachsen die Anforderungen an die Datenmenge mit der Dimensionalität der Daten.

In jedem Fall ist vor der Anwendung ein D2 zu bestimmen, um eine passende Einbettungsdimension angeben zu können. Die Wahl der Einbettungsdimension muss aber nicht so hoch ausfallen, wie Farmer (1982b, vgl. Gleichung 35, S. 229) es vorschlägt. Es genügt in den meisten Fällen, das D2 auf den nächsten ganzzahligen Wert aufzurunden und diesen als Einbettungsdimension zu nutzen.

Ähnliche wie beim Wolf-Algorithmus empfiehlt sich die Variation der Berechnungsparameter und damit die Prüfung der Stabilität der Ergebnisse.

Durchführung der Berechnung

Der Algorithmus (vgl. Abbildung 91) durchläuft alle Zeitpunkte von $t = 1$ bis N, wobei mit N die Anzahl der Datenpunkte im Phasenraum bezeichnet wird. Nacheinander wird für jeden Datenvektor bei t ein passender Nachbar t^* gesucht, der nicht schon einmal benutzt wurde und außerhalb des *Theiler Window* liegt.

Ist ein passender Nachbar gefunden, werden beide Trajektorien für maximal durch die mit *Evolution Time* (ET) bezeichneten Zeitschritte miteinander verglichen. Die Zeitschritte sind von $i = 0$ bis $i = ET - 1$ fortlaufend nummeriert. Die Abstände zwischen den beiden Trajektorien werden mit ε_i bezeichnet und für jeden einzelnen Zeitschritt i separat aufaddiert. Nach Abarbeitung aller Referenzpunkte enthalten die ε_i die Summen der Abstände der Zeitschritte $i = 0$ bis $i = ET - 1$. Werden die ε_i nun durch die Zahl der in der jeweiligen Summe enthaltenen Abstandberechnungen dividiert, ist der Mittelwert der Abstände schnell bestimmt. Anschließend wird im Plot der $\log(\bar{\varepsilon}_i)$ vs. i ein linearer Skalierungsbereich (vgl. als Beispiel Abbildung 89, S. 322) gesucht und wenn dieser vorliegt, der LLE als Steigung in diesem Bereich berechnet. Die Passung des Skalierungsbereiches an eine Gerade kann als Korrelation angegeben werden und ist ein Maß für die Güte des LLE. Ist dieser positiv, so liegt Chaos vor.

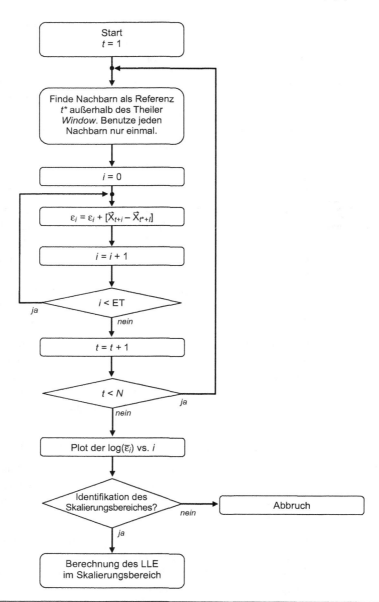

Abbildung 91: **Rosenstein-Algorithmus der LLE-Berechnung**

Der Algorithmus startet mit $t = 1$ beim ersten Messpunkt der Zeitreihe und durchläuft diese bis N. Die ET (*Evolution Time*) gibt an, wie lange die Trajektorien verfolgt und verglichen werden. Die Abstände zwischen den beiden Trajektorien werden mit ε_i bezeichnet und für jeden einzelnen Zeitschritt i aufaddiert. Sind alle Referenzpunkte abgearbeitet, wird im Plot der $\log(\overline{\varepsilon}_i)$ vs. i der Skalierungsbereich gesucht und wenn dieser vorliegt, der LLE als Steigung in diesem Bereich bestimmt.

Der Original-Algorithmus von Rosenstein et al. (1993) ist als Quelltext veröffentlicht (Rosenstein 1999). Für GChaos wurde der Code in C++ portiert und um die automatische Bestimmung des Skalierungsbereiches erweitert.

In GChaos findet sich die LLE-Berechnung im Menü unter: *„Statistics"*, *„Lyapunov"*, *„Rosenstein"*. Neben dem Rosenstein-Algorithmus sind auch der Wolf-Algorithmus (Wolf et al. 1985) und der von Kantz (1994) implementiert. Wird einer der Algorithmen ausgewählt, so werden die Eingabefelder aktiviert, die für den jeweiligen Algorithmus Bedeutung besitzen. Durch den Button *„Calculate LLE"* startet die Berechnung des LLE mit den eingestellten Parametern.

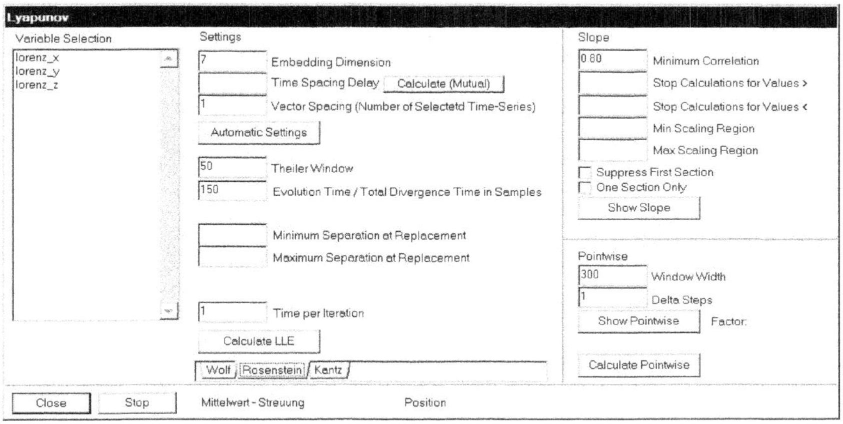

Abbildung 92: **LLE-Berechnung – Rosenstein-Algorithmus**
Im Text wird das Vorgehen der LLE-Berechnung in GChaos dargestellt. Dabei wird auf den gezeigten Karteireiter „Rosenstein" eingegangen. Der Dialog wird erreicht über das Menü: *„Statistics"*, *„Lyapunov"*.

- **Variablenauswahl.** In der Variablenliste werden alle Spaltenbezeichnungen des aktuellen Arbeitsblattes aufgelistet. Hier kann eine Variable für die Berechnung ausgewählt werden. Die Auswahl mehrerer Variablen führt dazu, dass diese nach dem Reißverschlussprinzip zu einem Datensatz angeordnet werden: Aus x_1, x_2, x_3, x_4, ... x_N und y_1, y_2, y_3, y_4, ... y_N sowie z_1, z_2, z_3, z_4, ... z_N wird dann x_1, y_1, z_1, x_2, y_2, z_2, x_3, y_3, z_3, x_4, y_4, z_4, ... x_N, y_N, z_N. Diese verknüpfte Zeitreihe wird in der Regel zu einem *Time-Lag* von eins führen. Zudem wird über die Einstellung *„Vector Spacing"* angegeben, aus wie vielen Dimensionen die Zeitreihe besteht. Bei der Einbettung wird dann dafür gesorgt, dass die Koordinaten für die Punkte im Phasenraum immer mit der gleichen Variable beginnen (ist die zusammengesetzte Zeitreihe eine Abfolge der Variablen x, y, z, so sorgt ein *Vector Spacing* von drei dafür, dass die Koordinaten immer mit x beginnen und nicht auch mit y oder z).

- **Einbettungsdimension.** Die Einbettungsdimension *„Embedding Dimension"* sollte vorher über ein D2 ermittelt werden. Nach einer Faustregel von Farmer (1982b, vgl. Gleichung 35, S. 229) sollte eine geeignete Einbettung ca. zweimal so groß sein wie die eigentliche Dimensionalität des Attraktors. Der Rosenstein-Algorithmus scheint aber auch dann reliable Ergebnisse zu liefern, wenn stattdessen die Dimension gewählt wird, die sich nach Aufrunden des D2 auf die nächste ganze Zahl ergibt.

- **Time-Lag.** Das „*Time Spacing Delay*" kann mittels „*Mutual Information*" direkt im Dialog bestimmt werden.
- **Vector Spacing.** Das „*Vector Spacing*" gibt bei einer multiplen Variablenauswahl die Zahl der Variablen an und sorgt dafür, dass die Einbettung für jeden neuen Datenpunkt immer bei der ersten Variablen beginnt.
- **Automatische Festlegung der Analyseparameter.** Stehen die Einbettungsdimension und die zu analysierenden Variablen fest, so können die weiteren Einstellungen mittels „*Automatic Settings*" festgelegt werden. Fehlt das *Time-Lag*, so wird dieses mithilfe der *Mutual Information* ergänzt. Das *Theiler Window* wird auf den dreifachen Wert des *Time-Lag* gesetzt. Minimale und maximale Distanzen werden nicht vorgewählt, da der Original-Algorithmus von Rosenstein keine Einschränkungen für diese Parameter vorsieht.
- **Einheitenumrechnung.** Mit dem Parameter „*Time per Iteration*" kann angegeben werden, wie viel Zeit in Sekunden zwischen Messzeitpunkten verstreicht. Der LLE wird dann mithilfe dieser Angabe in Einheiten „pro Sekunde" umgerechnet. Wird hier 1 angegeben, so bezieht sich der LLE auf die Einheit „pro Iteration" bzw. „pro Messung".
- **Güte der Anpassung.** Mit dem Parameter „*Minimum Correlation*" wird die erforderliche Mindestkorrelation angegeben. Der LLE wird – bei Anwendung eines gleitenden Fensters – nur dann ausgegeben, wenn die Korrelation der Geraden im Skalierungsbereich diesen Wert übersteigt.
- **Optionen für den Skalierungsbereich.** Die Option „*Suppress First Section*" geht davon aus, dass der im Plot der $\log(\bar{\varepsilon}_i)$ vs. i ganz links beginnende Bereich nicht für eine Skalierung infrage kommt. Hier zeigt sich nämlich häufig ein sehr schmaler Abschnitt mit hoher linearer Steigung, obwohl der „echte" Skalierungsbereich erst rechts davon beginnt. Die Option schließt den unpassenden Bereich ohne vorherige Prüfung aus. Die Option „*One Section Only*" sucht nur den Punkt, an dem die maximale Divergenz erreicht ist und berechnet für den Abschnitt links davon die Steigung im Plot der $\log(\bar{\varepsilon}_i)$ vs. i.

8.3.3 Beispielanalyse: Positiver LLE in den log-Returns des DAX – Rosenstein-Algorithmus

Oben wurde bereits ein positiver *Lyapunov*-Exponent für den Datensatz der logarithmierten *Returns* des DAX berichtet (vgl. S. 318). Dieser ist mit dem von Wolf et al. (1985) vorgeschlagenen Algorithmus bestimmt worden (6-dimensionale Einbettung: LLE (e) = 0,144; LLE(2) = 0,207; Fehlerverdopplungszeit = 4,81 Handelstage). Es hat sich jedoch schon vorab gezeigt, dass die zur Verfügung stehende Datenmenge um Größenordnungen hinter den Erfordernissen zurückbleibt. Verantwortlich dafür ist insbesondere die hohe Dimensionalität der Daten, die zumindest eine 6-dimensionale Einbettung (besser eine 12-dimensionale) erforderlich macht. Dementsprechend wären mindestens 6-stellige Zeitreihenlängen nötig. Ein Vergleich mit Studien aus der Literatur zeigt jedoch, dass bei der Analyse von Finanzdaten auch schon mit kürzeren Datensätzen gerechnet wurde, als sie hier zur Verfügung stehen. Die Ergebnisse der Beispielanalysen mit dem Wolf-Algorithmus sind daher mit Vorsicht zu interpretieren und können nicht als verlässlicher Nachweis für Chaos gelten. Dennoch stehen hinter der ermittelten durchschnittlichen Fehlerverdopplungszeit reale Kursverläufe, sodass den berichteten Ergebnissen auch dann, wenn man sie nicht als Beleg für Chaos gelten lassen möchte, doch immerhin eine klare inhaltliche Bedeutung zukommt.

Zudem muss einschränkend festgestellt werden, dass Analysen mit dem PD2 eindrücklich den nichtstationären Charakter der Daten aufzeigen (vgl. S. 267 ff.). Die stationäre Analyse größter *Lyapunov*-Exponenten vernachlässigt diesen Aspekt und sollte daher auch aus dieser Perspektive nur sehr vorsichtig als grobes globales Maß interpretiert werden.

Die Berechnung mit dem Rosenstein-Algorithmus führt zu Ergebnissen in der gleichen Größenordnung wie der Wolf-Algorithmus, liegt aber bei der 6-dimensionalen Einbettung insgesamt etwas höher. Die Analyse beruht auf den folgenden Vorgaben:

Methodik

Die Zeitreihe wird 6- bis 12-dimensional mit einen *Time-Lag* von eins eingebettet; das *Theiler Window* wird mit 3 festgelegt und die *Evolution Time* mit 20 grob geschätzt. Der Skalierungsbereich wird nach visueller Überprüfung des Plots für die Zeittakte 2 bis 4 festgelegt.

Ergebnisse

Für die 6-dimensionale Einbettung ergibt sich ein LLE zur Basis *e* von 0,178 und zur Basis 2 von 0,257 Bit/Handelstag. Die Fehlerverdoppelungszeit kann nach Gleichung 41 (S. 358) mit 3,9 Handelstagen angegeben werden. Für wachsende Dimensionen sinken die Werte, was für zu kurze Zeitreihen typisch ist. Die Ergebnisse für die 12-dimensionale Einbettung sind denen des Wolf-Algorithmus sehr ähnlich. Es ergibt sich ein LLE zur Basis *e* von 0,081 und zur Basis 2 von 0,115 Bit/Handelstag. Das entspricht einer Fehlerverdoppelungszeit von 8,7 Handelstagen. Ein Vergleich mit Literaturwerten erfolgte bereits oben (vgl. Tabelle 33, S. 319).

Auch für die vorliegende Analyse wird ein Surrogatdatentest mit *Random*-Surrogaten durchgeführt. Auch hier können die Befunde hochsignifikant gegenüber Zufallsprozessen abgesichert werden. Die 30 *Random*-Surrogate werden mit den gleichen Einstellungen analysiert wie die Originalzeitreihe, 6-dimensionale Einbettung und der Skalierungsbereich wird fixiert. Im Durchschnitt ergibt sich ein sehr signifikant höherer LLE für die Zufallsdaten (LLE(e) = 0,198, ± 0,006, N = 30, p-2-seitig < 0,0001).

Der Algorithmus von Rosenstein wird durch Kantz (1994) erweitert. Es wird sich zeigen, ob das zu anderen Ergebnissen für die Beispielzeitreihe führt.

8.4 Algorithmus: Kantzs LLE

Der Rosenstein-Algorithmus (Rosenstein et al. 1993) wurde von Kantz (1994) weiterentwickelt. Er schlägt vor, den initialen maximalen Abstand zwischen Referenzpunkt und Nachbarpunkt mit einem Wert ε_{min} zu beschränken. Da die Wahl eines geeigneten ε_{min} nicht leicht ist, soll gleich eine Serie verschieden großer ε_{min} nacheinander erprobt werden. Dadurch ergibt sich ein Bündel von Kurvenverläufen im Plot der $\log(\overline{\varepsilon}_i)$ vs. i. Der lineare Bereich des Plots sollte dann zumindest bei einigen der Kurven gleichermaßen erkennbar sein. Die Qualität der Identifikation des Skalierungsbereiches kann dadurch insgesamt verbessert werden. Ansonsten stimmt der Algorithmus jedoch mit dem von Rosenstein et al. (1993) überein, sodass hier eine ausführlichere Darstellung entfallen kann.

Parameter des Kantz-Algorithmus

Die von Kantz (1994) vorgeschlagene Erweiterung führt dazu, dass gegenüber dem Rosenstein-Algorithmus zusätzliche Parameter gewählt werden müssen (alle anderen Parameter finden sich bereits im Kapitel 8.3, S. 323):

5. Es wird ein Abstand festgelegt, den ein perfekter Nachbar im Phasenraum unterschreiten sollte. Dieser maximal zulässige Abstand wird als $\varepsilon*$ bezeichnet und im Verlauf der Berechnungen schrittweise vergrößert. Es wird mit ε_{min} ein Startwert für $\varepsilon*$ vorgegeben.

6. Der maximale Wert für $\varepsilon*$ wird mit ε_{max} begrenzt.

7. Die Zahl der Berechnungswiederholungen wird in GChaos als „*Grid Resolution*" bezeichnet. Der Abstand zwischen ε_{min} und ε_{max} wird in so viele Abschnitte geteilt, wie durch *Grid Resolution* angegeben. Damit wird $\varepsilon*$, startend bei ε_{min}, Schritt für Schritt erhöht, bis es bei ε_{max} angelangt ist.

Wie bereits dargestellt wurde, hat Strunk (2004, S. 393) zur automatischen Bestimmung des Skalierungsbereiches ein sehr robustes und gut zu implementierendes Verfahren vorgeschlagen. Dieses wird auf jeden Plot der $\log(\overline{\varepsilon}_i)$ vs. i angewendet (es liegen für dieses Verfahren mehrere solcher Plots vor). Die Ergebnisse werden anschließend gemittelt.

8.4.1 Datenqualität, Voraussetzungen

Grundsätzlich gelten – wie für alle Verfahren, die auf einer Phasenraumeinbettung beruhen – auch für den Algorithmus von Kantz (1994) relativ hohe Anforderungen an die Datenqualität. Gefordert sind möglichst lange Zeitreihen mit hoher Auflösung und geringem Rauschanteil. Die Rekonstruktion des Phasenraumes sollte mit einer passenden Zeitverzögerung und in einem ausreichend dimensionierten Einbettungsraum erfolgen. Im Vergleich zum oben bereits dargestellten Wolf-Algorithmus sind die Anforderungen jedoch weniger hoch. Es kann davon ausgegangen werden, dass der Kantz-Algorithmus in etwa den Anforderungen des Rosenstein-Algorithmus entspricht. Eine Übersicht über die Voraussetzungen findet sich in Tabelle 35.

Größter *Lyapunov*-Exponent
Kantz-Algorithmus
(Kantz 1994)

Was wird gemessen?	Ausmaß des Schmetterlingseffektes, der exponentiellen Divergenz ursprünglich nahe benachbarter Trajektorien.
Hohe Werte bedeuten ...	Chaotizität. Kann als Paradigma für „echte" Komplexität, im Sinne von Emergenz angesehen werden.
Dynamik	Die konkrete zeitliche Entwicklung wird berücksichtigt, sodass die Dynamik eine zentrale Rolle bei der Definition von Chaotizität besitzt.
Phasenraumeinbettung	Ja. Insbesondere muss neben dem *Time-Lag* die Einbettungsdimension vorher bekannt sein.
Skalenniveau	Intervall.
Minimale Datenlänge	$N \geq 100 - 500$, 10^D kann genügen.
Stationarität erforderlich	Ja.

Tabelle 35: Übersicht über das Verfahren: Größter *Lyapunov*-Exponent, Kantz-Algorithmus
Die angegebene minimale Datenlänge ist als grobe Orientierung zu verstehen. Je nach Struktur des Attraktors im Phasenraum sind mitunter auch weit längere Zeitreihen nötig. Nach der Faustregel 10^D bestimmt die Dimensionalität D die benötigte Datenmenge.

8.4.2 Praktische Durchführung

Test der Voraussetzungen, Datenvorbereitung, Absicherung

Wie bereits für den Rosenstein-Algorithmus dargestellt, sind auch die Anforderungen an die Datenqualität für den Kantz-Algorithmus weniger hoch (vgl. Tabelle 35, S. 334) als für den Wolf-Algorithmus (vgl. Tabelle 32, S. 313). Obwohl also weitaus kürzere Zeitreihen ausreichen könnten, um zu reliablen Ergebnissen zu gelangen und auch Abweichungen von idealen Einbettungsparametern sich nicht so gravierend auswirken wie beim Wolf-Algorithmus, gilt aber auch hier, dass längere Zeitreihen zu reliableren Ergebnissen führen und eine saubere Einbettung die Chance auf brauchbare Ergebnisse erhöht.

In jedem Fall ist vor der Anwendung ein D2 zu bestimmen, um die Phasenraumeinbettung vornehmen zu können. Die Wahl der Einbettungsdimension muss aber nicht so hoch ausfallen, wie Farmer (1982b, vgl. Gleichung 35, S. 229) es vorschlägt. Es genügt in den meisten Fällen, das D2 auf den nächsten ganzzahligen Wert aufzurunden und diesen als Einbettungsdimension zu nutzen.

Ähnlich wie bei den anderen LLE-Algorithmen empfiehlt sich die Variation der Berechnungsparameter und damit die Prüfung der Stabilität der Ergebnisse.

Durchführung der Berechnung

Der Algorithmus (vgl. Abbildung 92) durchläuft alle Zeitpunkte von $t = 1$ bis N, wobei mit N die Anzahl der Datenpunkte im Phasenraum bezeichnet wird. Nacheinander wird für jeden Datenvektor bei t ein passender Nachbar t^* gesucht, der außerhalb des *Theiler Window* liegt.

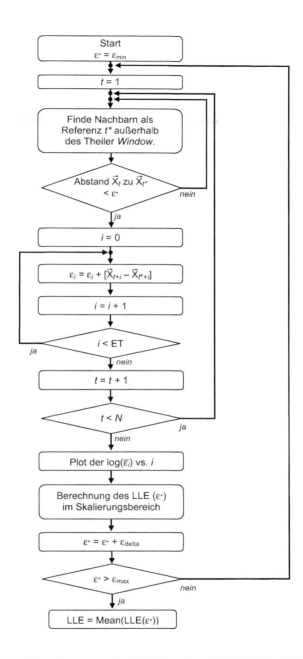

Abbildung 93: **Kantz-Algorithmus der LLE-Berechnung**

Der Algorithmus startet mit $t = 1$ beim ersten Messpunkt der Zeitreihe und durchläuft diese bis N. Die ET (*Evolution Time*) gibt an, wie lange die Trajektorien verfolgt und verglichen werden. Die Abstände zwischen den beiden Trajektorien werden mit ε_i bezeichnet und für jeden einzelnen Zeitschritt i aufaddiert. Sind alle Referenzpunkte abgearbeitet, wird im Plot der $\log(\bar{\varepsilon}_i)$ vs. i der Skalierungsbereich gesucht und wenn dieser vorliegt, der LLE (ε_{min}) für das ε_{min} als Steigung bestimmt. Anschließend wird ε_{min} vergrößert und die Berechnung erneut durchgeführt.

Zudem wird ein Abstand $\varepsilon*$ gefordert, der nicht überschritten werden darf. Dieser maximal zulässige initiale Abstand wird im Verlauf der Berechnungen mehrfach um ε_{delta} bis ε_{max} vergrößert. Ist ein passender Nachbar gefunden, werden beide Trajektorien für maximal durch die mit *Evolution Time* (ET) bezeichneten Zeitschritte miteinander verglichen. Die Zeitschritte sind von $i = 0$ bis $i = ET - 1$ fortlaufend nummeriert. Die Abstände zwischen den beiden Trajektorien werden mit ε_i bezeichnet und für jeden einzelnen Zeitschritt i separat aufaddiert. Nach Abarbeitung aller Referenzpunkte enthalten die ε_i die Summe der Abstände aller Zeitschritte. Werden die ε_i nun durch die Zahl der in der Summe enthaltenen Abstandberechnungen dividiert, ergibt sich die mittlere Divergenz der Trajektorien im Beobachtungszeitraum. Anschließend wird im Plot der $\log(\bar{\varepsilon}_i)$ vs. i ein linearer Skalierungsbereich (vgl. als Beispiel Abbildung 89, S. 322) gesucht und wenn dieser vorliegt, der LLE ($\varepsilon*$) als Steigung in diesem Bereich bestimmt. Die Passung des Skalierungsbereiches an eine Gerade kann als Korrelation angegeben werden und ist ein Maß für die Güte des LLE($\varepsilon*$). Die gesamte Prozedur wird nun für ein größeres $\varepsilon*$ wiederholt. Nach Abarbeiten aller $\varepsilon*$ kann der LLE als Mittelwert aller LLE($\varepsilon*$) bestimmt werden. Ist dieser positiv, so liegt Chaos vor.

Der Algorithmus von Kantz (1994) ist als Quelltext im Rahmen des Tisean-Projektes veröffentlicht (Hegger et al. 1999, 2000). Für GChaos wurde der Code um die automatische Bestimmung des Skalierungsbereiches erweitert und an die Datenstruktur von GChaos angepasst.

In GChaos findet sich die LLE-Berechnung im Menü unter: *„Statistics"*, *„Lyapunov"*, *„Kantz"*. Neben dem Kantz-Algorithmus sind auch der Wolf-Algorithmus (Wolf et al. 1985) und der von Rosentein et al. (Rosenstein et al. 1993) implementiert. Wird einer der Algorithmen ausgewählt, so werden die Eingabefelder aktiviert, die für den jeweiligen Algorithmus Bedeutung besitzen. Durch den Button *„Calculate* LLE" startet die Berechnung des LLE mit den eingestellten Parametern.

- **Variablenauswahl.** In der Variablenliste werden alle Spaltenbezeichnungen des aktuellen Arbeitsblattes aufgelistet. Hier kann eine Variable für die Berechnung ausgewählt werden. Die Auswahl mehrerer Variablen führt dazu, dass diese nach dem Reißverschlussprinzip zu einem Datensatz angeordnet werden: Aus $x_1, x_2, x_3, x_4, ... x_N$ und $y_1, y_2, y_3, y_4, ... y_N$ sowie $z_1, z_2, z_3, z_4, ... z_N$ wird dann $x_1, y_1, z_1, x_2, y_2, z_2, x_3, y_3, z_3, x_4, y_4, z_4, ... x_N, y_N, z_N$. Diese verknüpfte Zeitreihe wird in der Regel zu einem *Time-Lag* von eins führen. Zudem wird über die Einstellung *„Vector Spacing"* angegeben, aus wie vielen Dimensionen die Zeitreihe besteht. Bei der Einbettung wird dann dafür gesorgt, dass die Koordinaten für die Punkte im Phasenraum immer mit der gleichen Variable beginnen (ist die zusammengesetzte Zeitreihe eine Abfolge der Variablen x, y, z, so sorgt ein *Vector Spacing* von drei dafür, dass die Koordinaten immer mit x beginnen und nicht auch mit y oder z).

- **Einbettungsdimension.** Die Einbettungsdimension *„Embedding Dimension"* sollte vorher über ein D2 ermittelt werden. Nach einer Faustregel von Farmer (1982b), vgl. Gleichung 35, S. 229) sollte eine geeignete Einbettung ca. zweimal so groß sein wie die eigentliche Dimensionalität des Attraktors. Der Kantz- und der Rosenstein-Algorithmus scheinen aber auch dann reliable Ergebnisse zu liefern, wenn stattdessen die Dimension gewählt wird, die sich nach Aufrunden des D2 auf die nächste ganze Zahl ergibt.

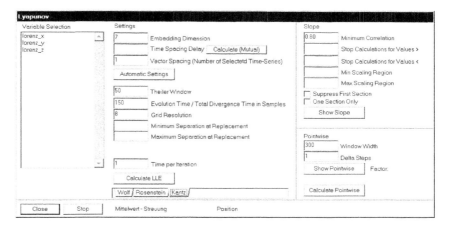

Abbildung 94: **LLE-Berechnung – Kantz-Algorithmus**
Im Text wird das Vorgehen der LLE-Berechnung in GChaos dargestellt. Dabei wird auf den gezeigten Karteireiter „Kantz" eingegangen. Der Dialog wird erreicht über das Menü: „*Statistics*", „*Lyapunov*".

- **Time-Lag.** Das „*Time Spacing Delay*" kann mittels „*Mutual Information*" direkt im Dialog bestimmt werden.

- **Vector Spacing.** Das „*Vector Spacing*" gibt bei einer multiplen Variablenauswahl die Zahl der Variablen an und sorgt dafür, dass die Einbettung für jeden neuen Datenpunkt immer bei der ersten Variablen beginnt.

- **Automatische Festlegung der Analyseparameter.** Stehen die Einbettungsdimension und die zu analysierenden Variablen fest, so können die weiteren Einstellungen mittels „*Automatic Settings*" festgelegt werden. Fehlt das *Time-Lag*, so wird dieses mithilfe der *Mutual Information* ergänzt. Das *Theiler Window* wird auf den dreifachen Wert des *Time-Lag* gesetzt. ε_{min} wird für die Einbettungsdimension m festgelegt mit:
  0,25 Streuung(*Daten*) $\sqrt{m}$
  und ε_{max} mit:
  0,18 Streuung(*Daten*) $\sqrt{m}$.

- **Einheitenumrechnung.** Mit dem Parameter „*Time per Iteration*" kann angegeben werden, wie viel Zeit in Sekunden zwischen Messzeitpunkten verstreicht. Der LLE wird dann mithilfe dieser Angabe in Einheiten „pro Sekunde" umgerechnet. Wird hier 1 angegeben, so bezieht sich der LLE auf die Einheit „pro Iteration" bzw. „pro Messung".

- **Güte der Anpassung.** Mit dem Parameter „*Minimum Correlation*" wird die erforderliche Mindestkorrelation angegeben. Der LLE wird – bei Anwendung eines gleitenden Fensters – nur dann ausgegeben, wenn die Korrelationen der Geraden im Skalierungsbereich diesen Wert übersteigen.

- **Optionen für den Skalierungsbereich.** Die Option „*Suppress First Section*" geht davon aus, dass der im Plot der log($\bar{\varepsilon}_i$) vs. *i* ganz links beginnende Bereich nicht für eine Skalierung infrage kommt. Hier zeigt sich nämlich häufig ein sehr schmaler Abschnitt mit hoher linearer Steigung, obwohl der „echte" Skalierungsbereich erst rechts davon beginnt. Die Option schließt den unpassenden Bereich ohne vorherige Prüfung aus. Die Option „*One Section Only*" sucht nur den Punkt, an dem die maximale Divergenz erreicht ist und berechnet für den Abschnitt links davon die Steigung im Plot der log($\bar{\varepsilon}_i$) vs. *i*.

8.4.3 Beispielanalyse: Positiver LLE in den log-Returns des DAX – Kantz-Algorithmus

Im vorangegangenen Kapitel wurden insgesamt drei Algorithmen für die Bestimmung größter *Lyapunov*-Exponenten dargestellt. Diese unterscheiden sich in ihrem Vorgehen zum Teil erheblich, streben aber alle das gleiche Ziel an. Die verschiedenen Algorithmen gelten als unterschiedlich verlässlich bei der Analyse von realen empirischen Daten, die in der Regel verrauscht und nur selten in großer Menge vorhanden sind. Hinzu kommen Stationaritätsprobleme, die sich bei langen Beobachtungszeiten fast immer einstellen. Der Wolf-Algorithmus gilt dafür als besonders anfällig, führt aber zu Ergebnissen, die im Wesentlichen mit den anderen beiden Algorithmen übereinstimmen (aufgelistet werden die Resultate für eine 6-dimensionale Einbettung):

Vergleich der Ergebnisse

- **Wolf-Algorithmus.** LLE (e) = 0,144; LLE(2) = 0,207 Bit/Handelstag; Fehlerverdopplungszeit = 4,81 Handelstage.
- **Rosenstein-Algorithmus.** LLE (e) = 0,178; LLE(2) = 0,257 Bit/Handelstag; Fehlerverdopplungszeit = 3,9 Handelstage.
- **Kantz-Algorithmus.** LLE (e) = 0,187; LLE(2) = 0,269 Bit/Handelstag; Fehlerverdopplungszeit = 3,7 Handelstage.

Problematisch sind alle hier angeführten Analysen aus mindestens zwei Gründen. Die Zeitreihe weist eine relativ hochdimensionale Phasenraumrepräsentation auf und erfordert damit mehr Daten, als zur Verfügung stehen. Da die Dimensionalität der Daten aber durchaus mit Literaturwerten übereinstimmt und auch dort ähnlich kurze Datenreihen verwendet werden, ist die Analyse hier versuchsweise durchgeführt worden. Zusätzliche Surrogatdatentests – die in der Literatur in der Regel nicht eingesetzt werden – dienen dazu, die Ergebnisse gegen Zufallsrauschen abzusichern. Der zweite Problembereich betrifft die fehlende Stationarität der Daten, die in vorhergehenden Beispielanalysen mit dem PD2 deutlich gezeigt werden konnte (vgl. S. 267 ff.). Die stationäre Analyse größter *Lyapunov*-Exponenten vernachlässigt diesen Aspekt und sollte daher nur sehr vorsichtig als grobes globales Maß interpretiert werden.

Methodik

Die Analyse mit dem Kantz-Algorithmus nutzt im Wesentlichen die gleichen Vorgaben wie die mit dem Rosenstein-Algorithmus: Die Zeitreihe wird 6-dimensional mit einem *Time-Lag* von eins eingebettet, das *Theiler Window* wird mit 3 festgelegt und die *Evolution Time* mit 20 grob geschätzt. Der Skalierungsbereich wird nach visueller Überprüfung des Plots für die Zeittakte 2 bis 5 festgelegt. Durch Wahl der automatischen Einstellungen in GChaos wird ein passender Bereich für die minimalen und maximalen Abstände vorgewählt. Dieser Bereich wird achtmal unterteilt (ε_{min} = 0,007289 bis ε_{max} = 0,0010124).

Ergebnisse

Wie auch bei den anderen Algorithmen sinkt der LLE bei höheren Einbettungsdimensionen, was für zu kurze Datenreihen typisch ist. Der größte *Lyapunov*-Exponent beträgt für 12 Dimensionen nur LLE(e) = 0,112 und LLE(2) = 0,161 Bit/Handelstag.

Surrogatdatentest Auch für den Kantz-Algorithmus wird ein Surrogatdatentest mit *Random*-Surrogaten durchgeführt. Die Ergebnisse entsprechen den bisherigen Erfahrungen: Auch hier können die Befunde hochsignifikant gegenüber Zufallsprozessen abgesichert werden. Die 30 *Random*-Surrogate werden mit den gleichen Einstellungen analysiert wie die Originalzeitreihe, 6-dimensional eingebettet und der Skalierungsbereich wird fixiert. Im Durchschnitt ergibt sich ein sehr signifikant höherer LLE für die Zufallsdaten (LLE(e) = 0,219, ± 0,009, N = 30, p-2-seitig < 0,0001).

Insgesamt stimmen die Berechnungsergebnisse über die Verfahren hinweg gut überein. Sie verweisen auf divergente Prozesse, können aber – aufgrund der Dateneinschränkungen und der Verletzungen der Stationaritätsannahme – nicht als zwingender Beleg für Chaos gelten.

8.5 Algorithmus: *Lyapunov*-Exponenten für nichtstationäre Zeitreihen

In chaotischen Systemen führen Divergenz und Konvergenz zu einer beständigen Durchmischung der Systemzustände, was sowohl eine fraktale Struktur der Phasenraumdarstellung hervorruft als auch eine Prognose des Systemverhaltens dramatisch erschwert. Dennoch handelt es sich bei beiden Eigenschaften komplexer Systeme um Invarianten der Dynamik, d. h. dass die fraktale Struktur (vgl. S. 255 ff.) und auch das Ausmaß der exponentiellen Divergenz sich im Zeitverlauf nicht ändern, solange sich auch die relevanten Kontrollparameter und Randbedingungen des Systems nicht verändern. Eine solche Konstanz der Rahmenbedingungen kann für Simulationsmodelle oder stark restriktive Experimentalstudien möglicherweise künstlich erzeugt werden, stellt aber für empirische Feldstudien ein kaum zu lösendes Problem dar. Insbesondere dann, wenn das primäre Forschungsinteresse den Veränderungen der Dynamik gilt, stellt sich die Frage, wie man mit der fehlenden Stationarität konstruktiv umgehen kann.

Die Bestimmung des *Lyapunov*-Exponenten für einen bestimmten Messzeitpunkt ist praktisch kaum durchführbar und theoretisch problematisch

Grundsätzlich ist die Bestimmung eines *Lyapunov*-Exponenten für einen konkreten Zeitpunkt – anders als für Dimensionalitätsmaße z. B. durch das PD2 (vgl. S. 255 ff.) – nicht möglich. Da der *Lyapunov*-Exponent per Definition einen Prozess beschreibt, handelt es sich um einen Kennwert, der zwar Aussagen für einen Zeitraum, aber nicht für einen Zeitpunkt zulässt. So werden benachbarte Trajektorien über einen definierten Zeitraum hinweg begleitet und die Entwicklung des Abstandes zwischen den Trajektorien registriert. Anders als die fraktale Geometrie, orientiert sich die Berechnung des LLE an der Prozessdynamik. Auch dann, wenn man einen Referenzpunkt heranzieht und die exponentielle Divergenz der dort startenden Referenztrajektorie mit einer Nachbartrajektorie bestimmt, kann diese nicht als lokale exponentielle Divergenz in zeitlicher Nähe zum Referenzpunkt interpretiert werden, denn für empirische Datensätze wird die Nachbartrajektorie im gesamten Datensatz gesucht. Zeitlich können Referenz und Nachbar beliebig weit voneinander entfernt sein, sodass der ermittelte LLE keinem bestimmten Zeitpunkt zugeordnet werden kann. Dies ist nur für eine im Computer simulierte Dynamik möglich: Hier wird eine Nachbartrajektorie jeweils künstlich für den Referenzpunkt erzeugt. Sie beruht dann auf den gleichen Ausgangsdaten und den gleichen Parametereinstellungen wie der Referenzpunkt. Das kann bei empirischen Zeitreihen nicht sichergestellt werden. Wenn das System im Verlauf des Beobachtungszeitraumes unbemerkt einen Phasenübergang durchlief, könnten Referenz- und Nachbartrajektorie im ungünstigen Fall sogar aus verschiedenen Attraktoren stammen.

Soll eine Veränderung des LLE im Beobachtungszeitraum festgestellt werden, so ist dies nur dadurch möglich, dass der LLE für ein begrenztes Zeitfenster berechnet wird, welches nach und nach über die Zeitreihe geschoben wird. Ähnliche Verfahren wurden bereits im Zusammenhang mit dem gleitenden Mittelwert (vgl. S. 132f.) besprochen und können generell für alle Algorithmen der Komplexitätsanalyse eingesetzt werden (vgl. für diese Strategie S. 107 ff.). Einem solchen Vorgehen steht jedoch der hohe Bedarf an Messzeitpunkten für die Berechnung entgegen. Insbesondere für den Wolf-Algorithmus sind sehr lange Zeitreihen nötig, um reliable Ergebnisse zu erhalten (vgl. Tabelle 32, S. 313). Bedeutend bessere Resultate sind für die Anwendung der Algorithmen von Rosenstein et al. (1993) und Kantz (1994) zu erwarten. Je nach Komplexität des untersuchten Systems zeigen beide eine ausreichende Reliabilität auch für kurze Zeitreihen. Allerdings spricht für die Anwendung des Wolf-Algorithmus, dass kein Skalierungsbereich bestimmt werden muss. Der Algorithmus liefert nach Einstellung der Parameter Ergebnisse, die nicht von der mehr oder minder guten Anpassung einer Ausgleichsgeraden abhängen. Die Parameter könnten z. B. vorab für den gesamten Datensatz (oder verschiedene Teildatensätze) geprüft werden. Auch macht es sich bei den neueren Verfahren unangenehm bemerkbar, dass der Zeitraum, über den hinweg die Trajektorien begleitet werden, zunächst sehr großzügig bemessen ist. Wird der Beobachtungszeitraum sehr groß gewählt, so hat das zwar keine negativen Auswirkungen auf die Berechnungsergebnisse, aber auf die Rechenzeit. Besonders der Kantz-Algorithmus ist mit langen Rechenzeiten verbunden, weil die Analysen jeweils für verschiedene maximal zulässige Ausgangsunterschiede wiederholt werden. Es empfiehlt sich daher auch bei Anwendung des Kantz- und Rosenstein-Algorithmus, die Parameter – insbesondere den Skalierungsbereich – vorab für die gesamte Zeitreihe zu bestimmen und diese Werte der Berechnung mittels gleitenden Fensters zugrunde zu legen.

Die Abbildung 95 zeigt für alle drei Algorithmen eine Beispielauswertung für das Lorenz-System mit einer Parameterverschiebung. Dazu wird der Parameter r des Lorenz-Systems alle 1.000 Datenpunkte um 10 verringert. Gestartet wird mit $r = 339$ und geendet bei $r = 29$. So ergeben sich 31 Abschnitte mit jeweils anderer Dynamik. Der LLLE (*Local Largest Lyapunov* Exponent) wird jeweils für ein Fenster von 500 Datenpunkten bestimmt. Deutlich sind an den Übergängen hohe *Lyapunov*-Exponenten zu erkennen. Diese bleiben für ungefähr eine Fensterbreite erhöht. Sie beginnen, sobald das Analysefenster den Übergang überschritten hat und enden, wenn dieser nicht mehr im Fenster liegt.

Auch kleine Fenster können bereits brauchbare Ergebnisse liefern

Mit 500 Datenpunkten ist das Zeitfenster für alle drei Verfahren viel zu schmal gewählt, um reliable Ergebnisse erwarten zu lassen. So ergeben sich je nach Algorithmus auch durchaus unterschiedliche Zahlenwerte. Dennoch sind die relevanten Veränderungen des Systems mit allen Verfahren gleichermaßen erkennbar. Während also die Reliabilität der Einzelmessung abnimmt, sind bedeutsame Veränderungen der Systemdynamik durchaus abbildbar. Die Validität und Interpretierbarkeit der lokalen LLE hängt dabei stark von der Fensterbreite ab. Ist diese zu schmal, so überwiegen Artefakte und Ausreißer. Ein gewisses Maß an Reliabilität ist also Voraussetzung dafür, dass beobachtbare Änderungen im lokalen LLE auch auf Veränderungen im empirischen System zurückgeführt werden können. Ist das Fenster aber zu breit gewählt, so ergeben sich innerhalb des Fensters Probleme durch Stationaritätsverletzungen und es besteht zudem die Gefahr, relevante Veränderungen der Dynamik zu stark „auszubügeln". Es wird daher vorgeschlagen, verschiedene Berechnungsreihen miteinander zu vergleichen bzw. darüber eine Skalenkonstruktion durchzuführen (vgl. die Beispielanalyse ab S. 348 sowie allgemein zur Methode Kapitel 4.2, S. 107).

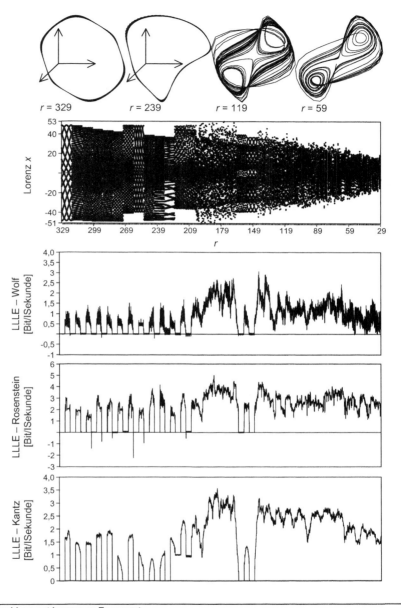

Abbildung 95: ***Local Largest Lyapunov*-Exponent**

Die Abbildung zeigt die jeweils für ein Fenster von 500 Messzeitpunkten berechneten *Lyapunov*-Exponenten für die Variable *x* des Lorenz-Systems. Das Fenster wird nach und nach um jeweils einen Messzeitpunkt über die insgesamt 31.000 Messzeitpunkte lange Zeitreihe verschoben. Die Zeitreihe besteht aus Abschnitten mit jeweils 1.000 Datenpunkten, beginnend bei $r = 339$ wird der Parameter r Schritt für Schritt um 10 verringert. Deutlich sind in den LLLE-Berechnungen die Phasenübergänge am plötzlichen Anstieg und Abfall des LLLE erkennbar.

Die in der Abbildung dargestellte Berechnung ergibt sich für den Lorenz-Attraktor mit $339 \geq r \geq 29$; sigma = 16 und $b = 4$, *Time per Iteration* = 0,05.
Embedding Dimension = 5; *Time Spacing Delay* = 3; *Evolution Time* = 2 (Wolf); *Min Scaling Region* = 2 (Rosenstein & Kantz); *Max Scaling Region* = 9 (Rosenstein & Kantz); *Automatic Settings*.

8.5.1 Datenqualität, Voraussetzungen

Für die Berechnung des LLE in einem gleitenden Fenster gelten im Wesentlichen die gleichen Anforderungen wie für die globale Bestimmung des *Lyapunov*-Exponenten (vgl. Tabelle 36). Die Daten sollten mit hoher Auflösung und geringem Rauschanteil erhoben worden sein. Die Rekonstruktion des Phasenraumes ist mit einer passenden Zeitverzögerung und für einen passend dimensionierten Einbettungsraum vorzunehmen. Es sollte also vorab ein D2 berechnet werden.

Auch kleine Fenster können bereits brauchbare Ergebnisse liefern

Zudem sind möglichst breite Zeitfenster erforderlich. Die Anforderungen an die Fensterbreite sind jedoch nicht ganz so hoch wie bei einer globalen Bestimmung des LLE mit dem gleichen Verfahren. Durch schmalere Fenster wird zwar die Berechnung im Fenster weniger reliabel ausfallen, dafür werden jedoch die Berechnungen nach Verschiebung des Fensters für annähernd den gleichen Datensatz wiederholt (wird das Fenster um einen Datenpunkt je Berechnung weitergeschoben, so wird nur ein Datenpunkt ausgetauscht). Direkt benachbarte Berechnungsergebnisse sollten nur geringe Unterschiede zeigen. Das lässt sich überprüfen. Zudem kann dann der LLLE-Verlauf mit einem gleitenden Mittelwert geglättet werden. So kann auch bei einem kleineren Fenster durch anschließende Mittelwertbildung eine Reliabilität erreicht werden, die für die Beurteilung von Veränderungen genügt.

Lokaler größter *Lyapunov*-Exponent
Wolf-, Rosenstein-, oder Kantz-Algorithmus

Was wird gemessen?	Veränderung des Schmetterlingseffektes im Beobachtungszeitraum.
Hohe Werte bedeuten ...	Chaotizität. Kann als Paradigma für „echte" Komplexität im Sinne von Emergenz angesehen werden.
Dynamik	Die zeitliche Entwicklung wird bei der Bestimmung des *Lyapunov*-Exponenten berücksichtigt. Zudem wird durch das gleitende Fenster die Veränderung des Schmetterlingseffektes ermittelt.
Phasenraumeinbettung	Ja. Insbesondere muss neben dem *Time-Lag* die Einbettungsdimension vorher bekannt sein.
Skalenniveau	Intervall.
Minimale Fensterbreite	$N \geq 100 - 500$, 10^D kann genügen.
Stationarität erforderlich	Nein, innerhalb des Zeitfensters wird von annähernd stationären Bedingungen ausgegangen.

Tabelle 36: **Übersicht über das Verfahren: Lokaler größter *Lyapunov*-Exponent**
Die angegebene minimale Fensterbreite ist als grobe Orientierung zu verstehen, wobei insbesondere die Dimension der Phasenraumdarstellung maßgeblich ist. Mitunter können aber bereits mit erstaunlich kleinen Fenstern gute Ergebnisse erzielt werden.

Lokale größte *Lyapunov*-Exponenten sind in der Regel weitaus weniger reliabel als ihre stationären Varianten, deren Voraussetzungen jedoch nicht immer erfüllt sind. Die konkrete Höhe eines einzelnen lokalen LLE sollte daher nicht überinterpretiert werden. Vielmehr geht es darum, die Veränderungsdynamik eines Systems mithilfe lokaler LLE abzubilden. Von Interesse sind daher mehr die relativen Veränderungen der Werte des lokalen LLE im Verlauf der Zeit und nicht so sehr deren absolute Höhe.

Problematisch für die Bestimmung eines lokalen LLE sind Phasenübergänge innerhalb eines Zeitfensters. Für diese Zeitfenster ist die Stationaritätsannahme klar verletzt. Dies kann zu absurd hohen *Lyapunov*-Exponenten führen. Wenn Referenzpunkte mit Nachbarpunkten aus verschiedenen Attraktoren verglichen werden, ist eine schnelle Divergenz nicht verwunderlich, aber eben kein Merkmal einer einheitlichen Dynamik. Verlässlich ist die Berechnung nur dort, wo das Fenster alleine auf einen Attraktor beschränkt bleibt. Das Problem besteht daher darin, diese Abschnitte zu identifizieren. Ob das überhaupt gelingen kann, hängt sowohl von der Breite des Fensters als auch der Häufigkeit der Phasenübergänge ab.

8.5.2 Praktische Durchführung

Test der Voraussetzungen, Datenvorbereitung, Absicherung

Die Gültigkeit der Berechnungsergebnisse hängt stark von der Breite (*Width*) des gewählten Fensters ab. Die Berechnungen sollten daher mehrfach mit unterschiedlichen Fensterbreiten wiederholt werden. Ist das Fenster zu schmal, so kann die Berechnung selbst an Reliabilität verlieren oder insgesamt fehlschlagen. Das ist bei Verfahren, die auf eine aufwendige Phasenraumeinbettung angewiesen sind, ein größeres Problem als bei anderen Methoden der Komplexitätsanalyse, die direkt auf die vorliegenden Daten angewendet werden können (z. B. Methoden des *Symbolic-Dynamics*-Ansatzes, S. 397 ff.). Ist das Fenster hingegen zu breit, so besteht die Gefahr, dass relevante Veränderungen nicht abgebildet und Stationaritätsannahmen verletzt werden – artifiziell hohe Werte sind die Folge und Bifurkationspunkte sind nur noch schwer identifizierbar (vgl. auch Tabelle 9, S. 108).

Die Qualität eines lokalen LLE lässt sich mit Methoden der Skalenkonstruktion ermitteln. Dafür werden relevante Berechnungsparameter ebenso variiert wie mögliche Fensterbreiten. Die dadurch generierten Berechnungsergebnisse können mittels Trennschärfenanalyse auf Übereinstimmung geprüft werden. Wenig trennscharfe Parametereinstellungen und Fensterbreiten werden so identifiziert und ausgeschlossen. Die verbleibenden Berechnungsergebnisse lassen sich dann zu einer Skala zusammenfassen, für die auch die interne Konsistenz (Cronbachs Alpha) als Maß für die Reliabilität angegeben werden kann (vgl. dazu auch S. 108 ff. sowie die Beispielanalyse ab S. 348).

Durchführung der Berechnung

Die Umsetzung des lokalen LLE stellt eine simple Erweiterung des jeweiligen stationären Algorithmus um ein gleitendes Fenster dar (vgl. Abbildung 96). Relevante Berechnungsparameter betreffen die Einbettung der Daten, den eigentlichen LLE-

Algorithmus und die Fensterbreite. Es empfiehlt sich, diese Parameter zunächst über ein D2/PD2 und für einen stationären *Lyapunov*-Exponenten zu bestimmen bzw. zu erproben und dann für das gleitende Fenster konstant vorzugeben. Eine Variation der Parameter kann für jeden Berechnungsdurchlauf getrennt erfolgen. Da der lokale LLE in GChaos für alle drei Algorithmen umgesetzt ist, ist es zudem möglich, diese miteinander zu vergleichen.

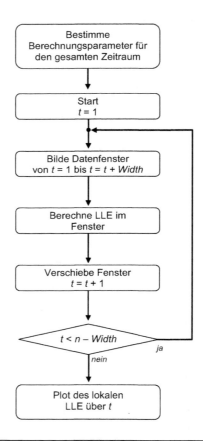

Abbildung 96: Algorithmus des lokalen LLE

Vor Berechnung des lokalen LLE in einem gleitenden Fenster sollten die Berechnungsparameter geschätzt werden, indem zunächst der gesamte Datensatz analysiert wird. Der eigentliche Algorithmus startet mit $t = 1$ beim ersten Messpunkt der Zeitreihe. Ausgehend von diesem Startpunkt wird das Fenster definiert. Es hat die Breite, die mit der Variablen *Width* angegeben ist. Die lokale LLE-Berechnung erfolgt für dieses Fenster, welches danach einen Zeittakt weiter zum Datenende verschoben wird.

In GChaos findet sich die lokale LLE-Berechnung im Menü unter: „*Statistics*", „*Lyapunov*". Zur Verfügung stehen alle drei bisher besprochenen Algorithmen von Wolf et al. (1985), Rosenstein et al. (1993) und Kantz (1994). Durch die Auswahl des Verfahrens werden die zugehörigen Eingabefelder aktiviert.

Durch den Button „*Calculate Pointwise*" startet die Bestimmung des lokalen LLE für die zuvor eingegebene Fensterbreite. Mit dem Button „*Show Pointwise*" kann der Zeitverlauf des LLE bis zum aktuell analysierten Zeitpunkt angezeigt werden. Dabei werden die Berechnungsergebnisse so skaliert, dass sie einen Datenrange zwischen null und eins aufweisen. Die grafische Anzeige muss aktualisiert werden, wenn neue Berechnungsergebnisse vorliegen. Dazu ist der Button „*Show Pointwise*" erneut zu betätigen. Nach Analyse der gesamten Zeitreihe werden die Ergebnisse als neue Variable ganz rechts im Arbeitsblatt gespeichert.

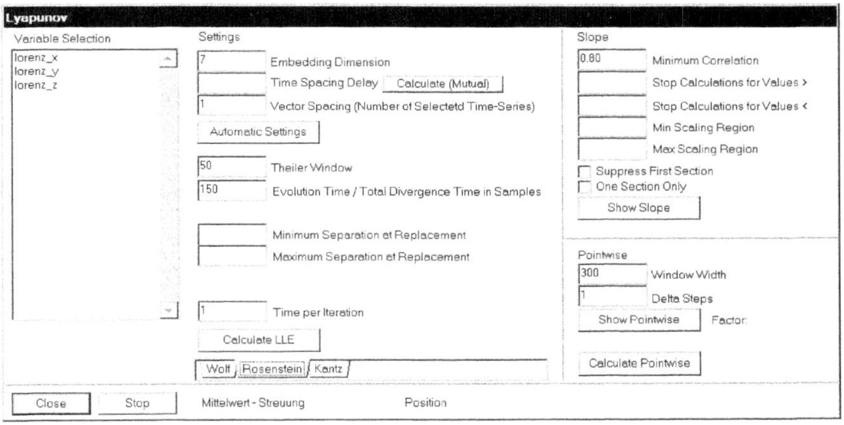

Abbildung 97: **Lokale LLE-Berechnung**
Der Dialog für den lokalen LLE wird erreicht über das Menü: „*Statistics*", „*Lyapunov*". Mit den Karteireitern wird der LLE-Algorithmus ausgewählt. Diese sind bereits oben beschrieben worden. Die lokale Analyse beruht auf Eingaben unter „*Pointwise*".

Da die Einstellmöglichkeiten für die verschiedenen LLE-Algorithmen oben bereits ausführlich besprochen wurden, wird hier nur mehr auf die Parameter eingegangen, die speziell die *Pointwise* Analyse betreffen (vgl. für den Wolf-Algorithmus: S. 313 ff., Rosenstein-Algorithmus: S. 327 ff., Kantz-Algorithmus: S. 334 ff.):

- **Fensterbreite.** Die Breite des gleitenden Fensters wird unter „*Window Width*" festgelegt. Bei der Wahl der Fensterbreite ist zu berücksichtigen, dass „*Evolution Time*" und „*Theiler Window*" mehrfach im Fenster Platz finden müssen.

- **Schrittweite.** Die Schrittweite („*Delta Steps*") gibt an, um wie viel Zeittakte das Fenster nach jeder Berechnung weiter in Richtung Datenende verschoben wird.

8.5.3 Beispielanalyse: Veränderung der Chaotizität des DAX

Anders als die nichtstationäre Komplexitätsanalyse mithilfe des PD2 kann für den *Lyapunov*-Exponenten nur ein gleitendes Fenster für die Abbildung von Veränderungen genutzt werden. Dabei stellt sich die Frage, wie breit dieses Fenster idealerweise sein sollte. Breite Fenster bügeln interessante Veränderungen aus, liefern aber insgesamt reliablere Ergebnisse als kleine Fenster, die eventuell sehr sensibel auf Veränderungen reagieren, mitunter aber auch Ausschläge zeigen, die auf Methodenartefakte (durch zu kurze Zeitreihen) zurückgehen (vgl. auch die Übersicht in Tabelle 9, S. 108).

Hinzu kommen Abhängigkeiten von relevanten Berechnungsparametern, wie z. B. der Wahl des passenden Skalierungsbereiches. Variiert man dann Fensterbreite und bedeutsame Berechnungsparameter systematisch, kann man schnell unzählige Varianten produzieren, deren Qualität aber nicht ohne Weiteres eingeschätzt werden kann. Für dieses Problem wird oben ein Vorgehen vorgeschlagen, welches aus dem Methodenarsenal der Fragebogenkonstruktion nach der klassischen Testtheorie abgeleitet werden kann (vgl. S. 108 ff.).

Methodik

Die folgende Analyse beruht auf dieser Methode der Itemanalyse und wendet das Verfahren auf die bereits mehrfach untersuchten logarithmierten *Returns* des DAX an. Der größte *Lyapunov*-Exponent wird dabei jeweils durch den Rosenstein-Algorithmus bestimmt. Dieser gilt als reliabler als der Wolf-Algorithmus und benötigt weniger Berechnungsparameter als der Kantz-Algorithmus. Variiert wird die Fensterbreite in 100er-Schritten, angefangen bei 1.500 Zeittakten bis hinunter zu 100 Zeittakten und dann noch einmal in 10er-Schritten bis hinunter auf 40 Zeittakte. Alle Analysen werden zudem für verschieden positionierte Skalierungsbereiche wiederholt. Diese werden nach vorherigen Pretests festgelegt mit 1 bis 3, 1 bis 4, 1 bis 5, 1 bis 6, 2 bis 4, 2 bis 5 und 2 bis 6.

Parameterwahl

Bereits per Augenschein wird deutlich, dass breite Fenster (etwa Fenster mit über 300 Zeittakten) keine markanten Veränderungen mehr abzubilden vermögen, aber sehr schmale Fenster (kleiner als 200 Zeittakte) zu einer zunehmend höheren Varianz führen. Da Veränderungen der Komplexität von Interesse sind, werden große Fenster ohne weitere statistische Prüfung ausgeschlossen. Die weitere Analyse stützt sich daher auf Fenster mit 100 Zeittakten und weniger. Die Skalenkonstruktion führt zum schrittweisen Ausschluss aller 40er-Fenster. Diese sind bereits zu sehr von Messfehlern und Artefakten bestimmt. Sie korrelieren daher nur geringfügig mit der Gesamtskala und verschlechtern insgesamt das Cronbachs Alpha (interne Konsistenz als Maß für die Reliabilität). Zudem sind Analysen mit dem Skalierungsbereich 1 bis 3 von Ausschlüssen betroffen. Für diese werden die folgenden Fensterbreiten nach und nach herausgenommen: 70er, 60er, 50er, 40er. Die 80er-, 90er- und 100er-Fenster dieser Skalierung bleiben jedoch erhalten. Insgesamt ergibt sich damit eine Skala aus 39 lokalen LLE-Verläufen, die ein Alpha von 0,978 erreicht. Als brauchbar gelten Skalen mit einem Alpha über 0,7 (Nunnally & Bernstein 1994, Streiner & Norman 1995). Die folgende Abbildung zeigt ausgewählte

Beispiele für unterschiedliche Fensterbreiten und für die Gesamtskala. Deutlich sind dramatische Veränderungen des lokalen LLE erkennbar.

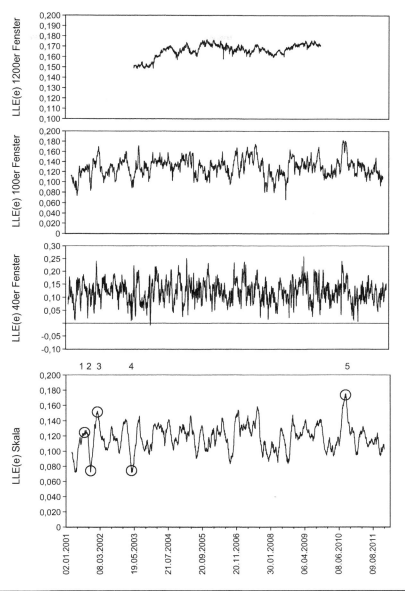

Abbildung 98:	Lokale größte *Lyapunov*-Exponenten
	Für verschiedene Fensterbreiten ergeben sich zum Teil recht unterschiedlich Verläufe. Das breiteste Fenster (1200er) zeigt erwartungsgemäß die geringste Variabilität, wohingegen das 40er-Fenster aufgrund der geringen Datenmenge wahrscheinlich zahlreiche Artefakte enthält. Das untere Fenster zeigt eine Skala aus insgesamt 39 Analysen (Cronbachs Alpha = 0,978). Markiert sind auffällige Werte im Umfeld des 11. September 2001 sowie der höchste und geringste Wert.

Vergleicht man die nichtstationäre Analyse der größten *Lyapunov*-Exponenten mit dem PD2, so sind neben einigen Übereinstimmungen doch auch große Unterschiede erkennbar. Dies muss jedoch nicht gegen die Validität der Berechnungen sprechen. So messen die beiden Konzepte unterschiedliche Facetten von Komplexität: Der LLE gilt als zentrales Merkmal für Chaos, wohingegen die Korrelationsdimension auf nichtlineare Zusammenhänge und fraktale Strukturen abzielt. Zudem darf nicht vergessen werden, dass der lokale *Lyapunov*-Exponent auf einem gleitenden Fenster beruht. Das kleinste Fenster umfasst immer noch 50 Handelstage, sodass kurzfristige singuläre Ereignisse sich im Fenster ausmitteln können. Nur wirklich dramatische Veränderungen schlagen sich in der Analyse deutlich nieder, lassen sich aber nicht immer schlüssig einem konkreten Handelstag zuordnen, da jeder Wert des LLE einen Beobachtungszeitraum und kein singuläres Datum repräsentiert.

Interpretation auffälliger Ausreißer

In der Abbildung 98 werden die lokalen LLE daher zentriert dargestellt, d. h., dass die Mitte des gleitenden Fensters jeweils den ermittelten Wert repräsentiert. Markiert sind in der unteren Darstellung auffällige Veränderungen im Umfeld des 11. September 2001 (Markierung 1 bis 3). Zudem werden der größte und kleinste Wert hervorgehoben (Markierung 4 und 5):

1. **Datum mit lokalem Maximum: 11./12.09.2001.** Der Terrorangriff auf das *World Trade Center* verändert die Welt und verstärkt die Rezession in den USA. Die US-Börsen blieben zunächst geschlossen (n-TV 2001f). „Händler sprachen von panikartigen Verkäufen der US-Währung gegen andere Leitwährungen" (n-TV 2001a). Es folgt ein dramatischer Absturz des lokalen *Lyapunov*-Exponenten. Der Markt wird immer vorhersagbarer: Kursverlust folgt auf Kursverlust.

2. **Datum mit lokalem Minimum: 01.11. – 07.11.2001.** Ein Minimum im lokalen LLE zeigt einen relativ vorhersagbaren Markt an. Dem klaren Absturz des DAX nach dem 11. September folgt zunächst eine relative Erholung, die aber dann zunehmend brüchiger wird. Ab Ende November kommt es zunehmend zu Unsicherheiten, also einem steigenden *Lyapunov*-Exponenten.

3. **Datum mit lokalem Maximum: 22.01. – 13.02.2002.** Am 01.02.2002 beschließt der Bundesrat den (ersten) Atomausstieg. Gleichzeitig findet in New York City das Weltwirtschaftsforum – begleitet von Protesten – und in Brasilien einen Gegenveranstaltung – das Weltsozialforum – statt (vgl. Wikipedia 2012a). Der hohe LLE zeigt die große Unsicherheit im Markt, die aber dann rapide abnimmt, als ab Ende Februar ein Abwärtstrend immer klarer wird.

4. **Datum mit absolutem Minimum: 07.04. – 25.04.2003.** Kampf um Bagdad. Amerikanische Truppen erreichen Bagdad am 05.04.2003. Am 14.04.2003 wird der Kampf um Bagdad für beendet erklärt (Wikipedia 2012b).

5. **Datum mit absolutem Maximum: 17.08. – 07.09.2010.** Am 05.09.2010 beschließt die Bundesregierung eine Laufzeitverlängerung für Kernkraftwerke um bis zu 14 Jahre (Wikipedia 2012c). Die Karstadt-Rettung in letzter Minute (Süddeutsche.de 2010) erfolgt um den 02.09.2010. Gleichzeitig wird die europäische Finanzaufsicht neu geordnet (Gammelin 2010).

Insgesamt gilt hier, ebenso wie bei der Diskussion der PD2-Analyse, dass es nicht schwer ist, zu beliebigen Zeitpunkten relevante Nachrichten zu finden. Ein rein exploratives Vorgehen, bei dem zu markanten Ausschlägen relevante Nachrichten gesucht werden, ist daher wenig verlässlich.

Eine gezielte Suche nach Phasenübergängen im Umfeld vorher definierter Ereignisse ist methodisch sauberer, aber auch anspruchsvoller

Treffsicherer ist der umgekehrte Weg, bei dem zunächst eine Klasse von Ereignissen definiert wird (z. B. Vorstandswechsel, vgl. die Beispielanalyse ab S. 448) und dann um diese Ereignisse herum die Entwicklung von passenden Kennwerten beobachtet wird. Hilfreich ist es zudem, wenn es sich bei der Klasse von Ereignissen nicht um einzelne singuläre Begebenheiten handelt, sondern die Chance besteht, gleich mehrere vergleichend zu beobachten. Nur so können Zufallsbefunde und individuelle Besonderheiten statistisch ausgeschlossen werden.

8.6 Algorithmus: Kolmogorov-Sinai-Entropie

Ein schlüssiger Nachweis von Chaos kann mit Methoden der Dimensionalitätsanalyse, wie sie oben bereits vorgestellt wurden (vgl. 205 ff.), nicht erbracht werden. Er ist vielmehr daran gebunden, den Schmetterlingseffekt, d. h. die exponentielle Divergenz nahe benachbarter Trajektorien, in einem System sichtbar zu machen. Dies leistet der *Lyapunov*-Exponent, der ebenfalls schon dargestellt wurde (vgl. 285f.). Eine weitere Möglichkeit zur Quantifizierung des Schmetterlingseffektes ist die *Kolmogorov-Sinai-Entropie* (kurz: KS-Entropie). Es handelt sich dabei um ein globales Maß über die Vorhersagbarkeit eines Systems. Zentrale Konzepte und Annahmen der KS-Entropie werden im Folgenden zunächst dargestellt, bevor weiter unten auf einen Algorithmus eingegangen wird, der auf dem Korrelationsintegral beruht und damit eine Verbindung zur fraktalen Dimensionalität besitzt (das Verfahren wird als K2 bezeichnet).

Die Kolmogorov-Sinai-Entropie liefert erste Hinweise auf Chaos

Die *Kolmogorov-Sinai-Entropie* beruht – im Gegensatz zum *Lyapunov*-Exponenten – weniger auf der Analyse einzelner Trajektorien und deren Divergenz als vielmehr auf der Identifizierung der typischen Wege durch den Attraktor. Wird ausgehend von einem Startpunkt z. B. immer die gleiche Abfolge von Zuständen durchlaufen, so verhält sich das System vorhersagbar; werden hingegen immer andere Wege eingeschlagen, so könnte es sich um Chaos oder um einen Zufallsprozess handeln. Die Logik des Verfahrens lässt sich anschaulich anhand von drei typischen Pfaden durch einen Phasenraum darstellen (vgl. Abbildung 99).

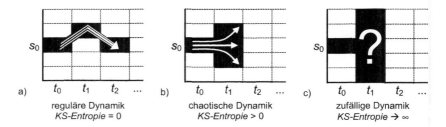

a) t_0 t_1 t_2 ... reguläre Dynamik KS-Entropie = 0
b) t_0 t_1 t_2 ... chaotische Dynamik KS-Entropie > 0
c) t_0 t_1 t_2 ... zufällige Dynamik KS-Entropie $\to \infty$

Abbildung 99: Schematische Darstellung der Bedeutung der Kolmogorov-Sinai-Entropie
Die Abbildung zeigt in (a) eine vollständig vorhersagbare reguläre Dynamik. Die am Ausgangspunkt (Zelle s_0) beieinanderliegenden Trajektorien bleiben auch im Laufe der weiteren Entwicklung benachbart und jede Trajektorie nimmt den gleichen Weg (*KS-Entropie* = 0). (b) Chaotische Dynamik: Die in der Ausgangszelle s_0 beieinanderliegenden Trajektorien laufen exponentiell auseinander, bleiben aber auf einen umgrenzten Bereich des Phasenraumes beschränkt (*KS-Entropie* > 0). (c) Zufallsprozess: Ausgehend von Zelle s_0 können sich die Trajektorien bereits zum nächsten Zeitabschnitt in allen verfügbaren Zellen des Wertebereiches befinden. Der Aufenthaltsort der Trajektorien ist für alle Zellen gleich wahrscheinlich (*KS-Entropie* $\to \infty$). (Abbildung nach: Schuster 1989a, S. 112, Schiepek & Strunk 1994, S. 76. Abbildung und Abbildungsunterschrift nach: Strunk 2004, S. 378)

Die KS-Entropie teilt den Phasenraum zunächst mit einem Gitter in Abschnitte auf. Nach und nach wird jede Zelle des Gitters zum Ausgangspunkt der Betrachtung gewählt. Folgt auf jeden Ausgangspunkt immer der gleiche Folgepunkt, so handelt es sich um eine triviale und leicht vorhersagbare Dynamik. Die KS-Entropie nimmt für diesen Fall den Zahlenwert null an (Abbildung 99). Die KS-Entropie ist größer null, wenn es sich um eine chaotische Dynamik handelt. Auf einen definierten Ausgangszustand folgen aufgrund des Schmetterlingseffektes nicht immer die exakt gleichen Pfade durch den Phasenraum, vielmehr bieten sich mehrere Möglichkeiten an, die sich exponentiell auseinanderbewegen. Schließlich steht im Fall einer zufälligen Dynamik nach einem definierten Ausgangszustand der gesamte Phasenraum zur Verfügung. Es kann nicht vorhergesagt werden, wohin sich das System wendet, es hält sich an keine Einschränkungen. Die KS-Entropie nimmt für diesen Fall einen unendlich hohen Zahlenwert an.

Im Zentrum der Analyse steht also die Untersuchung des Systemverhaltens, das auf einen vorher gegebenen Startzustand folgt. Dabei geht es um die Frage, wie gut das weitere Systemverhalten – ausgehend vom aktuellen Zustand – vorhergesagt werden kann. Im Falle einer regulären Dynamik ist der weitere Verlauf für jeden beliebigen Startpunkt bekannt und eindeutig determiniert, im Falle von Chaos ist die Vorhersage aufgrund des Schmetterlingseffektes nur eingeschränkt möglich und für Zufallsprozesse kann gar keine Prognose vorgenommen werden.

Der Entropiebegriff in der Thermodynamik

Das Ausmaß der Vorhersagbarkeit bei gegebener Ausgangssituation wird auch in anderen Zusammenhängen als „Entropie" bezeichnet. Der Begriff der „Entropie" wurde von Rudolf Clausius (1822 bis 1888) im Rahmen des 2. Hauptsatzes der Thermodynamik in die Physik eingeführt (vgl. dazu auch Strunk 2009a) und dient als Ergänzung zum 1. Hauptsatz, der auch als Satz der Energieerhaltung bekannt ist. Der Energieerhaltungssatz postuliert, dass in einem geschlossenen System keine Energie verloren geht und scheint damit der Alltagserfahrung zu widersprechen, die genau das Gegenteil vermuten lässt. Entgegen der Behauptung von der Energieerhaltung scheint jede Bewegung Energie zu verbrauchen, bleiben Uhren stehen, die nicht wieder aufgezogen werden, fährt kein Auto ohne Nachtanken. Auch noch so trickreiche Konstruktionen bringen kein *Perpetuum Mobile* zustande, auch dann nicht, wenn sie den gängigen physikalischen Gesetzen folgen und die Energiebilanz auf dem Papier ausgeglichen erscheint. Der 2. Hauptsatz erklärt diesen Energieverlust, ohne den 1. Hauptsatz anzutasten. Auch der 2. Hauptsatz geht davon aus, dass Energie nicht verloren geht, sie wird jedoch beständig transformiert und umgewandelt: Lageenergie wird zu Bewegungsenergie und Bewegungsenergie wird zu Wärmeenergie. Insgesamt geht nichts verloren, aber Wärmeenergie ist unspezifisch und für die gezielte Bewegung eines Körpers ungeeignet. Anscheinend gibt es nützliche und unnütze Energie und der Begriff, der über den Nutzen entscheidet, ist die sogenannte „Entropie". Sie erweitert den Satz von der Energieerhaltung um den Aspekt von Ordnung und Unordnung. Wird ein Körper durch eine auf ihn einwirkende Kraft in Bewegung versetzt, so stellt diese Kraft eine hoch geordnete Energie zur Verfügung, die den Körper z. B. in eine bestimmte Raumrichtung bewegt. Durch Reibung wird diese geordnete Energie in ungeordnete Wärme umgewandelt. Energie geht dabei nicht verloren, sondern wird „ungeordneter"; man spricht hier von einer Zunahme der Entropie. Allgemein formuliert, geht der 2. Hauptsatz der Thermodynamik davon aus, dass in einem energetisch geschlossenen System die Entropie beständig zunimmt und damit nach und nach jede geordnete und vorhersagbare Bewegung verloren geht:

> In diesen Sätzen drückt sich eine allgemein in der Natur obwaltende Tendenz zu Veränderungen in einem bestimmten Sinne aus. Wendet man dieses auf das Weltall im Ganzen an, so gelangt man zu einer eigentümlichen Schlussfolgerung, auf welche zuerst W. Thomson aufmerksam machte, nachdem er sich meiner Auffassung des zweiten Hauptsatzes angeschlossen hatte. Wenn nämlich im Weltall die Wärme stets das Bestreben zeigt, ihre Verteilung in der Weise zu ändern, dass dadurch die bestehenden Temperaturdifferenzen ausgeglichen werden, so muss sich das Weltall allmählich mehr und mehr zu dem Zustand nähern, wo die Kräfte keine neuen Bewegungen mehr hervorbringen können, und keine Temperaturdifferenzen mehr existieren. (Clausius 1864, S. 323, zitiert nach Uffink 2001, S. 336)

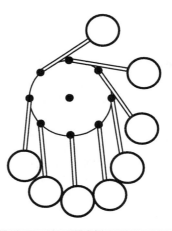

Abbildung 100: **Vorschlag für ein *Perpetuum Mobile***
Die Abbildung gibt eine der klassischen Entwürfe für ein *Perpetuum Mobile* wieder, wie sie sich z. B. auch bei Leonardo da Vinci (1452 bis 1519) finden lässt (vgl. z. B. Wallace 1976). (Abbildung und Abbildungsunterschrift nach: Strunk 2004, S. 85)

Theorie Dissipativer Strukturen

Es hat einige Zeit gedauert, bis der Entropie-Begriff im Rahmen der Thermodynamik umfassend verstanden wurde. Eine weitreichende Erweiterung wurde nicht zuletzt durch Selbstorganisationsphänomene notwendig, die dem 2. Hauptsatz zu widersprechen schienen (vgl. etwa die Diskussion über chemische Ordnungsbildung in der Belusov-Zhabotinsky-Reaktion, für einen Überblick siehe Strunk & Schiepek 2006). Diese neue und erweiterte Deutung der Thermodynamik ist mit dem Namen Ilja Prigogine und seiner Theorie Dissipativer Strukturen verbunden (z. B. Prigogine & Stengers 1986, Prigogine 1987, Prigogine & Stengers 1993). Diese Theorie bildet einen zentralen Baustein der Theorien Nichtlinearer Dynamischer Systeme und beschreibt, wie energetisch offene Systeme – also Systeme, die beständig mit Energie geringer Entropie versorgt werden – sich dem 2. Hauptsatz dauerhaft widersetzen können und sogar zu spontaner Ordnungsbildung und der Entstehung emergenter Strukturen in der Lage sind. Die selbstorganisierte Entstehung komplexer Strukturen steht dem 2. Hauptsatz entgegen.

Entropie als Bluff

Trotz der durchaus einleuchtenden Erklärung, die der Entropie-Begriff für Zerfallsprozesse in geschlossenen Systemen anbietet, ist er physikalisch lange Zeit nur schwer zu fassen gewesen. Er hat daher seit der ersten Formulierung durch Clausius immer wieder neue Bedeutungen erfahren und wurde dabei nicht selten so nebulös und gleichzeitig eindrucksvoll formuliert, dass im diffusen Licht des 2. Hauptsatzes der Thermodynamik auch wenig gesicherte physikalische Zusammenhänge plausibel erschienen. In seiner Analyse der Geschichte des Entropie-Begriffs zeigt Uffink (2001), wie die Wissenschaft sich immer wieder des 2. Hauptsatzes bedient, um bei offenen und kritischen Fragen zu bluffen.

Die Probleme mit dem 2. Hauptsatz ergaben sich vor allem dadurch, dass unklar blieb, warum die Entropie in jedem geschlossenen System zunimmt. Zwar mag dies bei einfachen Beispielen intuitiv einleuchten, zu einer physikalischen Theorie schien es aber ansonsten nicht zu passen. Der 2. Hauptsatz impliziert einen Zeitpfeil und verweist auf die Vergänglichkeit von Prozessen und Strukturen. Dieser Zeitpfeil ließ sich aber aus der Grundstruktur der jeweils beteiligten physikalischen Gesetze (z. B. der Mechanik, wenn es um das *Perpetuum Mobile* in Abbildung 100 geht) in keiner Weise ableiten. Die klassischen physikalischen Gesetze bevorzugen keine Zeitrichtung und sind jederzeit umkehrbar. Erst mit den Arbeiten von Prigogine (1955) und den neueren Selbstorganisationstheorien (Theorie Dissipativer Systeme, z. B. Prigogine 1955, Prigogine & Stengers 1984, Prigogine 1987, Prigogine & Stengers 1993, Synergetik, z. B. Haken 1970, 1977) können Prozesse der Unumkehrbarkeit des Zeitpfeils verstanden werden.

Entropie als statistischer Kennwert

Nüchtern betrachtet ist der Entropie-Begriff und mit ihm auch die Kolmogorov-Sinai-Entropie weniger eine physikalische Idee (weder über Vergänglichkeit noch über Selbstorganisation), sondern ein statistischer Kennwert, der beziffert, wie gut der Folgezustand eines Systems aus einem beliebigen aktuellen Zustand vorhergesagt werden kann. Damit ist er ein Maß für die Komplexität eines Systems, steht in einer engen Beziehung zum *Lyapunov*-Exponenten und zur komplexen fraktalen Geometrie chaotischer Strukturen. (Die folgende Darstellung ist eine Erweiterung von Strunk 2004.)

Die Berechnung der Kolmogorov-Sinai-Entropie beruht auf der Analyse von Übergangswahrscheinlichkeiten zwischen den möglichen Zuständen im Phasenraum, wofür verschiedene Methoden entwickelt worden sind (z. B. Frank et al. 1993). Im Folgenden wird zunächst der theoretische Rahmen vorgestellt. Eine konkrete Berechnung kann auch über Zwischenergebnisse aus dem Korrelationsintegral erfolgen, darauf wird dann weiter unten ausführlicher eingegangen.

Zur Bestimmung der Kolmogorov-Sinai-Entropie wird der Wertebereich einer Dynamik in diskrete, disjunkte Abschnitte eingeteilt. Jeder dieser Abschnitte der Breite ε repräsentiert also einen Teil des Wertebereiches und wird mit s_i bezeichnet. Nun lassen sich Wahrscheinlichkeiten dafür bestimmen, welche s_i eine Trajektorie einnimmt, nachdem sie sich vorher in einem als Referenzabschnitt gewählten s_0 befand und welchen Ort sie danach wohl einnehmen wird. Bei nicht chaotischen, sich trivial verhaltenen Systemen, wird die Systemdynamik bei ähnlichen Ausgangsbedingungen einen ähnlichen Verlauf nehmen, d. h., dass auf ein s_0 immer ein bestimmtes s_i und darauf ein bestimmtes s_{i+1} folgt, sodass die Wahrscheinlichkeit, dieses Verhalten bei gegebenem s_0 beobachten zu können, sehr hoch ist. Die Entropie $I(s_0)$ einer solchen Abfolge von Wertebereichen ist nach der Shannonschen Informationsdefinition (vgl. auch Gleichung 18, S. 175 sowie Gleichung 50, S. 403) gegeben durch:

Gleichung 39: Entropie einer Abfolge von Werten

$$I(s_0) = -\sum_{j=1}^{J_{S_0}} P_j(s_0 \to s_i \to s_{i+1} \to ...) \log_2 P_j(s_0 \to s_i \to s_{i+1} \to ...)$$

$I(s_0)$ Entropie in Abhängigkeit vom Startbereich s_0
s_0 Wertebereich, bei dem die Analyse startet
P_j Wahrscheinlichkeit für den Weg j durch den Phasenraum
J_{s_0} Anzahl der Wege durch den Phasenraum, startend bei s_0
$s_0 \to s_i \to s_{i+1} \to ...$ Abfolge von Wertebereichen s_i die auf s_0 folgen

Nun hängen die Ergebnisse aus der genannten Gleichung von verschiedenen Faktoren ab, nämlich von der Länge der Kette ($s_0 \to s_i \to s_{i+1} \to ...$), die ihrerseits vom Zeitintervall Δt bestimmt wird, welches angibt, wie lange das System jeweils auf seinen Weg durch den Phasenraum begleitet wird. Die Wahrscheinlichkeiten P_j, werden unter anderem auch von der mit ε gegebenen Breite der s_i beeinflusst. Zudem soll das angestrebte Entropiemaß nicht nur für ein bestimmtes s_0, sondern für alle möglichen Referenzpunkte Gültigkeit besitzen. Ein Maß, das diese Bedingungen berücksichtigt, ist die Kolmogorov-Sinai-Entropie, die durch die folgende Gleichung gegeben ist (vgl. Farmer 1982a, Grassberger & Procaccia 1983b, Elbert et al. 1994):

Gleichung 40: Kolmogorov-Sinai-Entropie

$$K = -\lim_{\Delta t \to 0} \lim_{\varepsilon \to 0} \lim_{N \to \infty} \frac{1}{N \Delta t} \sum_{s_0=1}^{N} \sum_{j=1}^{J_{S_0}} P_j(s_0 \to s_i \to s_{i+1} \to ...) \log_2 P_j(s_0 \to s_i \to s_{i+1} \to ...)$$

K Kolmogorov-Sinai-Entropie
Δt Beobachtungszeit
ε Breite des Wertebereiches s_i
N Anzahl der berücksichtigten Ausgangspunkte s_0
s_0 Wertebereich, bei dem die Analyse startet
P_j Wahrscheinlichkeit für den Weg j durch den Phasenraum
J_{s_0} Anzahl der Wege durch den Phasenraum, startend bei s_0
$s_0 \to s_i \to s_{i+1} \to ...$ Abfolge von Wertebereichen s_i die auf s_0 folgen

Wie aus der Gleichung ersichtlich, ergibt sich die Kolmogorov-Sinai-Entropie als Grenzwert von insgesamt drei Bedingungen: dem Beobachtungszeitraum, der Größe der Abschnitte sowie der Länge der Zeitreihe. Ausgehend von jedem s_0 kann es verschiedene „Wege durch den Phasenraum" geben, die zu unterschiedlichen Abfolgen ($s_0 \to s_i \to s_{i+1} \to ...$) führen. Die Summe der Wahrscheinlichkeiten für alle auf ein gegebenes s_0 folgenden Wege muss sich dabei zu eins addieren lassen.

Triviale Ordnung

Ist ein Prozess vollständig determiniert, so gibt es von jedem s_0 ausgehend immer nur eine ganz bestimmte Möglichkeit der weiteren Abfolge. Die Wahrscheinlichkeit dieser einen Abfolge ist damit für alle s_0 jeweils:

$$P_{s_0}(s_0 \to s_i \to s_{i+1} \to ...) = 1$$

Da der Logarithmus aus eins null ist, folgt aus Gleichung 40 sofort eine Entropie von null für eine solcherart reguläre und vorhersehbare Dynamik.

Chaos

Für chaotische Prozesse sind hingegen ausgehend von allen s_0 mehrere Wege ($s_0 \rightarrow s_i \rightarrow s_{i+1} \rightarrow ...$) durch den Phasenraum wahrscheinlich. Je nach Stärke des Schmetterlingseffektes machen auch kleinste – durch ε tolerierte – Unterschiede innerhalb der Grenzen von s_0 mehrere Wege durch den Attraktor wahrscheinlich. Allerdings bleiben die Möglichkeiten begrenzt, da auch chaotische Prozesse deterministischen Gesetzen folgen und kurzfristige Vorhersagen auch in chaotischen Systemen durchaus noch durchführbar sind.

Zufall

Zufallsprozesse machen hingegen vom gesamten Phasenraum wahllos Gebrauch, was zu unzähligen Abfolgen führt, die alle gleich wahrscheinlich erscheinen. Eine Gleichverteilung führt nach Gleichung 40 zu einer maximalen Entropie. Wird ε verringert, so wächst die Zahl der Möglichkeiten im Fall von Zufall dramatisch an, bleibt aber für Chaos begrenzt. Geht die Entropie bei kleiner werdendem ε nicht gegen unendlich, sondern gegen eine endliche Zahl größer null, so handelt es sich um eine chaotische Dynamik. Wächst sie hingegen bei Verkleinerung von ε immer weiter an, so handelt es sich um einen Zufallsprozess (maximale Entropie).

Die Interpretation der Entropie

K kann als Maß für die Stärke der Chaotizität interpretiert werden, wobei gilt:

- Geordnetes, reguläres Systemverhalten: $K = 0$.
- Deterministisch chaotisches Systemverhalten: $0 < K < \infty$.
- Stochastisches Systemverhalten: $K \rightarrow \infty$.

Inhaltliche Nähe zum *Lyapunov*-Exponenten

Die so definierte KS-Entropie ist also als Nachweis für Chaos geeignet und eng mit dem *Lyapunov*-Exponenten verwandt. Wie bereits dargestellt wurde, kann ein *Lyapunov*-Exponent entweder auf die Suche nach Chaos ausgerichtet sein, dann werden nur die größten *Lyapunov*-Exponenten berücksichtigt, oder er dient der Beschreibung der gesamten Bäckertransformation (vgl. Abbildung 85, S. 306). Im letzteren Fall wird jeweils ein *Lyapunov*-Exponent für jede Raumdimension des Phasenraumes ermittelt (man spricht hier dann auch vom Spektrum der *Lyapunov*-Exponenten), sodass erkennbar wird, in welchen Raumrichtungen Divergenzen (positiver LE) und in welchen Konvergenzen (negativer LE) stattfinden. Die Summe aller positiven *Lyapunov*-Exponenten ist die Kolmogorov-Sinai-Entropie (Pesin-Theorem: Pesin 1977, vgl. Hegger et al. 1999). Zudem besteht auch ein Bezug zur fraktalen Struktur der Phasenraumdarstellung der Dynamik, wenn diese mit dem Korrelationsintegral vermessen wird, sodass die als K2 bezeichnete Entropie als untere Grenze für die KS-Entropie leicht zusammen mit dem D2 ermittelt werden kann (siehe dazu unten).

Eine anschauliche Interpretation der KS-Entropie erlaubt auch die sogenannte Fehler-Verdoppelungszeit T_2, die angibt, wie lange es dauert, bis ein beliebiger Messfehler sich durch den Schmetterlingseffekt verdoppelt hat. Die Fehler-Verdoppelungszeit lässt sich aus K über folgende Beziehung ermitteln (vgl. Raidl 1998, S. 47):

**Gleichung 41:
Fehler-Verdoppelungszeit**

$$T_2 = \frac{1}{K}$$

T_2 Zeit, bis sich ein Unterschied/Fehler verdoppelt hat
K Kolmogorov-Sinai-Entropie zur Basis 2

Nun ist die Bestimmung von K in der oben beschriebenen Weise für hohe Einbettungsdimensionen sehr aufwendig. Wird der Wertebereich einer Dynamik z. B. nur in 15 Abschnitte eingeteilt, so kann ausgehend von einem s_0 in einem zweidimensionalen Fall als nächster Abschnitt eine von 15 mal 15 Möglichkeiten gewählt werden.

Wird noch ein weiteres s_i betrachtet, so ergeben sich gar

$$\left((15)^2\right)^2 = 50.625 \text{ mögliche Abfolgen.}$$

Im dreidimensionalen Fall, bei nur 2 Folgepunkten auf s_0 sind es dann schon

$$\left((15)^3\right)^2 = 11.390.625 \text{ mögliche Verläufe.}$$

Allgemein ergeben sich für 15 Abschnitte:

$$\left((15)^m\right)^2 = 15^{2m} \text{ mögliche Verläufe bei nur zwei Folgepunkten.}$$

Dies macht bei einer regulären Dynamik kein Problem, da nur jeweils eine mögliche Abfolge auftreten wird. Im Falle eines chaotischen Prozesses wächst die Anzahl der tatsächlich realisierten Abfolgen jedoch schnell an, was zu gigantischen Rechenzeiten auch an schnellen Computern führt, sobald mehrdimensionale Einbettungen beachtet werden müssen. Zufallsprozesse realisieren sogar alle möglichen Abfolgen für jede gewählte Einbettungsdimension, während für chaotische Attraktoren ab einer optimalen Einbettungsdimension zumindest eine Sättigung beobachtbar sein sollte.

Die K2-Entropie kann über das Korrelationsintegral bestimmt werden

Eine praktikablere Methode zur empirischen Bestimmung der Entropie einer Zeitreihe bietet sich durch das Korrelationsintegral nach Grassberger und Procaccia (1983a, 1983c) an (vgl. Gleichung 28, S. 221). Diese sogenannte K2-Entropie ergibt sich aus der Veränderung des Korrelationsintegrals für aufeinanderfolgende Einbettungsdimensionen (Frank et al. 1993, S. 360):

**Gleichung 42:
K2-Entropie**

$$K2(l,m) = \frac{1}{T}\log_2\left(\frac{C_m(l)}{C_{m+1}(l)}\right) = \frac{1}{T}\left(\log_2 C_m(l) - \log_2 C_{m+1}(l)\right)$$

$K2(l,m)$ K2-Entropie in Abhängigkeit von l und m
l Abstand zweier Punkte im Phasenraum. Das Korrelationsintegral ist abhängig von l
m Einbettungsdimension
T Sampling Time, Zeit zwischen zwei realen Messungen
$C_m(l)$ Korrelationsintegral der Einbettungsdimension m in Abhängigkeit von l

Wesentlich für das K2 ist also der Abstand der doppelt logarithmischen Darstellung von $C_m(l)$ vs. l (vgl. Abbildung 101) bei aufeinanderfolgenden Einbettungsdimensionen, wobei sich ein valides K2 erst bei sehr hohen Einbettungen einstellt (theoretisch sollte m gegen unendlich gehen).

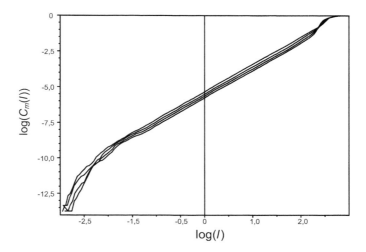

Abbildung 101:	Korrelationsintegral in Abhängigkeit von l und m
	Mit wachsendem l steigt der Wert des Korrelationsintegrals. Im sogenannten Skalierungsbereich ist die Steigung in der doppelt logarithmischen Darstellung linear und eine Schätzung für das D2. Mit wachsenden m verändert sich zudem der Abstand der Kurven. Der Abstand ist eine Schätzung für das K2. Die Abbildung zeigt Ergebnisse für $m = 7$ (oben) bis $m = 10$ (unten) für einen Analyse des Lorenz-Systems (vgl. Abbildung 12, S. 57) mit $r = 29$, $\sigma = 10$ und $b = 2,6667$. (Abbildung erstellt mit GChaos)

Zudem sollte bereits eine Sättigung des D2(m) vorliegen, die Kurven also parallel verlaufen und nur um K2 verschoben sein. Sobald das der Fall ist, ist auch der Abstand zwischen den Kurven unabhängig von l. Es spielt dann keine Rolle, welches l im Skalierungsbereich gewählt wird. Praktisch gesehen werden aber auch bei einer Sättigung des D2 kleine Unterschiede in der Steigung vorkommen, sodass der Abstand sich über den Skalierungsbereich hinweg verändert. Von Interesse ist daher der Abstand, der sich für möglichst kleine l ergibt, denn l repräsentiert hier das ε aus Gleichung 40 (S. 356).

In einigen Arbeiten (z. B. Koput 1997) wird vorgeschlagen, das D2(m) zu berechnen und den Ordinatenabschnitt dieser Ausgleichsgeraden aufzusuchen (also den Schnittpunkt der Ausgleichsgeraden mit der Ordinate: $\log(C_m(l))$). Der Abstand der Ordinatenabschnitte bei m und $m + 1$ ist dann das K2(m). Sind die Steigungen im Sättigungsbereich (also die Ergebnisse für das D2(m)) unterschiedlich, was auch im Sättigungsbereich noch in Grenzen vorkommt, wird das K2 über- oder unterschätzt, je nachdem ob die beiden Ausgleichgeraden für m und $m + 1$ bei $l = 0$, zusammenlaufen oder auseinandergehen. Befindet sich der Skalierungsbereich weit entfernt von den Ordinatenschnittpunkten, so verstärkt sich das Über- bzw. Unterschätzen. In GChaos wird daher der Abstand der $\log(C(m,l))$ zu $\log(C(m+1,l))$ nicht für $l = 0$, sondern für $l = l_{\min}$, also die Untergrenze des Skalierungsbereiches bestimmt.

Verschiedene methodische Vereinfachungen sind möglich und sinnvoll

Damit weist die gewählte Implementierung Ähnlichkeiten zu einem Vorschlag von Pincus (1991) auf. Dieser verzichtet auf die D2-Analyse und wählt ein festes m sowie ein festes l für einen Algorithmus, den er als approximative Entropie bezeichnet. Der Abstand zwischen $\log(C(m,l))$ und $\log(C(m+1, l))$ wird dann ohne weitere Analyseschritte als Schätzung für die Entropie herangezogen. Das passende l wird aus der Standardabweichung bestimmt (z. B. $l = 0,2 \cdot$ SD) und die Einbettung m kann z. B. mit 2 fixiert werden. Die erforderliche Datenmenge reduziert sich durch diese Vereinfachungen dramatisch. Gleichzeitig verliert die Berechnung aber die Übereinstimmung mit der K2-Entropie, da auch auf die Überprüfung eines Sättigungsbereiches verzichtet wird.

Ist die Einbettungsdimension kleiner als die Dimensionalität des Attraktors, so gelingt noch keine perfekte Einbettung und das K2 sowie das D2 zeigen noch keine korrekten Werte. Das K2(m) sinkt zunächst schnell und verändert sich ab Erreichen der idealen Einbettungsdimension nicht mehr. Damit zeigt das K2 ähnlich wie das D2 ein Sättigungsverhalten. Frank et al. (1993) stellen aber fest, dass auch bei hohen Einbettungsdimensionen häufig keine Sättigung beobachtet werden kann, weil die mittlere Euklidische Distanz zwischen Punkten im Phasenraum allein aus mathematischen Gründen mit der Quadratwurzel von m wächst, ohne dass dies auf eine Veränderung der Entropie zurückgeht. Sie schlagen daher vor, die im Korrelationsintegral berechneten Euklidischen Distanzen durch $\sqrt{m}$ zu dividieren. Sie zeigen zudem, wie auch bereits berechnete Korrelationsintegrale nachträglich reskaliert werden können.

Da das K2 wie auch das D2 auf dem Korrelationsintegral beruhen, kann es durch einen entsprechenden *Pointwise* Algorithmus auf nichtstationäre Fragestellungen erweitert werden. Dem PD2 steht also ein PK2 zur Seite.

8.6.1 Datenqualität, Voraussetzungen

Da die K2-Entropie auf einer Zusatzauswertung des Korrelationsintegrals beruht, gelten hier wie dort die gleichen Anforderungen an die Datenqualität (vgl. daher S. 227 ff.). Erforderlich sind vor allem lange (mehr als 1.000 Datenpunkte sind für komplexe Dynamiken mindestens nötig), rauschfreie (Rauschen erhöht die Entropie), stationäre (als Alternative kann das PK2 – ebenso wie auch das PD2 – als nichtstationäres Maß eingesetzt werden, vgl. dazu S. 367 ff.) und hoch aufgelöste (vgl. S. 229f.) Messreihen (siehe Tabelle 37).

8.6.2 Praktische Durchführung

Test der Voraussetzungen, Datenvorbereitung, Absicherung

Vor dem Einsatz des K2 sind zunächst die Voraussetzungen für die Anwendung des Verfahrens zu prüfen. Tabelle 37 zeigt, dass die Daten Intervallskalenniveau aufweisen sollten und deren Auflösung nicht zu grob sein sollte. Da das K2 auf dem Korrelationsintegral beruht, kann die Überprüfung der Voraussetzungen analog zum oben beschriebenen D2 erfolgen (vgl. S. 232 ff.): Das K2 – wie auch das D2 – ist ein Verfahren, welches nur für stationäre Datensätze sinnvoll interpretiert werden kann. Gibt es theoretische Gründe, die gegen die Stationaritätsannahme sprechen oder ist der Beobachtungszeitraum eher lang, so sollte auf das K2 verzichtet werden. Die Berechnung eines K2 in einem gleitenden Fenster oder der Einsatz des PK2 (vgl. S. 367) empfiehlt sich für solch einen Fall.

K2-Entropie
(Grassberger & Procaccia 1983a, 1983c, Frank et al. 1993)

Was wird gemessen?	Entropie als globales Maß für den Schmetterlingseffekt.
Hohe Werte bedeuten ...	Komplexität. Zufall wird im Idealfall durch fehlende Sättigung ausgeschlossen.
Dynamik	Die Struktur im Phasenraum spielt eine Rolle, nicht aber die zeitliche Abfolge der Datenpunkte.
Phasenraumeinbettung	Ja.
Skalenniveau	Intervall / keine stark eingeschränkte Auflösung.
Minimale Datenlänge	$N \geq 200 - 1.000$, $N \geq 10^{\frac{D2}{2}}$.
Stationarität erforderlich	Ja.

Tabelle 37: **Übersicht über das Verfahren: K2-Entropie**
Die angegebene minimale Datenlänge ist als grobe Orientierung zu verstehen. Bei hochkomplexen Daten sind längere Zeitreihen erforderlich als bei weniger komplexen (siehe dazu die Darstellung zur Zeitreihenlänge beim D2, S. 228).

Das K2 beruht auf einer Phasenraumeinbettung, sodass zunächst das *Time-Lag* bestimmt werden muss. Da die Berechnung fehlschlägt, wenn die Einbettung durch ein fehlerhaftes *Time-Lag* verzerrt wird, empfiehlt sich eine Berechnungsserie zu erstellen, bei der das *Time-Lag* variiert wird und die Stabilität der Berechnungsergebnisse geprüft werden kann.

Als ein wichtiger Beleg für die Gültigkeit der Analyse gilt die Sättigung der Berechnungsergebnisse bei wachsender Einbettungsdimension. Es wurde bereits für das D2 dargestellt, dass es hier mitunter zu falsch positiven Sättigungen kommen kann, wenn ein linear-stochastischer Prozess mit exponentiell abfallendem Spektralband vorliegt. Die K2-Berechnungen sind daher über Surrogatdatentestungen abzusichern, wobei DFT-Surrogate gegenüber den eher groben *Random*-Surrogaten zu bevorzugen sind (vgl. 4.4, S. 119 ff. und die dort gegebenen Erläuterungen).

Durchführung der Berechnung

Die Abbildung 102 zeigt die einzelnen Schritte des K2-Algorithmus. Die Hauptschleife wird durch die wiederholte Einbettung der Daten in immer höherdimensionale Einbettungsräume gebildet. Für jeden Durchlauf ist der Skalierungsbereich zu identifizieren, was entweder „von Hand" an einem Plot geschieht oder in GChaos auch automatisiert durchgeführt werden kann. Das Korrelationsintegral $C(m,l)$ für die untere Grenze des Skalierungsbereiches ($l = l_{min}$) wird für jede Einbettungsdimension m bestimmt. Da es für verschiedene Einbettungsdimensionen unterschiedliche untere Grenzen für den jeweiligen Skalierungsbereich geben kann, wird l_{min} einheitlich auf die untere Grenze der kleinsten Einbettungsdimension gesetzt. Der Abstand der logarithmierten Korrelationsintegrale $C(m,l)$ und $C(m+1,l)$ ist ein Maß für das $K2(m)$.

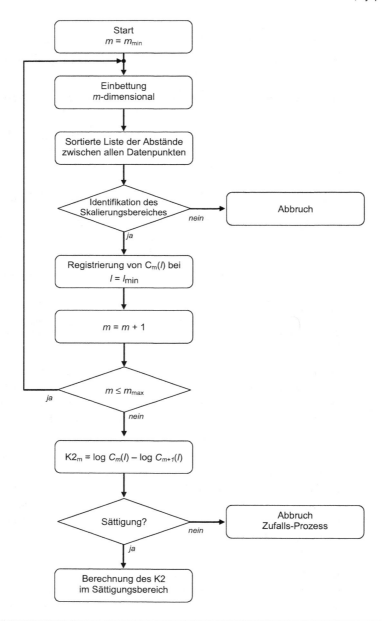

Abbildung 102: Algorithmus der K2-Berechnung

Der Algorithmus startet bei einer festgelegten minimalen Einbettungsdimension $m = m_{min}$ und bestimmt für alle Einbettungsdimensionen bis zu einer vorher festgelegten Grenze das $C_m(l)$ für $l = l_{min}$. Nach Verlassen der Dimensionsschleife wird die Sättigung überprüft und bei Vorliegen das K2 im Sättigungsbereich bestimmt.

Nach dem Abarbeiten der Dimensionalitätsschleife folgt die Feststellung, ob die Ergebnisse für wachsende Einbettungsdimensionen sättigen. Ist dies der Fall, so werden sie für den Einbettungsbereich gemittelt und damit das K2 bestimmt. Auch die Feststellung der Sättigung kann „von Hand" an einem Plot oder automatisiert erfolgen. GChaos beschränkt sich auf die Feststellung der Sättigung im D2 und gibt bei Vorliegen auch das K2 aus.

Die Implementierung des K2 in GChaos beruht auf dem bereits beschriebenen D2/PD2-Algorithmus (vgl. S. 232 ff.). Dem Vorschlag von Frank et al. (1993) folgend, wird eine Reskalierung des l für wachsende Einbettungsdimensionen vorgenommen (vgl. S. 360).

Man erreicht das K2 über das Menü „*Statistics*", „*Dimensionality*", „D2/PD2". Hier sind alle Einstellungen so zu treffen, dass eine D2-Berechnung gelingt. Das K2 wird dann als zusätzliche Statistik mit ausgegeben. Da für die Berechnung des K2 in GChaos keine eigenen Parameter einzustellen sind, wird für die Durchführung auf Kapitel 7.2.2 (S. 232 ff.) verwiesen.

8.6.3 Beispielanalyse: K2 der log-Returns des DAX

Die folgende Darstellung des K2 für den Deutschen Aktienindex DAX stellt eine Zusatzauswertung zum D2 aus Kapitel 7.2.3 (S. 238) dar. Sie beruht auf den logarithmierten *Returns* der Schlusskurse des DAX im Zeitraum zwischen dem 02.01.2001 und dem 05.03.2012. Die Zeitreihen sind in Abbildung 25 (S. 131) und ein Phasenraumdiagramm in Abbildung 52 (S. 200) dargestellt (eine geglättete Version findet sich in Abbildung 35, S. 161). Das *Time-Lag* wird mit drei verschiedenen Verfahren (Autokorrelationsfunktion, *Mutual Information* und generalisiertes Korrelationsintegral, vgl. Kapitel 6, S. 153) übereinstimmend mit eins festgelegt.

Die bisher für diesen Datensatz durchgeführten Analysen zeigen relativ deutlich seinen nichtstationären Charakter. Dieser lässt sich schon allein aufgrund der langen Beobachtungszeit vermuten und kann mit der PD2-Analyse nachgewiesen werden (vgl. S. 267 ff.). Die Voraussetzungen für eine uneingeschränkte Interpretation der D2-Analyse und der darauf aufbauenden K2-Berechnungen sind also nicht erfüllt. Die folgende Beispielanalyse hat daher vor allem exemplarischen Charakter. Sie entspricht im Wesentlichen dem in der Ökonomie üblichen Vorgehen (vgl. Tabelle 39, S. 366).

Zumindest bei vorsichtiger Interpretation kann das K2 als approximatives Maß für die Entropie der Dynamik herangezogen werden (vgl. etwa Diks 2006). Auch Pincus (1991) nimmt für die approximative Entropie grundlegende Vereinfachungen vor, die das Verfahren von einer exakten Bemessung der Entropie weit entfernt, aber dennoch eine grobe Orientierung und Komplexitätsvergleiche erlaubt.

Methodik

Für die D2-K2-Analyse wird die Zeitreihe mit $N = 2.848$ Datenpunkten mit einem *Time-Lag* von eins und einem *Theiler Window* von fünf 2- bis 20-dimensional eingebettet. Der Skalierungsbereich wird zunächst in einem vorgeschalteten Berechnungsgang bestimmt und dann für eine zweite Durchführung einheitlich konstant gehalten. Das K2 wird bei Sättigung des D2 für den Sättigungsbereich als Mittelwert ausgegeben.

Zur Überprüfung der Ergebnisse werden zudem 30 *Random*-Surrogate und weitere 30 DFT-Surrogate erzeugt und mit den gleichen Vorgaben analysiert. Für die jeweils 30 D2/K2-Berechnungen werden Mittelwert und Standardabweichung bestimmt und anschließend geprüft, ob das K2 der Originalzeitreihe signifikant von den Surrogaten nach unten abweicht.

Als optimaler Skalierungsbereich ergibt sich nach dem ersten Durchlauf ein Bereich von $\log(l) = -6{,}039$ bis $\log(l) = -3{,}301$. Die Sättigung umfasst die Dimensionen 11 bis 20 und ist dort deutlich erkennbar. Demgegenüber ist die Sättigung des K2 zweifelhaft. Insbesondere in den hohen Dimensionen zeigen sich starke Schwankungen. Insgesamt nimmt die K2-Entropie jedoch nicht mehr so dramatisch ab, wie das für die niedrigeren Einbettungen zu beobachten ist.

Da Pincus (1991) den Aspekt der Sättigung des K2 gar nicht erst prüft, soll er auch an dieser Stelle nicht allzu sehr problematisiert werden. Dennoch kann damit ein

Hinweis auf die Überlagerungen mehrerer ineinander verwobener Attraktoren unterschiedlicher Komplexität gegeben sein. Für den Sättigungsbereich des D2 ergibt sich ein K2(e) = 0,496 (± 0,265) bzw. K2(2) = 0,715 (± 0,382). Das K2 gilt als Untergrenze der KS-Entropie, die die Summe aller positiven *Lyapunov*-Exponenten repräsentiert (Pesin-Theorem: Pesin 1977) und ist damit größer als der für den Datensatz ermittelte *Lyapunov*-Exponent (vgl. S. 318 ff., S. 331 ff., S. 339 ff.).

Einbettung	D2	r	K2(2)
2	1,419	0,986	
3	1,959	0,981	1,763
4	2,446	0,976	1,521
5	2,862	0,972	1,314
6	3,268	0,969	1,245
7	3,654	0,965	1,221
8	3,965	0,961	0,973
9	4,362	0,957	1,177
10	4,743	0,954	1,093
11	5,108	0,948	1,093
12	5,404	0,947	0,922
13	5,825	0,940	1,262
14	5,421	0,934	nicht definiert
15	5,260	0,931	nicht definiert
16	5,440	0,930	0,503
17	5,506	0,928	0,263
18	5,429	0,924	nicht definiert
19	5,617	0,922	0,603
20	5,736	0,918	0,358

Tabelle 38: **Ergebnisse der D2/K2-Analyse für die logarithmierten *Returns* des DAX**
Deutlich ist eine Sättigung der D2-Werte erkennbar, wohingegen die K2 Werte für hohe Einbettungen stark schwanken. Hier kommen sogar negative Werte vor, für die die Entropie nicht definiert ist. Die Korrelation r gibt die Güte der Passung des Skalierungsbereiches an. Dieser ist einheitlich mit log(*l*) = –6,0394 bis log(*l*) = –3,3014 festgelegt.

Surrogatdatenanalyse

Die Surrogatdatenanalysen bestätigen die Befunde im Wesentlichen: Das ermittelte K2 liegt jeweils signifikant unter dem für die Surrogate. Allerdings ist die Größenordnung des Unterschieds wenig beeindruckend. Für die *Random*-Surrogate steigt das K2(e) auf 0,741 (± 0,358; *n*(Einbettungen) = 240) und für die DFT-Surrogate noch einmal auf 0,827 (± 0,385 *n*(Einbettungen) = 240). In beiden Fällen entspricht das einem statistisch signifikanten Unterschied gegenüber der Originalzeitreihe (*Random*-Surrogate: p-2-seitig = 0,0335, FT Surrogate: p-2-seitig = 0,0076). Das konkrete Vorgehen von GChaos bei der Berechnung nicht sättigender Daten wurde oben bereits im Zusammenhang mit Gleichung 36 (S. 239) beschrieben.

Insgesamt sprechen die Befunde zur K2-Analyse für chaotische Prozesse, allerdings sind die Unterschiede zu den Zufallssurrogaten eher gering. Zusammen mit der Verletzung der Stationaritätsannahme und den starken Schwankungen des K2 für die hohen Einbettungsdimensionen sollten diese Befunde vorsichtig interpretiert werden.

Vorgehen in der Literatur

In Tabelle 4 (S. 78) wird ein Überblick über alle auffindbaren empirischen Arbeiten zur Komplexitätsanalyse ökonomischer Zeitreihen für den Zeitraum von 1989 bis Ende 2011 vorgestellt. Insgesamt wird in 37 (39,8 %) von 92 Studien ein D2 für die Analyse von 291 Zeitreihen (42,7 % aller analysierten Zeitreihen) eingesetzt (Tabelle 23, S. 242). Das K2 wird hingegen viel seltener verwendet. Es finden sich nur Analysen für 35 Zeitreihen (4,2 %). Das ist erstaunlich, weil es als Zusatzauswertung zum D2 schnell zu bestimmen ist und zudem erste ernstzunehmende Hinweise auf Chaos liefern kann, was mit dem D2 alleine nicht möglich ist.

Aktien	Zeitreihenlänge				K2	K2 (Rohdaten)			K2 ((G)ARCH)		
	AM	SD	n	Median	% Sättigung	AM	SD	n	AM	SD	n
Täglich	1000		1	1000	100,00 %	0,500		1			
Commodities											
Täglich	1161	0,000	16	1161	88,89 %	0,657	0,249	16	0,735	0,068	14
Futures											
Täglich	4174	1528,651	18	3033	11,11 %	0,658	0,091	6	0,688	0,045	6
Insgesamt											
Täglich	2706	1875,730	35	2575	51,35 %	0,651	0,212	23	0,721	0,065	20

Tabelle 39: *Review über Studien, die ein K2 einsetzten*
Die Tabelle ist eine Erweiterung der Tabelle 4 (S. 78). Die Angaben zur Zeitreihenlänge beziehen sich hier jedoch nur auf Studien, die auch ein K2 einsetzten. Angaben über das ermittelte K2 finden sich nicht in allen Arbeiten und stimmen nicht immer mit der Einschätzung für die Sättigung überein. Die Werte sind angegeben als K2 zur Basis 2.

Die untersuchten Zeitreihen sind im Durchschnitt (Median) 2.575 Datenpunkte lang. Die in der vorliegenden Beispielanalyse eingesetzte Zeitreihe entspricht damit den üblichen Standards in der ökonomischen Anwendung des K2.

Insgesamt wird für etwas mehr als die Hälfte der Datensätze eine Sättigung berichtet. Die Ergebnisse für das K2 schwanken kaum und liegen bei rund 0,7, was mit dem vorliegenden Ergebnis gut übereinstimmt.

Das in der vorliegenden Beispielanalyse gewählte Vorgehen entspricht der in der Literatur üblichen Methodik und nutzt zusätzlich neuere Algorithmen, wie z. B. DFT-Surrogate oder eine automatisierte Prüfung der Sättigung und des Skalierungsbereiches. Die Größenordnung des Ergebnisses entspricht weitgehend den aus der Literatur bekannten Werten. Dennoch ist bei der Interpretation wegen der Verletzung der Stationaritätsbedingungen Vorsicht geboten (vgl. daher die Analyse mit dem PK2 ab S. 372).

8.7 Algorithmus: PK2

Da das K2 eine Zusatzauswertung zum D2 darstellt, kann auch eine zeitpunktbezogene Analyse der K2-Entropie nach dem Muster des *Pointwise* D2 (PD2) erfolgen. Die Grundprinzipien hinter der Erweiterung der Korrelationsdimension für nichtstationären Prozesse wurden oben bereits vorgestellt, sodass hier eine ausführliche Darstellung entfallen kann (vgl. dazu Kapitel 7.4, S. 255).

PK2 als zeitlich lokale Entropie

Das PK2 kann als lokale zeitliche Entwicklung der Entropie des Systems interpretiert werden (z. B. Elbert et al. 1994). Diskontinuierliche Veränderungen der Dynamik, wie sie bei Phasenübergängen zu erwarten sind, können so identifiziert werden. Wie auch beim PD2 wird dazu jedoch der gesamte zu untersuchende Datensatz in einem gemeinsamen Phasenraum eingebettet und beruht auch das zeitlich lokale Maß auf der gleichzeitigen Berücksichtigung aller Daten. Das Verfahren eignet sich daher nicht für ein Datenmonitoring, in das nach und nach immer neue Daten eingehen. Für einen solchen Fall sollten das D2 und das zugehörige K2 in einem gleitenden Fenster ermittelt werden.

Beispielanalyse

Die Abbildung 103 zeigt eine Beispielauswertung für das – bereits mehrfach untersuchte – Lorenz-System mit Parameterverschiebung. Dazu wird der Parameter r des Lorenz-Systems alle 1.000 Datenpunkte um 10 verringert. Gestartet wird mit $r = 339$ und geendet bei $r = 29$. So ergeben sich 31 Abschnitte mit jeweils anderer Dynamik. Das PK2 wird als Zusatzauswertung aus dem PD2 ermittelt.

Die durch die Veränderung des Kontrollparameters erzwungenen Phasenübergänge sind deutlich am plötzlichen Anstieg der Entropie erkennbar. Dieser zum Teil dramatische Anstieg reflektiert den Umstand, dass das Verhalten des Systems vor dem Übergang nicht geeignet ist, das Verhalten des Systems nach der Veränderung vorherzusagen. In solch einem Fall sollte die Entropie theoretisch gegen unendlich gehen.

In der praktischen Anwendung werden hier dann Werte erreicht, die rund 20-mal so hoch sind wie der Durchschnitt über den gesamten Zeitraum. Da es sich um ein „echtes" *Pointwise* Verfahren handelt, zeigen sich klare Spikes für einzelne Zeitpunkte und keine breiten Erhöhungen, wie sie für die gleichen Daten beim LLLE beobachtet wurden (vgl. Abbildung 95, S. 343).

Ebenso wie beim PD2 lässt sich durch eine Zusammenfassung von Fokuspunkten eine höhere Reliabilität erreichen. Die Abbildung 103 zeigt Berechnungsergebnisse einmal für einen und einmal für 15 Fokuspunkte. Die Streuung der Berechnungsergebnisse ist für den Fall der 15 Fokuspunkte stark verringert (vgl. in diesem Zusammenhang auch die Analysen zum PD2 mit den gleichen Daten, Abbildung 74, S. 273).

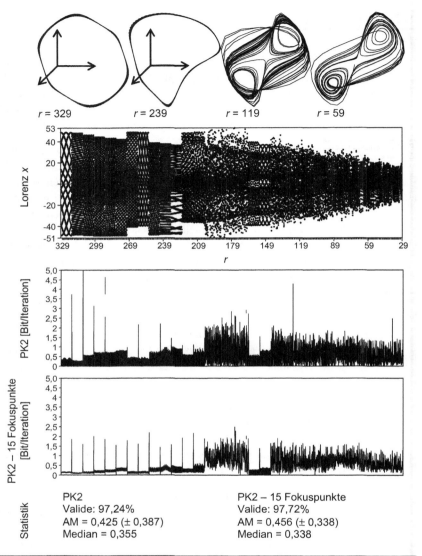

Abbildung 103: *Pointwise K2 für eine Beispielzeitreihe*

Die Abbildung zeigt das PK2 (Mitte) und ein PK2 für 15 Fokuspunkte (unten) für die Variable x des Lorenz-Systems. Die Zeitreihe umfasst insgesamt 31.000 Messzeitpunkte und besteht aus Abschnitten mit jeweils 1.000 Datenpunkten, beginnend bei $r = 339$ wird der Parameter r Schritt für Schritt um 10 verringert. Deutlich sind die Phasenübergänge am plötzlichen Anstieg der Entropie erkennbar. Die PK2-Berechnung für 15 Fokuspunkte erscheint insgesamt klarer (geringere Varianz). Bei der Ermittlung des K2 wird die *Sampling Time* nicht berücksichtigt. Damit bezieht sich das K2 auf Bit pro Iteration. Die in der Abbildung dargestellte Berechnung ergibt sich für den Lorenz-Attraktor mit $339 \geq r \geq 29$; sigma = 16 und $b = 4$, *Time per Iteration* = 0,05.
Time-Lag = 3; *Theiler Window* = 9; Einbettung 5 bis 10 Dimensionen; der Skalierungsbereich wird vorher mit einem D2 bestimmt: $\log(l)$ *Minimum* = –0,590; $\log(l)$ *Maximum* = 2,958. Die Einstellungen des PD2/PK2 entsprechen den Standardeinstellungen in GChaos.

8.7.1 Datenqualität, Voraussetzungen

Die folgende Tabelle zeigt die Anforderungen an die Datenqualität und die Voraussetzungen für den Einsatz des Verfahrens. Die dort angegebenen Standards entsprechen denen des PD2 (vgl. Tabelle 25, S. 260).

PK2
(Kowalik & Elbert 1994, Skinner et al. 1994)

Was wird gemessen?	Zeitpunktbezogene Entropie als globales Maß für den Schmetterlingseffekt.
Hohe Werte bedeuten ...	Komplexität. Zufall wird im Idealfall ausgeschlossen.
Dynamik	Die Struktur im Phasenraum spielt eine Rolle, nicht aber die zeitliche Abfolge der Datenpunkte. Als zeitpunktbezogenes Verfahren wird jedoch die Veränderung der Komplexität im Zeitverlauf deutlich.
Phasenraumeinbettung	Ja.
Skalenniveau	Intervall / keine stark eingeschränkte Auflösung.
Minimale Datenlänge	$N \geq 200 - 1.000$ $N \geq 10^{\frac{D2}{2}}$. Die Analyse sollte für 75 % der Datenpunkte gelingen (Skalierung/Sättigung), damit eine Interpretation zulässig ist.
Stationarität erforderlich	Nein. Probleme durch eine fehlende Stationarität des *Time-Lag* werden in der Regel als vernachlässigbar angenommen.

Tabelle 40: **Übersicht über das Verfahren: PK2**
Die angegebene minimale Datenlänge ist als grobe Orientierung zu verstehen. Bei komplexen Daten sind längere Zeitreihen erforderlich als bei weniger komplexen (siehe dazu die Darstellung zur Zeitreihenlänge beim D2, S. 228).

8.7.2 Praktische Durchführung

Test der Voraussetzungen, Datenvorbereitung, Absicherung

Da das PK2 auf einer zusätzlichen Auswertung des PD2 beruht, gelten hier wie dort die gleichen Voraussetzungen und sind die gleichen Einschränkungen zu beachten. Eine ausführliche Darstellung findet sich daher bereits in Kapitel 7.4.2 auf S. 261.

Durchführung der Berechnung

Die Abbildung 104 zeigt die einzelnen Analyseschritte des PK2-Algorithmus. Es sind drei Schleifen zu unterscheiden: Zunächst wird für jede Einbettungsdimension m (äußere Schleife) jeder Referenzpunkt bei t (innere Schleife) einzeln analysiert und zu jedem Referenzpunkt, für den ein Skalierungsbereich bestätigt werden kann, ein $PK2(m,t)$ bestimmt. Die dritte Schleife prüft anschließend die Sättigung des PD2 und ermittelt das PK2, wenn diese vorliegt.

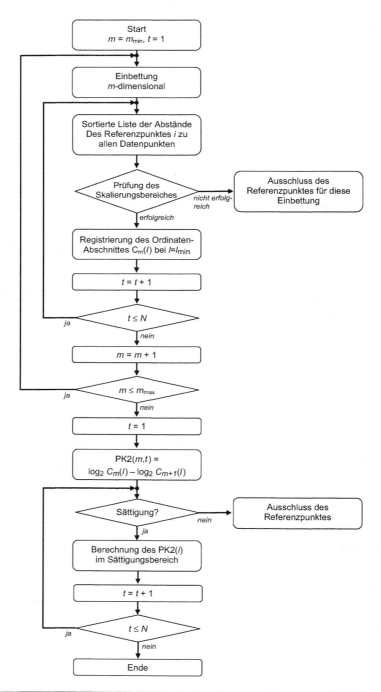

Abbildung 104: Algorithmus der PK2-Berechnung

Der Algorithmus startet bei einer Einbettungsdimension $m = 1$ und bestimmt für alle Einbettungsdimensionen bis zu einer vorher festgelegten Grenze das PK2 (m,t). Nach Verlassen der Dimensionsschleife wird die Sättigung überprüft und bei Vorliegen das PK2(t) im Sättigungsbereich bestimmt.

Für Details vgl. S. 261 ff.

Die Implementierung des PK2 in GChaos beruht auf dem bereits beschriebenen D2/PD2-Algorithmus (vgl. S. 232 ff. für das D2 und S. 261 ff. für das PD2). Dem Vorschlag von Frank et al. (1993) folgend, wird eine Reskalierung des l für wachsende Einbettungsdimensionen vorgenommen (vgl. S. 360). Man erreicht das PK2 über das Menü „*Statistics*", „*Dimensionality*", „D2/PD2". Hier sind alle Einstellungen so zu treffen, dass eine PD2-Berechnung gelingt. Dazu empfiehlt sich die vorherige Durchführung eines D2 (vgl. dazu die Beschreibung der Analyseparameter auf S. 235 ff.). Das PK2 wird nach Abschluss der Analyse als neue Variable ins Datenblatt eingefügt. Das PK2 wird nicht auf die Sample-Time umgerechnet, sondern erfolgt als Angabe pro Iteration. Da für die Berechnung des PK2 gegenüber dem PD2 in GChaos keine eigenen Parameter einzustellen sind, wird für die Durchführung auf Kapitel 7.4.2 (S. 261 ff.) verwiesen.

8.7.3 Beispielanalyse: Kurzfristig maximale Entropie im DAX

Oben wurde bereits ausführlich über eine PD2-Analyse der logarithmierten *Returns* des Deutschen Aktienindex DAX berichtet (S. 267 sowie S. 278). Dabei zeigten sich mehrere gravierende Ausreißer in der Komplexität, denen zudem relevante Ereignisse (z. B. Lehman-Pleite, Terroranschläge vom 11. September 2001) zugeordnet werden konnten.

Methodik

Die folgenden Analysen ergänzen diese Befunde um Veränderungen der K2-Entropie, die hier für drei verschieden breite Zusammenfassungen von Fokuspunkten präsentiert wird (dieses Vorgehen stimmt ebenfalls mit einer bereits präsentierten Analyse überein: auch das PD2 wurde für zusammengefasste Fokuspunkte durchgeführt, vgl. S. 278 ff.). Eine stationäre K2-Analyse wird zudem ab Seite 364 ff. präsentiert. Die Auswertungsmethodik folgt daher den bisherigen Analysen (D2, PD2, K2). Die Zeitreihe (N = 2.848 Datenpunkte) wird mit einem *Time-Lag* von eins und einem *Theiler Window* von fünf 11- bis 20-dimensional eingebettet. Der Skalierungsbereich wird vom D2 übernommen.

Basis	Valide Datenpunkte	PK2 (1 Fokuspunkt)			
		N	Mittelwert	Streuung	Median
K2(2)	88,28 %	2494	0,697	0,962	0,466
K2(e)	88,28 %	2494	1,006	1,388	0,672
		PK2 (10 Fokuspunkte)			
K2(2)	88,00 %	2486	0,525	0,366	0,435
K2(e)	88,00 %	2486	0,757	0,528	0,628
		PK2 (20 Fokuspunkte)			
K2(2)	88,53 %	2501	0,513	0,310	0,427
K2(e)	88,53 %	2501	0,740	0,447	0,617

Tabelle 41: Ergebnisse der PK2 Analyse für die log-*Returns* des DAX
Die Analysen beruhen auf den Parametern der zuvor durchgeführten D2-Berechnungen.

Ergebnisse

Insgesamt können für rund 88 % der Datenpunkte valide K2-Ergebnisse erzielt werden, wobei sich für die verschiedenen Zusammenfassungen von Fokuspunkten kaum Unterschiede zeigen. Auch der Median ist von der Veränderung der Zusammenfassung wenig beeindruckt, wohingegen die Standardabweichung erwartungsgemäß zurückgeht, je größer das Fenster wird (vgl. Tabelle 41). Die Größenordnungen stimmen zudem ganz gut mit den stationären Analysen überein. Diese haben für den Sättigungsbereich des D2 ein K2(e) = 0,496 (± 0,265) bzw. K2(2) = 0,715 (± 0,382) ergeben. Die *Pointwise* Analysen liegen im arithmetischen Mittel knapp darüber und im Median knapp darunter, sodass man insgesamt durchaus von einer Übereinstimmung sprechen kann.

Das PK2 stimmt mit dem PD2 gut überein

Insgesamt bestätigen die PK2-Analysen die Ergebnisse des PD2. Auffällig sind die hohen Ausreißer, die im Verlauf des Beobachtungszeitraumes immer wieder auftreten und gut zu den bereits besprochenen Ereignissen im PD2 passen. Hohe K2-Werte sprechen dabei direkt für Zufallsprozesse, wobei bereits Werte über zwei Bit als hoch einzuschätzen sind (für die approximative Entropie zeigen dies z. B. Burioka et al. 2005). Das kurzfristige Auftreten solch hoher Entropieraten könnte auf kritische Fluktuationen im Umfeld von Phasenübergängen hinweisen (vgl. dazu auch Abbildung 10, S. 55) und ist damit hochgradig relevant für die Interpretation der Dynamik des Systems.

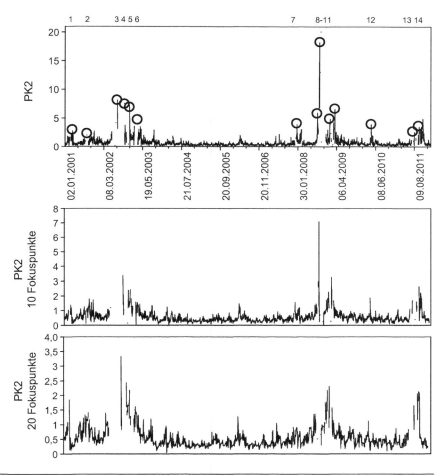

Abbildung 105: Verlauf der K2-Entropie der logarithmierten *Returns* des DAX für unterschiedlich weit zusammengefasste Fokuspunkte

Oben findet sich der PK2-Verlauf für einzelne Fokuspunkte, in der Mitte werden 10 Fokuspunkte zusammengefasst und unten sind es 20. Markiert sind die Ergebnisse, die bereits beim PD2 aufgefallen waren und hier wie dort bedeutsame Ausschläge aufweisen.

In der Abbildung 105 sind die Zeitpunkte markiert, die im Rahmen der PD2-Analyse auffällig erscheinen. Diese stimmen gut mit den Phasen hoher Entropie überein und bestätigen so die bereits ausführlich besprochenen Ereignisse (für eine Interpretation und entsprechende Kritik siehe auch Abbildung 73, S. 268).

Solche nichtstationären Analysen sind in der Wirtschaftswissenschaft bisher kaum eingesetzt worden. Eine seltene Ausnahme stellt die Arbeit von Martina et al. (2011)

dar, bei der Spotmarkt-Ölpreise mit einer nichtstationären Variante der approximativen Entropie (Pincus 1991) untersucht werden. Auffällige Veränderungen werden dabei z. B. dem Golfkrieg und dem 11. September 2001 zugeordnet. Auch Griessmair (2005) hat auffällige Veränderungen in der Entropie des DAX mit zentralen Ereignissen in Verbindung gebracht.

Insgesamt zeigen diese vielversprechenden Ergebnisse ein breites Anwendungsfeld und eröffnen die Möglichkeit für die Beantwortung zahlreicher interessanter Forschungsfragen. Denn, steigt im Umfeld eines *Events* die Komplexität stark an oder mehren sich die Hinweise auf Zufallsprozesse, dann kann vermutet werden, dass das *Event* überraschend und unerwartet kam und zu einer entsprechenden Unsicherheit auf den Märkten führte. Sinkt die Komplexität im Umfeld eines *Events*, so kann das ein Hinweis auf eine Markt-Anomalie sein. Solche Veränderungen der Komplexität sind vor dem Hintergrund der von Hermann Haken (1977) begründeten Theorie der Selbstorganisation, der Synergetik, für bedeutsame *Events* zu erwarten.

9 Beinahe gleich ... *Recurrence Plots*

Recurrence Plots sind zunächst grafische Darstellungen, die zeigen, wann sich ein System in seinem Verhalten wiederholt. Dabei spielt es keine Rolle, was das System jeweils konkret für ein Verhalten gezeigt hat, wie erratisch oder geordnet dieses jeweils war. Es wird nur registriert, ob es wiederholt vorkam. Die Art, wie Systeme sich mitunter wiederholen, verrät dabei viel über die konkrete Dynamik, ihre Komplexität und ihre Ordnung.

Neben der grafischen Darstellung, deren Interpretation einige Erfahrung erfordert, können auch quantitative Kennwerte aus den Abbildungen abgeleitet werden. Im folgenden Kapitel wird zunächst ein Überblick über das Verfahren gegeben. Es folgt eine Darstellung des Algorithmus und dann seiner Anwendung in GChaos.

9.1 Grundlagen: Muster in Wiederholungen kennzeichnen die Systemdynamik

Wiederholungen weisen auf Ordnung hin

Systeme, die geordnete dynamische Strukturen aufweisen, wiederholen ihr Verhalten, sie bilden selbstähnliche Muster und periodisch wiederkehrende Zyklen aus. Die einfachste Form der Ordnung ist dabei die triviale Wiederholung eines Musters mit exakt derselben Abfolge von Messwerten. Eine sehr einfache Form der Messung von Ordnung in Daten ist also die Feststellung von sich wiederholenden Anteilen in einer Zeitreihe. Strunk (1996, vgl. auch Strunk & Schiepek 2002) hat z. B. vorgeschlagen, die längste sich exakt wiederholende Kette von Messwerten in einer Zeitreihe zu bestimmen und diese als Ordnungsmaß zu interpretieren. Klarerweise funktioniert ein solcher Zugang nur dann, wenn die Messwerte mit einer diskreten Werteauflösung erfasst wurden. Sind hingegen zahlreiche Nachkommastellen zu berücksichtigen und wird das Signal zudem von einem Messfehlerrauschen überlagert, ist es schwer, sich wiederholende Anteile zu identifizieren, auch dann, wenn das Signal selbst solche enthielte. Es ist daher sinnvoll, bei der Identifikation von Wiederholungen nicht zu genau zu sein, also auch Messwerte als „gleich" zu akzeptieren, die nicht ganz exakt gleich sind, sondern sich durch einen geringen, aber tolerierbaren Betrag voneinander unterscheiden. Für diese noch erlaubte Abweichung muss eine sinnvolle Grenze festgelegt werden. Ist der Bereich zu groß gewählt, so erscheinen mehr Messwerte einander ähnlich, als für die Identifikation von Mustern hilfreich wäre. So liefert auch ein Würfel immer die gleichen Ergebnisse, wenn man alle Zahlen wischen 1 und 6 als ähnlich zusammenfasst. Wird die Ähnlichkeitsgrenze hingegen zu klein gewählt, könnten Messfehleranteile die Oberhand gewinnen.

Die triviale Identifikation von Ordnung durch Wiederholung ist auch für nominale Daten, also für Symbolabfolgen möglich. So sucht eine Plagiatssoftware nach Buchstabenfolgen, die sich in gleicher Abfolge auch im Internet finden. Allerdings ist es bei Symbolfolgen nicht trivial, eine Ähnlichkeit bzw. Unähnlichkeit zu definieren. Entweder findet sich die Abfolge in exakt gleicher Weise noch einmal in den Daten oder eben nicht. Für mindestens intervallskalierte Daten ist die Ähnlichkeit der Messwerte hingegen quantifizierbar und eine Abstandsobergrenze kann sinnvoll angegeben werden. Diese definiert, welche Messwerte als einander ähnlich gelten sollen und welche als unähnlich. Repräsentieren die Daten Zustände prinzipiell mehrdimensionaler Systeme, so ist zunächst eine Phasenraumeinbettung vorzunehmen und die Ähnlichkeit der Zustände über den Euklidischen Abstand zu bestimmen.

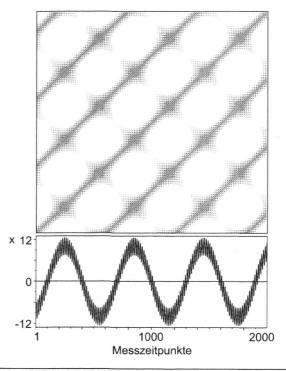

Abbildung 106:	***Recurrence Plot* eines überlagerten Sinus**
	Die unten dargestellte Zeitreihe besteht aus einer Sinusschwingung mit langer Periodenlänge und großer Amplitude. Diese Schwingung ist mit einem hochfrequenten Sinus geringer Amplitude additiv überlagert. Der *Recurrence Plot* zeigt anhand der stark ausgeprägten diagonalen Linien sehr deutlich die zyklische Struktur der Zeitreihe. Jeder *Recurrence Plot* ist entlang der Mitteldiagonale (links unten nach rechts oben) gespiegelt. Die beiden durch die Mitteldiagonale begrenzten Dreiecke enthalten so viele stark ausgeprägte diagonale Linien, wie es sich wiederholende Zyklen in der Zeitreihe gibt. Insbesondere in den Umkehrpunkten liegen über einen längeren Zeitraum ähnliche Werte vor, sodass die Umkehrpunkte im *Recurrence Plot* deutlich hervortreten. (Abbildung und Abbildungsunterschrift nach: Strunk 2009a, S. 255, erstellt mit GChaos)

Beziehung zum Korrelationsintegral

Wird im bereits mehrfach besprochenen Korrelationsintegral (vgl. Gleichung 28, S. 221) der Abstand *l* konstant gehalten und dann Schritt für Schritt jeder Messpunkt mit jedem anderen verglichen, so liefert es eine eins, wenn die beiden Punkte sich um nicht mehr als *l* unterscheiden, und anderenfalls eine null. Diese Nullen und Einsen werden in *Recurrence Plots* in ihrer zeitlichen Anordnung dargestellt und damit einer weitergehenden Analyse zugänglich. (Die folgende Beschreibung stellt eine Erweiterung von Strunk 2009a dar.)

Recurrence Plots (vgl. z. B. Zbilut & Webber Jr. 1992, Webber Jr. & Zbilut 1994, Iwanski & Bradley 1998, Choi et al. 1999, Marwan 2003) sind also grafische Darstellungen, die aufzeigen, zu welchen Zeitpunkten das System wiederholt denselben oder einen ähnlichen Zustand einnimmt. Die Übereinstimmung zweier Systemzustände ist dabei – ebenso wie beim Korrelationsintegral – über den Euklidischen Abstand der beiden Punkte im Phasenraum definiert (vgl. Gleichung 29, S. 222). Ist der Euklidische Abstand zwischen den Punkten kleiner als ein vorgegebener kritischer Wert, so werden die beiden Punkte als ähnlich angesehen. Im *Recurrence Plot* werden nun alle Zeitpunkte gegenüber allen Zeitpunkten in Form einer quadratischen Matrix dargestellt. Zeitpunkte, die einander ähneln – also bei denen der Euklidische Abstand ihrer Koordinatenpunkte kleiner als die festgelegte Grenze ist – werden in der Abbildung schwarz eingezeichnet. Alle anderen Kombinationen bleiben weiß.

Da zumindest alle Zeitpunkte mit sich selbst übereinstimmen, ist die Diagonale eines *Recurrence Plots* immer schwarz markiert (*Line of Identity*). Zudem ist der *Recurrence Plot* symmetrisch um diese *Line of Identity* insofern, als sich das Dreieck über und das Dreieck unter der Diagonalen exakt entsprechen. Dies liegt daran, dass wenn z. B. der Zeitpunkt t_1 und der Zeitpunkt t_{30} einander ähnlich sind, dies natürlich auch für t_{30} und t_1 gilt. Jede Ähnlichkeit wird also in einem *Recurrence Plot* zweimal verzeichnet.

Recurrence Plots zeigen typische Muster für bestimmte Prozessgestalten

Für verschiedene dynamische Strukturen zeigen *Recurrence Plots* charakteristische und zum Teil leicht zu identifizierende geometrische Strukturen. Generiert ein System ein Fixpunkt-Verhalten, so ist offensichtlich, dass der gesamte *Recurrence Plot* schwarz eingefärbt sein muss. Jeder Zeitpunkt stimmt mit jedem anderen Zeitpunkt überein. Zyklische Prozesse führen zu langgezogenen diagonalen Linien. Diagonalen als Parallelen zur Mitteldiagonalen zeigen an, dass das System sein Verhalten in ähnlicher Weise (man beachte, dass die Ähnlichkeit über die vorgegebene kritische Grenze definiert werden kann) wiederholt (vgl. die vorstehende Abbildung 106).

Verallgemeinert kann man davon sprechen, dass diagonale Strukturen im *Recurrence Plot* auf hochgeordnetes deterministisches Verhalten hinweisen. Zudem zeigt z. B. das Verhältnis aus dem Anteil der weißen Fläche zum Anteil der schwarzen Fläche, wie stark sich die Dynamik des Systems immer wieder einmal ähnelt. Auch vertikale Linien können als typische Strukturen in den Abbildungen identifiziert werden. Vertikale Linien verweisen darauf, dass sich der Systemzustand über einen längeren Zeitraum hinweg nicht verändert. Ein solches Verhalten ist auch während intermittierender Phasen (Fenster der Ordnung) z. B. im Feigenbaum-Diagramm der Verhulst-Gleichung und in anderen iterativen Systemen zu beobachten. Marwan (2003) betont daher die Bedeutung der vertikalen Linien für die Identifikation von *Intermittenz* bzw. sogenannter *Laminarität*.

Phasenübergänge

Damit kann bereits die visuelle Interpretation von *Recurrence Plots* wichtige Hinweise auf die zugrunde liegende Dynamik liefern. Insbesondere zeigen sich Phasenübergänge in der Regel recht deutlich an einem Struktur- und Musterwechsel im *Recurrence Plot*. In Abbildung 107 sind solche Phasenübergänge im Verhulst-System deutlich sichtbar.

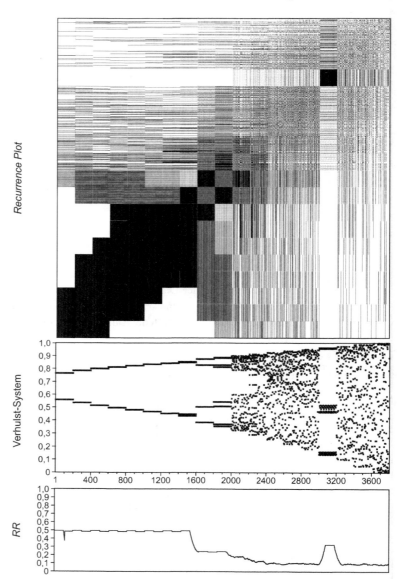

Abbildung 107: ***Recurrence Plot* eines Verhulst-Systems mit Phasenübergängen**
Die Abbildung zeigt den *Recurrence* Plot (oben) für jeweils 200 Datenpunkte des Verhulst-Systems (Mitte) mit 18 aufeinanderfolgenden Parametereinstellungen. Deutlich zeichnen sich im *Recurrence Plot* die Phasenübergänge ab. Die *Recurrence* Rate *RR* (unten) stellt die Ordnung der Dynamik zeitpunktbezogen dar. (Abbildung erstellt mit GChaos, vgl. auch die folgende Seite)

Variationen der Grundidee des *Recurrence Plots* legen z. B. nicht nur eine minimale untere Grenze, sondern auch eine obere Grenze fest (vgl. Iwanski & Bradley 1998). Nur dann, wenn die Distanz zwischen zwei Punkten in den festgelegten Bereich fällt, wird eine Markierung vorgenommen – also ein *Recurrence*-Punkt als vorhanden festgestellt.

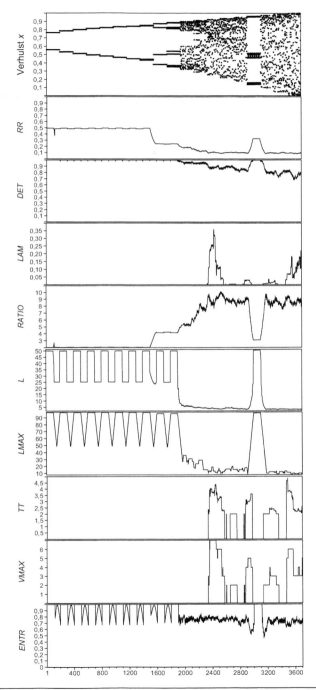

Abbildung 107b: *Recurrence Plot* eines Verhulst-Systems mit Phasenübergängen (Fortsetzung)

Die Abbildung zeigt Auswertungen für die Ordnung oder Unordnung von *Recurrence Plots* in einem gleitenden Fenster von 100 Messzeitpunkten für das Verhulst-System aus Abbildung 107 (vorhergehende Seite). Die einzelnen Kennwerte werden ab S. 383 definiert. (Abbildung erstellt mit GChaos)

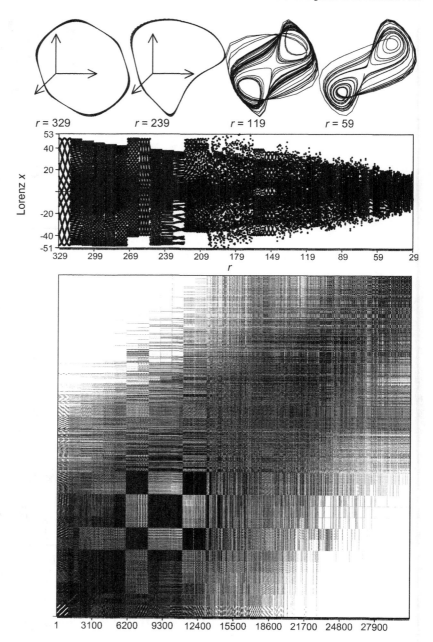

Abbildung 108:	***Recurrence Plot* eines Lorenz-Systems mit Phasenübergängen**
	Die Abbildung zeigt den *Recurrence Plot* für die Variable x des Lorenz-Systems. Die Zeitreihe selbst umfasst insgesamt 31.000 Messzeitpunkte und besteht aus Abschnitten mit jeweils 1.000 Datenpunkten, beginnend bei $r = 339$ wird der Parameter r Schritt für Schritt um 10 verringert.
	Die in der Abbildung dargestellte Berechnung ergibt sich für den Lorenz-Attraktor mit $339 \geq r \geq 29$; sigma = 16 und $b = 4$, *Time per Iteration* = 0,05.
	Time Spacing Delay = 3; Einbettung = 3, Maximum l = 5 % des maximalen Abstandes im Phasenraum. (Abbildung erstellt mit GChaos)

Beinahe gleich ... Recurrence Plots

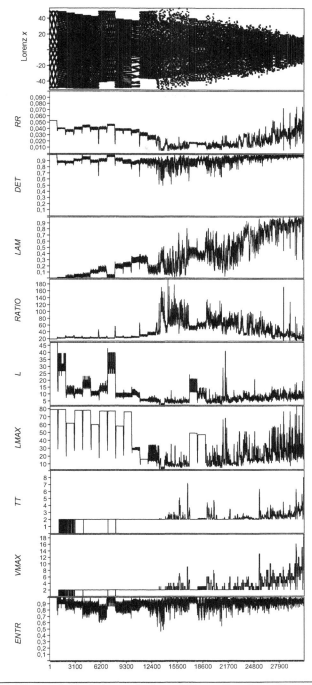

Abbildung 108b: ***Recurrence-Plot*-Kennwerte für ein Lorenz-System mit Phasenübergängen (Fortsetzung)**
Die Abbildung zeigt Auswertungen für die Ordnung oder Unordnung von *Recurrence Plots* in einem gleitenden Fenster von 100 Messzeitpunkten für die Variable *x* des Lorenz-Systems aus Abbildung 108 (vorhergehende Seite). Die Kennwerte werden ab S. 383 definiert. (Abbildung erstellt mit GChaos)

Eine andere Möglichkeit besteht darin, gar keine Grenze vorzugeben und die Punkte im *Recurrence Plot* je nach der Distanz zwischen den Zustandsvektoren verschieden hell oder dunkel einzufärben (Iwanski & Bradley 1998). Genau genommen handelt es sich hierbei um sogenannte *Distance Plots* (Marwan 2003).

Interessant ist auch die Variation von Choi et al. (1999), die vorschlagen, nur die Punkte zu zählen, die sich in einer bestimmten Raumrichtung vom Vergleichspunkt aus betrachtet aufhalten. Dabei wird jeweils eine Raumrichtung senkrecht zum Trajektorienstrom gewählt, sodass der resultierende *Recurrence Plot* auf jeweils lokalen Poincaré-Schnitten (vgl. auch Abbildung 30, S. 155) beruht.

Quantifizierung der Eigenschaften einer Dynamik

Für besonders lange und auch für nichtstationäre Daten wird vorgeschlagen, eine Serie von *Recurrence Plots* zu erstellen, deren einzelne Abbildungen nur ein begrenztes Zeitfenster erfassen. Von Abbildung zu Abbildung wird dieses Zeitfenster dabei Stück für Stück über die Zeitreihe geschoben. Selbstverständlich ist ein solches Vorgehen für eine visuelle Interpretation der Abbildungen ungeeignet. Und es liegt nahe, verschiedene Merkmale für typische *Recurrence*-Muster statistisch auszuzählen. Eine solche statistisch-quantitative Analyse von *Recurrence Plots* wird von Zbilut und Webber Jr. (Zbilut & Webber Jr. 1992, Webber Jr. & Zbilut 1994) vorgeschlagen. Erweiterungen finden sich bei Marwan (2003, 2006) sowie Faure und Korn (1998). Anwendungen dieser quantifizierten *Recurrence Plots* finden sich inzwischen auch für wirtschaftswissenschaftliche Fragestellungen (z. B. Kyrtsou & Terraza 2010).

9.2 Algorithmus: *Recurrence Plots*

Ein *Recurrence Plot* beruht auf einer Phasenraumeinbettung, der Festlegung einer geeigneten Abstandsobergrenze l und der vom Korrelationsintegral bekannten *Heaviside*-Funktion Θ. Diese nimmt eins an, wenn der Abstand zwischen den beiden Referenzpunkten kleiner ist als l. Anderenfalls nimmt die Funktion null an. Die Matrix $M(i,j)$ besteht daher aus Nullen und Einsen, je nach Abstand der Datenpunkte zu den Zeiten i und j. Der Startpunkt der Analyse liegt bei $i = j = 1$ (in der Matrix unten links). Sie endet bei $i = j = N$ (in der Matrix oben rechts, vgl. die folgende Gleichung 43).

Gleichung 43:
Matrix des
Recurrence Plot

$$M(i,j) = \Theta\left(l - |\vec{X}_i - \vec{X}_j|\right)$$

$$M(i,j) = \begin{vmatrix} \Theta(l-|\vec{X}_{i=1}-\vec{X}_{j=N}|) & \Theta(l-|\vec{X}_{i=2}-\vec{X}_{j=N}|) & \ldots & 1 \\ \ldots & \ldots & 1 & \ldots \\ \Theta(l-|\vec{X}_{i=1}-\vec{X}_{j=2}|) & 1 & \ldots & \Theta(l-|\vec{X}_{i=N}-\vec{X}_{j=2}|) \\ 1 & \Theta(l-|\vec{X}_{i=2}-\vec{X}_{j=1}|) & \ldots & \Theta(l-|\vec{X}_{i=N}-\vec{X}_{j=1}|) \end{vmatrix}$$

M(i,j) Matrix basierend auf den Abständen der Datenpunkte zu den Zeiten i und j. Die Matrix beginnt unten links mit i=j=1 und endet oben rechts mit i=j=N.
l Abstandsobergrenze
N Länge der Zeitreihe, Anzahl Datenpunkte im Phasenraum
Θ Heaviside-Funktion, die 1 annimmt, sobald der Abstand der Punkte kleiner ist als l
$\vec{X}_i - \vec{X}_j$ Euklidischer Abstand zwischen zwei Punkten im Phasenraum

In der Literatur (Zbilut & Webber Jr. 1992, Webber Jr. & Zbilut 1994, Faure & Korn 1998, Marwan 2003, 2006) werden eine Reihe von Kennwerten zur Quantifizierung der Eigenschaften von *Recurrence Plots* diskutiert:

- **Recurrence Rate.** Die *Recurrence Rate* (*RR*) setzt die Anzahl der *Recurrence*-Punkte in ein Verhältnis zur Anzahl möglicher Punkte, wobei die sogenannte *Line of Identity* (also die Mitteldiagonale) nicht mitgezählt wird.

Gleichung 44:
Recurrence Rate

$$RR = \frac{1}{N^2 - N} \sum_{i,j=1, i \neq j}^{N} \Theta\left(l - |\vec{X}_i - \vec{X}_j|\right)$$

N Länge der Zeitreihe, Anzahl Datenpunkte im Phasenraum
l Abstandsobergrenze
Θ Heaviside-Funktion, die 1 annimmt, sobald der Abstand der Punkte kleiner ist als l
$\vec{X}_i - \vec{X}_j$ Euklidischer Abstand zwischen zwei Punkten im Phasenraum

- **Determinismus.** Da diagonale Linien auf deterministische Anteile hinweisen, ist der Determinismus (*DET*) definiert als Prozentsatz derjenigen *Recurrence* Punkte, die diagonale Linien bilden. In der Gleichung wird als Untergrenze eine Mindestlänge für eine Diagonale (r_{min}) angegeben. Zumindest sollte eine Diagonale aus zwei Punkten bestehen. Es kann aber auch sinnvoll sein, längere Diagonalen mit höheren Untergrenzen auszuzählen. Die längste Diagonale mit N Datenpunkten ist die *Line of Identity*. Diese wird von der Berechnung ausgeschlossen. *r* steht für die Länge der Diagonalen und *h(r)* gibt an, wie häufig die Diagonale der Länge *r* im *Recurrence Plot* vorkommt.

Gleichung 45: Determinismus

$$DET = \frac{\sum_{r=r_{min}}^{N-1} rh(r)}{\sum_{i,j=1, i \neq j}^{N} \Theta(l - |\vec{X}_i - \vec{X}_j|)}$$

r Länge einer Diagonalen, alle Längen von r_{min} bis zu N–1 werden berücksichtigt.
r_{min} Mindestlänge der Diagonalen
N Länge der Zeitreihe, Anzahl Datenpunkte im Phasenraum
h(r) Häufigkeit, mit der die Diagonale der Länge *r* vorkommt
l Abstandsobergrenze
Θ Heaviside-Funktion, die 1 annimmt, sobald der Abstand der Punkte kleiner ist als *l*
$\vec{X}_i - \vec{X}_j$ Euklidischer Abstand zwischen zwei Punkten im Phasenraum

- **Laminarität.** Da vertikale Linien auf Laminarität (also Intermittenzen) hinweisen, ist die Laminarität (*LAM*) definiert als Prozentsatz derjenigen *Recurrence*-Punkte, die vertikale Linien bilden. In der Gleichung wird als Untergrenze eine Mindestlänge für eine Vertikale gefordert. Zumindest sollte eine Vertikale aus zwei Punkten bestehen. Es kann aber auch sinnvoll sein, längere Vertikalen mit höheren Untergrenzen auszuzählen. *v* steht für die Länge der Vertikalen und *h(v)* gibt an, wie häufig die Vertikale der Länge *v* im *Recurrence Plot* vorkommt.

Gleichung 46: Laminarität

$$LAM = \frac{\sum_{v=v_{min}}^{N} vh(v)}{\sum_{i,j=1, i \neq j}^{N} \Theta(l - |\vec{X}_i - \vec{X}_j|)}$$

v Länge einer Vertikalen
v_{min} Mindestlänge der Vertikalen
N Länge der Zeitreihe, Anzahl Datenpunkte im Phasenraum
h(v) Häufigkeit, mit der die Vertikale vorkommt
l Abstandsobergrenze
Θ Heaviside-Funktion, die 1 annimmt, sobald der Abstand der Punkte kleiner ist als *l*
$\vec{X}_i - \vec{X}_j$ Euklidischer Abstand zwischen zwei Punkten im Phasenraum

- **Verhältnis von Determinismus zur *Recurrence Rate*.** Das Verhältnis von Determinismus zur *Recurrence Rate* (*RATIO*) normiert den Determinismus-Kennwert auf die Zahl der *Recurrence* Punkte insgesamt. An einem plötzlichen Rückgang des Wertes im Zeitverlauf kann möglicherweise ein Phasenübergang identifiziert werden (Marwan 2003, S. 25). Dies liegt daran, dass im sogenannten Kritischen Langsamerwerden (vgl. Abbildung 10, S. 55, Haken 1977, S. 110, Haken 1990a, S. 9) die Determiniertheit des Systems dramatisch zurückgeht.

Gleichung 47: Determinismus zur Recurrence Rate

$$RATIO = \frac{DET}{RR}$$

DET Determinismuskennwert
RR Recurrence Rate

- **Entropie.** Die Komplexität eines *Recurrence Plots* kann über die Shannonsche Informationsdefinition für die Verteilung der diagonalen Linien ermittelt werden. Allerdings weist Marwan (2003, S. 24) darauf hin, dass die Entropie nicht dazu geeignet ist, verschiedene Datensätze miteinander zu vergleichen. Auch ein Vergleich innerhalb desselben Datensatzes z. B. für verschiedene kritische Abstände *l* (also für die Größe, die den höchstmöglichen Abstand für *Recurrence*-Punkte festlegt) ist nicht immer möglich.

Gleichung 48: Entropie

$$ENTR = -\sum_{r=r_{min}}^{N-1} P(r) \log_2 P(r)$$

r_{min} Mindestlänge der Diagonalen
$P(r)$ Relative Häufigkeit einer Diagonalen der Länge r

- **Weitere Kennwerte.** Als weitere Kennwerte lassen sich jeweils die längste Diagonale (*LMAX*) bzw. Vertikale (*VMAX*) und die mittlere Länge der Vertikalen (*TT, Trapping Time*) bzw. Diagonalen (*L*) bestimmen. Der Kehrwert der längsten Diagonalen wird als *Divergenz* bezeichnet und steht in einem Zusammenhang mit dem größten *Lyapunov*-Exponenten (der Quantifizierung des Schmetterlingseffektes), ist aber nicht mit diesem identisch.

Kennwert		Hohe Werte bedeuten ...
RR	Recurrence Rate	mehr Wiederholungen (mehr Ordnung).
DET	Determinismus (Anteil der Diagonalen)	Ordnung.
LAM	Laminarität	geringe Veränderungen und zahlreiche Fixpunkte (Fenster der Ordnung).
RATIO	Verhältnis von *DET* zu *RR*	mehr Determinismus und Ordnung pro Wiederkehr – im Zeitverlauf bedeutet ein plötzlicher Rückgang einen Phasenübergang.
L	Mittlere Länge der Diagonalen	Ordnung.
LMAX	Längste Diagonale	Ordnung – der Kehrwert soll mit dem LLE in Verbindung stehen.
TT	*Trapping Time* (Mittlere Länge der Vertikalen)	lange Zeiträume, in denen das System sich nicht verändert (Fixpunkte, Fenster der Ordnung).
VMAX	Längste Vertikale	einen besonders langen Zeitraum, in dem das System sich nicht verändert (Fixpunkt, Fenster der Ordnung).
ENTR	Entropie, Komplexität der Verteilung der Diagonalen in den *Recurrence Plots*	eine hohe Variabilität im Zeitverlauf. Nicht zwischen verschiedenen *Plots* vergleichbar.

Tabelle 42: **Übersicht über die Kennwerte von *Recurrence Plots***
In der Literatur werden zahlreiche Kennwerte zur quantitativen Vermessung von *Recurrence Plots* diskutiert (Zbilut & Webber Jr. 1992, Webber Jr. & Zbilut 1994, Marwan 2003, 2006). Die Tabelle gibt hierüber einen Überblick. Berechnungsgleichungen finden sich im Text. Grafische Beispiele geben die Abbildungen 105 und 106.

In der Abbildung 106 und der Abbildung 107 werden die hier diskutierten Kennwerte für Phasenübergänge im Verhulst- und Lorenz-System dargestellt. Dort wird z. B. die Sensitivität der längsten Diagonale ($LMAX$) für die Chaotizität der Systeme gut sichtbar. Dabei muss aber berücksichtigt werden, dass hohe Werte Ordnung und niedrige Werte Komplexität (eventuell Chaotizität) bedeuten. Die einzelnen Kennwerte werden in der Tabelle 42 inhaltlich zusammengefasst.

Möglichkeiten für die Wahl der Abstandsobergrenze

Für die Erzeugung und Beurteilung von *Recurrence Plots* kommt der Abstandsobergrenze l eine zentrale Rolle zu. Wird l zu groß gewählt, wird das *Recurrence* Muster durch zu viele *Recurrence*-Punkte verdeckt, wird es zu klein gewählt, bleibt der Plot an vielen Stellen weiß und Muster in den Daten treten nicht hervor. Grundsätzlich wird man mit einem geeigneten l jede beliebige *Recurrence Rate* erreichen können (vorausgesetzt es gibt eine breite Verteilung verschiedener Abstände in den Daten). Tatsächlich kann es sogar sinnvoll sein, l so zu wählen, dass eine fixe *Recurrence Rate* erreicht wird, sodass beim Vergleich von Systemen der Anteil von z. B. diagonalen (deterministischen) Strukturen nicht von unterschiedlichen Verteilungen der Abstände (z. B. bereits durch eine unterschiedliche Varianz der Daten) verfälscht wird. Die Abstandsobergrenze kann nach folgenden Prinzipien gewählt werden:

- **Absoluter Zahlenwert.** Ist z. B. das Ausmaß an Messfehlerrauschen bzw. die Datengenauigkeit bekannt, kann es sinnvoll sein, einen festen Zahlenwert für die Abstandsobergrenze l anzugeben, also direkt den Abstand zu wählen, den ein Signal erreichen sollte, um vom Rauschen unterschieden werden zu können.

- **Einheiten der Standardabweichung.** Es ist durchaus üblich, Abweichungen in Messdaten in Einheiten der Standardabweichung anzugeben. Bei normalverteilten Daten lässt sich damit auch gleich angeben, wie ungewöhnlich ein Messwert ist. So liegen ja bekanntlich 68 % aller Messwerte innerhalb einer Standardabweichung und ca. 95 % innerhalb von zwei Standardabweichungen um den Mittelwert. Hier wird also ein Wert für die Abstandsobergrenze gewählt, der von der Streuung in den Daten abhängig ist. Der konkrete Zahlenwert für die Abstandsobergrenze wird damit je nach Datensatz jeweils neu bestimmt. Gute Ergebnisse lassen sich für viele Systeme mit 0,1 bis 0,5 Standardabweichungen erzielen.

- **Perzentil der Abstände.** Wird zunächst eine vollständige Liste aller Abstände bestimmt, so kann die Abstandsobergrenze als beliebiges Perzentil dieser Verteilung vorgegeben werden. Es wird so die *Recurrence Rate* vorgewählt. Sollen Systeme miteinander verglichen werden, kann es sinnvoll sein, diese Methode einzusetzen, um so die *Recurrence Rate* vergleichbar zu halten und davon unabhängig die Strukturen des Plots zu analysieren. Gute Ergebnisse lassen sich für viele Systeme mit Einstellungen zwischen 1 % bis 10 % erzielen.

- **Anteil der Datenspannweite.** Ist der geringste und größte Abstand bekannt, kann eine Abstandsobergrenze als Anteil der Datenspannweite angegeben werden. Anders als bei der Wahl eines Perzentils ist damit nicht automatisch vorgegeben, wie viele Abstände in die gewählte Grenze fallen.

9.2.1 Datenqualität, Voraussetzungen

Für die Anwendung von *Recurrence Plots* sind intervallskalierte Datensätze erforderlich, die sinnvoll in einen Phasenraum eingebettet werden können. Damit stellt die Einbettung der Daten in einen (rekonstruierten) Phasenraum auch bei diesem Verfahren eine zentrale Grundlage für das weitere Vorgehen dar. Durch die Wahl einer geeigneten Abstandsobergrenze sind *Recurrence Plots* nicht so empfindlich gegen Rauschen wie etwa das D2 oder der LLE. In diese Verfahren geht jedes Rauschen als konkreter Messwert in die Analyse mit ein. Andererseits sind die Ergebnisse aus *Recurrence Plots* auch grobkörniger und wenig differenziert, beruhen sie doch auf einer Dichotomisierung des Vergleichs von Daten verschiedener Zeitabschnitte.

Wenige Datenpunkte können für eine Berechnung bereits genügen

Für die Erstellung von *Recurrence Plots* sind erheblich weniger Daten nötig als für andere Verfahren, die auf Phasenraumeinbettungen beruhen. In GChaos werden Zeitreihen mit mehr als 32 Datenpunkten zur Berechnung zugelassen. Die folgende Tabelle gibt einen Überblick über das Verfahren.

Recurrence Plot
(Zbilut & Webber Jr. 1992, Webber Jr. & Zbilut 1994, Marwan 2003, 2006)

Was wird gemessen?	Zusammenhängende Abschnitte sich beinahe exakt wiederholender Datenfolgen werden identifiziert und analysiert.
Hohe Werte bedeuten ...	Je nach Kennwert sind verschiedene Interpretationen zulässig (vgl. Tabelle 42). Im Kern wird Ordnung (Wiederkehr) gemessen.
Dynamik	Die konkrete Abfolge von Datenpunkten im Phasenraum spielt eine zentrale Rolle. Die Dynamik wird also berücksichtigt.
Phasenraumeinbettung	Ja.
Skalenniveau	Intervall.
Minimale Datenlänge	$N \geq 32$.
Stationarität erforderlich	Grundsätzlich nein. Die quantitativen Kennwerte gelten jedoch als Kennzeichnung des gesamten *Recurrence Plots* und damit der gesamten erfassten Dynamik. In diesem Sinne ist hier Stationarität erforderlich.

Tabelle 43: **Übersicht über das Verfahren: *Recurrence Plot***
Insbesondere in Bezug auf die Stationarität ist zwischen dem *Recurrence Plot* als grafischer Abbildung und den aus der Abbildung gewonnenen Kennwerten zu unterscheiden.

9.2.2 Praktische Durchführung

Test der Voraussetzungen, Datenvorbereitung, Absicherung

Die Anforderungen an die Daten sind für die Anwendung von *Recurrence Plots* nicht sonderlich hoch. Es genügt ein Intervallskalenniveau und die Möglichkeit, die Daten sinnvoll in einen Phasenraum einbetten zu können.

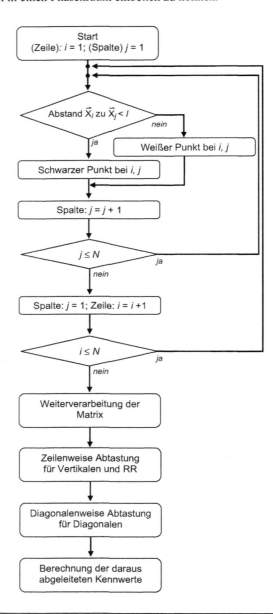

Abbildung 109: **Algorithmus der Erstellung und Analyse von *Recurrence Plots***
Nach Markierung der *Recurrence*-Punkte in der Matrix tastet der Algorithmus diese zeilen- und diagonalenweise ab, um die Kennwerte zu bestimmen.

Durchführung der Berechnung

Die Abbildung 109 zeigt die einzelnen Schritte des Algorithmus. In mehreren Schleifen kann die Matrix eines *Recurrence Plot* durchlaufen werden, um die Informationen für die Kennwerte auszulesen. Der in Abbildung 109 dargestellte Algorithmus erzeugt zunächst Zeile für Zeile die *Recurrence*-Matrix und tastet diese danach zeilenweise ab. Zusammenhängende *Recurrence Points* können dabei als Vertikalen identifiziert, gezählt und vermessen werden. Durch ein hier als Diagonalabtastung bezeichnetes Vorgehen können dann auch die Diagonalen erfasst werden. Dazu wird die Matrix jeweils diagonal abgetastet, indem alle Parallelen zur *Line of Identity* (Mittlere Diagonale) nacheinander abgefahren werden.

Die Implementierung in GChaos setzt den in der Abbildung 109 dargestellten Algorithmus direkt um. Das führt zu einer mehrfachen Abtastung der Matrix, die entsprechend viel Zeit in Anspruch nehmen kann. Grafische Darstellungen bleiben auf 2000 x 2000 Pixel beschränkt. Größere Matrizen werden auf diese Größe skaliert. Wie bei der Skalierung von Grafiken üblich, können dabei sogenannte Moiré-Effekte oder ähnliche Artefakte auftreten. Diese entstehen, wenn benachbarte Pixel bei einer Verkleinerung der Grafik auf ein gemeinsames Pixel abgebildet werden müssen. Man erreicht das Verfahren über das Menü „*Statistics*", „*Recurrence Plots*" (vgl. Abbildung 110).

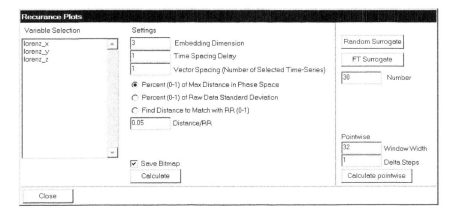

Abbildung 110: *Recurrence Plot*
Im Text wird das Vorgehen bei der Erstellung von *Recurrence Plots* und deren Analyse in GChaos dargestellt. Der Dialog wird erreicht über das Menü: „*Statistics*", „*Recurrence Plots*".

- **Variablenauswahl.** In der Variablenliste werden alle Spaltenbezeichnungen des aktuellen Arbeitsblattes aufgelistet. Hier kann eine Variable für die Berechnung ausgewählt werden. Die Auswahl mehrerer Variablen führt dazu, dass diese nach dem Reißverschlussprinzip zu einem Datensatz angeordnet werden: Aus x_1, x_2, x_3, x_4, ... x_N und y_1, y_2, y_3, y_4, ... y_N sowie z_1, z_2, z_3, z_4, ... z_N wird dann x_1, y_1, z_1, x_2, y_2, z_2, x_3, y_3, z_3, x_4, y_4, z_4, ... x_N, y_N, z_N. Diese verknüpfte Zeitreihe wird in der Regel zu einem *Time-Lag* von eins führen. Zudem wird über die Einstellung „*Vector Spacing*" angegeben, aus wie vielen Dimensionen die Zeitreihe besteht. Bei der Einbettung wird dann dafür gesorgt, dass die Koordinaten für die Punkte im Phasenraum immer mit der gleichen Variablen beginnen (ist die zusammengesetzte Zeitreihe eine Abfolge der Variablen x, y, z, so sorgt ein *Vector Spacing* von drei dafür, dass die Koordinaten immer mit x beginnen und nicht auch mit y oder z).

- **Einbettungsdimension.** Die Einbettungsdimension „*Embedding Dimension*" sollte vorher über ein D2 ermittelt werden. Nach einer Faustregel von Farmer (1982b, vgl. Gleichung 35, S. 229) sollte eine geeignete Einbettung ca. zweimal so groß sein wie die eigentliche Dimensionalität des Attraktors. Bei kurzen Zeitreihen gehen dadurch jedoch Datenpunkte verloren.

- ***Time-Lag.*** Das „*Time Spacing Delay*" muss für die Einbettung vorher bestimmt werden.

- ***Vector Spacing.*** Das „*Vector Spacing*" gibt bei einer multiplen Variablenauswahl die Zahl der Variablen an und sorgt dafür, dass die Einbettung für jeden neuen Datenpunkt immer bei der ersten Variablen beginnt.

- **Festlegung des maximalen Abstandes.** Drei verschiedene Methoden können für die Festlegung des Abstandes gewählt werden. Die erste Methode gibt den Abstand in Prozent der maximalen Distanz im Phasenraum an. In der Berechnung wird dann erst die maximale Distanz gesucht und daraus dann der gewünschte maximale Abstand berechnet. Das Verfahren ist damit rechenzeitintensiver als die zweite Option, die den maximalen Abstand in Einheiten der Standardabweichung der Zeitreihe vorgibt. Die Daten werden vor der Einbettung z-transformiert und der Abstand entspricht damit direkt den Einheiten der Standardabweichung, die nach einer z-Transformation ja bei eins liegt. Ganz besonders rechenzeitintensiv ist die dritte Option. Für diese wird der maximale Abstand genau so gewählt, dass sich die eingestellte *Recurrence Rate* ergibt. Dazu muss eine vollständige Verteilung aller Abstände zwischen allen Punkten im Phasenraum erzeugt werden. Das kann bei Zeitreihen mit mehr als 1.000 Datenpunkten lange Zeit in Anspruch nehmen.

- **Start der Berechnung und Speichern der Grafik.** Der Button „*Calculate*" startet die Erzeugung des *Recurrence Plots*, speichert diesen als Grafik (wenn ausgewählt) und ermittelt die Kennwerte.

- ***Pointwise* Analyse.** Für eine *Pointwise* Analyse wird ein gleitendes Fenster verwendet. Die Breite des Fensters und die Schrittweite für die Verschiebung sind jeweils anzugeben. Diese Analyse startet mit dem Button „*Calculate Pointwise*". Der Algorithmus bestimmt dazu zunächst den maximalen Abstand für die gesamte Zeitreihe und nutzt diesen für das gleitende Fenster. Die ermittelten Kennwerte werden im Arbeitsblatt gespeichert.

- **Absicherung der Ergebnisse.** Die Buttons „Random Surrogate" und „FT Surrogate" bieten die Möglichkeit, die Ergebnisse zu testen. Die Zahl der Surrogate wird in dem Eingabefeld eingetragen. Ein Klick auf einen der genannten Buttons startet die Surrogatdatenanalysen für alle Kennwerte.

9.2.3 Beispielanalyse: Der DAX wiederholt sich

Recurrence Plots bieten zunächst einen grafischen Eindruck von sich wiederholenden Datenmustern in dynamischen Systemen. Die bisher dargestellten Analysen der logarithmierten *Returns* der Schlusskurse des Deutschen Aktienindex DAX zeigen, dass dieser über Muster organisierter Komplexität verfügt, die sich z. B. als fraktale Struktur in der Phasenraumrepräsentation manifestieren. Zudem können in *Pointwise* Analysen kurzfristig hochkomplexe, wahrscheinlich zufällige Einflüsse identifiziert werden, die deutlich den nichtstationären Charakter des Datensatzes belegen. Zusammenfassend und vorsichtig interpretiert finden sich also Hinweise darauf, dass zumindest zeitweilig geordnete Strukturen in den Daten vorliegen. Diese auch visuell darzustellen ist das Ziel der folgenden Analyse mittels *Recurrence Plots*. Zudem soll daran anschließend ein gleitendes Fenster genutzt werden, um Veränderungen in der Struktur der *Recurrence Plots* auch quantitativ im Zeitverlauf zu erfassen.

Visuelle Analyse

Basierend auf den bisherigen Befunden werden die Daten 6-dimensional mit einem *Time-Lag* von eins eingebettet. Verschiedene maximale Abstände werden erprobt und zeigen jeweils sehr ähnliche Ergebnisse. Die Abbildung 111 stellt den *Recurrence Plot* für einen maximalen Abstand dar, der durch 9 % der größten euklidischen Distanz im Phasenraum gegeben ist. Deutlich sind nichtstationäre Übergänge an den quadratischen Strukturen erkennbar. Breite und auch schmale weiße Streifen zeigen Zeiträume an, zu denen das System so ungewöhnliche Zustände aufweist, dass sie sich im gesamten Beobachtungszeitraum nicht noch einmal wiederholen. Die dunklen quadratischen Strukturen markieren hingegen Phasen mit einem ausgeprägten Anteil wiederkehrender Muster. Dass es sich dabei nur um zufällige Häufungen von *Recurrence*-Punkten handelt, scheint angesichts der doch sehr deutlich ausgeprägten Strukturen wenig wahrscheinlich. Auch die ermittelten Kennwerte sprechen gegen Zufallsmuster.

Die *Recurrence Rate* liegt für die gewählte Einstellung bei rund 12 %, der Determinismus beträgt hohe 91 % und die längste Diagonale umfasst sogar 75 Handelstage. *Random*-Surrogate zeigen nicht nur ein völlig anderes Bild, sondern führen auch zu dramatisch anderen Kennwerten: Die *Recurrence Rate* sinkt im Durchschnitt auf Werte zwischen 2 % – 5 %, der Determinismus auf 71 % – 80 % und die längste Diagonale umfasst nur noch 15 – 22 Handelstage. Die folgende Tabelle 44 stellt den Ergebnissen für die Originaldaten jeweils 30 *Random*- und 30 DFT-Surrogate gegenüber. Alle Unterschiede zwischen Originaldatensatz und den Surrogaten – sowohl *Random* als auch DFT – sind statistisch hochsignifikant (p-2-seitig ist immer kleiner 0,001) und weisen das Original insgesamt als sehr viel geordneter aus. Nur die RATIO weist in eine andere Richtung. Obwohl es kaum *Recurrence*-Punkte für die Surrogate gibt (RR ist sehr klein im Vergleich zum Original), sind diese doch eher als Diagonalen angeordnet. Da der Kennwert das Verhältnis von DET zu RR beschreibt und nicht das Niveau der beiden berücksichtigt, ist ein Vergleich zwischen den so hochgradig unterschiedlichen Datensätzen durch die RATIO in diesem Fall eher irreführend.

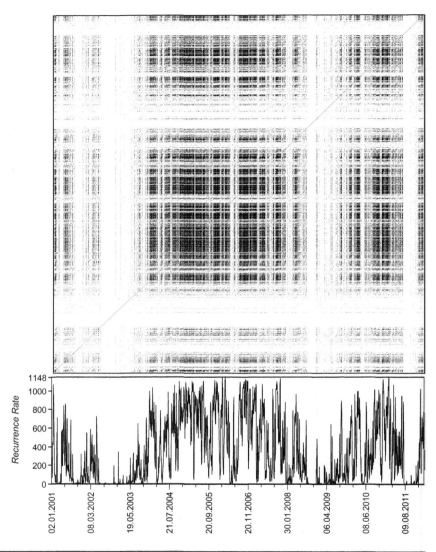

Abbildung 111: ***Recurrence Plot* der logarithmierten *Returns* des DAX**
Quadratische Strukturen in *Recurrence Plots* weisen in der Regel auf nichtstationäre Veränderungen (Phasenübergänge) hin. Deutlich ist der Rückgang der *Recurrence Rate* erkennbar, der die verschiedenen Phasen voneinander trennt.

Methodik zur Zusammenfassung der nichtstationären Analyse

Wird die Analyse in einem gleitenden Fenster durchgeführt, sind zudem dramatische Veränderungen in den Kennwerten beobachtbar, die mitunter synchronisiert über verschiedene Kennwerte hinweg auftreten.

				Surrogate	
Kennwert		Hohe Werte bedeuten ...	Original	*Random*	FT
RR	Recurrence Rate	mehr Wiederholungen (mehr Ordnung)	0,119	0,053 ± 0,002 (p < 0,001)	0,021 ± 0,001 (p < 0,001)
DET	Determinismus (Anteil der Diagonalen)	Ordnung	0,913	0,796 ± 0,007 (p < 0,001)	0,712 ± 0,007 (p < 0,001)
LAM	Laminarität	geringe Veränderungen und zahlreiche Fixpunkte (Fenster der Ordnung)	0,648	0,405 ± 0,031 (p < 0,001)	0,115 ± 0,022 (p < 0,001)
RATIO	Verhältnis von *DET* zu *RR*	mehr Determinismus und Ordnung pro Wiederkehr	7,642	15,093 ± 0,398 (p < 0,001)	34,038 ± 1,224 (p < 0,001)
L	Mittlere Länge der Diagonalen	Ordnung	5,578	3,364 ± 0,056 (p < 0,001)	2,958 ± 0,034 (p < 0,001)
LMAX	Längste Diagonale	Ordnung – der Kehrwert soll mit dem LLE in Verbindung stehen	75	21,933 ± 3,162 (p < 0,001)	15,867 ± 1,943 (p < 0,001)
TT	*Trapping Time* (Mittlere Länge der Vertikalen)	lange Zeiträume, in denen das System sich nicht verändert (Fixpunkte, Fenster der Ordnung)	4,210	2,870 ± 0,097 (p < 0,001)	2,370 ± 0,091 (p < 0,001)
VMAX	Längste Vertikale	einen besonders langen Zeitraum, in dem das System sich nicht verändert (Fixpunkt, Fenster der Ordnung)	115	22,333 ± 4,873 (p < 0,001)	12,300 ± 2,818 (p < 0,001)
ENTR	Entropie, Komplexität der Verteilung der Diagonalen in den *Recurrence Plots*	nicht zwischen den Fällen vergleichbar und damit nicht interpretierbar	0,588	0,542 ± 0,013 (p < 0,001)	0,515 ± 0,013 (p < 0,001)

Tabelle 44: **Kennwerte der *Recurrence Plots* des DAX**
Alle Wahrscheinlichkeiten sind 2-seitig berechnet und prüfen den Unterschied des Kennwertes des Originals gegenüber den Surrogaten.

Die Abbildung 112 zeigt die Ergebnisse für ein 100 Handelstage breites gleitendes Fenster. Im Grunde messen alle quantitativen Definitionen für *Recurrence Plots* Ordnung, die durch Musterwiederholungen gekennzeichnet ist. Dennoch erfassen sie unterschiedliche Aspekte dieser Ordnungsstrukturen. Eine Interpretation der Kennwerte im zeitlichen Verlauf ist daher nicht ganz leicht. Um die Befunde insgesamt übersichtlicher darzustellen, werden die Kennwertezeitreihen z-transformiert und Abweichungen von mehr als zwei Standardabweichungen markiert. Die Abbildung 117 zeigt zeilenweise für die verschiedenen Kennwerte dort Markierungen, wo die Grenze von plus-minus zwei Standardabweichungen über- bzw. unterschritten wird. Für vier Zeiträume finden sich synchron auftretende gleichzeitige Veränderungen mehrerer Kennwerte:

1. **Datum mit synchronisiert auftretenden Veränderungen: 30.05. – 25.07. 2002.**
Dieser Zeitraum ist bereits im Rahmen der PD2-Analyse aufgefallen (vgl. S. 267 ff.): Zahlreiche Ereignisse erschüttern die Finanzwelt. Der Chiphersteller Intel meldet Probleme (n-TV 2001b) und ein mittleres Erdbeben trifft Kreta (Stärke 5,4) (n-TV 2001c). Dramatisch wird die Situation durch die *Worldcom*-Pleite vom 21.07.2002, die mit Bilanzfälschungen und Fehlbuchungen im Wert von 11 Milliarden Dollar verbunden war (Die Zeit 2005).

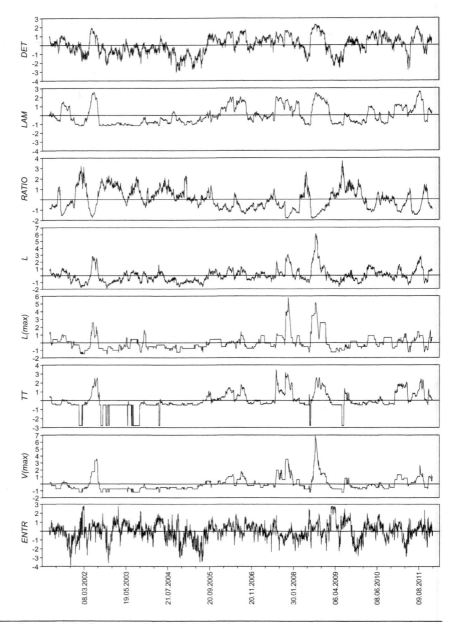

Abbildung 112: **Kennwerte der *Recurrence Plots* im Zeitverlauf**
Die Kennwerte werden für ein gleitendes Fenster mit einer Breite von 100 Handelstagen bestimmt. Für die Darstellung sind sie z-transformiert angegeben, sodass der Mittelwert jeweils bei null und die Standardabweichung bei eins liegt. Da jeder Kennwert einen anderen Aspekt beleuchtet, ist die Interpretation nicht ganz leicht.

Der enorme Vertrauensverlust setzt die Märkte unter Druck und führt zum *Sarbanes-Oxley Act*, einem US-Gesetz, welches am 25.07.2002 beschlossen wird und das am 30.07.2002 in Kraft tritt (Crone & Roth 2003). Es hat das Ziel, die Richtigkeit der von Unternehmen veröffentlichten Finanzdaten sicherzustellen, um so das Vertrauen von Anlegerinnen und Anlegern zurückzugewinnen (Crone & Roth 2003).

2. **Datum mit synchronisiert auftretenden Veränderungen: 05.11. – 10.01. 2008.** Dieser Zeitraum liegt kurz vor dem „schwarzen Montag", der bereits bei der PD2-Analyse aufgefallen war: Die Onlineausgabe der Süddeutschen Tageszeitung schreibt in ihrer Chronologie der Krise (Süddeutsche.de 2008): Der 21.01.2008 gilt als schwarzer Montag für den Dax. Der Leitindex fällt um 7,5 % und verzeichnet damit den höchsten Tagesverlust seit den Terrorangriffen vom 11. September 2001. Der Absturz ist eine Reaktion auf die Angst vor einer Rezession in den USA. Dort senkte die US-Notenbank den Leitzins überraschend um 75 Basispunkte. Wenige Tage später folgte eine weitere Absenkung um noch einmal 50 Basispunkte.

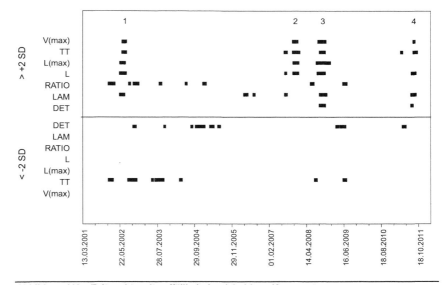

Abbildung 113: Zeitpunkte mit auffällig hohen/niedrigen Kennwerten
Die Abbildung zeigt zeilenweise durch Markierungen die Zeiträume, zu denen der jeweilige Kennwert mehr als 2 Standardabweichungen nach oben oder unten abweicht. Während vier Zeiträumen (siehe die vier Zahlen) zeigen sich Häufungen von auffällig hohen Kennwerten, synchronisiert über verschiedene Kennwerte hinweg.

3. **Datum mit synchronisiert auftretenden Veränderungen: 19.08. – 05.11. 2008.** Mitten im angegebenen Zeitraum, der ja für ein 100 Handelstage umfassendes Fenster berechnet wird, findet die Pleite von Lehman Brothers statt (15.09.2008). Auch dieser Zeitraum wurde bereits im PD2 auffällig: Die Bank hatte seit Februar des Jahres rund 88 % ihres Wertes eingebüßt und beantragte am 15.09.2008 Gläubigerschutz (Süddeutsche.de 2008, McDonald & Robinson 2009). Etwa gleichzeitig rettet die US-Regierung in einer spektakulären Hilfsak-

tion die Hypothekenbanken *Fannie Mae* und *Freddie Mac* vor dem Aus. Beide kommen am 07.09.2008 unter staatliche Kontrolle, nachdem sie zwischen Juni 2007 und September 2008 mehr als 65 % ihres Wertes verloren hatten (Süddeutsche.de 2008). Die Institute garantieren zusammen Hypotheken für rund 5,2 Billionen Dollar, was in Summe rund der Hälfte aller Darlehn für Privathäuser entsprach (Süddeutsche.de 2008).

Anfang Oktober spitzt sich die Krise erneut zu. Zur Abwendung eines Staatsbankrotts stellt Island am 06.10.2008 den gesamten Bankensektor unter staatliche Aufsicht (Financial Times Deutschland 2008b), zehn Tage später ist Island praktisch zahlungsunfähig (Financial Times Deutschland 2008a). In einer konzertierten Aktion versuchen mehrere Notenbanken den Finanzsektor zu stützen. Gleich sieben Notenbanken senken am 08.10.2008 gemeinsam die Leitzinsen (NZZ Online 2008). Dennoch stürzt der DAX am Freitag, dem 10.10.2008 zwischenzeitlich um 11,8 % (Spiegel Online 2008). Am Montag, dem 13.10. gewinnen die Börsen jedoch wieder: Der Dow Jones legt 11,08 % zu, was dem höchsten prozentualen Gewinn seit der Weltwirtschaftskrise von 1929 entspricht (Piper 2008). Der DAX zieht nach. Ebenfalls am 13.10.2008 findet ein vorgezogener EU-Krisengipfel statt, bei dem die EU-Kommission eine Erhöhung des Schutzes für Bankeinlagen fordert (EZB 2012).

4. **Datum mit synchronisiert auftretenden Veränderungen: 22.08. – 23.09. 2011.** Auch dieser Zeitraum wurde bereits im Rahmen der PD2-Analyse interpretiert: Am 09.09.2011 tritt der Chef-Volkswirt der EZB Jürgen Stark zurück. Er galt als Kritiker des Ankaufs von Staatsanleihen ohne positives Bonitätsrating (Spiegel Online 2011a). Es mehrt sich die Kritik an der EZB und in Deutschland wächst die Diskussion um die Zustimmung des Bundestages zur Europäischen Finanzstabilisierungsfazilität EFSF (Spiegel Online 2011d). Ein Treffen der Finanzminister findet am 17.09.2011 in Breslau statt (Spiegel Online 2011c) und der griechische Ministerpräsident Papandreo sagt eine USA-Reise ab, nachdem er sich schon auf dem Weg befand (Spiegel Online 2011b). Im September teilt das griechische Parlament mit, dass es die verlangten Sparziele nicht erfüllen könne (finanzen.net 2012). Am 29.09.2011 beschließt der Deutsche Bundestag die geplante Ausweitung des EFSF (Spiegel Online 2011e).

Probleme mit retrospektiven Analysen

Eine retrospektive und rein explorative Analyse singulärer Ereignisse birgt immer auch die Gefahr der Überinterpretation. Es wurde daher bei allen nichtstationären Analysen darauf verwiesen, dass sich im Prinzip zu jedem Datum ein mediales Ereignis finden lässt, wenn man nur lange genug danach sucht. Daher sind solche Analysen immer nur mit großer Vorsicht zu interpretieren. Dennoch zeigen sich hier – wie auch bei den anderen nichtstationären Betrachtungen – auffällige Übereinstimmungen mit unzweifelhaft dramatischen Ereignissen. Insgesamt fehlt es hier noch an Forschungsbemühungen, etwa im Rahmen von quasiexperimentellen *Event*-Studien (vgl. S. 111 ff., vgl. auch die Beispielanalyse ab S. 448).

10 Wie komplex ist dieser Satz? – Komplexität von Symbolfolgen

Die bisher besprochenen Verfahren stellen allesamt hohe Anforderungen an die Datenqualität der zu untersuchenden Zeitreihen. Möglichst lange, hoch aufgelöste, intervallskalierte, rauschfreie und stationäre Datensätze werden gefordert. In vielen Bereichen der Wirtschafts- und Sozialwissenschaften, wie z. B. der anwendungsbezogenen Managementforschung (vgl. S. 87 ff.), sind diese Vorgaben nur schwer zu erfüllen und auch bei der Analyse von Finanz- und Marktdaten bleibt ein großer Teil der praktischen Anwendung z. B. des Korrelationsintegrales (vgl. Tabelle 23, S. 242) hinter der theoretisch geforderten Zeitreihenlänge zurück. Je nach Datenlage sind zwar mitunter kreative Erweiterungen der klassischen Algorithmen möglich (vgl. etwa die multiple Einbettung mehrerer kurzer Zeitreihenabschnitte in den gleichen Phasenraum, S. 245), aber insbesondere bei Verletzungen des Skalenniveaus sind die Algorithmen, die eine Phasenraumeinbettung erfordern, nicht mehr einsetzbar.

In den folgenden Kapiteln soll es daher um Methoden gehen, die bereits bei Ordinal- oder sogar bei Nominaldatenniveau benutzt werden können, um komplexe bzw. geordnete Strukturen in Zeitreihen zu identifizieren und zu quantifizieren. Die folgende Darstellung stellt eine umfassende Erweiterung von Strunk (2009a) dar.

10.1 Grundlagen: Qualitativ-symbolische Dynamik

Die Abfolge der Buchstaben ist für das Verständnis eines Textes nicht unerheblich

Würde man die Buchstaben dieses Buches alphabetisch sortieren oder durcheinanderwürfeln, erhielte man im ersten Fall wahrscheinlich eine höher geordnete Abfolge von Zeichen, als sie bisher vorliegt. Im zweiten Fall würde sich wahrscheinlich eine komplexere Abfolge ergeben (wobei nicht vergessen werden darf, dass sich durch eine Zufallsanordnung zufällig und unbeabsichtigt auch ein Theaterstück von Shakespeare ergeben könnte). Wahrscheinlich würden aber beide Anordnungen weniger Sinn ergeben als die gegenwärtige.

Symbolfolgen können also mehr oder weniger komplex angeordnet sein. Man denke etwa an die Nachkommastellen von Pi oder der Wurzel aus zwei, die keinem direkt erkennbaren Muster zu folgen scheinen, aber dennoch nicht in beliebiger Reihenfolge auftreten, sondern vielmehr genau der Anordnung folgen müssen, die sie nun einmal aufweisen (sonst würde sich keine Kreisfläche damit bestimmen lassen oder ergäbe sich nicht zwei, wenn man die Wurzel aus zwei quadrieren würde). Diese mathematisch begründeten Symbolfolgen aus Zahlen erfüllen sogar eine bei Mathematikern durchaus beliebte einfache Definition für deterministisches Chaos: Deterministisches Chaos kann als das hochkomplexe, zufällig anmutende Verhalten eines deterministischen Systems bezeichnet werden (vgl. Stewart 2002, S. 12, an der Heiden 1996). In diesem Sinne ist die Anordnung der Ziffern in der Zahl Pi das

Ergebnis eines deterministischen Systems und erscheint gleichzeitig als vollkommen wahllos. Es sind diese und weitere Überlegungen, die dazu führten, dass sich ein eigener Zweig der Analyse komplexer Systeme mit der Abfolge von Symbolen beschäftigt.

Dieser Zweig entwickelte sich jedoch weitgehend unabhängig von den quantitativ-analytischen Ansätzen und scheint aus der theoretischen Perspektive in einem gewissen Widerspruch zu den Grundkonzepten der Theorien Nichtlinearer Dynamischer Systeme zu stehen. Diese lassen sich in ihrem grundsätzlichen Verständnis darüber, wie Systeme zu definieren sind und wie ihre Dynamik zustande kommt, bis zu den klassischen Arbeiten der Newtonschen Mechanik zurückverfolgen. Der dort angesprochene Systembegriff ist weniger *qualitativ-symbolisch* zu verstehen, sondern vielmehr als Grundlage zur Beschreibung einer *quantitativen* Veränderungsdynamik variabler Größen.

Die Natur folgt Differenzialgleichungen

Historisch betrachtet wird die quantitativ-dynamische Perspektive mit der Einführung der Differenzialrechnung begründet. Um die Bewegungsgesetze in eine sauber formalisierte Form zu gießen, entwickelte Newton (in seiner berühmten *Philosophiae naturalis principia mathematica* 1687) etwa zeitgleich mit Leibniz (1646 bis 1716, mit der Erfindung des „*Calculus*" 1675) eine neue Mathematik, die der Differenzialrechnung. Weder der Weg eines Körpers noch die während der Bewegung vergangene Zeit können sinnvoll als diskrete Größen aufgefasst werden. Beides sind stetige, prinzipiell unendlich fein skalierbare Variablen, sodass eine Momentangeschwindigkeit erst über die mathematische Ableitung des Weges nach der Zeit ermittelt werden kann. Der sich verallgemeinernd ergebende Geschwindigkeitsverlauf ist ebenfalls eine stetige Variable und kann nun seinerseits durch Ableitung nach der Zeit auf Veränderungen hin untersucht werden. Die daraus resultierende Größe wird als Beschleunigung bezeichnet. Neben dem mathematischen Rüstzeug der Differenzialrechnung gibt Newton nun auch Funktionsgleichungen an, die z. B. die auf einen Körper einwirkenden Gravitationskräfte beschreiben. Nach den Bewegungsgesetzen kommt es z. B. nur dann zu einer Bewegungsänderung, also einer positiven oder negativen Beschleunigung, wenn eine Kraft auf einen Körper einwirkt. Ansonsten verbleibt er in dem Bewegungszustand, den er schon vorher innehatte (vgl. bereits Galilei 1964/1638). Hier wird also von einer Kraft als Verursachung ausgegangen. Diese erzielt eine Beschleunigung, die dann in Folge zu einer Veränderung in der Geschwindigkeit und damit des Bewegungsverlaufs (z. B. auch Richtungswechsel) führt. Damit wird die Dynamik von Systemen über mathematische Gleichungen modellierbar und analytisch-mathematischen Beschreibungen zugänglich. Die Idee von der Abbildung der Dynamik eines Systems durch Gleichungen wurde zu einem wesentlichen Element der naturwissenschaftlichen Beschreibung der Natur. Es wurde daher auch auf ökonomische Systeme übertragen. Wie oben bereits dargestellt (vgl. S. 65 ff.) waren hier besonders die Arbeiten von Frisch (1933) wegweisend, dem es darum ging, mit seinem „*Tableau Economique*" die Bewegungen des ökonomischen Systems aus dessen Grundgleichungen abzuleiten (vgl. Keen 1997, S. 152). Obwohl sein Gleichungsmodell stark eingeschränkt blieb und nicht den hochgesteckten Zielen entsprach, begründet er doch ein Vorgehen, welches heute als „Simulationsverfahren" bezeichnet wird und in seiner modernen Form, der Computersimulation, eine Vielzahl an Variablen umfassen kann.

Anwendungen in der Psychologie

Dynamische Gleichungssysteme wurden auch auf die Psychologie zur Beschreibung menschlichen Verhaltens übertragen: Es war Kurt Lewin (1935, S. 241, vgl. auch S. 257), der im Rahmen seiner *Dynamic Theory of Personality* menschliches Verhalten als Funktion aus Personenmerkmalen (p) und Umweltvariablen (u) mithilfe der folgenden Gleichung programmatisch umreißt:

Gleichung 49: Lewins Verhaltensgleichung

$V = f(p, u)$

Auch dann, wenn die Beschreibung der Funktion, mittels derer Personen- und Umweltvariablen in ein konkretes menschliches Verhalten münden, niemals gelingen sollte, wird hier eine Konzeption vorgestellt, die als Forschungsprogrammatik auf eine mathematische Beschreibung verweist, die prinzipiell der von Newton angedachten Form stetiger Entwicklungen folgt.

Die stetige Struktur von Bewegungsgleichungen bedeutet aber auch eine enorme Einschränkung. Um es messtheoretisch zu formulieren, machen solche mathematischen Formalisierungen erst Sinn ab Intervallskalenniveau. Die Sequenzen diskreter, singulärer Ereignisse (z. B. die Abfolge von Wirtschaftsnachrichten, beruflichen Positionen im Rahmen der Berufskarriere oder von Themen, mit denen sich Nobelpreisträgerinnen beschäftigen) können so nicht abgebildet werden.

Auch der qualitativ-symbolische Ansatz geht auf Newton zurück

Der Widerstreit zwischen einer qualitativ-symbolischen und einer quantitativ-dynamischen Beschreibung der Natur ist so alt wie die Newtonschen Gesetze selbst. Sie wurden beide durch sie inspiriert. Eine starke Bedeutung erlangten in diesem Zusammenhang Arbeiten, die bis in das 17. Jahrhundert zurückgehen. Es sind die Ideen und Vorstellungen von David Hume (1711 bis 1776) und Thomas Hobbes (1588 bis 1679), die im 20. Jahrhundert forschungsleitende Ansätze in verschiedenen Disziplinen, z. B. auch bei der Modellierung kognitiver Prozesse, werden sollten. Hume träumte, angeregt durch Newtons *Principia Mathematica,* von der Möglichkeit, den menschlichen Geist nach dem mathematischen Vorbild der Bewegungsgesetze als dynamisches System zu beschreiben (vgl. Hume 1978/1739, zitiert nach van Gelder 1998). Das Bild, das Hume dabei vor Augen hatte, war geprägt von dem regulären, leicht vorhersehbaren und wenig komplexen Verhalten klassisch mechanischer Systeme. In diesem Sinne waren Humes Vorstellungen naiver als die Lewins, dennoch wählen beide das gleiche Grundmodell – nämlich dynamische Gleichungssysteme – zum Ausgangspunkt ihrer Betrachtungen.

Die qualitativ-symbolische Perspektive wird durch Thomas Hobbes vertreten. Er bereitete das Bild vom Menschen als digitalem Computer historisch vor. Auch Hobbes orientiert sich dabei an der großen Bedeutung der Newtonschen Bewegungsgesetze: Die einfachen und eleganten mathematischen Berechnungsalgorithmen, wie sie für die Bewegungen von Planeten vorgeschlagen worden sind, werden von Hobbes direkt als Modell mentaler Prozesse interpretiert. Die Berechnung einer Planetenbahn ist für ihn ein kognitiver Akt und daher ein Modell für kognitive Prozesse schlechthin. Kognition ist damit die Durchführung einer Berechnung, also die bestimmten Regeln folgende Manipulation von Symbolen (Hobbes 1962/1651, zitiert nach van Gelder 1998).

Beide Zugänge haben spezifische Vor- und Nachteile und scheinen einmal besser und ein anderes Mal schlechter auf einen Phänomenbereich zu passen. Die Frage, ob die Welt in ihrem Innersten eher nach der einen Grundidee oder dem anderen Prinzip strukturiert sei, ist daher wohl die falsche Frage. Vielmehr gilt es den zum Phänomenbereich passenden Zugang zu wählen.

Geht es darum, die Dynamik weitgehend stetiger quantitativer Kenngrößen wie Aktienkurse, Wechselkurse, Wirtschaftswachstum etc. abzubilden, so wird ein quantitativ-dynamischer Zugang von Vorteil sein. Hier können Simulationsverfahren zur Modellierung genutzt werden und bieten sich Analyseverfahren an, wie sie in den vorangegangenen Kapiteln auf der Grundlage von Phasenraumeinbettungen beschrieben wurden.

Symbolfolgen bilden qualitativ andere Prozesse ab als stetige Größen

Von ganz anderer Qualität sind jedoch Prozesse, die sich am ehesten als Abfolge diskreter, qualitativ unterschiedlicher Entitäten beschreiben lassen. Entscheidungen von Kundinnen und Kunden z. B. für Automarken oder Wechsel von Mobilfunkanbietern können direkter und anschaulicher als Symbolfolgen aufgefasst werden (z. B.: VW Käfer, Opel Rekord, Mercedes E) denn als Dynamik einzelner stetiger Variablen (z. B. Kaufpreis oder PS). Insbesondere kommunikative Prozesse sind vielmehr als eine Abfolge qualitativ-symbolischer Sinneinheiten zu verstehen (Griessmair et al. 2011a), die kaum in stetige Variablen überführt werden können. Und auch Berufskarrieren lassen sich als Abfolge beruflicher Positionen sinnvoll abbilden (vgl. das Beispiel über den ehemaligen „Bäcker", der nach einer „Umschulung" ein „Abteilungsleiter einer Marketingabteilung" wird in Strunk 2009a und im Folgenden).

Qualitativ-symbolische Beschreibungen sind nah am Inhalt des abzubildenden Gegenstandes angelehnt und damit jederzeit nachvollziehbar und aus der Theoriesprache leicht rückübersetzbar. Sowohl mit dem Symbol „Bäcker" als auch dem Symbol „Abteilungsleiter einer Marketingabteilung" sind – ebenfalls symbolische – Vorstellungen direkt verknüpft (vgl. Schaub 2001, S. 106 f. für einen Überblick über die Modellierung symbolischen Wissens in propositionalen Netzwerken). Damit sind dann aber auch die Transformationsregeln – „vom Bäcker zum Abteilungsleiter" – auch nur symbolisch beschreibbar; sie können zwar als Fallstudie nacherzählt werden, sind aber nur selten verallgemeinerbar. Das macht es auf den ersten Blick nicht leicht, allgemeingültige Regeln für die Definition von Komplexität zu geben. So erscheint es zwar inhaltlich evident, dass ein Berufsweg vom „Bäcker" zum „Abteilungsleiter" recht ungewöhnlich erscheint, wie aber lässt sich die Komplexität aus Symbolfolgen unabhängig von Inhalt der Symbole definieren?

- **Shannon.** Eine Antwort auf diese Frage wurde von Claude Shannon bereits 1948 formuliert. Die von ihm vorgeschlagene Definition des Informationsgehaltes einer Symbolfolge beruht auf Überlegungen zur Wahrscheinlichkeit des Auftretens eines Symbols. Verfügt ein System z. B. über zahlreiche Symbole, nutzt aber häufig nur zwei davon, dann ist sein Verhalten viel weniger komplex, als es sein könnte. Ein gezinkter Würfel, der immer eine Sechs hervorbringt, ist wenig komplex in seinem Verhalten im Vergleich zu einem nicht gezinkten Würfel, bei dem alle sechs Zahlen gleich wahrscheinlich auftreten können. Die Gleichwahrscheinlichkeit von Symbolen erscheint aus dieser Perspektive als maximal komplex (zufällig).

- *Symbolic Dynamics.* Eine andere Antwort bzw. eine Erweiterung des von Shannon vorgeschlagenen Vorgehens bezieht sich auf die Abfolge von Symbolen (*Symbolic Dynamics*, vgl. S. 421 ff.). Folgt auf ein Symbol immer wieder ein bestimmtes anderes Symbol, so kann man vermuten, dass hier ein geordnetes Verhalten vorliegt. Der Anteil an Musterwiederholungen lässt sich als Maß für die Ordnung einer Symbolfolge gut nutzen und findet z. B. auch bei der Analyse von *Recurrence Plots* für intervallskalierte Daten Verwendung (vgl. S. 383 ff.).

- **Algorithmische Entropie.** Aus Intelligenztests sind die Aufgaben bekannt, bei denen man eine Reihe von Symbolen sinnvoll weiterführen soll. Zum Beispiel könnte die Reihe 3, 6, 9 gegeben sein, die mit 12, 15, 18 fortgesetzt werden kann. Auch Satzergänzungstests oder die Ergänzung von geometrischen Figuren können nach ähnlichen Prinzipien aufbereitet sein. Immer geht es darum, ein Muster in dem präsentierten Material zu identifizieren, welches in der Lage ist, dieses Material zu „erklären". Gelingt es, den Algorithmus zu finden, der die Symbolfolge hervorbringt, so ist die Ordnung dahinter aufgedeckt. Eine Zufallssymbolfolge wird hingegen keine solche erklärende Ordnung aufweisen. Der Ansatz der algorithmischen Entropie sucht nach einem möglichst einfachen Algorithmus, um eine gegebene Symbolabfolge zu rekonstruieren.

Auf die hier genannten Zugänge zur Komplexität von Symbolfolgen wird im Folgenden ausführlicher eingegangen.

10.2 Algorithmus: Klassische Informationstheorie

Die klassische Informationstheorie (vgl. Shannon 1948, Shannon & Weaver 1949) bietet relativ überschaubare und recht hilfreiche Werkzeuge, um eine erste Annäherung an die Frage nach der Komplexität einer Symbolfolge zu erreichen. Obwohl es ihr nicht gelingt, das Problem in jedem Detail zu lösen, haben die Grundideen der Informationsdefinition eine weite Verbreitung gefunden und werden als Kernbaustein auch in vielen anderen – und zum Teil besser ausgearbeiteten – Komplexitätsdefinitionen genutzt. Die Grundüberlegungen des Ansatzes und seine Grenzen sollen im Folgenden mit einigen anschaulichen Gedankenexperimenten verdeutlicht werden. Die Darstellung geht also zunächst von einem einfachen Beispiel aus und folgt dabei der Diskussion in Strunk (2009a).

Gedankenexperiment Im Zentrum des Beispiels steht ein Bäckermeister, der seinen Beruf an den Nagel hängt, Wirtschaft studiert und später Leiter einer Marketingabteilung wird (zum unsteten Berufsleben von Bäckern vgl. Hillmert 2003). Obwohl es unmittelbar evident sein dürfte, dass ein Wechsel vom Bäckerhandwerk zur Leitung einer Marketingabteilung ein größerer Sprung ist und eine solche Karriere als irgendwie ungewöhnlicher erscheint als eine, bei der es zu keiner professionsübergreifenden Veränderung kam (vgl. hierzu auch das Konzept der *Boundaryless Career*, Arthur 1994, DeFillippi & Arthur 1994, Arthur et al. 1995, DeFillippi & Arthur 1998), taugt diese Feststellung zu nicht viel mehr als zu der Aussage, dass eine berufliche Veränderung *eventuell komplexer* ist als keine berufliche Veränderung. Dass sich tatsächlich nicht viel mehr daraus ableiten lässt, zeigt sich z. B. an den im Folgenden zu besprechenden Karriereverläufen (Symbolreihen).

Schreibt man für die Tätigkeit als Bäcker ein „B" und für die Tätigkeit als Abteilungsleiter ein „A" und nimmt man zudem als weitere Berufsphase ein „U" für die Unterbrechung der Berufstätigkeit, z. B. für Weiterbildung und Studium, so könnte sich der folgende hypothetische Berufsverlauf ergeben haben:

(1)   B B B B **B U** U U U **U A** A A A A   2 Transitionen

Wenn dabei jeder Buchstabe für ein Jahr der Karriere steht, hätte der fiktive Bäcker je fünf Jahre in jeder Phase verbracht. Da eine Veränderung – aus der Sicht eines zunächst noch naiven Alltagsverständnisses – komplexer erscheint als gar keine Veränderung und hier sogar zwei vorliegen (B U und U A), kann diese Abfolge zunächst als komplexer gelten als eine Reihe aus nur B, nur A oder nur U. Auch eine Abfolge mit nur einem Wechsel wäre – so besehen – weniger komplex. Dabei gilt zu bedenken, dass in diesem Fall auch nur zwei verschiedene Symbole vorkommen können.

Die Definition der Komplexität von Karrieresequenzen könnte mathematisch über die Zahl der in den Sequenzen vorkommenden unterschiedlichen Symbole, also über die Zahl der unterschiedlichen beruflichen Stationen versucht werden. Einen solchen Fokus wählt auch die von Claude Shannon (1948) vorgeschlagene Informationsdefinition, geht aber inhaltlich darüber hinaus.

Die Informationsdefinition ist gegeben durch (eine ausführliche Diskussion findet sich z. B. in Griessmair et al. 2011a):

Gleichung 50: Informationsdefinition

$$I = -\sum_{i=1}^{n} P(s_i) \log_2 P(s_i)$$

I bezeichnet die Informationsdefinition
s bezeichnet Kategorien, Symbole oder Ereignisse, deren Auftretenswahrscheinlichkeit ermittelt wird
i Laufnummer für s
n Anzahl der Kategorien
P Auftretenswahrscheinlichkeit (relative Häufigkeit der s_i)

Die Informationsdefinition ist die mit der Auftretenswahrscheinlichkeit P gewichtete Summe der Informationsgehalte $I(s_i)$ von Symbolen, Ereignissen oder Kategorien. Man kann daher auch schreiben:

$$I = \sum_{i=1}^{n} P(s_i) I(s_i)$$

I bezeichnet die Informationsdefinition
$I(s_i)$ ist der Informationsgehalt eines mit s_i bezeichneten Symbols oder Ereignisses
s bezeichnet Kategorien, Symbole oder Ereignisse, deren Auftretenswahrscheinlichkeit und Informationsgehalt ermittelt wird
i Laufnummer für s
n Anzahl der Kategorien
P Auftretenswahrscheinlichkeit (relative Häufigkeit der s_i)

Der Informationsgehalt eines Symbols ist nun gegeben durch:

Gleichung 51: Informationsgehalt

$$I(s_i) = -\log_2 P(s_i)$$

$I(s_i)$ ist der Informationsgehalt eines mit s_i bezeichneten Symbols oder Ereignisses
s bezeichnet Kategorien, Symbole oder Ereignisse, deren Auftretenswahrscheinlichkeit ermittelt wird
i Laufnummer für s
P Auftretenswahrscheinlichkeit (relative Häufigkeit der s_i)

Die Idee hinter der Informationsdefinition wird schnell deutlich, wenn man sich Extrembeispiele für den Informationsgehalt einfallen lässt. Angenommen ein Ereignis hat nur eine geringe Auftretenswahrscheinlichkeit nahe bei null, dann besitzt das Auftreten dieses seltenen Ereignisses tatsächlich einen hohen Informationsgehalt. Beispielsweise ist die Wahrscheinlichkeit für intelligentes Leben auf dem Mars verschwindend gering. Umso größer wäre die Sensation, falls es sich plötzlich zeigen würde. Der Informationsgehalt für solch ein extrem seltenes Ereignis wird in Gleichung 51 daher mit einer sehr hohen Zahl bewertet. Umgekehrt führt das Vorliegen eines Ereignisses, dessen Auftreten ohnehin erwartbar war, zu einem Informationsgehalt nahe null. So ist die Wahrscheinlichkeit dafür, dass am nächsten Morgen die Sonne aufgeht, nahe eins und der Logarithmus aus Gleichung 51 führt daher zu einem Informationsgehalt nahe null, wenn dann tatsächlich am nächsten Tag die Sonne aufgeht. Der Informationsgehalt bewertet ein Ereignis also nach seinem Neuigkeitswert. Schließlich wird für alle interessierenden Ereignisse der Informationsgehalt bestimmt und dann daraus in Gleichung 50 der Mittelwert berechnet, indem die Informationsgehalte mit ihrer Auftretenswahrscheinlichkeit gewichtet werden.

Die Informationsdefinition der bereits genannten Beispiel-Karriere kann über die Gleichung 50 leicht mit 1,58 Bit bestimmt werden: In 15 Jahren finden sich drei Ereignisse (s_1 = A, s_2 = B, s_3 = U) jeweils fünfmal, sodass die Wahrscheinlichkeit $P(s_i)$ für jedes Ereignis ein Drittel, also 0,33 beträgt. Der negative Logarithmus zur Basis 2 ergibt daher für jedes $P(s_i)$ einen Informationsgehalt von $I(s_i)$ = 1,60. Das Produkt der beiden Zahlen (0,33 · 1,60 = 0,53) wird für jedes Ereignis bestimmt und aufaddiert. Hier ergibt sich dreimal der gleiche Wert und damit insgesamt 1,58 Bit.

Die Informationsdefinition erfasst das Ausmaß nicht redundanter Informationen

Anschaulich gesprochen, erfasst die Informationsdefinition das Ausmaß nicht redundanter Informationen in einer beliebigen Symbolfolge, sodass das Verfahren auch auf Texte, Kommunikationen jeder Art etc. angewendet werden kann. Wenn hier betont wird, dass das Ausmaß nicht redundanter Informationen erfasst wird, so ist damit gemeint – und auch leicht aus der Gleichung ersichtlich –, dass das Ergebnis der Berechnung invariant gegenüber der Länge der betrachteten Sequenz ist. In die Gleichung geht die relative Häufigkeit der einzelnen Symbole ein, nicht aber deren absolute Anzahl. In diesem Sinne ist die Informationsdefinition der beiden folgenden Sequenzen gleich hoch:

(1) B B B B B U U U U U A A A A A 1,58 Bit

(2) B U A 1,58 Bit

Dennoch ist das Maß sensitiv für Aspekte, die mit der Komplexität der Sequenz zu tun haben. Es reagiert nämlich stark auf Abweichungen der Werteverteilungen von einer Gleichverteilung. In der Logik der Informationstheorie ist eine Gleichverteilung einer gegebenen Anzahl von Symbolen maximal komplex, enthält also ein maximales Ausmaß an Information. Um zu verstehen, was damit gemeint ist, ist es sinnvoll, erneut ein Beispiel zu betrachten.

(3) B U A A A A A A A A A A A A A 0,70 Bit

In der hier dargestellten fiktiven Karriere ist die Zeit als Bäcker und die Berufsunterbrechung gegenüber der Zeit als Abteilungsleitung nur sehr kurz bemessen. Bereits per Augenschein erscheint die Sequenz aufgeräumter als die Folge (1). Der Anschein von Ordnung bliebe auch dann gewahrt, wenn die Sequenz (3) durcheinandergewürfelt würde. Die Reihenfolge der Elemente spielt für die Informationsdefinition keine Rolle (ein Aspekt, der zu einigen Problemen führt, siehe unten). Das Beispiel zeigt aber, dass die hier gegebene Häufigkeitsverteilung keine zufällige Anordnung zulässt, die wirklich komplex anmuten würde. Noch klarer fällt dieser Effekt aus, wenn man sich vorstellte, dass in einhundertmal A nur jeweils einmal B und U vorkommen würden (das ergäbe nur 0,16 Bit). Ein „wildes" Durchmischen ist hier gar nicht möglich. Folglich kann die Symbolfolge nur geordnet sein. Die Chance, dass eine Gleichverteilung der Symbole „komplex" ausfällt, ist viel größer und bei gegebener Symbolzahl maximal (Shannon 1948, S. 11). Das heißt aber noch lange nicht, dass die Reihenfolge der Symbole in diesem Fall auch tatsächlich komplexer ist. Allein die Wahrscheinlichkeit dafür ist bei einer Gleichverteilung höher. Auch ein Würfel produziert eine Gleichverteilung der Augenzahlen und ist damit als Zufallsprozess mit einer maximalen Informationsdefinition gekennzeichnet.

Zufall ist immer mit maximaler Komplexität verbunden

Dieser Aspekt wurde oben bereits diskutiert: Zufall ist immer mit maximaler Komplexität verbunden. Diese kann im Konzept der Informationsdefinition sogar leicht als konkrete Größe angegeben werden. So können drei Symbole bei Gleichverteilung ja nur das schon bekannte Ergebnis von 1,58 ergeben. Bei vielen anderen Verfahren ist nicht so leicht zu beziffern, wie hoch eine maximale Komplexität für einen gegebenen Datensatz denn nun genau ist. Für den Fall der Gleichverteilung lässt sich das Verfahren zudem leicht abkürzen. Die maximale Informationsdefinition ist sofort durch $\log_2(n)$ gegeben:

Gleichung 52: Maximale Informationsdefinition

$$I_{max} = \log_2 n$$

I_{max} bezeichnet die maximale Informationsdefinition
n Anzahl der Kategorien

Aber nicht nur die Gleichverteilung spielt eine Rolle, sondern auch die Zahl der überhaupt in der Sequenz enthaltenen Symbole. Bei gleichverteilten vier Symbolen ergeben sich 2,00 Bit und bei sechs Symbolen 2,59 Bit. Und auch dieses Verhalten der Gleichung ist gut mit einer intuitiven Vorstellung von Komplexität in Einklang zu bringen: Wächst die Zahl der gleichverteilt vorkommenden Symbole, so wächst auch hier die Wahrscheinlichkeit für eine höhere Komplexität.

Zusammenfassend lässt sich feststellen, dass die Informationsdefinition dann zu besonders hohen Werten führt, wenn Daten vorliegen, die gut einhergehen mit einer Alltagsvorstellung von Komplexität. Eine maximale Informationsdefinition ist in Zufallsfolgen zu vermuten und zeigt sich in einem solchen Fall auch in den Ergebnissen der Gleichung. Das Maß ist sensibel für die Zahl der verschiedenen Elemente und die Abweichung der Häufigkeitsverteilung von einer Gleichverteilung. Mehr Symbole bedeuten mehr Komplexität und eine Gleichverteilung lässt an maximal komplexe Zufallsprozesse wie z. B. den Wurf eines Würfels denken.

Trotz der großen Plausibilität der Informationsdefinition, zeigen sich in der Anwendung des Verfahrens doch auch klare Grenzen. Bereits wenn sich die in der Sequenzfolge (1) dargestellte Beispiel-Karriere umkehren würde, träten erste Probleme auf: Wenn ein Abteilungsleiter eine Schulung macht und dann als Bäcker arbeitet, ist das ein viel *ungewöhnlicherer* Lebenslauf als umgekehrt. Tatsächlich wird mit dieser Umkehrung des Beispiels zweierlei angesprochen: Zunächst einmal gewinnt bei der Interpretation der gegebenen oder der umgekehrten Reihenfolge die Semantik der Symbolfolge an Bedeutung. Diese (subjektive) Wertung kann aber klarerweise nicht direkt in ein mathematisches Maß für die Komplexität der Abfolge einfließen.

> The fundamental problem of communication is that of reproducing at one point either exactly or approximately a message selected at another point. Frequently the messages have meaning; that is they refer to or are correlated according to some system with certain physical or conceptual entities. These semantic aspects of communication are irrelevant to the engineering problem. (Shannon 1948, S. 1)

Die Informationsdefinition beschreibt einen Möglichkeitsraum

Neben der Bewertung der Reihenfolge im Sinne einer Semantik kommt mit der Umkehrung der Zahlenfolge aber auch die Frage danach auf, ob nicht ganz allgemein besehen die Reihenfolge der Symbole bei der Bemessung der Komplexität eine Rolle spielen sollte. Aber auch dieser Aspekt findet in der Informationsdefinition keine Berücksichtigung. Das Konzept, so wie es von Shannon vorgeschlagen wird, interessiert sich nämlich weniger für die konkrete Ausformung einer Symbolfolge als vielmehr für die Freiheitsgrade, die einer Symbolfolge prinzipiell zur Verfügung stehen (vgl. Shannon 1948, S. 1, Brissaud 2005).

Dieser Unterschied zwischen der *Möglichkeit zur Komplexität* und der konkreten Ausformung wird besonders gut sichtbar, wenn die folgenden fiktiven Karriereverläufe verglichen werden (hier verlässt das Beispiel jedoch den Boden der Glaubwürdigkeit, was aber für die weitere Diskussion keine Rolle spielen soll):

(4)   B U A B U A B U A B U A B U A   14 Transitionen

(5)   A B U B U A B B A B U A U A U   13 Transitionen

(6)   B U U B U B U A U B A A A A B   10 Transitionen

Dass die Häufigkeitsverteilung der hier angeführten Karrierestationen nur zum Teil zur Kennzeichnung der Komplexität beiträgt, sollte aus den hier angeführten Beispielen schnell deutlich werden. Alle Sequenzen weisen je fünfmal A, B und U auf. Aus diesem Grund hilft hier auch das klassische Vorgehen über die Shannonsche Informationsdefinition nicht weiter, denn alle drei Datenreihen führen zu dem gleichen Ergebnis von 1,58 Bit. Das liegt daran, dass sich die Zahl der verschiedenen Elemente und deren Häufigkeitsverteilung ja nicht verändert haben.

Dennoch ist die Zahl der sogenannten Karriere-Transitionen durchaus unterschiedlich und in der Karriereforschung gibt es Publikationen, die darin den Schlüssel für die Definition der Komplexität von Karrieren sehen (vgl. DeFillippi & Arthur 1994). Es zeigt sich aber, dass auch dieses Merkmal für die Kennzeichnung der Komplexität nicht hilfreich ist: Die Abfolge mit den meisten Transitionen erscheint die weitaus höchste Ordnung aufzuweisen. Die regelmäßige Wiederkehr der B-U-A-Tripel sorgt für Ordnung und reduziert die Komplexität gegenüber den Abfolgen mit zwar weniger Transitionen, aber auch weniger Regelmäßigkeit.

Angesichts dieser Beispiele scheint es wenig sinnvoll, die Komplexität von Karrieren aus der Anzahl von Transitionen pro Zeiteinheit zu bestimmen und auch die Grenzen der Informationsdefinition werden sichtbar. Es ist vielmehr die Regelhaftigkeit bzw. Regellosigkeit einer Abfolge, die als Maß für deren Komplexität herhalten kann; womit sich das Problem ergibt, zu bestimmen, welche der gegebenen Abfolgen regelmäßiger ist als eine andere oder wie ganz allgemein die Regelmäßigkeit einer Symbolzeitreihe quantifiziert werden kann.

Symbolic Dynamics und Algorithmische Entropie

Damit stellt sich die Frage, wie der Informationsbegriff um die Berücksichtigung der spezifischen dynamischen Ordnung der Zeichenabfolgen erweitert werden kann. Eine Möglichkeit besteht darin, die Berechnung der Wahrscheinlichkeiten nicht auf ein einzelnes Symbol zu beschränken, sondern auf die Abfolge von Symbolen, also auf Zeichenpaare, Dreier- oder Viererkombinationen zu erweitern. Ein solches Vorgehen wird ja auch ganz intuitiv gewählt, wenn es darum geht, die Komplexität der fiktiven Karrieremuster aus (4) und (6) zu vergleichen. Im Umfeld der Konzeption des *Symbolic-Dynamics*-Ansatzes sind verschiedene Verfahren vorgeschlagen worden, die in eine ähnliche Richtung gehen, um die Begrenzungen der klassischen Informationsdefinition zu überwinden (für einen Überblick: Collet & Eckmann 1980). Auch die weiter unten dargestellte *Permutationsentropie* wählt einen ähnlichen Weg (vgl. S. 428 ff.). Einen besonders eleganten Zugang bietet die *Theorie der Algorithmischen Entropie*, die ab Seite 461 ff. ausführlicher dargestellt wird.

10.2.1 Wie man sich an den eigenen Haaren aus dem Sumpf zieht

Den Methoden, die auf der Informationsdefinition beruhen, fehlt es an einer Verteilungsfunktion. Konfidenzintervalle, statistische Tests etc. sind aber genau darauf angewiesen. Während Algorithmen wie das D2 oder der LLE nach Rosenstein et al. (1993) und nach Kantz (1994) durch die Anpassung von Ausgleichsgeraden über einen ermittelbaren Berechnungsfehler und damit über eine Werteverteilung verfügen, kann die Informationsdefinition einer Wertefolge exakt berechnet werden, ohne dass ein Verfahrensfehler oder andere Größen die Abschätzung eines Konfidenzintervalls erlauben würden.

Für einige Verteilungen gibt es mathematische Herleitungen

Solche Probleme werden in der klassischen Statistik durch theoretisch-mathematische Herleitungen gelöst. Es ist mathematisch beweisbar, dass Stichprobenmittelwerte sich normalverteilt um den Populationsmittelwert gruppieren und die Standardabweichung dieser Mittelwerteverteilung sich aus der Stichprobenstandardabweichung und der Stichprobengröße bestimmen lässt (vgl. etwa Bortz 1999). Für viele andere Kennwerte fehlen solche Herleitungen jedoch und auch die klassischen Beispiele (wie die Verteilung von Mittelwerten) gelten nur unter bestimmten Rahmenbedingungen (z. B. sehr große Stichproben und bzw. oder Normalverteilung von Rohwerten etc.). Ob diese erfüllt sind, ist in der Praxis nicht immer leicht zu prüfen.

Münchhausen zieht sich am eigenen Zopf aus dem Sumpf

Unter dem Namen „*Bootstrap*" sind in der Statistik seit einigen Jahren Methoden vorgeschlagen worden, die diese Probleme lösen (Efron 1983, Efron & Gong 1983, Efron & Tibshirani 1993). Sie erlauben es, Verteilungen direkt aus den Daten zu schätzen und sind dabei unabhängig von anspruchsvollen theoretischen Vorannahmen. Ein *Bootstrap* ist dabei so etwas Ähnliches, wie Münchhausens Versuch, sich an den eigenen Haaren aus dem Sumpf zu ziehen. Genutzt werden die Daten der erhobenen Stichprobe; diese werden aber immer wieder neu zusammengestellt, um daraus die Verteilung beliebiger Kennwerte zu schätzen.

Die Grundidee ist einfach: Der interessierende Kennwert wird nicht nur für die Stichprobe bestimmt, deren Daten konkret vorliegen, sondern auch für zahlreiche neue Zusammensetzungen dieser einen Stichprobe. Diese *resampelten* neuen Stichproben werden aus den erhobenen Daten zufällig gezogen. Nach jeder Ziehung werden die gezogenen Daten jedoch wieder zurückgelegt, sodass Daten mehrfach in der neuen Stichprobe vorhanden sein können und andere eventuell gar nicht. Man zieht so häufig, dass die neue Stichprobe genauso viele Daten enthält wie die alte. Durch Ziehen mit Zurücklegen lassen sich sehr viele neue Mischungen der

Daten erreichen, wobei je nach Zufall mal die einen und mal die anderen Daten mehrfach repräsentiert werden. Für jede neue Zusammensetzung wird der interessierende Kennwert bestimmt und die so gewonnene Kennwerteverteilung wird als Annäherung an die „echte" Kennwerteverteilung betrachtet. Es ist üblich, die Zufallsziehungen sehr oft zu wiederholen (500- bis 10.000fach).

Obwohl hier nur bereits bekannte Daten herangezogen werden – man also versucht sich am eigenen Schopf aus dem Sumpf zu ziehen– lässt sich zeigen, dass damit die unbekannte Werteverteilung gut approximiert werden kann.

Für ein besseres Verständnis kann man sich zunächst vergegenwärtigen, wie man üblicherweise vorgehen würde: Man ist an einem Kennwert für eine Population interessiert und versucht durch eine Zufallsauswahl eine repräsentative Stichprobe dieser Population zu erfassen. Der Kennwert dieser Stichprobe ist eine gute (im Moment noch die beste) Schätzung für den unbekannten Populationskennwert. Es ist aber klar, dass die Stichprobe nur einen Ausschnitt betrachtet und andere Stichproben eventuell etwas andere Kennwerte ergeben würden. Um den echten Kennwert zu identifizieren, müsste man die gesamte Population befragen. Wenn das nicht geht, könnte man weitere andere Stichproben erheben und könnte die dann mehrfach vorliegenden Schätzungen für den Kennwert vergleichen. Die verschiedenen Kennwerte der verschiedenen Stichproben stecken den möglichen Wertebereich des Kennwertes ab, zeigen also seine Verteilung und erlauben es so den wahren Wert einzukreisen. Konfidenzintervalle und statistische Tests können darauf aufbauen.

Ein *Bootstrap* bedeutet nicht, dass Daten hinzuerfunden werden

Die *Bootstrap*-Methode zieht keine neuen Stichproben aus der Grundgesamtheit, sondern setzt die bereits erhobene Stichprobe neu zusammen, lässt dabei Daten heraus und nimmt andere mehrfach hinein. Gleicht die Originalstichprobe der Population – ist sie also repräsentativ – so sollte auch eine zufällige Ziehung zu einer Zusammensetzung führen, die der Population in wesentlichen Merkmalen ähnelt. Es ist vernünftig zu vermuten, dass die Zufallsstichproben mögliche Ausprägungen der Population abbilden: Hier wie dort könnten Untersuchungseinheiten, deren Merkmale in der Stichprobe unterrepräsentiert waren, häufiger vorkommen oder andere seltener. Durch die immer neue Zufallsauswahl wird das simuliert. Für theoretisch bekannte Verteilungen kann gezeigt werden, dass das *Bootstrap*-Verfahren die korrekte Verteilung gut repliziert.

Auf den ersten Blick wirkt das Vorgehen wie das beliebige Hinzufinden neuer Daten. Tatsächlich bleibt aber auch ein *Bootstrap* an die Güte der erhobenen Stichprobe gebunden und kann eine kleine Stichprobe nicht künstlich vergrößern. Die beste Schätzung für den gesuchten Kennwert bleibt daher auch immer der Wert, der für die Originalstichprobe bestimmt wurde. Das *Bootstrap*-Verfahren liefert dazu nur die passende Verteilung, mit deren Hilfe dann ein Konfidenzintervall um diesen Kennwert gebildet werden kann.

Methoden zur Ermittlung von Konfidenzintervallen

Es gibt mehrere Möglichkeiten dafür, wie durch *Bootstrapping* ein gesuchtes Konfidenzintervall gefunden werden kann (vgl. Hesterberg et al. 2005, Reiczigel 2005):

- **Normalverteilte *Bootstrap*-Verteilung.** Die *Bootstrap*-Verteilung ist die Verteilung der Kennwerte für sehr viele zufällige *Bootstrap*-Stichproben (500 bis

10.000 Stichproben sind durchaus üblich). Diese Verteilung ist häufig normalverteilt, weist also einen Mittelwert auf, der nahe beim Kennwert für die Originaldaten liegt und zeigt eine symmetrische Verteilung um diesen Mittelwert. Ist die *Bootstrap*-Verteilung eine Normalverteilung, so gibt deren Streuung (SD_{boot}) direkt die Streuung der Kennwerte an und kann für die Konstruktion eines Konfidenzintervalls direkt benutzt werden. Ein 95 % breites Konfidenzinterfall ist dann gegeben durch den Kennwert ± 1,96 SD_{boot}.

- **Perzentile der *Bootstrap*-Verteilung.** Die *Bootstrap*-Verteilung selber enthält Informationen, aus denen das Konfidenzintervall direkt abgelesen werden kann. Sortiert man die Werte der *Bootstrap*-Verteilung, so sind die extrem hohen und extrem kleinen Werte direkt ablesbar. Ein 95 % umfassendes Konfidenzintervall startet in der Verteilung bei 2,5 % und endet bei 97,5 %. Für die Perzentile kann der exakte Wert direkt aus der sortierten Werteverteilung abgelesen werden. Liegen 1.000 *Bootstrap*-Kennwerte vor, so ist der 25. Zahlenwert der sortierten Liste die untere Grenze und der 975. Zahlenwert die obere Grenze des gesuchten Konfidenzintervalls.

- **Korrigierte Perzentile der *Bootstrap*-Verteilung.** Immer wieder kann es geschehen, dass der Mittelwert der *Bootstrap*-Verteilung nicht nahe beim Kennwert der Originalverteilung liegt. Die *Bootstrap*-Verteilung ist dann verschoben gegenüber der gesuchten Kennwerteverteilung und sollte vor der Ermittlung der Perzentile zurückgeschoben werden (*bias correctet percentil*, Reiczigel 2005). Dazu wird zunächst der Kennwert des Originaldatensatzes in der sortierten *Bootstrap*-Verteilung gesucht. Seine Position wird durch die Zahl der *Bootstrap*-Stichproben geteilt. Im Idealfall ergibt sich 0,5, d. h. der Kennwert der Originaldaten liegt exakt in der Mitte. Dann ist keine Korrektur nötig. Weicht der Verschiebungskennwert v jedoch von 0,5 ab, kann eine Korrektur nötig werden. Dazu wird v zunächst mit der Normalverteilung in einen z-Wert transformiert, dieser dient dann der Verschiebung des Konfidenzintervalls, welches nach der Verschiebung aus der Normalverteilung zurücktransformiert wird. Konkret: Für v wird die inverse Normalverteilung bestimmt, also der z-Wert, der der Verschiebung entspricht. Für $v = 0,5$ ist der z-Wert(v) = 0. Für $v < 0,5$ ergeben sich negative z-Werte und für $v > 0,5$ positive. Das Konfidenzintervall der Standardnormalverteilung liegt bei ± 1,96 um das Zentrum der Verteilung. Nun kommt der z-Wert(v) der Verschiebung hinzu. Das entsprechend verschobene Konfidenzintervall liegt nun bei $-1,96 + 2 \cdot$ z-Wert(v) bis $1,96 + 2 \cdot$ z-Wert(v). Diese Grenzen gelten nun aber nur für die Standardnormalverteilung und werden daher zurücktransformiert in Perzentile. Dazu werden die beiden Grenzen, wie gezeigt, ausgerechnet und dafür das Perzentil der Normalverteilung bestimmt. Dieses wird dann an der sortierten *Bootstrap*-Verteilung abgelesen. Beispiel (vgl. Reiczigel 2005): Bei 1.000 *Bootstrap*-Stichproben findet sich der Originalkennwert nicht bei 500, sondern schon bei 480 in der sortierten Kennwerteverteilung. Daher ist $v = 0,48$, was einem z-Wert von $-0,05$ entspricht. Die untere Grenze ist dann gegeben mit $-1,96 - 0,1 = -2,06$ und die obere Grenze mit $1,96 - 0,1 = 1,86$. Die Normalverteilung gibt dafür die Perzentile für die untere Grenze mit 0,0196 (und nicht 0,025) und die obere Grenze mit 0,9686 (und nicht 0,975) an. Es werden in der sortierten Kennwerteverteilung der 20. und der 969. Kennwert für das Konfidenzintervall herangezogen. Das hier beschriebene Vorgehen wird in der Regel genügend genau sein, geht aber davon aus, dass die Verteilungen gleichmäßig gegeneinander verschoben sind. Es könnte aber sein, dass die *Bootstrap*-Verteilung nicht nur verschoben, sondern gegenüber der „echten" Verteilung schiefgestellt ist. Das lässt sich aber nur durch aufwendige Testreihen überprüfen (vgl. dazu Efron & Tibshirani 1993).

GChaos bietet die Möglichkeit, die genannten Methoden zur Bestimmung des Konfidenzintervalls auf beliebigen Datenreihen anzuwenden. Dazu findet sich eine Einstellung im Dialog der deskriptiven Statistik, erreichbar über Menü bei „*Statistics*". „*Descriptive Statistics*", „CI 95 *from Value Distribution*".

Das beschriebene *Bootstrap*-Verfahren lässt sich auch auf die Informationsdefinition anwenden. Diese beruht auf der Häufigkeitsverteilung von Symbolen und kann für *Bootstrap*-Stichproben immer wieder neu erzeugt werden. Da die Reihenfolge der Symbole hier keine Rolle spielt, ergeben sich keine Probleme durch die Zufallsauswahl (Matilla-García & Marín 2010 nutzen *Bootstrap*-Stichproben als Erweiterung für die Permutationsentropie als „neuen" Test für Chaos in Finanzdaten). Für die Absicherung eines LLE wäre das Vorgehen hingegen wenig geeignet, da dort der konkreten Abfolge der Messwerte das zentrale Interesse gilt und diese durch das Verfahren zerstört würde.

Viele Methoden zur Bestimmung der Komplexität von Symbolfolgen erweitern die klassische Informationsdefinition, bleiben aber im Kern auf die Häufigkeitsverteilungen für Symbole beschränkt. Wenn man nur die Symbole der *Bootstrap*-Methode unterzieht, lassen sich auch diese Erweiterungen mit Konfidenzintervallen versehen.

Allerdings können sich bei der Interpretation von *Bootstrap*-Verteilungen für Komplexitätskennwerte, die auf der Informationsdefinition beruhen, mitunter sonderbare Ergebnisse ergeben, die auf eine Besonderheit der Informationsdefinition zurückgeführt werden können. Sollen z. B. Zeitreihendaten mit der Informationsdefinition untersucht werden, kann es bei hoher Genauigkeit der erfassten Zahlenwerte geschehen, dass sich keine Zahl wiederholt. Wie sich oben am Beispiel des Verhulst-Systems gezeigt hat, ist Chaos nicht periodisch (vgl. S. 44 ff.). Hier kommt dann jede Zahl nur einmal vor. Wird auf solche Daten direkt die Informationsdefinition angewendet, dann erhält man trivialerweise den maximal möglichen Wert. Denn die Werteverteilung zeigt, dass es sich um eine Gleichverteilung handelt: Jedes Element kommt genau einmal vor. Auf solche Daten angewendet erzeugt das *Bootstrap*-Verfahren automatisch und bei jeder Ziehung mehr Ordnung. Durch das Ziehen mit Zurücklegen werden zwangsläufig einige Zahlenwerte mehrfach in den *Bootstrap*-Datensatz aufgenommen. Die Informationsdefinition der *Bootstrap*-Verteilung wird daher geringer ausfallen als der Originalwert.

Liegt ein solcher Fall vor, sollte man sich fragen, ob die Definition der zu untersuchenden nominalen Ereignisse nicht zu streng vorgenommen wurde. Chaos führt zu

Zahlenwerten mit prinzipiell unendlich vielen Nachkommastellen. Verfahren, die auf den Methoden der Informationsdefinition beruhen, benötigen nominale Daten, die Ereignisse oder Symbole bezeichnen, die in der Regel mehr als nur einmal vorkommen können. Um also die Komplexität chaotischer Datenreihen mit den Methoden der Informationsdefinition zu bestimmen, müssen die Daten vorher kategorisiert werden. Dabei sollte nicht jeder Zahl der chaotischen Zeitreihe eine eigene Kategorie zugewiesen werden. Die Kunst besteht darin, geeignete Kategoriengrenzen für ein solches Unterfangen zu finden. Sie sollten nicht zu eng und nicht zu weit sein.

10.2.2 Datenqualität, Voraussetzungen

Die Informationsdefinition nach Shannon (1948) lässt sich auf jede Häufigkeitsverteilung anwenden und erfordert dazu nicht einmal eine Repräsentation des empirischen Relativs durch ein numerisches Relativ. Ob direkt die relative Häufigkeit z. B. von Automarken herangezogen wird oder ob diese zuvor mit Zahlen kodiert wurden, ändert letztlich nichts am Algorithmus. Damit lässt sich als Anforderung an die Datenqualität nur formulieren, dass es möglich sein muss, die Objekte, denen das Interesse gilt, zählen zu können. Für alles, was sich zählen lässt, lässt sich auch die Informationsdefinition bestimmen.

Auch für metrische Daten geeignet

Grundsätzlich lassen sich dann auch metrische Daten höherer Qualität mit dem Verfahren untersuchen. Dabei ist aber zu beachten, dass alle Methoden, die für Symbolfolgen entwickelt wurden, tatsächlich von einer diskreten Struktur der empirischen Realität ausgehen. Das steht im Widerspruch zu Zeitreihendaten, die mit unzähligen Nachkommastellen erhoben wurden. Bereits einfache chaotische Systeme wie das Verhulst-System (vgl. Kapitel 2.6.1, S. 44) produzieren Zahlenfolgen, die sich niemals exakt wiederholen. Damit kommt jede Zahl nur einmal vor. Werden diese Zahlen direkt mit Methoden für die Analyse nominaler Datensätze, wie hier z. B. der Informationsdefinition, analysiert, so ergibt sich immer eine maximale Komplexität. Die Stetigkeit der dynamischen Gleichungen führt dazu, dass die Verfahren aus der Welt der diskret gequantelten Symbole zu Fehlinterpretationen führen. Es ist daher erforderlich, dass der Zahlenraum der stetig und fein aufgelösten Zeitreihen vor der Analyse in diskrete, disjunkte Abschnitte eingeteilt wird oder andere Transformationen der Daten durchgeführt werden, die eine Weiterverarbeitung mit der Informationsdefinition sinnvoll erlauben.

Leider gibt es keine Möglichkeit, vorab zu sagen, wie viele Stufen die diskretisierte Zeitreihe enthalten sollte. Für die Analyse von Häufigkeitsverteilungen mit dem Chi-Quadrat-Test, wird in der klassischen statistischen Literatur (z. B. Bortz et al. 2000, S. 96) vorgeschlagen, die Zahl der Kategorien mit $\sqrt{N}$ zu wählen. Das könnte vielleicht als erster Ansatzpunkt auch für symbolische Komplexitätsanalysen herangezogen werden. Grundsätzlich gilt aber, dass weniger Kategorien geringere Komplexitätskennzahlen ergeben und mehr Abstufungen zu einer höheren Komplexität führen, unabhängig davon, wie komplex die zugrunde liegende Dynamik tatsächlich ist.

In jedem Fall empfiehlt es sich, Kategorienbildungen mit unterschiedlicher Breite bzw. Abstufungszahl zu wiederholen. Surrogatdaten-Tests sind für die Validierung der Analysen von Symbolfolgen im Allgemeinen sehr nützlich, lassen sich aber bei der klassischen Informationsdefinition nicht anwenden, weil diese nicht auf die Reihenfolge der Werte reagiert. Hilfreich können Bootstrap-Verfahren sein, die sich auch für die klassische Informationsdefinition nutzen lassen, wobei sich aber das Problem passender Kategoriengrenzen verschärfen kann (vgl. Kapitel 10.2.1).

Informationsdefinition (Shannon-Entropie)
(Shannon 1948)

Was wird gemessen?	Abweichung einer Werteverteilung von einer Gleichverteilung, die als maximal komplex (Zufall) gilt.
Hohe Werte bedeuten ...	Komplexität bzw. Zufall. Eine Obergrenze kann vorab bestimmt werden.
Dynamik	Die Abfolge der Messwerte spielt keine Rolle. Die Dynamik wird also nicht berücksichtigt.
Phasenraumeinbettung	Nein.
Skalenniveau	Nominal. Höhere Skalenniveaus müssen häufig künstlich diskretisiert werden, wofür keine verbindlichen Regeln angegeben werden können.
Minimale Datenlänge	$N \geq 5 - 30$.
Stationarität erforderlich	Ja.

Tabelle 45: Übersicht über das Verfahren: Informationsdefinition (Shannon-Entropie)
Die Informationsdefinition lässt sich auf jede Art von Häufigkeitsverteilung anwenden, bezieht aber die Abfolge der Symbole nicht mit ein.

10.2.3 Praktische Durchführung

Test der Voraussetzungen, Datenvorbereitung, Absicherung

Beruhen die Daten auf Häufigkeitsverteilungen für qualitativ unterschiedliche Objekte (real nominales Skalenniveau), so kann direkt aus der Häufigkeitsverteilung die Informationsdefinition bestimmt werden. Liegen die Daten jedoch von Systemen vor, die ein höheres Skalenniveau aufweisen, so müssen diese zuvor in diskrete, disjunkte Abschnitte transformiert werden. Für stetige metrische Daten wird empfohlen, die Zahl der Kategorien zunächst mit $\sqrt{N}$ festzulegen und dann zu variieren. Zudem sollte die maximale Informationsdefinition als obere Grenze (Zufall) ermittelt werden.

Die Implementierung des Algorithmus ist relativ trivial. Es genügt, die relativen Häufigkeiten für die zu untersuchenden Symbole zu bestimmen und in die Gleichung 50 einzusetzen. In GChaos werden nur Zahlen verarbeitet, sodass nicht aus Zahlen bestehende Symbolabfolgen zunächst mit einem Zahlencode zu versehen sind. Die Zeitreihe wird entweder diskretisiert oder direkt verarbeitet. Man erreicht die Shannon-Entropie über das Menü „*Statistics*", „*Symbolic Dynamics*". Folgende Einstellungen sind zu treffen:

- **Variablenauswahl.** In der Variablenliste werden alle Spaltenbezeichnungen des aktuellen Arbeitsblattes aufgelistet. Hier kann eine Variable für die Berechnung ausgewählt werden. Die Auswahl mehrerer Variablen führt dazu, dass diese nach dem Reißverschlussprinzip zu einem Datensatz angeordnet werden: Aus $x_1, x_2, x_3, x_4, \ldots x_N$ und $y_1, y_2, y_3, y_4, \ldots y_N$ sowie $z_1, z_2, z_3, z_4, \ldots z_N$ wird dann $x_1, y_1, z_1, x_2, y_2, z_2, x_3, y_3, z_3, x_4, y_4, z_4, \ldots x_N, y_N, z_N$. Für das Verfahren der Informationsdefinition nach Claude Shannon bedeutet dies aber nur ein Aneinanderhängen der ausgewählten Datensätze zu einem großen Datensatz (die Reihenfolge der Daten spielt für das Verfahren keine Rolle). Die Analyse berücksichtigt dann alle im Gesamtdatensatz enthaltenen Daten.

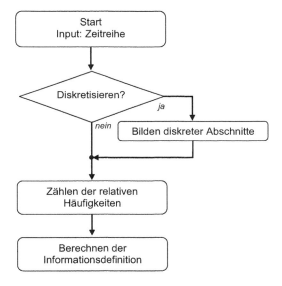

Abbildung 114: **Algorithmus zur Berechnung der Informationsdefinition**
Der eigentliche Algorithmus ist simpel und allein mit Gleichung 50 gegeben. Weit interessanter ist das *Preprocessing*, also die vorherige Aufarbeitung der Daten, bevor die Häufigkeitsverteilung gebildet wird. Die klassische Informationsdefinition bleibt auf einfache Kategorienbildungen beschränkt. Neuere Verfahren greifen dafür auf Algorithmen zurück, die es erlauben, die Dynamik des Systems zu erfassen.

- **Diskretisierung.** Es sind zwei Möglichkeiten vorgesehen, mit denen die Zeitreihendaten in diskrete Abschnitte eingeteilt werden können. So kann die Zahl der gewünschten Kategorien mit „*Number of Categories*" direkt vorgegeben werden. Oder es wird die Zahl signifikanter Stellen mit „*Significant Digits*" eingestellt. Beide Möglichkeiten können so gewählt werden, dass sie auf das Gleiche hinaus laufen. Es sind also jeweils nur andere Schreibweisen derselben Transformation, wobei die Wahl der Kategorien mehr Abstufungsmöglichkeiten bietet.

Wird hier -1 gewählt, wird die entsprechende Diskretisierung nicht durchgeführt. Werden beide Vorgaben auf -1 gestellt, werden die Daten als Rohdaten direkt verarbeitet.

- **Speichern der transformierten Daten.** Die klassische Informationsdefinition bleibt auf einfache Kategorienbildungen beschränkt. Neuere Verfahren greifen hingegen auf Algorithmen zurück, die es erlauben, die Dynamik des Systems zu erfassen. Die durch die Transformation erzeugten Symbolfolgen können ins Arbeitsblatt eingefügt werden. Dazu ist die Option „*Save Transformation*" zu wählen.

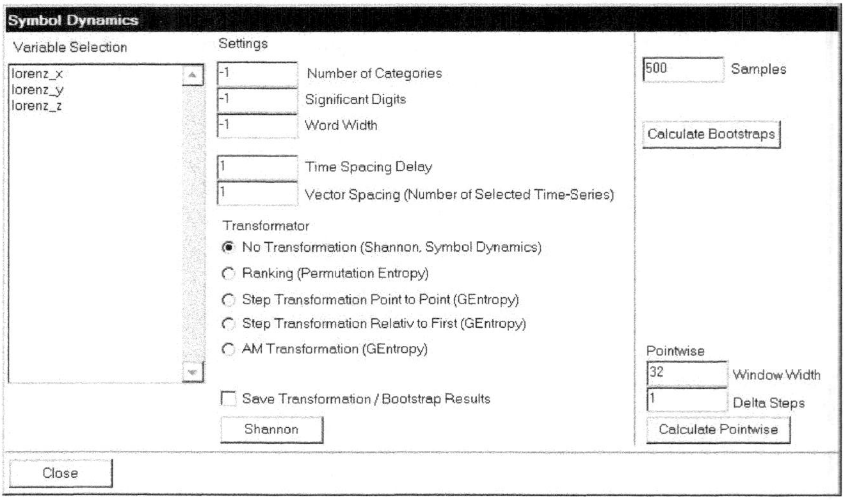

Abbildung 115: GChaos-Dialog zur Berechnung der Informationsdefinition
Die Informationsdefinition bildet die Grundlage für verschiedene Verfahren, die alle im Wesentlichen nach den gleichen Prinzipien arbeiten. Der Dialog vereint diese Verfahren. Für eine simple Informationsdefinition werden hier zunächst nur wenige Einstellungen benötigt. Aufwendigere Methoden werden in den folgenden Kapiteln beschrieben.

- ***Pointwise* Analyse.** Für eine *Pointwise* Analyse wird ein gleitendes Fenster verwendet. Die Breite des Fensters und die Schrittweite für die Verschiebung sind jeweils anzugeben. Diese Analyse startet mit dem Button „*Calculate Pointwise*". Die ermittelten Kennwerte werden im Arbeitsblatt gespeichert.

- ***Bootstrap*-Analyse.** Mithilfe von *Bootstrap*-Stichproben können Konfidenzintervalle für die Informationsdefinition erzeugt werden. Es ist üblich, hier 500 bis 10.000 Stichproben (*Samples*) zu ziehen. Die Berechnung startet mit „*Calculate Bootstrap*" und kann je nach Stichprobengröße mitunter sehr lange dauern. Wurde die Option „*Save Transformation / Bootstrap*" aktiviert, werden die Kennwerte aller *Bootstrap*-Stichproben im Datenblatt gespeichert. Sie können für weitere Analysen der *Bootstrap*-Verteilung genutzt werden (z. B. über das Menü „*Statistics*", „*Descriptive Statistics*", „*CI 95 from Value Distribution*").

10.2.4 Beispielanalyse: Fehlende Differenzierungsfähigkeit bei Karrieredaten

In der Managementforschung liegen nur selten Daten in einer solchen Qualität und Menge vor, dass die klassischen Verfahren der Chaosforschung (D2, K2, LLE) sinnvoll eingesetzt werden könnten. Stattdessen können aber Methoden eingesetzt werden, wie sie im vorliegenden Kapitel und in den folgenden Abschnitten vorgestellt werden. Diese Algorithmen sind bereits für kurze Datensätze und ordinale bzw. nominale Daten geeignet. Damit können dann Hypothesen geprüft werden, die sich seit einigen Jahren in der Literatur finden, aber bisher nicht empirisch untersucht wurden. Dazu gehört auch die sogenannte „Komplexitätshypothese der Karriereforschung" (Strunk et al. 2003, Strunk 2009a), die besagt, dass Karrieren immer komplexer werden. Es wurde oben bereits auf Beispielanalysen zu diesem Thema eingegangen (vgl. S. 247 ff.) und gezeigt, dass die Komplexitätshypothese den Grundtenor vieler Arbeiten der Karriereforschung seit den 1990er-Jahren zusammenfasst (z. B. Hall 1996b). Die Hypothese ist sowohl für Organisationen (vgl. z. B. Strunk 2009b) als auch für das von ihr betroffene Individuum (z. B. Reitman & Schneer 2003, Hall & Chandler 2005) sowie für die Karriereforschung selbst von Bedeutung. So tun sich Organisationen schwer, komplexe Lebensläufe zu bewerten, geben aber selbst nur selten Laufbahnsicherheit. Das Individuum ist von einer zunehmenden Unsicherheit in Bezug auf Karriere- und Lebensplanung betroffen (vgl. Abbildung 116). Die Karriereforschung steht in der Gefahr, den Karrierebegriff, der ja geordnete Strukturen einer zeitlichen Abfolge von beruflichen Positionen beschreibt (vgl. Barley 1989), zu opfern, da immer weniger Personen eine solche „ordentliche" Karriere erleben.

Es wurde oben bereits gezeigt, dass einer langen Liste theoretischer und hypothesengenerierender Arbeiten zur Komplexitätshypothese (z. B. Adamson et al. 1998) nur eine geringe Anzahl empirischer Studien gegenübersteht (z. B. Schneer & Reitman 1997), wobei fallstudienartige qualitative Zugänge, in denen von Einzelschicksalen berichtet wird, überwiegen (z. B. Arthur & Rousseau 1996). Insbesondere fehlt eine schlüssig begründete operationale Definition für den Begriff der „Komplexität". Es war daher das Ziel von Strunk (2009a), die Komplexitätshypothese der Karriereforschung theoretisch und empirisch genauer zu untersuchen, ohne dabei die Grundlagen des Karrierebegriffes leichtfertig über Bord zu werfen.

Datengrundlage Die Daten für den Vergleich stammen aus dem *Vienna Career Panel Project* (ViCaPP – z. B. Mayrhofer et al. 2002). Analysiert werden Zeitreihen verschiedener Kohorten von Absolventinnen und Absolventen wirtschaftswissenschaftlicher Studiengänge der Wirtschaftsuniversität Wien. Drei Kohorten können im Rahmen der klassischen Informationsdefinition verglichen werden: Die eine Kohorte schloss ihr Studium um 1970 ($N = 111$) und die zweite Kohorte um 1990 ($N = 250$) ab. Eine dritte Gruppe wird seit 2000 ($N = 144$) jährlich zu wichtigen Aspekten ihrer Karriere befragt. Der Karriereverlauf wird für jedes Jahr anhand von 12 Items erfasst, die verschiedene Aspekte der objektiven Karriere (z. B. Führungsverantwortung und Gehalt) und der subjektiven Karriere (z. B. Karrierezufriedenheit, Erfolgseinschätzungen) abdecken. Für die Überprüfung der Komplexitätshypothese kommen – je nach Datenqualität – verschiedene Verfahren zum Einsatz (so finden sich bei Strunk 2009a Anwendungsbeispiele für nahezu jeden der im vorliegenden Handbuch dargestellten Algorithmen).

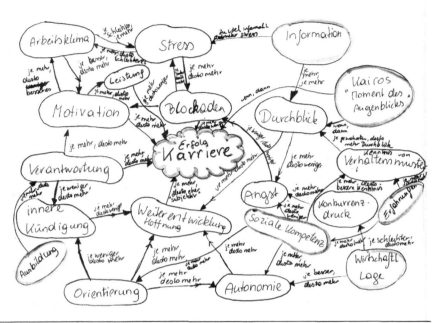

Abbildung 116: Karriere als komplexes Wechselspiel der Kräfte
In den Vorstellungen von Studierenden (hier das Bild des Systems Karriere aus der Sicht einer Studentin des zweiten Abschnittes der BWL) sind Karrieren heute mehr als Ergebnis eines hochkomplexen Wechselspiels sehr vieler Einflussfaktoren zu sehen denn als vorgegebene und vorhersehbare Laufbahn. (Abbildung aus: Strunk 2005, S. 263)

Die einfachste Operationalisierung der Komplexität von Karrieren beruht bei Strunk (2009a) auf der klassischen Informationsdefinition von Claude Shannon (1948). Das Verfahren berücksichtigt keine dynamischen Ordnungsstrukturen und liefert daher nicht viel mehr Erkenntnisse als die Kennzeichnung der Häufigkeitsverteilung der Daten als mehr oder minder gleichverteilt. Obwohl eine Abweichung von der Gleichverteilung als Hinweis auf ordnende Prozesse gewertet werden kann, kann umgekehrt aus ihrem Vorliegen nicht gefolgert werden, dass in den Daten keine dynamische Ordnung enthalten ist. Sollte sich die Komplexitätshypothese der Karriereforschung (also die zunehmende Komplexität von den 1970er- bis zu den 2000er-Jahren) bereits für dieses triviale Verfahren bestätigen, so wären aufwendigere Methoden, wie sie dann im weiteren Verlauf der Arbeit eingesetzt werden, eigentlich überflüssig. Genau genommen müssten sich in diesem Fall die Unterschiede in der Komplexität schon durch einfache Vergleiche der Häufigkeitsverteilungen zeigen lassen.

Methodik

Für den Vergleich der drei Stichproben werden bei Strunk (2009a) Konfidenzintervalle vorgeschlagen, die für verschiedene kleine Stichproben aus dem Gesamtdatensatz erzeugt werden. Dazu werden 100 Mal jeweils 2/3 der Daten aus dem gesamten Datenpool zufällig ausgewählt und die Analysen für diese 100 Stichproben wiederholt durchgeführt. Anders als beim *Bootstrap*-Verfahren beruhen die ermittelten Kennwerte aber immer nur auf 2/3 der Daten, verschenken also einen Teil der Stichprobe. Die folgende Analyse benutzt daher 10.000 *Bootstrap*-Stichproben, führt aber qualitativ zu den gleichen Ergebnissen. Um die Beispielanalyse hier nicht zu sehr auszudehnen und kompatibel zu weiterführenden Untersuchungen derselben Daten zu bleiben (vgl. dazu S. 428 ff.), werden nicht alle Stichproben und Variablen miteinander verglichen (detaillierte Auswertungen finden sich in Strunk 2009a):

- **Ausgewählte Kohorten.** Für die Berechnung genügen bereits die vier Datenpunkte (Messzeitpunkte), die für alle drei Kohorten vorliegen, sodass ein Vergleich zwischen allen drei Gruppen (1970er-, 1990er- und 2000er-Kohorte) möglich ist. Die folgende Analyse beschränkt sich aber aus Platzgründen auf den Vergleich der 1990er- und der 2000er-Kohorte.

- **Zeitraum.** Die ersten vier Jahre der Karriere werden direkt miteinander verglichen. Für die älteren Kohorten liegen umfangreichere Datensätze vor und sind zudem noch andere Vergleiche möglich. Diese sind in Strunk (2009a) beschrieben.

- **Kennwert.** Gemäß der von Shannon (1948) vorgeschlagenen Gleichung wird die Informationsdefinition der Werteverteilung bestimmt (Gleichung 50, S. 403). Die Informationsdefinition ist zur Interpretation mit dem Wert zu vergleichen, der sich nach Maßgabe einer vollständigen Gleichverteilung (also dem Fall der größtmöglichen Komplexität) ergeben würde. Für jeden Datensatz wird die Informationsdefinition und die maximal mögliche Informationsdefinition berechnet (Gleichung 52, S. 405). Als Kennwert wird dann jeweils der Quotient aus der Informationsdefinition und der maximalen Informationsdefinition berechnet. Für jede Kohorte werden zudem 10.000 *Bootstrap*-Stichproben gebildet und daraus die Konfidenzintervalle für die Kennwerte ermittelt.

Die Informationsdefinition zeigt nur inkonsistente Ergebnisse

Strunk (2009a) zeigt für alle 12 im Zeitverlauf erhobenen Karrieredaten und verschiedene zusätzliche Stichprobenvergleiche, dass die klassische Informationsdefinition entweder nicht in der Lage ist, Komplexitätsunterschiede in Karrieren nachzuweisen oder dass tatsächlich keine vorliegen. Auch die *Bootstrap*-Analyse ändert nichts an diesen Befunden.

Andere Verfahren, die in der Lage sind, die Reihenfolge der Symbole zu berücksichtigen, zeigen dann aber sehr wohl die erwartete signifikante Steigerung der Komplexität (vgl. Strunk 2009a). Die einfachste Möglichkeit dafür besteht darin, die vier Jahre der Karriere direkt zu einem Symbol zusammenzufassen, also aus den vier Messwerten eine vierstellige Zahl zu erzeugen. Dieses neue Symbol berücksichtigt die Reihenfolge der Messwerte und kann erneut mit der Informationsdefinition untersucht werden. Ohne weiteren Rechenaufwand ist das für 8 der 12 Karriere-Variablen möglich. Dieser recht triviale Zugang fehlt in Strunk (2009a) und wird ab Seite 428 ff. präsentiert.

Item	Gruppe	I_s/I_{max}	SE	n^a	Sig.
1. Wie sicher bzw. unsicher waren Ihrer Einschätzung nach Ihre beruflichen Perspektiven?	1990er 2000er	0,927 0,911	0,008 0,011	972 565	↓
2. Wie sehr waren Ihre beruflichen Chancen, Perspektiven und Möglichkeiten von einzelnen Schlüsselpersonen, Organisationen und Systemzwängen abhängig?	1990er 2000er	0,928 0,905	0,005 0,011	969 572	↓
3. Wie leicht hätten Sie im Bedarfsfall eine andere Ihren Vorstellungen, Qualifikationen und Wünschen entsprechende Tätigkeit gefunden?	1990er 2000er	0,876 0,925	0,010 0,009	971 572	**
4. Wie stabil bzw. wechselhaft waren Ihre grundsätzlichen Arbeitsinhalte?	1990er 2000er	0,973 0,964	0,005 0,007	969 571	↓
5. Wie stabil bzw. wechselhaft waren Ihre beruflichen Beziehungen?	1990er 2000er	0,894 0,963	0,009 0,007	966 571	**
6. Wie nahe und intensiv waren Ihre beruflichen Beziehungen (zu Vorgesetzten, MitarbeiterInnen, SchlüsselkundInnen, GeldgeberInnen etc.)?	1990er 2000er	0,941 0,871	0,007 0,012	968 563	↓
7. Wie erfolgreich waren Sie Ihrer Einschätzung nach in den Augen Ihres beruflichen Umfeldes?	1990er 2000er	0,858 0,778	0,009 0,014	968 534	↓
8. Wie zufrieden waren Sie jeweils mit Ihrer beruflichen Entwicklung?	1990er 2000er	0,887 0,868	0,009 0,012	967 532	↓

* p<=0,05.
** p<=0,01.
↓ Nicht erwarteter Rückgang der Komplexität.
a N bezieht sich auf die Anzahl der validen Daten (Personen & Messzeitpunkte). Der Standardfehler (SE) wird hingegen immer mit 10.000 *Bootstrap*-Stichproben ermittelt.

Tabelle 46: **Komplexitätshypothese – Ergebnisse der Informationsdefinition – Vierjahreszeitraum**

Aus Platzgründen und für eine bessere Vergleichbarkeit zeigt die Tabelle nur für 8 der 12 Variablen die Ergebnisse der Informationsdefinition (weitere Ergebnisse finden sich bei Strunk 2009a). Die Auswahl entspricht auch den weiter unten noch mit anderen Verfahren analysierten Datensätzen (vgl. Tabelle 49, S. 429).

I_s/I_{max}: Verhältnis aus Informationsdefinition und theoretischem Maximum; SE: Standardfehler, Standardabweichung der *Bootstrap*-Verteilung.

Ergebnisse

Die Tabelle 46 zeigt die Ergebnisse der klassischen Informationsdefinition für die 1990er- und die 2000er-Kohorte. Nur für zwei Variablen findet sich eine signifikante Zunahme der Informationsdefinition. Diese betreffen die Arbeitsmarktlage (Frage 3) und die Stabilität der Arbeitsinhalte (Frage 5). Andere Items betreffen ähnliche Themen (z. B. Frage 1 zur Sicherheit der beruflichen Perspektiven), zeigen aber die gegenteilige Entwicklung. Insgesamt erscheinen die Ergebnisse als inkonsistent und werden durch weiterführende Analysen auf den blinden Fleck der klassischen Informationsdefinition zurückgeführt: Die klassische Informationsdefinition berücksichtigt die Abfolge der Symbole nicht.

Alle zur Komplexitätshypothese der Karriereforschung durchgeführten Analysen sind in der folgenden Tabelle 47 zu sehen. Hier zeigt sich, dass allein die Informationsdefinition zu negativen Befunden führt und alle anderen eingesetzten Algorithmen in der Lage sind, Komplexitätsunterschiede zwischen den Kohorten aufzudecken.

Wie komplex ist dieser Satz? – Komplexität von Symbolfolgen

Verfahren	Kern der Komplexitäts-Definition	Fokus	Daten	Ergebnisse	Anmerkung
1. Operationalisierung **Informationstheorie** (Shannon 1948)	Bemessung der Freiheitsgrade. Konkrete Dynamik spielt keine Rolle.	Komplexität	12-jahres-Zeitraum 4-jahres-Zeitraum 12 Variablen	▪ Uneinheitlich. Keine Bestätigung der Komplexitätshypothese. ▪ Abgrenzung gegenüber Zufall: nicht möglich.	
2. Operationalisierung **Algorithmische Entropie** (Kolmogorov 1965, Zvonkin & Levin 1970, Chaitin 1974, Jiménez-Montano 1984, Rapp et al. 1991)	Komprimierbarkeit durch Ordnung in den Daten. Konkrete Dynamik spielt eine große Rolle.	Ordnung	12-jahres-Zeitraum 12 Variablen Individuelle Zeitreihen	▪ 11 von 12 Tests bestätigen die Komplexitätshypothese. ▪ Abgrenzung gegenüber Zufall: in mehr als der Hälfte der Fälle nicht möglich.	Geringe oder keine Bestätigung der Komplexitätshypothese für: ▪ Bruttojahresgehalt (Item 12) ▪ Anzahl unterstellter Mitarbeiterinnen und Mitarbeiter (Item 7)
3. Operationalisierung ***Strange Attractors***** Fraktale Geometrie** (Ruelle & Takens 1971, Grassberger & Procaccia 1983a, 1983b, Mandelbrot 1987)	Bemessung der Freiheitsgrade. Konkrete Dynamik spielt keine Rolle.	Komplexität	12-jahres-Zeitraum 3 Faktoren	▪ Klare Bestätigung der Komplexitätshypothese. ▪ Abgrenzung gegenüber Zufall: klare Abgrenzung.	

Verfahren	Kern der Komplexitäts-Definition	Fokus	Daten	Ergebnisse	Anmerkung
4. Operationalisierung *Recurrence Plots* (Zbilut & Webber Jr. 1992, Webber Jr. & Zbilut 1994, Marwan 2003, 2006)	Auszählen von wiederholt auftretenden Mustern. Konkrete Dynamik spielt eine große Rolle.	Ordnung	12-jahres-Zeitraum 3 Faktoren	• Klare Bestätigung der Komplexitätshypothese. • Abgrenzung gegenüber Zufall: klare Abgrenzung.	
5. Operationalisierung **Permutationsentropie** (Bandt & Pompe 2002)	Bemessung der Freiheitsgrade der konkreten Dynamik. Konkrete Dynamik spielt eine große Rolle.	Komplexität	4-jahres-Zeitraum 12 Variablen	• 11 von 12 Tests bestätigen die Komplexitätshypothese. • Abgrenzung gegenüber Zufall: klare Abgrenzung.	Geringe oder keine Bestätigung der Komplexitätshypothese für: • Anzahl unterstellter Mitarbeiterinnen und Mitarbeiter (Item 7)
BDS-Test (Brock et al. 1987, LeBaron 1997, Kanzler 1999)	Keine Komplexitätsdefinition, sondern Test auf weißes Rauschen (i.i.d.).	Zufall (i.i.d.)	12-jahres-Zeitraum 3 Faktoren	• Abgrenzung gegenüber Zufall: klare Abgrenzung.	

Tabelle 47: Komplexitätshypothese – Zusammenfassung aller durchgeführten Analysen
Die Tabelle fasst die durchgeführten Auswertungen aus Strunk (2009b) zusammen. (Tabelle aus: Strunk 2009a, S. 344 f.)

10.3 Algorithmen: *Symbolic Dynamics*

Unter dem Namen *Symbolic Dynamics* sind eine ganze Reihe von Verfahren vorgeschlagen worden, um die Begrenzungen der Shannonschen Informationsdefinition zu überwinden (für einen Überblick: Collet & Eckmann 1980, die folgende Darstellung ist eine Erweiterung von Strunk 2004). In ihren Grundlagen gehen diese Ansätze bis auf das Jahr 1898 zurück (Hadamard 1898). Hellund und Morse ergänzten den Ansatz von Hadamard um Aspekte periodischen Verhaltens in klassischen dynamischen Systemen (Morse 1921, Morse & Hedlund 1938). Die zentrale Idee des *Symbolic-Dynamics*-Ansatzes ist es, die Analyse auf sogenannte Worte auszudehnen.

Ein Wort fasst jeweils m Symbole, die in der Symbolzeitreihe direkt hintereinander folgen, zu einer neuen, größeren Einheit zusammen. Um alle Worte einer Symbolzeitreihe zu bestimmen, beginnt man mit der Bildung des ersten Wortes beim ersten Symbol und fügt die folgenden m Symbole hinzu. Für das nächste Wort beginnt man beim zweiten Symbol der Symbolzeitreihe und so fort. Ein Wort ist also nichts anderes als ein gleitendes Fenster. Da es Schritt für Schritt über die Datenreihe gleitet, werden alle nur möglichen Worte gebildet. Dennoch sollte man Fenster und Wort nicht verwechseln oder synonym verwenden.

Von Fenstern und Worten

Insgesamt kann man bei der Analyse von Symbolzeitreihen drei hierarchische Datenebenen unterscheiden: die Symbolzeitreihe, das Fenster und das Wort. Auf der obersten Ebene findet sich die Symbolzeitreihe mit N Datenpunkten. Diese kann mittels eines gleitenden Fensters (mittlere Datenebene) abgetastet werden. Viele Verfahren der Komplexitätsforschung lassen sich durch ein gleitendes Fenster dynamisieren. Nichtstationäre Veränderungen werden dabei sichtbar. Ein solches Fenster verfügt nur über einen Ausschnitt der Daten und ist n Datenpunkte breit, wobei n genügend kleiner ist als N. Ein Wort mit einer Sequenzlänge von m besitzt die gleichen Eigenschaften wie ein Fenster, kann aber auch innerhalb von Fenstern genutzt werden. Es bildet daher die niedrigste Datenebene, derart, dass m genügend kleiner als n und n genügend kleiner als N ist.

Worte dienen dazu, Symbole zu Einheiten zusammenzufügen, um dadurch neue, umfassendere Symbole zu bilden. Diese neuen Einheiten beruhen daher auf *Abfolgen von Symbolen* der ursprünglichen Symbolzeitreihe und berücksichtigen auf diese Weise deren Anordnung. Werden alle in der Symbolreihe vorhandenen Worte gebildet und deren Häufigkeit gezählt, so lassen sich die Informationsgehalte nach der Shannonschen Informationsdefinition für die Worte bestimmen.

Ein Problem dieses Verfahrens ist jedoch die Wahl einer geeigneten Wortlänge m. Wird m zu groß gewählt, dann kommen viele Worte nur noch einmal in der Symbolreihe vor. Wird m zu klein gewählt, werden nur wenige Informationen über die spezielle Anordnung der Symbole genutzt. In der Praxis der Anwendung dieser Methode empfiehlt sich daher die Berechnung für verschiedene m zu wiederholen und danach eines auszuwählen, das möglichst große Bereiche der Dynamik erfasst, aber nicht dazu führt, dass zu viele Worte nur einmal vorkommen.

Die Suche nach Ordnung in Worten

Obwohl die Informationsdefinition einer Symbolreihe, die aus k Worten der Länge m besteht, direkt aus Gleichung 50 (S. 403) berechnet werden kann, empfiehlt es sich, die Häufigkeitsverteilung der Worte genauer zu betrachten. Dafür gibt es verschiedene Vorschläge (z. B. Voss et al. 2000):

- **Zufall bedeutet Gleichverteilung.** Handelt es sich bei der Symbolreihe um eine rein stochastische Anordnung von Symbolen, so sollten relativ unabhängig von der gewählten Wortlänge m alle Worte gleich häufig in der Symbolreihe vorkommen. Weicht die Häufigkeitsverteilung der Worte signifikant von einer Gleichverteilung ab, ist die Symbolreihe wahrscheinlich nicht zufällig. Findet sich eine Gleichverteilung, so sollte diese für verschiedene Wortlängen m beobachtbar sein, um als verlässlicher Hinweis für Zufall gelten zu können.

- **Sequenzen ohne Veränderung.** Eine weitere Möglichkeit, Informationen über die Ordnung einer Symbolfolge zu gewinnen, besteht darin, den Prozentsatz von Worten zu bestimmen, die nur aus einem Symbol bestehen. Wird die Wortlänge zum Beispiel mit fünf festgelegt und besteht die Symbolfolge aus den Symbolen 0 und 1, so werden alle Worte gezählt, die entweder nur aus 0 oder nur aus 1 bestehen (also für $m = 5$: {1, 1, 1, 1, 1} und {0, 0, 0, 0, 0}). Ähnlich ist im *Recurrence Plot* die sogenannten Laminarität definiert (vgl. auch Gleichung 46, S. 384).

- *Forbidden Words.* Im Falle einer einfachen periodischen Ordnung in der Symbolreihe wiederholen sich die Worte fortlaufend. Andere Worte als die, die zur Beschreibung einer Periode dienen, werden nicht benötigt und sollten in der Symbolreihe auch nicht vorkommen, wenn sie tatsächlich periodisch ist. In diesem Sinne scheint es für jedes deterministische, nicht stochastische System eine Menge von Worten zu geben, die in der Symbolreihe eigentlich nicht vorkommen dürften. Praktisch ist es jedoch kaum möglich, alle diese Worte vorab zu bestimmen, um dann zu überprüfen, ob sie auch tatsächlich nicht in der Symbolreihe enthalten sind. Es lässt sich jedoch bestimmen, wie viele Worte nur sehr selten, d. h. z. B. mit einer Wahrscheinlichkeit von nur 0,1 % in der Symbolreihe vorkommen. Die Anzahl solcher seltener Symbole ist dann ein Maß für die Komplexität der Symbolreihe.

- **Längste sich wiederholende Kette.** Ein Verfahren zur Bestimmung der Ordnung in Symbolreihen wurde von Strunk (1996, vgl. auch Strunk & Schiepek 2002) vorgeschlagen: Es werden Worte wachsender Länge erzeugt, so lange, bis jedes Wort nur einmal in der Symbolreihe vorkommt. So werden zunächst Zweiersequenzen von Messwertfolgepunkten gebildet und auf ihr wiederholtes Vorkommen in der Zeitreihe hin untersucht. Kommen Zweiersequenzen mindestens zweimal vor, fährt das Verfahren mit der Bildung weiterer Sequenzen wachsender Länge fort. Die Länge der Sequenz, die in der Zeitreihe gerade noch zweimal vorkommt, ist dann ein Maß für die Ordnung der Zeitreihe. Das Verfahren entspricht im Wesentlichen der Ermittlung der längsten Diagonale im *Recurrence Plot* (vgl. Gleichung 45, S. 384).

- **Steigung der exponentiell abfallenden Häufigkeitsverteilung.** Ebenfalls auf Strunk (1996) geht der Vorschlag zurück, die Form der Häufigkeitsverteilung der Worte mit einer Exponentialverteilung zu beschreiben. In der Regel finden sich wenige Worte, die sehr häufig im Datensatz vorkommen und sehr viele Worte, die nur mehr selten vorkommen. Die nach der Auftretenshäufigkeit sortierte Verteilung zeigt dann die Form einer exponentiell abfallenden Kurve. Der Exponent der dazu passenden Exponentialfunktion kann als Maß für die Ordnung der Dynamik herangezogen werden. Hohe Werte verweisen auf eine starke Ungleichverteilung und damit auf eine hohe Ordnung (vgl. auch Strunk & Schiepek 2002).

Systematisierende Zusammenfassung

Zusammenfassend kann man festhalten, dass der *Symbolic-Dynamics*-Ansatz zahlreiche Verfahren für die Bestimmung der Ordnung in Symbolzeitreihen entwickelt hat. Die Grundidee hinter diesen Verfahren ist die Erzeugung von Worten. Diese enthalten Informationen über die Abfolge der Symbole und überwinden so ein Problem der von Shannon (1948) vorgeschlagenen Informationsdefinition. Diese Grundidee kann noch erweitert werden:

- **Diskretisierung.** Wie bereits für die klassische Informationsdefinition dargestellt, können auch stetige Datenreihen in Symbolabfolgen überführt werden, wenn der Wertebereich in diskrete, disjunkte Abschnitte unterteilt wird. Dieser Schritt ist vor der Definition der Worte durchzuführen.

- *Time-Lag.* Es liegt nahe, Worte aus direkt aufeinanderfolgenden Symbolen zu bilden. Stammen die Daten aber ursprünglich aus stetigen Datenreihen, so vereinen diese ja die Dynamik des gesamten, aus mehreren Variablen bestehenden Systems. Diese Variablen lassen sich nach dem oben bereits ausführlich diskutierten Theorem von Packard und Takens (Packard et al. 1980, Takens 1981, vgl. Kapitel 6.1, S. 162 ff.) durch ein geeignetes *Time-Lag* voneinander trennen. Worte für solche Datenreihen könnten daher auch zusammengesetzt sein aus Datenpunkten, die nicht direkt aufeinanderfolgen, sondern um ein geeignetes *Time-Lag* voneinander entfernt sind. Die Zusammenstellung eines solchen Wortes entspricht dann der Zusammenstellung der Koordinaten für eine Phasenraumeinbettung. Die Dimension dieser Phasenraumeinbettung stimmt mit der Wortlänge m überein (vgl. Cao et al. 2004).

- **Vereinfachungstransformatoren.** Neuere Algorithmen, wie z. B. die Permutationsentropie, erweitern die Grundidee des Wortes, indem die Symbolfolgen innerhalb der Worte weiter vereinfacht und in prototypische Muster transformiert werden bevor die Häufigkeitsverteilung erzeugt wird (vgl. dazu ausführlicher S. 430 ff.). Dadurch werden unwesentliche Informationen aus den Worten eliminiert und die Zahl der Worte, die nur einmal in einem Datensatz vorkommen, wird reduziert.

10.3.1 Datenqualität, Voraussetzungen

Da die klassische Informationsdefinition und auch die Erweiterung durch den *Symbolic-Dynamics*-Ansatz keine besonderen Anforderungen an die Symboldaten stellt, ist dieses Verfahren auf alle Daten anwendbar, die auf zählbaren Objekten beruhen und deren Objektabfolge als Zeitreihe vorliegt.

Vor der Analyse sind stetige Daten zu diskretisieren, eventuell Einbettungsparameter zu klären und die Wortlänge festzulegen. Allgemein gilt, dass lange Worte die Wahrscheinlichkeit verringern, mehrfach in einem Datensatz vorzukommen. Mit wachsender Wortlänge ergibt sich eventuell recht schnell eine maximale Entropie (vgl. dazu auch weiter unten S. 434 ff.). Hier gilt es also ein passendes Maß zu finden und die Berechnungen für verschiedene Wortlängen zu wiederholen.

Da nun, im Gegensatz zur klassischen Informationsdefinition, Abfolgemuster in den Daten berücksichtigt werden, können *Random*-Surrogate herangezogen werden, um die Validität der Berechnungen zu prüfen (vgl. Kapitel 4.4.1, S. 120).

Symbolic Dynamics (Shannon-Entropie für Worte)
(Shannon 1948, Collet & Eckmann 1980)

Was wird gemessen?	Abweichung der Häufigkeitsverteilung für Worte von einer Gleichverteilung, die als maximal komplex (Zufall) gilt.
Hohe Werte bedeuten ...	Komplexität bzw. Zufall. Eine Obergrenze kann vorab bestimmt werden.
Dynamik	Die Abfolge der Messwerte spielt durch die Bildung von Worten eine Rolle. Die Dynamik wird also berücksichtigt.
Phasenraumeinbettung	Nein, aber möglich.
Skalenniveau	Nominal. Höhere Skalenniveaus müssen häufig künstlich diskretisiert werden, wofür keine verbindlichen Regeln angegeben werden können.
Minimale Datenlänge	$N \sim 10^{2m}$, bei 10 Kategorien (vgl. auch Tabelle 51, S. 437).
Stationarität erforderlich	Ja.

Tabelle 48: Übersicht über das Verfahren: *Symbolic Dynamics* (Shannon-Entropie für Worte)
Die Informationsdefinition lässt sich auf jede Art von Häufigkeitsverteilung anwenden. Durch die Zusammenfassung von Folgewerten zu Worten werden dynamische Strukturen berücksichtigt.

Große Probleme kann die erforderliche Zeitreihenlänge bereiten. Wurde der Datenrange vor der Analyse in diskrete Abschnitte unterteilt und liegen dann z. B. 10 solcher Abschnitte vor, so können bei einer Wortlänge von $m = 5$ bereits 10^5 mögliche Abfolgen in den Worten auftreten. Handelt es sich um eine komplexe Systemdynamik, so wird diese dazu führen, dass auch tatsächlich viele dieser Muster realisiert werden. Es ist dann leicht ersichtlich, dass kurze Zeitreihen von wenigen hundert Messzeitpunkten nicht genügen, um den Nachweis von Ordnung für solch ein System zu erbringen. Nimmt man in Umkehrung der oben genannten $\sqrt{N}$-Regel an, dass das Quadrat der Zahl der möglichen Kategorien eine passende Zeitreihenlänge darstellt, sind im gegebenen Beispiel gar 10^{10} Datenpunkte erforderlich. Allgemein kann für die genannte Umkehrung der Regel eine Zeitreihenlänge gefordert werden, die $N \sim 10^{2m}$ entspricht.

10.3.2 Praktische Durchführung

Test der Voraussetzungen, Datenvorbereitung, Absicherung

Die Implementierung des Ansatzes in GChaos lässt verschiedene Kombinationen von vorbereitenden Datentransformationen zu, sodass eine große Bandbreite an Fragestellungen bearbeitet werden kann. Zunächst muss geklärt werden, ob eine Diskretisierung der Datenreihe notwendig ist. Die Definition der Worte erlaubt maximal zweistellige Zahlenwerte und die Länge der Worte ist mit 16 für einstellige Zahlen und 8 für zweistellige Zahlen begrenzt. Zudem ist es möglich, Worte aus Symbolen zusammenzufügen, die um ein beliebiges *Time-Lag* voneinander entfernt sind.

Man erreicht den *Symbolic-Dynamics*-Ansatz, ebenso wie die klassische Informationsdefinition, über das Menü „*Statistics*", „*Symbolic Dynamics*". Folgende Einstellungen sind zu treffen (vgl. Abbildung 115, S. 414):

- **Variablenauswahl.** In der Variablenliste werden alle Spaltenbezeichnungen des aktuellen Arbeitsblattes aufgelistet. Hier kann eine Variable für die Berechnung ausgewählt werden. Die Auswahl mehrerer Variablen führt dazu, dass diese nach dem Reißverschlussprinzip zu einem Datensatz angeordnet werden: Aus x_1, x_2, x_3, x_4, ... x_N und y_1, y_2, y_3, y_4, ... y_N sowie z_1, z_2, z_3, z_4, ... z_N wird dann x_1, y_1, z_1, x_2, y_2, z_2, x_3, y_3, z_3, x_4, y_4, z_4, ... x_N, y_N, z_N. Diese verknüpfte Zeitreihe wird in der Regel zu einem *Time-Lag* von eins führen. Zudem wird über die Einstellung „*Vector Spacing*" angegeben, aus wie vielen Dimensionen die Zeitreihe besteht. Bei der Einbettung wird dann dafür gesorgt, dass die Worte immer mit der gleichen Variablen beginnen (ist die zusammengesetzte Zeitreihe eine Abfolge der Variablen x, y, z, so sorgt ein *Vector Spacing* von drei dafür, dass jedes Wort mit x beginnt).

- **Diskretisierung.** Es sind zwei Möglichkeiten vorgesehen, mit denen die Zeitreihendaten in diskrete Abschnitte eingeteilt werden können. So kann die Zahl der gewünschten Kategorien mit „*Number of Categories*" direkt vorgegeben werden. Oder es wird die Zahl signifikanter Stellen mit „*Significant Digits*" eingestellt. Beide Möglichkeiten können so gewählt werden, dass sie auf das Gleiche hinauslaufen. Es sind also jeweils nur andere Schreibweisen derselben Transformation, wobei die Wahl der Kategorien mehr Abstufungsmöglichkeiten bietet. Wird hier -1 gewählt, wird die entsprechende Diskretisierung nicht durchgeführt. Werden beide Vorgaben auf -1 gestellt, werden die Daten als Rohdaten direkt verarbeitet. Die Zahl signifikanter Stellen darf nicht über zwei liegen.

- **Wortlänge.** Die Wortlänge wird mit „*Word Width*" festgelegt. Sie beträgt bei der klassischen Informationsdefinition 1 und muss für die Bildung von Worten erhöht werden. Die Länge der Worte ist mit 16 bei einstelligen Zahlen und 8 bei zweistelligen Zahlen begrenzt.

- **Time-Lag.** Das *„Time Spacing Delay"* erlaubt die Bildung von Worten aus Symbolen, die jeweils um das *Time-Lag* voneinander entfernt sind. Auf diese Weise ergibt sich eine Art Einbettung der Daten. Für eine multiple Variablenauswahl ist hier 1 einzusetzen
- **Vector Spacing.** Das *„Vector Spacing"* gibt bei einer multiplen Variablenauswahl die Zahl der Variablen an und sorgt dafür, dass die Wortzusammensetzung für jeden neuen Datenpunkt immer bei der ersten Variablen beginnt.

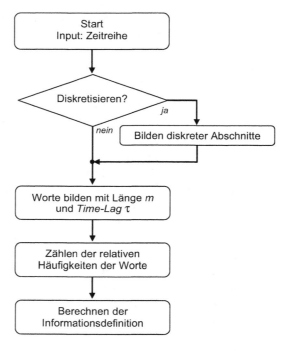

Abbildung 117: **Algorithmus zur Berechnung der Informationsdefinition für Worte (*Symbolic Dynamics*)**
Der Algorithmus aus Abbildung 114 (S. 413) wird hier um die Bildung von Worten erweitert.

- **Speichern der transformierten Daten.** Die durch die Transformation (Diskretisierung, Wortbildung) erzeugten Symbolfolgen können ins Arbeitsblatt eingefügt werden. Dazu ist die Option *„Save Transformation"* zu wählen.
- ***Pointwise* Analyse.** Für eine *Pointwise* Analyse wird ein gleitendes Fenster verwendet. Die Breite des Fensters und die Schrittweite für die Verschiebung sind jeweils anzugeben. Diese Analyse startet mit dem Button *„Calculate Pointwise"*. Die ermittelten Kennwerte werden im Arbeitsblatt gespeichert.
- ***Bootstrap*-Analyse.** Mithilfe von *Bootstrap*-Stichproben können Konfidenzintervalle für die Informationsdefinition erzeugt werden. Es ist üblich, hier 500 bis 10.000 Stichproben (*Samples*) zu ziehen. Die Berechnung startet mit *„Calculate Bootstrap"* und kann je nach Stichprobengröße auch einmal länger dauern. Wurde

die Option „*Save Transformation / Bootstrap*" aktiviert, werden die Kennwerte aller *Bootstrap*-Stichproben im Datenblatt gespeichert. Sie können für weitere Analysen der *Bootstrap*-Verteilung genutzt werden (z. B. über das Menü „*Statistics*", „*Descriptive Statistics*", „CI 95 *from Value Distribution*").

10.3.3 Beispielanalyse: Symbolabfolgen zeigen Unterschiede in der Komplexität von Karrieren

Der *Symbolic-Dynamics*-Ansatz fasst Zeitverlaufsdaten in Worten zusammen und bestimmt dann über die Häufigkeitsverteilung der Worte die Komplexität des Datensatzes nach der bekannten klassischen Informationsdefinition. Oben werden bereits in zwei Beispielanalysen Daten über Karriereverläufe von Absolventinnen und Absolventen der Wirtschaftsuniversität Wien untersucht. Diese Daten liegen nur für kurze Zeiträume vor (4 bzw. 12 Datenpunkte) und erfordern daher genügsamere Methoden als das klassische D2 oder *Lyapunov*-Exponenten, die erst mit sehr langen Datenreihen durchgeführt werden können. Es liegt daher nahe, die Komplexitätshypothese der Karriereforschung (Karrieren werden immer komplexer, vgl. Strunk 2009a) mit der klassischen Informationsdefinition und ihren Erweiterungen zu überprüfen.

Da die klassische Informationsdefinition die Abfolgemuster in den Daten ignoriert und daher die Komplexität dynamischer Strukturen nicht feststellen kann, war oben vermutet worden, dass mit diesem simplen Verfahren keine verlässlichen Ergebnisse über die Komplexitätshypothese der Karriereforschung generiert werden können. Tatsächlich ergeben sich für die klassische Informationsdefinition inkonsistente Befunde, die entweder darauf verweisen, dass die Methode tatsächlich inadäquat ist oder dass die untersuchten Karrieren zwischen den 1990er- und 2000er-Jahren nicht komplexer geworden sind (vgl. S. 415 ff.).

Methodik

Die gleichen Daten werden im Folgenden zu Worten zusammengefasst, die die vier Datenpunkte (vier Jahre der jährlichen Datenerhebung) umfassen, die für die 2000er-Kohorte zur Verfügung stehen. Diese Zusammenfassung ist ohne weitere Transformationen der Rohdaten für 8 der 12 erhobenen Variablen möglich. Diese Variablen werden daher im Folgenden benutzt. Damit entspricht die folgende Analyse in allen Details dem Vorgehen der vorangegangenen Beispielanalyse, mit dem Unterschied der Zusammenfassung der vier Messzeitpunkte zu einem Symbol. Details zu den erhobenen Daten etc. finden sich daher schon oben (vgl. S. 415 ff.) und sollen hier nicht wiederholt werden.

Der *Symbolic-Dynamics*-Ansatz führt zu konsistenten Ergebnissen

Die Zusammenfassung der erhobenen Daten zu Worten, die die vier Erhebungsjahre beinhalten, führen zu hochsignifikanten Unterschieden zwischen den Kohorten, die jeweils genau der Komplexitätshypothese der Karriereforschung entsprechen (vgl. Tabelle 49). Die Karriereverläufe sind für alle Variablen für die 2000er-Jahre hochsignifikant komplexer als für die 1990er-Jahre. Erstere zeigen zudem so hohe Werte nahe eins, dass sie nicht mehr in jedem Fall von Zufall unterschieden werden können.

Dies Ergebnis zur Komplexitätshypothese ist deshalb so erstaunlich, weil hier exakt die gleichen Daten – ohne zusätzliche Datentransformation – mit den gleichen Methoden analysiert wurden, wie oben in Tabelle 46 (S. 418) dargestellt. Das Analyseverfahren unterscheidet sich nur in der Zusammenstellung der Worte. Es sind daher tatsächlich die dynamischen Strukturen, die die Information über die Komplexität von Prozessen tragen. Weiterführende Analysen des gleichen Datenmaterials mit anderen Methoden finden sich in Strunk (2009a).

Item	Gruppe	I_s/I_{max}	SE	n[a]	Sig.
1. Wie sicher bzw. unsicher waren Ihrer Einschätzung nach Ihre beruflichen Perspektiven?	1990er 2000er	0,901 0,981	0,018 0,013	233 138	**
2. Wie sehr waren Ihre beruflichen Chancen, Perspektiven und Möglichkeiten von einzelnen Schlüsselpersonen, Organisationen und Systemzwängen abhängig?	1990er 2000er	0,905 0,982	0,016 0,012	231 142	**
3. Wie leicht hätten Sie im Bedarfsfall eine andere Ihren Vorstellungen, Qualifikationen und Wünschen entsprechende Tätigkeit gefunden?	1990er 2000er	0,858 0,986	0,020 0,012	232 142	**
4. Wie stabil bzw. wechselhaft waren Ihre grundsätzlichen Arbeitsinhalte?	1990er 2000er	0,935 0,994	0,014 0,011	232 141	**
5. Wie stabil bzw. wechselhaft waren Ihre beruflichen Beziehungen?	1990er 2000er	0,879 0,989	0,018 0,011	231 141	**
6. Wie nahe und intensiv waren Ihre beruflichen Beziehungen (zu Vorgesetzten, MitarbeiterInnen, SchlüsselkundInnen, GeldgeberInnen etc.)?	1990er 2000er	0,913 0,976	0,016 0,013	232 137	**
7. Wie erfolgreich waren Sie Ihrer Einschätzung nach in den Augen Ihres beruflichen Umfeldes?	1990er 2000er	0,924 0,977	0,014 0,016	229 103	**
8. Wie zufrieden waren Sie jeweils mit Ihrer beruflichen Entwicklung?	1990er 2000er	0,929 0,995	0,015 0,013	233 102	**

* $p<=0,05$.
** $p<=0,01$.
a n bezieht sich auf die Anzahl der validen Datensätze (Personen).
Der Standardfehler (SE) wird hingegen immer mit 10.000 *Bootstrap*-Stichproben ermittelt.

Tabelle 49: **Komplexitätshypothese – Ergebnisse des *Symbolic-Dynamics*-Ansatzes – Vierjahreszeitraum**
Die Tabelle zeigt die Ergebnisse des *Symbolic-Dynamics*-Ansatzes zur Komplexitätshypothese. Es werden die gleichen Daten analysiert, die oben bereits im Rahmen der klassischen Informationsdefinition untersucht wurden (vgl. Tabelle 46, S. 418).

I_s/I_{max}: Verhältnis aus Informationsdefinition und theoretischen Maximum; SE: Standardfehler, Standardabweichung der *Bootstrap*-Verteilung.

10.4 Algorithmus: Permutationsentropie und die Gruppe der GEntropien

Die Permutationsentropie (Bandt & Pompe 2002) und die Gruppe der GEntropien beruhen im Wesentlichen auf den schon dargestellten Prinzipien für die von Shannon (1948) vorgeschlagene Informationsdefinition und die Erweiterungen durch den *Symbolic-Dynamics*-Ansatz. Wie Letzterer, bilden die Permutationsentropie und die Gruppe der GEntropien zunächst Worte der Länge m. Diese werden in der Folge weiter vereinfacht, indem weniger relevante Informationen durch eine geeignete Transformation der Daten eliminiert werden. Die zentrale Erweiterung der Permutationsentropie beruht darauf, die Zahlenwerte innerhalb des Wortes durch Ränge zu ersetzen. Die GEntropien vereinfachen noch stärker und benötigen zur Darstellung des Wortes nur zwei bis drei Symbole. Im Gegensatz zu den genannten Vorgängerverfahren erfordern die Permutationsentropie oder die GEntropien aber mindestens Rangdatenqualität und sind nicht bereits bei Nominalskalenniveau einsetzbar.

10.4.1 Permutationsentropie

Die Idee hinter der Permutationsentropie ist die geschickte Reduktion des Wortes auf Symbole, die das „Muster" der Daten im Wort hervorheben. Dies führt dazu, dass „musterhafte" Merkmale verstärkt und für die Identifikation von Ordnung und Struktur unwesentliche Merkmale ausgeblendet werden. Dies geschieht bei der Permutationsentropie durch die Ersetzung der Werte eines Wortes durch Ränge.

Zentral ist die Transformation der Daten

Die Transformation der Werte innerhalb eines Wortes in Rangdaten ist recht einfach. Der niedrigste Wert innerhalb des Wortes erhält den Rangplatz 0, der nächsthöhere den Rangplatz 1, der nächsthöhere den Rangplatz 2 und so weiter. Es werden also alle Rangplätze von 0 bis $m-1$ vergeben, wobei mit m erneut die Wortlänge bezeichnet sein soll. So wird z. B. aus den realen Daten (vgl. Strunk 2009a)

$x_1 = 2,3; x_2 = 4,1; x_3 = 3,0$

in einem Wort der Breite $m = 3$

*$x_1 = 0$; *$x_2 = 2$; *$x_3 = 1$.

Da x_1 den kleinsten Wert aufweist, wird es in *x_1 zu null rekodiert. Der nächsthöhere Wert findet sich bei x_3, welches zu eins rekodiert wird. Der nächsthöhere Wert findet sich bei x_2, sodass dort der Rang zwei eingetragen wird.

Ein Wort der Breite $m = 2$ könnte für die gleichen Daten zweimal erzeugt werden. Einmal würden die Messwerte $\{x_1, x_2\}$ und einmal $\{x_2, x_3\}$ berücksichtigt werden. Als Rangzahlen ergäbe sich hier für das erste Paar $\{0, 1\}$ und für das zweite $\{1, 0\}$. Diese wortweise Transformation der Rohdaten in Rangordnungen reduziert die Worte auf prototypische Muster, die unabhängig von den konkreten Zahlenwerten dem gleichen Typus zugeordnet werden können. Steigen die Zahlenwerte z. B. monoton an, so ergibt sich immer ein Wort mit den transformierten Werten $\{0, 1, 2, 3, ...\}$, unabhängig davon, welche konkreten Messwerte tatsächlich vorliegen. Das

Muster „monotoner Anstieg" rückt daher in den Fokus der Betrachtung und nicht die konkrete Messwertfolge. Anders als beim *Symbolic-Dynamics*-Ansatz wird durch die Vereinfachung der Daten zu prototypischen Mustern eine Reduktion des Möglichkeitsraumes geschaffen, die bei wachsender Wortlänge nicht so schnell zu einer maximalen Entropie führt. Damit ist die Permutationsentropie eher in der Lage bei kurzen Zeitreihen Muster zu identifizieren, als der *Symbolic-Dynamics*-Ansatz, der auf eine vereinfachende Transformation der Worte verzichtet.

Neben der Rangskalen-Transformation der Permutationsentropie sind auch andere Transformatoren denkbar. Eine vielversprechende Auswahl wird in Kapitel 10.4.2 (S. 434) als Gruppe der GEntropien vorgestellt und genauer untersucht. Die Grundlage für die Anwendung des Transformators ist auch bei der Permutationsentropie (sowie der Gruppe der GEntropien) die Zusammenfassung mehrerer Datenpunkte zu einem Wort. Dabei werden üblicherweise für ein Wort direkt aufeinanderfolgende Messdaten benutzt. Wie aber bereits im Zusammenhang mit dem *Symbolic-Dynamics*-Ansatz beschrieben, kann die Zusammensetzung eines Wortes auch aus Zeitverschiebungskoordinaten erfolgen. Diese Erweiterung der Analyse auf eine mehrdimensionale Betrachtung ist klarerweise auch für die Permutationsentropie bzw. die Gruppe der GEntropien möglich und in vielen Fällen nützlich. Anders als beim klassischen *Symbolic-Dynamics*-Ansatz werden hier Daten höherer Skalenqualität analysiert und diese repräsentieren in der Regel die multidimensionalen Freiheitsgrade des Systems (vgl. Kapitel 6.1, S. 162). Durch die Anwendung von Zeitverzögerungskoordinaten können diese voneinander getrennt und als unabhängige Faktoren des Systems in Koordinatenpunkten bzw. Worten abgebildet werden.

Eine begrenzte Anzahl von Rangmustern begrenzt das Systemverhalten

Durch die anschließende Transformation der Worte in Rangdaten wird der Möglichkeitsraum des Systems stark eingeschränkt. Denn es ist sofort einsichtig, dass es nur eine begrenzte Anzahl von Rangmustern geben kann. Kommen in der Zeitreihe nur unterschiedliche Zahlen vor, so ist die Zahl der möglichen Muster auf $m!$ begrenzt. Zudem treten in Datensätzen mit ordinalem Skalenniveau häufig auch sogenannte Rangbindungen auf, d. h., dass dieselben Ränge mehrfach vergeben werden müssen, wenn die Rohdaten sich nicht unterscheiden. Für $m = 2$ wird im Falle von Rangbindungen neben $\{0, 1\}$ und $\{1, 0\}$ auch $\{0, 0\}$ auftreten können. Die Zahl möglicher Muster für die Wortlänge von $m = 2$ bis 10 wird in Tabelle 50 aufgelistet.

Wird für ein Muster der Wortlänge m M_i geschrieben, so ergibt sich $P(M_i)$ als relative Häufigkeit dieses Musters und kann die Entropie nach Shannon (1948) wie folgt in Abhängigkeit von m bestimmt werden.

Gleichung 53: Permutationsentropie

$$I_m = -\sum_i^k P(M_i) \log_2 P(M_i)$$

I_m bezeichnet die Permutationsentropie I in Abhängigkeit von der Wortlänge m
M bezeichnet die Muster
i Laufnummer für die Muster
k Anzahl der überhaupt möglichen Muster, vgl. Tabelle 50
P Auftretenswahrscheinlichkeit (relative Häufigkeit der M_i)

Zudem bietet sich eine Normierung der Permutationsentropie an. Wenn die Anzahl der möglichen Muster bekannt ist, liegt dann eine maximale Entropie vor, wenn alle diese Muster gleich häufig auftreten. Die maximale Entropie wäre also gegeben durch $\log_2(k)$, sodass gilt: $0 \leq [I_m / \log_2(k)] \leq 1$.

Wortlänge m	Ohne Rangbindungen $k = m!$	Mit Rangbindungen K
2	2	3
3	6	13
4	24	75
5	120	541
6	720	4.683
7	5.040	47.293
8	40.320	545.835
9	362.880	7.087.261
10	3.628.800	102.247.563

Tabelle 50: Anzahl möglicher Muster der Permutationsentropie für verschiedene Wortlängen
Die Zahl der Muster mit Rangbindungen wurde durch vollständige Permutation mithilfe von GChaos numerisch ermittelt.

Die Permutationsentropie zeigt, wie man Komplexität mit einfachen Mitteln messen kann

Da die Permutationsentropie einfach zu implementieren ist und weitaus geringere Anforderungen an die Datenqualität stellt als das D2 oder der *Lyapunov*-Exponent, wird das Verfahren häufig als Alternative für diese etablierten Algorithmen eingesetzt. Insbesondere in der Medizin werden mithilfe der Permutationsentropie Herzrhythmen oder andere Zeitsignale erfolgreich untersucht (Frank et al. 2006, Olofsen et al. 2008). In der ökonomischen Forschung ist das Verfahren jedoch noch weitgehend unbekannt (ökonomische Anwendungen finden sich z. B. bei Strunk 2009a, Matilla-García & Marín 2010, Feigl 2011, Liening et al. 2011, Mittelstädt et al. 2011). Dort, wo das Verfahren für die Analyse hoch aufgelöster, mindestens intervallskalierter Daten eingesetzt wird, ist aber eine Besonderheit der Transformationsregeln von Bedeutung:

Grundsätzlich kann die Permutationsentropie direkt mit hoch aufgelösten metrischen Daten „gefüttert" werden. Diese werden in Ränge überführt und da spielt es auf den ersten Blick keine Rolle, wie hoch die Daten zuvor aufgelöst waren. Tatsächlich ist die Rangtransformation aber nicht nur eine Vereinfachung, sondern in bestimmten Fällen auch eine Verstärkung sowohl von Signal als auch von Rauschen, da mikroskopische Unterschiede genügen, um verschiedene Rangstufen zu begründen. So kann es geschehen, dass Fluktuationen an einer weit entfernten Nachkommastelle über das erfasste Muster entscheiden. Dieses ermittelte Muster ist dann in der weiteren Analyse von gleicher Bedeutung wie eines, das auf Unterschieden beruht, die um mehrere Zehnerpotenzen größer waren. Werden hoch aufgelöste Daten mit der Permutationsentropie analysiert, so ist es dringend erforderlich die Zahl der berücksichtigten Dezimalstellen sinnvoll einzugrenzen.

Drei Größen sind für das Gelingen der Analyse von Bedeutung

Alle Verfahren, die auf der Informationsdefinition beruhen, werfen die gleiche Frage auf: Wie viele der theoretisch möglichen Symbole sollen berücksichtigt werden?

Drei Größen spielen hier eine Rolle: Bereits die Auflösung der Rohdaten gibt vor, wie viele unterschiedliche Symbole die Datenreihe enthalten kann. Bei der daran anschließenden Zusammenfassung von Einzelwerten zu Worten bestimmt die Wortlänge zusammen mit dem Transformator die theoretisch mögliche Zahl der erfassbaren Muster. Schließlich ist es die Zeitreihenlänge, die vorgibt, wie groß die Chance ist, in den Daten überzufällige Muster identifizieren zu können. Im Detail:

- **Anzahl signifikanter Stellen.** Die Informationsdefinition arbeitet mit Werteverteilungen und nimmt eine maximale Komplexität für eine Gleichverteilung an. Diese liegt auch dann vor, wenn jeder Wert in der Zeitreihe nur einmal enthalten ist. Dies ist z. B. bei chaotischen Systemen der Fall, die ja bekanntlich keine Periodizität aufweisen und deren Verhalten sich daher niemals exakt wiederholt (vgl. die Merkmale von Chaos in Strunk & Schiepek 2006, vgl. auch Kapitel 2.6.2, S. 46). Jeder Zahlenwert einer chaotischen Dynamik ist daher ein Unikat. Dennoch sind chaotische Systeme nicht zufällig, sondern enthalten gut verborgene Muster, die auch mithilfe der Informationsdefinition identifiziert werden können, wenn man die Daten nicht mit allen Nachkommastellen (Digits) abbildet. Tatsächlich gibt es in chaotischen Systemen Wertebereiche, die häufiger aufgesucht werden als andere. Diese werden für die Informationsdefinition erst sichtbar, wenn auf einige Nachkommastellen verzichtet wird. Verfahren wie die *Recurrence Plots* (Webber Jr. & Zbilut 1994, siehe Kapitel 9, S. 375) berücksichtigen diesen Umstand, indem sie eine Messtoleranz angeben, innerhalb derer auch nicht identische Zahlenfolgen als genügend ähnlich angesehen werden. Ist diese Toleranz zu gering, werden also zu viele Digits beachtet, erscheint eine komplex geordnete Zeitreihe eher als zufällig. Ist die Toleranz zu hoch, werden also zu wenige Digits berücksichtigt, dann erscheint dieselbe Zeitreihe als hoch geordnet. Insgesamt kann also vermutet werden, dass es einen optimalen Bereich für die Zahl der relevanten Nachkommastellen gibt. Methoden aus dem Bereich der Fragebogenkonstruktion können helfen, dieses Optimum zu identifizieren (vgl. S. 108 ff. sowie die Beispielanalyse ab S. 348 ff.).

- **Wortlänge und Anzahl prinzipiell möglicher Muster.** Die Klasse der Komplexitätsmaße, zu denen auch die Permutationsentropie gehört, vereinfacht die Rohdaten, sodass die Zahl möglicher Muster künstlich begrenzt wird. Ist die Vereinfachung durch den Transformator zu groß oder zu klein, so ist das Verfahren nicht mehr in der Lage, verschiedene Abstufungen von Komplexität zu unterscheiden. Es verliert durch eine suboptimale Datenvereinfachung an Sensitivität und damit an Validität. Der Transformator der Permutationsentropie würde für die Wortlänge $m = 5$ insgesamt $m! = 5! = 120$ mögliche Muster berücksichtigen können. Für die Wortlänge 4 ergeben sich $4! = 24$ und für $3! = 6$. Je mehr Muster erzeugt werden können, umso sensitiver kann die anschließende Informationsdefinition die Komplexität erfassen, vorausgesetzt die Zahl der möglichen Muster ist endlich und genügend klein im Vergleich zur Zeitreihenlänge. Liegen nämlich nur 100 Datenpunkte vor, so ist ein Transformator der Wortlänge 5 bereits sehr hoch, da dieser 120 Muster erlauben würde, eine Zahl, die größer ist als die Datenmenge. Die Wahrscheinlichkeit des wiederholten Auftretens eines Musters sinkt und die Zahl der nur einmal vorkommenden Worte wächst. Die Häufigkeitsverteilung nähert sich – unabhängig von der tatsächlichen Komplexität der Symbolreihe – bei zu großen Wortlängen einer Gleichverteilung, die einer maximalen Shannon-Entropie entspricht. Aber auch zu kleine Wortlängen sind problematisch, dann nämlich, wenn die Zahl der berücksichtigten Muster so gering ausfällt, dass sie der Komplexität der Daten nicht gerecht werden kann. Es gilt also die optimale Wortlänge bzw. Datentransformation zu finden. Auch hier sind Versuchsreihen empfehlenswert, die anschließend mit den Methoden der Itemselektion bewertet werden können (vgl. S. 108 ff. sowie die Beispielanalyse ab S. 348 ff.).

- **Datenmenge, Zeitreihenlänge.** Durch die Begrenzung von Nachkommastellen und die wortbasierte Datenvereinfachung kann die Chance erhöht werden, sich wiederholende Muster in Zeitreihen zu identifizieren. Bei einer durch diese Faktoren gegebenen Anzahl theoretisch möglicher Muster bestimmt als weitere Größe die Datenmenge bzw. Zeitreihenlänge die Möglichkeit, komplexe Ordnungsstrukturen zu finden. Die Sensitivität aller Verfahren der Komplexitätsforschung wächst mit der Zeitreihenlänge. Dies gilt auch für die vergleichsweise genügsamen Methoden, die auf der Informationsdefinition beruhen.

Die erfolgreiche Anwendung von wortbasierten Analyseverfahren ist also an ein ausgewogenes Verhältnis von Wortlänge und Zeitreihenlänge gebunden. In Umkehrung der $\sqrt{N}$-Regel (vgl. oben, S. 411) kann als grobe Faustregel gelten, dass das Quadrat der Anzahl der prinzipiell möglichen Muster in etwa die nötige Zeitreihenlänge angibt. Tatsächlich hängt es aber zudem von der Komplexität des Systems ab, ob es bei gegebener Datenmenge und Wortlänge gelingen kann, eine verborgene Ordnung aufzudecken. Auf diese Zusammenhänge wird im Folgenden noch ausführlicher eingegangen. Dabei zeigt sich dann, dass häufig auch geringere Datenmengen genügen können.

10.4.2 Die Gruppe der GEntropien

Im vorangegangenen Kapitel wurde ein Zusammenhang aufgezeigt zwischen der Zahl der prinzipiell abbildbaren Muster (z. B. bestimmt durch die Wortlänge) und der Möglichkeit, verborgene Muster bei gegebener Zeitreihenlänge zu identifizieren. Ist die Zahl der theoretisch abbildbaren Muster hoch, so ist das Verfahren prinzipiell sensitiv für die Identifikation auch komplexer Ordnungsstrukturen, benötigt dann aber auch sehr viele Daten, um überhaupt die Chance zu erhalten, Abweichungen von einer Gleichverteilung der Muster wahrnehmen zu können.

Diese Überlegungen waren der Ausgangspunkt für die Zusammenstellung von Transformatoren[8], die ähnlich wie die Permutationsentropie eine Vereinfachung der

---

[8] Erste Diskussionen dieser Transformatoren mit Studierenden der Wirtschaftsuniversität Wien fanden im Winter 2008 statt.

Worte erlauben. Diese mit GEntropien bezeichnete Verfahrensgruppe wird im Folgenden im Hinblick auf die durch die Vereinfachung erreichte Datenreduktion diskutiert.

Digit-Transformator

Der erste Transformator der GEntropien heißt Digit-Transformator und beruht auf folgenden Überlegungen: Verfahren wie die *Recurrence Plots* (Webber Jr. & Zbilut 1994) definieren die Ähnlichkeit oder Unähnlichkeit von Messwertpaaren durch die Vorgabe einer Genauigkeit bzw. Toleranzgrenze. Zwei Zahlen gelten als unähnlich, wenn ihr Abstand eine vorgegebene Schwelle überschreitet. Ein Digit-Transformator unterteilt den Wertebereich dazu in gleichgroße disjunkte Abschnitte einer vorgegebenen Breite. Dies kann geschehen, indem die Daten zunächst auf Zahlenwerte zwischen null und eins normiert werden und dann die Zahl der zu berücksichtigenden Nachkommastellen explizit festgelegt wird. In diesem Fall ergeben sich 10 mögliche Werte für eine Stelle, 100 für zwei und 1.000 für drei. Der Digit-Transformator entspricht also dem oben bereits mehrfach beschriebenen Vorgehen für die Transformation stetiger Daten in Symbolfolgen (vgl. S. 423 ff.).

Ein Digit-Transformator kann anderen Transformationen vorausgehen. Die Permutationsentropie z. B. profitiert in der Regel davon, wenn ihr eine Begrenzung der signifikanten Nachkommastellen vorangestellt wird. Zumindest sollten nicht mehr Digits herangezogen werden, als inhaltlich bedeutsam sind.

Bei einer gegebenen Wortlänge m ergibt sich die Zahl möglicher Muster mit d^m, wobei d für die Zahl unterschiedlicher Werte steht. Bei einer Wortlänge von $m = 5$ und einstelligen Zahlen ($d = 10$) ergeben sich 10^5 mögliche Muster und es sollten mehr als d^m Datenpunkte erhoben worden sein, damit seltene Musterwiederholungen überhaupt sichtbar werden können. Nach der oben bereits dargestellten $\sqrt{N}$-Regel wären hier $N = d^{2m}$ Datenpunkte für eine valide Analyse erforderlich (vgl. Tabelle 51, S. 437).

Ein Vergleich zur Permutationsentropie zeigt, dass der Digit-Transformator weniger stark vereinfacht als diese. Der Transformator der Permutationsentropie wurde oben schon ausführlich diskutiert: Er ordnet den Daten in einem Wort ihre Rangordnung zu. Damit ergeben sich $k = m!$ mögliche Muster. Kommen zudem auch identische Zahlen vor (z. B. durch einen vorangestellten Digit-Transformator oder bei der Analyse von Ratingskalen), so treten auch sogenannte Rangbindungen (*Ties*) auf. In diesem Fall erhöht sich die Zahl der möglichen Muster nach Tabelle 50 (S. 432).

Der Vergleich mit dem Digit-Transformator zeigt, wie stark die Permutationsentropie die Daten vereinfacht. Bei $m = 5$ und Rangbindungen ergeben sich 541 mögliche Muster für die Permutationsentropie gegenüber $10^5 = 100.000$ beim klassischen *Symbolic-Dynamics*-Ansatz, bei nur einem zulässigen Digit (einstellige Zahlen) und gleicher Wortlänge. Bandt und Pompe (2004) können zeigen, dass die Sensitivität der Permutationsentropie für komplexe Strukturen hoch ist und aufgrund der starken Vereinfachung sehr robust gegenüber Rauschen.

Step-Transformator

Der *Step*-Transformator ist eine weitere Möglichkeit zur Vereinfachung von Worten und soll hier als zweites Verfahren der GEntropien vorgestellt werden. Der *Step*-

Transformator kodiert die Werteabfolge im Wort, indem registriert wird, ob von Wert zu Wert ein Abstieg (*Step-down*: Folgewert ist kleiner), ein Aufstieg (*Step-up*: Folgewert ist größer) oder Seitwärtsschritt (*No-step*: Folgewert ist gleich) stattfindet. Die drei Möglichkeiten werden mit 0 (Seitwärts), 1 (Aufstieg), 2 (Abstieg) kodiert. Das Wort wird durch die Transformation um ein Symbol kürzer. Können Datenwiederholungen vorkommen (z. B. durch einen vorangestellten Digit-Transformator), so ergibt sich die Zahl möglicher Muster bei gegebener Wortlänge m durch:

$$k = 3^{(m-1)}.$$

Bei $m = 5$ ergeben sich 81 mögliche Muster, also noch einmal weniger als bei der Permutationsentropie. Dennoch ist auch dieses Verfahren noch relativ sensitiv (siehe unten Abbildung 118, S. 438), benötigt aber weniger lange Datenreihen und ist einfacher zu implementieren als die Permutationsentropie.

Step-Transformator mit Startpunkt

Der *Step*-Transformator kann entweder Schritt für Schritt oder relativ zu einem Startpunkt angewendet werden. Wird als Startpunkt der erste Wert im Wort ausgewählt, so ergeben sich die Transformationen jeweils im Vergleich zu diesem Startwert. Registriert wird dann nur, ob die Werte im Wort gleich groß, kleiner oder größer sind als der erste Wert des Wortes. Die Zahl der möglichen Muster stimmt mit dem Schritt-für-Schritt-Vorgehen überein.

Zentraltendenz-Transformator

Das dritte Verfahren aus der Gruppe der GEntropien ist der Zentraltendenz-Transformator. Dieser stellt den Mittelwert (passend für metrische Daten) oder Median (passend für ordinale Daten) im Wort fest und weist den Daten im Wort die Werte 0 (gleich dem Kennwert der zentralen Tendenz), 1 (größer als der Kennwert) und 2 (kleiner als der Kennwert) zu. Können Datenwiederholungen vorkommen (z. B. durch einen vorangestellten Digit-Transformator), so ergibt sich die Zahl möglicher Muster bei gegebener Wortlänge durch:

$$k = 3^m.$$

Bei $m = 5$ ergeben sich 243 mögliche Muster, also mehr als bei der Permutationsentropie.

Die Tabelle 51 gibt einen Überblick über die behandelten Transformatoren und stellt für einige Wortlängen die Zahl der identifizierbaren Muster und die dazu erforderliche Zeitreihenlänge vor. Praktische Erfahrungen zeigen, dass brauchbare Resultate auch schon bei geringeren Datenmengen möglich sind. Dennoch gibt die Tabelle einen Eindruck von den unterschiedlichen Größenordnungen.

Berücksichtigt werden muss zudem der Umstand, dass einfache Systeme mit einer klaren und trivialen Ordnung bereits anhand weniger Datenproben identifiziert werden können. Zeigt ein System z. B. nur ein Muster aus sehr vielen theoretisch möglichen, so ist das System sehr wahrscheinlich hoch geordnet.

Schwieriger ist ein Fall, bei dem das System alle theoretisch möglichen Kategorien nutzt. Unter diesen Umständen sind sehr viele Daten nötig, um überzufällige Häufungen bestimmter Muster identifizieren zu können.

Transformator	Grundkonzept	mögliche Muster		$m = 5$	$N = k^2$
Digit	Festlegung der Zahl der Dezimalstellen	$k = d^m$	(für d = 10)	10^5	10^{10}
Permutationsentropie	Werte werden durch Ränge ersetzt	$k = m!$	ohne *Ties*	120	14.400
			mit *Ties*	541	292.681
Step	Auf und Ab einer Zahlenfolge wird kodiert	$k = 2^{(m-1)}$	ohne *Ties*	16	256
		$k = 3^{(m-1)}$	mit *Ties*	81	6.561
Zentraltendenz	Abweichung nach oben oder unten vom Mittelwert wird kodiert	$k = 2^m$	ohne *Ties*	32	1.024
		$k = 3^m$	mit *Ties*	243	59.049

Transformator		$m = 4$	$N = k^2$	$m = 3$	$N = k^2$	$m = 2$	$N = k^2$
Digit		10^4	10^8	10^3	10^6	10^2	10^4
Permutationsentropie	ohne *Ties*	24	576	6	36	2	4
	mit *Ties*	75	5.625	13	169	3	9
Step	ohne *Ties*	8	64	4	16	2	4
	mit *Ties*	27	729	9	81	3	9
Zentraltendenz	ohne *Ties*	16	256	8	64	4	16
	mit *Ties*	81	6.561	27	729	9	81

Tabelle 51: Transformatoren der Permutationsentropie und der Gruppe der GEntropien
Die Tabelle zeigt für verschiedene Wortlängen die Zahl der theoretisch möglichen Muster und die daraus errechnete nötige Zeitreihenlänge. Die Zeitreihenlängen erreichen dabei zum Teil extrem hohe Werte. Die praktischen Erfahrungen zeigen aber, dass auch weit kürzere Zeitreihen genügen können. *Ties* ist das englische Wort für Rangbindungen.

Modellrechnung zur Validitätsabschätzung

Die Validität der verschiedenen Transformatoren lässt sich in Modellrechnungen überprüfen. Dazu wurden 901 Abschnitte der Verhulst-Dynamik (vgl. Gleichung 1, S. 44) mit Parameterwerten zwischen 3,1 und 4,0 berechnet (r wächst jeweils um 0,001) und der positive LLE aus der Gleichung direkt bestimmt. Die Permutationsentropie, der *Step*-Transformator und der Mittelwerts-Transformator werden für unterschiedliche Zeitreihenlängen und Wortlängen berechnet und die Ergebnisse jeweils mit dem positiven LLE korreliert. Der Digit-Transformator wurde einheitlich auf eine Stelle eingestellt (d. h. die Verhulst-Dynamik wurde in 10 diskrete Abschnitte eingeteilt).

Die Abbildung 118 zeigt auf der x-Achse die herangezogene Zeitreihenlänge. Auf der y-Achse die Korrelation mit dem positiven LLE des Verhulst-Systems (Goldstandard) als Maß für die Validität. Mit geringer werdender Zeitreihenlänge nimmt die Validität der drei Berechnungsverfahren erwartungsgemäß ab. Mit wachsender Wortlänge (m) nimmt die Validität der Kennwerte zu. Der Zentraltendenz-Transformator zeigt bei fast allen Wortlängen die höchste Validität. Allein bei $m = 4$ und $m = 6$ ist die Permutationsentropie besser als der Zentraltendenz-Transformator. Interessant ist der Abfall der Validität bei kleiner werdender Zeitreihenlänge. Die Permutationsentropie reagiert hier besonders empfindlich, während der Zentraltendenz-Transformator auch bei kurzen Zeitreihen noch hohe Validitätskennwerte aufweist.

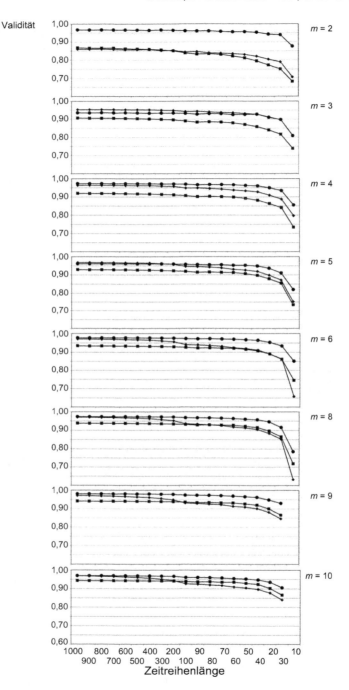

Abbildung 118: Validität von Permutationsentropie und zwei GEntropien

Durch runde Markierungen wird die Zentraltendenz-Transformation, durch Rauten die Permutationsentropie und durch Vierecke der *Step*-Transformator gekennzeichnet. Als Validitätskoeffizient wird die Korrelation mit dem lokalen LLE als Goldstandard herangezogen.

10.4.3 Datenqualität, Voraussetzungen

Anders als die in den vorhergehenden Kapiteln beschriebenen Verfahren für symbolbasierte Analysen setzen die Permutationsentropie und die Gruppe der GEntropien mindestens Ordinalskalenniveau voraus. Im vorangegangenen Abschnitt wurden zudem grobe Richtwerte für die mindestens erforderliche Zeitreihenlänge präsentiert. Dabei kann davon ausgegangen werden, dass die in der Tabelle 51 dargestellten Werte für einfache Systeme etwas hoch angesetzt sind.

Permutationsentropie, Gruppe der GEntropien
(Bandt & Pompe 2002, Kapitel 10.4.2 der vorliegenden Arbeit)

Was wird gemessen?	Abweichung der Häufigkeitsverteilung für Worte von einer Gleichverteilung, die als maximal komplex (Zufall) gilt.
Hohe Werte bedeuten ...	Komplexität bzw. Zufall. Eine Obergrenze kann vorab bestimmt werden.
Dynamik	Die Abfolge der Messwerte spielt durch die Bildung von Worten eine Rolle. Die Dynamik wird also berücksichtigt.
Phasenraumeinbettung	Nein, aber möglich.
Skalenniveau	Ordinal.
Minimale Datenlänge	$N \geq 20 - 400$ (vgl. auch Tabelle 51, S. 437, Tabelle 53, S. 440).
Stationarität erforderlich	Ja.

Tabelle 52: Übersicht über die Verfahren: Permutationsentropie, Gruppe der GEntropien
Die Informationsdefinition lässt sich auf jede Art von Häufigkeitsverteilung anwenden. Durch die Zusammenfassung von Folgewerten zu Worten werden dynamische Strukturen berücksichtigt.

Aus dem in Abbildung 118 dargestellten Vergleich der Verfahren für unterschiedliche Wort- und Zeitreihenlängen ergeben sich Untergrenzen für die Zeitreihenlänge, die in Tabelle 53 zusammengefasst sind. Verlangt wird eine Korrelation mit dem positiven *Lyapunov*-Exponent von mindestens 0,90 bzw. 0,95. Die Zeitreihenlänge, die das ermöglicht, liegt jeweils weit unter den Grenzwerten aus Tabelle 51.

Da nun, im Gegensatz zur klassischen Informationsdefinition, Abfolgemuster in den Daten bedeutsam sind, können *Random*-Surrogate herangezogen werden, um die Validität der Berechnungen zu prüfen (vgl. Kapitel 4.4.1, S. 120). Zudem kann über *Bootstrap*-Verfahren ein Konfidenzintervall für die Informationsdefinition erzeugt werden (vgl. Kapitel 10.2.1, S. 407).

Wortlänge	Transformatoren Validität ≥ 0,90			Transformatoren Validität ≥ 0,95		
	Permutation	*Step*	Zentraltendenz	Permutation	*Step*	Zentraltendenz
3	–	–	20	–	–	40
4	30	400	30	400	–	–
5	30	70	20	200	–	40
6	40	50	20	200	–	50
7	40	40	20	200	–	30
8	40	40	20	200	–	40
9	40	30	20	300	–	40
10	50	30	20	300	–	50

Tabelle 53: Mindestzeitreihenlängen der Permutationsentropie und der Gruppe der GEntropien
Die Validität wird als Korrelation der Kennwerte mit dem positiven LLE der Verhulst-Dynamik bestimmt. Dazu wurden 901 Abschnitte der Verhulst-Dynamik (vgl. Gleichung 1, S. 44) mit Parameterwerten zwischen 3,1 und 4,0 berechnet (r wächst jeweils um 0,001) und der positive LLE aus der Gleichung ermittelt. Die Tabelle zeigt die mindestens erforderliche Zeitreihenlänge, um die geforderte Validität zu erreichen. Wurde diese nicht erreicht, ist das mit – markiert.

10.4.4 Praktische Durchführung

Test der Voraussetzungen, Datenvorbereitung, Absicherung

Die Implementierung in GChaos wurde oben schon im Rahmen des *Symbolic-Dynamics*-Ansatzes in wesentlichen Grundzügen vorgestellt. Da die Permutationsentropie und die Gruppe der GEntropien eine Erweiterung des *Symbolic-Dynamics*-Ansatzes darstellen, lassen sich die verschiedenen Verfahren miteinander kombinieren, sodass eine große Bandbreite an Fragestellungen bearbeitet werden kann. Zunächst muss geklärt werden, ob eine Diskretisierung der Datenreihe notwendig ist. Alle hier vorgestellten Verfahren vereinfachen die Worte, indem Unterschiede zwischen den einzelnen Komponenten des Wortes registriert werden. Die Höhe der Unterschiede spielt dabei aber keine Rolle, sodass auch minimale Differenzen ins Gewicht fallen. Eine Diskretisierung der Daten kann hier vernünftige Grenzen vorgeben.

Die Permutationsentropie kann maximal für eine Wortlänge von 10 berechnet werden. Für die GEntropien sind Wortlängen von bis zu 16 Werten möglich. Man erreicht die Verfahren über das Menü „*Statistics*", „*Symbolic Dynamics*". Folgende Einstellungen sind zu treffen (vgl. Abbildung 115, S. 414):

- **Variablenauswahl.** In der Variablenliste werden alle Spaltenbezeichnungen des aktuellen Arbeitsblattes aufgelistet. Hier kann eine Variable für die Berechnung ausgewählt werden. Die Auswahl mehrerer Variablen führt dazu, dass diese nach dem Reißverschlussprinzip zu einem Datensatz angeordnet werden: Aus $x_1, x_2, x_3, x_4, \ldots x_N$ und $y_1, y_2, y_3, y_4, \ldots y_N$ sowie $z_1, z_2, z_3, z_4, \ldots z_N$ wird dann $x_1, y_1, z_1, x_2, y_2, z_2, x_3, y_3, z_3, x_4, y_4, z_4, \ldots x_N, y_N, z_N$. Diese verknüpfte Zeitreihe wird in der Regel zu einem *Time-Lag* von eins führen. Zudem wird über die Einstellung „*Vector Spacing*" angegeben, aus wie vielen Dimensionen die Zeitreihe besteht. Bei der Einbettung wird dann dafür gesorgt, dass die Worte immer mit der gleichen Variablen beginnen (ist die zusammengesetzte Zeitreihe eine Abfolge der Variablen x, y, z, so sorgt ein *Vector Spacing* von drei dafür, dass jedes Wort mit x beginnt).

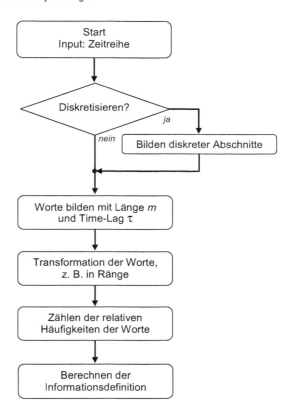

Abbildung 119: **Algorithmus zur Berechnung der Informationsdefinition für transformierte Worte (Permutationsentropie, Gruppe der GEntropien)**
Der Algorithmus aus Abbildung 117 (S. 414) wird hier um die Transformation der Worte in einfache Muster erweitert.

- **Diskretisierung.** Es sind zwei Möglichkeiten vorgesehen, mit denen die Zeitreihendaten in diskrete Abschnitte eingeteilt werden können. So kann die Zahl der gewünschten Kategorien mit „*Number of Categories*" direkt vorgegeben werden. Oder es wird die Zahl signifikanter Stellen mit „*Significant Digits*" eingestellt. Beide Möglichkeiten können so gewählt werden, dass sie auf das Gleiche hinaus laufen. Es sind also jeweils nur andere Schreibweisen derselben Transformation, wobei die Wahl der Kategorien mehr Abstufungsmöglichkeiten bietet. Wird hier -1 gewählt, wird die entsprechende Diskretisierung nicht durchgeführt. Werden beide Vorgaben auf -1 gestellt, werden die Daten als Rohdaten direkt verarbeitet. Die Zahl signifikanter Stellen darf nicht über zwei liegen.

- **Wortlänge.** Die Wortlänge wird mit „*Word Width*" festgelegt. Sie beträgt bei der klassischen Informationsdefinition 1 und muss für die Bildung von Worten erhöht werden. Die Länge der Worte ist mit 16 bei einstelligen Zahlen und 8 bei zweistelligen Zahlen begrenzt. Die Permutationsentropie kann maximal für eine Wortlänge von 10 berechnet werden. Für die GEntropien sind Wortlängen von bis zu 16 Werten möglich.

- ***Time-Lag.*** Das *„Time Spacing Delay"* erlaubt die Bildung von Worten aus Symbolen, die jeweils um das *Time-Lag* voneinander entfernt sind. Auf diese Weise ergibt sich eine Art Einbettung der Daten. Für eine multiple Variablenauswahl ist hier 1 einzusetzen.
- ***Vector Spacing.*** Das *„Vector Spacing"* gibt bei einer multiplen Variablenauswahl die Zahl der Variablen an und sorgt dafür, dass die Wortzusammensetzung für jeden neuen Datenpunkt immer bei der ersten Variablen beginnt.
- **Transformator.** Über eine Auswahlliste wird der gewünschte Transformator eingestellt. Wird hier *„No Transformation"* gewählt, bleibt die Analyse auf die klassische Informationsdefinition bzw. den *Symbolic-Dynamics*-Ansatz beschränkt. Der *Ranking*-Transformator ersetzt die Werte im Wort durch Rangzahlen. Dies entspricht der Permutationsentropie. Zudem sind zwei Formen von *Step*-Transformatoren implementiert: Der *Point-to-Point-Step-Transformator* geht schrittweise vor, während der andere sich auf den ersten Datenpunkt im Wort bezieht. Als Zentraltendenz-Transformator ist im Rahmen der GEntropien der auf den Mittelwert bezogene Transformator implementiert.
- **Speichern der transformierten Daten.** Die durch die Transformation (Diskretisierung, Wortbildung, Vereinfachung) erzeugten Symbolfolgen können ins Arbeitsblatt eingefügt werden. Dazu ist die Option *„Save Transformation"* zu wählen.
- ***Pointwise* Analyse.** Für eine *Pointwise* Analyse wird ein gleitendes Fenster verwendet. Die Breite des Fensters und die Schrittweite für die Verschiebung sind jeweils anzugeben. Diese Analyse startet mit dem Button *„Calculate Pointwise"*. Die ermittelten Kennwerte werden im Arbeitsblatt gespeichert.
- ***Bootstrap*-Analyse.** Mithilfe von *Bootstrap*-Stichproben können Konfidenzintervalle für die Informationsdefinition erzeugt werden. Es ist üblich, hier 500 bis 10.000 Stichproben (*Samples*) zu ziehen. Die Berechnung startet mit *„Calculate Bootstrap"* und kann je nach Stichprobengröße mitunter sehr lange dauern. Wurde die Option *„Save Transformation / Bootstrap"* aktiviert, werden die Kennwerte aller *Bootstrap*-Stichproben im Datenblatt gespeichert. Sie können für weitere Analysen der *Bootstrap*-Verteilung genutzt werden (z. B. über das Menü *„Statistics"*, *„Descriptive Statistics"*, *„CI 95 from Value Distribution"*).

10.4.5 Beispielanalyse: Sind Change-Prozesse Phasenübergänge?

Unzählige Arbeiten der Wirtschaftswissenschaft beschäftigen sich implizit oder explizit mit den Folgen einer gesteigerten Komplexität oder den Gründen für eine vermutete Komplexitätssteigerung. Einige dieser Arbeiten werden in den einleitenden Kapiteln (vgl. S. 87 ff.) kurz vorgestellt. Nur wenige der dort angesprochenen Hypothesen wurden jemals empirisch untersucht, was unter anderen daran liegt, dass klassische Methoden der Komplexitätsforschung zu hohe Anforderungen an die Daten stellen. Lange, hoch aufgelöste, rauschfreie Zeitreihendaten sind z. B. im Rahmen der Managementforschung kaum verfügbar. Typische Zeitreihen umfassen hier nur wenige Messzeitpunkte und beruhen nicht selten auf Fragebogenerhebungen mit Ratingskalen, die zwangsläufig mit zufällig schwankenden Beurteilungsfehlern behaftet sind.

Für diese Daten stehen mit den Erweiterungen der klassischen Informationsdefinition, wie dem *Symbolic-Dynamics*-Ansatz, der Permutationsentropie und der Gruppe der GEntropien, inzwischen zahlreiche neue Methoden zur Verfügung, die vielversprechende Möglichkeiten zur Analyse komplexer Systeme auch dort anbieten, wo bisher nur theoretisch von komplexen Prozessen die Rede war.

In den beiden vorangegangenen Beispielanalysen werden Daten über die Karrieren von Wirtschaftsabsolventinnen und -absolventen untersucht. Ausführlich wird der Frage über eine gestiegene Komplexität von Berufsverläufen in Strunk (2009a, 2009b) nachgegangen – wobei auch die Permutationsentropie zum Einsatz kommt. Die Ergebnisse bestätigen die Befunde des *Symbolic-Dynamics*-Ansatzes über die Zunahme der Komplexität von Managementkarrieren seit den 1970er-Jahren. Zudem zeigt sich, dass kurze Datenreihen mit neueren Verfahren der Komplexitätsforschung zuverlässig untersucht werden können (eine ausführliche Diskussion der Ergebnisse und deren theoretische Einordnung in die Karriereforschung findet sich in der angegebenen Literatur).

Die Arbeitsgruppe um Strunk hat die Permutationsentropie und Verfahren aus der Gruppe der GEntropien unter anderem auch zur Analyse von Veränderungsprozessen im Umfeld von Vorstandswechseln in DAX-notierten Unternehmen (Feigl 2011), zur Identifikation von Lernprozessen in Unternehmensplanspielen (Liening et al. 2011, Mittelstädt et al. 2011) und zur Identifikation von Geldwäsche und terroristisch motivierten Geldflüssen im Rahmen der 3. Geldwäscherichtlinie der EU „zur Verhinderung der Nutzung des Finanzsystems zum Zwecke der Geldwäsche einschließlich der Terrorismusfinanzierung" (Europäische Union 2005) eingesetzt (vgl. die Beispielanwendung ab S. 458).

Phasenübergänge in Lernprozessen

Aus einer theoretischen Perspektive sind vor allem die Arbeiten zu Phasenübergängen in Lernprozessen interessant, weil diese direkt mit Bezug zur Synergetik (Haken 1977) – der zentralen Theorie zur Erklärung von Selbstorganisationsprozessen – entstanden sind. Es geht in diesen Studien vornehmlich um eine gezielte Ableitungen von Hypothesen aus der Synergetik für die Wirtschaftsdidaktik und nicht allein um die Vermessung komplexer Prozesse. Diese Überlegungen sollen im Folgenden kurz zusammengefasst werden.

Ausgangspunkt der Betrachtung ist die Feststellung einer zunehmenden Abkehr didaktischer Zugänge vom klassischen Frontalunterricht, die aber bei allen Vorteilen, die damit verbunden sind, zu dem Problem führt, dass die Lernprozesse selbst nicht mehr im Detail geplant und nachvollzogen werden können. Besondere Relevanz besitzen diese Entwicklungen für die Wirtschaftsdidaktik. Denn wenn man davon ausgeht, dass ökonomische Dynamiken in einem komplexen Zusammenspiel von Handelnden und marktrelevanten Variablen entstehen (vgl. dazu die einleitenden Kapitel ab S. 65 ff.), liegt es nahe, diese im Rahmen von Planspiel- und Simulationsmethoden zu vermitteln. Je mehr Komplexität in den Wirtschaftsprozessen vermutet werden kann, umso mehr empfiehlt sich – aus der Perspektive der Gegenstandsangemessenheit – die Hinwendung zu solchen interaktiven und damit ebenfalls komplexen Unterrichtsmethoden (für einen Überblick siehe Liening 1999, 2004, 2005, 2006, Liening & Kirchner 2009, Liening & Mittelstädt 2011b, 2011a).

Wie lassen sich komplexe Lernszenarien verstehen?

Einer großen Fülle von didaktischen Materialien zur Simulation komplexer Szenarien steht nur ein sehr geringes Wissen über die Dynamik der so erzielten Lernprozesse gegenüber. Dies liegt unter anderem daran, dass die Lernumgebung selber komplexer und weniger klar strukturiert ist als z. B. der klassische Frontalunterricht. Insbesondere verläuft der Lernprozess für einzelne Lernende individualisierter und folgt keinem vorgegebenen Schema oder Muster. Im Rahmen einer komplexen Wirtschaftssimulation kommt es in nichtplanbarer und nicht steuerbarer Weise zu Ereignissen, die von den Lernenden recht unterschiedlich interpretiert und bewertet werden und damit erst Lernprozesse anregen.

An die Stelle des von außen determinierten und zielgerichtet gesteuerten Lernprozesses – wie ihn z. B. der klassische Behaviorismus beschreibt – tritt das aktive, selbstorganisierte Individuum, das die Welt zunächst auf der Grundlage seiner bisher bereits erlernten Schemastruktur interpretiert und damit eine subjektiv gefärbte Selektion von Informationen vornimmt, die sein weiteres Agieren bestimmt (dieser Prozess wird von Neisser 1979, S. 27 als Wahrnehmungszyklus beschrieben, vgl. Abbildung 120).

Piaget und die zwei Arten des Lernens

Für das lernende Individuum unterscheidet Piaget (z. B. 1953, 1976, 1977) zwei Arten von Lernen. Der erste Typus ist gekennzeichnet von einer aktiven Anwendung bereits erlernter Schemata in Anwendungsgebieten, wo diese – objektiv betrachtet – nicht vollkommen adäquat sind. Da das lernende Individuum die Außenwelt und deren Herausforderungen immer nur mit der Brille der bereits erworbenen Schemata betrachten kann, fallen ihm Abweichungen zwischen „Realität" und Schema zunächst gar nicht auf. Mitunter werden Abweichungen sogar unbewusst oder auch bewusst geleugnet, um die in der Vergangenheit erworbene Schemastruktur nicht infrage stellen zu müssen. Diese Anpassung der wahrgenommen Welt an die bestehende Schemastruktur wird als Assimilation bezeichnet.

Der zweite Lernprozess geht über die Assimilation hinaus, wenn diese nicht mehr ausreicht, um in der Welt erfolgreich agieren zu können. Scheitern die Schemata an der „Realität", so ist ein umfassender Umbau der Schemastruktur erforderlich. Dieser Lernprozess wird als Akkommodation bezeichnet.

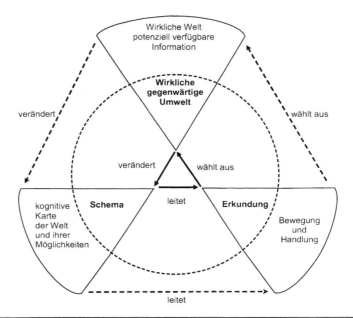

Abbildung 120: Wahrnehmungszyklus

Wahrnehmung ist nach Neisser (1979, S. 27) kein passiver Vorgang, durch den Umweltreize in einen Beobachter hineinprojiziert werden. Vielmehr leiten die kognitiven Schemata eines Menschen seine Erkundung der Umwelt. Durch diese Erkundung wählt er aktiv aus der Vielfalt verfügbarer Reize bestimmte Informationen aus. Diese Informationen können dann zu einer Veränderung der Schemata führen (Abbildung und Abbildungsunterschrift nach: Strunk & Schiepek 2006, S. 240).

Der Dualismus in Lerntheorien, ein universelles Phänomen?

Mit der Unterscheidung zweier, verschieden tiefgehender Lernprozesse beschreibt Piaget (z. B. 1976) offensichtlich ein universelles Phänomen. Denn ähnliche Unterscheidungen finden sich auch in der wirtschaftswissenschaftlichen Literatur zum *Organisational Learning* und der Synergetik in der Beschreibung von Attraktoren und Phasenübergängen. Auf diesen Zusammenhang wurde oben, in Kapitel 4.3 (S. 111), schon hingewiesen. Dabei wurde bereits deutlich, dass der Dualismus, bei dem Lernen auf einer niedrigen Ebene von Lernen auf einer höheren Ebene (Fiol & Lyles 1985, zitiert nach Cope 2003) unterschieden wird, in ähnlicher Form – aber mit unterschiedlichen Bezeichnungen – in zahlreichen theoretischen Ansätzen gefunden werden kann. Bekannt ist vor allem die klassische Unterscheidung zwischen *single-* und *double-loop-learning* bei Agyris und Schön (1978). Und auch in der Synergetik (Haken 1977, 1985) findet sich diese Unterscheidung zwischen einem passiven „Lernen" im Attraktor und einem umfassenden Phasenübergang, bei dem es zu einem grundlegenden Wandel des Systemverhaltens kommt (dazu siehe auch oben Abbildung 10, S. 55, vgl. dazu auch Sender 2017).

Liening und Strunk (2011) leiten aus diesen Überlegungen Schlussfolgerungen für die Abbildung von Lernprozessen mit den Methoden der Komplexitätsforschung ab, die dazu dienen könnten, das Lernen in Krisensituationen besser zu verstehen:

- **Assimilation und Hysterese.** Erfolge der Vergangenheit verleiten dazu, bewährte Verhaltensschemata länger anzuwenden, als es nach Maßgabe einer rationalen

Betrachtung vernünftig wäre. Veränderungen in der relevanten Umwelt werden zunächst nicht wahrgenommen (Assimilation bzw. Lernen auf niedriger Ebene). Es kommt zu einem Beharrungsverhalten, welches in anderen Kontexten auch als Hysterese (z. B. Haken 1977, S. 183, Stadler & Kruse 1990, Stadler et al. 1991, Rosser et al. 2001) bezeichnet wird.

- **Lernen höherer Ordnung und Phasenübergang.** Krisensituationen erfordern in der Regel ein umfassendes Überdenken bisheriger Schemastrukturen (Akkommodation bzw. Lernen auf höherer Ebene) und könnten mit den Methoden der Komplexitätsforschung an einem Phasenübergang erkannt werden. Dabei ist ein Phasenübergang z. B. an der Zunahme sogenannter kritischer Fluktuationen, also an einem kurzfristigen dramatischen Anstieg der Komplexität erkennbar (vgl. auch Haken & Schiepek 2006).

- **Erfolgskontrolle.** Für Organisationen, die im Umgang mit einer Krise einen Phasenübergang durchlaufen haben, kann vermutet werden, dass sie danach erfolgreicher agieren.

Die hier genannten Schlussfolgerungen und Vermutungen lassen sich empirisch im Rahmen experimenteller Forschungsdesigns überprüfen. Erste Ergebnisse wurden bereits publiziert (Liening et al. 2011, Mittelstädt et al. 2011, Liening et al. 2013) und zeigen die vermuteten Phasenübergänge in einem Wirtschaftssimulationsspiel, bei dem nach einer Eingewöhnungsphase (Phase 1) eine Krisensituation provoziert wird (Phase 2), auf die die Spielteilnehmerinnen und -teilnehmer entweder mit kritischen Fluktuationen reagieren (was einen Phasenübergang vermuten ließe) oder gar nicht reagieren (Assimilation). Der Erfolg der simulierten Unternehmen wird in Phase 3 festgestellt und auf einen Zusammenhang mit den in Phase 2 durchlaufenen kritischen Fluktuationen untersucht.

Datengrundlage und Methode

Analysiert werden zwei Planspiele, die im WS08/09 und SS09 stattfanden. Insgesamt stehen damit Spielprotokolle über das Verhalten von 96 Personen, die in insgesamt 21 simulierten Unternehmen „tätig" waren, zur Verfügung. Für alle drei Phasen liegen Daten zum Unternehmenserfolg (*Return on Investment* ROI) und zum Verhalten der Spielteilnehmerinnen und -teilnehmer vor. Die Verhaltensdaten stammen aus Serverprotokollen, die die Spielaktionen erfassen (die Daten können nach Zugriffszielen getrennt analysiert werden, sodass Zeitreihendaten für Zugriffe auf das Spielforum, die Spielbeschreibung etc. unterschieden werden können, Details finden sich bei Liening et al. 2013). Diese werden pro Spieltag und Spielerin bzw. Spieler gezählt, sodass eine Abfolge dieser Häufigkeiten als Zeitreihe für jeden Akteur und jede Akteurin des Planspiels für alle drei Phasen vorliegt. Pro Spielphase umfassen die Zeitreihen 14 Messzeitpunkte. Die Komplexität wird mit einer Permutationsentropie der Wortlänge vier berechnet.

Ergebnisse

Die Auswertung zeigt einen deutlichen Anstieg der Komplexität des Spielverhaltens von Phase 1 zu Spielphase 2 (für die Komplexität der Zugriffe auf das Spielforum ergibt sich nach T-Test für abhängige Stichproben p-1-seitig = 0,011), wohingegen die Zahl der Zugriffe sich insgesamt nicht ändert (p-1-seitig = 0,244). Es steigt also nur die Komplexität, wie sie mit der Permutationsentropie erfasst wird, nicht aber die Aktivität selbst.

Die Komplexitätssteigerung könnte ein Hinweis auf kritische Fluktuationen sein, wie sie im Vorfeld von Phasenübergängen von der Synergetik vorhergesagt werden. Ein schlüssiger Beleg für diese Annahme kann mit den begrenzten Daten und der Permutationsentropie nicht zweifelsfrei erbracht werden. Daher ist es besonders interessant zu prüfen, ob diejenigen Spielteilnehmerinnen bzw. Spielteilnehmer, die eine erhöhte Komplexität zeigten, auch einen höheren ROI in Phase 3 erzielen konnten. Das scheint tatsächlich der Fall zu sein. Regressionsmodelle mit verschiedenen Kontrollvariablen zeigen übereinstimmend einen positiven Zusammenhang zwischen der Komplexität in Phase 2 (Krise) und dem ROI der Phase 3 (bewältigte Krise). Die Komplexität anderer Phasen oder die Aktivitätssummen der Phasen zeigen hingegen keinen Zusammenhang mit dem ROI der Phase 3. In einer schrittweisen Regressionsanalyse mit Vorwärtsselektion (p Aufnahme < 0,05, p Ausschluss > 0,10) werden diese Variablen ebenso wie das Geschlecht nicht als relevante Erklärungsgrößen aufgenommen (vgl. Tabelle 54).

Abhängige Variable: ROI Phase 3
$R^2 = 0{,}443$ (korrigiert)

Variable	B	SD	Beta	T	Sig.
Konstante	-12,048	2,695		-4,471	0,000
ROI Phase 1	1,337	0,194	0,580	6,897	0,000
Komplexität Forum (Phase 2)	3,877	0,863	0,349	4,492	0,000
ROI Phase 2	-0,242	0,095	-0,213	-2,558	0,012

Tabelle 54: Regressionsanalyse zum Experiment „Lernen aus Krisen"
Die Tabelle zeigt die Variablenauswahl eines schrittweisen Regressionsmodells mit Vorwärtsselektion (p Aufnahme < 0,05, p Ausschluss > 0,10). Als mögliche Prädiktoren für den ROI der Phase 3 standen zur Verfügung: ROI der Phasen 1 und 2, Komplexität der Forumzugriffe der Phasen 1, 2 und 3, Aktivitätssummen der Forumzugriffe der Phasen 1, 2 und 3, Geschlecht. B: Regressionsgewicht, SD: Standardabweichung des Regressionsgewichtes, Beta: standardisiertes Regressionsgewicht, T: Prüfgröße.

Die hier vorgestellte Beispielanalyse wird von Liening und Strunk (2011) zu einem universellen Untersuchungsparadigma erweitert. Durch die experimentelle Manipulation der drei Phasen und den vorgestellten gezielten Komplexitätsvergleich könnten auch andere Lernprozesse untersucht werden. Zudem kommen als Zeitreihendaten auch andere Quellen als die hier verwendeten Serverprotokolle infrage. So sind physiologische Messungen von Hautleitwiderstand und Herzrate ebenso interessant wie auch Verhaltensbeobachtungen oder die Analyse von Gesprächsprotokollen. Letztere verfügen jedoch über ein nominales Datenniveau und können daher nicht mit einer Permutationsentropie oder der Gruppe der GEntropien untersucht werden. Die Beispielanalyse solcher Daten ist z. B. mit der *Grammar Complexity* möglich, die im Kapitel 10.5 vorgestellt wird.

10.4.6 Beispielanalyse: Event-Studie über den Wechsel des Vorstandsvorsitzenden bei börsennotierten Unternehmen

Event-Studien fokussieren auf ein bestimmtes, in der Regel eng umschriebenes Ereignis (zur Methode: MacKinlay 1997) in dessen Umfeld auffällige Veränderungen in relevanten Zeitreihendaten zunächst vermutet und dann statistisch geprüft werden. Obwohl dazu prinzipiell recht verschiedene Datenquellen herangezogen werden können (z. B. Daten aus dem Berichtswesen einer Organisation), werden solche Studien in der Regel auf der Grundlage von Aktienzeitreihen durchgeführt. Klassische Analysen untersuchen etwa das Auftreten von *Abnormal Returns* während eines Wechsels im Top-Management von börsennotierten Unternehmen (z. B. Warner et al. 1988). Aber auch die Auswirkungen der Reaktorkatastrophe von Tschernobyl auf die Effizienz der Märkte (Stephen et al. 1987) oder die Folgen der Ankündigung der kalten Fusion am 23. März 1989 für die Kursentwicklungen von Metall-*Futures* werden mit dem Forschungsdesign von *Event*-Studien untersucht (Hill et al. 1991).

In der Regel werden als abhängige Größen *Abnormal Returns* herangezogen. Es steht also die Frage im Mittelpunkt, ob durch ein Ereignis ein ungewöhnlicher Gewinn oder Verlust angeregt werden kann, der zu einer signifikanten Abweichung von der *Baseline* führt. In vorangegangenen Kapiteln wurde bereits dargestellt, dass solche *Abnormal Returns* unter Umständen auf Verletzungen des Standardmodells wie der *Random-Walk*- oder Martingale-Hypothese hinweisen und daher zeitweilige Ausnahmen von der Markteffizienz (Fama 1970) der untersuchten Märkte markieren. Zum Beispiel sollten Preisanpassungen an relevante Ereignisse bei intakter Markteffizienz schnell ablaufen und in der Regel am Tag nach dem *Event* abgeschlossen sein. Fama (1991, S. 1601) schreibt dazu:

> The typical result in event studies on daily data is that, on average, stock prices seem to adjust within a day.

Aus der Perspektive der Hypothese effizienter Märkte handelt es sich bei einer Preisanpassung an ein marktrelevantes *Event* um die sog. semistarke Form (*semistrong form*) der Markteffizienz (Fama 1970), die auf der Berücksichtigung von öffentlich verfügbaren Informationen beruht. Solche öffentlich verfügbaren Informationen betreffen in diesem Fall das *Event*. Die Hypothese effizienter Märkte geht davon aus, dass preisrelevante Informationen schnell und ohne merkliche Verzögerungen in den Preisen reflektiert werden:

> A market in which prices always "fully reflect" available information is called "efficient". (Fama 1970, S. 383)

Die schwache Form der Markteffizienz berücksichtigt allein die Informationen, die in historischen Preisen verfügbar sind. Gilt die Hypothese effizienter Märkte in der schwachen Form, dann kann aus vergangenen Preisen nicht auf zukünftige Preise geschlossen werden, weil alle in den vergangenen Preisen möglicherweise verborgenen Informationen in effizienten Märkten bereits berücksichtigt sind. Die schwache Form kann Preisanpassungen an markrelevante *Events* nicht erklären, wenn diese in vergangenen Preisen noch nicht enthalten waren. Veröffentlicht z. B. ein DAX-

Unternehmen einen Quartalsbericht, dann kann dieser neue Informationen enthalten, die für die Beurteilung des Unternehmens von Bedeutung sind. Im Moment der Veröffentlichung werden die – bisher verborgenen – Informationen zu öffentlichen Informationen. Diese werden in semistark effizienten Märkten unmittelbar berücksichtigt und führen zu einer sofortigen Preisanpassung. Diese geschieht so schnell, dass man sie ohne vorherige Kenntnis des *Events* nicht hätte vorhersagen können und ist so schnell abgeschlossen, dass auch eine weitere Vorhersage der Preisentwicklung nicht mehr möglich ist. Wenn überhaupt, kann in dem extrem kurzen Zeitraum von der Veröffentlichung der relevanten Information bis zum Abschluss der Preisanpassung eine Vorhersage der Marktentwicklung gelingen. Da aber jede beteiligte Akteurin, jeder Akteur hofft, in diesem kurzen Zeitraum von der Vorhersage zu profitieren, überbieten sie sich in der Geschwindigkeit, mit der sie versuchen, an die Informationen zu kommen, um diese möglichst schnell zu bewerten. Der rational verständliche Druck nach hoher Geschwindigkeit führt dann aber genau dazu, dass die Preisanpassung extrem schnell abläuft und sich die Zeitspanne bis zu ihrem Abschluss stark verkürzt. Mitunter lassen sich in sog. *Event*-Studien Preisanpassungen bereits vor dem *Event* nachweisen. Dies zeigt, dass Informationen bereits vor der Veröffentlichung durchsickern konnten. Dauern die Preisanpassungen auch nach der Veröffentlichung noch an, so ist das ein klarer Hinweis auf Ineffizienzen.

Historisch betrachtet ergab sich die Hypothese effizienter Märkte (Fama 1970) als Ergebnis einer umfassenden Sichtung der Studienlage über die Vorhersagbarkeit von Märkten auf der Grundlage vergangener Preise. Zahlreiche Prüfmethoden erhärteten in den 1960er-Jahren nach und nach die Vermutung, dass eine solche Vorhersage in der Regel nicht gelingen kann. Methoden zum Nachweis der sich allmählich herausbildenden *Random-Walk*-Hypothese wurden zunehmend verfeinert und mit der Chaosforschung auf nichtlineare Zusammenhänge ausgeweitet.

Für die Untersuchung von *Events* hatten Fama et al. (1969) eine Methode entwickelt, die in der Lage ist, marktrelevante Ereignisse mit in die Betrachtung einzubeziehen. Die dabei benutzte statistische Methodik beruht aber auf einer recht einfachen linearen Statistik, die bisher nicht an die Berücksichtigung nichtlinearer Zusammenhänge angepasst wurde. Dies war der Ausgangspunkt für den Versuch, eine neue, nichtlineare Methodik für *Event*-Studien vorzuschlagen und mit einer klassischen *Event*-Studie zu vergleichen. (Die folgende Darstellung zum grundlegenden Vorgehen bei *Event*-Studien findet sich in ähnlicher Form auch bereits in Kapitel 4.3, wird hier aber aus Gründen der Verständlichkeit noch einmal angeführt.)

Der Aufbau einer typischen *Event*-Studie entspricht im Wesentlichen der Methodik, die oben unter „Vergleich der drei Phasen eines Phasenüberganges" (S. 116) beschrieben wird und in der vorangegangenen Beispielanalyse Verwendung fand. Bei einer *Event*-Studie ist bedeutsam, dass die Datenerhebung an größeren Stichproben durchgeführt wird, also zahlreiche Zeitreihen herangezogen werden, um eine umfassende Signifikanzprüfung vornehmen zu können. Dabei wird in den Zeitreihen der Zeitpunkt des Ereignisses einheitlich als Nullzeitpunkt gekennzeichnet. Zeiträume davor und danach sind entsprechend mit negativen und positiven Zeittakten versehen. Damit erhalten alle Datensätze die gleiche Zeitskala mit dem Ereignis in der Mitte. Werden z. B. Vorstandswechsel in DAX-Unternehmen untersucht, so spielt es dann keine Rolle, ob der Vorstand des einen Unternehmens im Februar 2005 und der des anderen Unternehmens im November 2012 wechselte. Werden viele so zentrierte Zeitreihen gemittelt, so ergibt sich im Falle von Zufallsrauschen (Standardmodell des effizienten Marktes) eine Parallele zur Abszisse (dem Zeitstrahl), die nur zufallsbedingt geringfügig schwankt. Liegen hingegen *Abnormal Returns* vor, so steigt der Kurswert der gemittelten Verläufe im Umfeld eines als positiv bewerteten Ereignisses signifikant an oder senkt sich bei einem als negativ bewerten Ereignis signifikant ab. Die Suche nach *Abnormal Returns* ist in der Literatur gut beschrieben. Das Vorgehen und die Definition der Test-Statistik ist z. B. bei Rendleman et al. (1982) ausführlich dargestellt. Die statistische Prüfung beruht entweder auf dem Nachweis besonders starker Kursentwicklungen, die mit den im Vorfeld des Ereignisses „üblichen" Kursschwankungen verglichen werden – hier kommt eine einfache T-Test-Statistik zum Einsatz. Oder der Verlauf der Kursentwicklung wird über einen längeren Zeitraum verfolgt, indem die *Returns* von Zeitschritt zu Zeitschritt fortlaufend aufaddiert (kumuliert) werden. Ist die Preisanpassung schnell vollzogen – wie es die Hypothese effizienter Märkte vermuten lässt –, dann folgt auf den *Return* der Preisanpassung keine einheitliche Entwicklung mehr. Die kumulierten *Returns* zeigen nach der Preisanpassung weder einen Anstieg noch einen Abfall. Die Methode der kumulierten *Returns* ist empfindlich für einheitliche Kursbewegungen – entweder monoton steigend oder fallend –, die über einen längeren Zeitraum hinweg auftreten. Andere Entwicklungsmuster im Umfeld von *Events*, etwa beliebige Zick-Zack-Muster, gedämpfte Schwingungen etc., können mit diesem Verfahren nicht abgebildet werden.

Die Hypothese effizienter Märkte geht davon aus, dass eine vorliegende semistarke Markteffizienz die schwache Form mit einschließt. Im Umfeld eines Ereignisses könnten Methoden zur Prüfung der schwachen Markteffizienz interessante Einblicke in die Effizienzdynamik liefern und so für Aussagen über die semistarke Form genutzt werden. Die Prüfung auf ungewöhnlich hohe kumulierte *Returns* ist dafür nicht geeignet, da sie einseitig entweder auf Kursgewinne oder auf Kursverluste beschränkt bleibt (vgl. Rendleman jr. et al. 1982), also alleine auf stetige Entwicklungen abzielt und andere – ebenfalls geordnete – Prozessmuster unbeachtet lässt. Aber auch die üblicherweise verwendeten Methoden zum Nachweis einer schwachen Markteffizienz, sind nicht direkt für eine Untersuchung der Dynamik im Umfeld eines *Events* anwendbar, denn dafür müsste die schwache Markteffizienz im zeitlichen Verlauf erfasst werden. Ein solcher Zugang ist in der ökonomischen Zeitreihenanalyse jedoch weitgehend unbekannt. Lo (2004, 2005) war wohl der Erste, der vorgeschlagen hat, Markteffizienz als veränderliche Größe zu betrachten und diese zeitlichen Änderungen genauer zu untersuchen. Er verwendet eine einfache lineare Autokorrelation mit einem *Time-Lag* = 1, die er in einem Fenster von 60 Datenpunkten über die monatlichen *Returns* des *S&P Composite Index* (Daten von Shiller 2013) gleiten lässt. Entgegen der Annahme effizienter Märkte kommt es zu starken Schwankungen in dieser veränderlichen Markteffizienz (vgl. Abbildung 121), die er auf äußere Ereignisse, begrenzte Rationalität der handelnden Personen (vgl. die Argumente der *Behavioral Finance* bei Shiller 2003), Veränderungen in der Zusammensetzung der handelnden Personen (Anteil der Novizinnen und Novizen gegenüber dem „*Smart Money*") und einen sich verändernden Wettbewerbsdruck zurückführt.

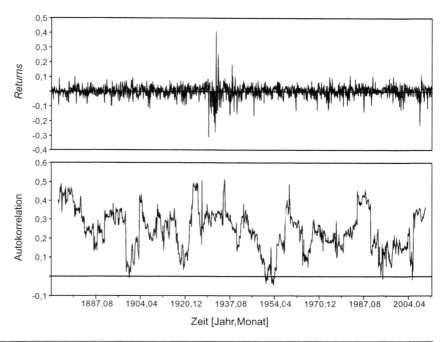

Abbildung 121: **Lineare serielle Autokorrelation (*Time-Lag* = 1) des *S&P Composite Index***
Die monatlichen *Returns* des *S&P Composite Index* reichen zurück bis zum Januar 1871. In der Abbildung sind die Daten bis Mai 2013 verwendet. Die Autokorrelation mit einem *Time-Lag* = 1 wird in einem gleitenden Fenster für 60 Monate berechnet. (Abbildung nach: Lo 2004, S. 25, erstellt mit GChaos)

Das von Lo (2004, 2005) gewählte Vorgehen berücksichtigt erneut nur lineare Zusammenhänge und erfordert dennoch ein recht breites Datenfenster. Für *Event*-Studien wären viel schmalere Fenster erforderlich. Die Permutationsentropie scheint daher geeignet als Methode zur Erweiterung der klassischen *Event*-Studien um die Berücksichtigung nichtlinearer Abhängigkeiten.

Für die folgende Beispielanalyse wurden als *Events* Vorstandswechsel in DAX-Unternehmen gewählt. Das Forschungsfeld der sogenannten Wechselforschung hat sich in den letzten Jahren zunehmend formiert und zu einem eigenständigen Forschungsbereich entwickelt (vgl. für einen Überblick: Hadem 2010). Dabei stehen vor allen die Auswirkungen von Führungskräftewechseln auf den Unternehmenserfolg im Vordergrund (vgl. z. B. für eine neuere Arbeit: Bresser & Thiele 2008, die vor allem auf die Auswirkungen der sog. Vorsitzkontinuität, d. h. dem Wechsel von Vorstandsvorsitzenden in den Vorsitz des Aufsichtsrates abzielt). Die Untersuchung von Vorstandswechseln im Rahmen einer *Event*-Studie erscheint zudem lohnenswert, weil bei gemeinsamer Betrachtung mehrerer Wechsel nicht unbedingt mit deutlichen kumulierten *Returns* gerechnet werden kann, aber dennoch Marktineffizienzen im Sinne komplexer nichtlinearer Abhängigkeiten auftreten könnten. Märkte warten z. B. Antrittsreden oder erste Pressemitteilungen ab, um den Neuen bzw. die Neue besser einschätzen zu können. In diesem Zeitraum kann es zu Preisanpassungen kommen. Da nicht alle Vorstandswechsel gleich ablaufen, ist bei Mittelwertbildung über die kumulierten *Returns* verschiedener Vorstandwechsel nicht mit einem eindeutigen Ergebnis zu rechnen. Dennoch sollte sich der Preisanpassungsprozess in einer Komplexitätsanalyse niederschlagen, da diese von der Richtung der Entwicklung unbeeinflusst ist. Kommt es im Umfeld eines Vorstandswechsels zu Marktanpassungen, dann sollte die Komplexität im Umfeld des Wechsels sinken, auch dann, wenn kumulierte *Returns* keine eindeutige Richtung anzeigen. Davor und auch danach sollte der Markt sich weitgehend zufällig verhalten (Hypothese effizienter Märkte). Das Event würde einen sogenannten Unordnungs-Ordnungs-Übergang triggern, wie ihn die Synergetik auch für den Laser beschreibt (Haken 1970, 1977). Aber auch Ordnungs-Ordnungs-Übergänge sind von der Synergetik beschrieben worden und könnten in Marktdaten vorkommen.

Erste erfolgreiche Versuche zum Nachweis von Phasenübergängen bei Vorstandswechseln wurden in der Diplomarbeit von Feigl (2011) unternommen. Seine Ergebnisse beruhen auf der Anwendung der *White-Paper* von Strunk (2009c, 2010) zur komplexitätswissenschaftlichen *Event*-Analyse und wurden mithilfe des Mittelwerttransformators der GEntropie berechnet. Allerdings bleibt seine Stichprobe auf eine Auswahl von 30 Vorstandswechseln beschränkt. Zudem wird allein der Tag des Wechsels untersucht, nicht aber der Tag der Ankündigung, der für die Märkte relevanter sein könnte als der tatsächliche Vollzug der Ankündigung. Im Folgenden wird die Studie daher mit einem vervollständigten Datensatz für den Zeitraum von 2000 bis 2011 sowohl für die Ankündigung als auch für den Tag des Wechsels wiederholt. Im Untersuchungszeitraum finden sich 49 Ankündigungen und 54 Wechsel. Als Analysemethode wird die Permutationsentropie eingesetzt. Die komplexitätswissenschaftliche *Event*-Studie für Vorstandswechsel in DAX-Unternehmen berücksichtigt die folgenden Prinzipien (Strunk 2009c, 2010):

1. **Zeitfenster:** Die log-*Returns* der individuellen Kursverläufe der von einem Wechsel des Vorstandsvorsitzenden[9] betroffenen DAX-Unternehmen werden vor und nach dem Ereignis zeitlich einheitlich so begrenzt, dass das Ereignis in der Mitte der Zeitreihe liegt.

2. **Normierung der *Returns*:** Verfahren wie die Permutationsentropie oder die GEntropien sind empfindlich für den Datenrange und die Anzahl erfasster Dezimalstellen. Die *Returns* werden daher mittels Lineartransformation einheitlich auf Zahlenwerte zwischen 0 und 100 normiert.

3. **Komplexitätsanalysen:** Die Komplexität wird mithilfe der Permutationsentropie ermittelt. Als Wortlängen werden alle Möglichkeiten von 3 bis 7 sowie die Fensterbreiten 31, 35, 41, 46, 51, 55, 61 herangezogen, womit sich insgesamt 35 Komplexitätsanalysen ergeben.

---

[9] Tatsächlich findet sich hier keine Frau im Datensatz.

Unternehmen	Vorstandsvorsitz nach dem Wechsel	Datum Wechsel	Datum Ankündigung	Vorstandsvorsitz vor dem Wechsel
Henkel	Ulrich Lehner	08.05.2000	21.01.1999	Hans-Dietrich Winkhaus
Heidelberg Cement	Hans Bauer	01.01.2001	04.12.1999	Rolf Hülstrunk
Adidas	Herbert Hainer	08.03.2001	31.01.2001	Robert Louis-Dreyfus
Commerzbank	Klaus-Peter Müller	25.05.2001	13.11.2000	Martin Kohlhaussen
Metro	Hans-Joachim Körber	20.06.2001		
Continental	Manfred Wennemer	11.09.2001		Stepahn Kessel
ThyssenKrupp	Ekkehard Schulz	01.10.2001		Gerhard Cromme
Volkswagen	Bernd Pischetsrieder	16.04.2002	07.09.2001	Ferdinand Piëch
Bayer	Werner Wenning	26.04.2002	10.09.2001	Manfred Schneider
BMW	Helmut Panke	16.05.2002	04.12.2001	Joachim Milberg
Deutsche Bank	Josef Ackermann	22.05.2002	31.01.2002	Rolf-E. Breuer
Deutsche Telekom	Helmut Sihler	16.07.2002	16.07.2002	Ron Sommer
Deutsche Telekom	Uwe Ricke	15.11.2002	06.10.2002	Helmut Sihler
Linde	Wolfgang Reitzle	01.01.2003	19.04.2002	Gerhard Full
RWE	Harry Roels	01.02.2003	30.05.2002	Dietmar Kuhnt
Allianz	Michael Diekmann	29.04.2003	21.02.2003	Henning Schulte-Noelle
E.On	Wulf Bernotat	01.05.2003	03.09.2002 04.07.2002	Ulrich Hartmann Wilhelm Simson
BASF	Jürgen Hambrecht	06.05.2003	18.07.2002	Jürgen Strube
SAP	Henning Kagermann	09.05.2003	21.03.2003	Hasso Plattner
Fresenius	Ulf Schneider	29.05.2003	07.03.2003	Gerd Krick
Lufthansa	Wolfgang Mayrhuber	18.06.2003	12.03.2002	Jürgen Weber
Munich Re	Nikolaus von Bomhard	01.01.2004	28.04.2003	Hans-Jürgen Schinzler
Infineon	Max Dietrich Kley	26.03.2004	25.03.2004	Ulrich Schumacher
Infineon	Wolfgang Ziebart	01.09.2004	11.05.2004	Max Dietrich Kley
MAN	Hakan Samuelsson	01.01.2005	21.12.2004	Rudolf Rupprecht
Siemens	Klaus Kleinfeld	27.01.2005	28.07.2004	Heinrich von Pierer
HeidelbergCement	Bernd Scheifele	01.02.2005	19.01.2005	Hans Bauer
Beiersdorf	Thomas-Bernd Quaas	18.05.2005	21.01.2005	Rolf Kunisch
Deutsche Börse	Reto Francioni	10.10.2005	09.05.2005	Werner Seifert
Merck	Michael Römer	22.11.2005	22.11.2005	Bernhard Scheuble
Daimler	Dieter Zetsche	01.01.2006	28.07.2005	Jürgen Schrempp
BMW	Norbert Reithofer	01.09.2006	20.07.2006	Helmut Panke
Deutsche Telekom	René Obermann	13.11.2006	12.11.2006	Uwe Ricke
Volkswagen	Martin Winterkorn	01.01.2007	07.11.2006	Bernd Pischetsrieder
Merck	Karl-Ludwig Kley	27.04.2007	21.02.2007	Michael Römer
k+s	Norbert Steiner	01.07.2007	14.03.2007	Ralf Bethke
Postbank	Wolfgang Klein	01.07.2007		Wulf v. Schimmelmann
Siemens	Peter Löscher	01.07.2007	20.05.2007	Klaus Kleinfeld
RWE	Jürgen Großmann	01.10.2007	20.09.2007	Harry Roels
Metro	Eckard Cordes	01.11.2007	20.09.2007	Hans-Joachim Körber
Deutsche Post	Frank Appel	18.02.2008	15.02.2008	Klaus Zumwinkel
SAP	Léo Apotheker Henning Kagermann	02.04.2008	02.04.2008	Henning Kagermann
Henkel	Kasper Rorsted	14.04.2008	18.12.2006	Ulrich Lehner
Commerzbank	Martin Blessing	15.05.2008	06.11.2007	Klaus-Peter Müller
Infineon	Peter Bauer	01.06.2008	26.05.2008	Wolfgang Ziebart
SAP	Léo Apotheker	20.01.2009	02.01.2009	Léo Apotheker/Henning Kagermann
MAN	Georg Pachta-Reyhofen	23.11.2009	23.11.2009	Hakan Samuelsson
SAP	Bill McDermott Jim Hagemann Snabe	07.02.2010	07.02.2010	Léo Apotheker
E.On	Johannes Teyssen	01.05.2010	10.08.2009	Wulf Bernotat
Infineon	Peter Bauer	04.08.2010	04.08.2010	Peter Bauer
Bayer	Marijn Dekkers	01.10.2010	15.09.2009	Werner Wenning
Lufthansa	Christoph Franz	01.01.2011	22.09.2010	Wolfgang Mayrhuber
ThyssenKrupp	Heinrich Hiesinger	21.01.2011	04.05.2010	Ekkehard Schulz
BASF	Kurt Bock	06.05.2011	31.10.2010	Jürgen Hambrecht

Tabelle 55: **Liste der untersuchten Vorstandwechsel**
Die Tabelle zeigt nach Datum sortiert die in der *Event*-Studie berücksichtigten Vorstandswechsel im Zeitraum zwischen 2000 und 2011.

Die Komplexitätsverläufe werden einheitlich auf Zahlenwerte zwischen 0 und 100 normiert und über die Wechsel bzw. Ankündigungen des Wechsels der Vorstandsvorsitzenden gemittelt. Damit liegt für jede der 35 Komplexitätsanalysen eine eigenständige *Event*-Studie vor. Im nächsten Schritt gilt es, aus diesen Komplexitätsanalysen diejenigen zu identifizieren, die auf geeigneten Parametern beruhen. Die ausgewählten Komplexitätsanalysen werden anschließend durch Mittelwertbildung zu einer gemeinsamen Skala zusammengefasst.

4. **Auswahl der geeigneten Berechnungsparameter durch Skalenkonstruktion:** Pro Berechnungsparameter (Kombination aus Wortlänge und Fensterbreite) liegt nach Abschluss von Schritt 3 ein Komplexitätsverlauf vor. Es folgt eine Skalenkonstruktion, bei der Cronbachs Alpha optimiert wird (vgl. S. 108 ff.). Dies geschieht durch Elimination der Komplexitätsverläufe, die eine geringe Trennschärfe aufweisen. Gelöscht wird jeweils der Komplexitätsverlauf mit der kleinsten Trennschärfe. Der Vorgang wird abgebrochen, sobald sich Cronbachs Alpha nicht mehr verbessern lässt. Im vorliegenden Fall verbleiben 12 Komplexitätsverläufe in der Berechnung (alle Varianten der Wortlänge 3 und die Fenster 41 bis 61 der Wortlänge 4). Diese ergeben eine Skala mit einer internen Konsistenz von Alpha = 0,98. Der endgültige Komplexitätsverlauf wird durch Mittelwertbildung über die ausgewählten Berechnungsparameter erzeugt.

5. **Gegenprobe I – *Random*-Surrogate:** Die *Returns* werden vor der Komplexitätsanalyse *Random*isiert. Die *Random*isation wird insgesamt 100 Mal wiederholt. Die Ergebnisse werden gemittelt. Es sollte sich eine Parallele zur Zeitachse ohne wesentliche Veränderungen im *Event* ergeben. Die für die realen Daten gewonnene Skala (Punkt 4) wird beibehalten.

6. **Gegenprobe II – kumulierte *Abnormal Returns*:** Die klassische *Event*-Analyse fordert, die *Returns* um die Gesamtentwicklung des Marktes (hier repräsentiert durch den DAX) im jeweiligen Zeitraum zu bereinigen. So wird ausgeschlossen, dass gleichzeitig im Markt stattfindende Entwicklungen sich in der *Event*-Studie niederschlagen. Kumulierte *Returns* addieren die Entwicklung fortlaufend von Tag zu Tag und zeigen so, ob es im gesamten Verlauf zu einem einheitlichen Entwicklungstrend kommt. Die Teststatistik von Rendleman et al. (1982) wird genutzt, um die Entwicklung bis zum *Event*, das *Event* selbst und den Zeitraum nach dem *Event* auf signifikante, d. h. abnormale *Returns* zu prüfen.

Die Ergebnisse der vorgestellten *Event*-Studie sind in den folgenden Abbildungen dargestellt:

Während der Komplexitätskennwert überraschend eindeutig und hochsignifikant auf einen Rückgang der Komplexität der *Returns* im Eventzeitpunkt hinweist (Abbildung 122 und Abbildung 122), zeigen die Gegenproben die erwarteten parallelen Verläufe zur Zeitachse. Auch *Abnormal Returns* lassen sich in den untersuchten Daten nicht finden (Abbildung 124 und Abbildung 124).

Es scheint also ineffiziente Prozesse in den Marktentwicklungen zu geben, die mit der klassischen *Event*-Studie nicht identifiziert werden können.

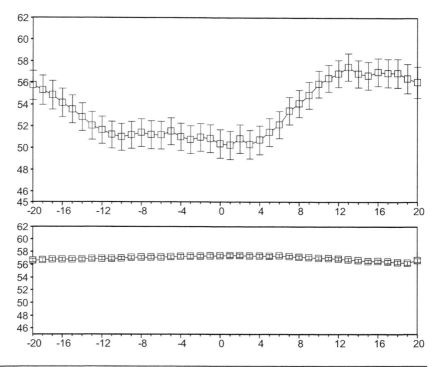

Abbildung 122: *Event-Studie für die Ankündigung eines Vorstandswechsels – Komplexitätsverlauf*

Für insgesamt 49 Ankündigungen des Wechsels des Vorstandsvorsitzenden von DAX-Unternehmen ergibt die normierte und gemittelte Permutationsentropie den oben gezeigten Verlauf. Bereits 12 Tage vor der Ankündigung ist die Komplexität verringert und bleibt so bis ca. 4 Tage nach dem Wechsel. Die eingezeichneten Fehlerbalken beruhen auf der internen Konsistenz und der Standardabweichung der Kennwerteverläufe (vgl. Lienert & Raatz 1994, S. 365). Die Komplexität im Wechsel ist signifikant verringert gegenüber einer Surrogatdatentestung. Der Komplexitätsverlauf der Surrogate ist unten abgebildet.

Der Unterschied zwischen der komplexitätswissenschaftlichen und der klassischen *Event*-Studie zeigt, wie die Komplexitätsforschung zu einem besseren Verständnis von Marktprozessen beitragen kann. Während nämlich die *Returns* alleine keinen Hinweis auf das *Event* erahnen lassen, registriert die Komplexitätsanalyse eine deutliche Zunahme nichtlinearer Abhängigkeiten, was als ein Hinweis auf einen temporären Rückgang der Markteffizienz gewertet werden kann.

Auch wenn die hier präsentierten ersten Befunde in ihrem Zustandekommen noch nicht vollständig und im Rahmen einer Theorie verstanden werden können,[10] demonstrieren sie doch, dass Verfahren der Komplexitätsanalyse Phänomene sichtbar machen können, die den klassischen Verfahren verborgen bleiben. Damit zeigt sich recht deutlich, dass die Komplexitätsforschung ein eigenständiges und neuartiges Licht auf Wirtschaftsprozesse zu werfen vermag.

---

[10] Vermutungen und Plausibilitätsbetrachtungen passen zu Phänomenen, die in der *Behavioral Finance* beschrieben werden und sind kompatibel zu Vorhersagen der Synergetik (siehe oben). Diese Vermutungen sind jedoch hier nicht im Detail geprüft worden.

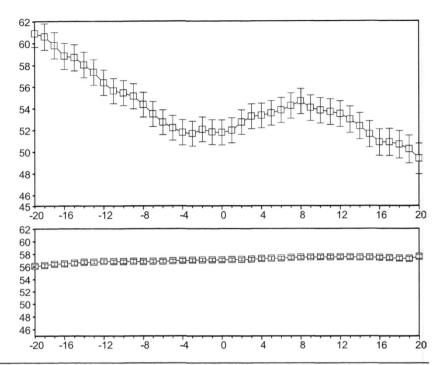

Abbildung 123: *Event*-Studie für den Vorstandswechsel – Komplexitätsverlauf

Für insgesamt 54 Wechsel des Vorstandsvorsitzenden von DAX-Unternehmen ergibt die normierte und gemittelte Permutationsentropie den oben gezeigten Verlauf. Die Komplexität ist zunächst gegenüber der Surrogatdatentestung (unten) signifikant erhöht und nimmt im Wechsel signifikant ab. Die eingezeichneten Fehlerbalken beruhen auf der internen Konsistenz und der Standardabweichung der Kennwerteverläufe (vgl. Lienert & Raatz 1994, S. 365).

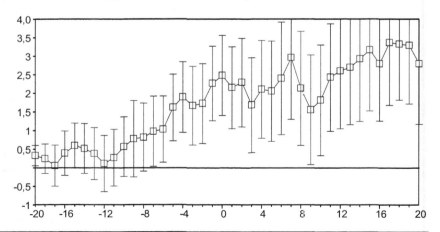

Abbildung 124: *Event*-Studie für die Ankündigung eines Vorstandswechsels – kumulierte *Returns*

Für die Berechnung der kumulierten *Returns* wurde zunächst eine Bereinigung der *Returns* um die Gesamtentwicklung des Marktes (DAX) im jeweiligen Zeitraum vorgenommen (sog. Beta-Adjustierung). Im Zeitraum bis zum Ereignis ergibt sich ein signifikant erhöhter kumulierter *Return* von 2,48 %. Der Tag des Ereignisses oder der nachfolgende Zeitraum zeigen keine signifikanten erhöhten kumulierten *Returns*.

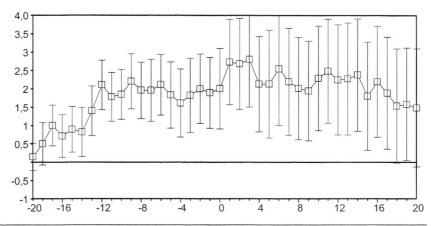

Abbildung 125:	***Event*-Studie für den Vorstandswechsel – kumulierte *Returns***
	Für die Berechnung der kumulierten *Returns* wurde zunächst eine Bereinigung der *Returns* um die Gesamtentwicklung des Marktes (DAX) im jeweiligen Zeitraum vorgenommen (sog. Beta-Adjustierung). Im Zeitraum bis zum Ereignis ergibt sich ein nicht signifikanter kumulierter *Return* von 2,01 %. Der Tag des Ereignisses oder der nachfolgende Zeitraum zeigen ebenfalls keine signifikant erhöhten kumulierten *Returns*.

10.4.7 Beispielanwendung: Identifikation von Geldwäsche und Terrorismusbekämpfung

Im Oktober 2005 hat die EU die 3. Geldwäscherichtlinie „zur Verhinderung der Nutzung des Finanzsystems zum Zwecke der Geldwäsche einschließlich der Terrorismusfinanzierung" erlassen. Diese verpflichtet Geldinstitute, entsprechende Aktivitäten aufzuspüren und zur Anzeige zu bringen. Regelbasierte Standardsoftware ist wenig flexibel und lässt sich leicht austricksen. Im Rahmen einer Machbarkeitsstudie wurden lernfähige und flexible Algorithmen zur Identifikation auffälliger Kontobewegungsmuster erprobt, die im Kern auf komplexitätswissenschaftlichen Methoden beruhen. Die ermutigenden Ergebnisse führten zur Programmierung einer eigenständig arbeitenden Software zur Identifikation von Geldwäsche und Terrorismusfinanzierung.

Produktreife Beispielanwendung

Die folgende Darstellung dient dazu, eine Beispielanwendung für den Einsatz der Komplexitätsforschung im Rahmen eines realen Produktes – eben einer Software zu Identifizierung von Geldwäsche und zur Terrorismusbekämpfung – vorzustellen. Es können hier jedoch keine konkreten Algorithmen oder Kennzahlen über Trefferquoten oder den Nutzen bestimmter Komplexitätskennwerte offengelegt werden.

Grundlegende Überlegungen

Die zentralen Ideen hinter der Machbarkeitsstudie zur Prüfung der Nützlichkeit komplexitätswissenschaftlicher Kennwerte zur Identifizierung von Geldwäsche und Terrorismusfinanzierung waren die folgenden Überlegungen:

- Geldwäsche und andere mit illegalen Aktivitäten einhergehenden Kontobewegungen sind anhand spezifischer Muster in den Kontobewegungen identifizierbar.

- Diese Muster müssen nicht unbedingt vorab bekannt sein. Es kann also nicht in jedem Fall mechanisch nach vorher festgelegten „Merkmalen von Auffälligkeit" in den Zeitreihen gesucht werden.

- Zeitreihenanalytische Verfahren aus dem Bereich der Komplexitätsforschung sind in der Lage, Merkmale von Ordnung im Vergleich zu Unordnung und Merkmale von Vorhersagbarkeit im Vergleich zur Unvorhersagbarkeit von zeitlichen Entwicklungen zu identifizieren. Sie können dabei zwischen verschiedenen Mustern in Zeitreihen unterscheiden und auch subtile, kleine Verschiebungen in der Dynamik identifizieren.

- Wenn Geldwäsche die Dynamik von Kontobewegungen verändert bzw. zur Etablierung spezifischer Muster führt, müssten diese durch die Verfahren der Komplexitätsforschung identifizierbar sein.

Die Zielsetzungen des Projektes richteten sich zunächst darauf zu prüfen, ob die Methoden der Komplexitätsforschung auf Datensätze mit Kontobewegungen überhaupt angewendet werden können und ob dafür eine automatische Wahl passender Analyseparameter entwickelt werden kann. Denn alle Verfahren der Komplexitätsforschung erfordern die Wahl geeigneter Analyseparameter, so kann z. B. die Festlegung eines geeigneten *Time-Lag* zwar mit verschiedenen Verfahren vorbereitet werden, letztlich sind es aber erfahrene Wissenschaftler bzw. Wissenschaftlerinnen, die bei widersprüchlichen Ergebnissen eine Entscheidung treffen. Wenn für die Analyse nur eines Girokontos zahlreiche Parameterentscheidungen getroffen werden müssen, dann ist der Ansatz für die umfassende Suche nach Auffälligkeiten in großen Datenmengen nicht praktikabel.

Nach einigen Fehlversuchen gelang es, ein wissensbasiertes Entscheidungssystem[11] so aufzusetzen, dass sämtliche Analysen ohne Eingriff von außen in genügender Analysequalität durchgeführt werden konnten. Nacheinander kamen dabei sämtliche im vorliegenden Handbuch vorgestellten Algorithmen, zum Teil in mehrfacher Ausführung (unterschiedliche Parametrisierung, unterschiedliche Varianten), zur Anwendung.

In Bezug auf die Datenanforderungen wurden unterschiedlich lange Kontoauszüge probeweise analysiert und das Fehlschlagen oder Gelingen der Komplexitätsanalysen als Kriterium für die Wahl der passenden Zeitreihenlänge herangezogen. Zudem wurden Rechenzeiten ermittelt, um Hochrechnungen über die Einsatzdauer und Analysefrequenz vornehmen zu können.

Vollständige automatisierte Datenanalyse mittels eines Expertensystems

Die Vorarbeiten führten zu einem vollständig automatisiert ablaufenden Computerprogramm zur umfassenden komplexitätswissenschaftlichen Vermessung von Kontodatensätzen. Mit diesem wurde eine große Anzahl an bekanntermaßen auffälligen und unauffälligen Konten analysiert. Bereits einfache statistische Gruppenvergleiche zeigten hochsignifikante Unterschiede zwischen auffälligen und nicht auffälligen Konten. Schließlich wurden logistische Regressionsmodelle für die Zusammenfassung der relevanten Komplexitätskennzahlen zu einem Wert für die Wahrscheinlichkeit der Auffälligkeit herangezogen. Varianten dieser Regressionsmodelle wurden umfassend gegeneinander getestet und konnten schließlich eine relativ hohe Trefferrate erzielen und diese bei Anwendung auf „unverbrauchte" Daten (sogenannte *Out of Sample Prediction*, bei der ein Teil der Daten zur Anpassung des Modells und ein anderer zur Erprobung des Modells herangezogen werden) bestätigen.

Terrorismusbekämpfung, Fallbericht

Ein interessantes Ergebnis hat sich im Rahmen des Projektes eher nebenbei ergeben. Für die Analyse wurden zehn Kontodaten einer inzwischen bekannt gewordenen Terrorgruppe zur Verfügung gestellt und nur für diese ein Modell mit wenigen Kennwerten der Permutationsentropie angepasst. Experten der Terrorismusbekämpfung hatten diese Datensätze vorher als nicht auffällig eingestuft. Liegen nur wenige auffällige Trainingsdaten vor, so besteht die Gefahr, dass das Regressionsmodell überangepasst wird, sodass hier auf große Modelle bewusst verzichtet wurde. Dennoch kann nicht ganz ausgeschlossen werden, dass hier ein *Overfitting* stattfand. Dem Modell gelingt es, 50 % der auffälligen Konten in einer Grundgesamtheit von über 7.000 Konten herauszusuchen. Gleichzeitig werden 18 (0,25 %) falsche Alarme registriert.

---

[11] In der Informatik versteht man unter einem wissensbasierten Entscheidungssystem die Abbildung der Regeln in einer Software, nach denen menschliche Expertinnen und Experten ein vorgegebenes Problem lösen.

Zum Vergleich wurden 25 Mal 10 Konten zufällig ausgewählt und dann versucht, diese mit exakt der gleichen Prozedur im großen Datenpool wiederzufinden. Bei 20 der 25 Versuche kam es weder zu Treffern noch zu Fehlalarmen (es wurde nichts gefunden). Für 3 der 25 Versuche wurden nur Fehlalarme registriert und nur bei 2 der 25 Versuche gelang es, wenigstens eines der zufällig markierten Konten wiederzufinden. Dieser Surrogatdatentest zeigt, dass die echten Terrorismusdatensätze sehr wohl ein Merkmal aufgewiesen haben dürften, welches sie, aus der Perspektive der Permutationsentropie, als relativ „einmalig" auszeichnete.

Auch wenn hier keine weiteren Details veröffentlicht werden können, sollte der Bericht über diesen konkreten Anwendungsfall doch gezeigt haben, dass Kennwerte der Komplexitätsforschung nützliche Hilfsmittel für die Spurensuche nach Mustern in komplexen Datensätzen anbieten können. Nach den hier vorgestellten Prinzipien könnten auch zahlreiche andere Fragestellungen bearbeitet werden.

10.5 Algorithmus: *Grammar Complexity*

Die in den vorhergegangenen Kapiteln dargestellten Methoden überwinden die Probleme der klassischen Informationsdefinition durch die Bildung von Worten und deren Transformation in einfachere, prototypische Muster (die folgende Darstellung ist eine Erweiterung von Strunk 2009a). Einen ganz anderen Weg beschreiten Verfahren der algorithmischen Entropie, um die von Shannon (1948) formulierte Informationsdefinition um die Berücksichtigung dynamischer Strukturen zu bereichern. Es handelt sich dabei jeweils um spezifische Implementierungen eines Verfahrens zur Bestimmung der sogenannten *algorithmischen Entropie*, die auf Arbeiten zur algorithmischen Informationstheorie (Kolmogorov 1965, Zvonkin & Levin 1970, Chaitin 1974) beruhen. Diese bemessen den Informationsgehalt einer Werteabfolge nach dem Informationsgehalt, der benötigt wird, um die Werteabfolge darzustellen.

Die Grundidee dieses theoretischen Ansatzes ist die Feststellung, dass alles, was sich „leicht" darstellen, nachahmen oder erzeugen lässt, nicht komplex sein kann – oder doch zumindest weniger komplex ist als etwas, was sich nur mit viel Aufwand darstellen, nachahmen oder erzeugen lässt. Obwohl z. B. die Wurzel aus zwei als eine hochgradig erratische Abfolge von Ziffern erscheint, kann das Ergebnis – beliebig genau – sehr leicht berechnet werden:

Gleichung 54:
Iterative Gleichung für die Wurzel aus zwei

$$x_{n+1} = \frac{1}{2}(x_n + \frac{2}{x_n})$$

Die Wurzel aus zwei lässt sich demnach wie folgt bestimmen: Zunächst wird irgendeine Lösung, z. B. fünf, angenommen. Dieser beliebige Lösungswert wird für x_0 eingesetzt. Es ergeben sich nacheinander:

$$x_1 = \frac{1}{2}(5 + \frac{2}{5}) = 2{,}7000000000$$

$$x_2 = \frac{1}{2}(2{,}7 + \frac{2}{2{,}7}) = 1{,}7203703704$$

$x_3 = 1{,}4414553682$

$x_4 = 1{,}4144709814$

$x_5 = 1{,}4142135858$

$x_6 = 1{,}4142135624$

Obwohl ein Muster in der Wurzel aus zwei nicht per Augenschein ersichtlich ist, zeigt sich doch, dass ihm eine relativ einfache Gleichung zugrunde liegt (bzw. gelegt werden kann). Dahingegen stammen die folgenden Zahlen aus einer Zufallszahlentabelle (vgl. Diehl & Arbinger 1989, S. 696):

0 3 1 0 8 2 2 2 9 9 5 7 0 3 6 1 0 7 6 5 7 5 9 4 1 5 7 1 5 7 5 1 2

Lässt sich eine Regel finden, die kürzer ist als der Datensatz, so liegt dem Datensatz eine einfachere Logik zugrunde

Da keine Gleichung für die Erzeugung von echten Zufallszahlen existiert, lässt sich die Abfolge der Zahlen auch nicht auf einfache Regeln zurückführen. Die einfachste Regel für die Erzeugung der genannten Zufallszahlenfolge ist wahrscheinlich die Anweisung, die Zahlen – so wie sie da stehen – abzuschreiben. Die kürzeste Regel für die genannte Zahlenreihe ist also die Zahlenreihe selber. Damit ist die „Regel" so lang wie das, was sie zu beschreiben versucht. Die Algorithmische Informationstheorie geht davon aus, dass Datensätze, die nur mit einer Regel erzeugt werden können, die so umfangreich ist wie der Datensatz selber, maximal komplex, also zufällig sind (Hubermann & Hogg 1986). Lässt sich eine Regel finden, die kürzer ist als der Datensatz, so liegt dem Datensatz wahrscheinlich eine einfachere Logik zugrunde und er wird als geordneter als Zufall angesehen.

Obwohl diese Komplexitätsdefinition durchaus einleuchtend erscheint, ergibt sich doch das Problem festzustellen, ob eine einfache Regel vorliegen könnte. Möglicherweise lässt sich auch eine für die genannte Zufallszahlenfolge finden. Die Frage lautet nur: Wie?

Die Antwort auf diese Frage ist ausgesprochen trickreich. Konkrete Anwendungen der Algorithmischen Informationstheorie nutzen Algorithmen zur Komprimierung von Datensätzen, so wie sie auch in der EDV eingesetzt werden. Lässt sich ein Datensatz komprimieren, so ist der komprimierte Datensatz eine kürzere Erzeugungsvorschrift für die Originaldaten. Je kleiner der komprimierte Datensatz gegenüber dem Original ausfällt, desto weniger komplex wird dieser gewesen sein. Die Komprimierbarkeit eines Datensatzes ist, wenn sie nicht gelingt, noch kein Beweis für das Fehlen jeder Form von Ordnung in den Daten. Aber umgekehrt ist der Nachweis für Komprimierbarkeit ein sicherer Hinweis auf Ordnung.

Kontextabhängige Verfahren

Es gibt eine größere Anzahl verlustfreier Kompressionsverfahren (vgl. z. B. Ziv & Lempel 1977, Lempel & Ziv 1978), aber nicht alle sind als Komplexitätsdefinition geeignet. Eine Diskussion verschiedener Methoden der algorithmischen Entropie und der mit ihnen verbundenen Möglichkeit, Zufallsprozesse von geordneter Komplexität zu unterscheiden, findet sich z. B. bei Ebeling, Steuer und Titchener (2001). Die beliebten Zip-Verfahren (LZ77 und LZ78, Ziv & Lempel 1977, Lempel & Ziv 1978) nutzen z. B. einen Algorithmus, der dazu führt, dass ein und dasselbe Datenmaterial je nachdem, an welcher Stelle es in einem größeren Datensatz steht, unterschiedlich gut komprimiert wird. Das liegt daran, dass diese Verfahren eine Bibliothek anlegen, in der sie „brauchbare" Datensequenzen ablegen. Mit etwas Glück ist die Bibliothek gut gefüllt, wenn sie auf einen bestimmten Abschnitt in den Daten stößt, und kann ihn daher gut komprimieren. Mit etwas Pech ist die Bibliothek nur mit Sequenzen gefüllt, die hier wenig helfen und der gleiche Abschnitt wird schlecht komprimiert. Man bezeichnet solche von ihren Vorerfahrungen abhängige Verfahren als *nicht kontextfrei*.

Für eine saubere Definition der Komplexität sollten hingegen kontextfreie Verfahren eingesetzt werden. Nur diese stellen sicher, dass die Komprimierung eines Datensatzes nur vom Datensatz und nicht von der „Vorerfahrung" des Verfahrens abhängt. Ein solcher Komprimierungsalgorithmus ist die *Grammar Complexity* (Ebeling & Jiménez-Montano 1980, Jiménez-Montano 1984).

Ein einfaches Beispiel

Am besten wird der Algorithmus der *Grammar Complexity* verständlich, wenn er anhand eines Beispiels erläutert wird (das Beispiel folgt im Wesentlichen den Ausführungen von Rapp et al. 1991):

Gegeben sei eine Wertefolge x_t mit folgenden einstelligen Werten:

0 1 0 1 1 0 1 0 1 1 0 0 1 0 0 1   16 Symbole

In einem ersten Schritt sucht der Algorithmus nach sich in der Zeitreihe wiederholenden Paaren, die durch ein Symbol ersetzt werden. Das Symbol und seine Bedeutung werden in eine Symbolliste eingetragen. Wenn keine Paare mehr gefunden werden, die mehr als zweimal in der Zeitreihe vorkommen, wird nach Tripeln gesucht, die mindestens zweimal in der Zeitreihe vorkommen. Auch diese werden durch ein Symbol ersetzt. Der Algorithmus bricht ab, wenn keine weitere Ersetzung mehr möglich ist. Für die als Beispiel gegebene Wertefolge ergibt sich zunächst, dass die Abfolge {0,1} mehrfach vorkommt. Sie wird durch das Symbol *a* ersetzt:

a a 1 a a 1 0 a 0 a   10 Symbole
a = 0 1   + 2 Symbole

Die Zeitreihe besteht nun nur noch aus 10 Symbolen und 2 Symbolen in der Ersetzungstabelle. Da keine weiteren Paare gefunden werden können, die mindestens dreimal in der Wertefolge vorkommen, wird nun nach Tripeln gesucht. Es zeigt sich, dass {*a,a*,1} zweimal in der Zeitreihe identifiziert werden kann. Im Gegensatz zu Paaren bedeutet das Auffinden von gleichen Abfolgen mit mehr als nur zwei Elementen eine Verkürzung der Zeitreihe, sodass {*a,a*,1} durch *b* ersetzt wird.

b b 0 a 0 a   6 Symbole
a = 0 1   + 2 Symbole
b = a a 1   + 3 Symbole

Dass eine Ersetzung von *zwei* Paaren durch *ein* Symbol zu keiner Verkürzung führt, wird deutlich, wenn bedacht wird, dass die Paare jeweils durch ein Symbol ersetzt werden und in der Ersetzungstabelle dieses Symbol durch die beiden Werte des Paares repräsentiert werden muss. Insgesamt werden also vier Elemente benötigt um die Wertefolge aus der Komprimierung erneut zu erzeugen. Vier Elemente waren es jedoch bereits vor der Komprimierung.

Für die Beispielzeitreihe lässt sich nach der letzten Ersetzung kein weiteres Tripel mehr finden, sodass die Komprimierung hier abbricht. Als Vereinfachung können sich wiederholende Elemente noch als Potenzen geschrieben werden, sodass sich aus *b b* in Potenzschreibweise b^2 ergibt (würde *b b b* vorliegen, würde daraus b^3):

b^2 0 a 0 a   5 Symbole + Exponent 2
a = 0 1   + 2 Symbole
b = a^2 1   + 2 Symbole + Exponent 2

Es folgt die Berechnung der *Grammar Complexity*, die gegeben ist als Summe der verbleibenden Symbole, wobei auch die Symbole rechts des Gleichheitszeichens der Ersetzungstabelle mitgezählt werden. Ebenfalls hinzugezählt wird der Logarithmus zur Basis zwei jeder verwendeten Potenz. Dabei wird vom Logarithmus jeweils nur der ganzzahlige Wert, der vor dem Komma steht, berücksichtigt (vgl. Rapp et al. 1991), dies wird in der folgenden Gleichung durch die eckigen Klammern angezeigt. Insgesamt enthalten die komprimierte Symbolreihe fünf und die beiden Symbole der Ersetzungstabelle zusammen vier Elemente. Zudem sind zwei Potenzen mit jeweils dem Wert zwei vorhanden. Daraus ergibt sich:

Grammar Complexity = 5 + [$\log_2 2$] + 2 + 2 + [$\log_2 2$] = 11

Durch die Kompression wurde die ursprüngliche Symbolfolge mit 16 Symbolen auf 11 Symbole komprimiert.

Ein Beispiel mit Symbolen

Beim Verfahren der *Grammar Complexity* handelt es sich um eine Methode, die für beliebige nominale Datensätze Anwendung finden kann. Sie lässt sich also auch zur Kompression von Texten einsetzen. Oben wurde exemplarisch die Karriere eines Bäckers mit den Symbolen B, U und A kodiert (vgl. S. 402 ff.). Eine fiktive und wenig realistische Variante des Karriereverlaufes ist z. B. mit der folgenden Symbolfolge gegeben:

(4)   B U A B U A B U A B U A B U A   14 Transitionen

Auch diese lässt sich leicht mit dem Verfahren der *Grammar Complexity* komprimieren. Für die als Beispiel gegebene „Karriere" zeigt sich zunächst, dass die Abfolge {B,U} mehrfach vorkommt. Sie wird durch das Zahlensymbol 0 ersetzt:

0 A 0 A 0 A 0 A 0 A   10 Symbole
0 = B U   + 2 Symbole

Die neue Symbolfolge verkürzt sich. Allerdings wächst die Zahl der Symbole in der Liste. Eine weitere Komprimierung wird möglich, indem {0,A} durch das Symbol 1 ersetzt wird:

1 1 1 1 1   5 Symbole
0 = B U   + 2 Symbole
1 = 0 A   + 2 Symbole

Da in dieser Beispielfolge keine weiteren Paare mehr gefunden werden können, die zumindest dreimal vorkommen, beendet der Algorithmus die Suche nach Paaren. Für die Beispieldatenreihe lassen sich auch keine identischen Tripel finden, sodass der Algorithmus hier insgesamt abgebrochen wird. Durch Exponentialschreibweise ergibt sich:

1^5 1 Symbol + Exponent 5
0 = B U   + 2 Symbole
1 = 0 A   + 2 Symbole

Insgesamt folgt also:

Grammar Complexity = 1 + 4 + [$\log_2 5$] = 7

Zufalls-Surrogate und geordnete Abfolgen helfen bei der Interpretation

Für die Interpretation des ermittelten Wertes bieten sich verschiedene Verfahren an. Zum einen kann aus der ursprünglich gegebenen Wertefolge durch Sortierung eine geordnete Symbolreihe erstellt werden und diese als Vergleich dienen. Zum anderen können mehrere Zufallsfolgen aus den ursprünglichen Daten erzeugt werden (sogenannte Zufalls-Surrogate, zu Surrogatdaten-Verfahren vgl. auch S. 119 ff.). Diese zeigen, wie komplex die gleichen Daten angeordnet sein könnten. Werden viele solcher Zufalls-Surrogate erzeugt, so kann zudem eine Verteilung der *Grammar*-Werte erstellt werden, die in eine Normalverteilung übergeht (Scheier & Tschacher 1994). Damit kann dann festgestellt werden, ob die Originalzeitreihe sich signifikant von den Zufallsabfolgen unterscheidet. Zudem kann der Wert der *Grammar Complexity* direkt als Kompressionsrate interpretiert werden, indem er mit der Länge der Symbolfolge vor der Komprimierung verglichen wird. Diese Kompressionsrate stellt ein direktes Maß für die Ordnung in der Symbolfolge dar.

10.5.1 Datenqualität, Voraussetzungen

Die *Grammar Complexity* ist ein Verfahren zur verlustfreien Kompression beliebiger Symbolabfolgen. Die Stärke der Kompression wird als Maß für die in den Daten vorfindbare Ordnung interpretiert. Dabei geht es nicht um die Identifikation des einen, einzig passenden Algorithmus, der die Daten möglicherweise hervorgebracht hat, sondern um die Suche nach Möglichkeiten, die Daten vereinfacht darzustellen. Eine solche Vereinfachung gelingt dann, wenn die Daten sich wiederholende Muster enthalten. Solche Wiederholungen können, wenn sie vorliegen, ein Hinweis auf deterministische Generierungsmechanismen sein, sind jedoch kein zwingender Beleg. In diesem Sinne sucht das Verfahren nach Ordnung, macht aber keine Annahmen darüber, wie diese Ordnung zustande kam, ob sie z. B. nicht doch das Produkt zufälliger Prozesse war. Und auch umgekehrt gilt, dass bei einer fehlenden Kompression nicht zwingend davon ausgegangen werden kann, dass die Daten auf einen Zufallsprozess zurückgehen. In beiden Fällen besteht die Möglichkeit, dass der Kompressionsalgorithmus der *Grammar Complexity* nicht perfekt auf die Struktur in den Daten passt. Diese Schwäche ist aber auch gleichzeitig die Stärke des Verfahrens, das sich ohne Probleme auf beliebige Symbolzeitreihen anwenden lässt. Im Vordergrund stehen einfache, sich wiederholende Muster in beliebigen Daten. Diese müssen weder ein bestimmtes Skalenniveau aufweisen, noch muss es sich um Zahlen handeln. So können beliebige Ereignis- und Zeichenfolgen, Texte, unbekannte Schriftzeichen, Pixel einer Grafik und so weiter auf geordnete Strukturen hin untersucht werden (nur die Analyse in GChaos ist auf eine vorherige Kodierung der Daten durch Zahlen angewiesen).

Auch an die „Zeitreihenlänge" bzw. die Menge der zu untersuchenden Symbole besteht keine besondere Anforderung. Die Testpower des Surrogatdatentests und die Sensibilität des Verfahrens für Ordnungsstrukturen steigen jedoch mit der Menge der zur Verfügung stehenden Daten. Da das Verfahren, anders als z. B. der *Recurrence Plot*, nicht auf Ähnlichkeit, sondern auf Identität achtet, spielt die Zahl der theoretisch möglichen Symbole im Verhältnis zur Datenmenge eine wichtige Rolle. Kann das System z. B. über ein Alphabet mit 26 Buchstaben verfügen und werden sich wiederholende Paare sowie Tripel in den Daten gesucht, dann ergeben sich 676 mögliche Paare und 17.576 mögliche Tripel. Für die Identifikation von Ordnung müssen einige dieser Symbolfolgen mehrfach in den Daten vorhanden sein. Handelt es sich um ein hochkomplexes System, für das eher Zufall als triviale Ordnung erwartet wird, dann ist die Chance auf eine Wiederholung der gleichen Symbolfolge angesichts dieser Möglichkeiten nicht sehr wahrscheinlich und es wird eine hohe Datenmenge (mehrfache Menge der Zahl der möglichen Symbolfolgen) erforderlich sein, um eine möglicherweise doch vorhandene Ordnung zu identifizieren. Auf der anderen Seite konnte anhand der oben dargestellten Beispielsymbolfolgen gezeigt werden, dass bereits kurze Datenreihen mit ca. 15 Symbolen genügen können, um Unterschiede zwischen Ordnung und Zufallsabfolge abzubilden.

Grammar Complexity
(Ebeling & Jiménez-Montano 1980, Jiménez-Montano 1984)

Was wird gemessen?	Kompressionsfähigkeit (beruhend auf Wiederholungen in der Datenabfolge).
Hohe Werte bedeuten ...	Eine hohe Kompression bedeutet Ordnung.
Dynamik	Die Abfolge der Messwerte spielt eine zentrale Rolle.
Phasenraumeinbettung	Nein.
Skalenniveau	Nominal. Höhere Skalenniveaus müssen häufig künstlich diskretisiert werden, wofür keine verbindlichen Regeln angegeben werden können.
Minimale Datenlänge	$N \geq 10 - 30$.
Stationarität erforderlich	Ja.

Tabelle 56: Übersicht über das Verfahren: *Grammar Complexity*
Die *Grammar Complexity* kann für beliebige Abfolgen von Symbolen eingesetzt werden. Die minimal erforderliche Datenmenge hängt auch von der theoretisch möglichen Komplexität (Zahl der theoretisch möglichen Symbole) des Systems ab und kann dann sehr viel höher sein als in der Tabelle angegeben.

Damit eine Analyse metrischer Daten möglich wird, müssen diese zunächst in Symbole transformiert werden. Wie bereits bei den anderen Verfahren zur Identifikation von Ordnung in Symbolfolgen dargestellt, können dazu verschiedene Transformationsregeln eingesetzt werden. Hier wie dort gilt es zu beachten, dass eine zu starke Vereinfachung der Datenstruktur zu einer Überidentifikation von Ordnung und eine zu geringe Vereinfachung zu einer Überschätzung von Zufallsprozessen führen können (vgl. dazu auch S. 423f.).

10.5.2 Praktische Durchführung

Test der Voraussetzungen, Datenvorbereitung, Absicherung

Beruhen die Daten auf einer Kodierung für qualitativ unterschiedliche Objekte (echtes nominales Skalenniveau), so kann direkt mit den Datenreihen gearbeitet werden. Liegen die Daten in einem höheren Skalenniveau vor, so müssen sie zunächst in diskrete, disjunkte Abschnitte transformiert werden. Für stetige metrische Daten wird empfohlen, die Zahl der Kategorien zunächst mit $\sqrt{N}$ festzulegen und davon ausgehend Variationen zu erproben.

Die Implementierung des Algorithmus beruht auf zwei Ersetzungsschleifen, die nacheinander durchlaufen werden (vgl. Abbildung 126). Zunächst werden Worte der Länge zwei gesucht und jeweils das häufigste Wort durch ein Symbol ersetzt – vorausgesetzt die Häufigkeit liegt bei mindestens drei Wiederholungen. Danach werden Worte der Wortlänge drei bei Wiederholung durch ein Symbol ersetzt. Die Abfolge der Schleifen sieht vor, dass nach jeder Ersetzung die Worte jeweils neu gebildet werden.

Da in GChaos nur Zahlen verarbeitet werden, sind nicht aus Zahlen bestehende Symbolabfolgen zunächst mit einem Zahlencode zu versehen. Die Zeitreihe wird – falls nötig – diskretisiert oder direkt analysiert. Man erreicht die *Grammar Complexity* über das Menü „*Statistics*", „*Grammar Complexity*". Folgende Einstellungen sind zu treffen:

- **Variablenauswahl.** In der Variablenliste werden alle Spaltenbezeichnungen des aktuellen Arbeitsblattes aufgelistet. Hier kann eine Variable für die Berechnung ausgewählt werden. Die Auswahl mehrerer Variablen führt dazu, dass diese nach dem Reißverschlussprinzip zu einem Datensatz angeordnet werden: Aus $x_1, x_2, x_3, x_4, ... x_N$ und $y_1, y_2, y_3, y_4, ... y_N$ sowie $z_1, z_2, z_3, z_4, ... z_N$ wird dann $x_1, y_1, z_1, x_2, y_2, z_2, x_3, y_3, z_3, x_4, y_4, z_4, ... x_N, y_N, z_N$. Für das Verfahren der *Grammar Complexity* bedeutet dies einen umfassenden Eingriff in die Datenstruktur. Man sollte also vorher prüfen, ob die Mehrfachauswahl für die jeweilige Fragestellung auch tatsächlich sinnvoll ist.

- **Diskretisierung.** Es sind zwei Möglichkeiten vorgesehen, mit denen die Zeitreihendaten in diskrete Abschnitte eingeteilt werden können. So kann die Zahl der gewünschten Kategorien mit „*Number of Categories*" direkt vorgegeben werden. Oder es wird die Zahl signifikanter Stellen mit „*Significant Digits*" eingestellt. Beide Möglichkeiten können so gewählt werden, dass sie auf das Gleiche hinauslaufen. Es sind also jeweils nur andere Schreibweisen derselben Transformation, wobei die Wahl der Kategorien mehr Abstufungsmöglichkeiten bietet. Wird hier -1 gewählt, wird die entsprechende Diskretisierung nicht durchgeführt. Werden beide Vorgaben auf -1 gestellt, werden die Daten als Rohdaten direkt verarbeitet.

- **Number of Surrogates.** Die *Grammar Complexity* wird üblicherweise gegen *Random*-Surrogate getestet (vgl. Tschacher & Scheier 1995, Rapp et al. 2001). Die Zahl der jeweils erzeugten Surrogate wird mit „*Number of Surrogates*" angegeben.

- **Pointwise Analyse.** Für eine *Pointwise* Analyse wird ein gleitendes Fenster verwendet. Die Breite des Fensters und die Schrittweite für die Verschiebung sind jeweils anzugeben. Diese Analyse startet mit dem Button „*Calculate Pointwise*". Die ermittelten Kennwerte werden im Arbeitsblatt gespeichert.

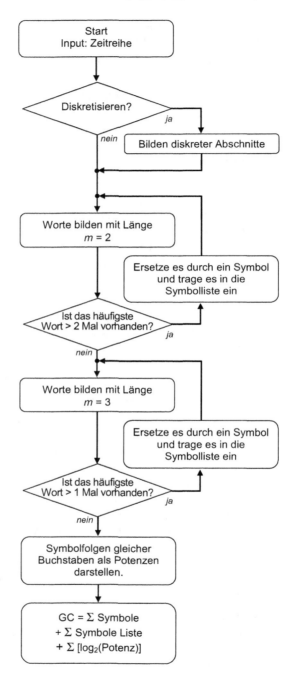

Abbildung 126: Algorithmus der *Grammar Complexity*
Der Algorithmus sucht Worte der Wortlänge zwei und drei und ersetzt diese bei Wiederholung mit Symbolen. Dies entspricht einer Kompression der Originalsymbolfolge.

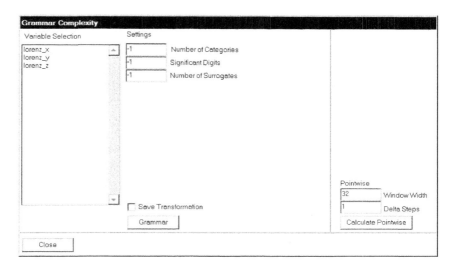

Abbildung 127: **GChaos-Dialog für die *Grammar Complexity***
Der Dialog für die *Grammar Complexity* wird erreicht über das Menü: „*Statistics*", „*Grammar Complexity*". Die Einstellungen werden im Text beschrieben.

10.5.3 Beispielanalyse: optimale Komplexität in Verhandlungen

„Manager tun ja nichts, die reden doch nur", lautet der provokante Titel einer Studie über das Verhalten von Managerinnen und Managern. Mayrhofer (1999) zeigt darin die zentrale Rolle der Kommunikation für das Gelingen von Management und die Konstitution einer Organisation (sensu Luhmann 1984). Die Bedeutung der Kommunikation für das unternehmerische Handeln spitzt sich dort noch einmal zu, wo es inhaltlich um Verhandlungen, z. B. über Löhne, Leistungsvereinbarungen oder allgemein um Wirtschaftsbeziehungen und Verträge geht. Die Analyse solcher Verhandlungen oder allgemein von Kommunikation in Organisationen erfordert Verfahren, die symbolisch-qualitative Daten zu analysieren vermögen.

Die *Grammar Complexity* bietet die Möglichkeit, beliebige Symbolfolgen auf Muster zu untersuchen und das Ausmaß dieser Ordnung zu quantifizieren. Sie eignet sich daher besonders gut für die Analyse von Symbolfolgen, wie sie in der geschrieben oder gesprochenen Kommunikation bereits ohne den Eingriff wissenschaftlicher Erhebungsmethoden anfallen. Jeder Text lässt sich schon auf Buchstabenebene mit der *Grammar Complexity* auf Ordnung untersuchen und es ist sofort einsichtig, dass es die Abfolge der Symbole ist, auf die es ankommt, wenn ein Text einen Sinn transportieren soll. Eine Zufallsanordnung der Buchstaben dieses Handbuches wäre mit sehr großer Wahrscheinlichkeit ebenso unlesbar wie eine alphabetische Sortierung aller hier benutzten Buchstaben. Ein lesbarer Text ist in der Mitte zwischen trivialer und zufälliger Anordnung der Buchstaben zu vermuten (vgl. auch S. 397).

Eine gelungene Kommunikation ist wahrscheinlich optimal komplex

Ähnliches kann aber auch für die Abfolge von Worten und allgemein für die Abfolge von Sinneinheiten gelten. Eine gelungene Kommunikation ist wahrscheinlich weder ein stumpfes Repetieren von Inhalten noch eine wirre Anordnung von unzusammenhängenden Sinnfetzen (vgl. auch von Weizsäcker & von Weizsäcker 1972).

Diese Überlegungen wurden von Griessmair und Strunk im Rahmen einer Analyse von 145 Verhandlungs-Transkripten überprüft (Griessmair et al. 2008, Griessmair & Strunk 2010, Griessmair et al. 2011a). Verhandlungen bestimmen einen großen Teil der intra- und interorganisationalen Kommunikation und dominieren so an zentraler Stelle die Geschicke einer Organisation. In der Verhandlungsforschung geht es daher in der Regel um die Frage nach den Bedingungen, die erfüllt sein müssen, damit eine Verhandlung zu einer Einigung führt und den Umständen, die eine solche verhindern können. Die rasche Verbreitung von E-Mail-Verhandlungen hat dazu geführt, dass in den letzten Jahren insbesondere die Unterschiede zwischen synchronen (z. B. *Face to Face*) und asynchronen (z. B. E-Mail) Verhandlungen untersucht wurden (vgl. z. B. Hollingshead & McGrath 1993, Laughlin et al. 1995, Walther 1995, Delaney et al. 1997, Rangaswamy & Shell 1997, Baltes et al. 2002, Tangirala & Alge 2006, Wilson et al. 2006).

Obwohl es durchaus üblich ist, die Transkripte von zumeist in einem experimentellen Setting durchgeführten Verhandlungen in Sinneinheiten zu zerlegen und diese zu kategorisieren, wird die Abfolge dieser Verhandlungsschritte in der Regel nicht weiter untersucht. Vielmehr werden Verhandlungsstile durch die Auszählung solcher kategorisierter Sinneinheiten festgestellt (vgl. z. B. Weingart et al. 2004, Koeszegi et al. 2006).

Datengrundlage und Methode

Griessmair et al. (Griessmair et al. 2008, Griessmair & Strunk 2010, Griessmair et al. 2011a) nutzen Protokolle aus 145 dyadischen Verhandlungen (290 Versuchspersonen). Die Verhandlungsprotokolle werden wie bei Weingart et al. (2004) sowie Srnka und Koeszegi (2007) beschrieben kodiert. Bei dem Kodierungsschema handelt es sich um eine geringfügig angepasste Version des Kategorienschemas „*Bargaining Process Analysis* II". Jede Verhandlung wird von zwei vorher ausreichend geschulten Personen in Symbolfolgen kategorisiert. Die Übereinstimmung zwischen den Kategorisierungen führt zu einem Cohens Kappa mit Werten über 0,84, was gemeinhin als gut eingeschätzt wird. Die Symbolreihen werden mit der in GChaos implementierten *Grammar Complexity* auf Ordnung untersucht und der ermittelte Zahlenwert mithilfe einer Surrogatdatentestung an 50 Zufalls-Surrogaten z-transformiert.

	Aufnahme ins Modell (%)
Decision Support System	82,8
z-Wert der *Grammar Complexity*	60,0
Substantielle Kommunikation	53,8
Taktische Kommunikation	41,6
Persuasive Kommunikation	18,4
Affektive Kommunikation	7,2
Instant Messaging System	6,4
Aufgabenorientierte Kommunikation	6,0

Tabelle 57: Ergebnisse der *Bootstrap*-Analyse zur Vorhersage einer Einigung in Verhandlungen

Die Tabelle fast die Ergebnisse aus 500 *Bootstrap*-Analysen zusammen. Bei einer *Bootstrap*-Analyse wird eine zufällige Stichprobe der Daten mit Zurücklegen analysiert. So kommen immer andere Zusammensetzungen der Stichprobe in die Analyse, sodass Ausreißer oder besondere Datenkonstellationen mal eingeschlossen werden und mal herausfallen. So können Stichprobeneffekte verringert bzw. abgeschätzt werden. Im vorliegenden Fall wurden 500 Zufallsstichproben mit einer logistischen Regression mit schrittweiser Vorwärtsselektion analysiert. Die Tabelle zeigt, wie häufig eine Variable in den 500 Modellen als signifikanter Prädiktor vertreten war. Der z-Wert der *Grammar Complexity* liegt mit 60 % auf dem zweiten Platz, noch vor den Kommunikationsstilen. (Tabelle nach Griessmair et al. 2011a)

Ergebnisse

Verschiedene logistische Regressionsmodelle zeigen übereinstimmend die vermutete Bedeutung der *Grammar Complexity* für den Verhandlungsprozess: In dem Maße, in dem die *Grammar Complexity* der Symbolreihen sich von den Zufalls-Surrogaten unterscheidet, wächst die Chance auf einen Verhandlungsabschluss hochsignifikant. Weitere bedeutende Einflussfaktoren sind der Einsatz eines *Decission Support Systems* und bestimmte, aus der Kodierung extrahierte Verhandlungsstile. Um die Bedeutung der einzelnen Einflussfaktoren gegeneinander abschätzen zu können, werden logistische Regressionsmodelle mit schrittweiser Vorwärtsselektion herangezogen. Der Selektionsprozess wird für 500 *Bootstrap*-Stichproben (vgl. zur Methode auch S. 407 ff.) wiederholt und ausgezählt, wie häufig welche Einflussfaktoren ins Regressionsmodell aufgenommen werden. Tabelle 57 zeigt, dass der z-Wert der *Grammar Complexity* die zweithäufigste Variable darstellt. Sie erscheint damit bedeutsamer zu sein als die Kodierung von Verhandlungsstilen, wie sie üblicherweise in der Verhandlungsforschung genutzt werden.

Die Ergebnisse zeigen sehr deutlich, dass die zeitliche Struktur der Kommunikationsprozesse einen starken Einfluss auf den Verhandlungserfolg hat und die *Grammar Complexity* ein geeignetes Instrument darstellt, um diesen Einfluss zu bestimmen.

11 Schlussbetrachtung

Dem Fazit von Liening (1998) kann nur zugestimmt werden. Er stellt nach eingehender Analyse fest (S. 337): „Um die Komplexität der ökonomischen Welt zu erfassen, reichen die vielfach verbreiteten linearen Betrachtungsweisen nicht aus. Die oftmals rückgekoppelten, sich wechselseitig beeinflussenden ökonomischen Prozesse führen bei näherer Betrachtung zu Wirkzusammenhängen, die aus mathematischer Sicht als nichtlinear zu bezeichnen sind."

Aber während sich inzwischen unzählige mathematische Modellsysteme benennen lassen, die durch „natürliche Nichtlinearität" (Day 1992) zu deterministisch chaotischen Prozessen in der Lage sind, beschränken sich die ebenfalls zahlreichen empirischen Analysen auf einen wahrscheinlich unlösbaren Streit zwischen denen, die in ihren Arbeiten Belege für Chaos in ökonomischen Zeitreihen finden und denen, die zwar Nichtlinearitäten zugestehen, für deren Erklärung aber andere nichtlineare Phänomene, wie z. B. ARCH-Type-Prozesse für ausreichend halten (vgl. hierzu Tabelle 4, S. 78). Die Frage nach der chaotischen Verfasstheit der Welt ist aber wahrscheinlich zu einfach gestellt und zudem methodisch kaum zu beantworten. Sie sollte daher ersetzt werden durch Fragestellungen, die Komplexität als veränderliche Größe begreifen und die Komplexitätsdynamik zum Thema haben.

Theoretische Gründe gegen die Entweder-Oder-Entscheidung

Die Frage nach der chaotischen Verfasstheit der Welt und ökonomischer Zeitreihen erscheint bereits aus theoretischen Gründen als pauschal formuliert. Auch in den Grundlagenwissenschaften der Chaosforschung, z. B. der Mathematik nichtlinearer dynamischer Systeme, sind keine Systeme bekannt, die sich unter jeder Randbedingung chaotisch verhalten. Chaos ist in der Regel eine der vielen möglichen Verhaltensweisen bestimmter nichtlinearer dynamischer Systeme. In einer Welt, in der sich Rand- und Rahmenbedingungen verändern können, werden solche Systeme ein immer wieder anderes Verhaltensmuster zeigen. Auch die inzwischen in großer Zahl vorliegenden ökonomischen Modellsysteme sind nur unter bestimmten Rand- und Rahmenbedingungen chaotisch. Folgen sie dem Szenario der Periodenverdopplung, wie es im Kapitel 2.6 (S. 44 ff.) vorgestellt wurde, dann besitzen sie unendlich viele unterschiedliche periodische Lösungen, aber eben auch die Möglichkeit zum deterministischen Chaos. Vor diesem Hintergrund ist der gelegentlich erfolgreiche Nachweis von Chaos in ökonomischen Zeitreihen zumindest ein Hinweis darauf, dass hier ein chaosfähiges System vorliegen könnte. Man sollte diese Möglichkeit also nicht alleine deshalb ausschließen, nur weil derselbe Aktienindex vier Jahre später jeden Hinweis auf chaotische Strukturen vermissen lässt.

Methodische Gründe gegen die Entweder-Oder-Entscheidung

Aber auch aus methodischen Gründen kann die Frage nach der chaotischen Natur ökonomischer Zeitreihen nicht befriedigend beantwortet werden. Der saubere Nachweis von Chaos erfordert mindestens die folgenden Zutaten (je nach konkreter Fragestellung sind zudem noch weitere Voraussetzungen nötig): unendliche Datenmenge, völlige Rauschfreiheit und unbedingte Stationarität aller relevanten Rand- und Rahmenbedingungen. In vielen Anwendungen der Stochastik ist die dort ebenfalls recht häufig zu findende Forderung nach großen Datenmengen mit 30 oder 50 Messungen in einem ausreichenden Ausmaß erfüllt (vgl. für den zentralen Grenzwertsatz z. B. Bortz 1999, S. 93 f.). Methoden der klassischen Komplexitätsanalyse wie z. B. das D2 sind nicht so genügsam.

In den Naturwissenschaften, wo es möglich ist, experimentelle Daten in großer Menge zu generieren, werden für den sauberen Nachweis von Chaos nicht selten 50.000 Messungen und mehr herangezogen. Ökonomische Zeitreihen sind vor diesem Hintergrund in vielen Fällen zu kurz, um einen zweifelsfreien Beleg erbringen zu können (dennoch kann man ähnlich kurze Zeitreihen hinsichtlich ihrer approximativ bemessenen Komplexität durchaus vergleichen). Viele Methoden der klassischen Chaosforschung sind wenig robust gegenüber Rauschen. Mit wachsender Datenmenge nehmen diese Probleme zwar ab, aber das verschärft die Forderung nach langen Zeitreihen nur noch mehr.

Verletzungen der Stationarität sind wohl mehr die Regel als die Ausnahme

Das Problem der Stationarität schließlich ergibt sich aus der oben bereits erwähnten Chaosfähigkeit von Systemen. Verschieben sich die Rand- und Rahmenbedingungen während der Untersuchung des Systems, so können sich dramatische Verhaltensänderungen der Systemdynamik ergeben. Die klassischen Methoden der Chaosforschung sind jedoch darauf angewiesen, dass die Datenprobe nicht eine Abfolge verschiedener Verhaltensmuster des Systems repräsentiert, sondern eben nur auf eines beschränkt bleibt. Es ist aber extrem unwahrscheinlich, dass sich ökonomische Rand- und Rahmenbedingungen über eine längere Zeitspanne nicht ändern.

Wenn aber der Nachweis von Chaos mit den klassischen Methoden gar nicht möglich ist, macht das Ganze dann überhaupt einen Sinn? Zunächst: Die Antwort lautet eindeutig ja, aber anders.

Wenn man es bei ökonomischen Systemen mit nichtstationären Prozessen zu tun hat, bei denen die *Ceteris-Paribus*-Bedingung im empirischen Feld nicht gegeben sein kann, so macht es Sinn, genau dieser Nichtstationarität mehr Aufmerksamkeit zu widmen. Wann und unter welchen Bedingungen das ökonomische System sein Verhalten ändert, ist eine nicht nur legitime, sondern auch spannende Forschungsfrage, der seit einigen Jahren in der Analyse ökonomischer Zeitreihen zunehmend mehr Aufmerksamkeit geschenkt wird (z. B. Bonilla et al. 2011). Dieser Perspektivenwechsel wurde in der vorliegenden Arbeit ausführlich mit der Analyse der logarithmierten *Returns* des DAX und des Euro-Referenzkurses der EZB zum US-Dollar demonstriert. Zwar lieferten die stationären Analysen Ergebnisse, die z. B. beim DAX weitgehend zur Chaoshypothese passen könnten. Diese waren aber aufgrund zahlreicher Einschränkungen nicht als zwingende Belege für Chaos zu bewerten. Mehr noch, die anschließende Analyse der gleichen Daten mit neueren nichtstationären Algorithmen untermauerte die Zweifel über die Zulässigkeit klassischer stationärer Methodik sehr eindrücklich.

Vor- und Nachteile der konsequent nichtstationären Perspektive

Die Erweiterung der klassischen stationären Analyse zur nichtstationären Perspektive wird auf der einen Seite durch einen Verlust erkauft, bedeutet aber auf der anderen Seite einen großen Gewinn. Der Verlust führt zur Akzeptanz, dass die Frage über das Vorliegen von Chaos mit diesen Methoden nicht mehr zwingend beantwortet werden kann. Da das in der Ökonomie aus den genannten Gründen auch mit den klassischen Methoden kaum möglich ist, wiegt dieser Verlust nicht so schwer. Auf der anderen Seite messen die neuen Verfahren Komplexität und quantifizieren diese. Veränderungen der Komplexität weisen auf Strukturbrüche hin, markieren Phasenübergänge oder die spezifische Antwort des Systems auf externe Schocks. Ökonomisch sind solche Komplexitätsveränderungen hochgradig interessant, sind sie doch für zahlreiche Fragestellungen erwartbar, etwa bei *Change*-Prozessen in Unternehmen (Liening et al. 2011, Mittelstädt et al. 2011), beim Versuch, das Fallen des sprichwörtlichen Groschens in der ökonomischen Bildung anzuregen (Sender 2017), bei der Analyse der Reaktion der Märkte auf marktrelevante Ereignisse (Griessmair 2005, Feigl 2011) oder im Rahmen einer größeren Zeitskala im Vergleich verschiedener, unter unterschiedlichen ökonomischen, gesellschaftlichen, politischen, klimatischen etc. Rahmenbedingungen registrierten ökonomischen Zeitreihen.

Inhaltliche Bedeutung von Komplexität für die Ökonomie

Inhaltlich betrachtet, machen vergleichende Analysen, bei der entweder ganze Datensätze miteinander verglichen werden oder zeitliche Entwicklungen von Komplexität im Fokus stehen, insbesondere dann Sinn, wenn Komplexität selbst ein relevantes Merkmal ökonomischer Prozesse darstellt. Dies scheint aus mehreren Gründen der Fall zu sein: Zunächst verweist die Chaosfähigkeit vieler ökonomischer Modelle darauf, dass man diesen Aspekt auch in der empirischen Forschung nicht gänzlich vernachlässigen sollte. Zahlreiche Studien der letzten Jahre widmen sich der für die Ökonomie zentralen Frage nach der Gültigkeit der Martingale-Hypothese bzw. der Hypothese effizienter Märkte (Fama 1970). Bei genauer Betrachtung der Befunde ist aber auch eine andere Lesart möglich. Nicht das Marktmodell wird infrage gestellt und dessen universelle Anwendbarkeit geprüft. Vielmehr steht die Effizienz eines konkreten Marktes zur Debatte. Zeigt dieser Abweichungen vom idealtypischen Verhalten, so ist das kein Problem der Theorie, sondern eben ein – möglicherweise zeitlich und räumlich begrenztes – hochinteressantes Phänomen dieses Marktes, ganz in dem Sinne, in dem auch Fama (1970) verschieden effiziente Märkte unterscheidet. Ein ideales Komplexitätsmaß wäre in der Lage, genau diese Effizienz empirisch abzubilden. In diesem Sinne passen Komplexitätsforschung und Marktanalyse gut zusammen und die breite Literatur zur Frage nach der chaotischen Verfasstheit der Märkte hat in dieser Passung ihren Ursprung.

Complex Organizational Dynamics

Aber nicht nur Märkte können sich unterschiedlich komplex verhalten, auch die Organisationsforschung bezieht sich explizit auf eine exogene und intraorganisationale Komplexität, indem sie die Balance zwischen Anpassung, Wandel sowie Veränderung auf der einen Seite und Bewahren, Festigung und Ausbau von Strukturen auf der anderen Seite zu einem zentralen Leitmotiv erhebt. Organisationen werden bereits in den frühen Arbeiten von March und Simon (1958) mit Organismen verglichen, die einem beständigen Anpassungsdruck unterliegen und gleichzeitig bemüht sein müssen, ihre Struktur als ein Fließgleichgewicht aufrechterhalten. Eine Organisation liegt dann vor, wenn sie sich hinreichend von der viel komplexeren Umwelt durch die Aufrechterhaltung eigener Strukturen abgrenzen kann (vgl. Weick 1979, S. 215). Damit spielt die Frage nach Komplexität und Ordnung, nach Ordnungswandel und Veränderung auch hier eine inhaltlich hochbedeutsame Rolle. Zahlreiche Beiträge der Komplexitätsforschung zum Verständnis organisationaler

Change Prozesse sind daher für die Zukunft zu erwarten und zumindest in theoretischen Arbeiten seit einigen Jahren bereits diskutiert worden (für einen grundlegenden Beitrag siehe z. B. Thiétart & Forgues 1995).

Der Umgang mit Komplexität als zentrale Forschungsfrage

Wenn die Organismusmetapher hilfreich für das Verständnis von Organisationen ist, und so zur Bedeutung komplexitätswissenschaftlicher Konzepte beiträgt, dann ist die Komplexitätswissenschaft auch für das Verständnis von Organismen selbst von Bedeutung. Das Individuum ist – unabhängig davon, ob es über eine Entscheidungsfunktion oder Personalverantwortung verfügt oder als Marktteilnehmerin bzw. Marktteilnehmer in Erscheinung tritt – als bio-psycho-soziales System[12] ebenfalls um Stabilität, Sicherheit, Verlässlichkeit und Vorhersagbarkeit einer möglicherweise unendlich komplexen biologischen, psychischen, sozialen, gesellschaftlichen, politischen bzw. ökonomischen Umwelt bemüht. Seit den Anfängen der *Bounded Rationality* (Simon 1955, 1957) haben sich die Grenzen der Verarbeitungskapazität des Menschen häufiger als nur unter seltenen Ausnahmenbedingungen zeigen lassen. Jede Strukturerhaltung kann unter geänderten Bedingungen zu Problemen führen. Der Umgang des Menschen mit Komplexität spielt daher auch in der Medizin, der Biologie, Psychologie und Soziologie eine Rolle (für eine Übersicht über die angesprochenen Themenfolder siehe z. B. Strunk & Schiepek 2006). Und auch das Verhalten von Menschen erscheint auf der anderen Seite weniger als mechanisches Abspulen von Verhaltensprogrammen, sondern vielmehr als häufig ebenfalls hochgradig erratische, aber dennoch geordnete Komplexität. Im Bemühen, diese Prozesse zu verstehen, treffen sich daher sehr unterschiedliche theoretische Ansätze wie die Theorien Selbstreferenzieller Systeme (Maturana 1982, Luhmann 1984, Maturana & Varela 1987, Willke 1994) und die Theorien Nichtlinearer Dynamischer Systeme, die in der vorliegenden Arbeit im Vordergrund standen. Die Bedeutung dieser Erkenntnisse ist für zahlreiche Fragestellungen der Wirtschaftswissenschaft bereits umfassend diskutiert worden, z. B für das Management (z. B. Stacey 1992, Thiétart & Forgues 1995, 1997, Stacey et al. 2000), für das mitunter herdenartige Verhalten der Märkte (z. B. Daniel et al. 1998, Roßbach 2001, Cunningham 2002), das Erlernen des Umgangs mit komplexen ökonomischen Situationen (z. B. Liening 1995, 1998, 1999, 2006, 2017), die Kommunikation in Organisationen (z. B. Luhmann 1984, Mayrhofer 1999, Griessmair et al. 2011b), die Veränderungen von Berufskarrieren in Abhängigkeit von Maßnahmen zur Arbeitsmarktflexibilisierung (z. B. Hall 1976, Arthur et al. 1989, Hall 1993, Arthur 1994, Hall 1996b, Hall 1996a, Arthur et al. 2002, Hall 2003, Arthur et al. 2005, Strunk 2009a, 2009b) oder die Dynamik und Performance von Arbeitsgruppen (z. B. Mittelmann & Strunk 1995, Schiepek et al. 1995a, Schiepek et al. 1995b, Schiepek et al. 1995c, Beisel 1996) etc.

Komplexität wird alltagssprachlich gerne als Störfaktor verstanden. So wird häufig auf die gewachsene Komplexität verwiesen, wenn Bemühungen zur Steuerung eines Prozesses scheitern. Demgegenüber zeigen die genannten Arbeiten, dass Komplexität eine zentrale Kenngröße darstellt, ohne die die untersuchten Phänomene nicht hätten verstanden werden können.

---

[12] Die Bedeutung der WHO-Definition des Menschen als bio-psycho-soziales System für die Komplexitätsforschung wird in Strunk & Schiepek 2006) diskutiert.

12   Literatur

Abarbanel H. D. I., Brown R. & Kadtke J. B. (1990) Prediction in Chaotic Nonlinear Systems: Methods for Series with Broadband Fourier Spectra. *Physical Review A*, 41, 1782–1807

Abhyankar A., Copeland L. S. & Wong W. (1995) Nonlinear Dynamics in Real-Time Equity Market Indices: Evidence from the United Kindom. *The Economic Journal*, 105 (July), 864–880

Abhyankar A., Copeland L. S. & Wong W. (1997) Uncovering Nonlinear Structure in Real-Time Stock-Market Indexes: The S&P 500, the DAX, the Nikkei 225, and the FTSE-100. *Journal of Business & Economic Statistics*, 15 (1), 1–14

Achilles D. (1978) *Die Fourier-Transformation in der Signalverarbeitung*. Springer, Berlin

Adamson S. J., Doherty N. & Viney C. (1998) The Meanings of Career Revisited: Implications for Theory and Practice. *British Journal of Management*, 9, 251–259

Adrangi B., Chatrath A., Dhanda K. K. & Raffiee K. (2001) Chaos in oil prices? Evidence from futures markets. *Energy Economics*, 23, 405–425

Adrangi B. & Chatrath A. (2002) The Dynamics of Palladium and Platinum Prices. *Computational Economics*, 19 (2), 179–195

Adrangi B. & Chatrath A. (2003) Non-linear dynamics in futures prices: evidence from the co.ee, sugar and cocoa exchange. *Applied Financial Economics*, 13, 245–256

Al-Loughani N. & Chappell D. (1997) On the validity of the weak-form efficient markets hypothesis applied to the London stock exchange. *Applied Financial Economics*, 7 (2), 173–176

an der Heiden U. & Mackey M. C. (1987) Mixed Feedback: A Paradigm for Regular and Irregular Oscillation. In: Rensing L., Heiden U. a. d. & Mackey M. C. (Hrsg) *Temporal Disorders in Human Oscillatory Systems*. Springer, Berlin, 30–46

an der Heiden U. (1996) Chaos und Ordnung, Zufall und Notwendigkeit. In: Küppers G. (Hrsg) *Chaos und Ordnung. Formen der Selbstorganisation in Natur und Gesellschaft*. Philipp Reclam jun., Stuttgart, 97–121

Ancona D. G., Goodman P. S., Lawrence B. S. & Tushman M. L. (2001) Time: A New Research Lens. *Academy of Management Review*, 26 (4), 645–663

Anderson P. (1999) Complexity Theory and Organization Science. *Organization Science*, 10 (3 (Spezial Issue: Application of Complexity Theory to Organization Science)), 216–232

Anishchenko V. S., Astakhov V. V., Neiman A. B., Vadivasova T. E. & Schimansky-Geier L. (2002) *Nonlinear Dynamics of Chaotic and Stochastic Systems (Corrected Second Printing 2003)*. Springer, Berlin Heidelberg

Ansoff H. I. (1991) Critique of Henry Mintzberg's "The Design School: Reconsidering the Basic Premises of Strategic Management". *Strategic Management Journal*, 12 (6), 449–461

Aparicio T., Pozo E. & Saura D. (1999) Investigating Chaotic Behavior in Economic Series: The Delay Time in the Grassberger-Procaccia Algorithm. *International Journal of Theoretical and Applied Finance*, 2 (4), 357–380

Aparicio T., Pozo E. & Saura D. (2002) The nearest neighbour method as a test for detecting complex dynamics in financial series. An empirical application. *Applied Financial Economics*, 12, 517–525

Aparicio T., Pozo E. F. & Saura D. (2008) Detecting determinism using recurrence quantification analysis: Three test procedures. *Journal of Economic Behavior & Organization*, 65 (3–4), 768–787

Appelbaum S. H. & Goransson L. (1997) Transformational and Adaptive Learning Within the Learning Organization: A Framework for Research and Application. *The Learning Organization*, 4 (3), 115–128

Are'chiga H. (1993) Circadian Rhythms. *Current Opinion in Neurobiology*, (3), 1005–1010

Argyris C. & Schön D. A. (1978) *Organizational Learning: A Theory of Action Perspective*. Addison-Wesley, Reading

Argyris C. (1999) *Die lernende Organisation: Grundlagen, Methode, Praxis. Aus dem Amerikanischen von Wolfgang Rhiel*. Klett-Cotta, Stuttgart

Argyris J. & Andreadis I. (1998a) On the Influence of Noise on the Correlation Dimension of Chaotic Attractors. *Chaos, Solutions & Fractals*, 9 (3), 343–361

Argyris J. & Andreadis I. (1998b) On the Influence of Noise on the Largest *Lyapunov* Exponent and on the Geometric Structure of Attractors. *Chaos, Solutions & Fractals*, 9 (9), 947–958

Arthur M. B., Hall D. T. & Lawrence B. S. (1989) Generating New Directions in Career Theory: The Case for a Transdisciplinary Approach. In: Arthur M. B., Hall D. T. & Lawrence B. S. (Hrsg) *Handbook of Career Theory*. Cambridge University Press, Cambridge, MA, 7–25

Arthur M. B. (1994) The Boundaryless Career: A New Perspective for Organizational Inquiry. *Journal of Organizational Behavior*, 15 (4), 295–306

Arthur M. B., Claman P. H., DeFillippi R. J. & Adams J. (1995) Intelligent Enterprise, Intelligent Careers. *Academy of Management Executive*, 9 (4), 7–22

Arthur M. B. & Rousseau D. M. (Hrsg) (1996) *The Boundaryless Career. A New Employment Principle for a New Organizational Era*. Oxford University Press, New York

Arthur M. B., Inkson K. & Pringle J. K. (1999) *The New Careers. Individual Action and Economic Change*. Sage, London

Arthur M. B., Peiperl M. & Anand N. (2002) Staying Creative about Careers. In: Peiperl M., Arthur M. B. & Anand N. (Hrsg) *Career Creativity*. University Press, Oxford, 314–332

Arthur M. B., Khapova S. N. & Wilderom C. P. M. (2005) Career Success in a Boundaryless Career World. *Journal of Organizational Behavior*, 26 (2), 177–202

Ashkenazy Y. (1999) The Use of Generalized Information Dimension in Measuring Fractal Dimension of Time Series. *Physica A*, 271, 427–447

Atchison M. D. & White M. A. (1996a) Disappearing Evidence of Chaos in Security Returns: A simulation. *QJBE*, 35 (2), 21–37

Atchison M. D. & White M. A. (1996b) Disappearing Evidence of Chaos in Security Returns: A simulation. *Quarterly Journal of Business and Economics*, 35 (2), 21–37

Babloyantz A. & Destexhe A. (1987) Strange Attractors in Human Cortex. In: Rensing L., Heiden U. a. d. & Mackey M. C. (Hrsg) *Temporal Disorders in Human Oscillatory Systems*. Springer, Berlin, 48–57

Babloyantz A. (1990) Chaotic Dynamics in Brain Activity. In: Basar E. (Hrsg) *Chaos in Brain Function*. Springer, Berlin, 42–49

Baets W. (2005) *Knowledge Management and Management Learning*. Springer, New York

Baltes B. B., Dickson M. W., Sherman M. P., Bauer C. C. & LaGanke J. S. (2002) Computer-Mediated Communication and Group Decision Making: A Meta-Analysis. *Organizational Behavior and Human Decision Processes*, 87 (1), 156–179

Banbrook M., Ushaw G. & McLaughlin S. (1996) *Lyapunov* Exponents from a Time Series: a Noise-robust Extraction Algorithm. *Chaos, Solutions & Fractals*, 7 (7), 973–976

Bandt C. & Pompe B. (2002) Permutation Entropy: A Natural Complexity Measure for Time Series. *Physical Review Letters*, 88 (17), 174102-1 – 174102-4

Barkoulas J. & Travlos N. (1998) Chaos in an Emerging Capital Market? The Case of the Athens Stock Exchange. *Applied Financial Economics*, 8, 231–243

Barley S. R. (1989) Careers, Identities, and Institutions: the Legacy of the Chicago School of Sociology. In: Arthur M. B., Hall D. T. & Lawrence B. S. (Hrsg) *Handbook of Career Theory*. Cambridge University Press, Cambridge, MA, 41–65

Barnett W. A., Gallant A. R., Hinich M. J., Jungeilges J. A., Kaplan D. T. & Jensen M. J. (1995) Robustness of nonlinearity and chaos tests to measurement error, inference method, and sample size. *Journal of Economic Behavior and Organization*, 27, 301–320

Barnett W. A. & Serletis A. (2000) Martingales, Nonlinearity, and Chaos. *Journal of Economic Dynamics & Control*, 24, 703–724

Barnett W. A. & He Y. (2001) Unsolved Econometric Problems in Nonlinearity, Chaos, and Bifurcation. *CEJOR*, 9, 147–182

Baruch Y. (2002) Developing Career Theory Based on "New Science": A Futile Exercise? The Devill's Advocate Comentary. *M@n@gement*, 5 (1), 15–21

Baumol W. & Benhabib J. (1989) Chaos: Significance, Mechanism, and Economic Applications. *Journal of Economic Perspectives*, 3, 77–105

Bechtold B. L. (1997) Empowerment in Organizations. *Empowerment in Organisations*, 5 (4), 193–201

Beck U. (1986) *Risikogesellschaft. Auf dem Weg zu einer anderen Moderne*. Suhrkamp, Frankfurt am Main

Becker H. S. (1953) Becoming a Marijuana User. *The American Journal of Sociology*, 59, 235–242

Becker H. S. & Strauss A. L. (1956) Careers, Personality, and Adult Socialization. *The American Journal of Sociology*, 62, 253–263

Becker H. S., Geer B., Hughes E. & Strauss A. I. (1961) *Boys in White*. University of Chicago Press, Chicago

Beisel R. (1996) *Synergetik und Organisationsentwicklung*. Rainer Hampp Verlag, München und Mering

Bender M. & Brill M. (2006) *Computergrafik: Ein anwendungsorientiertes Lehrbuch*. Carl Hanser Verlag, München

Bertz R. D. & Judge T. A. (1994) Person-Organization Fit and The Theory of Work Adjustment: Implications for Satisfaction, Tenure, and Career Success. *Journal of Vocational Behavior*, 44, 32–54

Besicovitch A. S. & Ursell H. D. (1937) Sets of Fractional Dimensions (V): On Dimensional Numbers of Some Continuous Curves. *Journal of the London Mathematical Society*, 12, 18–25

Bettermann H. & van Leeuwen P. (1992) Dimensional Analysis of RR Dynamic in 24 hour Electrocardiograms. *Acta Biotheoretica*, 40, 297–312

Bhattacharya J. (2000) Complexity Analysis of Spontaneous EEG. *Acta Neurobiological Experiments*, 60, 495–501

Bird A., Gunz H. & Arthur M. B. (2002) Careers in a Complex World: The Search for New Perspectives from "New Science". *M@n@gement*, 5 (1), 1–14

Blanchard O. & Illing G. (2004) *Makroökonomie*. Pearson Studium, München

Blank S. C. (1991) "Chaos" in Futures Markets? A Nonlinear Dynamical Analysis. *The Journal of Futures Markets*, 11 (6), 711–728

Blasco N., Del Rio C. & Santamaría R. (1997) The Random Walk Hypothesis in the Spanish Stock Market: 1980–1992. *Journal of Business Finance & Accounting*, 24 (5), 667–684

Bloomberg (2010) *Londoner Börse: Tippfehler eines Händlers sorgt für Beinahe-Crash.* http://www.welt.de/finanzen/geldanlage/article9194872/Tippfehler-eines-Haendlers-sorgt-fuer-Beinahe-Crash.html, abgefragt am: 19.03.2012

Bollerslev T. (1986) Generalized autoregressive conditional heteroskedasticity. *Journal of Econometrics*, (31), 307–327

Bonilla C., Romero R. & Gutierrez E. (2011) Episodic Non-linearities and Market Efficiency in the Mexican Stock Market. *The Manchester School*, 79 (3), 367–380

Borkenau P. & Ostendorf F. (1993) *NEO-Fünf-Faktoren Inventar (NEO-FFI) nach Costa und McCrae. Handanweisung.* Hogreve Verlag für Psychologie, Göttingen

Bortz J. (1999) *Statistik für Sozialwissenschaften (5. Auflage).* Springer, Berlin, Heidelberg, New York

Bortz J., Lienert G., A. & Boehnke K. (2000) *Verteilungsfreie Methoden in der Biostatistik.* Springer, Berlin

Bortz J. & Döring N. (2002) *Forschungsmethoden und Evaluation.* Springer, Berlin, Heidelberg

Bouchard V. (2005) *Models of Emergence in the Business Firm.* Vortrag, gehalten auf: 21th EGOS Colloquium, Berlin

Box G. E. P. & Jenkins G. M. (1970) *Time Series Analysis. Forecasting and Control.* Holden-Day, San Francisco, California

Brandt M. E., Ademoglu A. & Pritchard W. S. (2000) Nonlinear Prediction and Complexity of Alpha EEG Activity. *International Journal of Bifurkation and Chaos*, 10 (1), 123–133

Bresser R. K. F. & Thiele R. V. (2008) Ehemalige Vorstandsvorsitzende als Aufsichtsratschefs: Evidenz zu ihrer Effektivität im Falle des erzwungenen Führungswechsels. *Zeitschrift für Betriebswirtschaft*, 78 (2), 175–203

Breuer F. (1989) *Wissenschaftstheorie für Psychologen. Eine Einführung.* Aschendorff Verlag, Münster

Briggs J. & Peat F. D. (1990) *Die Entdeckung des Chaos.* Hanser, München

Briggs K. (1990) An Improved Method for Estimating *Lyapunov* Exponents of Chaotic Time Series. *Physical Letters A*, 151, 27–32

Bright J. E. H. & Pryor R. G. L. (2005) The Chaos Theory of Careers: A User's Guide. *The Career Development Quarterly*, 53 (4), 291–305

Briscoe J. P. & Hall D. T. (2004) *Being and Becoming Protean: Individual and Experiential Factors in Adapting to the New Career.* Boston University Executive Development Roundtable, Boston

Brissaud J.-B. (2005) The Meaning of Entropy. *Entropy*, 7 (1), 68–96

Brock W. A., Dechert W. D. & Scheinkman J. (1987) *A Test for Independence Based on the Correlation Dimension, Working Paper No. 8702 (Revised Version, 1996: Brock, W.A., W.D. Dechert, J. Scheinkman & B. LeBaron).* University of Wisconsin, University of Houston and University of Chicago, Wisconsin, Houston, Chicago

Brock W. A., Dechert D., Scheinkman J. & LeBaron B. (1996) A test for independence based on the correlation dimension. *Econometric Reviews*, 15, 197–235

Brockman P. & Chowdhury M. (1997) Deterministic versus stochastic volatility: implications for option pricing models. *Applied Financial Economics*, 7 (5), 499–505

Brooks C. (1998) Chaos in Foreign Exchange Markets: A Sceptical View. *Computational Economics*, 11, 265–281

Brooks C. & Hinich M. J. (1999) Cross-correlations and cross-bicorrelations in Sterling exchange rates. *Journal of Empirical Finance*, 6 (4), 385–404

Brorsen B. W. & Yang S.-R. (1994) Nonlinear Dynamics and the Distribution of Daily Stock Index Returns. *The Journal of Financial Research*, XVII (2), 187–203

Brown R., Bryant P. & Abarbanel H. D. I. (1991) Computing the *Lyapunov* Spectrum of a Dynamical System from Observed Time Series. *Physical Review A*, 43, 27–87

Brown R. B. (2000) Contemplating the Emotional Component of Learning. *Management Learning*, 31 (3), 275–293

Brown S. L. & Eisenhardt K. M. (1997) The Art of Continuous Change: Linking Complexity Theory and Time-Paced Evolution in Relentlessly Shifting Organizations. *Administrative Science Quarterly*, 42 (1), 1–34

Burioka N., Miyata M., Cornélissen G., Halberg F., Takeshima T., Kaplan D. T., Suyama H., Endo M., Maegaki Y., Nomura T., Tomita Y., Nakashima K. & Shimizu E. (2005) Approximate Entropy in the Electroencephalogram During Wake and Sleep. *Clin EEG Neurosci*, 36 (1), 21–24

Butz T. (1998) *Fouriertransformation für Fußgänger*. Teubner, Stuttgart

Buzug T. & Pfister G. (1992) Optimal Delay Time and Embedding Dimension for Delay-Time Coordinates by Analysis of the Global Static and Local Dynamical Behavior of Strange Attractors. *Physical Review A*, 45, 7073–7084

Buzzanell P. M. & Goldzwig S. R. (1991) Linear and Nonlinear Career Models. Metaphors, Paradigms, and Ideologies. *Management Communication Quarterly*, 4 (4), 466–505

Campbell J. Y., Lo A. W. & MacKinlay A. C. (1997) *The Econometrics of Financial Markets*. Princeton University Press, Princeton

Cao Y., Tung W.-w., Gao J. B., Protopopescu V. A. & Hively L. M. (2004) Detecting dynamical changes in time series using the permutation entropy. *Physical Review E*, 70 (4), 046217

Capra F. (1992) *Das neue Denken. Ein ganzheitliches Weltbild im Spannungsfeld zwischen Naturwissenschaft und Mystik, Begegnungen und Reflexionen*. Deutscher Taschenbuch Verlag, München

Carroll G. R. & Hannan M. T. (1989) Density Dependence in the Evolution of Populations of Newspaper Organizations. *American Sociological Review*, 54 (4), 524–541

Carroll T. & Burton R. M. (2000) Organizations and Complexity: Searching for the Edge of Chaos. *Computational & Mathematical Organization Theory*, 6 (4), 319–337

Casdagli M. C. (1989) Nonlinear Prediction of Chaotic Time Series. *Physica D*, 35, 335–356

Cecen A. A. & Erkal C. (1996) Distinguishing between stochastic and deterministic behavior in high frequency foreign exchange rate returns: Can non-linear dynamics help forecasting? *International Journal of Forecasting*, 12, 465–473

Chaitin G. J. (1974) Information Theoretic Computational Complexity. *IEEE Transactions on Information Theory*, IT20, 10–15

Chakrabarti I. & Chakrabarti S. R. (2002) Have We Been Too Successful in Making Corporations Organism-Like? *M@n@gement*, 5 (1), 89–104

Chappell D. & Eldridge R. M. (1997) Non-linear characteristics of the sterling/European Currency Unit exchange rate: 1984–1992. *The European Journal of Finance*, 3 (2), 159–182

Chatrath A., Adrangi B. & Shank T. (2001) Nonlinear Dependence in Gold and Silver Futures: Is it Chaos. *The American Economist*, 45 (2), 25–32

Chatrath A., Adrangi B. & Dhanda K. K. (2002) Are commodity prices chaotic? *Agricultural Economics*, 27, 123–137

Cherns A. (1989) Die Tavistock-Untersuchungen und ihre Auswirkungen. In: Greif S., Holling H. & Nicholson N. (Hrsg) *Arbeits- und Organisationspsychologie. Internationales Handbuch in Schlüsselbegriffen*. Psychologie Verlags Union, München, 483–488

Chia R. (1995) Modern to Postmodern Organization Analysis. *Organization Studies*, 16 (4), 579–604

Chiles T. H., Meyer A. D. & Hensch T. J. (2004) Organizational Emergence: The Origin and Transformation of Branson, Missouri's Musical Theaters. *Organization Science*, 15 (5), 499–519

Choi J. M., Bae B. H. & Kim S. Y. (1999) Divergence in Perpendicular Recurrence Plot. Quantification of Dynamical Divergence from Short Chaotic Time Series. *Physical Letters A*, 263 (4–6), 299–306

Chu P. K. K. (2003) Study on the Non-Random and Chaotic Behavior of Chinese Equities Market. *Review of Pacific Basin Financial Markets and Policies*, 6 (2), 199–222

Churchill G. A. (1999) *Marketing Research. Methodological Foundations*. Harcourt College Publishers, Orlando, FL

Chwee V. (1998) Chaos in natural gas futures? *The Energy Journal*, 19 (2), 149–164

Chyi Y.-L. (1997) Nonlinear dynamics and daily stock returns on the Taiwan Stock Exchange. *Applied Financial Economics*, 7 (6), 619–634

Clegg S. R. (1990) *Modern Organizations: Organizational Studies in the Post Modern World*. Sage, London

Collet P. & Eckmann J. P. (1980) *Iterated Maps on the Interval as Dynamical System*. Birkhäuser, Basel

Collin A. & Young R. A. (1986) New Directions for Theories of Career. *Human Relations*, 39 (9), 837–854

Collin A. & Young R. A. (Hrsg) (2000) *The Future of Careers*. Cambridge University Press, Cambridge

Cope J. (2003) Entrepreneurial Learning and Critical Reflection: Discontinuous Events as Triggers for 'Higher-level' Learning. *Management Learning*, 34 (4), 429–450

Costa P. & McCrae R. (1992) *NEO PI-R Professional Manual*. Psychological Assessment Resources, Odessa, FL.

Cressey P. G. (1932) *The Taxi-Dance Hall: A Sociological Study in Commercialized Recreation and City Life*. University of Chicago Press, Chicago

Crichton M. (1990/1998) *Jurassic Park*. Droemer Knaur, München

Crone H. C. v. d. & Roth K. (2003) Der Sarbanes-Oxley Act und seine extraterritoriale Bedeutung. *Aktuelle Juristische Praxis*, 2 (2003), 131–140

Crutchfield J. P. (1994) Is Anything Ever New? Considering Emergence. In: Cowan G., Pines D. & Meltzer D. (Hrsg) *Complexity: Metaphors, Models, and Reality*. Addison-Wesley, Redwood City, 479–497

Cunningham L. A. (2002) Behavioral Finance and Investor Governance. *Washington & Lee Law Review*, 59, 767–831

Czamanski D., Dormaar P., Hinich M. J. & Serletis A. (2007) Episodic nonlinearity and nonstationarity in Alberta's power and natural gas markets. *Energy Economics*, 29 (1), 94–104

Daniel K., D. H. & Subrahmanyam A. (1998) Investor Psychology and Security Market Under- and Overreactions. *The Journal of Finance*, 53 (6), 1839–1885

Darbellay G. & Finardi M. (1997) Could nonlinear dynamics contribute to intra-day risk management? *The European Journal of Finance*, 3, 311–324

Darwin J. (1996) Dynamic poise: a new style of management – Part 2. *Career Development International*, 1 (7), 12–17

Davies P. & Mangan J. (2007) Threshold concepts and the integration of understanding in economics. *Studies in Higher Education*, 32 (6), 711–726

Day R. H. (1982) Irregular Growth Cycles. *American Economic Review*, 72, 406–414

Day R. H. (1992) Complex Economic Dynamics: Obvious in History, Generic in Theory, Elusive in Data. *Journal of Applied Econometrics*, 7, 9–23

Day R. H. (1994) *Complex Economic Dynamics, Volume I: An Introduction to Dynamical Systems and Market Mechanisms*. MIT Press, Cambridge, MA

De Geus A. P. (1988) Planning as Learning. *Harvard Business Review*, (March–April), 70–74

De Jouvenel H. (2000) A Brief Methodological Guide to Scenario Building. *Technological Forecasting & Social Change*, 65, 37–48

de Laplace P. S. (1996/1814) *Philosophischer Versuch über die Wahrscheinlichkeit*. Verlag Harri Deutsch, Frankfurt am Main

de Shazer S. (1985) *Keys to Solution in Brief Therapy*. Norton, New York

de Shazer S., Berg I. K., Lipchik E., Munally E., Molnar A., Gingerich W. & Weiner-Davis M. (1986) Kurztherapie – Zielgerichtete Entwicklung von Lösungen. *Familiendynamik*, 11 (3), 182–205

de Shazer S. (1988) *Clues*. Norton, New York

de Shazer S. (1989) *Wege erfolgreicher Kurzzeittherapie*. Klett-Cotta, Stuttgart

de Shazer S. (1992) *Der Dreh. Überraschende Wendungen und Lösungen in der Kurzzeittherapie (2., korrigierte Auflage)*. Auer, Heidelberg

DeCoster G. P. & Mitchell D. W. (1991) Nonlinear Monetary Dynamics. *Journal of Business and Economic Statistics*, 9, 455–462

DeCoster G. P., Labys W. C. & Mitchell D. W. (1992) Evidence of Chaos in Commodity Futures Prices. *Journal of Future Markets*, 12, 291–305

DeFillippi R. J. & Arthur M. B. (1994) The Boundaryless Career: A Competency-Based Perspective. *Journal of Organizational Behavior*, 15 (4), 307–324

DeFillippi R. J. & Arthur M. B. (1998) Paradox in Project-Based Enterprise: the Case of Film Making. *California Management Review*, 40 (2), 125–139

Delaney M. M., Foroughi A. & Perkins W. C. (1997) An Empirical Study of the Efficacy of a Computerized Negotiation Support System (NSS). *Decision Support Systems*, 20 (3), 185–197

Descartes R. (2001/1637) *Discours de la Méthode. Bericht über die Methode. Französisch/Deutsch*. Reclam, Stuttgart

Deutsch A. (Hrsg) (1994) *Muster des Lebendigen. Faszination ihrer Entstehung und Simulation*. Vieweg Verlag, Braunschweig

Dickey D. & Fuller W. (1979) Distribution of the Estimators for Autoregressive Time Series With a Unit Root. *Journal of the American Statistical Association*, 74, 427–431

Dickey D. & Fuller W. (1981) Likelyhood Ratio Statistics for Autoregressive Processes. *Econometrica*, 49, 1057–1072

Die Welt (2008) *30 Milliarden Euro sollen BayernLB retten*. http://www.welt.de/regionales/muenchen/article2797765/30-Milliarden-Euro-sollen-BayernLB-retten.html, abgefragt am: 03.04.2012

Die Zeit (2005) Bilanz-Skandal: Urteil im Worldcom-Prozess *Die Zeit*, 16.03.2005

Diehl J. M. & Arbinger R. (1989) *Einführung in die Inferenzstatistik*. Dietmar Klotz, Eschborn bei Frankfurt am Main

Diks C. (2006) *Nonparametric Time Series Analysis 1: Measures of Complexity from Chaos Theory*. Vortrag, gehalten, Pisa, St. Anna School, October 2006 (online: www.lem.sssup.it/diks_at_pisa1.pdf)

Dooley K. J. & Van de Ven A. H. (1999) Explaining Complex Organizational Dynamics. *Organization Science*, 10 (3), 358–372

Dore R. (2003) *New Forms and Meanings of Work in an Increasingly Globalized World*. International Institute for Labor Studies, Tokyo

Dörner D. (1989) *Die Logik des Mißlingens. Strategisches Denken in komplexen Situationen*. Rowohlt, Reinbek bei Hamburg

Drodge E. N. (2002) Career Counseling at the Confluence of Complexity Science and New Career. *M@n@gement*, 5 (1), 49–62

Drucker P. F. (1954) *The Practice of Management*. Harper & Row, New York

Drumm H.-J. (1996) Das Paradigma der Neuen Dezentralisation. *Die Betriebswirtschaft*, 56 (1), 7–20

Duffy J. A. (2000) The Application of Chaos Theory to the Career-Plateaued Worker. *Journal of Employment Counseling*, 37 (4), 229–236

Dürr H.-P. (1990) *Das Netz des Physikers. Naturwissenschaftliche Erkenntnisse in der Verantwortung*. Deutscher Taschenbuch Verlag, München

Dyer L. (Hrsg) (1976) *Careers in Organizations*. Ithaca, New York

Easterby-Smith M., Antonacopoulou E. P., Simm D. & Lyles M. (2004) Constructing Contributions to Organizational Learning: Argyris and the Next Generation. *Management Learning*, 35 (4), 371–380

Ebeling W. & Jiménez-Montano M. A. (1980) On Grammars, Complexity, and Information Measures of Biological Macromolecules. *Mathematical Biosciences*, 52, 53–71

Ebeling W., Steuer R. & Titchener M. R. (2001) Partition-Based Entropies of Deterministic and Stochastic Maps. *Stochastic and Dynamics*, 1 (1), 1–17

Eckmann J. P. & Ruelle D. (1985) Ergodic Theory of Chaos and Strange Attractors. *Review of Modern Physics*, 57 (3), 617–655

Eckmann J. P., Kamphorst S. O., Ruelle D. & Ciliberto S. (1986) Liapunov Exponents from Time Series. *Physical Review A*, 34, 4971–4979

Efron B. (1983) Estimating the Error Rate of a Prediction Rule: Improvement on Cross-Validation. *Journal of the American Statistical Association*, 78 (382), 316–331

Efron B. & Gong G. (1983) A Leisurely Look at the Bootstrap, the Jackknife, and Cross-Validation. *The American Statistician*, 37 (1), 36–48

Efron B. & Tibshirani R. J. (1993) *An Introduction to the Bootstrap*. Chapman & Hall, New York

Elbert T., Ray W. J., Kowalik Z. J., Skinner J. E., Graf K. E. & Bierbaumer N. (1994) Chaos and Physiology – Deterministic Chaos in Excitable Cell Assemblies. *Physiological Reviews*, 74, 1–47

Ellner S., Gallant A. R., McCaffrey D. & Nychka D. (1991) Convergence Rates and Data Requirements for Jacobian-Based Estimates of *Lyapunov* Exponents from Data. *Physical Letters A*, 153, 357–363

Engle R. F. (1982) Autoregressive Conditional Heteroskedasticity with Estimates of the Variance of the UK Inflation. *Econometrica*, 50, 987–1008

Etheridge H. & Sriram R. (1993) Chaos theory and nonlinear dynamics: an emerging theory with implications for accounting research. *Journal of Accounting Literature*, 12, 67–100

Eto H. (2003) The Suitability of Technological Forecasting/Foresight Methods for Decision Systems and Strategy. A Japanese View. *Technological Forecasting & Social Change*, 70, 231–249

euronews (2010) *Griechenland: Milliardenhilfe und Sparpaket.* http://de.euronews.com/2010/05/03/griechenland-milliardenhilfen-und-sparpaket/, abgefragt am: 03.04.2012

Europäische Union (2005) Richtlinie 2005/60/EG des Europäischen Parlamentes und des Rates vom 26. Oktober 2005 zur Verhinderung der Nutzung des Finanzsystems zum Zwecke der Geldwäsche einschließlich der Terrorismusfinanzierung. *Amtsblatt der Europäischen Union*, L 309 DE (25.11.2005), 15–36

EZB (2012) *EZB: Timelime of the financial crisis.* http://www.ecb.int/ecb/html/crisis.de.html, abgefragt am: 02.04.2012

Fama E. F. (1965) The behavior of stock market prices. *Journal of Business*, 38, 34–105

Fama E. F., Fisher L., Jensen M. C. & Roll R. (1969) The adjustment of stock price to new information. *International Economic Review*, 10, 1–21

Fama E. F. (1970) Efficient capital markets: a review of theory and empirical work. *Journal of Finance*, 25, 383–417

Fama E. F. (1991) Efficient Capital Markets: II. *The Journal of Finance*, 46 (5), 1575–1617

Fang H., Lai K. S. & Lai M. (1994) Fractal structure in currency futures price dynamics. *Journal of Futures Markets*, 14 (2), 169–181

Farmer J. D. (1982a) Information dimension and the probabilistic structure of chaos. *Zeitschrift für Naturforschung*, 37, 1304–1325

Farmer J. D. (1982b) Chaotic Attractors in an Infinite-Dimensional Dynamical System. *Physica D*, 4 (3), 366–393

Farmer J. D. & Sidorowich J. J. (1987) Predicting Chaotic Time Series. *Physical Review Letters*, 59, 845–848

Farmer J. D. & Sidorowich J. J. (1988a) Exploiting Chaos to Predict the Future and Reduce Noise. In: Lee Y. C. (Hrsg) *Evolution, Learning and Cognition*. World Scientific Press, Singapore, 277–330

Farmer J. D. & Sidorowich J. J. (1988b) Exploiting Chaos to Predict the Future and Reduce Noise. *Los Alamos National Laboratory, Scientific Report*, LA-UR-88-901

Faure P. & Korn H. (1998) A New Method to Estimate the Kolmogorov Entropy From Recurrence Plots: Its Application to Neuronal Signals. *Physica D*, 122, 265–279

Feigenbaum M. J. (1978) Quantitative Universality for a Class of Nonlinear Transformations. *Journal of Statistical Physics*, 19 (1), 25–52

Feigl R. (2011) *Unordnungs-Ordnungs-Übergänge in Aktienkursen bei Vorstandswechseln.* Wirtschaftsuniversität Wien, Wien

Fell J., Mann K., Röschke J. & Gopinathan M. S. (2000) Nonlinear Analysis of Continuous ECG During Sleep II. Dynamical Measures. *Biological Cybernetics*, 82, 485–491

Ferlie E. & Pettigrew A. (Hrsg) (1998) *Managing through Networks*. A Reader, London

Fernández-Rodríguez F., Sosvilla-Rivero S. & Andrada-Félix J. (2005) Testing chaotic dynamics via *Lyapunov* exponents. *Journal of Applied Econometrics*, 20 (7), 911–930

Financial Times Deutschland (2008a) *Island zahlt nicht mehr.* http://www.ftd.de/finanzen/maerkte/anleihen-devisen/:staatsbankrott-island-zahlt-nicht-mehr/427188.html, abgefragt am: 03.04.2012

Financial Times Deutschland (2008b) *Island ruft Währungsfonds zu Hilfe.* http://www.ftd.de/politik/europa/:land-vor-bankrott-island-ruft-waehrungsfonds-zu-hilfe/422772.html, abgefragt am: 03.04.2012

finanzen.net (2012) *Griechenland & die Krise – Eine Chronik.* http://www.finanzen.net/nachricht/aktien/Europaeische-Schuldenkrise-Eine-Chronik-1380790, abgefragt am: 03.04.2012

Finkenstädt B. & Kuhbier P. (1995) Forecasting Nonlinear Economic Time Series: A Simple Test to Accompany the Nearest Neighbor Approach. *Empirical Economics*, 20, 243–263

Fiol C. M. & Lyles M. A. (1985) Organizational Learning. *Academy of Management Review*, 10 (4), 803–813

Fisher G. H. (1967) Measuring ambiguity. *American Journal of Psychology*, 80, 541–547

Foley R. (1987) Epistemic rationality and scientific rationality. *International Studies in the Philosophy of Science*, 1 (2), 233–250

Formella A. & Fellner D. (2004a) *Rotation.* Universität Braunschweig, http://trevinca.ei.uvigo.es/~formella/doc/ig04/node96.html, abgefragt am: 04.06.2012

Formella A. & Fellner D. (2004b) *Klassifizierung der Projektionen.* Universität Braunschweig, http://trevinca.ei.uvigo.es/~formella/doc/ig04/node112.html, abgefragt am: 04.06.2012

Fornari F. & Mele A. (1997) Asymmetries and non-linearities in economic activity. *Applied Financial Economics*, 7, 203–206

Frank B., Pompe B., Schneider U. & Hoyer D. (2006) Permutation entropy improves fetal behavioural state classification based on heart rate analysis from biomagnetic recordings in near term fetuses. *Medical and Biological Engineering and Computing*, 44 (3), 179–187

Frank K. A. & Fahrbach K. (1999) Organization Culture as a Complex System: Balance and Information in Models of Influence and Selection. *Organization Science*, 10 (3), 253–277

Frank M. & Stengos T. (1988) Chaotic Dynamics in Economic Time-Series. *Journal of Economic Surveys*, 2 (2), 103–133

Frank M., Blank H. R., Heindl J., Kaltenhäuser M., Köchner H., Kreische W., Müller N. & Poscher S. u. a. (1993) Improvement of K2-Entropy Calculations by Means of Dimension Scaled Distances. *Physica D*, 65, 359–364

Fraser A. M. & Swinney H. (1986) Independent Coordinates from Strange Attractors from Mutual Information. *Physical Review A*, 33, 1134–1140

Freeman C., Soete L. & Efendioglu U. (1993) Diffusion and the Employment Effects of Information and Communication Technology. *International Labour Review*, 134 (4/5), 587–603

Freeman W. J. & DiPrisco V. (1986) EEG Spatial Pattern Differences with Discriminated Odors Manifest Chaotic and Limit Cycle Attractors in Olfactory Bulb of Rabbits. In: Palm G. & Aertsen A. (Hrsg) *Brain Theory.* Springer, Berlin, 97–119

Freeman W. J. (1999) Noise-Inducted First-Order Phase Transitions in Chaotic Brain Activity. *International Journal of Bifurkation and Chaos*, 9 (11), 2215–2218

Freeman W. J. (2000) A Proposed Name for Aperiodic Brain Activity: Stochastic Chaos. *Neural Networks*, 13, 11–13

Frentz C. v. (2001) Muss die Zunft nun zittern? *Manager Magazin*, (19.12.2001)

Frentz C. v. (2003) Die Chronik einer Kapitalvernichtung. *Manager Magazin*, 2012 (01.06.2003)

Frisch R. (1933) Propagation Problems and Impulse Problems in Dynamic Economics. In: Cassel G. (Hrsg) *Economic Essays in Honor of Gustav Cassel*. George Allen & Unwin, London, 171–205

Fujihara R. A. & Mougoué M. (1997a) An examination of linear and nonlinear causal relationships between price variability and volume in petroleum futures markets. *Journal of Futures Markets*, 17 (4), 385–416

Fujihara R. A. & Mougoué M. (1997b) Linear dependence, nonlinear dependence and petroleum futures market efficiency. *Journal of Futures Markets*, 17 (1), 75–99

Furnham A. (2009) *People Management in Turbulent Times*. Palgrave Macmillan, Basingstoke

Galilei G. (1964/1638) *Unterredungen und mathematische Demonstrationen über zwei neue Wissenszweige, die Mechanik und die Fallgesetze betreffend*. Wissenschaftliche Buchgesellschaft, Darmstadt

Gallas J. A. C. & Nusse H. E. (1996) Periodicity versus chaos in the dynamics of cobweb models. *Journal of Economic Behavior & Organization*, 29, 447–464

Gammelin C. (2010) *Einigung über Finanzaufsicht: Geteilte Macht*. http://www.sueddeutsche.de/wirtschaft/einigung-ueber-finanzaufsicht-geteilte-macht-1.995459, abgefragt am: 10.04.2012

Gao A. H. & Wang G. H. K. (1999) Modeling nonlinear dynamics of daily futures price changes. *Journal of Futures Markets*, 19 (3), 325–351

Gao J. B. (2001) Detecting Nonstationarity and State Transitions in a Time Series. *Physical Review E*, 63, 066202-1-066202-8

Geo Wissen (1993) *08 Chaos und Kreativität*. Gruner und Jahr, Hamburg

Gergen K. J. & Thatchenkery T. J. (1996) Organization Science as Social Construction: Postmodern Potentials. *Journal of Applied Behavioral Science*, 32 (4), 356–377

Gersick C. (1991) Revolutionary Change Theories: A Multilevel Exploration of the Punctuated Equilibrium Paradigm. *Academy of Management Review*, 16 (1), 10–36

Gilmore C. G. (1993) A new test for chaos. *Journal of Economic Behavior & Organization*, 22, 209–237

Gilmore C. G. (1996) Detecting Linear and Nonlinear Dependence in Stock Returns: New Methods Derived From Chaos Theory. *Journal of Business Finance & Accounting*, 23 (9 & 10), 1357–1377

Glaser B. G. (1968) Career Concerns and Footholds in the Organization. In: Glaser B. G. (Hrsg) *Organizational Careers – A Sourcebook for Theory*. Aldine, Chicago, 181–183

Godet M. (2000) The Art of Scenario and Strategic Planing: Tools and Pitfalls. *Technological Forecasting & Social Change*, 65, 3–22

Goldberger A. L. (1987) Nonlinear Dynamics, Fractals, Cardiac Physiology, and Sudden Death. In: Rensing L., Heiden U. a. d. & Mackey M. C. (Hrsg) *Temporal Disorders in Human Oscillatory Systems*. Springer, Berlin, 118–125

Gooderham P., Morley M., Brewster C. & Mayrhofer W. (2004) Human Resource Management: A Universal Concept? In: Brewster C., Mayrhofer W. & Morley M. (Hrsg) *Human Resource Management in Europe. Evidence for Convergence?* Elsevier, Oxford, 3–26

Goodwin R. M. (1967/1982) A Growth Cycle (Reprinted from 1967). In: Goodwin R. M. (Hrsg) *Essays in Dynamic Economics*. MacMillan, London, 165–170

Gouel C. (2010) Agricultural Price Instability: A Survey of Competing Explanations and Remedies. *Journal of Economic Surveys*, doi:10.1111/j.1467-6419.2010.00634.x

Grassberger P. & Procaccia I. (1983a) On the Characterization of strange Attractors. *Physical Review Letters*, 50, 346–356

Grassberger P. & Procaccia I. (1983b) Estimation of the Kolmogorov entropy from a chaotic signal. *Physical Review A*, 28, 2591–2593

Grassberger P. & Procaccia I. (1983c) Measuring the Strangeness of strange Attractors. *Physica D*, 9, 189–208

Grassberger P. (1990) An optimized box-assisted algorithm for fractal dimensions. *Physical Letters A*, 148, 63–68

Greiner L. E. (1972) Evolutions and Revolutions as Organizations Grow. *Harvard Business Review*, 50 (4), 37–46

Gresov C., Haveman H. A. & Oliva T. A. (1993) Organizational Design, Inertia and the Dynamics of Competitive Response. *Organization Science*, 4 (2), 181–208

Griessmair M. (2005) *Von Chaos, Kühlschränken und Reichtum – Eine empirische Analyse des DAX nach chaostheoretischen Prinzipien und deren Implikationen*. Wirtschaftsuniversität Wien, Wien

Griessmair M., Strunk G. & Vetschera R. (2008) *Complex Communication – Investigating Communication Interaction as Complex Process*. Vortrag, gehalten auf: Fourth Organization Studies Summer Workshop, Pissouri, Cyprus, 05.–07.06.2008

Griessmair M. & Strunk G. (2010) *Algorithmic Complexity of Electronic Negotiations – A Comparison of Different Communication Modes*. Vortrag, gehalten auf: Society for Chaos Theory in Psychology & Life Sciences Annual International Meeting, Palermo, Italien, 15.–17.03.2010

Griessmair M., Strunk G., Vetschera R. & Koeszegi S. (2011a) Complexity in Electronic Negotiation Support Systems – An Empirical Study. *Nonlinear Dynamics, Psychology, and Life Sciences*, 15 (4), 477–511

Griessmair M., Strunk G., Vetschera R. & Koeszegi S. T. (2011b) Complexity in electronic negotiation support systems. *Nonlinear Dynamics Psychol Life Sci*, 15 (4), 477–511

Guégan D. & Leorat G. (1997) Consistent estimation to determine the embedding dimension in financial data; with an application to the dollar/deutschmark exchange rate. *The European Journal of Finance*, 3, 231–242

Guégan D. & Mercier L. (2005) Prediction in chaotic time series: methods and comparisons with an application to financial intra-day data. *The European Journal of Finance*, 11 (2), 137–150

Gunaratne S. A. (2004) Thank you Newton, Welcome Prigogine: 'Unthinking' Old Paradigms and Embracing New Directions. Part 2: The Pragmatics. *Communications*, 29, 113–132

Gunz H. (1989) *Careers and Corporate Cultures. Managerial Mobility in Large Corporations*. Blackwell, Oxford, New York

Gunz H., Bird A. & Arthur M. B. (2002a) Response to Baruch: We Weren't Seeking Canonization, Just a Hearing. *M@n@gement*, 5 (1), 23–29

Gunz H., Lichtenstein B. M. B. & Long R. G. (2002b) Self-Organization in Career Systems: A View from Complexity Science. *M@n@gement*, 5 (1), 63–68

Gwilym O. A., Brooks C., Clare A. & Thomas S. (1999) Tests of Non-Linearity Using Life Futures Transactions Price Data. *The Manchester School*, 67 (2), 167–186

Hadamard J. (1898) Les surfaces à courbures opposées et lignes géodésiques. *J. Math. pures appl.*, 27–73

Hadem M. (2010) *Bedingungen und Konsequenzen desWechsels von Finanzvorständen. Eine Analyse in großen börsennotierten Unternehmen*. EUROPEAN BUSINESS SCHOOL: International University Schloß Reichartshausen, Reichartshausen

Hagtvedt R. (2009) Stock return dynamics and the CAPM anomalies. *Applied Economics Letters*, 16 (16), 1593–1596

Haken H. (Hrsg) (1970) *Laser Theory*. Springer, Berlin

Haken H. (1977) *Synergetics. An Introduction. Nonequilibrium Phase Transitions and Self-Organization in Physics, Chemistry and Biology*. Springer, Berlin, Heidelberg, New York

Haken H. (1979) Pattern Formation and Pattern Recognition – An Attempt at a Synthesis. In: Haken H. (Hrsg) *Pattern Formation by Dynamic Systems and Pattern Recognition*. Springer, Berlin, 2–13

Haken H. (1985) *Synergetik. Eine Einführung. Nichtgleichgewichts-Phasenübergänge und Selbstorganisation in Physik, Chemie und Biologie*. Springer, Berlin

Haken H., Kelso J. A. S. & Bunz H. (1985) A Theoretical Model of Phase Transitions in Human Hand Movements. *Biological Cybernetics*, 51, 347–356

Haken H. (1990a) Synergetics as a Tool for the Conceptualization and Mathematization of Cognition and Behavior – How Far Can we Go? In: Haken H. & Stadler M. (Hrsg) *Synergetics of Cognition*. Springer, Berlin, 2–31

Haken H. (1990b) *Synergetics. An Introduction*. Springer, Berlin

Haken H. & Stadler M. (Hrsg) (1990) *Synergetics of Cognition. Springer Series in Synergetics, Vol. 45*. Springer, Berlin

Haken H. & Wunderlin A. (1991) *Die Selbststrukturierung der Materie*. Vieweg Verlag, Braunschweig

Haken H. & Schiepek G. (2006) *Synergetik in der Psychologie. Selbstorganisation verstehen und gestalten*. Hogrefe, Göttingen

Hall D. T. (1976) *Careers in Organizations*. Addison-Wesley, Santa Monica

Hall D. T. (1993) *The New 'Career Contract': Wrong on Both Counts. Boston, MA: Boston University Executive Development Roundtable Technical Report*. Boston

Hall D. T. (1996a) Protean Careers of the 21st Century. *Academy of Management Executive*, 10 (4), 8–16

Hall D. T. (Hrsg) (1996b) *The Career is Dead – Long Live the Career. A Relational Approach to Careers*. Jossey-Bass Publishers, San Francisco

Hall D. T. (2003) The Protean Career: A Quarter-Century Journey. *Journal of Vocational Behavior*, 65, 1–13

Hall D. T. & Chandler D. E. (2005) Psychological Success: When the Career is a Calling. *Journal of Organizational Behavior*, 26, 155–176

Hall O. (1948) The Stages of a Medical Career. *American Journal of Sociology*, 60, 243–253

Haltmeyer B. & Lueger G. (2002) Beschaffung und Auswahl von Mitarbeitern. In: Kasper H. & Mayrhofer W. (Hrsg) *Personalmanagement, Führung, Organisation (3., völlig neu bearbeitete Auflage)*. Linde Verlag, Wien, 405–445

Hamill P. A., Opong K. K. & Sprevak D. (2000) The Behavior of Irish ISEQ Index: Some New Empirical Tests. *Applied Financial Economics*, 10, 693–700

Handelsblatt (2011) *Euro-Sondergipfel: „Die Bankenbeteiligung ist ein einmaliger Sonderfall"*. http://www.handelsblatt.com/politik/international/euro-sondergipfel-die-bankenbeteiligung-ist-ein-einmaliger-sonderfall/4420640.html, abgefragt am: 03.04.2012

Hannan M. & Freeman J. (1989) *Organizational Ecology*. Harvard University Press, Cambridge, MA

Hannan M. T. & Freeman J. (1977) The population ecology of organizations. *American Journal of Sociology*, 82, 929–964

Harris R. D. F. & Küçüközmen C. C. (2001) Linear and nonlinear dependence in Turkish equity returns and its consequences for financial risk management. *European Journal of Operational Research*, 134 (3), 481–492

Harrison R. G., Yu D., Oxley L., Lu W. & George D. (1999) Non-linear noise reduction and detecting chaos: some evidence from the S&P Composite Price Index. *Mathematics and Computers in Simulation*, 48, 497–502

Hausdorff F. (1919) Dimension und äußeres Maß. *Mathematische Annalen*, 79, 157–179

Hegger R., Kantz H. & Schreiber T. (1999) Practical Implementation of Nonlinear Time Series Methods: The TISEAN Package. *Chaos*, 9, 413–435

Hegger R., Kantz H. & Schreiber T. (2000) *TISEAN*. 2.1. Frankfurt (Main) und Dresden, http://www.mpipks-dresden.mpg.de/~tisean/

Heisenberg W. (1927) Über den anschaulichen Inhalt der quantentheoretischen Kinematik und Mechanik. *Zeitschrift für Physik*, 43 (3), 172–198

Heisenberg W. (1955) *Das Naturbild der heutigen Physik*. Rowohlt, Hamburg

Hellbrück R. P. (1993) *Synergetik und Marktprozesse*. Springer, Berlin

Hermann A. & Mayrhofer W. (2005) Internationale Karrieren – theoretische und empirische Ergebnisse. In: Stahl G. K., Mayrhofer W. & Kühlmann T. M. (Hrsg) *Internationales Personalmanagement. Neu Aufgaben, neue Lösungen*. Rainer Hampp Verlag, München, 215–247

Hess B. & Boiteux A. (1980) Oscillations in Biochemical Systems. *Berichte der Bunsengesellschaft Physical Chemistry Chemical Physics*, 84 (4), 346–351

Hesterberg T., Moore D. S., Monaghan S., Clipson A. & Epstein R. (2005) *Bootstrap methods and permutation tests*. WH Freeman, New York

Hill S. R., Moore N. H. & Pruitt S. W. (1991) Cold Fusion Hot Metal: An Analysis of the Metals Futures Market Reactions to the Cold Fusion Announcement. *The Journal of Futures Markets*, 11 (3), 385–397

Hillmert S. (2003) Karrieren und institutioneller Kontext. Fallstudien aus dem Bereich der Ausbildungsberufe. In: Hitzler R. & Pfadenhauer M. (Hrsg) *Karrierepolitik. Beiträge zur Rekonstruktion erfolgsorientierten Handelns*. Leske & Budrich, Opladen, 81–96

Hobbes T. (1962/1651) *Leviathan*. Collier Books, New York

Hollingshead A. B. & McGrath J. E. (1993) Group Performance and Communication Technology. *Small Group Research*, 24, 307–333

Horgan J. (1995) From Complexity to Perplexity. *Scientific American*, 272 (6), 104–109

Horgan J. (1997) *The End of Science: Facing the Limits of Knowledge in the Twilight of the Scientific Age*. Broadway Books, New York

Horn K.-P. & Brick R. (2001) *Das verborgene Netzwerk der Macht. Systemische Aufstellung in Unternehmen und Organisationen*. GABAL, Offenbach

Horstmann R., Hofinger G., Mäder M., Gaidzik P. W. & Waleczek H. (2006) Risikomanagement im Operationsbereich. Ergebnisse eines Pilotprojektes zum interdisziplinären „Incident-Reporting". *Zentralbl Chir*, 131, 1–9

Houthakker H. (1961) Systematic and Random Elements in Short-Term Price Movements. *American Economic Review*, 51 (2), 164–172

Hsieh D. A. (1991) Chaos and Nonlinear Dynamics: Application to Financial Markets. *The Journal of Finance*, 46 (5), 1839–1877

Huber G. P. (1991) Organizational Learning: The Contributing Processes and the Literatures. *Organization Science*, 2 (1), 88–115

Hubermann B. A. & Hogg T. (1986) Complexity and Adaptation. *Physica D*, 22, 376–384

Hughes E. C. (1937) Institutional Office and the Person. *American Journal of Sociology*, 43, 404–413

Hughes E. C. (1951) Career and Office. In: Dubin R. (Hrsg) *Human Relations in Administration*. Prentice-Hall, New York, 96–99

Hughes E. C. (1958) *Men and their Work*. Free Press, Glencoe, Ill.

Hume D. (1978/1739) *A Treatise of Human Nature*. Clarendon Press, Oxford

Hurst H. (1951) Long-Term Storage of Reservoirs. *Transactions of American Society of Civil Engineers*, 116, 770–799

Hütt M.-T. (2001) *Datenanalyse in der Biologie*. Springer, Berlin

Iwanski J. S. & Bradley E. (1998) Recurrence Plots of Experimental Data: To Embed or not to Embed? *Chaos*, 8 (4), 861–871

Jedynak A., Bach M. & Timmer J. (1993) Failure of Dimension Analysis in a Simple Five-Dimensional System. *Physical Review E*, 50, 1770–1780

Jiménez-Montano M. A. (1984) On the Syntactic Structure of Protein Sequences and the Concept of Grammar Complexity. *Bulletin of Mathematical Biology*, 46, 641–659

Johnson D. & McClelland R. (1998) A general dependence test and applications. *Journal of Applied Econometrics*, 13 (6), 627–644

Kaizoji T. (2010) Multiple equilibria and chaos in a discrete tâtonnement process. *Journal of Economic Behavior & Organization*, 76, 597–599

Kant I. (1786) *Grundlegung zur Metaphysik der Sitten*. J.F. Hartknoch, Riga

Kantz H. (1994) A Robust Method to Estimate Maximal *Lyapunov* Exponents of a Time Series. *Physical Letters A*, 185, 77–87

Kantz H. & Schürmann T. (1996) Enlarged Scaling Ranges for the KS-Entropy and the Information Dimension. *Chaos*, 6 (2), 167–171

Kanzler L. (1999) *Very Fast and Correctly Sized Estimation of The BDS Statistic*. Christ Church and Department of Economics, University of Oxford, http://users.ox.ac.uk/~econlrk, abgefragt am: 24.03.2005

Karmasin M. & Ribing R. (2006) *Die Gestaltung wissenschaftlicher Arbeiten*. UTB, Wien

Kasper H., Mayrhofer W. & Meyer M. (1998) Managerhandeln – nach der systemtheoretisch-konstruktivistischen Wende. *Die Betriebswirtschaft*, 58 (5), 603–621

Kasper H., Mayrhofer W. & Meyer M. (1999) Management aus systemtheoretischer Perspektive. Eine Standortbestimmung. In: Eckardstein D. v., Kasper H. & Mayrhofer W. (Hrsg) *Management/Theorien/Führung/Veränderung*. Schäffer-Poeschel, Stuttgart, 161–209

Kasper H. & Mühlbacher J. (2002) Von Organisationskulturen zu lernenden Organisationen. In: Kasper H. & Mayrhofer W. (Hrsg) *Personalmanagement – Führung – Organisation*. Linde, Wien, 95–157

Kazantsev E. (1998) *Unstable Periodic Orbits and Attractor of the Lorenz Model*. Institut National de Recherche en Informatique et en Automatique, Rocquencourt, 3344

Keen S. (1997) From Stochastics to Complexity in Models of Economic Instability. *Nonlinear Dynamics, Psychology, and Life Sciences*, 1 (2), 151–172

Kennedy M. P. (1992) Robust OP AMP Realization of Chua's Circuit. *Frequenz*, 46 (3–4), 66–80

Keupp H. (1988) Auf dem Weg zur Patchwork-Identität? *Verhaltenstherapie und Psychosoziale Praxis*, 20 (4), 425–438

Khatri N., Brown G. D. & Hicks L. L. (2009) From a blame culture to a just culture in health care. *Health Care Manage Review*, 34 (4), 312–322

Kieser A. (2006a) Max Webers Analyse der Bürokratie. In: Kieser A. & Ebers M. (Hrsg) *Organisationstheorien*. Kohlhammer, Stuttgart, 63–92

Kieser A. (2006b) Managementlehre und Taylorismus. In: Kieser A. & Ebers M. (Hrsg) *Organisationstheorien*. Kohlhammer, Stuttgart, 93–132

Knight F. H. (1921/2009) *Risk, Uncertainty, and Profit*. Signalman Publishing, Orlando

Koeszegi S. T., Srnka K. J. & Pesendorfer E.-M. (2006) Electronic Negotiations: A Comparison of Different Support Systems. *Die Betriebswirtschaft*, 66 (4), 441–463

Kohers T., Pandey V. & Kohers G. (1997) Using Nonlinear Dynamics to Test for Market Efficiency among the Major U. S. Stock Exchanges. *The Quarterly Review of Economics and Finance*, 37 (2), 523–545

Kohn L. T., Corrigan J. M. & Donaldson M. S. (Hrsg) (2000) *To Err is Human. Building a Safer Health System*. National Academy Press, Washington, D.C.

Kolmogorov A. M. (1965) Three Approaches to the Definition of the Concept Quantity of Information. *IEEE Transactions on Information Theory*, IT14, 662–669

Königswieser R. & Hillebrand M. (2004) *Einführung in die systemische Organisationsberatung*. Carl-Auer-Systeme Verlag, Heidelberg

Koput K. W. (1997) A Chaotic Model of Innovation Search: Some Answers, Many Questions. *Organization Science*, 8 (5), 528–542

Kowalik Z. J. & Elbert T. (1994) Changes of Chaoticness in Spontaneous EEG/MEG. *Integrative Physiological and Behavioral Science*, 29 (3), 270–282

Kriedel R. (2017) Systemkompetenz für Entrepreneure. Entwicklung der entrepreneurialen Systemkompetenz und eines Diagnoseinstruments. Springer Gabler, Wiesbaden

Kriz W. (2000) *Lernziel: Systemkompetenz. Planspiel als Trainingsmethode*. Vandenhoeck & Ruprecht, Göttingen

Kuhn J. (2007) Zocker, Zirkus, Dreistigkeit. *Der Spiegel*, (10.03.2007)

Kyrtsou C. & Terraza M. (2002) Stochastic chaos or ARCH effects in stock series? A comparative study. *International Review of Financial Analysis*, 11, 407–431

Kyrtsou C. & Terraza M. (2003) Is it Possible to Study Chaotic and ARCH Behaviour Jointly? Application of a Noisy Mackey–Glass Equation with Heteroskedastic Errors to the Paris Stock Exchange Returns Series. *Computational Economics*, 21, 257–276

Kyrtsou C., Labys W. C. & Terraza M. (2004) Noisy chaotic dynamics in commodity markets. *Empirical Economics*, 29, 489–502

Kyrtsou C., Malliaris A. G. & Serletis A. (2009) Energy sector pricing: On the role of neglected nonlinearity. *Energy Economics*, 31 (3), 492–502

Kyrtsou C. & Terraza M. (2010) Seasonal Mackey–Glass–GARCH process and short-term dynamics. *Empirical Economics*, 38 (2), 325–345

Laughlin P. R., Chandler J. S., Shupe E. I., Magley V. J. & Hulbert L. G. (1995) Generality of a Theory of Collective Induction: Face-to-Face and Computer-Mediated Interaction, Amount of Potential Information, and Group versus Member Choice of Evidence. *Organizational Behavior and Human Decision Processes*, 63 (1), 98–111

LeBaron B. (1992a) Forecast improvements using a volatility index. *Journal of Applied Econometrics*, 7 (S), 137–149

LeBaron B. (1992b) Some relations between volatility and serial correlations in stock market returns. *Journal of Business*, 65 (2), 199–219

LeBaron B. (1994) Chaos and Nonlinear Forecastability in Economic and Finance. *Philosophical Transactions: Physical Sciences and Engeneering*, 348 (1688), 397–404

LeBaron B. (1997) A Fast Algorithm for the BDS Statistic. *Studies in Nonlinear Dynamics and Econometrics*, 2 (2), 53–59

Lee T.-H., White H. & Granger C. W. J. (1993) Testing for neglected nonlinearity in time series models A comparison of neural network methods and alternative tests. *Journal of Econometrics*, 56, 269–290

Leist K.-H. (1999) Synergetische Lehr-Lernprozesse des Bewegungssystems. In: Mainzer K. (Hrsg) *Komplexe Systeme und Nichtlineare Dynamik in Natur und Gesellschaft. Komplexitätsforschung in Deutschland auf dem Weg ins nächste Jahrhundert*. Springer, Berlin, 207–220

Lempel A. & Ziv J. (1978) Compression of Individual Sequences Via Variable-Rate Coding. *IEEE Transactions on Information Theory*, IT 24, 530–536

Lerner D. E. (1996) Monitoring Changing Dynamics with Correlation Integrals: Case Study of an Epileptic Seizure. *Physica D*, 97, 563–576

Levenson N., Dulac N., Zipkin D., Cutcher-Gerschenfeld J., Carrol J. & Barrett B. (2006) Chapter 8: Engineering Resiliencew into Safety-Critical Systems. In: Hollnagel E., Woods D. D. & Levenson N. (Hrsg) *Resilience Engineering: Concepts and Precepts*. Ashgate Publishing, London, 95–123

Levy D. (1994) Chaos Theory and Strategy: Theory, Application, and Managerial Implications. *Strategic Management Journal*, 15 (Special Issue: Strategy: Search for new Paradigms), 167–178

Lewin K. (1935) *A Dynamic Theory of Personality. Selected Papers*. McGraw-Hill, New York

Li T.-Y. & Yorke J. A. (1975) Period Three Implies Chaos. *American Mathematical Monthly*, 82 (6), 985–992

Lichtenstein B. M. B. (2001) The Matrix of Complexity: A Multi-Disciplinary Approach for Studying Emergence in Coevolution. In: Lewin A. & Volberda H. (Hrsg) *Mobilizing the Self-Renewing Organization: The Coevolution Advantage*. SAGE Publications, Thousand Oaks

Lichtenstein B. M. B., Ogilvie J. R. & Mendenhall M. (2002) Non-Linear Dynamics in Entrepreneurial and Management Careers. *M@n@gement*, 5 (1), 31–47

Liebert W. & Schuster H. G. (1989) Proper Choice of Time Delay for the Analysis of Chaotic Time Series. *Physical Letters A*, 142, 107–111

Liebovitch L. S. & Tóth T. I. (1989) A Fast Algorithm to Determine Fractal Dimension by Box Counting. *Physical Letters A*, 141, 386–390

Lienert G., A. & Raatz U. (1994) *Testaufbau und Testanalyse*. Beltz, Weinheim

Liening A. (1995) Grundlagen Wissensbasierter Tutorieller Systeme. In: Albers H.-J. (Hrsg) *Handlungsorientierung und Ökonomische Bildung*. Hobein-Verlag, Bergisch Gladbach, 213–230

Liening A. (1998) *Komplexe Systeme zwischen Ordnung und Chaos*. LIT Verlag, Münster

Liening A. (1999) Didaktische Innovationen – Neue Ansätze zur Entwicklung computergestützter ökonomischer Planspiele. In: Krol G.-J. & Kruber K.-P. (Hrsg) *Die Marktwirtschaft an der Schwelle des 21. Jahrhundert – Neue Aufgaben für die ökonomische Bildung?* Hobein-Verlag, Bergisch Gladbach, 237–260

Liening A. (2004) Die Bedeutung der ‚Neuen Medien' in der Didaktik der Wirtschaftswissenschaft unter besonderer Berücksichtigung der Darstellung ‚Neuer Technologien'. In: Schlösser H. J. (Hrsg) *Deutsche Gesellschaft für ökonomische Bildung – Anforderungen der Wissensgesellschaft: Informationstechnologien und Neue Medien als Herausforderungen für die Wirtschaftsdidaktik*. Hobein Verlag, Bergisch Gladbach, 1–61

Liening A. (2005) Empirische Untersuchung des Einsatzes des computergestützten Business Game „Campus Career Competition". *Dortmunder Beiträge zur ökonomischen Bildung*, 2005 (10)

Liening A. (2006) iLearning – Selbstorganisiertes Lernen im Rahmen ökonomischer Bildung. In: Meynhardt T. & Brunner E. J. (Hrsg) *Selbstorganisation managen. Beiträge zur Synergetik der Organisation*. Waxmann, Münster, Wien, 179–203

Liening A. (2017) Komplexität und Entrepreneurship. Komplexitätsforschung sowie Implikationen auf Entrepreneurship-Prozesse. Springer Gabler, Wiesbaden

Liening A. & Kirchner M. (2009) iMobile – A synergetic approach for self organized learning. In: (Hrsg) *Proceedings WAEL'09*. Umea

Liening A. & Mittelstädt E. (2011a) Innovative Instrumente zur anreizkompatiblen Selbstorganisation von Wissenschaft. (erscheint). In: Brunner E. J. (Hrsg) *Selbstorganisation von Wissenschaft*.

Liening A. & Mittelstädt E. (2011b) Multi-Loop Learning – Digitale Medien in der Wirtschaftslehre am Beispiel des Online-Planspiels RuhrCCC und des wirtschaftsdidaktischen Online-Lexikons WidaWIKI. *Journal für Hochschuldidaktik*, 22 (1), 5–8

Liening A., Mittelstädt E. & Strunk G. (2011) *Ist unternehmerische Kompetenz messbar? Komplexitätswissenschaftliche Ansätze zur Kompetenzmessung in Unternehmensplanspielen*. Vortrag, gehalten auf: Jahrestagung 2011 der Deutschen Gesellschaft für ökonomische Bildung: Entrepreneurship-Education und Arbeitnehmerorientierung in der ökonomischen Bildung, Universität Siegen, 28.02. – 02.03.2011

Liening A. & Strunk G. (2011) *Aus Krisen lernen. Analyse von Lernprozessen in Wirtschaftssimulationen mit den Methoden der Theorien Nichtlinearer Dynamischer Systeme. Als Projektantrag eingereicht bei der Deutsche Forschungsgemeinschaft (DFG)* TU Dortmund, Dortmund

Liening A., Strunk G. & Mittelstädt E. (2013) Phase transitions between lower and higher level management learning in times of crisis: an experimental study based on synergetics. *Nonlinear Dynamics, Psychology, and Life Sciences*, 17 (4), 517–541

Lim K.-P. & Brooks R. (2010) The evolution of stock market efficiency over time: a survey of the empirical literature. *Journal of Economic Surveys*, 25 (1), 69–108

Lippmann E. D. (Hrsg) (2009) *Coaching – Angewandte Psychologie für die Beratungspraxis*. Springer, Berlin

Lissack M. R. (1999) Complexity: the Science, its Vocabulary, and its Relation to Organizations. *Emergence*, 1 (1), 110–126

Liu T., Granger C. W. J. & Heller W. P. (1992) Using the correlation exponent to decide whether an economic series is chaotic. *Journal of Applied Econometrics*, 7 (S1), S25–S39

Lo A. W. (2004) The Adaptive Markets Hypothesis. Market efficiency from an evolutionary perspective. *The Journal of Portfolio Management*, (30th Anniversary Issue 2004), 15–29

Lo A. W. (2005) Reconciling efficient markets with behavioral finance: the adaptive markets hypothesis. *The Journal of Investment Consulting*, 7 (2), 21–44

Lorenz E. N. (1963) Deterministic Non-Periodic Flow. *Journal of Atmosphere Science*, 20, 130–141

Lorenz E. N. (1972) *Predictability: Does the flap of a butterfly's wings in Brazil set off a tornado in Texas?* Vortrag, gehalten auf: AAAS Conference, Section on Environmental Sciences. New Approaches to Global Weather: GARP (The Global Atmospheric Research Program, Washington, 29.12.1972

Lorenz E. N. (1991) Dimension of Weather and Climate Attractors. *Nature, 353*, 241–242

Löser R. (1993) Die fraktale Fabrik- Produktionskonzept für eine ungewisse Zukunft. In: Breuer R. (Hrsg) *Der Flügelschlag des Schmetterlings. Ein neues Weltbild durch die Chaosforschung*. Heitkamp Edition, Herne, 155–180

Lotka A. J. (1925) *Elements of Physical Biology*. Wiliam and Wilkins, Baltimore

Ludewig K. (1987) 10 + 1 Leitsätze bzw. Leitfragen. *Zeitschrift für Systemische Therapie*, 5 (3), 178–191

Ludewig K. (1992) *Systemische Therapie. Grundlagen klinischer Theorie und Praxis*. Klett-Cotta, Stuttgart

Ludewig K. (1996) Systemische Therapie in Deutschland. *Familiendynamik*, (1), 95–115

Ludewig K. (2002) *Leitmotive systemischer Therapie*. Klett-Cotta, Stuttgart

Luhmann N. (1984) *Soziale Systeme. Grundriß einer allgemeinen Theorie*. Suhrkamp, Frankfurt am Main

Lundberg E. (1937) *Studies in the Theory of Economic Expansion*. P. S. King & Son Ltd., London

Lux T. (1998) The socio-economic dynamics of speculative markets: interacting agents, chaos, and the fat tails of return distributions. *Journal of Economic Behavior & Organization*, 33, 143–165

Mackey M. & Glass L. (1977) Oscillation and chaos in physiological control systems. *Science*, 50, 287–289

MacKinlay A. C. (1997) Event studies in economics and finance. *Journal of Economic Literature*, 35 (1), 13–39

Mahajan A. & Wagner A. J. (1999) Nonlinear dynamics in foreign exchange rates. *Global Finance Journal*, 10 (1), 1–23

Mainzer K. (1995) *Computer – Neue Flügel des Geistes? Die Evolution computergestützter Technik, Wissenschaft, Kultur und Philosophie*. De Gruyter, Berlin

Malik F. (2014) *Führen Leisten Leben – Wirksames Management für eine neue Welt*. Campus Verlag, Frankfurt a.M.

Mandelbrot B. B. (1963a) The Variation of Certain Speculative Prices. *Journal of Business*, 36 (4), 394–429

Mandelbrot B. B. (1963b) New Methods in Statistical Economics. *Journal of Political Economy*, 71 (5), 421–443

Mandelbrot B. B. (1977) *The Fractal Geometry of Nature*. Freeman, New York

Mandelbrot B. B. (1982) *The Fractal Geometry of Nature. Updated and Augmented*. Freeman, New York

Mandelbrot B. B. (1987) *Die fraktale Geometrie der Natur*. Birkhäuser, Basel

Mandelbrot B. B. & Hudson R. L. (2004) *The (Mis)Behavior of Markets: A Fractal View of Risk, Ruin, and Reward*. Basic Books, New York

Manteufel A. & Schiepek G. (1998) *Systeme spielen. Selbstorganisation und Konzeptentwicklung in sozialen Systemen (unter Mitarbeit von Reicherts, M., Strunk, G., Wewers, D.)*. Vandenhoeck & Ruprecht, Göttingen

March J. G. & Simon H. A. (1958) *Organizations*. John Wiley, New York

March J. G. (1981) Footnotes to Organizational Change. *Administrative Science Quarterly*, 26 (4), 563–577

Martin C. & Tulgan B. (2001) *Managing Generation Y: Global Citizens Born in the Late Seventies and Early Eighties*. HRD Press, Amherst

Martina E., Rodriguez E., Escarela-Perez R. & Alvarez-Ramirez J. (2011) Multiscale entropy analysis of crude oil price dynamics. *Energy Economics*, 33 (5), 936–947

Marwan N. (2003) *Encounters With Neighbours. Current Developments of Concepts Based on Recurrence Plots and their Applications*. Institut für Physik. Fakultät Mathematik und Naturwissenschaften. Universität Potsdam, Potsdam

Marwan N. (2006) *Quantification of Recurrence Plots (Recurrence Quantification Analysis)*. www.recurrence-plot.tk, abgefragt am: 02.02.2007

Matilla-García M. (2007) Nonlinear Dynamics in Energy Futures. *The Energy Journal*, 28 (3), 7–29

Matilla-García M. & Marín M. R. (2010) A new test for chaos and determinism based on symbolic dynamics. *Journal of Economic Behavior & Organization*, 76 (3), 600–614

Maturana H. R. (1982) *Erkennen: Die Organisation und Verkörperung von Wirklichkeit*. Vieweg Verlag, Braunschweig

Maturana H. R. (1987) Biologie der Sozialität. In: Schmidt S. J. (Hrsg) *Der Diskurs des Radikalen Konstruktivismus*. Suhrkamp, Frankfurt am Main, 287–302

Maturana H. R. & Varela F. (1987) *Der Baum der Erkenntnis*. Scherz, Bern, München, Wien

Maturana H. R. & Varela F. J. (1992) *The Tree of Knowledge. The Biological Roots of Human Understanding. Notes* Shambhala, Boston

Mayrhofer W. (1997) Warning: flexibility can damage your organizational health! *Employee Relations*, 19 (6), 519–534

Mayrhofer W. (1999) Manager tun nichts, sie reden nur?! Zur Bedeutung (zukünftiger) Manager aus systemtheoretisch-konstruktivistischer Perspektive. In: von Eckardstein D., Kasper H. & Mayrhofer W. (Hrsg) *Management. Theorien-Führung-Veränderung*. Schäffer-Poeschel, Stuttgart, 257–269

Mayrhofer W., Steyrer J., Meyer M., Erten C., Hermann A., Iellatchitch A., Mattl C. & Strunk G. (2000) *Towards a Habitus Based Concept of Managerial Careers*. Vortrag, gehalten auf: Academy of Management, Toronto, Canada

Mayrhofer W., Meyer M., Steyrer J., Iellatchitch A., Schiffinger M., Strunk G., Erten-Buch C., Hermann A. & Mattl C. (2002) Einmal gut, immer gut? Einflussfaktoren auf Karrieren in "neuen" Karrierefeldern. *Zeitschrift für Personalforschung*, 16 (3), 392–414

McDonald L. & Robinson P. (2009) *A Colossal Failure of Common Sense: The Inside Story of the Collapse of Lehman Brothers*. Ebury Press (Random House),

McKenzie M. D. (2001) Chaotic behavior in national stock market indices. New evidence from the close returns test. *Global Finance Journal*, 12, 35–53

McWilliams A. & Siegel D. (1997) Event studies in management research: Theoretical and empirical issues. *Academy of Management Journal*, 40 (3), 626–657

Metzger W. (2001/1975) *Psychologie. Die Entwicklung ihrer Grundannahmen seit de Einführung des Experiments*. Krammer, Wien

Meyer A. D., Tsui A. S. & Hinings C. R. (1993) Configurational Approaches to Oragnizational Analysis. *Academy of Management Journal*, 36 (6), 1175–1195

Meyer M. (1994) *Ziele in Organisationen. Funktionen und Äquivalente von Zielentscheidungen*. DVU/Gabler, Wiesbaden

Mezirow J. (1991) *Transformative Dimensions of Adult Learning*. Jossey-Bass, San Francisco

Miller D. & Form W. (1951) *Industrial Sociology*. Harper, New York

Miller G. A., Galanter E. & Pribram K. H. (1960) *Plans and the Structure of Behavior*. Holt, Rinehart & Winston, New York

Miller G. A., Galanter E. & Pribram K. H. (1973) *Strategien des Handelns: Pläne und Strukturen des Verhaltens*. Hans Huber Verlag, Bern

Mintzberg H. & Waters J. (1985) Of Strategies, Deliberate and Emergent. *Strategic Management Journal*, 6 (3), 257–272

Mintzberg H. (1990) The Design School: Reconsidering the Basic Promises of Strategic Management. *Strategic Management Journal*, 11 (3), 171–195

Mirowski P. (1990) From Mandelbrot to Chaos in Economic Theory. *Southern Economic Journal*, 57 (2), 289–307

Mittelmann K. & Strunk G. (1995) *Ein bißchen Gruppe hier und da? – Dimensionen der Gruppenbildung und "Levels of Groupness"*. Vortrag, gehalten auf: 5. Herbstakademie, Friedrich-Schiller-Universität Jena, 25. – 27.09.1995

Mittelstädt E., Liening A. & Strunk G. (2011) Ist unternehmerische Kompetenz messbar? Komplexitätswissenschaftliche Ansätze zur Kompetenzmessung in Unternehmensplanspielen. In: Retzmann T. (Hrsg) *Entrepreneurship und Arbeitnehmerorientierung Leitbilder und Konzepte für die ökonomische Bildung in der Schule*. Wochenschau Verlag, Schwalbach, 39–49

Morel B. & Ramanujam R. (1999) Through the Looking Glass of Complexity: The Dynamics of Organizations as Adaptive and Evolving Systems. *Organization Science*, 10 (3), 278–293

Morse M. (1921) Recurrent Geodesics on a Surface of Negative Curvature. *Transactions of the American Mathematical Society*, 22, 84–110

Morse M. & Hedlund G. A. (1938) Symbolic Dynamics. *American Journal of Mathematics*, 60 (4), 815–866

Moshiri S. & Foroutan F. (2006) Forecasting Nonlinear Crude Oil Futures Prices. *The Energy Journal*, 27 (4), 81–95

Mouck T. (1998) Capital Markets Research and Real World Complexity: The Emerging Challenge of Chaos Theory. *Accounting, Organizations and Society*, 23 (2), 189–215

Muckley C. (2004) Empirical asset return distributions: is chaos the culprit? *Applied Economics Letters*, 11, 81–86

Müller-Camen M., Mayrhofer W., Ledolter J., Erten-Buch C. & Strunk G. (2001) Neue Formen der Arbeitsorganisation in Europa – eine empirische Studie. *Journal für Betriebswirtschaft*, 51 (5–6), 265–277

Mullineux A. & Peng W. (1993) Nonlinear Business Cycle Modelling. *Journal of Economic Surveys*, 7 (1), 41–83

Müri P. (1988) *Chaos-Management: die kreative Führungsphilosophie*. Heyne, München

n-TV (2001a) *Nach Anschlägen: US-Börsen bleiben geschlossen*. http://www.n-tv.de/wirtschaft/marktberichte/US-Boersen-bleiben-geschlossen-article136804.html, abgefragt am: 02.04.2012

n-TV (2001b) *Archiv – Donnerstag, 06. Juni 2002*. http://www.n-tv.de/archiv/2002-06-06, abgefragt am: 02.04.2012

n-TV (2001c) *Keine Verletzten: Mittleres Erdbeben auf Kreta*. http://www.n-tv.de/archiv/Mittleres-Erdbeben-auf-Kreta-article126866.html, abgefragt am: 02.04.2012

n-TV (2001d) *Archiv – Donnerstag, 01. März 2001*. http://www.n-tv.de/archiv/2001-03-01, abgefragt am: 02.04.2012

n-TV (2001e) *Archiv – Freitag, 09. März 2001*. http://www.n-tv.de/archiv/2001-03-09, abgefragt am: 02.04.2012

n-TV (2001f) *Archiv – Dienstag, 11. September 2001*. http://www.n-tv.de/archiv/2001-09-11, abgefragt am: 02.04.2012

Neisser U. (1979) *Kognition und Wirklichkeit. Prinzipien und Implikationen der kognitiven Psychologie*. Klett-Cotta, Stuttgart

Nerenberg M. A. H. & Essex C. (1990) Correlation Dimension and Systematic Geometric Effects. *Physical Review A*, 42, 7065–7074

Nicolis G. & Prigogine I. (1987) *Die Erforschung des Komplexen. Auf dem Weg zu einem neuen Verständnis der Naturwissenschaften*. Piper, München

Nienhüser W. & Magnus M. (2003) Die wissenschaftliche Bearbeitung personalwirtschaftlicher Problemstellungen. Eine Einführung. (online unter: http://www.uni-due.de/apo/EBPF2.pdf). *Essener Beiträge zur Personalforschung*, (2), 1–32

Noell C. (2007) A look into the nature of complex systems and beyond "Stonehenge" economics: coping with complexity or ignoring it in applied economics? *Agricultural Economics*, 37, 219–235

Nonaka I. & Hirotaka T. (1995) *The Knowledge-Creating Company*. Oxford University Press, New York

Nunnally J. & Bernstein I. (1994) *Psychometric theory*. McGraw-Hill, New York

NZZ Online (2008) *Sieben Notenbanken senken gemeinsam den Leitzins*. http://www.nzz.ch/nachrichten/startseite/notenbanken_handeln_gemeinsam_1.10 62542.html, abgefragt am: 03.04.2012

Odiorne G. S. (1991) Chaos in Management. *Manage*, 43 (1), 4–7

Oesterdiekhoff G. W. & Jegelka N. (Hrsg) (2001) *Werte und Wertewandel in westlichen Gesellschaften: Resultate und Perspektiven der Sozialwissenschaften*. Leske + Budrich, Opladen

Ofori-Dankwa J. & Julian S. D. (2001) Complexifying Organizational Theory: Illustrations Using Time Research. *Academy of Management Review*, 25 (3), 415–430

Olofsen E., Sleigh J. W. & Dahan A. (2008) Permutation entropy of the electroencephalogram: a measure of anaesthetic drug effect. *British Journal of Anaesthesia*, 101 (6), 810–821

Onali E. & Goddard J. (2009) Unifractality and multifractality in the Italian stock market. *International Review of Financial Analysis*, 18 (4), 154–163

Onali E. & Goddard J. (2011) Are European equity markets efficient? New evidence from fractal analysis. *International Review of Financial Analysis*, 20 (2), 59–67

Opong K. K., Mulholland G., Fox A. F. & Farahmand K. (1999) The behaviour of some UK equity indices: An application of Hurst and BDS tests. *Journal of Empirical Finance*, 6, 267–282

Ortegón-Monroy M. C. (2003) Chaos and Complexity Theory in Management: An Exploration from a Critical Systems Thinking Perspective. *Systems Research and Behavioral Science*, 20 (5), 387–400

Osborne A. R. & Provenzale A. (1989) A Finite Correlation Dimension for Stochastic Systems with Power-Law Spectra. *Physica D*, 35, 357–381

Packard N. H., Crutchfield J. P., Farmer J. D. & Shaw R. S. (1980) Geometry from a Time Series. *Physical Review Letters*, 45, 712–716

Paker D. & Stacey R. D. (1994) *Chaos, Management and Economics: The Implications of Non-linear Thinking*. Institute of Economic Affairs, London

Paluš M. (1996) Nonlinearity in Normal Human EEG: Cycles, Temporal Asymmetry, Nonstationarity and Randomness, not Chaos. *Biological Cybernetics*, 75 (5), 389–396

Paluš M. (1999) Nonlinear Dynamics in the EEG Analysis: Disappointments and Perspectives. In: Pradhan N., Rapp P. E. & Sreenivasan R. (Hrsg) *Nonlinear Dynamics and Brain Functioning*. Nova Science Publishers, New York, 201–216

Paluš M., Komárek V., Hrncír Z. & Procházka T. (1999) Is Nonlinearity Relevant for Detecting Changes in EEG. *Theory in Biosciences*, 118 (3–4), 179–188

Panas E. & Ninni V. (2000) Are oil markets chaotic? A non-linear dynamic analysis. *Energy Economics*, 22, 549–568

Panas E. (2001) Long memory and chaotic models of prices on the London Metal Exchange. *Resources Policy*, 27, 235–246

Pandey V., Kohers T. & Kohers G. (1998) Deterministic Nonlinearity in the Stock Returns of Major European Equity Markets and the United States. *The Financial Review*, 33, 45–64

Parker B. (1996) *Chaos in the Cosmos: New Insights into the Universe*. Plenum Press, New York

Parker P. & Arthur M. B. (2002) Bringing "New Science" into Careers Research. *M@n@gement*, 5 (1), 105–125

Parnes O., Vedder U. & Willer S. (2008) *Das Konzept der Generation. Eine Wissenschafts- und Kulturgeschichte*. Suhrkamp Taschenbuch Wissenschaft, Frankfurt am Main

Pask G. (1976) Styles and Strategies of Learning. *British Journal of Educational Psychology*, 45, 12–25

Paslack R. (1996) Sagenhaftes Chaos: Der Ursprung der Welt im Mythos. In: Küppers G. (Hrsg) *Chaos und Ordnung. Formen der Selbstorganisation in Natur und Gesellschaft*. Philipp Reclam jun., Stuttgart, 11–27

Peel D. A. (1993) Empirical evidence on the time-series behaviour of stock and bond prices in the inter-war period. *Applied Financial Economics*, 3 (1), 15–20

Peiperl M. & Baruch Y. (1997) Back to Square Zero: The Post-Corporate Career. *Organizational Dynamics*, 25 (4), 7–22

Peitgen H.-O., Jürgens H. & Saupe D. (1992) *Bausteine des Chaos. Fraktale*. Springer; Klett-Cotta, Berlin

Peng K.-L., Wu C.-H. & Goo Y.-J. J. (2004) The Development of a New Statistical Technique for Relating Financial Information to Stock Market Returns. *International Journal of Management*, 21 (4), 492–505

Pesin Y. B. (1977) Characteristic *Lyapunov* Exponents and Smooth Ergodic Theory. *Russian Math. Surveys*, 32, 55–114

Peters E., E. (1991) A Chaotic Attractor for the S&P 500. *Financial Analysts Journal*, (March–April), 55–62

Peters T. J. (1987) *Thriving on Chaos: Handbook for a Management Revolution*. Knopf, New York, NY

Peterson I. (1994) *Was Newton nicht wußte. Chaos im Sonnensystem*. Insel Verlag, Frankfurt am Main und Leipzig

Peterson I. (1999) *Prophet of Chaos*. Science News Online, http://www.sciencenews.org/sn_arc99/11_13_99/mathland.htm, abgefragt am: 19.05.

Peterson M. F. & Meckler M. R. (2001) Cuban-American Entrepreneurs: Chance, Complexity and Chaos. *Organization Studies*, 22 (1), 31–57

Pfeffer J. & Sutton R. I. (2006) Evidence-Based Management. *Harvard Business Review*, (1), 62–74

Phillips P. & Perron P. (1988) Testing for a Unit Root in Time Series Regression. *Biometrica*, 75, 335–346

Piaget J. (1953) *The Origin of Intelligence in the Child*. Routledge and Kegan Paul, London

Piaget J. (1976) *Die Äquilibration der kognitiven Strukturen*. Klett, Stuttgart

Piaget J. (1977) *The development of thought: Equilibration of cognitive structures. (Originally published in French, 1975)*. The Viking Press, New York

Picot A., Reichwald R. & Wigand R. T. (1996) *Die grenzenlose Unternehmung*. Gabler, Wiesbaden

Pincus S. M. (1991) Approximate Entropy as a Measur of System Complexity. *Proceedings of the National Academy of Sciences (USA)*, 88 (Mathematics), 2297–2301

Piper N. (2008) *Regierungen stemmen sich gegen Krise: Irrationaler Überschwank*. http://www.sueddeutsche.de/wirtschaft/regierungen-stemmen-sich-gegen-krise-irrationaler-ueberschwang-1.543227, abgefragt am: 03.04.2012

Poincaré H. (1904) *Wissenschaft und Hypothese (La science et l'hypothèse)*. Teubner, Leipzig

Poincaré H. (1908) *Science et méthode*. (dt.: Wissenschaft und Methode. Leipzig 1914; Reprint Darmstadt: Wissenschaftliche Buchgesellschaft 1973; engl: Science and Method 1914; Reprint London: Routledge/ Bristol: Thoemmes Press 1996). Flammarion, Paris

Polasek W. (1994) *EDA Explorative Datenanalyse: Einführung in die deskriptive Statistik*. Springer, Berlin

Polley D. (1997) Turbulence in Organizations: New Metaphors for Organizational Research. *Organization Science*, 8 (5), 445–457

Poole M. S., Van de Ven A. H., Dooley K. & Holmes M. E. (2000) *Organizational Change and Innovation Processes*. Oxford University Press, New York

Popper K. R. (1979) *Ausgangspunkte. Meine intellektuelle Entwicklung*. Hoffmann & Campe, Hamburg

Poshakwale S. & Murinde V. (2001) Modelling the volatility in East European emerging stock markets: evidence on Hungary and Poland. *Applied Financial Economics*, 11 (4), 445–456

Poshakwale S. (2002) The Random Walk Hypothesis in the Emerging Indian Stock Market. *Journal of Business Finance & Accounting*, 29 (9–10), 1275–1299

Presidential Commission (1986) *Report of the PRESIDENTIAL COMMISSION on the Space Shuttle Challenger Accident* http://history.nasa.gov/rogersrep/genindex.htm, abgefragt am: 17.12.2011

Prichard D. & Theiler J. (1994) Generating Surrogate Data for Time Series with Several Simultaneously Measured Variables. *Physical Review Letters*, 73, 951–954

Prigogine I. (1955) *Thermodynamics of Irreversible Processes*. Wiley, New York

Prigogine I. & Stengers I. (1984) *Order out of Chaos: Man's New Dialogue with Nature*. Bantam Books, New York

Prigogine I. & Stengers I. (1986) *Dialog mit der Natur (5. Auflage)*. Piper, München

Prigogine I. (1987) *Die Erforschung des Komplexen. Auf dem Weg zu einem neuen Verständnis der Naturwissenschaften*. Piper, München

Prigogine I. & Stengers I. (1993) *Das Paradoxon der Zeit. Zeit, Chaos und Quanten*. Piper, München

Prigogine I. (1995) *Die Gesetze des Chaos*. Insel Taschenbuch, Frankfurt am Main

Pritchard W. S. & Duke D. W. (1995) Measuring "Chaos" in the Brain. A Tutorial Review of EEG Dimension Estimation. *Brain and Cognition*, 27, 353–397

Radatz S. (2009) *Einführung in das systemische Coaching*. Carl-Auer-Systeme Verlag, Heidelberg

Raidl A. (1998) Is Weather Chaotic. In: Zelinka I. (Hrsg) *Perspective in Modern Prediction Methods*. 44–48

Ramsey J. B., Sayers C. L. & Rothman P. (1990) The Statistical Properties of Dimension Calculations Using Small Data Sets: Some Economic Applications. *International Economic Review*, 31 (4), 991–1020

Ramsey J. B. & Rothman P. (1994) Comment on 'Nonlinear Monetary Dynamics' by DeCoster and Mitchell. *Journal of Business and Economic Statistics*, 12, 135–136

Rangaswamy A. & Shell G. R. (1997) Using Computers to Realize Joint Gains in Negotiations: Towards an "Electronic Bargaining Table". *Management Science*, 43 (8), 1147–1163

Raphael D. D. (1991) *Adam Smith*. Campus Verlag, Frankfurt am Main

Rapp P. E., Jiménez-Montano M. A., Langs R. J., Thomson L. & Mees A. I. (1991) Toward a Quantitative Characterization of Patient-Therapist Communication. *Mathematical Biosciences*, 105, 207–227

Rapp P. E., Cellucci C. J., Korslund K. E., Watanabe T. A. A. & Jiménez-Montaño M. A. (2001) Effective Normalization of Complexity Measurements for Epoch Length and Sampling Frequency. *Physical Review E*, 64, 016209/1–016209/9

Read C. (2009) *Global Financial Meltdown. How We Can Avoid The Next Economic Crisis*. Palgrave Macmillan, New York

Reason J. (1990) The Contribution of Latent Human Failures to the Breakdown of Complex Systems *Philosophical Transactions of the Royal Society B: Biological Sciences*, 327 (1241), 475–484

Reason J. (1995) *Human error*. Cambridge Univ. Press, Cambridge u. a.

Reason J. (2000) Human Error: Models and Management. *British Medical Journal*, 320, 768–770

Reiczigel J. (2005) *Resampling Methoden*. http://www.univet.hu/users/jreiczig/dortmund2005/Dortmund-Resampling-Folien-Boot2.pdf, abgefragt am: 14.05.2012

Reitman F. & Schneer J. A. (2003) The Promised Path: a Longitudinal Study of Managerial Careers Commitment. *Journal of Managerial Psychology*, 18 (1), 60–75

Rendleman jr. R. J., Jones C. P. & Latané H. A. (1982) Empirical anomalies based on unexpected earnings and the importance of risk adjustments. *Journal of Financial Economics*, 10, 269–287

Resende M. (2000) Nonlinear Dynamics in Expectations: An Empirical Study. *Bulletin of Economic Research*, 52 (2), 167–173

Richter S. (1989) *Wunderbares Menschenwerk. Aus der Geschichte der mechanischen Automaten*. Edition Leipzig, Leipzig

Romanelli E. & Tushman M. L. (1994) Organizational Transformation as Punctuated Equilibrium: An Empirical Test. *Academy of Management Journal*, 37 (5), 1141–1166

Rose M. (2012) *Empirischer Nachweis der Hysterese in ökonomischen Entscheidungssituationen mit Hilfe der Theorien Nichtlinearer Dynamischer Systeme*. TU Dortmund, Dortmund

Rose M. (2017) Management komplexer Systeme. Entwicklung eines Messinstruments für den branchenübergreifenden Vergleich komplexitätswissenschaftsbasierter Managementprinzipien. https://eldorado.tu-dortmund.de/bitstream/2003/35764/1/Dissertation_Rose.pdf, abgefragt am: 31.08.2017

Rosenstein M. T., Collins J. J. & De Luca C. J. (1993) A Practical Method for Calculating Largest *Lyapunov* Exponents from Small Data Sets. *Physica D*, 65, 117

Rosenstein M. T. (1999) *L1D2*. 1.0. Massachusetts, http://www-anw.cs.umass.edu/~mtr/

Roßbach P. (2001) *Behavioral Finance – Eine Alternative zur vorherrschenden Kapitalmarkttheorie*. Bank-Akademie-Verlag, Frankfurt am Main

Rosser J. B. (1999) On the Complexities of Complex Economic Dynamics. *The Journal of Economic Perspectives*, 14 (4), 169–192

Rosser J. B., Rosser M. V., Guastello S. J. & Bond R. W. (2001) Chaotic Hysteresis and Systemic Economic Transformation: Soviet Investment Patterns. *Nonlinear Dynamics, Psychology, and Life Sciences*, 5 (4), 345–368

Rössler O. E. (1976) An equation for continuous chaos. *Physics Letters A*, 57 (5), 397–398

Roth G., Schwegler H., Stadler M. & Haynes J.-D. (1998) Die funktionale Rolle des bewußt Erlebten. *Gestalt Theory*, 20, 186–213

Ruelle D. & Takens F. (1971) On the Nature of Turbulence. *Communications in Mathematical Physics*, 20, 167–192

Ruelle D. (1990) The Claude Bernard Lecture, 1989. Deterministic Chaos: The Science and the Fiction. *Proceedings of the Royal Society of London. Series A, Mathematical and Physical Sciences*, 427 (1873), 241–248

Ruelle D. (1991) *Chance an Chaos*. Princeton University Press, Princeton, NJ

Ruf G. D. (2005) *Systemische Psychiatrie. Ein ressourcenorientiertes Lehrbuch*. Klett-Cotta, Stuttgart

Russell B. (1950) *Philosophie des Abendlandes. Ihr Zusammenhang mit der politischen und der sozialen Entwicklung*. Europa Verlag, Zürich

Samuelson P. A. (1939) Interactions Between the Multiplier Analysis and the Principle of Acceleration. *Review of Economics and Statistics*, 21 (May), 75–78

Sano M. & Sawada Y. (1985) Measurement of the *Lyapunov* Spectrum from a Chaotic Time Series. *Physical Review Letters*, 55 (10), 1082–1085

Sarasvathy S. D. (2008) *Effectuation – Elements of Entrepreneurial Expertise*. Edward Elgar, Cheltenham, UK

Sarbadhikari S. N. & Chakrabarty K. (2001) Chaos in the Brain: a Short Review Alluding to Epilepsy, Depression, Exercise and Lateralization. *Medical Engineering & Physics*, 23, 445–455

Sarraille J. & DiFalco P. (1992) *FD3. 0.3*. Computer Science Department, CSU Stanislaus, Turklock, CA 95380

Saskura K. (1995) Political economic chaos? *Journal of Economic Behavior & Organization*, 27, 213–221

Sato S., Sano M. & Sawada Y. (1987) Practical Methods of Measuring the Generalized Dimension and the Largest *Lyapunov* Exponent in High Dimensional Chaotic Systems. *Progress of Theoretical Physics*, 77 (1), 1–5

Saunders D. (1977) *An Introduction to Biological Rhythms*. Blackie, Glasgow

Schaub H. (2001) *Persönlichkeit und Problemlösen*. Beltz, Weinheim

Scheier C. & Tschacher W. (1994) Gestaltmerkmale in psychologischen Zeitreihen. *Gestalt Theory*, 16 (3), 151–171

Schein E. H. (1978) *Career Dynamics. Matching Individual and Organizational Needs*. Addison Wesley Publishing Company, Reading, MA

Scheinkman J. A. & LeBaron B. (1989) Nonlinear Dynamics and Stock Returns. *The Journal of Business*, 62 (3), 311–337

Schiepek G., Manteufel A. & Reicherts M. (1993) Dynamik und Struktur in komplexen Sozialsystemen – zur Entwicklung eines Forschungs- und Trainingsparadigmas. In: Schiepek G. & Spörkel H. (Hrsg) *Verhaltensmedizin als angewandte Systemwissenschaft*. Mackinger Verlag, Bergheim bei Salzburg

Schiepek G. & Strunk G. (1994) *Dynamische Systeme. Grundlagen und Analysemethoden für Psychologen und Psychiater.* Asanger, Heidelberg

Schiepek G. (1995) Ausbildungsziel: Systemkompetenz. In: Reiter L., Brunner E. J. & Reiter-Theil S. (Hrsg) *Von der Familientherapie zur systemischen Perspektive.* Springer, 2. Auflage in Vorbereitung, Berlin

Schiepek G., Kowalik Z. J., Gees C., Welter T. & Strunk G. (1995a) Chaos in Gruppen? In: Langthaler W. & Schiepek G. (Hrsg) *Selbstorganisation und Dynamik in Gruppen.* LIT Verlag, Münster, 38–68

Schiepek G., Küppers G., Mittelmann K. & Strunk G. (1995b) Kreative Problemlöseprozesse in Kleingruppen. In: Langthaler W. & Schiepek G. (Hrsg) *Selbstorganisation und Dynamik in Gruppen.* LIT Verlag, Münster, 236–255

Schiepek G., Manteufel A., Strunk G. & Reicherts M. (1995c) Kooperationsdynamik in Systemspielen. Ein empirischer Ansatz zur Analyse selbstorganisierter Ordnungsbildung in komplexen Sozialsystemen. In: Langtahler W. & Schiepek G. (Hrsg) *Selbstorganisation und Dynamik in Gruppen.* LIT Verlag, Münster, 123–162

Schiepek G. (1997) Die Ästhetik der Systemischen Therapie. *Systeme. Interdisziplinäre Zeitschrift für systemtheoretisch orientierte Forschung und Praxis in den Humanwissenschaften,* 11 (2), 53–61

Schiepek G., Strunk G., Weihrauch S., Bölker S. & Nelle I. (2003a) *Nonlinear Dynamics and Complexity in the Experience of Emotions.* Vortrag, gehalten auf: International Nonlinear Science Conference. Research and Applications in the Life Sciences, Wien, 07.02.–09.02.2003

Schiepek G., Weihrauch S., Eckert H., Trump T., Droste S., Picht A. & Spreckelsen C. (2003b) Datenbasiertes Real-time-Monitoring als Grundlage einer gezielten Erfassung von Gehirnzuständen im psychotherapeutischen Prozess. In: Schiepek G. (Hrsg) *Neurobiologie der Psychotherapie (Studienausgabe 2004).* Schattauer, Stuttgart, 235–272

Schiepek G., Tominschek I., Karch S., Mulert C. & Pogarell O. (2007) Neurobiologische Korrelate der Zwangsstörungen. Aktuelle Befunde zur funktionellen Bildgebung. *Psychotherapie, Psychosomatik, Medizinische Psychologie,* 57 (9/10), 379–394

Schiepek G. & Strunk G. (2010) The identification of critical fluctuations and phase transitions in short term and coarse-grained time series. A method for the real-time monitoring of human change processes. *Biological Cybernetics,* 102 (3), 197–207

Schneer J. A. & Reitman F. (1997) The Interrupted Managerial Career Path: A Longitudinal Study of MBAs. *Journal of Vocational Behavior,* 51, 411–434

Schreiber T. & Schmitz A. (1996) Improved Surrogate Data for Nonlinearity Tests. *Physical Review Letters,* 77, 635–638

Schreiber T. (1999) Interdisciplinary Application of Nonlinear Time Series Methods. *Physics Report,* 308, 1–64

Schreiber T. (2000) Is Nonlinearity Evident in Time Series of Brain Electrical Activity? In: Lehnertz K., Elger C. E., Arnhold J. & Grassberger P. (Hrsg) *Chaos in Brain?* World Scientific, Singapore, 13–22

Schreiber T. & Schmitz A. (2000) Surrogate Time Series. *Physica D,* 142, 346–382

Schrödinger E. (1989/1958) *Geist und Materie.* Diogenes, Zürich

Schuster H. G. (1989a) *Deterministic Chaos.* VCH, Weinheim

Schuster H. G. (1989b) Information Content of Chaotic Signals. *Physica Scripta,* 40, 367–372

Schuster H. G. (1995) *Deterministic Chaos. An Introduction.* Wiley, New York

Schuster P. (1999) Grundprinzipien der Selbstorganisation in komplexen Systemen. In: Toifel K. (Hrsg) *Chaostheorie und Medizin. Selbstorganisation im komplexen System Mensch.* Wilhelm Maudrich, Wien, 9–28

Seifritz W. (1987) *Wachstum, Rückkopplung und Chaos.* Hanser, München

Seitz A., Tschacher W., Ackermann K. & Revensdorf D. (1992) Applicability of Dimension Analysis to Data in Psychology. In: Tschacher W., Schiepek G. & Brunner E. J. (Hrsg) *Self-Organization and Clinical Psychology. Empirical Approaches to Synergetics in Psychology.* Springer, Berlin, 367–384

Sender T. (2017) *Wirtschaftsdidaktische Lerndiagnostik und Komplexität. Lokalisierung liminaler Unsicherheitsphasen im Hinblick auf Schwellenübergänge.* Springer Gabler, Wiesbaden

Senge P. M. (1990) *The Fifth Discipline: The Art & Practice of the Learning Organization.* Currency Doubleday, New York

Senge P. M. (1996) *Die fünfte Disziplin.* Klett-Cotta, Stuttgart

Sengupta J., K. & Zheng Y. (1995) Empirical tests of chaotic dynamics in market volatility. *Applied Financial Economics*, 5, 291–300

Sengupta J. K. & Zheng Y. (1994) Chaotic volatility in market portfolios. *Applied Economics Letters*, 1 (4), 63–65

Sengupta J. K. & Sfeir R. E. (1997) Exchange rate instability: some empirical tests of temporal dynamics. *Applied Economics Letters*, 4 (9), 547–550

Serletis A. & Dormaar P. (1996) Testing for deterministic nonlinear dependence in the australian dollar–US dollar exchange rate series. *Applied Economics Letters*, 3 (4), 267–269

Serletis A. & Sondergard M. A. (1996) Permanent and temporary components of Canadian stock prices. *Applied Financial Economics*, 6, 259–269

Serletis A. & Gogas P. (1997) Chaos in East European black market exchange rates. *Research in Economics*, 51, 359–385

Serletis A. & Gogas P. (1999) The North American Natural Gas Liquids Markets are Chaotic. *The Energy Journal*, 20 (1), 83–103

Serletis A. & Gogas P. (2000) Purchasing power parity, nonlinearity and chaos. *Applied Financial Economics*, 10, 615–622

Serletis A. & Andreadis I. (2004) Random fractal structures in North American energy markets. *Energy Economics*, 26 (3), 389–399

Sewell S. P., Stansell S. R., Lee I. & Below S. D. (1996) Using chaos measures to examine international capital market integration. *Applied Financial Economics*, 6 (2), 91–101

Shannon C. E. (1948) A Mathematical Theory of Communication. *Bell System Technical Journal*, 27, 379–423 and 623–656

Shannon C. E. & Weaver W. (1949) *Mathematical Theory of Communication.* University of Illinois Press, Illinois

Shaw C. R. (1931) *The Natural History of a Delinquent Career.* University of Chicago Press, Chicago

Sheldrake J. (1996) *Management Theory. From Taylorism to Japanization.* International Thomson Business Press, London

Shiller R. (2013) *S&P Composite.* http://www.econ.yale.edu/~shiller/data.htm, abgefragt am: 02.06.2013

Shiller R. J. (2003) From Efficient Markets Theory to Behavioral Finance. *The Journal of Economic Perspectives*, 17 (1), 83–104

Shintani M. & Linton O. (2003) Is there Chaos in the World Economy? A Nonparametric Test Using the Consistent Standard Errors. *International Economic Review*, 44 (1), 331–358

Shintani M. & Linton O. (2004) Nonparametric neural network estimation of *Lyapunov* exponents and a direct test for chaos. *Journal of Econometrics*, 120, 1–33

Sicherman N. & Galor O. (1990) A Theory of Career Mobility. *Journal of Political Economy*, 98 (1), 169–192

Simon H. A. (1955) A Behavioral Model of Rational Choice. *The Quarterly Journal of Economics*, 69 (1), 99–118

Simon H. A. (1957) A Behavioral Model of Rational Choice. In: (Hrsg) *Models of Man, Social and Rational: Mathematical Essays on Rational Human Behavior in a Social Setting*. Wiley, New York

Simon H. A. (1962) The Architecture of Complexity. *Proceedings of the American Philosophical Society*, 106, 467–482

Skinner J. E., Goldberger A. L., Mayer-Kress G. & Ideker R. E. (1990) Chaos in the Heart: Implications for Clinical Cardiology. *Biotechnology*, 8, 1018–1033

Skinner J. E., Carpeggiani C., Landisman C. E. & Fulton K. W. (1991) Correlation Dimension of Heartbeat Intervals Is Reduced in Conscious Pigs by Myocardial Ischemia. *Circulation Research American Heart Association*, 68, 966–976

Skinner J. E. (1992) *The Point-D2 Algorithm*. Baylor College of Medicine, Houston

Skinner J. E., Molnar M. & Tomberg C. (1994) The Point Correlation Dimension: Performance with Nonstationary Surrogate Data and Noise. *Integrative Physiological and Behavioral Science*, 29, 217–234

Small M. & Judd K. (1998) Detecting Nonlinearity in Experimental Data. *International Journal of Bifurkation and Chaos*, 8 (6), 1231–1244

Smart R. & Peterson C. (1997) Super's Career Stages and the Decision to Change Careers. *Journal of Vocational Behavior*, 51, 358–374

Smith A. (2004/1759) *Theorie der ethischen Gefühle (eng. Org. The Theory of Moral Sentiments)*. Meiner, Hamburg

Smith A. (2005/1776) *Untersuchung über Wesen und Ursachen des Reichtums der Völker (eng. Org. An Inquiry into the Nature and Causes of the Wealth of Nations)*. UTB, Mohr Siebeck, Tübingen

Smith S. W. (1999) *The Scientist and Engineer's Guide to Digital Signal Processing. Second Edition*. California Technical Publishing, San Diego

Sokal A. (1999) *Eleganter Unsinn. Wie die Denker der Postmoderne die Wissenschaften mißbrauchen*. Deutscher Taschenbuch Verlag, München

Sokal A. D. & Bricmont J. (1998) *Fashionable Nonsense: Postmodern Intellectuals' Abuse of Science*. Picador, New York

Soofi A. S. & Cao L. (2002) Prediction and Volatility of Black Market Currencies: Evidence from Renminbi and Rial Exchange Rates. *International Journal of Theoretical and Applied Finance*, 5 (6), 659–666

Sordi S. (1999) Economic models and the relevance of "chaotic regions": An application to Goodwin's growth cycle model. *Annals of Operations Research*, 89, 3–19

Spektrum der Wissenschaft (1989) *Verständliche Forschung: Chaos und Fraktal*. Spektrum Verlag, Heidelberg

Spektrum der Wissenschaft Spezial (2010) *Zufall und Chaos*. Spektrum Verlag, Heidelberg

Spiegel Online (2008) *Kursrutsch: DAX fällt auf tiefsten Stand seit Sommer 2005*. http://www.spiegel.de/wirtschaft/0,1518,583475,00.html, abgefragt am: 03.04.2012

Spiegel Online (2011a) *Rücktritt von Jürgen Stark: EZB verliert ihren Chefvolkswirt.* http://www.spiegel.de/wirtschaft/0,1518,785382,00.html, abgefragt am: 03.04.2012

Spiegel Online (2011b) *Finanzkrise in Griechenland: Papandreou sagt USA-Reise ab.* http://www.spiegel.de/politik/ausland/0,1518,786874,00.html, abgefragt am: 03.04.2012

Spiegel Online (2011c) *Finanzminister-Treffen in Breslau: Massenproteste gegen EU-Sparpolitik.* http://www.spiegel.de/wirtschaft/soziales/0,1518,786860,00.html, abgefragt am: 03.04.2012

Spiegel Online (2011d) *Rettungsfonds EFSF: Deutschland haftet im Extremfall mit 400 Milliarden Euro.* http://www.spiegel.de/wirtschaft/soziales/0,1518,786759,00.html, abgefragt am: 03.04.2012

Spiegel Online (2011e) *Minutenprotokoll: So lief die Debatte im Bundestag.* www.spiegel.de/politik/deutschland/0,1518,788998,00.html, abgefragt am: 03.04.2012

Stacey R. D. (1992) *Managing Chaos: Dynamic Business Strategies in an Unpredictable World.* Kogan Page, London

Stacey R. D. (1995) The Science of complexity: An Alternative Perspective for Strategic Change Processes. *Strategic Management Journal*, 16, 477–495

Stacey R. D. (1996) *Complexity and Creativity in Organizations.* Berrett-Koehler, San Francisco

Stacey R. D., Griffin D. & Shaw P. (2000) *Complexity and Management. Fad or Radical Challange to System Thinking?* Routledge, London

Stachowiak H. (1973) *Allgemeine Modelltheorie.* Springer, Wien

Stadler M. & Kruse P. (1990) The Self-Organization Perspective in Cognition Research: Historical Remarks and New Experimental Approaches. In: Haken H. & Stadler M. (Hrsg) *Synergetics of Cognition.* Springer, Berlin, 32–52

Stadler M., Richter P. H., Pfaff S. & Kruse P. (1991) Attractors and Perceptual Field Dynamics of Homogeneous Stimulus Areas. *Psychological Research*, 53, 102–112

Stadler M. & Haynes J.-D. (1999) Physikalische Komplexität und kognitive Strukturerkennung. In: Mainzer K. (Hrsg) *Komplexe Systeme und Nichtlineare Dynamik in Natur und Gesellschaft. Komplexitätsforschung in Deutschland auf dem Weg ins nächste Jahrhundert.* Springer, Berlin, 189–206

Stahl G. K., Mayrhofer W. & Kühlmann T. M. (Hrsg) (2005) *Internationales Personalmanagement. Neu Aufgaben, neue Lösungen.* Rainer Hampp Verlag, München

Stavroyiannis S., Makris I. & Nikolaidis V. (2010) Non-extensive properties, multifractality, and inefficiency degree of the Athens Stock Exchange General Index. *International Review of Financial Analysis*, 19 (1), 19–24

Stephan A. (2001) Emergenz in kognitionsfähigen Systemen. In: Pauen M. & Roth G. (Hrsg) *Neurowissenschaften und Philosophie.* UTB. Wilhelm Fink, München

Stephen W., Wuttipan T. & John W. K. C. (1987) Chernobyl, Commodities, and Chaos: An Examination of the Reaction of Commodity Futures Prices to Pruitt. *The Journal of Futures Markets*, 555–569

Steward I. (2011) Sources of uncertainty in deterministic dynamics: an informal overview. *Philosophical Transactions of the Royal Society A (Mathematical, Physical & Engeneering Sciences*, 369, 4705–4729

Stewart I. (2002) *Does God Play Dice? The New Mathematics of Chaos (Second Edition).* Blackwell Publishing, Malden

Stockman D. R. (2011) Chaos and capacity utilization under increasing returns to scale. *Journal of Economic Behavior & Organization*, 77, 147–162

Stollwerk N. & Drepper F. (1991) *Global Reconstruction of the Laws of Motion from a Time Series*. Forschungszentrum Jülich, Jülich

Stoop R. & Parisi J. (1991) Calculation of *Lyapunov* Exponents Avoiding Spurious Elements. *Physica D*, 50, 89

Streiner D. L. & Norman G. R. (1995) *Health measurement scales: a practical guide to their development and use*. Oxford University Press,

Strunk G. (1996) *Die Sequentielle Plananalyse als systemwissenschaftliche Methode der Psychotherapieprozeßforschung*. Unveröffentlichte Diplomarbeit, Westfälische Wilhelms Universität

Strunk G. (1998) *Stellungnahme zur Theorie und Praxis der Systemischen Therapie zum Antrag auf Anerkennung der systemischen Weiterbildung. für den Erwerb des Zertifikats "Klinische/r Psychologe/in Psychotherapeut/in BDP" beim Berufsverband Deutscher Psychologinnen und Psychologen*. Arbeitsgemeinschaft Systemische Therapie (AGST), FIS, München (http://www.complexity-research.com/pdf/strunk6.pdf)

Strunk G. (1999) Netzwerkstrukturen. *Psychologie in Österreich*, 19 (3), 221–226

Strunk G. & Schiepek G. (2002) Dynamische Komplexität in der Therapeut-Klient-Interaktion. Therapieforschung aus dem Geiste der Musik. *Psychotherapeut*, 47 (5), 291–300

Strunk G., Schiffinger M. & Mayrhofer W. (2003) *Career, Chaos and Complexity*. Vortrag, gehalten auf: Academy of Management (AoM), Seatle, 04.08.–06.08.2003

Strunk G. (2004) *Organisierte Komplexität. Mikroprozess-Analysen der Interaktionsdynamik zweier Psychotherapien mit den Methoden der nichtlinearen Zeitreihenanalyse*. Otto-Friedrich-Universität Bamberg, Bamberg

Strunk G., Schiffinger M. & Mayrhofer W. (2004) Lost in Transition? Complexity in Organisational Behaviour – the Contributions of Systems Theories. *Management Revue*, (4), 481–509

Strunk G. (2005) Karrieren zwischen Chaos und Ordnung. In: Mayrhofer W., Meyer M. & Steyrer J. (Hrsg) *Macht? Erfolg? Reich? Glücklich? Einflussfaktoren auf Karrieren*. Linde, Wien, 243–277

Strunk G. (2006) Vom Kern des Systemischen und dem Drumherum. *Systeme. Interdisziplinäre Zeitschrift für systemtheoretisch orientierte Forschung und Praxis in den Humanwissenschaften*, 20 (2), 133–156

Strunk G., Belker S., Nelle I., Haken H. & Schiepek G. (2006) Emotionsdynamik als "Fingerabdruck" der Persönlichkeit. In: Haken H. & Schiepek G. (Hrsg) *Synergetik in der Psychologie. Selbstorganisation verstehen und gestalten*. Hogrefe, Göttingen, 247–256

Strunk G. & Schiepek G. (2006) *Systemische Psychologie. Eine Einführung in die komplexen Grundlagen menschlichen Verhaltens*. Spektrum Akademischer Verlag, München

Strunk G. (2009a) *Die Komplexitätshypothese der Karriereforschung*. Peter Lang, Frankfurt am Main

Strunk G. (2009b) Operationalizing Career Complexity. *Management Revue*, 20 (3), 294–311

Strunk G. (2009c) *Analysemethode für Komplexität in Aktienzeitreihen*. complexity-reseach.com, Wien

Strunk G. (2010) *Permutationsentropie erweitert und vereinfacht: Vorschläge für neue Komplexitätsmaße*. complexity-reseach.com, Wien

Strunk G. & Schiepek G. (2014) *Therapeutisches Chaos. Eine Einführung in die Welt der Chaostheorie und der Komplexitätswissenschaften.* Hogrefe, Göttingen

Strunk G. (2015) *Es gibt nichts Praktischeres als eine gute Theorie.* Wochenschau Verlag, Schwalbach

Strunk G., Rose M., Sender T., Wagner W. & Liening A. (2015) Kognitive Aktivierung als Prozess. In: Arndt H. (Hrsg) *Kognitive Aktivierungn in der Ökonomischen Bildung.* Wochenschau Wissenschaft, Schwalbach, 60–74

Stumpf S. A. (1995) Applying new science theories in leadership development activities. *The Journal of Management Development*, 14 (5), 39–49

Süddeutsche.de (2008) *Finanzkrise im Zeitraffer.* http://www.sueddeutsche.de/geld/finanzkrise-im-zeitraffer-die-wichtigsten-ereignisse-in-bildern-1.707198-9, abgefragt am: 02.04.2012

Süddeutsche.de (2010) *Wirtschaft Nachrichten.* http://www.sueddeutsche.de/archiv/wirtschaft/2010/09/page/4, abgefragt am: 10.04.2012

Sullivan S. E., Carden W. A. & Martin D. F. (1998) Careers in the Next Millennium: Directions for Future Research. *Human Resource Management Review*, 6 (2), 165–185

Sullivan T. J. (1999) Leading people in a chaotic world. *Journal of Educational Administration*, 37 (5), 408–423

Super D. E. (1957) *The Psychology of Careers.* Harper & Row, New York

Sutherland E. H. (1937) *The Professional Thief: By a Professional Thief.* University of Chicago Press, Chicago

Szpiro G. G. (1994) Exchange rate speculation and chaos inducing intervention. *Journal of Economic Behavior & Organization*, 24, 363–368

t-online (2009) *Finanzkrise: die Chronik der Ereignisse.* http://wirtschaft.t-online.de/finanzkrise-die-chronik-der-ereignisse/id_16472192/index, abgefragt am: 03.04.2012

Takala K. & Virén M. (1996) Chaos and nonlinear dynamics in financial and nonfinancial time series: Evidence from Finland. *European Journal of Operational Research*, 93, 155–172

Takens F. (1981) Detecting Strange Attractors in Turbulence. In: Rand D. A. & Young L. S. (Hrsg) *Lecture Notes in Mathematics.* Springer, Berlin, 368–381

Tangirala S. & Alge B. J. (2006) Reactions to Unfair Events in Computer-Mediated Groups: A Test of Uncertainty Management Theory. *Organizational Behavior and Human Decision Processes*, 100 (1), 1–20

Theiler J. (1990) Estimating fractal dimension. *Journal of the Optical Society of America*, 7 (6), 1055–1073

Theiler J., Eubank S., Longtin A., Galdrikian B. & Farmer J. D. (1992) Testing for Nonlinearity in Time Series: The Method of Surrogate Data. *Physica D*, 58, 77–94

Theiler J. (1995) On the Evidence for Low-Dimensional Chaos in an Epileptic Electroencephalogram. *Physical Letter A*, 196, 335–341

Thiétart R. A. & Forgues B. (1995) Chaos Theory and Organization. *Organization Science*, 6 (1), 19–31

Thiétart R. A. & Forgues B. (1997) Action, Structure and Chaos. *Organization Studies*, 18 (1), 119–143

Tomm K. (1988) Das systemische Interview als Intervention. Teil II. Reflexive Fragen als Mittel zur Selbstheilung. *System Familie*, (1), 220–243

Tomm K. (1989) Das systemische Interview als Intervention. Teil III. Lineale, zirkuläre, strategische oder reflexive Fragen? *System Familie*, (2), 21–40

Tschacher W. & Scheier C. (1995) Analyse komplexer psychologischer Systeme. II. Verlaufsmodelle und Komplexität einer Paartherapie. *System Familie, 8*, 160–171

Tsonis A. A. & Elsner J. B. (1988) The Weather Attraktor over Very Short Time Scales. *Nature, 33*, 545–547

Tsonis A. A. (1992) *Chaos: From Theory to Applications*. Plenum Press, New York

Tsoukas H. & Chia R. (2002) On Organizational Becoming: Rethinking Organizational Change. *Organization Science*, 13 (5), 567–582

Turnheim G. (1991) *Chaos und Management*. MANZ Wirtschaft, Wien

Tushman M. L. & Romanelli E. (1995) Organizational Evolution: A Metamorphosis Model of Convergence and Reorientation. In: Cummings L. L. & Staw B. M. (Hrsg) *Research in Organizational Behavior, Vol. 17*. JAI Press, Greenwich, CT, 171–222

Uffink J. (2001) Bluff your Way in the Second Law of Thermodynamics. *Studies in History and Philosophy of Modern Physics*, 32, 305–394

Ulich E. (1994) *Arbeitspsychologie*. Schäffer-Poeschel, Stuttgart

Ulrich H. & Probst G. J. B. (1984) *Self-Organization and Management of Social Systems*. Springer, Berlin

Ulrich H. & Probst G. J. B. (1988) *Anleitung zum ganzheitlichen Denken und Handeln*. Paul Haupt, Bern

Untersteiner N. (1995) Theorien, Experimente und der Computer in den Erdwissenschaften. In: Braitenberg V. & Hosp I. (Hrsg) *Simulation. Computer zwischen Experiment und Theorie*. Rowohlt, Reinbek bei Hamburg, 126–147

Urrutia J. L., Vu J., Gronewoller P. & Hoque M. (2002) Nonlinearity and Low Deterministic Chaotic Behavior in Insurance Portfolio Stock Returns. *The Journal of Risk and Insurance*, 69 (4), 537–554

Vaidyanathan R. & Krehbiel T. (1992) Does the S&P 500 futures mispricing series exhibit nonlinear dependence across time? *Journal of Futures Markets*, 12 (6), 659–677

van Gelder T. (1998) The Dynamical Hypothesis in Cognitive Science. *Behavioral and Brain Sciences*, 21, 615–665

Varson P. L. & Doran P. (1995) The Search for Evidence of Chaos in FTSE-100 Daily Returns. *European Financial Management*, 1 (2), 201–210

Vastano J. A. & Kostelich E. J. (1986) Comparison of Algorithms for Determining Lyapunov-Exponents from Experimental Data. In: Mayer-Kress G. (Hrsg) *Dimension and Entropies in Chaotic Systems*. Springer, Berlin, 100–107

Vester F. (1991/1976) *Ballungsgebiete in der Krise*. Deutscher Taschenbuch Verlag, München

Vester F. (1999) *Die Kunst vernetzt zu denken: Ideen und Werkzeuge für einen neuen Umgang mit Komplexität*. Deutsche Verlags-Anstalt, Stuttgart

Victor B. & Stephens C. (1994) The Dark Side of the New Organizational Forms: An Editorial Essay. *Organization Science*, 5 (4), 479–482

Volberda H. W. (1998) *Building the Flexible Firm*. Oxford University Press, Oxford

Volterra V. (1931) *Lecon sur la théorie mathématique de la lutte pour la vie*. Gauthier-Villars,

von Foerster H. (1970) Molecular Ethology, an Immodest Proposal for Semantic Clarification. In: Ungar G. (Hrsg) *Molecular Mechanisms in Memory and Learning*. Plenum Press, New York, 213–248 von Foerster H. (1985) *Sicht und Einsicht. Versuche zur operativen Erkenntnistheorie.* Vieweg Verlag, Braunschweig

von Schlippe A. & Schweitzer J. (1996) *Lehrbuch der systemischen Therapie und Beratung.* Vandenhoeck & Ruprecht, Göttingen, Zürich

von Weizsäcker E.-U. & von Weizsäcker C. (1972) Wiederaufnahme der begrifflichen Frage: Was ist Information. *Nova Acta Leopoldina N.F.*, 37 (206), 535–555

Voss A., Wessel N., Baier V., Osterziel K. J., Kurths J., Dietz R. & Schirdewan A. (2000) Symbolic Dynamics – a Powerful Tool in Non-Invasiv Biomedical Signal Processing. *Online Symposium for Electronics Engeniers,* http://www.eetimes.com/electrical-engineers/education-training/tech-papers/4124271/Symbolic-Dynamics--8212-A-Powerful-Tool-in-Non-Invasive-Biomedical-Signal-Processing

Wachter R. M. (2004) The end of the beginning: patient safety five years after 'to err is human'. *Health Aff (Millwood)*, Suppl Web Exclusives (Jul–Dec), W4-534-545

Wales D. J. (1991) Calculating the Rate Loss of Information from Chaotic Time Series by Forecasting. *Nature*, 350, 485–488

Wallace R. (1976) *Leonardo da Vinci und seine Zeit.* Time-Life International, Amsterdam

Walther J. B. (1995) Relational Aspects of Computer-Mediated Communication: Experimental Observations Over Time. *Organization Science*, 6 (2), 186–203

Wandl N. & Habenicht U. (2011) *Unternehmensübergabe nachhaltig gestalten. Den Generationenwechsel zeitgerecht durchführen.* Gabler, Wiesbaden

Warnecke H.-J. (1993) *Revolution der Unternehmenskultur. Das Fraktale Unternehmen.* Springer, Berlin

Warner J., Watts R. & Wruck K. (1988) Stock Prices and Top Management Changes. *Journal of Financial Economics*, 20, 461–492

Watson J. B. (1913) Psychology as the Behaviorist Views It. *Psychological Review*, 20, 158–177

Watzlawick P., Beavin J. H. & Jackson D. D. (1969) *Menschliche Kommunikation. Formen, Störungen, Paradoxien.* Hans Huber Verlag, Bern

Watzlawick P. (1976) *Wie Wirklich ist die Wirklichkeit?* Piper, München

Watzlawick P. & Beavin J. (1980) Einige formale Aspekte der Kommunikation. (Titel des Originals: Some Formal Aspects of Communication. American Behavioral Scientist, 10, 1966/1967, S. 4–8). In: Watzlawick P. & Weakland J. H. (Hrsg) *Interaktion.* Piper, München, 95–110

Webber Jr. C. L. & Zbilut J. P. (1994) Dynamical Assessment of Physiological Systems and States Using Recurrence Plot Strategies. *Journal of Applied Physiology*, 76, 965–973

Weber M. (1985/1922) *Wirtschaft und Gesellschaft: Grundriss der verstehenden Soziologie. 5. Auflage (1. Auflage, 1922).* Mohr, Tübingen

Weber M. (1988/1904/1905) *Die protestantische Ethik und der Geist des Kapitalismus (Textausgabe auf der Grundlage der ersten Fassung von 1904/05 mit einem Verzeichnis der wichtigsten Zusätze und Veränderungen aus der zweiten Fassung von 1920).* Beltz, Athenäum, Weinheim

Weeks E. R. (1997) *Mutual Information Algorithm.* v05. Harvard, http://www.deas.harvard.edu/~weeks/

Weick K. E. (1979) *The Social Psychology of Organizing.* Addison-Wesley, Reading, MA

Weick K. E. (1984) Small Wins: Redefining the Scale of Social Problems. *American Psychologist*, 39 (1), 40–49

Weick K. E. & Quinn R. E. (1999) Organizational Change and Development. *Annual Review of Psychology*, 50, 361–386

Weidlich W. & Haag G. (1983) *Concepts and Models of a Quantitative Sociology*. Springer, Berlin

Weingart L. R., Olekalns M. & Smith P. L. (2004) Quantitative Coding of Negotiation Behavior. *International Negotiation*, 9 (3), 441–455

West B. J. (1990) *Fractal Physiology and Chaos in Medicine*. World Scientific, Singapore

Wheatley M. J. (1992) *Leadership and the New Science*. Berrett-Koehler, San Francisco, CA

Wiener N. (1948) *Cybernetics, or Control and Communication in the Animal and the Machine*. John Wiley, New York

Wienert H. (2007) Können alternde Gesellschaften dem Innovationsdruck standhalten? *Wirtschaftsdienst*, 87 (6), 386–390

Wikipedia (2012a) *Februar 2002*. https://de.wikipedia.org/wiki/Februar_2002, abgefragt am: 10.04.2012

Wikipedia (2012b) *Irakkrieg*. https://de.wikipedia.org/wiki/Irakkrieg, abgefragt am: 03.04.2012

Wikipedia (2012c) *September 2010*. https://de.wikipedia.org/wiki/September_2010, abgefragt am: 03.04.2012

Wikipedia (2012d) *Griechenlandkrise*. https://de.wikipedia.org/wiki/Griechenlandkrise, abgefragt am: 03.04.2012

Willey T. (1991) Testing for Non-Linear Dependence in Daily Financial Futures. *Journal of Economics and Finance*, 15 (1), 95–103

Willke H. (1983) Methodologische Leitfragen systemtheoretischen Denkens. Annäherungen an das Verhältnis von Intervention und System. *Zeitschrift für Systemische Therapie*, 1 (2), 23–37

Willke H. (1989) *Systemtheorie entwickelter Gesellschaften*. Juventa, München

Willke H. (1994) *Systemtheorie II. Interventionstheorie. Grundzüge einer Theorie der Intervention in komplexe Systeme*. Fischer, Stuttgart, Jena

Willke H. (2004) *Einführung in das systemische Wissensmanagement*. Carl-Auer, Heidelberg

Wilson I. (2000) From Scenario Thinking to Strategic Action. *Technological Forecasting & Social Change*, 65, 23–29

Wilson J. M., Straus S. G. & McEvily B. (2006) All in Due Time: The Development of Trust in Computer-Mediated and Face-to-Face Teams. *Organizational Behavior and Human Decision Processes*, 99 (1), 16–33

Wolf A., Swift J. B., Swinney H. L. & Vastano J. A. (1985) Determining *Lyapunov* Exponents from a Time Series. *Physica D*, 16, 285–317

Wood G. (2002) *Edison's Eve. A Magical History of the Quest for Mechanical Life*. Anchor Books, New York

Wright J. (1984) Method for Calculating a *Lyapunov* Exponent. *Physical Review A*, 29, 2924–2927

Wu W. A. (2000) Medical error: the second victim. *British Medical Journal*, 320, 726–727

Yadav P. K., Paudyal K. & Pope P. F. (1999) Non-linear Dependence in Stock Returns: Does Trading Frequency Matter? *Journal of Business Finance & Accounting*, 26 (5), 651–679

Yang S.-R. & Brorsen B. W. (1993) Nonlinear dynamics of daily futures prices: Conditional heteroskedasticity or chaos? *Journal of Futures Markets*, 13 (2), 175–191

Zbilut J. P. & Webber Jr. C. L. (1992) Embedding and Delays as Derived from Quantification of Recurrence Plots. *Physical Letters A*, 171, 199–203

Zeng X., Eykholt R. & Pielke R. A. (1991) Estimating the *Lyapunov*-Exponent Spectrum from Short Time Series of Low Precision. *Physical Review Letters*, 66, 3229

Zenger T. R. & Hesterly W. S. (1997) The Disaggregation of Corporations: Selective Intervention, High-powered Incentives, and Molecular Units. *Organization Science*, 8 (3), 209–222

Zhang W.-B. (1991) *Synergetic Economics. Time and Change in Nonlinear Economics.* Springer, Berlin

Ziv J. & Lempel A. (1977) A Universal Algorithm for Data Compression. *IEEE Transactions on Information Theory*, IT 23 (3), 337–343

Zvonkin A. K. & Levin L. A. (1970) The Complexity of Finite Objects and the Development of the Concepts of Information and Randomness by Means of the Theory of Algorithms. *Russian Mathematics Surveys*, 25 (6), 83–124

13 Index

$1/f^x$-Rauschen 1, 120, 227, 234
Akkomodation 112, 444, 446
Aktienkurs 11, 79, 115, 242, 319, 366, 400
Anomalie 17
ARCH 74 f., 78, 80, 82 f., 85, 240–242, 319, 366, 473, 493
Assimilation 112, 444–446
Attraktor 46–48, 51–53, 55 f., 62, 67, 83, 89, 92, 96, 111–114, 116, 140, 157 f., 160, 162, 165, 183, 185, 200, 208, 215–219, 222, 228, 230, 245, 255–257, 273, 285–288, 300, 305 f., 310–313, 316 f., 321–323, 325–327, 329, 334, 336, 341, 343, 345, 352, 357, 360, 365, 368, 380, 390, 445, 510
   chaotischer 51, 83, 183, 215, 230, 305, 358
   seltsamer 215, 219
Autokorrelation 123–127, 164, 167, 169–175, 178 f., 182, 184, 201, 203, 223, 236, 243, 450 f.
Autokorrelationsfunktion 124–129, 164, 167–174, 177 f., 180, 182, 188, 196, 238, 267, 318, 364
Automat 502
Autopoiese 32, 34
Bäckertransformation 305 f., 310, 357
Bassin 96, 112
Bayes-Theorem 176
BDS-Test 13, 77 f., 82, 85, 173, 188, 294, 296–298, 492, 494, 499
Behavioral Finance 17, 451, 455, 483, 503, 505
Behaviorismus 24 f., 444, 511
Belusov-Zhabotinsky-Reaktion 162, 200, 354
Bénard-Konvektion 57
Bewegungsgesetz 154, 300, 398 f.
Bifurkation 36, 52 f., 55, 113 f., 345, 481, 487, 506
Bildung 124, 192, 421 f., 424–426, 439, 441 f., 461, 475, 495, 509
   ökonomische 289, 494 f., 498
Bottom-up 69 f., 219
Boundaryless Career 249, 402, 479, 484
Bürokratiemodell 87
Ceteris Paribus 105, 286, 474
Changeprozess 106, 113, 116, 255, 258
Chaos
   Chaotizität 14, 145, 149, 290, 313, 326, 334, 344, 348, 357, 386
   deterministisches 38, 40, 59, 62, 76, 240, 299, 397
   mikroskopisches 286
   Chaostheorie 10, 35, 89, 505, 509
   Chaosforschung 10 f., 13, 16, 58 f., 65 f., 69, 72, 76 f., 81, 83–85, 87, 89, 94, 97, 99, 111, 135, 202, 205, 250, 283, 294, 298–301, 318, 415, 449, 473 f., 496
Cob-Web-Modell 65
Commodities 79, 242, 319, 366, 507
Computer 19, 341, 399, 479, 493, 496, 503, 509–512
   -simulation 66, 70, 301, 399
D2, 13–15, 59, 77, 81, 84 f., 104, 108, 120 f., 140, 144 f., 147, 171, 174, 183, 185, 188, 205, 217, 220 f., 223, 225–246, 251–253, 255–258, 260 f., 263–268, 273–275, 277–281, 290, 297, 311, 313, 316, 318, 322–324, 327, 329, 334, 336, 344, 346, 357, 359–361, 363–369, 371 f., 387, 390, 407, 415, 428, 432, 474, 506
Dämon
   Laplace'scher 21 f., 35, 43, 87
DAX 13–15, 17, 119, 131 f., 134, 161, 173, 182, 188 f., 200 f., 204, 238–240, 242–244, 267 f., 270 f., 278 f., 283, 291, 297 f., 318–320, 331, 339, 348, 350, 364 f., 372–374, 391–393, 396, 443, 446 f., 450–452, 454–457, 474, 478, 489, 506
Determinismus 14, 21–23, 30, 34 f., 38–42, 47, 52, 55, 59, 62, 66, 72, 76, 83, 114, 145, 149, 154, 202, 219, 227, 240, 286, 290, 299, 353, 356, 377, 383–385, 391, 393, 397, 422, 465, 473
Determinismuskennwert 384
DFT-Surrogat 122 f., 237 f., 240, 242, 244, 267, 361, 364–366, 391
Differentialgleichung 154 f.
Digit-Transformator 435–437
Dimensionalität 83, 110, 140, 144, 166, 169, 183, 185, 213, 216–219, 221, 223, 226–232, 234, 238, 240, 243–245, 253, 255–259, 261, 264 f., 267, 273 f., 280, 290, 311, 316, 318 f., 323, 326 f., 329, 331, 334, 336, 339, 341, 352, 360, 362, 390
   fraktale 83, 144, 162, 183, 191 f., 201, 204, 216–219, 227, 240, 244 f., 260, 271, 280, 283, 352
   Hausdorff-Besicovitch-Dimension 213, 240
Diskretisierung 413, 423, 425 f., 440–442, 467
Divergenz
   exponentielle 50, 56, 83, 145, 216, 304–308, 310, 320, 322, 341, 352
Drei-Körper-Problem 154 f., 300
Einbettungsdimension 84, 109, 136 f., 139 f., 144, 146, 148, 158, 161, 163–166, 169 f., 174 f., 177, 182–185, 188 f., 191, 193, 195 f., 198, 200 f., 215, 218, 221–223, 225–229, 231–236, 238–241, 243 f., 246, 250, 253, 257–259, 261–268, 273, 275 f., 278, 281 f., 290, 292, 295 f., 311–313, 316, 318, 320, 322 f., 326 f., 329–331, 334, 336 f., 339, 344 f., 358, 360–365, 368–371, 380, 387, 390, 397, 425 f., 440, 442
Emergenz 22, 26–30, 34–36, 38, 40, 49, 62, 313, 326, 334, 344, 354, 507
Energie 52, 97, 145, 284 f., 353 f.
Entropie 15, 110, 145, 150, 192, 352–361, 364 f., 367–369, 372–374, 385, 393, 401, 406 f., 424, 431 f., 461
   algorithmische 401, 461 f.
   Entropiebegriff 145, 150, 353
Euro-Referenzkurs 15, 202–204, 243, 281–283, 474
Evaluation 481
Experiment 15, 90, 261, 289 f., 447, 480, 497, 510
EZB 15, 202 f., 243, 270, 281, 283, 396, 474, 486, 507
Faktorenanalyse 220

Feedback 62, 67, 478
  Feedbackprozess 62, 90 f., 164
  gemischtes 62, 90
  negatives 62
Fehler 15, 50, 73, 84, 109 f., 112, 119, 326, 357 f.
  Fehlertoleranz 323, 326
  Fehlerverdoppelungszeit 357 f.
Feigenbaum-Szenario 51 f., 54, 114
Fenster der Ordnung 53 f., 306, 377, 385, 393
FFT 128
Fibbonacci 214
Filter 75, 132, 142
  Breitband- 132 f.
  Daten- 142
Finanzdaten 11–14, 65, 72, 77, 86, 97, 100, 120, 137, 174, 182, 202, 219, 269, 294, 318, 331, 395, 410
Finanzkrise 119, 507, 509
Fixpunkt 51, 62, 67, 300, 308, 377, 385, 393
Fluktuationen 35, 83, 113 f., 132 f., 282, 287, 289, 304, 432, 446
  kritische 53, 113, 115 f., 259, 287, 291, 373, 446 f.
Forbidden Words 422
Fordismus 87
Forschungsdesign 100, 105, 115, 448
Forschungsmethode 12, 481
Forschungsmodell 69
Fourier
  Fouriersynthese 121, 123
  Fouriertransformation 120 f., 123 f., 128, 227, 234, 290, 365, 390, 393, 478
Fragebogen 64
Fragebogenkonstruktion 109, 348, 433
Fraktal 10, 15, 19, 41, 46, 49, 51, 53, 75, 77 f., 80 f., 83, 85, 87 f., 94, 97–99, 102, 143–145, 147, 153 f., 160, 162, 183, 191 f., 201, 204 f., 207–210, 212–219, 221, 227, 231, 240, 244 f., 250, 253, 260, 271, 274, 280 f., 283, 298, 306, 341, 350, 352, 355, 357, 391, 496, 500, 506, 511
Frequenzspektrum 121–123, 129, 132, 169, 227, 255
Futures 79, 117, 242, 319, 366, 448, 481 f., 484, 486, 488 f., 491, 497 f., 507, 510, 512
GARCH 74, 85, 493
GChaos 12, 46 f., 50, 57, 100, 115, 117, 122 f., 125 f., 131 f., 134, 138 f., 141, 148, 158 f., 165, 171, 180, 185, 187, 189, 196, 198, 206, 216, 224, 230, 234–236, 238 f., 245, 251 f., 256 f., 261, 263, 265, 273, 277, 281, 290, 297, 314, 316, 320, 323, 328 f., 333, 336 f., 339, 346, 359, 361, 363, 365, 368, 371, 375 f., 378–381, 387, 389, 410, 412, 414, 425, 432, 440, 451, 465, 467, 469, 471
Gedankenexperiment 402
GEntropien 430 f., 434–443, 447, 452
Gestalttheorie 206
GIGO 94 f.
Goodwin-Modell 65, 67, 488, 506
Grammar Complexity 121, 143, 447, 461, 463–472, 492
Grenzzyklus 51, 157, 286, 300
Häufigkeitsverteilung 59, 120, 175, 177, 404–406, 410–413, 416, 422–424, 428, 434, 439
Heaviside-Funktion 221 f., 295 f., 383 f.

Hénon-System 200, 230, 232, 326
Herzrate 16, 289–292, 447
Herzrhythmus 290, 432
Hierarchie 92 f., 183, 421
Hirnforschung 288
Homöostase 52, 54, 133, 153, 286
Hypothese 16, 38 f., 72 f., 75, 81 f., 115, 173, 215, 217, 247, 252, 261, 281, 297, 415, 448–450, 501
Hysterese-Effekt 15 f., 285, 288–290, 445, 502
Information 19, 39, 72 f., 80, 87, 121, 123 f., 153, 157, 173, 175–180, 182, 217 f., 227, 231, 265, 281, 286, 288 f., 292, 389, 403 f., 409, 421–423, 428, 430, 444 f., 448 f., 461, 479, 482, 485–487, 492–494, 500, 504, 511, 513
Informationsdefinition 119 f., 175 f., 179, 356, 385, 402–407, 410–418, 421–426, 428–430, 432–434, 439, 441–443, 461
Informationstheorie 402, 404, 461 f.
Interkorrelation 66
Intermittenz 53 f., 377, 384
Intervallskala 99, 137, 143, 169, 178, 195, 232, 313, 360, 388, 399
Intervention 94, 116, 509 f., 512 f.
Invisible Hand 29
Irreduzibilität 27
Item
Itemanalyse 110, 348
Itemselektion 434
Itemtrennschärfe 110
Iteration 44, 46, 48, 50, 54, 167, 237, 257, 317, 330, 337, 343, 368, 371, 380
Iterator 210
Kapitalstock 67 f.
Karriere 90, 247–253, 402, 404–406, 415–417, 464
Kausalität 35 f., 38
Kernel-Filter 129
Koch-Kurve 209–213, 215, 245
Kolmogorov-Sinai-Entropie 145, 352, 355–358, 365
Kommunikation 18, 32, 34, 92, 400, 404, 470 f., 476, 511
Komplexität 9–13, 15 f., 18–23, 25–31, 34 f., 37–43, 45, 49, 51, 58 f., 62, 64, 66, 69, 75, 83, 85–87, 96–102, 105 f., 108 f., 113–120, 128, 132, 137, 143 f., 147 f., 152, 166, 169 f., 173, 183, 190, 192, 195, 200, 202, 204–210, 213, 217–220, 230–232, 238, 241, 243–245, 247 f., 250, 253–255, 260, 266–269, 272, 274, 278 f., 281, 283, 287, 290 f., 294, 313, 326, 334, 342, 344, 348, 350, 355, 361, 365, 369, 372, 375, 385 f., 393, 397, 400–402, 404–406, 410–412, 415–418, 422, 424, 428, 432–434, 439, 443 f., 446 f., 452, 454–456, 462, 466, 470, 473–476, 507 f., 510
Komplexitätsdefinition 402
Komplexitätsforschung 12, 17, 21, 58 f., 65, 75, 87 f., 98–102, 107, 118–120, 123, 135, 143–146, 148, 150, 160, 175, 182 f., 250, 281, 283, 421, 434, 443, 445 f., 455, 458, 460, 475 f., 494, 507
Komplexitätshypothese 15, 202, 247, 249 f., 252–254, 415 f., 418, 420, 428 f., 508
organisierte 19, 31, 41, 200–202, 204, 240, 244, 391, 508
Kompression 462–465

Konfidenzintervall 228, 407–409, 414, 416 f., 426, 439, 442
Konstruktivismus 22, 30 f., 33, 497
Kontrollparameter 45, 51, 54, 64, 92, 97, 111, 285–287, 341, 367
Koordinatensystem 136, 144, 153–155, 162, 167, 194 f., 198 f.
Korrelation 39, 75 f., 80 f., 85, 109 f., 123–125, 127 f., 164, 182, 223, 227, 234, 236, 239, 259, 264, 283, 294, 324, 327, 330, 336 f., 365, 437–440
Korrelationsdimension 84, 119, 183, 216, 222 f., 225 f., 228 f., 253 f., 350, 367
Korrelationsintegral 77, 110, 182–186, 188 f., 196, 204 f., 219, 221–225, 230, 234–236, 245, 252, 266, 272, 283, 294–298, 352, 355, 357–361, 376 f., 383
generalisiertes 13, 179, 183–189, 201, 204, 238, 243, 267, 318, 364
Kreiskausalität 91 f.
Krise 202, 268–270, 282, 286, 395 f., 446 f., 487, 495, 501, 510
Küstenlinie 205–209, 211, 213, 221, 245
Kybernetik 62, 91, 94, 486, 490, 499, 504, 512
Labor 485
Laminarität 377, 384 f., 393, 422
Langsamerwerden 53, 287, 384
kritisches 55
Laplace 21 f.
Laser 117, 452, 490
Lernen 16, 25, 31, 112, 304, 444–447, 495
LLE 11, 13, 83 f., 104, 107, 114, 119, 135, 145, 149, 171, 308–310, 312, 314–321, 324 f., 327–337, 339–342, 344–348, 350, 385, 387, 393, 407, 410, 415, 437 f., 440
Kantz-Algorithmus 13, 145, 149, 323, 333–337, 339 f., 342, 344, 347 f.
Rosenstein-Algorithmus 13, 145, 149, 309, 314, 322, 324, 326–329, 331, 333 f., 337, 339, 342, 347 f.
Wolf-Algorithmus 13, 59, 309 f., 312–316, 318, 320–323, 325, 327, 329, 331, 333 f., 336, 339, 342, 347 f.
log-Return 13–15, 161, 238, 243, 267 f., 278, 281, 318, 331, 339, 364, 372, 452
Löhne 18, 470
Lorenz-Attraktor 57, 104, 164 f., 219, 224, 257, 272 f., 322, 342 f., 359, 367 f., 380 f.
Lösungsorientierung 91
Lyapunov-Exponent 14, 51, 54, 56, 59, 68, 77 f., 80 f., 83–85, 101 f., 114, 137, 143, 145, 149, 154 f., 183, 188, 191 f., 245, 283, 290, 299, 303, 306–314, 316, 318–320, 322–326, 329, 331, 334, 336 f., 339, 341–350, 352, 355, 357, 365, 385, 428, 432, 439, 479–482, 485 f., 492, 500, 502 f., 506, 508, 510, 512 f.
Makroebene 285
Makroökonomie 66, 79, 202, 242, 244, 319
Marketing 289, 483
Markt 16, 39, 44, 72–74, 85 f., 89, 96, 111, 117, 173, 214, 269, 284, 286, 288, 350, 394, 448–450, 452, 454, 475 f.
Markteffizienz 16, 38 f., 72 f., 75 f., 81 f., 85, 117, 173, 208, 286, 289, 448–450, 455, 475
Marktteilnehmerin bzw. -teilnehmer 27
Martingale-Hypothese 72, 75 f., 81 f., 117, 173, 182, 208, 283, 448, 475

Maschine 22, 24 f., 27, 34, 105
Maschinenmetapher 87
Mechanik 22, 62, 90, 133, 196, 301, 303, 355, 398 f., 458, 476, 488, 491
Messfehler 100, 109 f., 130, 205, 227, 231, 301, 348, 357, 375, 386
Messgenauigkeit 105, 130
Messintervalle 124
Messmethode 209
Metaphorik 48, 89, 114, 299
Mikroebene 285 f.
Mittelwert
geschachtelter gleitender 134
gleitender 133
Mobile 35, 90
Mode 19
Modellbildung 11, 65 f., 95, 205
Monster, mathematische 205, 207 f., 210
Mutual Information 13, 161, 165, 174–182, 184 f., 188 f., 196, 198, 201, 203, 234, 238, 243, 267, 290, 311, 316, 318, 322 f., 330, 337, 364, 487, 511
Newton 154 f., 300, 398 f.
Nichtreduzierbarkeit 27
Nichtstationarität 12, 14, 84, 100 f., 106–110, 115 f., 130, 135, 144, 230, 238, 243, 255 f., 261, 267 f., 274, 280, 282–284, 319 f., 341, 348, 350, 360, 382, 391 f., 421, 474
Nicht-triviale Maschinen 22, 24 f., 40
Normalverteilung 128, 214, 296, 407, 409, 465
Normierung 432, 452
Notenbank 270, 396, 499
Nulldurchgang 114, 125, 164, 167 f., 170, 174, 223, 236
Nullhypothese 76, 81 f., 84, 119 f., 218, 294, 297
Ökonomie 65–67, 72, 86, 214 f., 285, 294, 318, 364, 474 f., 494
Ökosystem 44
Operationale Schließung 32
Operationalisierung 10, 28, 58, 145, 150, 416
Ordinalskalenniveau 12, 143, 415, 431, 436, 439
Ordner 27
Ordnungsbildung 36, 96, 285, 287 f., 354, 504
Ordnungsparameter 92, 285
Paradigma 285, 313, 326, 334, 344, 485
Paradoxie 21, 205, 511
PD2, 144, 147, 170, 203, 231 f., 234–237, 243, 255–268, 271–283, 290–292, 297, 318, 331, 339, 341, 346, 348, 350 f., 360, 363 f., 367–369, 371–373, 393, 395 f.
Pendel 156 f.
Periodenlänge 53, 123–125, 167, 169, 290, 306, 311, 376
Periodenverdopplung 53 f., 129, 473
Periodik 48 f., 53, 75, 124, 306
Permutationsentropie 11, 81, 101, 119, 130, 133, 143, 407, 410, 423, 430–443, 446 f., 451 f., 459 f., 508
Perpetuum Mobile 353–355
Personalforschung 497, 499
Personalmanagement 490–492, 507
Phasenraum 13, 15, 47–49, 56, 83 f., 136, 138 f., 144–146, 151, 153, 155–157, 160–167, 169 f., 182 f., 190, 192, 195 f., 199 f., 202, 208, 215–218, 221 f., 225 f., 228 f., 231, 234, 240, 245 f., 250, 253, 258–260,

264, 274, 296, 300, 306, 310–312, 314, 318, 323, 325–327, 329, 333 f., 336, 352, 355–358, 360 f., 367, 369, 377, 380, 383 f., 387 f., 390 f., 397
Phasenraumabbildung 48 f., 57, 83, 143 f., 153–157, 159–162, 168, 190–192, 194–197, 199–201, 204, 208, 216 f., 221, 281, 300, 341, 344, 357
Phasenraumeinbettung 128, 137, 139, 143 f., 146, 162–165, 168 f., 171, 173 f., 178, 182–184, 188, 190–192, 196–198, 204, 218–220, 227, 231 f., 245, 252, 255 f., 260, 274, 312 f., 326, 333 f., 344 f., 361, 369, 376, 383, 387, 397, 400, 412, 423 f., 439, 466
Phasenraumkoordinaten 245 f., 296
Phasenraumrekonstruktion 167 f., 174, 190, 295
Phasenübergang 15 f., 46, 51, 55, 69, 81, 89, 92, 97, 111–117, 145, 227, 231, 241, 255, 257, 261, 273, 285, 287, 289, 293, 341, 343, 345, 367 f., 377 f., 384–386, 392 f., 443, 445 f., 452, 475, 490
Phasenwinkel 121–123
Philosophie 496, 503, 507
PK2, 360, 366–373
Planet 155, 300, 399
Poincaré 10, 23, 35, 50, 55, 144, 154 f., 160, 162, 183, 192, 299–301, 382, 501
Poincaré-Bendixon-Theorem 35, 55
Poincaréschnitt 155, 160, 300, 382
Pointwise 110, 255–257, 273, 281, 347, 360, 367 f., 372, 390 f., 414, 426, 442, 467
Populationsdynamik 44, 48, 52 f., 55
Potenziallandschaft 55, 287
Preis 73, 154, 173
Preisanpassung 448–450, 452
Produktion 67
Prognose 29, 35, 38, 41, 51, 58, 69, 94, 121, 288–290, 301–304, 341, 353
Prognosefehler 58, 305
Prozessgestalt 40, 101, 153, 286, 377
Qualia 27, 29
Quasiexperimentelles Forschungsdesign 105, 261, 396
Quasizeitreihe 250–253
Rahmenbedingung 40, 64, 69, 97, 99 f., 105 f., 111, 286, 341, 407, 473–475
Randbedingung 71, 305, 341, 473
Randomisierung 123, 127, 261
Random-Surrogate 120, 123, 127, 233, 237–239, 242, 244, 252 f., 297, 320, 331, 340, 361, 364 f., 391, 424, 439, 454, 467
Random-Walk 72 f., 75 f., 81 f., 85, 117, 120, 208, 215, 283, 297, 448 f.
Rauschen 82 f., 114, 120, 130, 132, 227, 230–232, 256, 260 f., 286, 312, 323, 325 f., 333, 344, 360, 386 f., 432, 435, 474
Rauschfilter 132 f., 231 f.
Recurrence Plot 81, 101, 145, 151, 154, 188, 192, 294, 375–394, 401, 422, 433, 435, 465, 483, 486, 492, 497, 511 f.
Recurrence Rate 378, 383–386, 390–393
Reduzibilitätsbedingung 28
Referenzpunkt 255–260, 265, 314, 321–323, 327 f., 335 f., 345, 356
Regelkreis 52, 62, 67
Regressionsmodell 174, 447, 459, 471

Reliabilität 107–110, 130, 133, 141, 230, 237, 255, 259 f., 264, 272, 310–313, 321–324, 327, 329, 334, 337, 342, 344 f., 348, 367
Repellor 55
Reskalierung 363, 371
Rössler-System 104, 122, 126, 156, 158 f., 162, 192, 200, 326
Rückkopplung 32, 286, 505
Sampling 135, 256, 358, 368, 502
Schmetterlingseffekt 35, 38, 41, 46 f., 49 f., 54 f., 77, 83, 94, 101, 145, 153, 155, 253, 300 f., 303 f., 313, 326, 334, 344, 352 f., 357, 361, 369, 385
Scientific Management 92 f.
Selbstähnlichkeit 53, 94, 213 f., 375
Selbstähnlichkeitsdimension 213
Selbstorganisation 14, 17, 19, 21, 36, 52, 54, 62, 64, 92 f., 160, 285, 308, 354 f., 374, 444, 478, 490, 495 f., 500, 504 f., 508
Selbstreferenzialität 22, 32–34
Selbstregulation 93
Shadowing 135, 231 f.
Shannon 175 f., 356, 385, 406, 421
Shannon-Entropie 412 f., 424, 434
Simulation 48, 55, 68, 81, 190, 303, 310, 444, 484, 491, 510
Simulationsmodell 94, 111, 190, 200, 306, 341
Simulationsverfahren 399 f.
Skalenqualität 431
Skalierungsbereich 186, 189, 223–225, 229, 232, 234–236, 238, 240, 256–261, 263–265, 267, 273, 275, 279, 281, 322–324, 327 f., 330–332, 335–340, 342, 348, 359, 361, 364, 368 f., 372
Software 100, 123, 132, 134, 148, 192, 238, 245, 458 f.
Spektralanalyse 123, 128, 311
Spektraldichtefunktion 129
Standardabweichung 59, 114, 117–119, 127, 238, 241 f., 252, 267 f., 278, 280, 296–298, 360, 364, 372, 386, 390, 393–395, 407, 418, 429, 447, 455 f.
Stationäre Analyse 101, 105, 107, 238, 331, 339
Stationarität 11, 100 f., 104 f., 107, 128, 130, 136, 144, 169 f., 178, 184, 227, 231 f., 238, 241, 255, 260 f., 267, 274, 281, 283, 312 f., 326, 331, 334, 339, 341, 344, 360 f., 369, 372, 387, 397, 412, 424, 439, 466, 473 f.
Stationaritätsannahme 105, 232, 243, 258, 267, 278, 283, 320, 340, 345, 360, 365
Stationaritätsbedingungen 366
Stationaritätsprobleme 318, 339
Stationaritätsverletzungen 260, 342
Step-Transformator 435–438, 442
Strukturdeterminiertheit 32–34, 36
Summativität 28, 36, 90
Surrogat 120 f., 123, 126, 227, 233, 237, 239 f., 242, 244, 331, 340, 365, 390 f., 393, 455, 464 f., 467, 501, 504, 506, 509
Surrogatdaten 84, 119, 121, 142, 227, 239, 297, 365, 390, 412, 455
Surrogatdatentest 81, 84, 101, 119, 127, 142, 227, 233, 238–240, 244, 261, 331, 339 f., 361, 455 f., 460, 465, 471
Symbolfolge 400–402, 404–406, 422, 464–466
Symbolic Dynamics 401, 406 f., 413, 421, 423–426, 428–431, 435, 440, 442 f., 498, 511

Symbolreihe 421 f., 434, 464
Synergetik 10, 15, 17, 19, 48, 51, 53, 92, 97, 99, 111, 113, 117, 250, 285–287, 355, 374, 443, 445, 452, 455, 480, 490 f., 495, 505, 507 f.
System
  bio-psycho-soziales 64, 476
  dissipatives 52
  komplexes 10 f., 22, 29, 41, 43–46, 53, 65, 69, 81, 94, 120, 136, 153–155, 191, 285 f., 288, 301, 341, 398, 443, 512
  lebendes 22
  lineales 62
  lineares 13, 35 f., 39, 63 f., 66–68, 75–77, 82, 88, 121, 123, 125, 129, 135, 153, 164, 168, 173 f., 178, 182, 207, 223 f., 226 f., 234, 239, 248 f., 255, 281, 284, 294, 322 f., 325, 327, 330, 333, 336, 338, 359, 361, 450 f., 478, 482, 488, 491, 494, 499 f., 512
  nichtlineales 62
  nichtlineares 11, 21, 23, 36, 39 f., 58, 63, 65–67, 69, 72, 75 f., 80–82, 85, 90, 100, 121, 123, 125, 144, 153, 164, 168, 175, 227, 234, 241, 283 f., 290, 298, 350, 449, 451, 473
  selbstreferentielles 19, 22, 33 f., 36, 476
  soziales 32–34, 285, 496
Systembegriff 398
Systemdynamik 42, 48, 62, 153 f., 192, 222, 258, 305, 321, 342, 355, 375, 424, 474
Systemelement 26, 29, 38, 43, 90, 92, 94, 113, 164, 287
systemisch 20, 22, 27 f., 30 f., 40, 493, 496, 501, 509 f., 512
Systemische Eigenschaft 27
systemisches Denken 31, 33, 26
Systemkomponente 167, 218
Systemstruktur 32, 40 f., 62
Systemtheorie 10, 19, 26, 31 f., 34–36, 512
Systemtod 64
Systemverhalten 26–29, 34 f., 38 f., 41, 47, 51–55, 58, 94, 101, 139, 153 f., 157, 160, 162, 287, 301–305, 341, 353, 357, 431, 445
Systemwissenschaft 19, 22, 69 f., 503, 508
Systemzustände 51, 53–55, 145, 305, 341, 377
Szenariotechnik 95
Taylorismus 87, 94, 493
Testverfahren 78, 83, 101, 173, 294
Teufelskreis 62
Theiler-Window 243
Theorie Dissipativer Systeme 10, 19, 200, 355
Theorien Nichtlinearer Dynamischer Systeme 10, 19, 23, 30, 35 f., 58 f., 62, 64, 68 f., 85 f., 88 f., 92, 98 f., 112 f., 144, 147, 162, 250, 290, 299, 354, 398, 476, 495, 502
Therapeut 508
Thermodynamik 30, 145, 353–355
Time-Lag 76, 84, 124–129, 137, 139 f., 161, 163–165, 167–175, 177–190, 193, 195 f., 198, 200 f., 203, 226, 228, 232, 234, 237 f., 240, 243, 256–258, 260, 264, 267, 273 f., 279, 281, 290, 295 f., 313, 316, 318, 320, 322 f., 326, 329–331, 334, 336 f., 339, 344, 361, 364, 368 f., 372, 389–391, 423, 425 f., 440, 442, 450 f., 458
Tohuwabohu 19, 299
Top-down 69 f.
Topologie 83, 162, 190, 211–213, 219, 240, 253
Torus 286
Trajektorie 47 f., 51, 54–57, 83, 115, 135, 153, 155–157, 160, 166, 191 f., 216, 218, 240, 245–247, 253, 300, 304–308, 310–317, 321–324, 326–328, 334–336, 341 f., 352, 355
Trajektorienpaar 321
Trajektorienstrom 135, 382
Trajektorienverlauf 135, 160, 300, 307
Transformationsregel 400, 432, 466
Transiente 53, 116
Transition 402, 406, 464
Triviale Maschine 24
Umwelt 11, 32, 34, 96 f., 99, 445 f., 475 f.
Unit Root 484, 500
Unordnung 36, 101, 143, 145, 150, 353, 379, 381, 458
Unordnungs-Ordnungs-Übergang 117, 241, 285, 452, 486
Unternehmen 16 f., 31, 44, 89, 93, 95 f., 106, 269, 395, 443, 446, 448–453, 455 f., 475, 489, 491, 511
Untersuchungsgruppe 119, 251, 253
Unumkehrbarkeit 355
Unvorhersagbarkeit 28, 35, 458
Ursache 10, 21 f., 28, 32, 35 f., 51, 62, 90 f., 301 f., 506
Ursache-Wirkungs-Kette 62
Urteil 288, 484
Validität 84, 218, 220, 227, 229, 231, 244, 257, 260 f., 264 f., 267 f., 273 f., 278, 280 f., 291, 342, 350, 358, 372, 424, 433, 435, 437–440
Vektor 139, 191, 196
Verhulst
  Verhulst-Dynamik 46 f., 49, 54, 56, 76, 127, 437, 440
  Verhulst-Gleichung 44 f., 47–51, 54, 58, 66, 95, 326, 377
  Verhulst-System 44, 46–49, 51 f., 55 f., 58, 64, 66, 76, 81, 97, 104, 107, 114, 129, 200, 230, 306 f., 377–379, 410 f., 437
Versklavungsprinzip 92
Verstärker 35, 300, 303
Verstörung 35, 48 f., 51, 53, 92, 101, 112 f., 160, 286–288, 300 f., 303, 308
Vielteilchen-System 285
Vorhersage
  Vorhersagealgorithmen 136 f., 142
Vorhersagehorizont 50
Wahrnehmung 15, 24, 30, 287 f., 445
Wahrnehmungszyklus 444 f.
Wechselkurs 11, 13, 79, 202, 242–244, 281, 319, 400
Weltbild 22, 30, 94, 482, 496
Wetter 51, 301, 303
WHO 476
Wirtschaftsdaten 11, 82, 84
Wirtschaftsdidaktik 116, 258, 285, 288, 443 f., 494
Wirtschaftssimulation 446
Wirtschaftswachstum 67 f., 400
Wirtschaftswissenschaft 10–13, 15 f., 22, 38 f., 59, 65 f., 68, 81, 89, 99 f., 115, 148, 217,

250, 258, 285, 289, 299, 373, 382, 415, 443, 476, 494
Worldcom-Pleite 269, 393
Zeit 11, 15, 17, 26, 50, 55, 65, 67 f., 81, 90, 105, 114, 130, 133, 155 f., 158, 162, 216, 255, 265, 269, 282, 284, 287, 300–303, 305, 307–309, 317, 321 f., 330, 337, 345, 354 f., 358, 389 f., 393, 398, 404, 451, 484, 501, 511
Zeitfenster 107, 116, 136, 341 f., 344 f., 382, 452
Zeitpfeil 157, 355
Zeitreihen
    Zeitreihenanalyse 11, 75, 110, 121, 135, 162, 188, 217, 458, 508
    Zeitreihendarstellung 153, 215, 245
    Zeitreihenlänge 79 f., 123 f., 127–129, 139, 228 f., 231, 240, 242, 260, 272, 274 f., 313, 318 f., 323, 325, 327, 361, 366, 369, 397, 424, 433 f., 436 f., 439 f., 459, 465

ökonomische 11, 13–15, 65, 75, 77, 80 f., 84, 86, 132, 174, 188, 202, 241, 243, 281, 283, 298, 366, 450, 473–475
Zeitverzögerungskoordinaten 161–164, 168 f., 182 f., 190, 192, 195–197, 222, 246, 256, 311, 323, 431
Zentraltendenz-Transformator 436 f., 442
Zirkelweite 206 f., 209, 211
Zirkularität 510
Zufall 20 f., 38–41, 75, 81, 101, 108, 119 f., 143, 148, 153, 157, 202, 207, 217–220, 228, 231, 240, 243 f., 250, 253, 259 f., 268, 274, 279, 281, 297, 299, 302 f., 305, 312, 320, 357, 361, 369, 405, 408, 412, 422, 424, 428, 439, 462, 466, 478, 506
Zufallsprozess 40, 58, 153, 191, 214, 218, 220, 226, 228, 291, 294, 302, 352, 357, 404, 465